신진한국학
연구총서
005

**냉전의 진영 너머로**
— 남북한의 중립·비동맹·제3세계 외교 (1948~1976)

지은이 김도민 金道珉

1980년 목포에서 태어났다. 2001년 서울대 국사학과에 입학하였고, 같은 대학에서 학사, 석사학위를 받았으며, 2020년 「1948~1968년 남·북한의 '중립국' 외교 연구」로 문학박사 학위를 받았다. 2020년 3월부터 2021년 8월까지 서울대 인문학연구원에서 선임연구원으로 근무했으며, 2021년 9월부터 강원대 역사교육과 조교수로 재직하고 있다.

저서로 『1970년대 박정희 정부의 비동맹 외교』, 『냉전과 탈식민의 세계사』(공저), 『한반도 정전체제의 형성·변동과 평화기획』(공저), 『새로 쓴 한국사특강』(공저), 『구술로 본 한국현대사와 군』(공저), 『세월호 이후의 사회과학』(공저), 『근대화라는 이데올로기』(공역) 등이 있고, 논문으로는 「1948~50년 주한미대사관의 설치와 정무 활동」, 「1956년 헝가리 사태에 대한 남한의 인식과 대응-」, 「1968년 '프라하의 봄'에 대한 남북한의 인식과 반응」, 「냉전과 탈냉전 시기 한국 민족주의의 역사적 전개와 성격」, 「미군정기 아동노동법규와 미성년자노동보호법」, 「춘천 '에티오피아 한국전 참전기념관'의 전시 분석과 개선 방향」, 「1961~1973년 박정희 정부의 대(對)중립국 외교와 할슈타인 원칙」, 「1954년 한반도 문제에 관한 제네바회의와 북한의 활동」 등이 있다.

### 신진한국학연구총서005

## 냉전의 진영 너머로 — 남북한의 중립·비동맹·제3세계 외교 (1948~1976)

**1판 1쇄 인쇄** 2025년 10월 10일
**1판 1쇄 발행** 2025년 10월 31일

**지은이** 김도민
**펴낸이** 정순구
**책임편집** 정윤경
**기획편집** 조원식 조수정
**마케팅** 황주영

**출력** 블루엔
**용지** 한서지업사
**인쇄** 한영문화사
**제본** 대원바인더리

**펴낸곳** (주) 역사비평사
**등록** 제300-2007-139호 (2007.9.20)
**주소** 10497 : 경기도 고양시 덕양구 화중로 100(비전타워21) 506호
**전화** 02-741-6123~5
**팩스** 02-741-6126
**홈페이지** www.yukbi.com
**이메일** yukbi88@naver.com

ⓒ 김도민, 2025
ISBN 978-89-7696-605-6  93910

(재)한국연구원은 학술지원사업의 일환으로 연구비를 지급, 그 성과를 신진 한국학 연구총서로 발간하고 있음.

책값은 표지 뒷면에 표시되어 있습니다.
잘못 만들어진 책은 구입하신 서점에서 바꾸어 드립니다.

신진한국학
연구총서
005

# 냉전의 진영 너머로

―남북한의 중립·비동맹·제3세계 외교 (1948~1976)

김도민 지음

역사비평사

## 일러두기

1. 이 책은 본인이 기존에 발표했던 논저들에 기초하여 작성됐으며, 관련 출처는 책의 끝부분에 서지사항만 간략히 밝혀두었다.
2. 남북한에서 다르게 표기되는 말들은 되도록 중립적인 용어를 사용하고자 했다. 예: 한국전쟁, 6·25전쟁[남] VS 조선전쟁[북] → 6·25전쟁(Korean War), 한국 문제[남] VS 조선 문제[북] → 한반도 문제(Korean Resolution). 단, 적절한 단어가 없는 경우는 우리 학계와 사회에서 통용되는 용어를 주로 사용했다. 예: 남한·북한[남] VS 북조선·남조선[북] → 남한·북한, 비동맹[남] VS 쁠럭불가담[북] → 비동맹(non-alignment).
3. 남북한의 고유명사 및 원자료의 직접 인용 시에는 당대 표현을 존중하여 최대한 그대로 적었다. 예: 조선로동당, 로동신문. 다만, 가독성을 위해 띄어쓰기와 문장 부호 등은 우리 어법에 맞게 수정했다. 예: 자주적입장 → 자주적 입장, 조성되고있습니다 → 조성되고 있습니다, 「 」 → ' ' 등.

## 책머리에

 이 책은 5년 전 제출한 박사학위논문인 『1948~1968년 남·북한의 '중립국' 외교 연구』에서 시작됐다. 논문을 받아본 한 선배가 당시 인기 있던 류승완 감독의 영화 〈모가디슈〉(2021)와 비슷한 주제 같다고 했다. 이름도 생소한 모가디슈는 아프리카대륙의 동쪽 끝 '아프리카 뿔(Horn of Africa)'이라 불리는 지역에 위치한 소말리아의 수도였다. 영화는 1991년 1월, 소말리아 내전 당시 남북한 현지 대사관 직원들이 협력하여 함께 탈출하는 역사적 사건을 모티브로 했다. 영화 초반부, 남북한 대사관이 유엔 가입에 한 표를 행사하는 소말리아 정부의 환심을 사기 위해 경쟁적으로 각종 로비를 펼치는 장면이 등장하는데, 이는 박사논문에서 다룬 1960년대 남북한 외교경쟁의 양상과 상당히 닮아 있었다.
 그렇다면 왜 남북한은 저 머나먼 소말리아까지 가서 그토록 치열하게 맞붙어야 했을까? 언제부터 남북한은 이러한 외교경쟁을 시작했으며, 그것의 역사적 전개 과정과 양상은 어떠했을까? 이 책은 1948년 냉전의 최전선에 수립된 남북한이 약 30년 동안, 냉전의 양대 진영 너머에 존재하던 국가 및 국제회의를 향하여 전개했던 외교사를 다루었다. 탈식민 신생국이자 분단된 남북한 정부는 탈식민·탈냉전 평화를 지향하는 지구적 물결을 주시하며, 1950년대 중반부터 북한은 비(非)사회주의 국가에 대한, 남한은 중립국에 대한 외교를 시작했다. 1960년을 전후하여 급증한 아프리카 신생국을 중심으로 남북한의 외교경쟁은 더욱 격화했다. 그리고 1970년부터 재개된 비동맹회의를 둘러싸고 남북한은 치열한 외교전(戰)을 펼쳤는데, 특히 1975년 페루 수도 리마에서 열린 비동맹 외상회의에서 비동맹 가입을 위해 정면 대결했다. 이듬해 스리랑카 콜롬보에서 열린 비동맹 정상회의에서 남북한은 한반도 문제 관련 결의안을 두고 다시 한번 격돌했다.

이처럼 이 책은 1948년 탄생한 탈식민 분단국으로서의 남북한이, 자신이 속한 냉전의 진영 너머로 진출하다가 1970년대 중반 비동맹회의에서 격돌하게 되는 일련의 역사적 과정을 살펴보았다. 복잡다단했던 지구적 냉전의 전개와 남북한의 인식과 대응을 함께 서술하다 보니, 읽는 이들이 얽히고설킨 역사적 사실들에 헤매는 것은 아닐지 걱정이지만, 아무쪼록 영화 〈모가디슈〉처럼 흥미진진한 역사 이야기로 읽혔으면 하는 바람이다.

연구를 진행하며 관련 사료를 찾아 읽고 정리하는 과정에서는, 구로사와 아키라 감독의 영화 〈라쇼몽(羅生門)〉(1950)이 자주 떠올랐다. 감독은 숲속에서 발생한 사무라이 살인 사건을 둘러싸고, 죽은 이의 아내와 산적, 이를 목격한 나무꾼, 심지어 죽은 남편까지 등장시켜 각자의 관점에서 사건을 재구성하여 보여준다. 산적은 정정당당하게 사무라이와 결투하여 승리했노라 말하고, 아내는 남편이 자신을 경멸하는 눈빛으로 보자 절망하여 그를 찔렀다고 한다. 죽은 이는 스스로 목숨을 끊었다고 하고, 나무꾼은 두 남자의 결투는 비겁하고 우스꽝스러워서 승자가 없었다며, 증언자마다 다른 이유를 제시했다. 발생한 사건은 하나인데, 이를 둘러싼 인물들은 각기 가해자와 피해자, 그리고 맥락을 다르게 설명했다.

당대 자료를 읽어가면서, 동일한 지구적 냉전의 사건을 둘러싸고 남북한 및 다른 국가들의 '증언'도 〈라쇼몽〉의 등장인물들만큼 다르다는 생각이 들었다. 일례로 1955년 인도네시아 반둥에서 열린 탈식민·탈냉전 평화를 지향하는 아시아·아프리카회의에 대해 남한은 비판적으로, 북한은 긍정적으로 바라보았다. 특히 북한은 탈식민과 반미(反美)의 입장에서 반둥회의를 위치 짓고 맥락화했다. 그런데 반둥회의를 주최한 인도네시아가 생산한 자료에는 북한이 설명하는 반둥회의와 다른 모습이 있었다. 즉 인도네시아에게 반둥회의는 북한이 주장하는 반미만이 아니라 반공(反共)도 있었고, 탈식민만이 아니라 평화도 함께 지향하는 것이었다. 또한 냉전의 같은 진영―미국·일본·서유럽·남한, 그리고 소련·중국·동유럽·북한 등―이라 하더라도 진영 너머의 세계를 바라보는 관점이 동일하지는 않았다. 진영 너머의 제3세계 국가들―인도·인도네시아·이집트·유고슬라비아·알제리·스리랑카 등―도 각국이 위치한 지역과 내부 정치적 상황 등에 따라 관련한 인식과 대응에는 차이가 있었다. 따라서 이 책에서는 가능한 한 다양한 주체들이 생산한 자료를 확보하여 지구적 냉전을 둘러싼 다양한 '시차(視差)'를 드러내고, 이것들을 서로 교차하여 제시하고자 했다.

1년 넘게 원고를 고치면서, 책 제목을 어떻게 해야 할지 고민스러웠다. 한참을 박사논문 투에서 벗어나지 못했는데, 우연히 『장벽 너머―사라진 나라, 동독 1949~1990』이라는 신간 도서를 한국냉전학회가 주최하는 북토크에서 알게 되었다. '장벽 너머(Beyond the Wall)'라는 말에서, 남북한도 자신의 진영 너머로 외교를 전개했다는 생각이 떠올랐다. 이 책이 남북한이 양대 진영 바깥에 서려고 했던 '중립·비동맹·세3세계'를 둘러싸고 펼친 외교경쟁의 역사를 다루었으니, '냉전의 진영 너머로' 정도면 되겠다 싶었다. 그리고 다시 원고를 읽으니 이 책의 주선율은 남북한의 치열한 외교경쟁의 역사이지만, 동시에 적대적인 냉전의 진영을 넘어 탈식민·탈냉전 평화를 꿈꾸던 행위자들의 이야기들도 함께 담겨 있다는 생각이 들었다. 평화롭고 번영하는 한반도와 전쟁 없는 세계를 만드는 데, 이 책의 이야기가 도움이 되었으면 한다.

이 책이 나오기까지 많은 분들의 가르침이 있었고, 여러 기관의 도움을 받았다. 깊이 감사드린다. 모교의 선생님들은 역사를 보는 너른 시야와 연구 방법, 그리고 학문하는 자세를 가르쳐주셨다. 학부와 대학원 시절, 한영우·정옥자·최병헌·이태진·노태돈·권태억·노명호·김인걸·이상찬·송기호·오수창·문중양·김경숙·김건태 선생님께 수학했다. 이 책의 출발점인 박사학위논문 집필과 심사 과정에서 홍석률 선생님은 남북한을 함께 살펴보는 논문의 의의를 높이 평가해주시면서 사료와 논리의 정합성을 위한 세세한 수정 방향을 일러주셨다. 김광운 선생님은 북한 관련하여 사료적·논리적 문제들을 깨우쳐주셨다. 이동기 선생님은 서구 냉전사와 평화 연구의 관점에서 이 논문의 시각을 확장하는 데 도움을 주셨다. 존 P. 디모이아 선생님은 논문에서 내용적으로 오해될 만한 부분을 지적해주셨다.

대학원 시절 지도교수이신 정용욱 선생님과 선·후배, 동료들이 함께했던 수다한 사료 읽기와 연구 논저 관련 세미나들은 필자가 한국현대사 연구자로서 갖춰야 할 기초를 형성하는 데 가장 중요한 시간이었다. 낯선 질문과 토론, 그리고 정용욱 선생님의 가르침이 있던 세미나 날은 항상 긴장되고 힘들었으나, 되돌아보면 풍성하고 순수했던 학문적 향연의 시간으로 가장 그리운 시절이다. 박사과정을 수료하고 시작한 역사문제연구소의 '1950년대'와 '1960~70년대' 세미나 반에서는 당대 발간된 신문·잡지를 함께 읽으며 전반적인 시대상을 이해할 수 있었다. 박사논문을 끝내고 참여한 한국역사연구회의 남북관계사반에서는 남북한을 아우르는 연구 방법과 시각을 함께 키워갈 수 있었다. 또한 한국냉전학회는 필자가 2016년 처음 학술 발표를 했던 곳으로, 최신의 냉전사 연구와 문제의식을 배울 수 있었다. 특히 5년 전부터 시작한 '비동맹 공부모임'은 이번 책을 준비하면서 필요한 비동맹 관련 자료를 확보하는 데 큰 도움이 되었다. 함께했으며, 함께하고 있는 선생님들께 머리 숙여 깊이 감사드린다.

필자가 재직하는 강원대학교 역사교육과는 연구와 활동에 전념할 수 있는 조건을 제공해주었다. 학과 교수님들과 점심 식사 후 학내 산책로를 거닐며 나누었던 대화는 학문과 세상을 이해하는 시간이었다.

서울대학교 아시아연구소의 박사논문 작성 지원금은 논문에 집중할 수 있는 계기를 마련해주었으며, 박사논문에서 다루지 못한 1970년대는 국사편찬위원회와 국립외교원의 연구비 지원 덕분에 보완할 수 있었다. 특히 이 책은 한국연구원의 '박사학위논문 출판지원사업'이 없었다면 나오기 어려웠을 것이다. 예정된 기한을 몇 차례 넘겼음에도 너른 양해로 기다려주었을 뿐 아니라, 이 책의 초고를 읽고 세세한 논평과 제안을 해주신 익명의 심사자 덕분에 많은 부분을 수정하고 보완할 수 있었다. 그럼에도 여전히 미진한 부분은 후속 연구로 보완하겠다고 다짐한다. 또한 어려운 출판 환경에도 부족한 원고의 출간을 결정한 역사비평사와 촉박한 일정에도 꼼꼼하게 책을 만들어준 편집자님께 감사드린다.

학부 수업에서 영화 〈라쇼몽〉으로 역사 공부의 재미를 일깨워주었으며, 석사과정에 입학하자마자 집안 사정으로 출판사에 취직하여 대학원을 그만두려는 필자에게 휴학을 권하며 기다려주었으며, 서른에 재입학한 대학원에서 학업과 생계를 해결할 수 있게 세심히 배려해주신 정용욱 선생님이 없었다면, 지금의 연구자로서 필자와 이 책도 없었을 것이다. 선생님의 한결 같은 학문에 대한 열정과 정진은 항상 필자에게 큰 가르침이었다. 선생님의 정년을 맞이한 올해를 넘기지 않고 이 책을 드릴 수 있어 다행이고 마음 깊이 감사드린다.

가난했어도 자식들만큼은 대학을 보내기 위해 고군분투하셨던 어머님과 아버님, 기약 없이 공부만 하는 사위에게 내색 한 번 하지 않으시며 묵묵히 성원해주신 장모님과 장인어른께 늘 감사한 마음이다. 10년 넘게 공부하는 남편 뒷바라지를 하느라, 이번 원고 집필에 힘들어하는 필자에게 아침마다 따뜻한 커피를 내려준 아내 KKH에게 특별히 고마움을 전한다. 기차를 좋아하는 어린 아들의 소망대로 북한을 거쳐 러시아, 유럽까지 횡단하는 날이 오길 기대한다.

2025년 가을, 봉의산을 바라보며
김도민

차례

# 냉전의 진영 너머로

책머리에  5

**서론** 지구적 냉전과 남북한을 함께 본다는 것
    1. 문제제기  16
    2. 연구 현황과 과제  27
    3. 연구 방법과 자료, 용어  46

**제1부 진영외교와 중립의 출현 ―1948년~1950년대 중후반**

**1장** 남북한의 진영외교와 탈식민 문제(1948-50)
    1. 남한의 자본주의 진영외교와 일본 문제  60
    2. 북한의 사회주의 진영외교와 민족해방운동  69

**2장** 중립의 출현과 남북한의 반응
    1. 한반도 정전과 중립국에 의한 정전 감시 및 포로 송환(1950~54)  80
    2. 제네바회의와 콜롬보회의(1954)  112
    3. 최초의 아시아·아프리카회의(1955)  140
    4. 오스트리아의 중립화 독립(1955)  172
    5. 사회주의 헝가리(1956)와 유고슬라비아(1958)의 중립  185

**소결**  191

## 제2부 냉전의 진영 너머로 —1950년대 중반~1960년대 후반

### 3장 첫걸음(1957)
    1. 북한의 비(非)사회주의 국가 외교 **204**
    2. 남한의 중립국 외교 **213**

### 4장 새 아프리카와 남북한의 외교경쟁
    1. 아프리카 신생국의 급증과 남북한의 적극적인 외교(1958~68) **224**
    2. 남북한의 국가승인과 '두 개의 한국/조선' 문제(1961~64) **284**

### 5장 냉전의 진영 너머의 국제회의와 남북한의 대응
    1. 열리지 않는 제2차 아시아·아프리카회의와 비동맹회의의 탄생(1958~61) **296**
    2. 제2차 아시아·아프리카회의 준비회의와 제2차 비동맹 정상회의의 개최(1964) **312**
    3. 반둥회의 10주년과 제2차 아시아·아프리카회의의 무기한 연기(1965) **332**

**소결 358**

## 제3부 '비동맹/쁠럭불가담'을 향하여 —1960년대 후반~1976년

### 6장 전초전
  1. 새로운 냉전과 남북한의 자주외교(1960년대 후반) **372**
  2. 재개된 비동맹회의와 남북한의 관망(1969~70) **383**
  3. 급진화하는 비동맹회의와 남북한의 적극적인 외교(1972~73) **401**

### 7장 정면 대결
  1. 비동맹/쁠럭불가담 가입을 위한 남북한의 외교전(1974~75) **429**
  2. 제5차 비동맹 정상회의와 남북한의 한반도 결의안 대결(1976) **467**

**소결** 497

**결론** 중립과 평화 **502**

**부록**
  자료 **524**
  참고문헌 **534**
  찾아보기 **554**

**표·그림 차례**

〈표 1〉 유엔총회에서 한반도 문제 결의안 투표 현황 **217**

〈표 2〉 북한 정부대표단의 아프리카 5개국 방문 일정과 그 결과 **233**

〈표 3〉 북한과 외교·영사·무역대표부 관계를 설정한 나라(1966년 7월 말 기준) **241**

〈표 4〉 친선사절단의 파견지와 구성 현황 **266**

〈표 5〉 박정희 정부의 대(對)비동맹 중립국 파견사절단(1965~1969) **280**

〈표 6〉 비동맹중립국의 방한(訪韓) 사절단(1965~1969) **283**

〈표 7〉 아시아·아프리카 관련 민간급 국제회의 및 기구(1955~1965) **297**

〈그림 1〉 남북한이 바라본 냉전의 진영 너머의 세계 **20**

〈그림 2〉 정전 직후 관련 기구들의 관계도 **102**

〈그림 3〉 중립국감독위원회 시찰소조 파견 지역 **103**

〈그림 4〉 친선사절단의 아프리카 7개국 방문 경로 **247**

# 서론

## 지구적 냉전과 남북한을 함께 본다는 것

서론
# 지구적 냉전과 남북한을 함께 본다는 것

## 1. 문제제기

　1945년 8월 15일, 일제 식민통치에서 벗어난 한반도에는 '해방의 공간'과 '점령의 시간'이 펼쳐졌다. 탈식민의 열망으로 들끓던 한반도에 진주한 미국과 소련의 군대는 북위 38도선을 경계로 남북을 각각 분할 점령했다.[01] 제2차 세계대전 당시 연합군이었던 미국과 소련은 1947년을 기점으로 세계를 자본주의와 사회주의 진영이라는 적대적인 양(兩) 진영(陣營, camp)으로 재편해 나가기 시작했다.[02] 두 진영으로 이분화하는 지구적 냉전의 도래와 함께, 1948년 냉전의 최전선 한반도에는 서로를 인정하지 않는 적대적인 남북한 정부가 수립됐다.
　이처럼 미·소 양극(兩極, bipolar)을 중심으로 한 '지구적 냉전질서(the order of the

---

01　정용욱 편, 『해방의 공간, 점령의 시간』 푸른역사, 2018, 4~5쪽.
02　냉전기 적대적인 양(兩) 진영을 일컫는 용어는 다양했다. 이 책에서는 기본적으로 경제체제를 기준으로 '자본주의'와 '사회주의' 진영이라는 용어를 사용하면서도, 서술 맥락에 따라 이데올로기적 용어인 '자유 대 공산' 진영, '민주 대 반민주' 진영 등도 혼용했다.

global Cold War)'03는 1950년 한반도에서 전쟁이 발발함으로써 더욱 견고해지는 듯했다. 그런데 냉전의 한복판에서 발발한 피 흘리는 6·25전쟁은 적대적 냉전의 어느 한편에 서기를 거부하며 탈식민과 평화를 지향하는 새로운 물결을 만들어내고 있었다. 6·25전쟁을 멈추기 위해 '중립국'에 의한 정전감시와 포로 송환 방법이 정전회담에서 논의됐으며, 실제 이 두 기구에 의해 한반도 정전은 실현될 수 있었다. 또한 적대적인 냉전의 '어느 한편에 서지 않아야(non-aligned)' 한다는 인도 수상 네루(Jawaharlal Neru)의 주장은 6·25전쟁을 계기로 더욱 주목받았다.

1950년대 적대적이고 이분법적인 지구적 냉전질서는 유럽에서는 장기 평화(long peace)를, 아시아에서는 6·25전쟁과 인도차이나전쟁 같은 열전(熱戰, hot war)을 낳았다. 이에 식민지에서 갓 벗어난 아시아의 탈식민 신생 약소국들은 강대국이 강요하는 적대적인 냉전질서가 전쟁을 야기한다고 비판하며, 평화롭고 번영하는 수평적인 새로운 국제질서를 창출하고자 했다. 그 노력의 결과 1955년 4월, 인도네시아 반둥(Bandung)에서 아시아·아프리카 29개국이 참가하는 냉전기 최초의 아시아·아프리카회의가 열려 만장일치의 성명서가 채택됐다. 반

---

03   냉전 시대를 지칭할 때, 국내에서는 냉전체제 또는 냉전질서 등이 함께 쓰인다. 필자는 '체제(system)'보다는 '질서(order)'라는 말을 사용하고자 한다. 일정하게 완결된 구조를 연상하게 되는(물론 변화의 가능성이 없는 것은 아니지만) 체제보다, 다양한 것들의 배치의 구조로서 질서가 좀 더 시간에 따른 변화 가능성을 담아내는 용어라고 생각하기 때문이다. 체제는 월러스틴의 '세계체제(World-System)'라는 말에서, 질서는 푸코의 『말과 사물』의 영역본 제목인 '사물의 질서(the order of things)'를 염두에 둔 것임을 밝혀둔다. 참고로 베이징대학 교수 뉴쥔은 "냉전이라는 국제체계" 또는 "국제체제"라는 말을 사용한다. 어떠한 용어가 냉전을 지칭하는 데 더 적합한지는 연구와 토론이 필요하다. 이매뉴얼 월러스틴 지음, 나종일 외 옮김, 『근대세계체제 1』, 까치, 1999; 이매뉴얼 월러스틴 지음, 유희석 옮김, 『지식의 불확실성』, 창비, 2007; 미셸 푸코 지음, 이규현 옮김, 『말과 사물』, 민음사, 2012; Michel Foucault, *The Order of Things: An Archaeology of the Human Sciences*, trans. Alan Sheridan, London: Tavistock Publications, 1970; 뉴쥔(牛军) 지음, 박대훈 옮김, 『냉전과 신중국 외교의 형성』, 한국문화사, 2015, x쪽.

둥회의의 성공은 강대국의 이분법적인 편가르기를 거부하며 탈식민과 탈냉전 평화를 지향하는 새로운 국제정치 세력의 출현을 의미했다.

그런데 1960년대 탈식민의 보편화로 크게 늘어난 아시아·아프리카 국가들은 분쟁과 대립으로 분열했다. 1965년 예정된 제2차 아시아·아프리카회의는 열리지 못했으며, 1961년 창립된 비동맹 국가들의 정상회의도 1964년 두 번째 정상회의 이후 제3차 정상회의를 개최하지 못하고 있었다. 1960년대 말 미·중 및 미·소 간의 데탕트(긴장완화)가 도래하는 상황에서, 1968년 소련군의 체코슬로바키아 침공을 계기로 유고슬라비아가 주도적으로 다시 비동맹 회의를 열고자 외교적 노력을 기울였다. 또한 국제 개발협력에서 소외된다고 생각하며 남북의 경제적 격차에 불만을 가진 국가들이 증대하는 상황에서, 1970년 아프리카 잠비아 루사카에서 제3차 비동맹 정상회의가 개최됨으로써 비동맹 세력의 결집이 본격화했다. 1970년대 비동맹회의 회원국이 크게 늘었으며, 회의의 조직과 운영 방식이 체계화되어 국제정치에서 중요한 행위자로 자리매김했다. 이러한 비동맹 그룹의 결집은 1976년 스리랑카 콜롬보에서 열린 제5차 비동맹 정상회의까지 이어졌으나, 1979년 쿠바 아바나에서 열린 정상회의에서는 다시 급진파와 온건파의 대립이 격화하며 합의된 선언문을 도출하지 못한 채 분열하기 시작했다.[04] 냉전기를 되돌아보면, 비동맹 그룹으로 대표되는 "제3세계의 힘"은 "1970년대 중반에 절정에 달했"던 것으로 보인다.[05]

냉전의 최전선에 수립된 탈식민 신생 분단국 남북한도 6·25전쟁을 전후하

---

[04] 1960~70년대 비동맹 회의의 전개 양상은 딘켈의 저서 3, 4장을 참고했다. Jürgen Dinkel, *The Non-Aligned Movement: Genesis, Organization and Politics (1927~1992)*, Alex Skinner trans., BRILL, 2018, pp. 84~226.

[05] R. A. Moritimer, *The Third World Coalition in International Politics*, 1980, p. 5(여정동, 『국제정치와 제3세계―이론, 이념, 역사』, 나남출판, 1996, 229쪽 재인용).

여 지구적으로 출현한 중립의 물결에 주목했다. 1950년대 중후반, 남북한은 진영 너머에 존재하는 '비(非)사회주의 국가'[북] 또는 '중립국'[남]을 만나러 아시아·아프리카 지역으로 진출했다. 남북한은 냉전의 진영 바깥에 서 있으려는 국가들을 자신의 진영으로 끌어들이거나, 적어도 자신의 반대편에 서지 않게 하려고 적극적인 외교를 전개했다. 아이러니하게도 남북한의 진영 너머로의 진출은 서로를 인정하지 않는 두 분단정부에게 만남의 기회를 제공했다. 그런데 남북한 모두 '투 코리아(Two Korea)'('두 개의 한국'[남], '두 개 조선'[북])를 인정하지 않았기 때문에, 진영 너머의 중립·비동맹 국가들 또는 이들이 주도하는 국제회의에서 충돌했다. 남북한 정부는 1960년대는 주로 민족해방운동의 결과 수많은 신생국이 탄생한 아프리카 지역을 중심으로, 1970년대는 재개된 비동맹회의를 둘러싸고 외교경쟁을 펼쳤다. 특히 1975년 페루 리마에서 열린 비동맹 외상회의에서 남북한은 비동맹 가입을 위해 '정면 대결'했다. 그리고 이듬해 스리랑카의 콜롬보에서 열린 비동맹 정상회의에서, 남북한은 한반도 문제 관련 선언문과 결의안 내용을 둘러싸고 다시 한번 격돌했다.

이에 이 책은 1948~1976년 시기 냉전의 양대 진영 어느 한편에 서기를 거부했던 '중립·비동맹·제3세계'의 움직임을 설명하면서, 동시에 탈식민 신생의 남북한 분단정부가 1950년대 중반 자신의 냉전 진영 너머로 진출하여 1960년대 아프리카를 두고 치열한 외교경쟁을 펼치다가 1970년대 초중반 국제정치적 영향력이 커진 비동맹을 둘러싸고 대결했던 역사를 살펴보고자 한다. 연구의 시기적 하한선을 1976년으로 삼은 것은, 비동맹을 둘러싼 남북한의 치열한 외교전이 1975년 가입 경쟁만이 아니라 1976년 비동맹 징싱회의까지 이어졌기 때문이다.[06]

---

06  1976년은 남북한의 비동맹 외교와 밀접하게 연동된 유엔총회에서 북한 스스로 한반도 문

〈그림 1〉 남북한이 바라본 냉전의 진영 너머의 세계

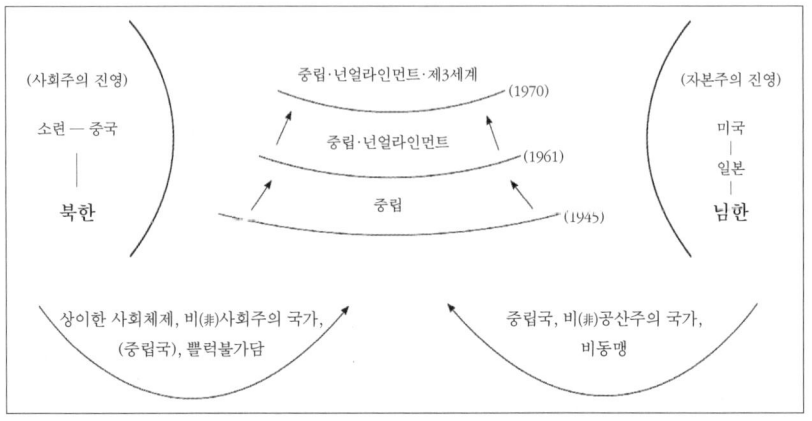

제2차 세계대전 이후(1945)부터 1970년대까지, 냉전의 최전선에 위치한 분단된 남북한이 바라본 진영 너머의 지구적 냉전질서의 구조는 〈그림 1〉과 같이 도식화해볼 수 있다.

'냉전의 진영 너머의 세계'는 여러 명칭으로 표현됐으며, 남북한에서 이를 부르는 용어도 시기와 맥락에 따라 다양했다. 우선 남북한은 냉전의 문법에 따라 세계를 이분법적으로 규정했다. 자본주의 남한은 자신이 속한 미국 중심의 세계를 자유 진영으로, 반대편을 공산 진영으로 불렀다. 대칭적으로 사회주의 북한은 소련·중국 중심의 세계를 민주 진영으로, 반대편을 반(反)민주 진영으

---

제 관련 결의안을 철회함으로써 더 이상 논의되지 않기 시작한 해이기도 하다. 한반도 문제는 1976년 유엔총회부터는 다뤄지지 않았으나, 비동맹 정상회의에서는 1986년 짐바브웨 하라레에서 열린 제8차 정상회의의 선언문까지 등장했다. 그런데 1976년 콜롬보 정상회의에서 채택된 한반도 문제 결의안의 내용이 이후 열리는 정상회의 결의안에서는 유사하게 반복되거나 내용이 축소되었다. 1차(1961년)부터 15차(2009년)까지 비동맹 정상회의 선언문은 다음에 실려 있다. Institute of Foreign Affairs(IFA), *Summit Declarations of Non-Aligned Movement (1961~2009)*, Heidel Press Pvt. Ltd., Kathmandu, Nepal, 2011.

로 불렀다. 남한이 보기에 자신은 자유로운 세계의 일원이지만 반대편은 자유가 없는 공산독재의 잔혹한 세상이었다. 마찬가지로 북한이 보기에 자신은 정의롭고 평화로운 민주주의 세상에서 살고 있으나, 저쪽에는 인민을 착취하고 전쟁 방화를 일삼는 반민주적인 제국주의 세력들이 있었다.

그런데 이분화하는 냉전 너머에 '신세계'가 출현했다. 냉전의 진영 너머의 세계는 '중립(neutrality)', '넌얼라인먼트(non-alignment, 비동맹/뻘럭불가담)', '제3세계(Third World)' 등으로 불렸다. 사실 냉전 이전인 제2차 세계대전까지는 "중립이라 하는 말 하나만" 있었다.[07] 한국인 최초로 한반도 중립을 주장한 유길준은 「중립론」(1885)에서 "국가의 중립에는 두 가지 방식"이 있다고 설명했다. "첫 번째는 전시중립(戰時中立)이고 두 번째는 항구중립(恒久中立)으로, 중립이란 만국(萬國)의 가운데서 여러 국가의 전쟁에 관여하지 않는 것"으로 정의됐다.[08] 원래 중립이라는 용어는 16세기 근대 유럽 국가들의 "해상무역이 성장함에 따라 상업 교류를 보호하기 위해 중립의 필요성이 본격적으로 대두"하면서 사용되기 시작했다고 한다.[09] 이처럼 제2차 세계대전까지 중립이라는 말은 전쟁의 어느 한 편에 서지 않는 것을 의미했다.

---

[07] 이병주(국제신보사 논설위원 일동), 『중립의 이론』, 샛별출판사, 1961, 16쪽.

[08] 유길준의 중립론에 대한 분석과 번역은 다음을 참고했다. 김종학, 『한반도 공동보장 구상의 역사적 기원—19세기 벨기에·불가리아의 사례와 유길준의 「중립론」』, 국립외교원 외교안보연구소, 2021.

[09] 이승만은 1912년 출간한 책에서 16세기 중엽까지는 "오늘날 영어의 '중립(neutrality)'이란 의미에 정확하게 해당하는 단어가 없었"다고 설명했다. 이승만 지음, 정인섭 역주·해제, 『미국의 영향을 받은 중립』, 우남이승만전집발간위원회·연세대학교 이승만연구원 편, 연세대학교 대학출판문화원, 2020, 14쪽. 이승만이 1910년 미국 프린스턴대학에 제출한 박사학위논문은 1912년 프린스턴대학 출판부에서 '미국의 영향을 받은 중립(Neutrality as Influenced by the United States)'이라는 제목의 단행본으로 출간됐다. 정인섭, 「해제」, 위의 책, 63쪽, 175~177쪽; 이병주, 앞의 책, 18쪽.

그런데 지구적 냉전의 도래와 함께, 중립에는 기존의 전시중립에 냉전의 "진영 밖에 서겠다"는 의미가 덧붙여졌다. 제1부에서 살펴보겠지만, 6·25전쟁의 정전회담에서 양측이 '중립국감독위원회'와 '중립국송환위원회'의 활동을 맡을 중립국을 논의하는 과정에서는 전시중립과 냉전적 중립의 개념이 함께 등장했다. 즉 냉전기 중립의 의미에는 기존의 전시중립이라는 의미와 냉전의 양대 진영에 속하지 않는다는 새로운 의미가 중첩되어 있었다. 실제 1950년대 남북한에서 중립국은 오래된 전시중립과 항구중립의 스위스와 오스트리아를 지칭할 뿐 아니라 냉전의 진영 너머의 국가를 부르는 용어로도 사용됐다.[10]

지구적 냉전이 전개되는 과정에서 출현한 '진영 너머의 세계'에 대하여, 남북한이 사용하는 말들은 시기와 맥락에 따라 변화했다. 양대 진영 바깥의 세계에 대하여, 북한은 '상이한 사회 체제(제도)'를 가진 국가 또는 '비(非)사회주의 국가'로, 남한은 '비(非)공산주의 국가', '중립국', '제3세력' 등으로 불렀다. 1961년 4월 남한에서 발간된 『중립의 이론』이라는 책에서는, 제3세력을 "두 진영에 반대"하는 세력이라면 진영 너머의 중립국뿐 아니라 서방 진영 내 평화주의자와 소련 내의 "이분자(異分子)까지" 포괄하는 의미로 규정했다.[11] 한편 북한에서

---

[10] 북한의 용어사전은 1950년대부터 일관되게 중립국은 "국가들 간의 분쟁이나 전쟁에 참가하지 않는 국가를 말"한다고 규정하며, 그 예로 스위스와 오스트리아를 들고 있다. 그럼에도 『로동신문』에는 이집트 카이로에 주재하는 "중립 국가 외교 사절"이라는 표현도 등장한다. 김상현·김광헌 편집, 『대중 정치용어사전』, 조선로동당출판사, 1957, 273쪽; 『대중 정치용어사전』, 조선로동당출판사, 1964, 362쪽; 조선민주주의인민공화국 사회과학원, 『정치용어사전』, 사회과학출판사, 1970, 557쪽; 조선민주주의인민공화국 사회과학원, 『정치용어사전』, 사회과학출판사, 1973, 1068쪽; 『로동신문』 1961. 8. 3.

[11] 이병주, 앞의 책, 16~17쪽. 이병주는 "전후 중립 정책을 취하는 국가"를 크게 세 가지로 분류했다. 첫째, 인도의 "비동맹 정책", 둘째 유고슬라비아의 "적극공존", 셋째 "아랍 제3세력"의 "적극중립"이었다. 특히 그는 제3세력은 "중립국뿐 아니라 서진영 제국 내의 평화주의자에서부터 진보주의자 소련 권내의 이분자(異分子)까지 전 세계에 걸쳐 두 진영에 대한 반대 노

제3세력이라는 말 자체는 거의 등장하지 않았으나, 비슷한 단어로 "제3로선"이 유고슬라비아의 중립적 대외 정책을 비판하기 위해 사용되기도 했다.¹²

1961년 '어느 한편에 서지 않는' 국가 및 정부의 정상들이 모인 국제회의(The Conference of Heads State or Government of the non-aligned countries)가 창립됐다. 남한에서는 '중립국정상회의'로 번역하다가 1960년대 중반부터 '비동맹'이라는 말이 등장했으며, 1970년대부터는 대부분 '비동맹회의'로 번역됐다.¹³ 북한에서는 처음부터 '쁠럭불가담수뇌자회의'로 일관되게 불렀다. 남북한 번역의 차이는 중립국을 전시중립과 항구중립에만 한정하여 규정한 북한과 달리, 남한에서는 중립국을 냉전의 진영 너머의 국가들까지 지칭하는 단어로도 널리 사용됐기 때문에 '넌얼라인먼트'의 번역어로 기존의 '중립'이 쓰인 것으로 보인다.¹⁴ 흥미로운 점은, 일본에서도 남한처럼 1961년에 열린 회의를 "중립국수뇌회의(中立國首脳会議)"로 번역했으며, 1964년 이후로는 주로 "비동맹회의(非同盟会議)"로 불렀다

---

력을 총칭하는 경우와 또 동서 두 진영에 필적할 만한 힘을 가진 제3의 진영을 생각하는 것까지를 말한다"고 설명했다.

12 『로동신문』 1958. 6. 14.
13 네이버뉴스라이브러리에서 제공하는 『경향신문』, 『동아일보』, 『조선일보』의 키워드 검색을 기준으로 하면, '중립국정상회의'는 1961년 101건, 1964년 5건으로 '비동맹정상회의'는 1961년 13건, 1964년 16건으로 확인된다.
14 1950년대 말부터 1960년대 초까지, 진영 너머의 새로운 국제관계를 추구하는 이들에 대하여 미국과 영국에서는 "정치적 중립(political neutrality)", "중립주의자(neutralists)", "중립국(neutrals)", "비동맹국(non-aligned nations)", "제3세력(the third forces)" 등으로, 서독에서는 "중립국(Neutrale, neutrals)", "비블록(Blocklose, non-bloc)", "블록-프리(BlockFreie, bloc-free)" 등으로, 소련에서는 "중립 정책(Politika Nejtraliteta, policy of neutralism)", "중립주의(Nejtralizm, neutralism)", "블록에 부착되지 않음(neprisoedinenija k blokam, non-alignment) 등으로 불렀다. Jürgen Dinkel, op cit., p. 87~88.

는 점이다.[15] 중국은 북한처럼 일관되게 "불결맹(不結盟)"이라는 번역어를 사용했다.[16]

이처럼 '넌얼라인먼트'는 한반도 남북한에 각기 완전히 다른 번역어로 정착됐다. 원래 영어 '얼라인먼트(alignment)'는 어떤 것을 중심으로 하여 한 줄로 쭉 늘어서는 것을 의미한다. 1947년 네루가 처음 '넌얼라인(non-align)'를 주장한 이래로, 넌얼라인먼트는 미국과 소련이 다른 국가들에게 자신의 밑으로 줄서기를 강요하는 일종의 종속적인 지구적 냉전질서에 따르지 않겠다는 적극적인 의미를 내포했다.[17] 아마도 넌얼라인먼트의 의미는 우리말 '자주(自主)'라는 단어에 가까울 듯하다.

그런데 남한에서는 넌얼라인먼트를 비동맹으로 번역하지만, 사실 '동맹'은 영어 단어 '얼라이언스(alliance)'의 번역어이다. 인류학자 권헌익의 지적대로, 얼라이언스는 "상호 대등한 주체들 사이의 관계를 의미"하지만, "얼라인먼트는 기계적인 상하관계의 의미가 강하"기 때문에, "얼라인먼트와 얼라이언스는 같을 수 없다."[18] 남한에서 '넌얼라인먼트'의 번역어가 '비동맹'으로 정착된 이유를 밝히기는 어려우나, 적어도 '비동맹'이라는 단어는 냉전의 어느 한편에 서

---

15 「世界の論調: 中立国首脳会議」, 『世界週報』 42권 39호(1961. 9. 26), 時事通信社; 「AA会議か 非同盟会議か」, 『세계주보』 45권 15호(1964. 4. 14), 時事通信社.

16 『人民日報』 1961. 9. 1; 1964. 10. 5; 1970. 9. 8; 1973. 9. 5; 1976. 8. 16(高志平·程晶·魏楚楚, 「中国对不结盟运动的态度及其变化(1961~1991)—『人民日报』为中心的考察」, 『决策与信息』 제501기, 2018, 12쪽).

17 권헌익은 '넌얼라인먼트'는 "대등한 관계로서의 동맹 관계를 부정하는 것이 아니라, 종속적인 의미의 연결, 말하자면 강대국 사이의 힘의 정치에서 특정한 강대국 혹은 복수의 강대국의 줄서기 대상이 되는 것을 거부한다"라고 설명한다. 권헌익, 「제3세계 운동의 기원으로서 한국전쟁—버마의 우 누의 중립주의를 연결고리로」, 『역사비평』 138, 2022, 230쪽.

18 위의 논문, 229쪽.

지 않겠다는 국가들의 적극적인 지향을 '순치'하는 효과를 발생시킨다고 생각한다. 즉 강대국과 약소국의 군사적 협정이 수평적인 '동맹'이 아니라 '지배와 종속의 수직적인 관계'로서 강요된 줄서기라는 비판적인 의미를 내포한 단어를 '동맹'으로 번역하는 순간, '얼라인먼트를 하지 않겠다'는 '넌얼라인먼트'의 능동적인 의미는 인식되기 어려워지는 것이다. 특히 넌얼라인먼트 국가들 상당수는 과거 제국주의와 식민주의에 저항하며 민족해방운동을 전개했던 경험이 있었다.

북한은 넌얼라인먼트를 일관되게 '쁠럭불가담'으로 번역하여 사용하고 있다. 당대 북한에서 발간된 용어사전들은 쁠럭을 "집단 또는 동맹이란 뜻"으로 정의한 다음, 그 용례로 "군사 쁠럭이란 국가들 간에 맺는 군사동맹을 말한다"를 제시했다.[19] 비록 북한이 '쁠럭'의 의미를 동맹에만 한정하지는 않았으나, 그 예로 군사동맹이 제시됐듯이, 기본적으로 쁠럭불가담도 남한의 비동맹과 비슷한 의미로 사용되었다. 다만 '불가담'이라는 우리말 표현에는 '가담하지 않겠다'는 적극적 의지도 담겨 있으므로, 남한의 '비'동맹보다는 쁠럭'불가담'이 종속을 거부하는 능동적인 넌얼라인먼트 의미에 좀 더 가까워 보인다.[20]

---

[19] 북한 용어사전에는 '쁠럭불가담'은 수록되어 있지 않으나, '쁠럭'은 1957년과 1964년 발간된 용어사전에서는 동일하게 정의됐다. 김상현·김광헌 편집, 『대중 정치용어사전』, 조선로동당출판사, 1957, 344쪽; 『대중 정치용어사전』, 조선로동당출판사, 1964, 460쪽. 1970년 용어사전에서는 정의는 동일하지만, 구체적인 쁠럭의 예로 "미제를 우두머리로 하는 제국주의자들"의 "군사 경제적 집단을 가리켜 부르는 말로 쓰이고 있다"고 설명한다. 조선민주주의인민공화국 사회과학원, 『정치용어사전』, 사회과학출판사, 1970, 682쪽. 그런데 1973년 용어사전에는 쁠럭의 표제가 더 이상 등장하지 않는다. 조선민주주의인민공화국 사회과학원, 『정치용어사전』, 사회과학출판사, 1973.

[20] 남북한, 중국, 일본 같은 동아시아 국가만이 아니라 아프리카, 라틴아메리카, 유럽 국가들에서 '넌얼라인먼트'의 번역어는 각각 무엇이며 어떠한 의미를 가지는 것인지 비교 연구가 필요하다.

냉전의 양대 진영 바깥에 서려는 집단을 지칭하는 말에는 '제3세계'도 있다. 제3세계는 일반적으로 1952년 프랑스 인구학자 알프레드 소비(Alfred Sauvy)가 기자 인터뷰에서 6·25전쟁, 인도차이나전쟁의 원인에 답하는 과정에서 등장했다고 한다. 즉 소비는 "프랑스 시민혁명 당시 3부회의를 주도했던 제3신분에 비유"하여 "방기되고 착취당하고 경멸당한 제3세계가 무엇인가 해보려는 계기에서 비롯된 것이었다"고 대답했다.[21] 그런데 남한 신문에서는 1950년대까지 제3세계라는 말은 거의 사용되지 않았으며, 1960년 전후부터 프랑스 대통령 드골(Charles de Gaulle)이 유럽 중심의 제3세계를 만들고자 한다는 내용의 기사가 등장하기 시작했다. 북한에서도 1960년대까지 제3세계라는 말은 『로동신문』에 거의 등장하지 않았다. 그런데 1970년대 들어 남북한 모두에서 제3세계라는 용어가 빈번히 사용되기 시작했다.[22] 다만 1970년대 북한에서는 쁠럭불가담 나라들과 제3세계 나라들이 거의 동일하게 지칭됐다면, 남한에서는 제3세계가 비동맹 회원국보다 더 큰 범주로 사용된 것으로 보인다. 물론 남한에서는 진영 너머의 국가를 지칭할 때 '중립', '중립국', '비동맹 중립국' 등 중립이라는 말도 여전히 사용됐다.[23]

이처럼 남북한에서는 냉전의 양대 진영 바깥에 서려는 무언가를 지칭할 때, 처음에는 오래된 개념인 '중립'이 가장 많이 사용되다가 1961년 넌얼라인먼

---

21  여정동, 「제3세계의 정치와 외교」(1977), 앞의 책, 201~202쪽.
22  통일부 북한자료센터에서 제공하는 북한의 『로동신문』, 『민주조선』 기사 제목 검색을 기준으로 하면, '제3세계'는 1974년 등장하여 1976년까지 가장 많이 사용되었다. 즉 1974년 79건, 1975년 102건, 1976년 40건이었으나, 1977년 5건으로 급감하더니 1978년부터 1994년까지 1~3건 정도만(단, 1984년은 11건) 확인된다. 반면 남한 신문에서는 1980년대 이후에도 지속적으로 제3세계라는 단어가 널리 사용되었다.
23  『경향신문』 1972. 8. 15; 1973. 11. 29; 『조선일보』 1972. 12. 11.

트 국제회의의 창립 이후에는 넌얼라인먼트의 번역어인 '비동맹/쁠럭불가담'이 함께 사용됐으며, 1970년대 남북한 모두에서 이제는 중립보다는 '비동맹/쁠럭불가담'과 '제3세계' 등이 주로 통용됐다. 이에 이 책은 냉전의 '양대 진영 밖에 서겠다'며 중립·비동맹·제3세계 등으로 불린 국가들, 그리고 이들이 주도한 국제회의 등에 대한 남북한의 인식과 외교적 대응 양상을 살펴보고자 한다.

## 2. 연구 현황과 과제

냉전기 중립·비동맹·제3세계 관련 연구는 탈냉전을 전후하여 본격화했다. 1980년대까지 국외에서 진행된 '냉전 연구(the Cold War Studies)'는 대체로 미국과 소련이라는 강대국 간의 외교와 군사 관계에 집중됐으며, 연구의 방향도 냉전의 '책임 공방'에 있었다.[24] 그런데 1980년대 말 냉전 이후 등장한 새로운 '냉전사(Cold War History)' 연구는 "세계 제2차대전 전후부터 동유럽 사회주의 붕괴기까지의 냉전 시대 전체를 하나의 완결적인 역사적 시기(era)로 규정하고, 이에 대한 다각도의 접근"을 시작했다.[25] 또한 2000년 전후부터는 그동안 미소 중심의 연구 한계를 극복하고 "문화적 전환과 트랜스내셔널한 전환의 흐름을 수용"하면서, "소극적 내지 피동적 존재로 다뤄졌던" 동·서유럽과 중국, 그리고 제3세계를 냉전의 행위 주체로 다루는 연구들이 등장했다.[26]

---

24 국외 냉전사 연구의 동향은 노경덕의 다음 논문을 참고했다. 노경덕, 「냉전 연구의 새로운 시각과 관점」, 『통일과 평화』 3-2, 2011; 노경덕, 「냉전사와 소련 연구」, 『역사비평』 101, 2012.
25 노경덕, 「냉전 연구의 새로운 시각과 관점」, 『통일과 평화』 3-2, 2011, 173쪽.
26 연구 주제는 외교, 군사를 넘어 예술, 대중문화, 젠더, 인종, 일상과 사회상, 세계 경제 등으로, 연구 지역은 서유럽, 동유럽, 중국, 제3세계 국가들로 확장되었다. 노경덕, 「냉전사와 소련

특히 2005년 출간된 노르웨이 출신 역사학자 오드 아르네 베스타(Odd Arne Westad)의 『냉전의 지구사—미국과 소련 그리고 제3세계(The global Cold War: third world interventions and the making of our times)』는 제3세계를 냉전의 주요한 행위 주체로 끌어올리는 데 기여했다. 이 책에서 베스타는 1920년대부터 미국과 소련이 각기 자유와 정의의 가치를 국제적으로 확산하려는 경쟁을 시작하여, 냉전기 제3세계를 둘러싸고 개입(interventions)했던 외교경쟁사를 냉전 이후 새로 공개된 러시아·중국·유고슬라비아·남아프리카공화국·독일 등의 아카이브를 방문 수집한 자료에 기초하여 밝혀냈다. 그의 책에서 제3세계는 냉전기 단순한 수동적 객체가 아니라 미소 양국과 상호 개입하며 충돌하는 행위 주체였으며, 민족주의·사회주의·이슬람주의 등이 복잡하게 겹치면서 지역별 대응 방식도 다양했다.[27] 이후 베스타는 세계 냉전사 연구를 주도하며 제3세계 관련 연구서 출간에 관여하고 있다. 2010년 멜빈 레플러(Melvyn P. Leffler)와 함께 엮은 세 권의 『캠브리지 냉전사(the Cambridge History of the Cold War, Vol. I, II, III)』에는 제3세계 관련 논문이 다수 포함됐다.[28] 또한 베스타가 편집을 맡은 '냉전사(Cold War History)'와 '신냉전사(The New Cold War History)' 시리즈를 통해 인도, 라틴아메리카, 칠레, 과테말라, 중·소 또

---

연구」, 『역사비평』 101, 2012, 314~315쪽; 이주영, 「미국사학계의 새로운 냉전사 연구」, 『역사비평』 100, 2015, 99쪽; 백원담, 「냉전 연구의 문화적·지역적 전환 문제」, 『중국현대문학』 75, 2015.

27  Odd Arne Westad, *The global Cold War: third world interventions and the making of our times*, Cambridge University Press, 2007(옥창준·오석주·김동욱·강유지 옮김, 『냉전의 지구사—미국과 소련 그리고 제3세계』, 에코리브르, 2020). 이 책은 2005년 첫 출간됐다가, 소폭 수정하여 2007년 다시 출간됐다. 옥창준, 「옮긴이의 말」, 같은 책, 760쪽.

28  Odd Arne Westad and Melvyn P. Leffler eds., *The Cambridge History of the Cold War*, Vol. I, II, III, Cambridge: Cambridge University Press, 2010. 이 3권의 책은 "세계 각국에서 총 75명의 저자가 참여하여 총 72편의 개별 논문들을 수록하고, 그 총합이 2,000페이지에 육박하는 매머드급 작업"이었다. 노경덕, 「냉전 연구의 새로운 시각과 관점」, 『통일과 평화』 3-2, 2011, 175쪽.

는 미·중의 제3세계 경쟁 등을 주제로 한 연구서들이 출간됐다.[29] 그리고 2017년 베스타는 제3세계를 포함하는 '하나의 세계사'로서 『냉전(The Cold War: A World History)』을 출간했다.[30] 또한 영미권에서는 다 확인하기 어려울 정도로 많은 제3세계 관련 저서들이 꾸준히 출간되고 있다.[31]

제3세계 국가들이 주도한 국제회의에 주목한 연구들도 제출됐다. 2007년 인도 출신 비자이 프라샤드(Vijay Prashad)는 『갈색의 세계사—새로 쓴 제3세계 인민의 역사(The Darker Nations: A People's History of the Third World)』에서 "1920년대부터 1980

---

[29] 베스타는 신냉전사 시리즈가 "소련, 동유럽, 중국 및 기타 국가의 기록 보관소 공개를 통해 가능해진" 작업이며, "다국어 및 다중 기록 보관소 연구에 기반"하여 "냉전 시대에 대한 새로운 해석에 초점을 맞춘"다고 밝히고 있다. Manu Bhagavan ed., *India and the Cold War*, The University of North Carolina Press, 2019, p. ii; 베스타가 미국과 소련의 제3세계 경쟁을 다루었다면, 이 시리즈에서는 미국과 중국, 소련과 중국의 제3세계 경쟁이 연구됨으로써 냉전기 미·소·중의 제3세계 경쟁 구도가 모두 연구된 셈이다. Jeremy Friedman, *Shadow Cold War: The Sino-Soviet Competition for the Third World*, The University of North Carolina Press, 2015; Gregg A. Brazinsky, *Winning the Third World: Sino-American Rivalry during the Cold War*, The University of North Carolina Press, 2017. 두 시리즈 중 중립·비동맹·제3세계를 직접 다룬 저서는 다음과 같다. Artemy M. Kalinovsky and Sergey Radchenko, eds., *The End of the Cold War in the Third World: New Perspectives on Regional Conflict*, London and New York: Routledge, 2011; Sandra Bott, Jussi M. Hanhimaki, Janick Marina Schaufelbuehl and Marco Wyss, eds., *Neutrality and Neutralism in the Global Cold War: Between or within the blocs?*, London and New York: Routledge, 2016; Tanya Harmer, *Allende's Chile and the Inter-American Cold War*, The University of North Carolina Press, 2011; Manu Bhagavan, op cit.; Thomas C. Field Jr., Stella Krepp, Vanni Pettinà ed., *Latin America and the Global Cold War*, The University of North Carolina Press, 2020; Sarah Foss, *On Our Own Terms: Development and Indigeneity in Cold War Guatemala*, The University of North Carolina Press, 2022.

[30] Odd Arne Westad, *The Cold War: A World History*, New York: Basic Books, 2017(오드 아르네 베스타 지음, 유강은 옮김, 『냉전—우리 시대를 만든 냉전의 세계사』, 서해문집, 2025).

[31] 일례로 2023년 비동맹운동에서 주도적 역할을 한 유고슬라비아를 조명한 저서가 캐나다의 대학 출판사에서 출간됐다. Paul Stubbs, ed., *Socialist Yugoslavia and the Non-Aligned Movement: social, cultural, political, and economic imaginaries*, McGill-Queen's University Press, 2023.

년대까지 제3세계 프로젝트의 흥망을 추적"했다. 그의 책은 체계적인 연구서는 아니지만, 브뤼셀의 반제국주의회의(1927), 반둥의 아시아·아프리카회의(1955), 카이로의 아시아·아프리카여성회의(1961), 베오그라드의 비동맹회의(1961), 아바나의 3대륙인민연대회의(1966) 등 제3세계 국가들이 개최한 국제회의의 역사와 에피소드를 소개했다.[32]

비동맹 관련하여 2015년 독일 역사학자 위르겐 딘켈(Jürgen Dinkel)이 출간한 『비동맹 국가의 운동—기원, 조직 및 정치(Die Bewegung Bundnisfreier Staaten. Genese, Organisation und Politik 1927~1992)』는 주목할 만하다. 딘켈은 그동안 비동맹·제3세계 연구들이 비동맹 일부 국가들(인도, 유고슬라비아 등)의 정책이나 강대국의 제3세계 개입 등을 다루어왔으나, 정작 비동맹운동이 결집했던 1970년대 비동맹회의의 기원과 조직·운영 방식 등의 기초적인 사실조차 규명되지 않았음을 지적했다. 그는 비동맹운동의 기원을 1, 2차 세계대전의 전간기(戰間期)인 1927년 2월 벨기에 브뤼셀에서 열린 '반제국주의 및 식민지 민족대회(The First International Congress against Colonial Oppression and Imperialism)'에서 찾는다. 이때 처음으로 유럽·아시아·아프리카·라틴아메리카 출신의 반식민·반제국주의 운동가들이 만나 연대와 조직화를 논의했다. 그리고 냉전기에 열린 아시아·아프리카회의와 1960년대 이후 비동맹회의의 역사적 전개 과정을 미국·영국·서독 및 주요 비동맹 국가들의 자료를 활용하여 실증적으로 규명했다. 특히 그는 1970년대가 비동맹운동이 조직과 운영 면에서 체계화하며 국제정치에서 중요한 행위자로 자리매김한 시기였음을 강조했다.[33]

---

32  Vijay Prashad, *The Darker Nations: A People's History of the Third World*, New York: The New Press, 2007(박소현 옮김, 『갈색의 세계사—새로 쓴 제3세계 인민의 역사』, 뿌리와이파리, 2015, 9~17쪽).

33  딘켈의 책은 2015년 독일어로, 그리고 2018년 영문판으로 출간됐다. Jürgen Dinkel, *Die Bewegung*

이처럼 국외에서는 냉전 이후 냉전기가 하나의 종결된 시대로써, '냉전사' 연구 주제가 다양해지며 특히 비동맹·제3세계 관련 다국적 사료를 발굴하여 활용한 연구들이 축적되고 있다.

국내에서는 당대부터 중립·비동맹·제3세계에 대한 관심이 높았다. 1960년 4월혁명과 함께 분단 문제를 해결하고 한반도 평화를 모색하기 위한 방법론으로 중립화 통일론이 제기된 바 있다. 약소민족으로서 주변 강대국에 휘둘리지 않고 자주적인 통일과 평화를 모색하려는 사회운동의 맥락에서 중립과 비동맹은 지식인들의 주요 관심사였다. 실제 1960~1980년대까지 제3세계 관련 문학과 정치외교, 경제 문제(세계체제론, 종속이론) 관련한 수많은 번역서와 연구서들이 출간됐다.[34]

---

*Bündnisfreier Staaten. Genese, Organisation und Politik (1927~1992)*, De Gruyter Oldenbourg, 2015; *The Non-Aligned Movement: Genesis, Organization and Politics (1927~1992)*, Alex Skinner trans., BRILL, 2018. 딘켈이 활용한 자료는 다음과 같다. ① 국제기구의 공식 문헌(유엔·유엔무역개발회의·유네스코 등의 회의록, 결의안, 보고서 등)과 비동맹 정상회의 및 외무장관 회의의 공식 성명서와 의제 문서, ② 미국·영국·독일이 비동맹 국가들과 관련하여 생산한 외교 문서, ③ 비동맹의 핵심 회원국(인도·이집트·유고슬라비아·쿠바·인도네시아·알제리)들의 외교 정책 결정과 회의 준비 과정, 다자 전략이 담긴 외교 문서 및 외무부 공식 출판물, ④ 『뉴욕타임즈(New York Times)』, 『가디언(Guardian)』, 『프라우다(правда)』, 『데일리 네이션(Daily Nation)』 등 당대 언론 기사와 비동맹 관련 주요 인사들(네루·나세르·티토·카스트로 등)의 회고록과 발언문 등.

[34] 1960년대부터 『세대』와 『창비』 잡지 등을 통해 제3세계 문학이 번역 소개됐으며, 1970~80년대에는 정치, 경제, 사회문화적 차원에서 제3세계 연구가 폭넓게 진행됐다. 1980년대 창작과비평사에서 나온 제3세계 관련 책을 제시하면 다음과 같다. 일본 아시아·아프리카 작가회의 엮음, 신경림 옮김, 『민중문화와 제3세계』, 창비, 1983; 박재묵 편역, 『제3세계 사회발전론』, 창비, 1984; 셀소 푸르타도 외, 정윤형 편역, 『제3세계와 외채 위기』, 창비, 1985; 여성 평우회 엮음, 『제3세계 여성노동』, 창비, 1985. 이는 당대 남한 스스로 약소 국가로서 제3세계 약소 국가들과 연대성을 가지며, 자주적인 민족국가를 만들어야 한다는 사회적 고민이 반영된 결과였다. 1960~80년대 남한과 제3세계 관련 연구들은 다음을 참고. 옥창준, 「이론의 종속과 종속의

그런데 냉전 이후 국외에서 제3세계 연구가 본격화한 것과 달리, 남한에서는 "신자유주의 세계화가 국제관계의 주요 사조로 제3세계론을 압도하면서" 관련 연구가 갑자기 사라졌다.[35] 이는 약소국이던 남한이 1990년대 이후 중견국으로 발전하면서 이전까지의 제3세계 약소국들과 가졌던 연대의식이 사라진 시대의 반영이기도 했다.

한국현대사에서는 1945년 해방 이후 한반도에 큰 영향력을 미친 미국과 소련·중국에 대한 연구가 먼저 진행됐다. 특히 1970년대 후반부터 공개되기 시작한 미국 자료를 기반으로 1980년대 브루스 커밍스 연구를 필두로 1990년대 이후 한미관계를 다룬 연구서들이 다수 나왔으며 현재까지도 꾸준히 출간되고 있다.[36] 1990년대 이후 공개되기 시작한 소련 문서와 중국 당안관 자료에 기반

---

이론—1970년대 중반~1980년대 한국 사회과학 학계와 종속이론」,『역사문제연구』 49, 2019; 박연희,『제3세계의 기억—민족문학론의 전후 인식과 세계 표상』, 소명출판, 2020; 백지운, 「민족문학, 제3세계, 동아시아—최원식의 동아시아론의 계보와 구조」,『동방학지』 190, 2020; 장문석,『최인훈의 아시아—연대와 공존의 꿈으로 세계사 다시 쓰기』, 틈새의시간, 2025.

35 김태균,『반둥 이후—글로벌 사우스의 국제정치사회학』, 진인진, 2023, 3·33쪽.
36 Bruce Cumings, *The Origins of the Korean War: Liberation and the Emergence of Separate Regimes 1945~1947*, Princeton University Press, 1981(김범 옮김,『한국전쟁의 기원—해방과 분단 체제의 출현 1945~1947』, 글항아리, 2023); 국내 대학에서는 1990년대부터 한미관계를 다룬 한국현대사 관련 박사학위논문이 제출됐으며, 이것들은 2000년 이후 단행본으로 출간됐다. 정용욱,『해방 전후 미국의 대한 정책』, 서울대학교출판부, 2003; 정병준,『우남 이승만 연구—한국 근대국가의 형성과 우파의 길』, 역사비평사, 2005; 홍석률,『통일 문제와 정치 사회적 갈등 1953~1961』, 서울대학교출판부, 2001; 허은,『미국의 헤게모니와 한국 민족주의—냉전시대(1945~1965) 문화적 경계의 구축과 균열의 동반』, 고려대학교민족문화연구원, 2008; 박태균,『원형과 변용—한국 경제개발계획의 기원』, 서울대학교출판부, 2007. 한국현대사 연구 1세대로 불릴 수 있는 이들은 1970년대 후반에서 1980년대 초중반 시기 대학에 입학한 세대로 1980년대 후반 6월항쟁과 북한바로알기운동, 탈냉전을 경험했다.

하여, 2000년대 이후 조·소관계와 조·중관계를 다룬 연구들도 진행됐다.[37]

2010년을 전후하여 국내에서 냉전기 중립·비동맹·제3세계를 다룬 연구들이 나오기 시작했다. 2010년대 초반, 1955년 반둥회의에 주목한 논문들이 여러 편 제출됐다.[38] 그리고 2015년 창립한 한국냉전학회는 냉전기 중립·비동맹·제3세계 관련 학술회의를 꾸준히 열어오고 있다.[39]

2010년 이후 국내에서 '글로벌 사우스(Global South)'가 주요 의제로 대두함으로써, 냉전기 반둥회의, 비동맹회의, 그리고 제3세계 역사에 대한 관심이 증대

---

37  기광서, 『북한 국가의 형성과 소련』, 선인, 2018; 이종석, 『북한-중국관계 1945~2000』, 중심, 2000.

38  이병한, 「'두 개의 중국'과 화교 정책의 분기—반둥회의(1955) 전후를 중심으로」, 『중국근현대사연구』 45, 2010; 김학재, 「동아시아 냉전의 세 가지 평화 모델—판문점, 제네바, 반둥의 평화 기획」, 『역사비평』 105; 임예준, 「1955년 반둥회의가 유엔 체제와 국제법 질서에 미친 영향」, 『국제법평론』 42, 2015.

39  한국냉전학회 창립 후 처음 개최한 학술회의(2015. 10. 31)의 주제가 '냉전과 제3세계'였다. 그리고 2021년에는 비동맹 60주년 기념 학술회의를, 2025년에는 반둥회의 70주년 학술회의를 진행했다. 이러한 학술회의 성과물은 학술지에 관련 기획·특집으로 게재되기도 했다. 2021년 『역사문제연구』 46호에는 '탈냉전 중립과 비동맹의 역사들'이라는 특집으로 3편의 논문이 실렸다(장문석, 「현해탄을 오간 중립—최인훈의 『광장』과 동아시아의 역사적 경험」; 류기현, 「1960년대 비동맹·중립주의 확산과 유엔한국통일부흥위원단(UNCURK)의 균열」; 김태경, 「비동맹 60주년에 돌아보는 냉전기 북한의 유고슬라비아에 대한 인식 변화」 등). 또한 2022년 『역사비평』 138호에는 '비동맹주의의 실험과 유산'이라는 기획으로 3편의 논문이 실렸다(백원담, 「전후 아시아에서 '중립'의 이몽과 비동맹운동—한국전쟁 종전에서 인도 요인을 중심으로」; 권헌익, 「제3세계 유동의 기원으로서 한국전쟁—버마의 우 누의 중립주의를 연결고리로」; 정영환, 「1947년 이시아관계회의와 재일아시아민족회의」 등). 2025년에는 한국냉전학회 학술회의에서 '반둥 정신과 대안적 평화 레짐'이라는 제목하에 4개의 글이 발표됐다(옥창준, 「'반둥 정신'의 서진—중동과 아프리카, 그리고 동유럽까지」; 김도민, 「1964~1965년 제2차 아시아·아프리카회의 준비회의와 남북한의 외교경쟁」; 백지운, 「중국 제3세계 노선의 기원과 반둥회의의 유산」; 박구병, 「반둥회의 이후 라틴아메리카의 트리컨티넨탈리즘」 등).

했다. 2010년 11월 경제협력개발기구(OECD) 산하의 개발원조위원회(Development Assistance Committee, DAC)에 가입함으로써, 남한은 국제원조 수혜국에서 공여국으로 바뀌었다. 이를 계기로 남한에서 새로운 정책 수단들이 "공론화하는 과정에서 기존의 남반구에 대한" "인식이 전방위로 확장"되기 시작했다.[40] 국제적으로는 2010년대 이후 글로벌 사우스 관련 국제회의에 인도·브라질·중남미 국가들이 결집하고, 중국도 글로벌 사우스에 영향력을 확대하고 있다. 2023년 1월에는 인도가 제1차 글로벌 사우스 정상회의를 개최했으며, 125개국이 참가했다.[41] 이러한 국내외적 상황에서 '글로벌 사우스'라는 개념이 국제개발, 사회학, 문화 연구, 문학 연구, 역사학 등으로 확산 중이다. 관련하여 2023년 김태균이 출간한 『반둥 이후—글로벌 사우스의 국제정치사회학』은 주목할 만하다. 그의 책은 현재 글로벌 사우스의 기원을 1955년 반둥회의에서 찾으며, 이후 비동맹운동이 일종의 "대항적 공존"이었다고 보고, 남한도 글로벌 사우스와 이러한 공존 방안을 고려하여 국제개발·외교 전략을 모색할 필요성이 있다고 제안했다.

이처럼 국내에서 냉전기 중립·비동맹·제3세계에 대한 관심은 약 20년의 단절을 지나 2010년대부터 글로벌 사우스의 부상과 함께 다시금 주목받고 있다. 다만 다양한 분과 학문의 관심이 증대하는 상황에서, 정작 국내에서는 냉전기 중립·비동맹·제3세계 관련 기초 문헌이나 역사적 사실들의 정리가 미비한 실정이다.[42]

---

40  김태균, 앞의 책, 4쪽.
41  최윤정, 「'글로벌 사우스'와 한국 외교」, 『세종정책브리프』, 2023-18(2023. 12. 21).
42  일본에서는 비동맹회의 관련 선언문을 담은 자료집이 이미 1970년대에 출간됐으나, 국내에는 국회입법조사처가 이를 일부 번역한 책자가 있을 뿐이다. 국회도서관 입법조사국, 『제3세계관계자료집』(입법참고자료 제205호), 1978. 이 자료집은 일본어 자료집을 중역한 것이

남한의 대(對)중립·비동맹·제3세계 외교사는 당대 남한 외무부가 가장 먼저 서술했다. 외무부 스스로 정리한 외교사 책자에서는 우리의 비동맹 중립국 외교가 북한의 침투를 저지하며 앞서 나가고 있음이 강조됐다.[43] 특히 1960~70년대 박정희 정부가 "대(對)중립국 적극외교를 과감히 추진"함으로써 "한국 외교"가 도약기를 맞이했으며, "한국의 국제적 지위는 크게 개선되었"을 뿐 아니라 외교망을 대폭 확충했다고 평가했다.[44] 탈냉전 이후에도 관련 서술 분량과 자화자찬식 평가는 줄어들었지만 기본 논조는 이어졌다.[45] 이러한 남한 외무부의 비동맹 중립국 외교의 '성공 서사'는 최근 학계의 논문에서도 일부 확인된다.[46] 아무튼 2010년 전후부터, 30년이 지나 공개된 대한민국 외교사료에 기초

었다.

[43] 외무부, 『외무행정 10년』, 1958; 외무부 외교연구원, 『한국 외교 20년』, 1967; 외무부 외교연구원, 『한국 외교의 20년(속편)』, 배문사, 1971; 외무부, 『60년대의 한국 외교』, 1971; 외무부, 『한국 외교 30년 1948~1978』, 1979; 외교통상부, 『한국 외교 50년 1948~2008』, 1999; 외무부, 『한국 외교 40년 1948~1988』, 1990; 외교통상부, 『한국외교 60년 1948~2008』, 2009.

[44] 외무부 외교연구원, 『한국 외교의 20년』, 1967, 161~165쪽; 외무부, 『한국 외교 30년 1948~1978』, 1979, 227~229쪽.

[45] 2009년 이명박 정부 시기 출간된 『한국 외교 60년』에는 "1961년 군사정부의 수립과 함께 중립국에 대한 적극적 외교 정책"에 따라 "재외공관망은 대폭 확장"했다고 설명된다. 외교통상부, 『한국 외교 60년 1948~2008』, 2009, 343쪽.

[46] 1961년 군사정부의 친선사절단 파견을 다룬 한 연구는 공개된 외교사료를 활용하여 파견의 역사적 맥락을 구체적으로 실증하면서도, 1961년을 기점으로 남한이 북한보다 더 많은 재외공관을 확보함으로써 "북한과의 외교 경쟁에서 우위를 나타냈"을 뿐 아니라 "협소한 지역인식을 세계적 수준으로 확장"했다고 평가했다. 양준석, 「1961년 한국의 친선사절단 파견과 지역인식의 확장」, 『한국정치외교사논총』 37, 2, 2016, 196~197쪽; 김명섭·양준석, 「한국 외교사에서 아프리카와 중동—인식의 변화와 담당 외교 조직의 변천을 중심으로」, 『한국정치학회보』 46, 5, 2012. 김용호는 군사정부의 외교 덕분에 "군사정부의 새로운 리더십과 활동이 국제사회에 많이 알려지게 되"었고 그 결과 "군정 3년 동안" 수교 국가를 대폭 늘림으로써 남한의 "외교 영토"가 확장됐다고 보았다. 김용호, 「대한민국 수교 노력과 성과에 대한 평가—시

한 이승만과 박정희 정부의 중립·비동맹 외교 관련 연구들이 다수 제출됐다.[47] 이렇게 냉전 이후에도 국내에 냉전기의 적대적이고 대결적인 시각이 잔존하는 까닭은, 하나의 시대로서 냉전이 종결된 서구와 달리 냉전과 함께 시작된 한반도 분단과 전쟁이 탈냉전 이후에도 지속되고 있기 때문일 것이다.

남한의 중립국 외교와 직접 관련된 것은 아니지만, 6·25전쟁을 멈추기 위해 설치되어 활동한 중립국감독위원회와 중립국송환위원회를 다룬 연구들도 다수 제출됐다. 특히 포로 송환을 관리하고 집행했던 중립국 인도 관련한 이승만 정부의 인식과 대응, 그리고 중립국행 포로들의 구성과 이들의 향후 삶을 다룬 연구들이 진행됐다.[48] 중립국감독위원회와 중립국송환위원회는 전쟁을 멈추

---

기별 주요 특성」, 『인하사회과학논총』 30, 2015, 99~100쪽.

[47] 도지인, 「1960년대 한국의 중립국 및 공산권 정책 수정에 대한 논의」, 『한국과 국제정치』 33, 2017; 김도민, 「1961~1963년 군사정부의 중립국 외교의 전개와 성격」, 『역사비평』 135, 2021; 김도민, 「1961~1973년 박정희 정부의 대(對)중립국 외교와 할슈타인 원칙」, 『역사문제연구』 52, 2023; 김도민, 『1970년대 박정희 정부의 비동맹 외교—한국의 가입신청 문제를 중심으로』, 국립외교원, 2023. 또한 외교사료를 활용하지는 않았으나, 문학 연구자 장세진은 처음으로 신문과 잡지 자료를 활용하여 1955년 반둥회의부터 1965년 2차 아시아·아프리카회의가 무산되는 과정까지 남한 정부와 지식인들이 어떠한 인식을 보였는지 설명했다. 장세진, 「안티테제로서의 "반둥 정신(Bandung Spirit)"과 한국의 아시아 상상(1955~1965)」, 『사이間SAI』 15, 2013; 『숨겨진 미래—탈냉전 상상의 계보 1945~1972』, 푸른역사, 2018, 146~183쪽.

[48] 중립국송환위원회의 조직과 활동, 위원회에 대한 이승만 정부의 인식과 대응은 자세히 밝혀졌으나, 당시 북한의 인식과 대응은 연구된 바가 없다. 이선우, 「한국전쟁기 중립국 선택 포로 연구」, 이화여자대학교 석사학위논문, 2012; 정병준, 「중립을 향한 '반공포로'의 투쟁—한국전쟁기 중립국행 포로 76인의 선택과 정체성」, 『이화사학연구』 56, 2018; 전준우, 「6·25전쟁 시기 포로 송환 문제와 전후 중립국송환위원회 활동」, 서울시립대학교 석사학위논문, 2025. 1950년대 중립국감독위원회의 활동에 대해서는, 미국·남한 측 인식과 대응은 박태균의 연구가, 북한에 관해서는 김도민의 연구 등이 있다. 박태균, 「1950년대 미국의 정전협정 일부 조항 무효 선언과 그 의미」, 『역사비평』 60, 2003; 김도민, 「중립국감독위원회의 활동과 북한의 대응」, 『통일과 평화』 26-3, 2024.

고 정전을 관리하기 위한 방법으로 중립국이 실제 적용된 사례였으며, 이들 기관에서 한반도에 파견되어 활동한 인물들과 중립국행을 선택한 포로들은 냉전·분단의 이분법적인 폭력의 공간에서 평화를 실천한 행위 주체였다는 데서 그 역사적 의미가 작지 않다.

냉전기 북한의 대(對)중립·비동맹·제3세계 외교 분석도, 남한 정부의 관변 연구기관에 의해 당대부터 시작됐다. 1975년 정부 산하 통일문제연구소 소속의 한치환은 연구용역 결과물로 국토통일원에 『북괴의 대(對)중립국 외교 정책 및 그 대비책』을 제출했다.[49] 이 연구는 1978년 국토통일원이 출간한 『북한개요』에 대부분 반영됐다. 『북한개요』는 북한의 대외관계를 다루면서 '제3세계 외교'라는 항목으로 북한의 비동맹 외교를 설명했다. 이 책은 북한 외교 정책 변화를 첫째 진영외교기(1948년 정권수립~1950년대 초), 둘째 다변외교 개시기(1950년대 중반~1950년대 말), 셋째 제3세계 외교 개시기(1960년대), 넷째 대(對)서방 접근기(1970년대) 등 네 시기로 구분했다.[50] 특히 제3차(1956)와 제4차(1961) 조선로동당 대회를 각기 다변외교와 제3세계 외교의 시작점으로 설정했다.

1980년대부터 남한의 정치외교학에서 북한의 비동맹 외교를 다룬 연구들

---

49 한치환은 북한 외교를 총 다섯 단계로 구분했다. 1단계는 1948년 정부수립부터 1955년까지의 대소 일변도 접근기, 2단계는 1956년부터 1961년까지의 다원적 대외접촉기, 3단계는 1962년부터 1964년까지의 대중공 접근기, 4단계는 1965년부터 1968년까지의 대소 관계개선 및 대중소관계 소원기, 그리고 5단계는 1969년부터 1975년까지 대중소 동시적 접근 및 대외 성책의 전술적 전환기 등이다. 한치환, 『북괴의 대중립국 외교 정책 및 그 대비책』, 국토통일원, 1975.

50 국토통일원 편, 『북한개요』, 국토통일원, 1979, 236~238쪽. 『북한개요』는 1978년 12월에 초판이, 1979년 12월에 개정판이 나온 이후 지속적으로 수정·보완본이 발행됐다. 필자는 1978년 초판본을 확보하지 못하여 개정판인 1979년 판본을 전거로 삼았다.

이 다수 제출됐는데, 대체로 『북한개요』의 시기 구분과 유사하게 서술됐다.[51] 학계에서 북한의 제3세계 외교 정책만을 다룬 첫 단행본은 1987년 출간된 정치학자 김태환의 『북한의 제3세계 외교 정책』이었다. 그는 그동안 연구들이 "평양 정권이 정력적으로 전개하는 대 제3세계 외교 정책의 의의와 결과를 외면"한 채, "북한의 대외 정책을 연구함에 있어서 주로 대 중·소 외교만을 중점적으로 다루지, 광활한 제3세계 후진 지역에 대한 대 비동맹 외교는 소홀히 취급"했다고 지적했다. 그리고 그는 당시 확보 가능한 김일성 저작집, 신문 등 1차 사료에 기초하여 "북한의 제3세계 외교 정책의 목표와 수단과 환경", 그리고 "평양 정권의 대 제3세계 전략이 성과를 거둔 원인과 배경"은 무엇인지 분석했다.[52] 2010년대 이후 역사학계에서 홍종욱은 1950년대 북한의 반둥회의와 비동맹운동에 대한 인식을 처음으로 구체적으로 밝혔으며,[53] 이후 1970년대 북한의 비동맹 외교를 다룬 연구들도 여러 편 제출됐다.[54]

북한의 제3세계 외교에 관한 연구는 국외에서도 꾸준히 진행되고 있다.

---

51 고병철 외, 『북한외교론』, 경남대극동문제연구소, 1978; 임태균, 「북한의 대비동맹 정책에 관한 연구—정책결정 요인을 중심으로」, 서울대학교 석사학위논문, 1983; 김남식, 「북한의 대비동맹 외교 정책」, 서울대학교 석사학위논문, 1986; 박재규 편, 『북한의 대외 정책』, 경남대극동문제연구소, 1986; 민병천 편저, 『북한의 대외관계』, 대왕사, 1987; 정규섭, 『북한 외교의 어제와 오늘』, 일신사, 1997; 김훈태, 「북한 대외 정책 노선에 관한 연구—비동맹론 수용 이후 김일성 대외관 변화를 중심으로」, 서울대학교 석사학위논문, 1991; 김계동, 『북한의 외교 정책』, 백산서당, 2002.
52 김태환, 『북한의 제3세계 외교 정책』, 국제문제연구소, 1987, 5~6쪽.
53 홍종욱, 「1950년대 북한의 반둥회의와 비동맹운동 인식」, 『동북아역사논총』 61.
54 임상순, 「제3세계·유엔 외교의 목표와 전략」, 서보혁·이창희·차승주 엮음, 『오래된 미래? 1970년대 북한의 재조명』, 선인, 2015; 윤승로, 「북한의 비동맹외교 전개 과정(1971~1975)에 관한 연구」, 동국대학교 석사학위논문, 2022; 김도민, 「1970~75년 북한의 쁠럭불가담(nonalignment) 인식과 활동」, 『현대북한연구』 26-3, 2023.

2013년 출간된 찰스 암스트롱(Charles Armstrong)의 『약자의 폭정―북한과 세계(Tyranny of the Weak: North Korea and the World, 1950~1992)』는 냉전기 북한의 대외 정책을 전체적으로 개괄하면서 1950~70년대 북한이 비동맹, 제3세계 국가들과 관계를 강화하는 과정을 설명했다.[55] 2021년 출간된 벤자민 영(Benjamin R. Young)의 『총, 게릴라, 그리고 위대한 수령―북한과 제3세계(Guns, Guerillas, and the Great Leader: North Korea and the Third World)』는 냉전기 북한이 제3세계 국가들에게 어떠한 외교·군사적 지원을 했는지 밝혔다. 그는 북한이 냉전기 동안 독자적인 제3세계 외교를 전개함으로써 일시적으로 국제적 위상을 확보했으나, 과격한 무력·테러 전략으로 1980년대 이후 퇴행했다고 주장했다.[56] 다만 그의 책은 서방 자료에 대부분 의존했으며, 북한의 제3세계 외교에 대한 냉전적 시각에서 벗어나지 못했다는 한계가 있다. 2025년 출간된 티쇼 반 데르 후그(Tycho van der Hoog)의 『냉전 너머의 동지들―북한과 남부 아프리카의 해방(Comrades Beyond the Cold War: North Korea and the Liberation of Southern Africa)』은 아프리카 행위자들이 북한과 어떻게 관계를 형성했는지 당사자들이 생산한 사료와 남한의 외교 사료를 활용하여 밝혔다. 특히 그는 그동안 아프리카 행위자들이 정치적 주체가 아니라 외부 세력의 영향력에 따라 움직이는 객체로 다뤄져온 연구 경향을 비판하며, 남부 아프리카 국가들이 생산한 자료를 활용하여 그들의 행위 주체성을 포착해냈다.[57]

이처럼 남북한 각각의 중립·비동맹·제3세계 외교를 다룬 연구는 일정하게

---

55  Charles K. Armstrong, *Tyranny of the Weak: North Korea and the World, 1950~1992*, Ithaca: Cornell University Press, 2013. 코넬대학교 출판부는 표절을 이유로 이 책을 절판했다.

56  Benjamin R. Young, *Guns, Guerillas, and the Great Leader: North Korea and the Third World*, Stanford University Press, 2021.

57  Tycho van der Hoog, *Comrades Beyond the Cold War: North Korea and the Liberation of Southern Africa*, Hurst & Company(London), 2025, pp. 6~8.

진척됐으나, 남북한을 함께 살펴본 연구는 그리 많지 않다. 1996년 출간된 배리 길스(Barry K. Gills)의 『코리아 대 코리아—정통성 분쟁 사례(Korea versus Korea: A Case of Contested Legitimacy)』는 1948년 이후 냉전체제 안에서 남북한이 국제적 '정통성(legitimacy)'을 놓고 벌인 외교 경쟁을 개괄했으나, 남북한의 외교 활동을 직접 비교하지는 않았다.[58] 2008년 김지형은 1970년대 미중 데탕트의 과정과 남북대화의 전개 양상을 남북한의 자료를 모두 활용하여 밝혔으며, 그 연장선에서 남북한이 제3세계를 무대로 하여 펼친 외교경쟁을 남한의 "외교문서와 기존 연구 성과들"에 기반해 분석한 논문을 제출했다.[59] 지구적 냉전과 남북한을 함께 살펴보려는 그의 관점은 이 책의 문제의식과 맞닿아 있으나, 스스로 밝혔듯이 남북한의 1차 사료를 활용하지 못했을 뿐 아니라 북한 관련한 외부 시선을 확보하지 못한 자료적 한계가 있다.

이상의 연구 현황을 정리하면, 2010년을 전후하여 국내외에서 냉전기 중립·비동맹·제3세계 연구에는 상당한 진척이 있었다. 국외에서는 미국·소련·중국 등 강대국과 제3세계 국가들의 관계를 다룬 연구서가 출간됐으며, 그 외 개별 제3세계 국가들의 비동맹 관련 연구도 이뤄졌다. 또한 반둥회의와 비동맹 회의의 구체적인 역사적 전개 양상 및 북한과 아프리카의 관계 등을 제3세계 국가들의 자료를 직접 활용하여 살펴본 연구들이 꾸준히 나오고 있다. 국내에서는 남북한에서 공개된 문헌 등을 활용한 남북한의 중립·비동맹·제3세계 관련 연구가 시기별, 사례별로 진척되었다.

이 책은 이러한 연구들을 반영하면서도, 지구적 냉전하의 진영 너머의 움

---

58 Barry K. Gills, *Korea versus Korea: A Case of Contested Legitimacy*, Routledge, 1996.
59 김지형, 『데탕트와 남북관계』, 선인, 2008; 김지형, 「1980년대 초 남북한의 제3세계 외교경쟁」, 『동북아연구』 28-1, 2013.

직임과 남북한의 외교경쟁 양상을 함께 종합적으로 규명하고자 한다. 동시에 6·25전쟁을 멈추고 평화를 유지하기 위한 장치로서 중립국감독위원회와 중립국송환위원회가 만들어져 활동하고, 이후 1954년 제네바회의에서 한반도 통일과 인도차이나 정전을 다루는 과정에 제안된 중립국에 의한 평화 논의 등도 살펴보았다. 이는 냉전과 전쟁을 넘어 평화를 위한 하나의 방법으로서 중립이 실제 어떻게 적용되고 실행됐는지를 살펴볼 수 있는 중요한 역사적 사례라고 생각한다.

이 책은 주로 다음의 다섯 가지 물음에 주목하고자 한다.

첫째, 1950~70년대 냉전의 진영 너머가 어떻게 형성되고, 변형되었는지 그 역사적 전개 양상을 추적하고자 한다. 앞서 언급한 딘켈의 저서가 냉전기 반둥회의와 비동맹회의의 전개 양상을 세밀하게 밝힌 바 있다. 그럼에도 비동맹회의가 비공개로 진행되기 때문에, 참가국이나 관련 정보를 수집한 국가들이 생산한 간접적인 자료에 기반하여 그 실태를 파악할 수밖에 없다. 딘켈은 미국과 영국, 독일 외무부 자료뿐 아니라 유고슬라비아 같은 회원국들의 자료를 활용하여 회의 논의와 진행 과정 등을 일부 복원하는 데 성공했다. 그럼에도 여전히 비동맹회의에서 다뤄진 많은 사안들이 어떠한 논의 과정을 거쳐 최종 선언문과 결의안에 담기게 됐는지 밝혀내야 할 부분이 많다. 따라서 이 책에서는 한반도 통일과 평화 문제가 각종 비동맹회의 의제로 다뤄지고 논의되는 과정을 당시 남한 외무부가 생산한 자료와 북한의 공개 문헌에 소개된 내용을 함께 확인하여 정리함으로써, 비동맹회의가 실제로 한반도 문제를 어떻게 다뤘으며, 회의 참가국의 인식은 어떠했는지 밝히고자 한다.

둘째, 기존에 냉전의 '주변부'로 치부되어 주목받지 못했던 남북한과 제3세계 국가들의 행위 주체성에 주목하고자 한다. 국제정치적으로 냉전질서는 강대국에 의해 주조됐으며, 남북한에게도 대(對)미·일·중·소 외교가 중요했던 것은 분명하다. 그럼에도 지구적 냉전질서는 시기에 따라 변화했는데, 1970년 전후부터 데탕트가 도래하는 상황에서는 탈식민 약소국들이 주도하는 각종 국제회의의 영향력이 커졌다. 특히 1970년대 초중반 비동맹회의는 세계정치의 주요 플랫폼으로 확고히 자리잡았다.

한편, 분단 상황에서 비민주적 사회 체제를 유지해야 했던 남북한의 동치 지도자들은 자신의 취약한 정당성을 외부에서 끌어올 필요가 있었다. 남북한 지도자들의 정당성 대결의 주요 전장이 바로 진영 너머의 국가들과 국제회의였다.[60] 즉 남북한의 대중립·비동맹·제3세계 외교는 대미·일·중·소 외교에 부차적인 것이 아니라 시기와 상황에 따라서는 국내적 통치 정당성을 확보하고, 자주외교를 실현하기 위한 중요한 영역이었다. 이에 이 책에서는 약소국 남북한과 제3세계 국가들이 서로를 어떻게 인식하고 관계를 맺어 나갔는지 살펴보고, 그것이 지구적 냉전질서에 어떠한 영향을 미쳤는지 그 행위 주체성을 드러내고자 한다. 이처럼 냉전기 일종의 '글로벌 사우스'였던 남북한과 비동맹 중립국의 관계사를 되돌아봄으로써, 향후 이들과 어떠한 관계를 맺어야 하는지 참조점이 되리라 생각한다.

셋째, 지구적 냉전과 탈식민, 그리고 한반도 분단의 문제를 겹쳐 보고자 한다. 냉전의 최전선에 위치한 남북한과 냉전의 진영 너머에 위치한 제3세계 나라들의 상당수는 모두 '탈식민 약소국'이었다. 따라서 탈식민과 냉전이 남북한과 제3세계 국가들에게 어떠한 영향력을 미쳤는지 그 유사점과 차이점을 살펴볼 필요가 있다. 또한 탈식민 및 냉전 문제와 함께 남북한의 분단 상황도 적극

---

60  딘켈은 탈식민 국가들이 취약한 국내 정치적 정당성을 확보하기 위해 비동맹 외교를 적극적으로 활용했음을, 1970년대 비동맹회의를 주도한 유고슬라비아·알제리·스리랑카 등의 국가를 통해 설득력 있게 제시했다. Jürgen Dinkel, op cit., pp. 143~155.

고려하고자 한다. 국내에서는 1970년대부터 강만길이 역사 연구에서 한반도 분단 문제의 중요성을 언급했으며, 이는 백낙청을 비롯한 창비 그룹에서 '분단 체제론'으로 제시된 바 있다.[61]

국외에서는 독일사 연구자 크리스토프 클레스만(Christoph Kleßmann)이 분단국들은 서로 "배제와 연관"되거나 "상호영향"을 주면서 "(비)대칭적" 관계를 형성했다고 주장하며, 동서독의 통합사적 시각을 강조했다.[62] 남북한의 중립·비동맹·제3세계 외교는 실제 외교 정책을 입안하고 실행하는 과정에서 분단의 상대방을 고려해야 했기 때문에, 남북한의 외교가 함께 다루어져야 할 필요가 있다. 특히 이 연구는 남북한 어느 한편만을 주인공으로 하지 않고 최대한 '중립적' 관점을 견지함으로써, 한반도에서 여전히 작동하고 있는 적대적인 냉전·분단의 이분법적 질문에서 벗어나고자 한다. 이처럼 이 책은 냉전기 남북한의 역사를 서술할 때, 남북한을 함께 보고 여기에 제3세계 국가들의 시선까지 최대한 겹쳐 보고자 한다.

넷째, 이 책은 다양한 행위 주체들의 인식에도 주목하고자 한다. 남북한의 치열한 진영 너머의 외교경쟁은 그동안 미지의 영역이었던 새로운 지역의 사람들과 마주할 기회를 제공했다. 즉 남북한 사람들은 냉전과 분단의 '외교경쟁'에서 승리하기 위해 아시아·아프리카·라틴아메리카 지역의 새로운 사람들을 만나야 했다. 특히 1950년대 중반부터 탈식민 신생국들이 아프리카 지역에서 대거 탄생하면서, 남북한 모두 아프리카에 적극적으로 진출했다. 냉전·분단

---

61 강만길, 『강만길 저작집 02. 분단시대의 역사인식』, 창비, 2018(초판 1978); 백낙청, 『분단 체제 변혁의 공부길』, 창작과비평사, 1994; 이종석, 「유신 체제의 형성과 분단 구조—적대적 의존 관계와 거울영상 효과」, 이병천 엮음, 『개발독재와 박정희시대』, 창비, 2004.

62 크리스토프 클레스만 지음, 최승완 옮김, 『통일과 역사 새로쓰기』, 역사비평사, 2004, 153~154쪽.

의 규정력은 남북한 사람들에게 미지의 땅을 방문하게 만들거나, 머나먼 지역의 사람들을 한반도에 불러들이는 새로운 만남의 장(場)을 제공한 셈이었다. 따라서 냉전기 다른 인종들 간의 만남에 대해, 남북한은 상대를 어떻게 이해하고 대했는지도 살펴보고자 한다.

다섯째, 이 책은 남북한의 외교 정책과 주요 인사들의 발언들에서 시기별로 드러나는 탈식민·냉전·발전 같은 담론의 변화 양상에도 주목하고자 한다. 약소국(弱小國)으로서 남북한과 제3세계 국가들은 모두 탈식민과 냉전이라는 이중의 조건에서 경제발전을 추구해야 했다. 이들은 탈식민·냉전·경제발전 등의 문제를 공유했지만 시기와 발화의 주체에 따라 각각의 위상과 관계의 설정은 변화했다. 이러한 '담론 배치'의 역사적 전개 양상을 밝히고자 한다.

이 책은 모두 3부로 구성했다. 제1부에서는 먼저 지구적 냉전의 도래와 함께 한반도 분단이 현실화된 상황에서 수립된 남북한 신생 정부가 진영외교를 전개하는 과정에서 탈식민 문제가 연루되어 발생하는 '균열'을 살펴보았다. 그리고 1950년 발발한 6·25전쟁에서 중립국에 의한 한반도 정전이 실현되는 과정을 다루면서 전시중립과 냉전적 중립의 의미가 어떻게 중첩됐는지 다루었다. 다음으로 6·25전쟁과 인도차이나전쟁의 화마를 막고자 아시아 국가들이 어떠한 노력을 기울였는지, 그리고 냉전기 최초의 아시아·아프리카 국제회의가 1955년 개최되고, 회의에서 만장일치의 성명서가 채택되는 과정은 어떠했는지 자세히 살펴보았다. 특히 반둥회의가 실현되기까지의 어려움과, 회의 내내 성과를 낼 수 있을지 불확실했던 그 역사적 과정을 드러내고자 했다. 또한 1950년대 지구적 냉전의 전체적인 상황을 고려하여, 반둥회의를 포함한 아시아뿐 아니라 서유럽과 동유럽에서 각기 출현한 중립에 대하여 남북한은 어떠한 인식을 보였는지도 함께 다루었다.

제2부에서는 먼저 1950년대 중반 남북한이 실제 냉전의 진영 너머로 진출

하는 과정과, 1960년 전후 급증한 신생국을 둘러싸고 벌어진 남북한의 적극적인 외교경쟁의 양상을 아프리카를 중심으로 정리했다. 남북한의 대아프리카 외교 정책이 입안되고 수정되고 수행되는 일련의 과정을 드러내고자 했으며, 탈식민과 냉전, 발전의 문제를 어떻게 활용하여 대아프리카 외교 전략을 입안하고 실행했는지, 동시에 남북한 외교관들은 아프리카인에 대해 어떠한 인식을 가졌는지 살펴보았다.

남북한의 중립·비동맹 외교는 1960년대 초중반 창립된 비동맹회의와 제2차 아시아·아프리카회의 개최를 둘러싸고도 활발히 전개됐다. 이에 당시 진영 너머의 국제회의를 둘러싼 관련 국가들의 충돌 양상을 최대한 복원하면서, 관련한 남북한의 인식과 대응도 살펴보았다. 특히 남북한은 1955년 반둥회의와 달리 제2차 아시아·아프리카회의 때는 정식 초청 대상국이었기 때문에, 외교경쟁은 더욱 치열해질 수밖에 없었다. 이러한 일련의 과정을 상세히 다루었다.

제3부에서는 1970년 재개된 제3차 비동맹 정상회의부터 각종 비동맹회의의 전개 과정을 중심으로 세계 정치에서 영향력이 커져가는 제3세계의 움직임을 정리하면서, 이를 둘러싸고 격화하는 남북한의 외교경쟁을 살펴보았다. 1970년대 초중반 진행된 미중 데탕트와 남북대화, 북한의 국제무대 진출 등이 남북한의 비동맹 외교에 어떠한 영향을 미쳤는지 최대한 포착하려고 노력했다. 특히 1975년 남북한이 비동맹 가입을 위해 외교전을 펼쳤던 사건만이 아니라 양자가 비동맹 가입신청에 이르게 되는 맥락과 외교 전술 등을 상세히 밝히고자 했다. 나아가 1975년 가입외교전이 일단락된 이듬해(1976) 열린 비동맹 정상회의에 상정된 한반도 문제에 관한 결의안을 둘러싼 남북한의 외교경쟁과 그 귀결도 살펴보았다.

## 3. 연구 방법과 자료, 용어

이 책은 1948~1976년 지구적 냉전질서하에서 등장했던 '중립·비동맹·제3세계'를 둘러싼 남북한의 인식과 대응 양상을 규명하기 위하여, 브루스 커밍스가 제안한 시차적 관점(Parallax Visions)을 최대한 견지하고자 했다. '시치(Parallax)'란 천문학·물리학의 개념으로 관측자의 위치에 따라 물체가 달리 보이는 현상을 의미한다.[63] 커밍스는 니체의 『도덕의 계보』에 실린 다음의 구절을 인용하며 "더 많은 눈과 다양한 눈"이 역사적 객관성을 높일 수 있음을 강조했다.

> 우리가 하나의 사태에 대해서 더 많은 정념으로 하여금 말하게 할수록, 우리가 동일한 사태에 대해서 더 많은 눈과 다양한 눈을 동원할수록, 이러한 사태에 대한 우리의 '개념'이나 '객관성'은 그만큼 더 완벽하게 될 것이다.[64] (밑줄—인용자)

이 책은 커밍스의 시차적 관점을 '시차적 사료교차'라는 연구방법으로 더 구체화하고자 한다. 냉전기 남북한과 다양한 비동맹 중립국 또는 제3세계 국가들의 관계를 밝혀내기 위해서는 최대한 많은 행위 주체가 생산한 사료를 확보하여 이를 교차해볼수록 당대 역사가 더 잘 드러날 것이다.

이를 위해 남북한과 제3세계 관련 주체들이 생산한 자료들을 최대한 확보

---

63　Bruce Cumings, *PARALLAX VISIONS: Making Sense of American-East Asian Relations at the end of the Century*, Duke University Press, London 1999; 권헌익도 초기 냉전 국제질서의 이해에서 발생하는 강대국 미국과 탈식민 민족해방운동 세력 간에 발생하는 '시차' 내지 오해를 지칭하는 개념으로서 커밍스의 시차적 관점에 주목했다. 권헌익, 「냉전의 개념사적 이해」, 신욱희·권헌익 엮음, 『글로벌 냉전과 동아시아』, 서울대학교출판문화원, 2019, 124~125쪽.

64　Bruce Cumings, op cit., p. 3; 해당 번역문은 다음에서 가져왔다. 프리드리히 니체, 『도덕의 계보—하나의 논박서』, 박찬국 옮김, 2021, 222쪽.

하여 교차검토하고자 했다. 우선 남북한 정부의 공식 문헌을 활용했다. 그런데 남북한 외교 관련 자료는 그 양적·질적인 면에서 매우 상이하다. 남한에서는 정보공개법에 따라 30년이 지난 외교 사료를 순차적으로 공개하고 있으며, 정부와 여당에 비판적인 야당과 언론 자료도 풍부하다. 반면 북한은 내부 논의 과정이 담긴 외교 사료는 공개되지 않으며, 신문·잡지도 국가의 입장을 대변할 뿐이다.

이 책은 남한 외무부가 생산한 중립·비동맹 관계 자료를 많이 활용했다.[65] 남한의 외교 사료에는 대중립국, 대비동맹 정책을 수립하고 실행하는 전 과정뿐 아니라, 현지 재외공관에서 실시간으로 올라오는 생생한 전문들이 풍부하게 존재하기 때문에, 비동맹 국가들의 움직임, 북한의 상황 등을 이해하는 데 유용하다. 특히 박정희 정부는 1960년대부터 비동맹 관련 현황을 면밀히 조사하고 관련 자료를 수집했다. 당시 외교 사료에는 비동맹회의 관련 기록, 비동맹회의에서 정상과 외상들의 발언, 비동맹 선언문과 결의안의 초안과 수정안, 비동맹국의 현지 언론보도 등이 다수 포함되어 있다. 각종 비동맹회의들은 유엔회의와 달리 최종 선언의 "토의 및 채택 과정은 공개하지 않"기 때문에, 1960~70년대 비동맹회의의 전개 과정을 실증적으로 규명하기란 쉽지 않다.[66] 따라서 비동맹회의 관련하여 박정희 정부가 재외 공관을 통해 수집했던 매우 잡다한 정보들(비동맹회의의 조직과 운영 방식, 여러 비동맹 국가 정상과 외상 및 외교관들의

---

[65] 대한민국 외교부는 정보공개법에 따라 "생산/접수된 후 30년이 경과한 외교문서에 대한 심의를 거쳐 매년 일반에게 공개"하고 있으며, 현재 공개외교문서 열람청구시스템(https://opendiplomaticarchives.mofa.go.kr)에서 누구나 외교문서를 요청하면 약 1주일 이후 해당 문서철을 파일로 다운로드 받을 수 있다. 이에 대한민국 외교사료의 출처는 『문서명』(작성 연월일), 『사료철명』, 외교사료관, 공개년도" 순으로 간략히 표기했다. '사료철명'과 '공개년도'만으로 열람청구시스템 사이트에서 해당 문건의 다운로드가 가능하다.

[66] 여정동, 앞의 책, 227쪽.

발언 등)과 북한 『로동신문』에 소개되는 자세한 회의 관련 보도를 통하여 비동맹회의의 역사를 일정 부분 복원할 수 있었다.[67] 진영 너머의 세계가 탐탁지 않았던 남한의 외교관들이 북한에 대항하고자 온갖 정보를 수집하여 본국으로 보냈던 그 '노력' 덕분에 진영 너머의 행위 주체들의 모습이 생생하게 기록되어 전해진다는 것은 역사의 아이러니가 아닐 수 없다.

북한의 비사회주의 외교는 공식 문헌(『로동신문』, 『조선중앙년감』, 『김일성저작집』 등)을 활용해 기초적인 사실을 정리하면서도 서술의 변화를 포착하여 그 '숨은 의도'를 찾아내고자 했다.[68] 북한 자료들은 국내에서는 통일부에서 운영하는 북한자료센터를 방문하면 디지털화된 원본을 확인할 수 있으며, 일부 신문 기사 제목들의 검색도 가능하다. 그런데 대한민국 외교사료관과 달리, 원본 파일의 다운로드와 사진 촬영을 금지하고 있어 종이 인쇄만 가능하다. 대학 도서관들에도 북한 자료가 상당수 소장되어 있으나, 자료는 대출이 불가능하며 '특수자료실' 내에서만 제한적으로 열람할 수 있다. 반면 미국·일본·독일 등에서는 북한 자료의 원본 파일을 온라인으로 열람하고 자유롭게 그대로 다운로드가 가능한 상황이다. 국내외적으로 북한 자료 접근의 '차별'이 존재하는 것은, 냉전이 하나의 완료된 시대가 된 국가들과 달리 한반도에서는 여전히 분단과 정전이 진행 중이기 때문일 것이다.

이처럼 북한 자료 접근이 제한적인 현실에서 국내에서 편집 발간된 자료

---

67 딘켈도 미국과 영국, 독일 외무부가 수집한 정보와 주요 비동맹 국가들이 생산한 문서를 활용하여 밝혔으며, 이는 남북한이 수집한 정보와 상호 보완되는 측면이 있다. 딘켈의 저서를 통해 비동맹회의의 전개 양상과 이를 둘러싼 미국과 소련 또는 서방 국가들의 입장을 확인할 수 있다.

68 현재 통일부 북한자료센터(https://unibook.unikorea.go.kr)는 『로동신문』, 『민주조선』, 『문학신문』 등을 디지털화하여 기사 제목 검색과 함께 원문을 제공하고 있다.

집은 북한 연구자들에게 큰 도움이 되었다. 1969년부터 1992년까지 고려대학교 아세아문제연구소에서 김준엽·김창순 등이 편집한 『북한연구자료집』(전12권)은 "1945년 8월 15일부터 1984년 12월까지 북한의 정치, 경제, 사회, 문화, 군사, 문화 등에 관한 연감·잡지·신문 등의 원문 자료를 수집하여" 선별하여 펴낸 책자이다.[69] 1982년부터 국사편찬위원회에서 나온 『북한관계사료집』(전80권)에는 1945년부터 1950년대까지 생산된 각종 북한 문헌뿐 아니라 러시아 외무성 극동과의 조선 관련 문서, 조선민주주의인민공화국 주재 소련 대사의 일지 등도 번역되어 실려 있다.[70]

2018년부터 시작하여 현재까지 김광운이 편집하여 펴낸 『북조선실록』(전200권)에는 1945년 8월 15일 해방 이후부터 1957년까지 북한의 역사가 담겨 있다.[71] 방대한 분량의 이 자료집에는 『로동신문』, 『민주조선』, 『근로자』처럼 기존 자료집이나 북한자료센터에서 제공하는 것뿐만 아니라 『조선인민군』, 『민주청년』, 일부 중국의 『런민르바오(人民日報)』도 실려 있어 자료적 가치가 높다. 또한 여타 북한 자료집이 이른바 '특수자료실'에서 폐가식으로 관리되지만, 『북조선실록』은 일반도서로 구매와 대출이 가능하다.

따라서 이 연구는 북한의 연대기 자료(『로동신문』, 『조선중앙년감』)을 기본으로 하면서도, 남한에서 편집된 이러한 자료집들도 적극 활용했다.[72] 그런데 북한

---

69 이 자료집은 '한국의 지식콘텐츠'(https://www.krpia.co.kr)에서 온라인으로 제공된다.

70 현재 이 자료집의 1~5권, 71~80권은 국사편찬위원회 누리집의 '한국현대사료DB'(https://db.history.go.kr/contemp/main.do)에서 온라인으로 제공되고 있다. 다른 권호의 사료집도 모두 온라인으로 제공되길 기대한다.

71 김광운, 『북조선실록: 년표와 사료』 1~200권, 경남대·북한대학원대(코리아데이터프로젝트), 2018~2024.

72 『조선중앙년감』은 조선중앙통신사에서 발행되는 연감으로, 보통 출간 전년도의 연대기 자료를 정리한 것이다. 다만 '1949년판'부터 '1976년판'까지 중에서 '1956년판'만 발행소가 '국

이 생산한 공개 문헌들은 북한 연구의 기초적인 사료이지만 여기에만 근거할 경우, 북한 지도부의 관점으로부터 자유롭기 어렵다. 이에 이 연구는 우드로윌 슨센터의 디지털아카이브가 제공하는 사회주의 국가들이 생산한 외교문서를 적극 활용했다. 여기에는 북한 인사가 중국과 소련, 동유럽 사회주의 국가의 외교관들과 나눈 대화뿐 아니라, 평양 현지에서 생산된 보고서와 전문 등이 포함되어 있어 북한 지도부의 내밀한 인식과 의도가 가감 없이 담겨 있다. 일례로 윌슨센터가 제공하는 1970년대 북한의 김일성 수상과 유고슬라비아의 대통령 티토가 주고받은 서한은, 당시 양자의 지구적 냉전과 비동맹에 대한 인식과 관련 정책이 시행되는 맥락 등을 이해하는 데 유용했다.[73]

물론 남북한과 우방국, 비동맹국 등 다양한 주체들이 생산한 문서에는 일정한 '편견'과 '역사성'이 함께 담겨 있다. 따라서 남북한이 생산한 자료를 남북한의 입장에 기초하여 이해하면서도 최대한 서로 견주며 시차를 드러낼 필요가 있다. 이 연구는 자료가 허용하는 한 제3의 주체가 생산한 문서도 겹쳐봄으로써, 한반도와 동아시아, 그리고 지구적 냉전의 복합적이고 역동적인 역사적 전개 양상을 포착하고자 했다.

남북한에서 생산된 자료 외에도 인도네시아 외무부가 1955년 반둥회의 개최 직전부터 발행했던 『아시아·아프리카회의 공보(Asian-African Conference Bulletin)』

---

제생활사'이며, '1961년판'은 1961년이 아니라 이듬해인 1962년에 발행됐다. 이하 출처는 『조선중앙년감(년판)』, 쪽수'로 간략히 표기했다.

[73] 우드로윌슨센터는 1991년 이후 국제냉전사프로젝트(The Cold War International History Project, CWIHP)를 센터 내에 설치하고, 냉전 시기 관련된 각국 정부들이 생산한 자료를 수집하여 디지털아카이브(https://digitalarchive.wilsoncenter.org)에서 온라인으로 영문 번역을 제공하고 있다.

를 이용했다.[74] 이 공보는 반둥회의 개최국 인도네시아의 인식뿐 아니라 당시 반둥회의의 진행 과정, 그리고 관련 다양한 국가들의 언론보도를 상세히 소개하고 있다. 덕분에 반둥회의가 열리기까지 과정과 회의의 구체적인 진행 상황뿐 아니라 남북한 또는 서방 국가들의 시선으로 포착되지 않는 주최국의 시선과 공보에 실린 다양한 국가들의 '시차'를 확인할 수 있었다.

남한 외교관들의 회고록과 구술은 당시 남한 외무부의 외교 정책이 어떠한 맥락에서 입안되었고, 이를 둘러싼 외무부 내 인식들이 어떠했는지 이해하는 데 도움이 된다. 특히 2010년대 이후 국립외교원은 당시 외교관들의 구술을 채록한 책자를 꾸준히 발간하고 있다. 다만 구술자의 증언에는 기억의 왜곡과 재구성이 있을 수 있으므로, 되도록 당대 생산된 문헌 자료와 교차검토하여 이용했다.[75] 또한 6·25전쟁 정전회담에서 중립국 관련하여 양측이 주고받은 대화를 확인하기 위해, '휴전회담회의록'을 활용했다.[76]

그런데 남북한의 자료를 함께 살펴보다 보면, 양쪽에서 다르게 표기되는

---

74  반둥회의 개최 60주년을 기념하여 만들어진 'BANDUNG+60' 웹사이트'(https://bandung60.wordpress.com)에서 이 공보의 피디에프 파일을 제공하고 있다.

75  일례로 남한 외교관 이시영은 2012년 진행된 구술에서 1975년 당시 비동맹 가입외교에서 외무부의 정책 결정 과정과 대통령의 승인 여부조차 확인이 불가하다고 했다. 그런데 실제 공개된 문서에는 실행 문건에 박정희 대통령의 서명이 있었다. 이시영, 『한국 외교와 외교관』(외교사연구센터 오럴히스토리 총서 4), 역사공간, 2015, 96~97쪽.

76  회의록 원문은 국사편찬위원회에서 간행된 『남북한관계사료집』(제1~10집)에 수록됐으며, 현재는 국사편찬위원회 누리집에서 온라인으로도 제공한다. 그리고 정전회담 본회담 기록은 『6·25전쟁 정전회담회의록』 1, 2권으로 전쟁기념관에서 번역 출간되었다. 국사편찬위원회 한국현대사료DB 휴전회담회의록(https://db.history.go.kr/contemp/level.do?itemId=pn); 『6·25전쟁 정전회담회의록 01. 제1~26차 개성 본회담(1951. 7. 10.~1951. 8. 16)』, 전쟁기념관, 2022; 『6·25전쟁 정전회담회의록 02. 제27~158차 판문점 본회담 기록(1951. 10. 25.~1953. 7. 19)』, 전쟁기념관, 2022.

말들이 많다. 대한민국(한국)은 상대를 '북한'으로, 조선민주주의인민공화국(조선)은 상대를 '남조선'으로 부르며, 우리가 살아가는 이곳을 남에서는 한반도로, 북에서는 조선반도로 지칭한다. 또한 영어 단어 코리아(Korea)는 남에서는 '한'으로, 북에서는 '조선'으로 번역된다. 이는 한반도 분단과 함께 탄생한 대한민국과 조선민주주의인민공화국이 자신만이 유일한 합법성 및 정통성을 갖는 국가임을 강조하기 위한 것이었다. 즉 한반도 분단은 "언어의 곳곳에 정치적 메시지"를 "심어놓았다."[77]

이에 이 책에서는 최대한 어느 한쪽의 말이 아닌 중립적인 용어를 사용하고자 했다. 일례로 남한에서는 한국 문제로, 북한에서는 조선 문제로 번역되는 코리안 레졸루션(Korean Resolution)은 '한반도 문제'로 썼다. 물론 '한'이라는 말이 여전히 남쪽에 치우친 용어이지만, 적어도 국가 정체성을 드러내는 '한국'보다는 '한반도'라는 단어가 남북을 포괄하는 지리적 의미를 가지기 때문이다. 또한 1950년 6월 25일 한반도에서 발발한 전쟁은 남에서는 한국전쟁(또는 6·25전쟁), 북에서는 조선전쟁으로 부르는데, 이 책에서는 국가를 의미하는 '한국'과 '조선'이 아니라 중립적 의미로서 '6·25전쟁'을 사용했다.[78] 그럼에도 적절한 단어가 없는 경우, 새로운 말을 만들기보다 우리 학계와 사회에서 통용되는 단어를

---

[77] 이타가키 류타 지음, 고영진·임경화 옮김, 『북으로 간 언어학자 김수경』, 푸른역사, 2024, 6쪽.

[78] 1950년 6월 25일 한반도에서 발발한 전쟁은 영문명으로 Korean War이며, 남한에서는 '6·25사변/6·25전쟁/한국전쟁' 등으로, 북한에서는 '조국해방전쟁/조선전쟁' 등으로, 그리고 일본에서는 '조선전쟁', 중국에서는 '항미원조전쟁' 등으로 불린다. 정용욱은 "한반도에서 일어난 전쟁이 한두 건이" 아님에도 "유독 제2차 세계대전 이후 한국과 베트남에서 일어났던 전쟁만을" 이렇게 부르는 것은 문제라고 지적한 바 있다. 정용욱, 「전쟁의 수사학」(2005. 5. 10), 한국역사연구회 누리집 아카이브(https://history.zesmu.com/archive/view/2648); 「6·25전쟁기 미·중관계」, 역사학회 엮음, 『전쟁과 동북아의 국제질서』, 일조각, 2006, 447쪽.

썼다.[79] 예를 들어 자료에 등장하는 직접 인용을 제외하고 남북의 국가를 지칭할 때는 남조선·(북)조선이 아니라 남한과 북한으로, 넌얼라인먼트(non-alignment)의 번역어는 '비동맹'으로 표기했다. 다만, 양국관계를 나타내는 표현의 경우 남한에서 일반적으로 쓰이는 '북·중/북·소'관계가 아니라 '한·미/한·일'관계에 상응하는 표현인 북한의 국가명을 활용한 '조·소/조·중'관계로 적었다.

---

[79] 김병로는 "한국과 조선을 아우르는 용어로" "'코리아'라는 영어 명칭이나 '남북'이라는 지리적 용어를 사용"했다. 김병로, 『한국과 조선—남북한 정통성 경쟁』, 서울대학교출판문화원, 2024, 29쪽. 반면, 김수지 책의 옮긴이들은 "영어 'Korea'와 달리 분단된 양측을 포괄하는 단일한 한국어는 없"기 때문에, "한국 독자들을 고려해 한국에서 일반적으로 사용되는 한반도, 남북 등을 사용하되 양 국가를 부를 때는 각기 선호하는 명칭을 살려 '북조선', '남한/한국' 등의 표현을 사용했다." 김수지 지음, 윤철기·안종철 옮김, 『혁명과 일상—해방 후 북조선, 1945~50년』, 후마니타스, 2023, 10쪽, 15쪽.

# 제1부

## 진영외교와 중립의 출현 —1948년~1950년대 중후반

아아회의(亞阿會議)는 아세아와 '아프리카' 양(兩) 대륙의 신생 독립국가 인민들이 백인 지배권에 대하여 인간적, 정치적 지위를 향상하기 위해 한자리에 모이는 유색인종만의 정부급 공식회의이다. (…) 세계 인구의 반을 점하면서도 2차대전까지 구미(歐美) 및 일본 제국주의의 식민지로서 세계정치의 담당자가 못 되고 그 희생물의 위치를 강요당했던 전후(戰後) 신(新)독립국 29개국 대표가 구(舊)식민지 인민의 단결과 미(未)해방 민족의 독립을 촉구하려는 목적으로 회합하여 유색인종에 의한 제3세력의 토대를 마련한 것이다. (…) 정치·사회 제도의 차이에서 오는 참가국 간의 마찰을 피하기 위해 '반둥'회의를 꿰뚫는 강렬한 반(反)식민·중립·비동맹적 사상적 이유에서 (…) 대한민국은 그 극단적인 반공주의에 대한 신흥 국가들의 혐오감 때문에 (…) 북한은 (…) 회의 속에 분쟁을 불러들이지 않으려는 의도에서 초청되지 않았다.

이렇게 해서 '공동의 광장'을 마련하는 데 성공한 제1차 아아회의는 아아 국가의 국제적 활동의 지침인 '10개 원칙'을 채택하였다.

—리영희, 「아(亞)·아(阿)의 물결 ① '유색(有色)'만의 공동광장」, 『조선일보』 1965. 6. 6.

회의에 채택된 평화 10개 원칙과 반둥정신은 그후의 아아(亞阿) 제국(諸國)들의 대외 정책의 주요한 한 기둥을 이루었으며 국제정치 면에서 새로운 지도 이념을 형성하게 되었다.

—아주국 동남아주과, 「행정연구서: 제2차 아아회의 참석 문제」(1965. 1. 10), 『아·아 회담(Afro-Asian Conference) 제2차, 전6권(V. 2. 회의개최준비상황보고, 1964. 4~65. 3)』, 외교사료관, 1996.

1945년 8월 해방된 한반도에서 미군과 소련군은 38도선을 경계로 남북을 각각 분할점령했다. 1947년부터 본격화한 미국과 소련을 중심으로 하는 양극적인 지구적 냉전의 도래와 함께, 1948년 한반도에 각기 서로를 인정하지 않는 적대적인 분단정부가 수립됐다. 냉전의 최전선에 탄생한 남북한의 신생 정부는 이분법적인 냉전의 경계선을 따라 자신이 위치한 자본주의 진영과 사회주의 진영의 국가들과 외교관계를 수립하고자 이른바 '진영외교'에 진력했다.

그런데 정부수립 직후부터 6·25전쟁 시기까지 남북한이 전개한 대외 활동에는 진영외교만으로 설명하기 어려운 것들이 존재했다. 냉전과 분단이라는 대립의 선은 이제 막 설정된 경계선인 반면, 한반도에는 더 오래된 식민경험이라는 역사적 지층이 존재했기 때문이다. 즉 이 시기 남북한 정부의 대외 활동은 냉전과 분단뿐 아니라 탈식민 문제까지 중첩적으로 작동하면서 전개됐다. 이에 1장에서는 1948년 정부수립 직후부터 6·25전쟁 시기까지 남북한이 전개한 냉전적 진영외교의 전개 양상을 정리하면서 동시에 매끄러운 진영외교에 균열을 일으켰던 탈식민 문제로서 일본[남]과 민족해방운동[북]을 함께 살펴보고자 한다.

2장에서는 6·25전쟁과 함께 출현한 중립에 대해 남북한이 각기 어떠한 인식과 대응을 전개했는지 살펴보고자 한다. 1950년 발발한 6·25전쟁으로 한반도와 아시아, 그리고 세계에서는 적대적이고 이분법적인 냉전의 질서가 더욱 견고해지는 듯했다. 그런데 역설적이게도 처참한 전쟁의 경험과 제3차 세계대전의 위협은 반전(反戰)과 평화를 지향하며 냉전의 어느 한편에 서기를 거부하는 새로운 흐름을 만들어내고 있었다.[01]

먼저 6·25전쟁을 멈추기 위한 방안으로 정전회담에서 정전감시를 위한 중립국감독위원회와 포로 송환을 위한 중립국송환위원회가 제안되고 합의된 후, 설치 및 실행됐다. 6·25전쟁에서 평화를 위한 방법으로 등장한 두 기구의 중립은 무엇을 의미했으며, 전쟁 당사자들의 인식과 대응은 어떠했을까.

1953년 7월 한반도 정전 이후, 한반도 평화와 통일을 논의하고 동시에 당시 격화하는 인도차이나전쟁을 멈추기 위한 협상 테이블이 1954년 4월 스위스 제네바에서 열렸다. 미국·소련·영국·프랑스·중국과 당사국들이 참여한 제네바회의에서도 중립국이 포함된 국제기구에 의한 한반도 통일을 위한 선거 감시 방안 및 인도차이나 정전 감시기구가 논의됐다. 이렇게 강대국들이 주도하는 회의가 열리자마자, 인도차이나와 지리적으로 인접했음에도 제네바회의에 초대받지 못한 아시아 5개국(인도·인도네시아·버마·실론·파키스탄)이 실론(스리랑카)의 수도 콜롬보에 모여 회의를 진행했다.

---

01 백원담, 「전후 아시아에서 '중립'의 이몽과 비동맹운동—한국전쟁 종전에서 인도 요인을 중심으로」, 『역사비평』 138, 2022; 공군본부 정보국 차장 박병식(朴炳植)은 서구의 중립주의 "맹아"는 2차대전의 "참혹한 폐적(廢跡)이 완전히 사라지지" 않은 유럽인들에게 "1951년 소련의 원폭 소유 발표와 동시에 원자력 시대가 가지는 전율적 파괴력"에 따른 "전쟁의 참화를 피하려는 염전(厭戰)주의 속에서" 시작됐다고 설명했다. 「근대 서구 중립주의의 정체(正體)」(上), 『조선일보』 1955. 8. 30.

이후 1954~55년 동안, 이른바 '콜롬보 국가들(Colombo Powers)'과 미국을 위시한 서방 국가들이 아시아에서 어떠한 지역질서를 구축할지를 둘러싸고 각축전이 전개됐다. 1955년 1월 5개 콜롬보 국가의 수상들은 인도네시아 반둥에서 아시아·아프리카 국가 정상급 인사들이 참여하는 국제회의를 열기로 결정했는데, 이에 미국을 위시한 아시아 반공 군사동맹인 동남아조약기구(Southeast Asia Treaty Organization, SEATO)도 방콕에서 회의를 개최하며 대응에 나섰다. 1955년 4월, 5개 콜롬보 국가들이 공동으로 주관하는 냉전기 최초의 아시아·아프리카회의가 29개국이 참여한 채 인도네시아 반둥에서 열렸다. 이들은 탈식민과 평화, 그리고 중립적 지향을 담은 만장일치의 공동성명서를 발표하는 성과를 달성했다. 흥미롭게도 인도네시아 반둥회의 이후, 유럽에도 중립이 출현했다. 자본주의 진영의 서유럽에서는 오스트리아가 중립화 독립을 이루었으며, 사회주의 진영의 동유럽에서는 대외적으로 중립 노선을 표방하는 헝가리와 유고슬라비아가 등장했다.

이에 제1부에서는 1950년대 지구적 냉전질서가 만들어지는 과정에서 출현한 '중립'의 의미와 그 실상은 어떠했으며, 냉전의 최전선이자 분단국으로서 전쟁을 경험한 남북한은 어떠한 인식과 대응을 전개했는지 살펴보고자 한다.

# 1장
# 남북한의 진영외교와 탈식민 문제(1948~50)

## 1. 남한의 자본주의 진영외교와 일본 문제

1945년 9월 한반도의 북위 38도선 이남에 진주한 미군은 점령통치를 실시했다. 군사적 점령하의 남조선에게 외교란 존재할 수 없었다. 그런데 1948년 8월 15일, 대한민국 정부수립이 선포되고 이날 밤 자정을 기해 미군의 남조선 점령이 종료되었다.[02] 이제 신생 대한민국은 식민지배와 외국군의 점령에서 벗어나 스스로 대외 정책을 수립하고 실행해야 했다. 1948년 7월 27일, 국회에서 선출된 이승만 대통령은 취임식에서 '한국 외교'의 방향을 다음과 같이 제시했다.

> 대외적으로 말하면 우리는 세계 모든 나라와 친선해서 평화를 증진하며 외교 통상에 균등한 이익을 같이 누리기를 절대 도모할 것입니다. 교제상 만일 친선에

---

02 김도민, 「주한 미대사관을 통해 본 초기 한미 외교관계(1948~1950)」, 정용욱 엮음, 『해방의 공간, 점령의 시간』, 푸른역사, 2018, 411쪽.

구별이 있으면 이 구별은 우리가 시작하는 것이 아니요 타동적으로 되는 것입니다. 다시 말하자면 어느 나라던지 우리에게 친선히 한 나라는 우리가 친선히 대우할 것이요 친선치 않게 우리를 대우하는 나라는 우리도 친선히 대우할 수 없을 것입니다.[03]

이승만은 "세계 모든 나라와 친선(親善)"히 "교제"하겠다면서도, "우리에게 친선히 한 나라는 우리가 친선히 대우할 것"이지만 "친선치 않게" "대우하는 나라"에는 "친선히 대우할 수 없을 것"이라는 외교 원칙을 제시했다. 심지어 1948년 8월 15일 정부수립 축하 기념식에서 이승만은 "기왕에 교제 없는 나라들과도 친밀한 교제를 열기로 힘쓸 것"인데, "소련과도 친선한 우의를 교환하기에 노력할 것"이라고 밝히기도 했다.[04] 그런데 이는 원칙론이었다. 그는 "현금 복잡한 세계는 공산주의와 민주주의라는 상반되는 두 이념주의로 나누어졌다"는 냉전의 이분법적 인식에 따라[05] '친선한' 자본주의 진영외교를 추진했다.

이승만 정부가 자본주의 국가들과 외교관계를 맺기 위해서는 먼저 유엔의 정부 승인이 필요했다. 미국은 남한의 정부수립 직전 '사실상의 승인(de facto recognition)'을 한다고 하면서도, 곧(12월) 열리는 유엔총회 이후 정식으로 '법률상의 승인(de jure recognition)'을 하겠다고 밝힌 상황이었다.[06] 영국도 유엔총회 결정을

---

03 이승만, 「대통령 취임사」(1948. 7. 24), 행정안전부 대통령기록관(http://www.pa.go.kr, 이하 대통령기록관).
04 이승만, 「대한민국 정부수립과 우리의 각오」(1948. 8. 15), 대통령기록관.
05 이승만, 「민주와 공산은 상반된 이념, 중국적화는 용납할 수 없다」(1948. 12. 19), 대통령기록관.
06 『동아일보』, 1948. 8. 14.

기다리며 남한 승인을 보류하고 있었다.[07]

이승만 정부는 유엔 승인을 획득하기 위해 '대한민국 유엔사절단'과 '대통령 특별사절단'을 유엔총회가 열리는 파리에 파견하는 등 적극적인 대(對)유엔 외교에 나섰다.[08] 강경한 반소(反蘇) 성향의 이승만도 "금후 소련의 승인을 얻기 위하야" "우호적 접근을" 하겠다고 밝히기도 했다.[09]

1948년 12월 6일, 제3차 유엔총회의 정치위원회에서 한반도 문제에 대한 토의가 시작됐다. 남한 대표단은 '민국대표 초청안'이 가결되어 회의에 참석했지만, 북한은 체코슬로바키아가 제안한 '북한대표 초청안'이 부결되어 참석하지 못했다.[10] 총회 폐막일(12월 12일), 대한민국 정부 승인에 관한 「유엔총회 결의 제195 III」이 다수 찬성표를 확보하여 채택됐다.[11] 이는 유엔 회원국들 대다수가 미국에 우호적인 자유 진영의 국가들이었기 때문에 가능한 결과였다. 유엔 승인이 이뤄지자, 미국이 가장 먼저 1949년 1월 1일자로 남한을 외교적으로 승인했으며, 한 해 동안 자본주의 25개국이 남한을 승인했다. 그리고 미국·대만·영

---

07 『동아일보』 1948. 8. 19.

08 1948년 8월 11일 열린 제6차 국무회의에서는 유엔총회에 파견할 대한민국 유엔사절단 정부대표로 장면과 장기영, 김활란을 선정했다. 이후 김규홍이 추가됐다. 또한 조병옥·정일형·김우평 등 세 명으로 구성된 대통령특별사절단도 유엔총회가 열리는 파리에 합류했다. 『경향신문』 1948. 8. 12; 『동아일보』 1948. 9. 8.

09 이승만은 "신한국 정부는 소(蘇) 측의 부인하에 탄생한 것이지만 금후 소련의 승인을 얻기 위하야 동국과의 우호적 접근을" 하겠다고 밝혔다. 『경향신문』 1948. 8. 20.

10 『경향신문』 1948. 12. 8.

11 찬성 48표, 반대 6표, 기권 1표였다. 외무부, 『한국 외교 30년』, 1979, 182~183쪽. 채택된 결의안이 승인한 대한민국 정부의 유일합법성의 범위는, 미국이 처음 제시한 결의안 예비초안과 이후 미국·호주·중국이 공동으로 작성한 최종 공동결의안의 도출 과정을 검토한 신승욱의 연구에 따르면, 선거 가능했던 38선 이남에 한정된 것이었다. 신승욱, 「1·2차 유엔한국위원단의 평화통일 중재 활동(1948~1950)」, 정용욱 엮음, 앞의 책, 362~365쪽.

국·프랑스·필리핀 등과는 외교관계가 수립됐다.¹² 이렇게 남한은 미국 중심의 냉전적 질서에 급격히 편입되어갔다.

그런데 자유 진영에 밀착한 남한은 일제 식민지에서 해방된 국가이기도 했다. 따라서 한반도에서 냉전의 규정력은 탈식민이라는 지층 위에서 작동하는 것이었다. 일례로 이승만 대통령은 공산주의를 공격할 때 '반(反)식민주의'와 '반(反)제국주의' 논리를 적극 동원했다. 이승만은 "공산당을 반대하는 것"이 아니라 "공산당의 매국주의를 반대하는" 것이며,¹³ 북한의 "소위 인민공화국"은 "매국주의로 남의 지도를 받고 참람(僭濫)히" 세운 괴뢰(傀儡)이자 그 배후에는 소련이라는 제국주의가 있다고 주장했다. 북한 지도부는 "인민을 위협해서 감히 발언치 못하게 만들고" "우리나라를 팔아서" "사욕을 채우려 하는 반역 분자들"이었다. 또한 북한 인민군도 "타국의 강제 밑에서" "위협에 끌려서" "적색군(赤色軍)에 뽑혀 무장을 하고 전쟁을 준비"하는 군대였다. 나아가 이승만은 북한 지도부를 친일파 "이완용과 송병준의 공명(功名)을 영광"스러워 하는 반민족적 집단으로 지칭했다.¹⁴

이처럼 이승만이 판단하기에 소련은 북한뿐 아니라 "아세아의 모든 독립국가들을 침략"하여 식민지로 삼고자 하는 "제국주의 적화(赤化)"의 지도자였다. 따라서 이승만은 적색 제국주의를 물리칠 역량을 기르기 위해 "아세아의 모든 자유를 사랑하는 나라들과 협동하여" "단결"을 이루자고 주장했다.¹⁵

---

12 외교관계 수립은 미국(1월 1일), 대만(1월 4일), 영국(1월 18일), 프랑스(2월 25일), 필리핀(3월 3일), 튀르키예(8월 13일) 순서로 진행됐다. 외무부, 『외무행정의 10년』, 1959, 615~619쪽.
13 이승만, 「대통령 취임사」(1948. 7. 24), 대통령기록관.
14 이승만, 「이북동포와 인민군에게 보냄」(1948. 12), 대통령기록관.
15 이승만, 「용기와 신념과 천우로 만난(萬難)을 극복, 1950년을 희망으로 환영」(1950. 1. 1), 대통령기록관.

이승만은 북한과 소련을 비판하는 한편, 북한이 내세우는 '남한은 미국의 식민지 정책에 따라 세워진 괴뢰'라는 주장에는 적극 반박했다.[16] 먼저 그는 동양의 약소민족들은 과거 식민지배를 받았던 경험 때문에 서양 강대국을 두려워할 수밖에 없다는 사실은 인정했다. 그럼에도 그는 미국은 침략주의를 일삼았던 서양 강대국들과 다르다며 세 가지를 언급했다.

첫째, 그는 미국 자체가 "자주평등제"로 세워진 국가이자 풍부한 물자 덕분에 "남의 토지나 세력을 탐내지" 않는 국가이므로, 약소국들은 미국을 전혀 두려워하지 않아도 된다고 주장했다. 또한 미국은 "정치나 토지에 야심이 없는 나라이며" "중간에 혹 몇몇 사람들이 사욕으로 주권을 간섭하려 할지라도 미국 인민이 그것을 용허치 않을 터이니 우리나라에 대하여 야심을 가질 수 없는 것을 세상"이 다 알 것이라고 보았다.[17]

둘째, 그는 자본주의가 외국의 거대 자본을 바탕으로 약소국의 경제를 지배한다는 경제적 식민화 논리에 반박했다. 미국 자본주의는 "모든 나라와의 통상과 외교를 발전시켜 평화의 복을 같이 누리자는 것"이었다. 현재 남한 정부도 "지금 미국과 통상조약을 다시 정하여 양국 인민에게 균평한 이익을 도모하려는 중"이었다. 특히 미국이 추구하는 자본주의 시스템은 "상업과 경제에 밝은 인도자들"이 "재산가들과 합해서 많은 자본을 모아" "우리의 물산을 외국인이 소용하도록 만들어내며", 동시에 "외국의 자본을 얻어서 기계공장을 확장하여 세계 모든 나라로 하여금" 자국의 "물건을 애용"하도록 하는 "경쟁" 체제였다. 이로써 우리 국민뿐 아니라 "모든 나라들"이 "함께 부강 전진"하기 때문에, 미국은 '제국주의' 국가처럼 약소국의 영토나 경제를 지배하는 나라가

---

16 이승만, 「이북동포와 인민군에게 보냄」(1948. 12), 대통령기록관.
17 이승만, 「우방과 함께 부강 전진하자」(1949. 8. 4), 대통령기록관.

아니었다.[18]

셋째, 남한은 "미국의 식민지 정책으로 된" "괴뢰정부"라는 북한의 주장은 "허무한 말"이라고 비난했다. 왜냐하면 자신의 "평생 역사를 아는 사람들은" 단연코 이승만이 "타국 통치 밑에서 정권을 잡고 남의 괴뢰가" 되려고 하지 않으리라는 것을 알 것이기 때문이었다.[19]

탈식민의 관점에서 미국을 옹호하고 북한의 비판에 반박하던 이승만에게 같은 진영 내에 존재하는 과거 식민지배자 일본은 골칫거리였다. 36년의 기간 동안 일제 식민지배를 경험했던 신생국 남한에게, 일본은 냉전의 같은 진영이기 이전에 위협적인 '제국주의' 국가로 인식됐다. 그런데 미국은 중국 대륙이 공산화된 상황에서 일본을 중심으로 동아시아 국가들을 하위 파트너에 위치시키는 일종의 수직적·차별적인 동아시아 냉전질서를 구축하고자 했다.[20]

미국은 이러한 동아시아 지역통합 전략을 실행하기 위해 일본 재무장을 추진했다. 특히 미 국방부 정책 결정자들은 일본 재무장이 필요하다고 주장했다. 유럽과 중동 지역에서 냉전적 대립이 격화하는 상황에서, 아시아에서는 소련과 군사적 충돌에 대비하여 제2차 세계대전의 패전국 일본을 재무장시키자는 것이었다.[21] 이러한 미국의 일본 재무장 계획에 이승만은 반대했다. 그는 먼저 미국에게 2차대전 당시 일본은 미국과 전쟁을 펼쳤던 적대국이었다는 사실

---

18  위의 자료.

19  이승만, 「이북동포와 인민군에게 보냄」(1948. 12), 앞의 자료.

20  미국의 동아시아 냉전질서 구축과 이에 따른 한미일의 갈등에 대해서는 다음 연구들을 참고할 것. 홍석률, 「이승만 정권의 북진통일론과 냉전외교 정책」, 『한국사연구』 85, 1994; 이호재, 『한국 외교의 이상과 현실』, 법문사, 1969; 李鍾元, 『東アジア冷戰と韓米日關係』, 東京大學出版會, 1996.

21  김현, 「미국의 일본 재무장 결정(1950년 9월)의 외교 정책 결정론적 분석」, 『한국정치학회보』 30-4, 1997, 367쪽.

을 상기하라고 했다. 게다가 만약 재무장한 일본에서 미군이 철수한다면, 남한은 북한 공산 세력과 싸워야 하는 상황에서 일본을 "또 한 개의 적"으로 맞이하게 된다고 우려했다.[22]

'일본 위협'이라는 문제는 아시아에서 집단적 지역방위기구나 조약을 만드는 데도 걸림돌이었다. 1949년 3월 20일, 필리핀의 퀴리노(Elpidio Quirino) 대통령이 유럽의 북대서양조약기구(North Atlantic Treaty Organization, NATO)와 같은 태평양동맹(Pacific Pact)을 결성하자고 제안하자, 3일 후 이승만은 찬성하는 담화를 발표했다.[23] 7월 11~12일, 대만 장제스와 필리핀 퀴리노의 양자회담을 기점으로 태평양동맹에 대한 논의가 본격화되었다.[24] 남한의 임병직 외무부장관은 회담 결과에 대해 "태평양 일대의 평화애호 민주주의 제국은 그간 다 같이 제국 간의 방위협정의 필요를 느껴" 왔는데, 드디어 "결정적의 형태를 갖추게" 됐다며 환영했다. 특히 그는 태평양동맹의 발족이 미국의 일본 재무장 시도를 무산시키리라 기대했다. 즉 "모든 태평양 제국이" "단결하여 일치 협력"함으로써, "일본 군국주의는" "꿈쩍 못할" 뿐 아니라 "미국으로서도 공산주의에 대한 방위를 위하여 일본을 재무장할 필요를 느끼지" 않으리라 기대했다.[25]

8월 6일, 이승만과 장제스는 남한의 진해에서 아시아 반공연합 전선의 구축을 위한 양자회담을 갖고 태평양동맹 결성 문제를 논의했다.[26] 이승만은 "한

---

22 『동아일보』 1949. 2. 16.
23 아시아 지역의 집단안보 체제를 지칭할 때, 태평양동맹, 태평양조약 등 다양한 이름으로 불렸다. 노기영, 「이승만 정권의 태평양동맹 추진과 지역안보 구상」, 『지역과역사』 11, 2002, 189~190쪽.
24 『동아일보』 1949. 8. 13.
25 『동아일보』 1949. 7. 13.
26 『동아일보』 1949. 8. 10.

중 양국이 일제에 대항했던 것처럼 앞으로 더욱 힘을 합쳐 공산 위협을 물리쳐야" 한다면서 당시 거론되던 "태평양방위동맹"의 필요성을 강조했다.[27] 그런데 일본의 태평양동맹 참여를 둘러싸고 이승만과 장제스는 충돌했다. 국공내전에서 패배가 예상되는 국민당의 장제스는 일본을 포함하는 태평양동맹의 결성을 원했다.[28] 특히 진해회담에서 장제스는 국민당 정부가 일본의 "배상을 포기한 것"을 두고 이덕보원(以德報怨), 즉 덕으로 원한을 갚는다는 고사성어를 언급했다. 이승만에게도 일본과는 "앞으로 우호관계가 중요하다"며 일본을 태평양동맹에 참여시키자고 주장했다.[29] 이에 이승만은 일본이 확실히 침략 의도를 버렸을 때라야 태평양동맹에 참여할 수 있다며, 당장 일본이 참여하는 데는 반대했다.[30]

1949년 10월, 중국 본토에는 공산 정권이 수립됐으며 이듬해 6월 한반도에서 전쟁이 발발했다. 미국에 의한 일본 중심의 동아시아 냉전질서 구축도 본격화됐다. 먼저 미국은 제2차 세계대전 전후처리를 위해 대일(對日) 평화조약(Peace

---

27   박실, 『한국외교비사』, 기린원, 1979, 114쪽.
28   왕엔메이, 「아시아민족반공연맹의 주도권을 둘러싼 한국과 중화민국의 갈등과 대립(1953~1956)」, 『아세아연구』 56-3, 2013, 164쪽.
29   박실, 앞의 책, 113~115쪽; 이호재, 『한국 외교 정책의 이상과 현실』, 법문사, 1969, 313~315쪽.
30   노기영, 앞의 논문, 197쪽. 1950년대 내내 이승만 정부하에서는 일본 문제로 동아시아 집단방위 체제가 구축되지 못했다. 1960년대 들어 박정희 정부는 반공안보의 지역공동체를 추구하며 일본과 함께하고자 했다. 그런데 당시 일본은 국내 '저항'을 우려하여 안보가 아닌 경제 중심의 지역협력 체제인 아시아태평양협의회(Asia Pacific Council, ASPAC)가 만들어졌다. 경제 중심이지만 1960년대에 들어서 "한국의 주도하에 일본을 포함한 지역협력 체제가 형성되었다는 것은 1950년대와는 다른 커다란 변화였다." 김도민, 「누가 오키나와를 버림돌[捨石]이자 쐐기돌[要石, keystone]로 만들었는가 [서평] 나리타 지히로 지음, 임경화 옮김, 『오키나와 반환과 동아시아 냉전체제―류큐/오키나와의 귀속과 기지 문제의 변용』, 소명출판, 2022)」, 『인문논총』 79-3, 2022, 461쪽; 나리타 치히로, 앞의 책, 177쪽.

Treaty)을 체결해야 했다. 그런데 일제 식민지를 겪었던 남한은 미국 샌프란시스코에서 열리는 강화회의에 초청받지 못했다.[31] 1951년 8월 20일, 변영태 외무부 장관은 "우리가 차별대우를 받는다고 생각"한다며 미국을 비판했다.[32] 다음 날 이철원 공보처장도 가장 큰 피해국인 남한이 배제되고는 일본의 군국주의·제국주의를 청산할 수 없다는 성명을 발표했다.[33] 아시아·태평양 국가들도 대일평화조약과 함께 추진되는 일본의 재건 및 재무장을 두려워했다. 오스트레일리아는 미국의 대일 강화조약에 동의하면서도 태평양 지역의 분쟁에 대비한 집단안전보장조약 체결을 요구했다.[34] 결국 1951년 9월 1일, 미국·오스트레일리아·뉴질랜드는 안보조약(Australia, New Zealand, the United States of America Security Treaty, ANZUS)을 체결했다. 이 조약은 오스트레일리아와 뉴질랜드가 "일본의 군사적 재기와 공산주의 침략에 대한 보장안으로서 모종의 공동 안전보장 조치를 강력히 강구"한 결과였다.[35]

이처럼 냉전의 최전선에 수립된 분단된 신생국 남한은 미국 중심의 자유 진영외교에 진력했으며, 그 결과 유엔과 다수 국가의 승인을 확보하며 상당한 성과를 달성했다. 그런데 과거 제국주의 일본과 해결되지 못한 탈식민 문제는 아시아 지역에서 자유 진영의 통합과 단결을 저해하는 요인으로 작동했다.

---

31  샌프란시스코평화회담에 대한 이승만 정부의 대응은 다음 책을 참고할 것. 정병준, 『샌프란시스코평화조약의 한반도 관련 조항과 한국 정부의 대응』, 경인문화사, 2022.
32  변영태, 「대일강화조약에 대하여」(1951. 8. 20), 『나의 조국』, 자유출판사, 1956, 236~237쪽; 『서울신문』 1951. 8. 23; 정병준, 『독도 1947—전후 독도 문제와 한·미·일관계』, 돌베개, 2010, 782쪽.
33  정병준, 앞의 책, 783쪽.
34  노기영, 앞의 논문, 198쪽.
35  『동아일보』 1951. 2. 28.

## 2. 북한의 사회주의 진영외교와 민족해방운동

1948년 9월 9일, 한반도 북위 38도선 이북에는 조선민주주의인민공화국이 수립됐다. 다음 날(10일), 북한 최고인민회의 제1차 회의에서 김일성 내각수상은 "우리나라에 완전한 통일을 보장하며 부강한 민주주의 자주독립 국가를 건설할 목적으로" 총 8가지 과업을 담은 「조선민주주의인민공화국 정부의 정강」을 발표했다. 7번째 항목에서 북한 정부의 대외 정책 방향이 다음과 같이 제시됐다.[36]

> 일곱째, 대외 정책에 있어서는 민주주의인민공화국 정부는 우리 민족이 전 세계 자유애호 민족들의 대렬에서 동등한 한 성원으로 되며 또한 우리 민족의 평등적 지위와 자유를 존중하는 여러 자유애호 민주국가와 민족들과의 건실한 친선을 맺도록 도모하게 될 것입니다.
> 공화국 정부는 일본을 제국주의적 침략 국가로 재생시키는 것은 우선 우리 민족의 독립을 위협하는 것이므로 일본을 다시 제국주의 침략 국가로 재생시키려고 시도하는 제국주의 국가들은 전부 다 우리 민족의 원쑤로 인정할 것입니다.
> 공화국 정부는 일본을 비군국화하며 민주화함에 대한 포츠담회의의 결정을 실현할 것을 강요할 것입니다.

김일성은 먼저 "우리 민족의 평등적 지위와 자유를 존중하는" "자유애호

---

36 김일성, 「조선민주주의인민공화국 정부의 정강(1948년 9월 10일 조선민주주의인민공화국 최고인민회의 제1차 회의에서 발표)」, 『근로자』 9호(1948년 9월호). 해당 글은 『근로자』 목차 앞에 실려 있다. 동일한 정강은 1950년 2월 20일에 발행된 『조선중앙년감(1950년판)』, 18쪽에 실려 있다.

민주국가"들과 "친선"을 맺겠다고 밝혔다. 그리고 그는 "일본을 다시 제국주의 침략 국가로 재생시켜" "우리 민족의 독립을 위협"하려는 "제국주의 국가들"을 "원쑤"로 규정했다. 즉 그는 자국의 독립을 위협하는 제국주의 침략 국가만 아니라면 어느 국가와도 외교관계를 수립하겠다고 원칙을 밝힌 것이었다. 1948년 10월 9일, 박헌영 외무상도 북한과 정상 관계를 갖기 원하는 국가의 정부들에게 외교적·경제적 관계설정을 제의하는 성명서를 발표했다.[37]

김일성은 모든 나라들과 대외관계를 맺겠다고 밝혔으나, 실질적으로는 냉전의 이분법적 진영 논리에 따라 사회주의 국가들과 외교관계 수립을 추진했다. 이러한 냉전적 진영 논리는 정부수립 직전인 1948년 7월 열린 북조선인민회의 5차 회의에서 언급된 바 있었다. 회의에서 평남도 김정주 대의원은 "세계 각국은 그 어느 국가임을 불구하고, 또는 그 국가 자체가 요구하고 요구치 않음을 막론하고, 그 국가의 성격과 발전 지향에 따라 그 어느 편에든지 가담치 않을 수 없으며 또 가담하게 될 것"이라고 발언했다. 냉전의 어느 한편에도 '불가담'하는 것은 불가능하다는 의미였다.[38] 또한 1949년 2월 1일 열린 최고인민회의 제2차 회의에서 김일성은 북한 "대외 정책"의 "가장 중요한 것은 민주 진영 나라 인민들과의 형제적 친선단결"이라며 사회주의 진영외교를 강조했다. 특히 그는 소련을 위시한 사회주의 진영의 적극적인 지지를 받아야만 "조국의 통일독립과 행복한 앞날을 향하여" 나아갈 수 있다고 밝혔다.[39]

그리하여 북한은 1948년 10월 12일 소련과 대사급 외교관계의 수립을 시작

---

37 『북한연표(1945~1961)』, 국토통일원, 1980, 133쪽.
38 「북조선인민회의 제5차 회의 회의록」(1948. 7. 9), 국사편찬위원회, 『북한관계사료집 8』, 1989, 382~383쪽.
39 김일성, 「조선민주주의인민공화국 최고인민회의 제2차회의에서 한 연설」(1949. 2. 1), 『김일성 저작집 5(1949. 1~1950. 6)』, 조선로동당출판사, 1980.

으로 1950년 6월 전쟁 발발 이전까지 사회주의 12개국과 국교를 맺었다.[40] 다만 북한 지도부는 같은 진영이라도 소련에 반기를 드는 유고슬라비아는 공개적으로 비판했다. 로동신문사 주필 리문일[41]은 "찌또 도당"이 "미 제국주의자들"에게 "리용"되고 있으며, 인도의 "델리 주재 유고슬라비야 대사관은 미국 탐정기관의 지시"에 복무하고 있다고 비난했다.[42]

또한 북한 지도부는 대(對)유엔 외교도 추진했다. 1948년 10월 7일, 북한 지도부는 프랑스 파리에서 열리는 제3차 유엔총회에 정부 대표로 박헌영 외무상을 파견키로 결정하고, 유엔 사무총장 트리그브 리(Trygve Lie)에게 참가 요청서를 제출했다.[43] 회신이 없자 박헌영은 11월 19일에 다시 한번 유엔에 참가를 요청했다.[44] 그런데 12월 7일, 유엔 정치위원회에서 남한 초청은 가결됐으나 북한 초청은 부결됐다. 관련하여 박헌영은 유엔 사무총장에게 항의 서한을 전달했다.[45]

또한 1949년 1월 19일, 앞서 유엔의 정부승인을 획득한 이승만 정부가 유엔 가입신청을 제출하자, 2월 9일에는 박헌영 외무상도 유엔에 북한의 가입 요청

---

40　북한의 연도별 수교국은 다음과 같다. 1948년(소련, 몽골, 폴란드, 체코슬로바키아, 루마니아, 유고슬라비아, 헝가리, 불가리아), 1949년(알바니아, 중국, 동독), 1950년(북베트남). 박태호, 『조선민주주의인민공화국 대외관계사 1』, 사회과학출판사, 1985, 59~60쪽.

41　리문일은 소련계로 『로동신문』 및 『근로자』 주필이자 당 선전선동 부부장직, 1956년 당대회 이후 당 중앙위원 후보위원을 역임했으나 1960년 1월 당과 정부 내 숙청 과정에서 소련으로 망명 또는 귀국했다. 김광운, 『북한 정치사 연구 1. 건당 건국 건군의 역사』, 선인, 2003, 78~79쪽; 서동만, 『북조선사회주의 체제성립사 1945~1961』, 선인, 2005, 526·550·787쪽.

42　리문일, 「미제의 침략을 반대하는 극동 인민들의 부쟁」, 『근로자』 제10호(1950. 5), 로동신문사(『북한관계사료집』 55, 국사편찬위원회, 2007, 332쪽).

43　『북한연표(1945~1961)』, 국토통일원, 1980, 133쪽.

44　위의 책, 137쪽.

45　위의 책, 138쪽.

을 타진했다. 그런데 유엔 안전보장이사회는 15일에 남한 가입안만 가입심사 위원회에 회부했고, 다음 날인 16일에 북한 가입안은 부결됐다.[46] 북한 지도부는 유엔총회 참석과 유엔 가입 요청이 모두 거부당하자 이번에는 유엔 산하 기구의 가입을 추진했다. 1949년 10월 1일, 박헌영 외무상은 '유엔 아시아 및 극동 경제위원회(United Nations Economic Commission for Asia and the Far East, 에카페ECAFE)'에 북한의 가입 요청 전문을 발송했다. 하지만 에카페 역시 남한의 가입은 받아들였으나 북한은 거부당했다.[47] 이처럼 유엔 회원국 상당수가 미국과 가까운 자본주의 국가였던 상황에서, 사회주의 진영에 속한 북한의 유엔 외교는 남한보다 열세일 수밖에 없었다.

북한 지도부도 이승만 정부처럼 탈식민의 논리를 동원하여 반대편을 공격했다. 김일성은 "미 제국주의자들은 자기의 팽창 정책을 확장시키며 약소민족의 자주권을 침범하기 위하여" "'원자탄 외교 정책', '딸라 외교 정책', '투루맨주의', '마-샬계획' 등 각종 술책으로 세계를 지배하려" 하고 있다고 비난했다. 특히 그는 아시아에서는 "일본을 미국 자본의 예속국으로 전화시키고 동방 아세아와 태평양 연안 제국 인민들을 침해하기 위한 전초지로 변화시키려고 시도하고" 있다고 주장했다. 동시에 그는 "미 제국주의를 선두로 한" 국제 반동 세력과 달리 "레닌 쓰딸린당이 지도하는 쏘련"의 대외 정책은 "약소민족의 독

---

[46] 위의 책, 144~148쪽. 남한의 유엔 가입신청안은 안전보장이사회와 유엔총회를 통과했다. 그러나 최종적으로 소련의 거부권으로 인하여 남한의 유엔 가입 시도는 좌절됐다. 류기현, 「1950년대 중·후반 이승만 정부의 유엔 가입 시도와 남·북한 동시가입론의 대두」, 『통일과 평화』 16-1, 2024, 236쪽.

[47] 위의 책, 165~166쪽. 에카페는 제2차 세계대전 이후 아시아·극동 지역의 경제 재건과 협력의 필요성에 따라, 유엔 경제사회이사회(ECOSOC)의 결의에 따라 1947년 3월 28일 창설됐다. 외교부 누리집, 「유엔 아시아·태평양 경제사회위원회(ESCAP)」(https://www.mofa.go.kr/www/wpge/m_3959/contents.do).

립과 자유를 존중"한다고 옹호했다.[48] 소련이 약소민족을 지배하고자 적화(赤化) 야욕을 드러내고 있다는 이승만의 주장에 반박하는 듯한 주장이었다.

또한 이승만이 북한 '공산당'을 매국 집단으로 공격했듯이, 김일성도 "리승만 도배들"이 "나라 팔아먹기를 전업으로 삼"는다고 비난했다.[49] 나아가 김일성은 남한에 진주한 "미 제국주의자들"이 "약소민족의 자주권을 침범하며 그를 다시 노예화"하기 위해 "식민지 예속화 정책을 실시"해왔다고 주장했다.[50]

한반도에서 냉전과 탈식민의 충돌이 발생하는 균열의 지점이 남한에서는 일본이었다면, 북한의 경우는 민족해방운동이었다. 정부수립 이전인 1948년 3월에 열린 북조선로동당 제2차 전당대회에서 김일성은 국제정세의 변화를 세 가지 "사변들"로 정리하면서 민족해방운동 문제를 언급했다. 첫 번째 사변은 "전후 국제 정치 세력 배치"의 변경이며, 두 번째 사변은 "국제무대에서 민주 세력과 반동 세력과의 투쟁"이었다. 제2차 세계대전 결과 제국주의 독일·이탈리아·일본이 격멸됐으며, 전후 질서는 이제 시대에 역행하는 반동 세력과 민주 세력이라는, 즉 미국과 소련 중심의 양대 진영 간의 투쟁으로 재편됐다는 것이다. 그는 2차대전 이후 '민주'와 '반(反)민주' 간의 가혹한 투쟁의 결과, 현재의 국제정세는 민주 세력에게 유리하게 전변했다고 주장했다.[51]

이어서 그는 국제정세의 세 번째 "사변"으로 "식민지 예속 국가들에서 자

---

48 김일성, 「북조선로동당 제2차 전당대회에서 진술한 당중앙위원회 사업결산보고」, 『근로자』 제4호(1948. 4), 로동신문사(『북한관계사료집』 45, 국사편찬위원회, 2005, 6~8쪽).
49 김일성, 「조선민주주의인민공화국 창립 1년에 관한 보고」, 『근로자』 제17호(1949. 9), 로동신문사(『북한관계사료집』 51, 국사편찬위원회, 2006, 133쪽).
50 김일성, 「북조선로동당 제2차 전당대회에서 진술한 당중앙위원회 사업결산보고」, 『근로자』 제4호(1948. 4), 로동신문사(『북한관계사료집』 45, 국사편찬위원회, 2005, 15쪽).
51 김일성, 「북조선로동당 제2차 전당대회에서 진술한 당중앙위원회 사업결산보고」, 『근로자』 제4호(1948. 4), 로동신문사(『북한관계사료집』 45, 국사편찬위원회, 2005, 3~5쪽).

유와 독립을 위한 식민지 예속 민족들의 해방투쟁"을 제시했다. 그가 보기에 인도·인도네시아·베트남·중국 등지에서 전개되는 '민족해방운동의 장성과 앙양'은 적대적인 국제 반동 세력에 치명적인 타격을 주고 있었다. 특히 그는 해당 국가들에서 전개되는 민족해방운동이 "민주 진영에 결속"됐다고 성격 규정했다. 즉 그는 민족해방운동이 '노동계급'에 의해 '영도'되기를 희망했다.[52]

그런데 2차대전 이후 전개된 민족해방운동은 반드시 '프롤레타리아의 지도'에 의한 것만이 아니라 다양한 세력들의 연합인 경우가 많았다. 당시 아시아에서 민족해방운동을 전개하여 독립을 달성한 국가들은 중국과 베트남을 제외하고 대부분 자본주의를 채택하고 있었다. 따라서 김일성이 민족해방운동의 독자성보다 '민주 진영'(사회주의)으로의 "결속"을 언급한 것은 신생 독립국 또는 독립 이전의 국가들에서 현재 전개되는 민족해방투쟁이 '공산당'의 주도하에 전개되어야 한다는 방향성을 제시한 것이었다. 1950년 1월 정부 기관지 『인민』에 실린 글에서도 민족해방투쟁의 "성과는 프로레타리아트의 선봉대인 공산당의 올바른 전략, 전술하에서" "프로레타리아트의 지도"하에서만 달성될 수 있다는 주장이 등장했다.[53] 1950년 5월, 조선로동당 중앙위원회 정치이론 기관잡지 『근로자』에 실린 글은 인도의 민족해방투쟁이 성공한 이유를 "공산당이 령도하는 인도 로동계급"이 "레닌-쓰딸린 학설을 성과적으로 적용한 중국의 승리적 민족해방투쟁의 교훈을 지침으로 하여" 이끌었다는 데서 찾았다.[54]

---

52  김일성, 「북조선로동당 제2차 전당대회에서 진술한 당중앙위원회 사업결산보고」, 『근로자』 제4호(1948. 4), 로동신문사(『북한관계사료집』 45, 국사편찬위원회, 2005, 4쪽).
53  문홍훈, 「현 단계에 있어서의 식민지 및 예속 제 국가의 민족해방투쟁」, 『인민』 1월호(1950. 1), 민주조선사(『북한관계사료집』 39, 국사편찬위원회, 2003, 613~618쪽).
54  리문일은 "1923년 레닌"의 주장을 근거하여 "방대한 수의 인구를 가진" 인도의 민족해방운동은 매우 중요하다고 보았다. 리문일, 「미제의 침략을 반대하는 극동 인민들의 투쟁」, 『근로

『근로자』에 실린 다른 글은 민족해방운동 투사인 인도 수상 네루를 직접 겨냥하며, "공산당에 대한 네루-파텔의 국민회의파 정부의 맹렬한 박해"를 비난하기도 했다.[55] 이처럼 북한 지도부는 아시아 자본주의 국가들에서 전개되는 민족해방운동에 큰 관심을 보이면서도, 공개적으로 '공산당'의 지도하에서만 투쟁이 성공할 수 있다는 주장을 펼쳤다.

그렇다고 이 시기 북한 지도부가 '민족'보다 '계급'을 전적으로 우선시했다고 단정하기는 어렵다. 김광운이 지적했듯이, 1946년 8월 북조선로동당 창립대회에서 김일성은 스스로를 "사회주의 계급운동의 리더보다는 전체 민족운동의 지도자로 자임"했으며, 1949년 김일성종합대학에서 나온 『조선민족해방투쟁사』는 조선 역사를 계급투쟁사가 아닌 민족운동사로 서술했다.[56] 브루스 커밍스도 1948년 작성된 것으로 추정되는 "당의 학교 강의에서 사용된 어느 긴 교재"를 분석하면서, 상세히 서술된 "마르크스-레닌주의 부분은 추상적이고 공허"하지만 "가장 순수한 김일성 노선"을 설명하는 데 이르러서는 "건조한 어조는 사라"진다고 보았다.[57] 이처럼 냉전의 최전선에 갓 수립된 신생 분단국 북한이 아시아 각국의 민족해방운동을 바라보는 시각에는 냉전(계급)의 이분법적인 진영논리만으로 매끄럽게 설명하기 어려운 지점이 존재했다. 그곳에 바로 탈식민(민족) 문제가 있었다.

정리하면, 1948년 탄생한 남북한의 분단정부는 대외적으로 모든 국가들과

---

지』 제10호(1950. 5), 로동신문사(『북한관계사료집』 55, 국사편찬위원회, 2007, 335~339쪽).

55  최진일, 「인도 인민들의 자유와 민주를 위한 투쟁에 있어서 로농동맹은 중요한 기반이다」, 『근로자』 제16호(1949. 8), 로동신문사(『북한관계사료집』 51, 국사편찬위원회, 2006, 123쪽).

56  김광운, 「북한 민족주의 역사학의 궤적과 환경」, 『한국사연구』 152, 2011, 276·280쪽.

57  브루스 커밍스 지음, 김범 옮김, 『한국전쟁의 기원 2-1. 폭포의 굉음 1947~1950』, 글항아리, 2023, 434~435쪽.

관계를 맺겠다는 원칙을 표방했으나 냉전의 최전선에 수립된 남북한은, 실질적으로 미국과 소련을 중심으로 하는 양극적 진영의 한편에 서서 자신에게 우호적인 진영외교를 전개했다. 그 결과 남북한 모두 자신의 진영에 속한 국가들과 빠르게 외교관계를 수립했다. 또한 남북한은 자신만이 한반도 유일 합법정부임을 주장하며 유엔 외교를 전개했으나, 당시 유엔 회원국 대부분이 미국과 가까운 자유 진영 국가들이었기 때문에, 북한은 고전을 면치 못했다.

남북한은 진영외교를 전개하면서도 탈식민 문제를 끌어와서 상대방을 공격하는 논리로 활용했다. 미국과 소련은 세계와 아시아, 그리고 한반도를 지배하려는 제국주의 세력이며, 이들에 영합한 남북한 지도부는 나라를 팔아먹은 매국노(賣國奴)라며 상대방을 향해 비난을 퍼부었다. 동시에 일제 식민지배를 받았던 남북한의 대외 활동은 냉전의 이분법에 따라 매끄럽게 전개되지 않았다. 남한은 미국이 일본을 중심으로 동아시아 냉전질서를 구축하려는 것과 충돌했으며, 북한은 공개적으로는 민족해방운동이 공산당의 지도를 받아야 한다고 주장하면서도 내부적으로 민족이 계급보다 강조되기도 했다.

이처럼 1948~50년 시기 한반도에는 오래된 식민경험이라는 지층 위에 냉전의 대립선이 그어지기 시작했다. 그리고 1950년 6월 25일, 냉전의 최전선 한반도에서 열전이 발발하자 적대적이고 이분법적인 냉전의 질서는 더욱 견고해지는 듯했다. 그런데 역설적이게도 끔찍한 전쟁이 냉전의 어느 한편에 서기를 거부하는 새로운 물결을 만들어내고 있었다.

## 2장
# 중립의 출현과 남북한의 반응

    1947년 3월 미국 트루먼(Harry S. Truman) 대통령은 "그리스와 터키를 지원해 공산주의의 팽창을 막아야 한다"며, 미국 하원에 예산 승인을 요청했다. 같은 해 9월 소련의 정치 지도자 즈다노프(Andrei A. Zhdanov)도 코민포름 창립대회에서 세계가 제국주의와 반제국주의, 민주주의와 반민주주의로 양분됐다고 발언했다. 이로써 미국은 "자유와 억압이라는 이분법"에 따른 냉전을 선언했으며, 소련도 자신의 방식으로 적대적인 냉전의 양대 진영론을 전개했다.[58] 그리고 1949년 서유럽에서는 미군을 주축으로 하는 북대서양조약기구(North Atlantic Treaty Organization, NATO)가, 1955년 동유럽에서는 소련 주도의 대(對)서방 군사동맹인 바르샤바조약기구(Warsaw Pact)가 창설됐다.[59] 또한 독일은 자본주의 서독과 사회주의 동독이라는 냉전의 양극으로 분단된 국가가 되었다. 이처럼 냉전 초기 유럽에서의 냉전질서는 빠르게 양대 진영의 이분화된 구조로 정착됐다.

---

[58] 트루먼과 즈다노프의 발언과 그 의미는 다음 책을 참고했다. 노경덕 편저, 『사료로 읽는 서양사 5. 현대편』, 책과함께, 2022, 273~278쪽.

[59] 위의 책, 289·290·303·304쪽.

한편 제2차 세계대전의 "참혹한 폐적(廢跡)이 완전히 사라지지" 않은 유럽인들에게 적대적인 양극적 냉전의 심화는 3차대전 발발의 위기감과 핵전쟁이 언제 터질지 모른다는 공포감을 불러일으켰다. 이러한 "전쟁의 참화를 피하려는 염전(厭戰)주의"는 유럽에서 반전(反戰) 평화운동의 확산으로 이어졌으며, 여기서 "서구 중립주의의 맹아"가 싹트기 시작했다.[60]

'매끄럽게' 이분화한 유럽의 냉전과 달리, 탈식민이 진행 중인 아시아·아프리카에서 냉전의 구도는 훨씬 복잡하게 전개되었다. 제2차 세계대전 승전국 영국·프랑스·네덜란드는 기존 식민지를 그대로 유지하거나 일본에 빼앗겼던 과거 식민지를 되찾고자 했다. 이에 인도네시아와 북아프리카(알제리·모로코·튀니지)에서는 민족해방투쟁이 격화했다. 동시에 1949년 중국 대륙에 공산 정권이 들어서자, 중국이 공산혁명을 주변 아시아 국가들에 '수출'할 수 있다는 우려도 있었다.

1950년대 아시아에서는 어떠한 지역질서를 구축하느냐를 둘러싸고 크게 세 그룹의 경쟁이 전개됐다. 첫째, 미국과 서방 진영은 동남아시아조약기구(SEATO, 시토) 같은 집단방위조약을 중심으로 아시아에 반공질서를 확립하고자 했다. 둘째, 소련과 신생 공산 중국 중심의 사회주의 진영은 아시아에서 친공산 세력을 확대하고자 했다. 셋째, 탈식민 신생 콜롬보 국가들(인도·인도네시아·버마·실론·파키스탄)은 적대적이고 이분법적인 냉전적 지역질서 재편을 거부하며 탈식민 평화를 지향했다.

아시아에서 '중립'에 대한 최초의 언급은 1947년 인도 뉴델리에서 열린 아시아관계회의(Asian Relations Conference)에서 확인된다. '아시아 각국의 민족해방 운동에 관한 분과' 회의에서 말라야 대표 존 시비(John A. Thivy)는 "전쟁의 위

---

60 『조선일보』 1955. 8. 30.

기가 고조되었을 때 원료·무기·조선소 등의 원조를 거부하기 위한 '비동원 (immobilization)'의 중립 블록을 창설해야 한다고 제안"했다.[61] 말라야가 제기한 중립은 오래된 '전시 중립'의 의미에 가까웠다.

1949년, 인도 수상 네루(Jawaharlal Nehru)는 「인도의 외교 정책과 세계평화」라는 제목의 연설에서 "우리는 권력 블록들(power blocs)이라 불리는 것에 우리 자신을 줄세우지(align) 말아야 한다"고 발언했다. 이는 냉전의 어느 한편에 줄서기를 거부해야 한다는 '넌얼라인먼트(non-alignment)' 개념을 제시한 것이었다. 특히 그는 인도가 대외관계에서 "특정 집단과 일렬로 줄을 서거나(lined up), 향후 우리의 외교 활동과 관련하여 그 집단과 얽매이는 입장에 처하고 싶지 않다"며 자주적인 외교 방침을 밝혔다. 이로써 그는 전쟁을 피하고 오래 지속되는 평화가 정착될 수 있다고 보았다.[62]

그런데 적대적인 양극적 냉전질서가 강화되어가던 1950년 6월 아시아의 한반도에서 전쟁이 발발했다. 이제 냉전이 열전으로 현실화한 상황에서, 확전을 막고 전쟁을 멈추는 것이 시급한 과제로 떠올랐다. 아시아에서는 6·25전쟁의 비극이 자국에서도 재현될 수 있다는 우려가 팽배했고, 냉전의 양대 진영 바깥에 서겠다는 목소리는 커질 수 있었다.[63]

이에 2장에서는 먼저 6·25전쟁을 멈추기 위한 과정에서 등장한 중립국감독위원회와 중립국송환위원회를 다룰 것이다. 중립국을 통한 한반도 정전 감시

---

61 정영환, 「1947년 아시아관계회의와 재일아시아민족회의」, 『역사비평』 138, 2022, 251~252쪽.

62 Nerhu, "India's Foreign Policy and World Peace", Speech in the Indian Council of World Affairs, New Delhi, 22 March 1949. P.I.B reports and The Hindustan Times, 23 March 1949, *Selected Works of Jawaharlal Nehru Series 2/Vol. 10, February 1949~April 1949*, p. 472. 백원담은 'align'을 동맹이라고 번역했으나, 여기서는 원뜻을 살려 '줄서기'로 번역했다. 백원담, 앞의 논문, 2022, 196쪽.

63 백원담, 앞의 논문, 206쪽.

와 중립국 인도가 주도하여 6·25전쟁 정전의 걸림돌이었던 포로 송환 문제를 해결하는 과정을 정리하면서, 남북한이 어떠한 인식하에 대응했는지 살펴보았다. 또한 6·25전쟁 이후 한반도 문제의 평화적 조정과 인도차이나전쟁의 평화적 해결을 위해 소집된 제네바회의, 그리고 콜롬보회의에서 전개된 중립과 평화 관련 논의를 다루었다.

다음으로 냉전기 최초로 열린 아시아·아프리카회의(반둥회의)가 어떻게 구상되고 그 진행 과정은 어떠했는지 정리할 것이다. 실제 회의가 열리기까지 상당한 우여곡절이 있었으며, 개최되고 나서도 워낙 다양한 국가들이 참가했기 때문에 합의를 도출해낼 수 있을지 장담하기 어려웠다. 특히 미국 주도의 아시아 반공 군사동맹기구인 시토(SEATO)는 방콕회의를 개최하며 반둥회의 견제에 나섰다. 이처럼 반둥회의가 확정되고 만장일치의 성명서를 채택하기까지 지난했던 역사적 전개 과정을 최대한 복원하고자 했다. 마지막으로는 서유럽과 동유럽에서 출현한 '중립'에 대해 남북한이 어떠한 인식과 대응을 전개했는지 살펴보았다.

## 1. 한반도 정전과 중립국에 의한 정전 감시 및 포로 송환(1950~54)

1950년 6월 25일 한반도에서 전쟁이 발발했다. 미국은 '북한의 남침'을, 소련은 남한의 북침에 대한 '정의의 반공격'을 주장하며 서로 대립했다.[64] 국제사회는 기민하게 움직였다. 6월 25일, 인도의 라우(B. N. Rau) 주재하에 열린 유엔의

---

64 개전 초기 미국과 소련의 전쟁 발발에 관한 입장은 다음의 책을 참고. 정병준, 『한국전쟁—38선 충돌과 전쟁의 형성』, 돌베개, 2006.

안전보장이사회(안보리)에서 미국 대표는 북한이 무장 병력을 38도선 너머로 후퇴시킬 것을 요구하는 결의안을 제시했다. 반면 유고슬라비아 대표는 안보리가 남북한의 전쟁 책임과 유죄 여부를 충분히 평가하기에는 정보가 부족하다며 북한 정부 대표에게 청문회 기회를 주어야 한다는 다른 결의안을 제시했다. 최종적으로 안보리는 미국 측 결의안 문구를 수정하여 "북한군의 대한민국에 대한 무력공격에 대하여 심각한 우려를 표명하고 (…) 이러한 행동이 평화의 파기"이며, "적대행위의 즉각적인 중지를 촉구하고 (…) 북한 당국이 그 군대를 38선 이북으로 철수할 것을 촉구"하는 내용을 담은 결의문 제82호를 찬성 9, 기권 1(유고), 불참석 1(소련)로 채택했다.[65]

이 유엔 결의안에 북한은 반응하지 않았으며, 6월 27일 트루먼 미 대통령은 남한을 지원하기 위해 미 공군과 해군의 파견을 명령했다. 27일 저녁 늦게 다시 열린 안보리 회의에서 미국은 "유엔 회원국들은 무력 공격을 격퇴하고 국제평화와 그 지역의 안보를 회복하는 데 필요한 만큼 대한민국을 지원해야 한다"는 내용의 결의안을 제출했다. 이에 유고슬라비아는 남북한 당사자들 간의 "중재 절차"를 제안하는 다른 결의안을 제출했다. 미국의 결의안이 찬성 7, 반대 1(유고), 투표불참 2(이집트, 인도)로 유엔 안보리 결의문 제83호로 채택됐다. 정부 지령이 없어 불참했던 인도는 이틀 뒤에 이 2차 유엔 결의안을 수락한다고 발표했다.[66] 유엔 사상 처음으로 유엔 헌장에 따른 집단안보가 발동된 것이었

---

65　김경수, 『인도와 한국전쟁—인도 비동맹외교의 기원』, 한국학술정보(주), 2006, 137~139쪽; 결의문은 다음을 참고했다. 「6·25전쟁의 발발과 유엔 안전보장이사회의 조치」, 국가기록원 (https://theme.archives.go.kr/next/unKorea/koreaWar.do). 당시 유엔안전보장이사회는 상임이사국 5개국(중화민국, 프랑스, 영국, 미국, 소련)과 비상임이사국 6개국(쿠바, 에콰도르, 이집트, 인도, 노르웨이, 유고슬라비아)으로 총 11개국이었다.

66　김경수, 앞의 책, 139~140쪽.

다. 이러한 "결의안을 기초로 판단한다면 유고슬라비아가 인도보다 '비동맹'을 더 철저하게 추구"한 셈이었다.[67]

전쟁 직후 자유 진영의 편에 섰던 인도의 대외 정책은 다시 중립적 입장으로 복귀했다. 7월 7일 미군 지휘하의 통합사령부가 유엔기를 사용할 수 있도록 승인하는 유엔 결의문에 이전과 달리 기권한 것이다. 인도 수상 네루는 기권의 이유를 명시적으로 밝히지 않았으나, 같은 날 기자회견에서 "한반도 분쟁은 제3차 세계대전으로 발전할 가능성이 반반"이라며 확전을 우려했다.[68]

이때부터 네루는 냉전의 양대 진영 바깥에 서서 6·25전쟁을 끝내기 위해 적극적으로 움직였다. 네루는 미 국무장관 애치슨과 소련 수상 스탈린(Joseph V. Stalin)에게 개인 서한을 보내 평화적인 중재를 시도했으며, 미국에 38선을 돌파하는 권한을 부여하는 결의안이 유엔총회에서 채택되자 이에 반대했다. 인도가 미·소의 중재자로 적극 나선 까닭은, 아시아 전역으로 전쟁이 확산되면 아무리 중립·비동맹을 표방하는 인도라도 전쟁 피해로부터 안전하기 어렵기 때문이었다.[69]

1950년 9월 인천상륙작전 이후 유엔군이 38도선을 돌파하여 북진하자 중국 인민지원군이 참전했고, 전선은 다시 남쪽으로 빠르게 이동했다. 1950년 12월부터 51년 1월 초까지 유엔에서는 인도의 주도하에 '정전안'과 '정전3인위원회'를 설치하자는 결의안이 제출됐다. 그런데 전선이 유동적인 상황에서 미국과 중국 모두 자신의 군사적 승리를 확신했으므로 정전의 협상 테이블은 열리

---

67   위의 책, 138쪽.
68   위의 책, 141~143쪽.
69   김경수는 『뉴욕타임즈 매거진(New York Times Magazine)』(1950. 8. 20) 기사를 활용하여 네루 행동의 이유를 국익의 관점에서 설명했다. 위의 책, 145~146쪽.

지 않았다.[70] 그리고 전쟁이 발발하고 1년이 지나 지루한 장마가 시작되는 시기, 전선은 다시 38도선 근처에서 고착됐다. 1951년 6월 23일, 소련의 유엔 수석 대표 말리크가 라디오 방송 연설에서 공식적으로 휴전을 제안하고, 28일 미국이 협상 수락의 성명을 발표함으로써 정전회담의 물꼬가 트였다. 7월 8일 개성에서의 예비회담을 거쳐 10일 첫 정전회담이 열렸다.[71]

약 2년간 진행된 정전회담에서는 제1의제(의제 협상), 제2의제(군사분계선 협상), 제3의제(정화 및 정전의 구체적 조치), 제4의제(전쟁포로에 관한 조치), 제5의제(관계국 정부에 대한 건의 사항 협상), 기타 등이 논의됐으며, 본회담만 모두 159차례 열렸다.[72] 특히 정전회담에서 '정전 감시기구'와 '송환 거부 포로 관리' 주체를 둘러싸고 중립국 문제가 논의됐다.

### 1) 중립국감독위원회(NNSC)의 합의와 포로 문제의 대두

제3의제의 정전을 관리 감독[73]하는 기구를 논의하는 과정에서 중립국 문제가 쟁점이 되었다. 1951년 11월 27일 열린 제28차 회담에서, 북한군은 정화 및 정전의 구체적인 방안 중 하나로 "쌍방은 정전협정 이행의 구체적인 준비와 감독을 공동으로 책임질 정전위원회를 구성할 같은 수의 인원을 지명"하자고 제안했다. 유엔군은 이에 동의하면서도 "감시(observation) 기능을 수행하는 군사

---

70  김보영, 『전쟁과 휴전—휴전회담 기록으로 읽는 한국전쟁』, 한양대출판부, 2016, 32 · 42쪽.
71  위의 책, 49~54쪽.
72  정전회담은 본회담, 분과위원회 회의, 연락장교회의, 참모장교회의 등으로 구성됐다. 위의 책, 81~83쪽.
73  당시 감독(supervision)과 감시(observation)가 모두 사용되었으나 이하에서는 최종 정전협정문의 용어인 '감독'을 주로 사용했다.

정전위원회"가 한반도 "전 지역에 자유롭게 출입할 수" 있게 하자고 했다.[74] 북한은 유엔군의 주장을 내정간섭이라 비판하고, 새롭게 외국군 철수를 주장하고 나섰다. 북한 입장에서는 미군 폭격으로 파괴된 비행장 복구가 필요했으므로 받아들이기 힘든 제안이었다.[75] 이에 유엔군은 "정전 서명 후 각 측이 한반도에서 병력과 장비의 증강이 계속되어야 한다고 생각하는가?"에 대한 답변을 요청했다. 북한군은 질문에 답하지 않고 유엔군 측이 "군사 정전을 통해 얻고자 하는 것이 조선 문제의 평화적 해결이 아니라 전쟁 상태의 유지"라고 받아쳤다.[76]

일주일 동안 정전을 감독할 기구의 방법과 권한에 대한 지루한 논쟁이 이어지던 중, 1951년 12월 3일 열린 제34차 정전회담에서, 북한군이 처음으로 감독기구를 적대적인 양측으로 구성된 군사정전위원회가 아닌 '중립국'으로 구성하자며 다음과 같이 제안했다.

> 7. 제6항 규정의 엄격한 이행을 감독하기 위해, 쌍방은 **6·25전쟁의 중립국 대표**를 초대하여 **비무장지대를 넘어** 쌍방이 상호 합의한 후방 입국 지역들에서 필요한 조사를 수행하는 감독기구를 구성하는 것, 그리고 그 조사 결과를 군사정전위원회에 보고하는 것에 합의한다.[77] (밑줄 및 강조—인용자)

이에 유엔군은 감독기구를 구성하는 중립국에는 어떤 나라가 얼마나 포함

---

74 『6·25전쟁 정전회담회의록 2. 제27~158차 판문점 본회담 기록(1951. 10. 25~1953. 7. 19)』, 전쟁기념관, 2022, 15~23쪽.

75 위의 책, 31·35쪽.

76 위의 책, 38·43쪽.

77 위의 책, 94쪽; 김보영, 앞의 책, 166~167쪽.

되는 것인지, 그리고 "당신들이 받아들일 수 있다고 생각하는 국가의 대표들 명단을 받고 싶다"며 구체적으로 되물었다. 북한군은 즉답하지 않았다. 다음 날(12월 4일) 열린 제35차 정전회담에서 북한군은 유엔군이 제시한 질문들을 포함하여 관련 문제를 분과위원회(Sub-Delegations)에서 논의하자고 제안했고, 유엔군은 이에 동의했다.[78] 이때부터 1952년 4월 19일까지 중립국 문제가 포함된 제3의제에 관한 분과위원회가 71차례 진행됐다.

북한이 새롭게 제시한 '중립국으로 구성된 감독기구'는 이미 정전회담이 열리기 전에 조·중·소의 사전협의 과정에서 수립된 협상의 기본 전략에 따른 것이었다. 1951년 7월 3일 중국의 마오쩌둥은 정전의 5개 기본 원칙과 2개 기타 문제를 담은 서한을 스탈린에게 보냈는데, 여기에 중립국감독위원회 구성이 포함되어 있었다.[79] 특히 스탈린은 "중립국감독위원회 구성은 먼저 제기하지 말고, 만약 미군 측이 유엔 군사정전위원회 설치를 제의하면 유엔은 전쟁 당사자라는 점을 들어 거부하고 그때 대신 중립국감독위원회 설치를 제의"할 것을

---

78 김보영, 앞의 책, 92~99쪽.
79 그렇다면 중국은 왜 중립국에 의한 정전 감독을 생각했으며, 중국이 생각하는 중립국은 어디였을지는 자료 발굴이 되어야 정확히 밝힐 수 있을 것이다. 다만 전쟁 초기 미군이 인천상륙작전에 성공하고 38선을 돌파하려 하는 시점에서 중국이 인도 대사 파니카에게 미국이 38선을 넘는다면 중국이 전쟁에 개입할 것이라고 공식 통보했다는 사실, 그리고 유엔총회에서 중국을 공격자로 규정하는 결의안에 인도는 반대투표했다는 사실 등 양국의 긴밀한 관계를 고려했을 때, 중국은 중립국으로 인도를 떠올렸을 가능성이 있다. 김경수, 앞의 책, 147~155쪽; 「문서64. 저우언라이와 인도 대사 K. M. 파니카의 회담」(1950. 10. 3), 세르게이 곤차로프·존 루이스·쉐리타이 지음, 성균관대학교 한국현대사 연구반 옮김, 『흔들리는 동맹—스탈린과 마오쩌둥 그리고 한국전쟁』, 일조각, 2011, 490쪽. 또한 중립국송환위원회에서 조·중·소 측이 인도를 위원장으로 제시한 것을 고려한다면 정전협정 이전에 구상한 중립국 대상에 인도가 있었을 가능성도 있다.

지시했었다.[80] 실제로 정전회담에서 양측 논의가 교착되었을 때, 북한은 스탈린의 지시대로 군사정전위원회 대신 중립국을 제안하고 나선 것이었다.

1951년 12월 5일 열린 2차 분과위원회 회의에서 '중립'을 둘러싼 논의가 오갔다. 미군 터너(H. M. Turner) 장군은 "중립적 감시 소조(neutral observation teams)라는 귀하의 제안에 만족할지는, 어떤 국가가 '6·25전쟁에서 중립적(neutral)'인지에 관한 귀하의 생각을 우리가 알아야만 결정할 수 있다"며 '중립'의 의미를 따져 물었다. 북한의 리상조 장군은 다음과 같이 답했다.

> 그 질문에 답하겠다. 중립국을 특정하기에 앞서, 먼저 중립국(neutral nations)이 무엇을 의미하는지 말하겠다. **중립(neutrality)의 엄격한 정의**에 따르면, 한반도에 대한 유엔의 개입(intervention)을 지원하고(support) 참여한(participate) 모든 국가는 중립국으로 간주될 수 없다. 그러나 전선에 있는 군인과 세계 평화의 신속한 실현을 바라는 인민들의 바람을 충족시키기 위해, (…) 감독기구(supervisory organ)를 구성함에 있어, **전투에 직접적으로 참여하지 않은**(not directly taking part the fighting) 국가의 대표들을 초대하는 데 동의할 것이다.[81] (밑줄 및 강조—인용자)

리상조는 중립의 엄격한 정의에 따르면 6·25전쟁에 어떠한 지원이나 참여

---

80 김보영은 션즈화(沈志華)가 편저한 『朝鮮戰爭—俄國檔案館的解密文件(中冊)』, (中央硏究院近代史硏究所, 2003)에 실린 「마오쩌둥이 스탈린에게 보낸 전문」(1951. 7. 3)을 활용하여 해당 부분을 서술했다. 김보영, 앞의 책, 56~57쪽.

81 「군사휴전회담 제3의제에 관한 분과위원회 제2차 판문점회의(Transcript of Proceedings, Second Session, Meeting at Pan Mun Jom, Sub-Delegations on Agenda Item 3, Military Armistice Conference)」 (1951. 12. 5), 『휴전회담 회의록 4. 제3의제에 관한 제1~71차 분과위원회 기록(1951. 12. 4~1952. 4. 19)』(남북한관계사료집 4권), 국사편찬위원회, 1994, 20~21쪽. 해당 자료는 '국사편찬위원회 한국현대사료DB'에서 온라인으로 제공하고 있다.

도 없어야 하지만, 신속한 평화를 바라는 세계 인민들을 위하여 직접 참전하지 않은 국가라면 모두 중립국 감독기구에 포함될 수 있다고 설명했다. 곧장 터너는 중립국이라 생각하는 국가의 명칭을 구체적으로 물었다. 리상조는 유엔 회원국이지만 평화를 지지하며 한반도에 군대를 보내지 않았던 체코슬로바키아와 폴란드를 하나의 예시로 제시했다.

이에 터너는 스위스·스웨덴·덴마크도 중립국으로 간주될 수 있는지 물었다. 리상조는 이들이 한반도에 자신의 군대(troops)를 보내지 않았기 때문에 중립국으로 간주될 수 있다고 답했다. 터너는 스웨덴과 덴마크가 전쟁에 병원을 제공했다는 이유로 중립국에서 제외되는 것은 아닌지 재차 확인했다. 리상조는 이들은 한반도에서 전투하지 않았기 때문에 중립국으로 간주할 수 있다고 답했다.[82]

이 논의에서 확인되듯이, 북한에게 중립은 전쟁에 참여하지 않는다는, 즉 냉전 이전부터 있었던 오래된 '전시(戰時)중립'을 의미했다. 따라서 조·중 측은 체코슬로바키아와 폴란드를 사회주의 국가임에도 중립국으로 제안했던 것으로 보인다. 그리고 유엔군 측도 사회주의 국가이므로 중립적이지 않다고 반발하지 않았다. 이처럼 6·25전쟁은 냉전이 갓 형성된 시점에서 발발했기 때문에, 정전회담에서 양측에게 '중립'은 냉전의 양대 진영 바깥에 선다는 냉전적 규정보다 전통적인 전시중립으로 받아들여졌던 것으로 보인다.

이제 양측은 중립국감독위원회가 남북한 후방의 정해진 출입구를 관리 감독하는 데까지 합의했다. 그런데 유엔군이 스위스·스웨덴·덴마크 3개국을 중립국으로 제시하자 북한군이 소련을 추가로 제안함으로써, 회담은 다시 교착됐다. 소련이 공개적으로는 6·25전쟁에 참전하지 않았기 때문에, 전시중립의

---

82　위의 자료, 21~23쪽.

제1부 진영외교와 중립의 출현—1948년~1950년대 중후반　87

정의에 따라 유엔군이 소련을 중립국이 아니라고 주장하기는 어려웠다.[83]

이처럼 1952년 3월까지 제3의제에 포함된 '비행장 복구 제한'과 '소련 중립국안'을 둘러싸고 대립하는 상황에서, 제4의제 중 포로 송환 원칙 문제가 새로운 쟁점으로 부상했다.[84] 조·중은 송환 거부 포로를 포함하여 모든 포로를 본국으로 돌려보내야 한다는 '자동 송환'을, 유엔군은 포로의 의사를 물어서 선택하게 해야 한다는 '자유 송환'을 주장하며 서로 대립했다.

1952년 4월, 이제 정전을 위해서는 '비행장 복구 제한'과 '소련 중립국안', 그리고 '포로 송환' 문제 등 세 가지 쟁점만 남은 상황이었다. 4월 28일 열린 제54차 정전회담 본회담에서 유엔군은 이 쟁점들을 한꺼번에 해결하자며 일종의 '일괄 타결안'을 제시했다. 즉 "비행장 재건과 건설에 제한이 없어야 한다는 당신의 입장에 기꺼이 동의"하며, 소련을 중립국감독위원회에서 제외하고 "4개 중립국"(스위스·스웨덴·체코슬로바키아·폴란드) 대표로 구성하자는 것이었다. 여기서 "'중립국'이라는 용어는 한반도에서의 적대행위에 참여하지 않은 국가를 의미한다"라고 명시됐다.[85]

동시에 유엔군은 송환 거부 포로를 제외하고 양측이 억류하고 있는 포로들을 일대일이 아니라 한꺼번에 교환하자고도 제안했다. 즉 양측이 판문점으로 전쟁포로를 인도하고, 유엔군이 임명한 영관급 장교 3명과 조·중이 공동으

---

83 조·중 측이 소련을 중립국으로 지명하겠다는 "강경책"을 내세운 것은 "비행장 복구를 제한하는 유엔군 측을 압박하려는 일종의 협상용 카드"였으며 미국은 "소련을 거부하는 이유를" 제시하기 어려웠다. 김보영, 앞의 책, 193~195쪽.

84 위의 책, 196쪽.

85 「제44차 군사정전회담, 제19차 판문점회담 전체회의록」(1952. 4. 28), 『6·25전쟁 정전회담회의록 2』, 전쟁기념관, 2022, 148쪽; 「첨부문서 1. 유엔군사령부 정전협정 제안문—1952년 4월 27일자 수정본」, 위의 책, 156쪽; 김보영, 앞의 책, 201쪽.

로 임명한 3명으로 구성된 '전쟁포로송환위원회(Committee for Repatriation of Prisoners of War)'로 하여금 "전쟁포로의 송환과 관련된 정전협정의 모든 조항의 집행을 감시"하게 하자는 것이었다.[86]

이에 조·중 측은 자신들이 만든 다른 '일괄 타결안'을 역제안했다. 먼저 유엔군이 양보한 비행장 문제는 "회담의 논의에서 전혀 거론될" 사안이 아니므로 받아들이겠다고 했다. 그리고 소련을 중립국감독위원회에서 제외하는 데는 동의하지만, 이는 반드시 송환 거부 포로를 포함하여 양측이 억류하고 있는 포로 전원을 송환하는 것을 전제로 하는 것임을 강조했다. 즉 유엔군이 주장하는 "이른바 '자원 송환(voluntary repatriation)'은 사실상 강제 억류"이기 때문에, 모든 포로를 "상호 송환"하자는 주장이었다. 결국 조·중은 송환 거부 포로를 제외하자는 유엔군의 제안을 사실상 거부한 것이었다.[87] 이로써 1952년 5월 초, 비행장 복구와 중립국감독위원회 사안은 실질적 합의에 이르렀으나, 유일하게 남은 것은 '송환 거부 포로' 문제였다.[88]

애초에 전쟁포로 송환 문제는 1949년 8월 12일 체결된 「포로의 대우에 관한 1949년 8월 12일자 제네바협약(Geneva Convention Relating to the Treatment of the Prisoners of War of August 12, 1949)」(제3협약)에 따라 '쉽게' 해결될 것으로 예상됐다. 그런데 1951년 말 양측이 포로 명부를 교환했을 때, 유엔군이 억류한 포로 숫자가 조·중이 억류한 포로보다 10배 이상 많았다. 또한 유엔군의 전쟁포로 중에는 본국으로 송환되기를 거부하는 포로가 상당수 있었다. 이는 전쟁 초반 전선이 급격히 이동

---

86 「제44차 군사정전회담, 제18차 판문점회담 전체회의록」(1952. 4. 28), 『6·25전쟁 정전회담회의록 2』, 전쟁기념관, 2022, 158쪽.

87 같은 자료, 164~165쪽.

88 「제93차 군사정전회담, 제67차 판문점회담 전체회의록」(1952. 7. 1), 『6·25전쟁 정전회담회의록 2』, 전쟁기념관, 2022, 411쪽.

하는 상황에서 현지에서 징집된 '의용군'의 상당수가 포로로 잡힌 전황에 따른 것이기도 했다. 게다가 중국 인민지원군도 국공내전을 막 끝마친 상황에서 참전했기 때문에, 상당수 중국군은 국민당군 출신인 경우가 많았고 이들은 중화인민공화국으로 송환되기를 거부하고 중화민국(대만)으로 가기를 원하고 있었다.[89]

이제 '포로의 대우에 관한 제네바협정'의 제118조 "포로는 적극적인 적대행위가 종료한 후 지체없이 석방하고 송환하여야 한다"와 제7조 "포로는 어떠한 경우에도 (…) 그들에게 보장된 권리의 일부 또는 전부를 포기할 수 없다"를 둘러싸고 양측의 치열한 '해석 전쟁'이 시작됐다.[90]

조·중은 제118조에 따라 전쟁이 끝나면 전쟁포로는 지체없이 석방되어 본국으로 송환되어야 하며, 제7조에 따라 본국 송환은 어떠한 상황에서도 유보될 수 없는 포로의 권리라고 주장했다. 즉 양측이 억류하고 있는 모든 포로들은 본국으로 무조건 '전원 송환'되어야 한다는 것이었다. 반면 유엔군은 동일한 조항에 대해 "포로들은 일단 석방이 되고, 그런 다음에는 그들이 원하는 경우에 본국으로 송환하는 것으로 해석했다."[91] 즉 포로들의 의사를 확인하여 본국 송환 여부를 결정하자는 조건부 '자원(volunteer) 송환' 또는 '자유 송환'을 내세웠다. 특히 조·중의 자동 송환 제안에 대해서는, 송환을 거부하는 포로들의 자유의사에 반하는 비인도적인 '강제(forced)' 송환으로 규정했다. 정전회담장에서

---

89  중국군 포로 송환 문제는 다음의 논문을 참조. 김보영, 「한국전쟁 포로 협상과 중국군 포로의 선택」, 『사학연구』 123, 2016; 박영실, 「반공포로 63인의 타이완행과 교육 및 선전 활동」, 『한국학』 135, 2014.

90  「포로의 대우에 관한 1949년 8월 12일자 제네바협약」(제3협약), 법제처 국가법령정보센터 (https://www.law.go.kr/trtyInfoP.do?trtySeq=4035).

91  조문 해석을 둘러싼 양측의 논쟁은 다음을 참고했다. 김경수, 앞의 책, 157~159쪽.

유엔군은 전원 송환 주장은 "전체주의 지배자의 폭정"이며 포로 개인에게 "잔혹하며 억압적"이라며 상대를 공격했다.[92] 이후 회담장에서는 양측의 원색적인 비난이 반복됐다.

그러던 중 1952년 9월 28일 열린 회담에서, 그간 자원 송환을 주장해온 유엔군이 새로운 제안을 밝혔다. 비무장지대로 포로들을 인도한 후 면담하여 그들이 원하는 곳으로 보내자는 것이었다. 특히 유엔군의 제안에는 포로를 면담하는 기구의 하나로 "중립국 소조"가 포함됐다. 유엔군은 이 공정한 기구가 비무장지대에서 포로들을 면담함으로써, 조·중 측이 내세우는 "전쟁포로가 당신네로의 송환을 거부하도록 강요"받을 수 있다는 "타당한 두려움"은 해소될 것이라고 설명했다. 즉 유엔군은 전쟁포로의 자유의사를 확인하는 방법으로 제3의 기구를 생각했으며, 앞서 중립국감독위원회의 합의가 있었으므로 전투에 참여하지 않은 중립국이 포로들을 면담하는 방식을 제시한 것으로 보인다.[93]

이처럼 일부 새로운 제안은 있었으나, 양측의 회담은 '자동 송환'과 '자원 송환'이라는 양립 불가능한 원칙을 두고 여전히 팽팽히 맞서고 있었다. 1952년 10월 8일, 유엔군은 "더이상 제안할 것이 없"으며 "단지 욕설과 허위 선전을 듣기 위해 이곳에 오지 않을 것"이라며 "휴회를 선언"했다.[94] 정전회담은 무기한 휴회에 들어갔다.

---

[92] 「제113차 군사정전회담, 제87차 판문점회담 전체회의록」(1952. 7. 26), 『6·25선쟁 정전회담회의록 2』, 전쟁기념관, 2022, 504쪽; 「제119차 군사정전회담, 제93차 판문점회담 전체회의록」(1952. 9. 12), 같은 책, 536쪽; 「제122차 군사정전회담, 제96차 판문점회담 전체회의록」(1952. 10. 8), 같은 책, 555쪽.

[93] 「제121차 군사정전회담, 제95차 판문점회담 전체회의록」(1952. 9. 28), 위의 책, 547쪽.

[94] 「제122차 군사정전회담, 제96차 판문점회담 전체회의록」(1952. 10. 8), 위의 책, 557쪽.

## 2) 중립국송환위원회(NNRC)의 합의와 정전의 실현

정전회담이 무기한 휴회하자 양측의 전투는 더욱 격렬해졌다. 미군은 북한 전역에 공중폭격을 가했고, 조·중군은 고지 탈환을 위한 지상전에 주력했다.[95] 정전회담이 언제 열릴지 모르는 상황에서, 1952년 10월 14일 제7차 유엔총회가 열렸다. 이 자리에서 한반도 정전의 걸림돌인 전쟁포로 문제가 논의됐다. 미국이 그간 주장해온 대로 '자원 송환' 원칙하에 즉시 휴전하자고 제안하자, 소련은 '한반도 문제 평화적 해결위원회'라는 특별위원회를 새로 구성하자며 역제안했다.[96]

미·소가 충돌하자, 인도가 이들의 중재에 나섰다.[97] 1952년 11월 17일, 인도 대표 크리쉬나 메논(Krishna Menon)은 유엔총회에 「인도의 결의안 초안(Indian Draft Resolution)」을 제출했다. 이 결의안은 지속되는 한반도 전투로 막대한 인명 손실, 파괴, 고통이 계속되고 있음을 지적하며, 한반도 문제의 평화적 해결과 적대성의 빠른 종식을 위해 포로 문제를 다룰 중립적인 송환위원회의 설치를 제안했다. 송환위원회는 "정전협정 초안 37항에 언급된 중립국감독위원회를 구성하는 4개국 대표, 또는 적대행위에 참여하지 않은 4개국"(체코슬로바키아·폴란드·스웨덴·스위스) 대표로 구성하며, 이 송환위원회가 "모든 전쟁포로의 본국(homeland)[98] 송환의 편의를 제공"하자는 것이었다.[99] 특히 인도는 이미 합의된 중립국감독

---

95  1952년 10월부터 1953년 초까지 정전회담 휴회 기간 양측의 격렬한 전투는 다음의 책을 참고. 김보영, 앞의 책, 286~307쪽.
96  위의 책, 309~310쪽.
97  김경수, 앞의 책, 158~160쪽.
98  전쟁기념관은 '모국'으로 번역했으나, 전쟁포로들의 송환 기준은 국적이었으므로 국적의 의미를 지닌 '본국'으로 번역했다.
99  인도 결의안 초안의 원문은 다음에 실려 있다. 「Indian Draft Resolution」(UN Doc. A/c. 1/73),

위원회의 4개국뿐 아니라 그에 준하는 국가들도 더 추가하여 '중립국에 의한 송환위원회'를 구성하자는 새로운 해결 방안을 제안했다. 단, 인도는 중립국송환위원회의 중립국 요건에 유엔상임안전보장이사회 국가들은 제외한다는 단서 조항을 추가했다.[100] 이는 앞서 정전회담에서 중립국감독위원회 구성국 논란을 불러일으킨 소련의 참가 가능성을 원천 차단하기 위한 것으로 보인다.

이러한 인도의 결의안은 포로들의 의사를 확인한다는 점에서 기본적으로 미국의 '자원 송환' 원칙을 따르고 있었다. 일부 수정을 거친 인도 결의안은 12월 3일 열린 제399차 유엔총회 본회의에서 찬성 54표 대 반대 5표로 통과됐다.[101] 이러한 유엔총회 결의안에 대해 소련은 "미군 사령부가 채택한 원칙을 모방한 것"이라며 반대했으며, 중국도 전쟁 당사자 없이 통과된 것이라며 결의안의 '불법'과 '무효'를 주장했다.[102]

이처럼 1952년 말, 유엔총회에서 인도가 중립국에 의한 전쟁포로 처리 방안을 제시하며 정전의 걸림돌인 포로 문제 해결에 나섰으나 성과가 없었다. 그런

---

Nov. 17, 1952(Excerpt), 김경수, 앞의 책, 213~216쪽.

[100] 인도의 제안에 대하여 김경수는 중국과 미국 "양측의 불만을 고루 해소시킨 것"이었다고 평가했으나, 이는 인도의 입장에 근거한 것일 뿐 실제 제안의 내용은 1952년 9월 28일 유엔군이 제시한 사항과 거의 유사했다. 김경수, 앞의 책, 160쪽.

[101] 「610(VII). 한반도: 유엔한국통일부흥위원회(the United Nations Commission for the Unification and Rehabilitation of Korea) 보고서(1962. 12. 3)(항목 16(a))」, 유엔 디지털라이브러리(https://digitallibrary.un.org/record/211409?v=pdf). 미국은 인도 결의안에 포함된 "90일이 지난 후"에도 "본국으로의 송환이 이루어지지 않은 전쟁포로의 처리"를 "송환위원회가 정전협정 초안 제60조에 따라 소집될 정치회의에 회부"한다는 조항에 반대하며 삭제를 요구했다. 이에 인도는 송환 의사를 밝히지 않은 전쟁포로들의 처리를 정치회의에서 논의하되, 이 회의가 30일이 지나도 해결 방안을 도출하지 못한다면 이들의 관리와 보호 책임은 유엔으로 이전되며, 유엔은 국제법에 따라 엄격히 이들과 관련된 사항을 처리한다는 조항을 추가하는 것으로 결의안 내용을 일부 수정했다. 김보영, 앞의 책, 312~313쪽; 김경수, 앞의 책, 160쪽.

[102] 김경수, 앞의 책, 160~161쪽.

데 1953년 초 국제정세는 급변했다. 1월 20일, 미국에서는 드와이트 아이젠하워(Dwight D. Eisenhower)가 대통령으로 공식 취임함으로써 새로운 공화당 정부가 출범했다. 3월 5일, 소련에서는 최고 지도자 스탈린이 갑작스럽게 사망했다. 스탈린 조문단으로 파견된 중국의 저우언라이는 소련 지도부와 한반도 문제를 논의했다. 소련은 내부 문제 때문에 전쟁에 관여하기 어려웠으며, 북한 지도부는 미군의 공중폭격에 의한 피해 때문에 오래 전부터 정전을 원하고 있었다.[103]

1953년 3월 19일, 소련 지도부는 긴급 각료회의를 개최하고, 전쟁 종식을 위한 구체적인 방안과 지침을 확정했다. 특히 소련 지도부는 정전을 가로막고 있던 포로 문제에 관하여 "모든 전쟁포로의 본국 송환"이라는 기존의 주장을 포기하고, "송환을 원하는 포로들은 즉시 송환시키고 나머지 포로들은 송환 문제의 정당한 해결을 위해 중립국에 인도할 것을 제의"하기로 결정했다.[104] 이러한 소련의 방침에 따라 조·중은 유엔군에 송환 거부 포로들을 중립국으로 인계하자는 서한을 발송하며 정전회담 재개를 촉구했다. 4월 11일 양측은 상병(傷病) 포로 송환 협정에 조인했으며, 26일 정전회담이 다시 열렸다.[105]

6개월 만에 재개된 회담에서 북한군은 "조선에서의 정전을 막고 있는 포로 송환 문제의 합리적인 해결을 확보하는 것이 전적으로 가능하다"며, 특히 "직접 송환을 하지 않은 남아 있는 포로를 쌍방이 협의를 통해 합의한 중립국으로 이송하여 그를 군사적 통제에서 석방"하게 하자고 제안했다. 그런데 유엔군

---

103  김보영, 앞의 책, 318~321쪽.
104  「330. 소련 내각회의 결정서, 소련 정부가 중화인민공화국 중앙인민정부 주석과 조선민주주의인민공화국 내각 수상에게 보내는 서한, 조선에서의 평화적인 협상에 대한 정책의 변경과 조선 문제에 대해 UN 주재 소련 대표단에게 하달하는 훈령」(1953. 3. 19), 국사편찬위원회 편, 『한국전쟁, 문서와 자료, 1950~53년』, 2006.
105  김보영, 앞의 책, 320~327쪽.

은 물리적으로 송환되지 않은 전쟁포로를 한반도 이외의 중립국으로 보내는 것은 정당하지 않으며, 한반도의 적당한 장소에서 포로들에 대한 적절한 관리를 수행하는 것이 바람직하다고 주장했다. 특히 유엔군은 조·중이 포로를 관리할 중립국을 지명하지 않았음을 지적하며, "스위스"가 가장 적합하다는 생각을 밝혔다. 이에 조·중은 이미 중립국감독위원회를 구성하는 스위스는 당신들이 지명한 중립국 중 하나이므로, 포로 관리를 위한 중립국으로 "전혀 적합하지" 않다고 반박하며, "쌍방이 협의를 통해 또 다른 중립국을 결정"하자고 역제안했다. 유엔군은 스위스는 "수백 년 동안 세계적으로 중립국으로 인정받아 왔"을 뿐 아니라 "유엔의 회원국이 아니며, 다른 어떤 국가 집단과도 동맹을 맺지 않"고 있어 적합하다는 주장을 되풀이했다.[106]

4월 29일, 북한군은 "중립국 지명에 관해서는 우리는 직접 송환되지 않는 전쟁포로를 수용할 목적으로 아시아 중립국을 지명하고, 이 문제에 대해 당신들과 협의할 준비가 되어"있다고 발언했다. 동시에 포로 송환 문제 관련하여 "전쟁포로의 불안이 오랜 포로생활 동안 축적되었다는 사실을 고려"하여, 이들을 "억류의 영향으로부터 완전히 자유로울 수 있도록 쌍방이 합의한 중립국의 환경으로 보내는 것이 전적으로 필요"하다고 주장했다. 다만 많은 포로들이 이동해야 하는 어려움, 즉 "지리적 근접성을 포함한 실질적인 이유" 때문에, "직접 송환되지 않는 전쟁포로를" "아시아 중립국"으로 보내는 것이 "완전히 합리적이라고 단호하게 주장"했다.

---

[106] 「제123차 군사정전회담, 제97차 판문점회담 전체회의록」(1953. 4. 26), 『6·25전쟁 정전회담회의록 2』, 전쟁기념관, 2022, 560~564쪽. 정전회담이 재개되기 전인 4월 15일, 미국 정부는 『뉴욕타임즈』에 스위스를 포로 관리를 위한 중립국으로 하고자 한다는 내용을 "흘린" 바 있었다. NYT, 15 April 1953; 윌리엄 스툭 지음, 김형인 외 옮김, 『한국전쟁의 국제사』, 푸른역사, 2001, 614쪽.

이에 유엔군은 재차 스위스야말로 "포로를 관리하는 중립국의 역할을 수행할 수 있는 탁월한 자격을 가지고 있다"고 강조했다. 특히 포로를 아시아로 보내자는 북한의 제안에 대해서는 포로 이송의 어려움을 들며, 현실적으로 중립국의 관리하에 한반도 내 "비무장지대에 포로를 수용"하는 것이 어떻겠냐고 수정 제안했다.[107]

4월 30일 회의에서, 유엔군은 다시 한번 "당신이 이 업무에 적합한 중립국이라고 생각하는 어떤 국가의 이름"을 밝혀주길 요청하면서, 북한이 언급한 아시아 중립국에 대해서는 그 '중립성'이 의심된다며 다음과 같이 발언했다.[108]

> 우리는 포로들을 관리하는 국가에게 매우 중요한 것은 바로 중립성(neutrality)이라고 믿는다. 그렇기 때문에 이 국가가 지리적으로 아시아에 위치한다는 것만으로는 [중립성과—인용자] 관련이 있다고 보기 어렵다. 물론 우리는 당신이 선택할 국가의 이름을 모르기 때문에, 그 중립성이라는 문제를 판단할 수는 없다. 그럼에도 우리는 아시아 국가는 필연적으로 공산주의가 지배하는 국가들과 매우 가까이 위치하기 때문에, 공산주의의 군사적, 경제적 또는 정치적 영향을 받을 수 있다는 것에 주목할 필요가 있다고 생각한다.[109]

---

107 「제126차 군사정전회담, 제100차 판문점회담 전체회의록」(1953. 4. 29), 『6·25전쟁 정전회담 회의록 2』, 전쟁기념관, 2022, 576~579쪽.

108 「제127차 군사정전회담, 제101차 판문점회담 전체회의록」(1953. 4. 30), 위의 책, 581~582쪽.

109 전쟁기념관에서 나온 번역문은 의미 전달이 모호하여, 필자가 다시 번역했다. 원문은 국사편찬위원회 누리집의 한국현대사DB에서 온라인으로 제공하고 있다. 「제127차 판문점 101차 군사정전회담 전체회의록(Transcript of Proceedings, 127th Session, 101st Meeting at Pan Mun Jom, Military Armistice Conference, 30 April 1953)」, 『휴전회담 회의록 2. 제27~158차 판문점 본회의 기록(1951. 10. 25~1953. 7. 19)』(남북한관계사료집 2), 791쪽; 「제127차 군사정전회담, 제101차 판문점회담 전체회의록」(1953. 4. 30), 『6·25전쟁 정전회담회의록 2』, 전쟁기념관, 2022,

유엔군은 "아시아 국가는 필연적으로 공산주의가 지배하는 국가들과 매우 가까이 위치"하기 때문에 지리적 근접성을 기준으로 아시아에는 중립국들이 존재하기 어렵다고 주장했다. 그런데 5월 2일 회담에서 북한군은 "아시아 중립국은 적합하지 않다"는 유엔군의 주장에 동의할 수 없다며, 아시아에는 "인도, 버마, 인도네시아, 파키스탄과 같은 많은 중립국이 있다"고 구체적인 국가를 언급했다. 이에 유엔군은 북한이 우리가 "아시아 국가를 중립국으로 거부했다"고 주장했으나 우리는 "그런 말을 하지 않았"다고 반박했다. 그리고 이러한 북한의 "거짓 발언"이 쌍방의 "화해에 어떤 식으로든 도움이 될 수 없다"고 비난했다. 그러면서 다시 한번 포로를 관리할 "중립국 후보의 이름"을 정하여 말해달라고 요청했다.[110]

중립국 지명 요청에도 조·중 측의 반응이 없자, 유엔군은 앞서 북한이 제시한 국가 중에서 미국과 가까운 파키스탄을 지명하겠다고 나섰다. 그럼에도 북한군은 회의에서 "우리는 여전히 쌍방이 직접적으로 중립국으로 송환되지 않은 전쟁포로를 보내는 원칙을 먼저 결정한 뒤 특정 국가의 지명을 진행해야 한다"며 답변을 피했다.[111] 이때 북한이 아시아 중립국으로 4개국을 열거했으면서도 하나의 국가를 특정하지 못한 이유는, "아시아에서 포로 감독이라는 달갑지 않은 일을 맡을 중립국을" 찾기 위해 관련국들과 협의 중이었기 때문으로 보인다.[112]

---

582쪽.

110 지리적 근접성으로 따진다면, 유엔군이 내세우는 중립국 스위스도 동유럽 사회주의 국가들과 인접하고 있었다. 「제129차 군사정전회담, 제103차 판문점회담 전체회의록」(1953. 5. 2), 『6·25전쟁 정전회담회의록 2』, 전쟁기념관, 2022, 593·595쪽.

111 「제130차 군사정전회담, 제104차 판문점회담 전체회의록」(1953. 5. 4), 위의 책, 597~600쪽.

112 스툭에 따르면, "5월 1일 미 국무부는 소련이 인도네시아에 접근했다는 것을 알았"으며, "인

5월 7일 열린 회담에서, 북한군은 "중대 성명을 발표"하겠다며 "새로운 제안"을 밝혔다. 그 내용은 첫째, 폴란드·체코슬로바키아·스위스·스웨덴, 그리고 인도를 추가하여 이 "다섯 국가가 각각 지명한 동수의 대표자로 구성되는 중립국송환위원회를 설치"한다. 둘째, 송환 거부 포로들은 아시아 중립국으로 이송하지 않고, 유엔군의 제안대로 "조선에 그대로 두고" 중립국이 인수, 관리하는 데 동의한다는 것이었다.[113] 이러한 제안에 미국은 "인도를 별로 탐탁지 않게 생각했지만, 인도를 거부하면 뉴델리의 자존심을 상하게 할 위험성이" 있다고 보고 받아들였다고 한다.[114] 이로써 양측은 정전 즉시 전쟁포로는 한반도의 비무장지대로 이송하여 중립국의 관리하에 인계한 다음, 송환 거부 포로의 의사를 확인한다는 데 합의했다. 송환 거부 포로 문제가 해결됐기 때문에, 이제 다른 사안들은 양측이 서로 양보하면서 빠르게 합의에 도달했다.[115]

---

도네시아 정부가 정국이 불안정하다는 이유로" 난색을 표하자, "소련은 인도 쪽으로 눈을 돌렸다"고 한다. 스툭, 앞의 책, 620쪽.
113 「제133차 군사정전회담, 제107차 판문점회담 전체회의록」(1953. 5. 7), 『6·25전쟁 정전회담회의록 2』, 전쟁기념관, 2022, 610~612쪽.
114 스툭, 앞의 책, 620쪽.
115 유엔군은 코리아 국적의 전쟁포로를 정전 발효 당일에 석방하는 제안을 철회하였으며, 중립국 관할하에 설명 기간이 지났음에도 계속 송환을 거부하는 포로를 정치회의에 회부하자는 데도 동의했다. 그리고 5개국 중립국송환위원회의 결정은 다수결로 하자는 데도 동의했다. 한편 북한군은 정치회의에 회부했음에도 여전히 해결방안이 나오지 않을 경우 일정한 기간을 설정하여 이들을 중립국으로 보내는 데 동의했다. 그리고 유엔군이 언어 문제를 지적하며 5개국 중립국송환위원회 중에서 1개 대표만의 병력을 운용하자는 주장도 받아들였다. 양측의 제안 내용은 다음을 참고했다. 전쟁기념관, 앞의 책, 611~612쪽. 「첨부문서 1. 유엔군사령부의 1953년 5월 13일자 제안」, 같은 책, 639~642쪽; 「첨부문서 1. 유엔군사령부가 제안한 권한위임서」(1953. 5. 25), 같은 책, 672~675쪽; 「첨부문서 1. 전쟁포로 송환 문제에 관하여 공산 측이 제안한 1953년 6월 4일자 협정문 초안」(1953. 6. 4), 같은 책, 679~682쪽. 전쟁포로 송환 문제에 관한 협정문의 내용에서 관리 기구의 명칭에 대해 유엔군은 "전쟁포로

1953년 6월 8일, 조·중 수석대표 남일과 유엔군 대표단 수석대표 윌리엄 해리슨 2세가 「중립국송환위원회 권한위임서(Terms of Reference for Neutral Nations Repatriation Commission)」에 서명함으로써, 이제 정전은 가시권에 들어왔다. 6월 17일 정전회담에서 쌍방의 참모장교들은 군사분계선 결정 문제를 처리했으며, 이렇게 진행된다면 "정전은 며칠 내에 서명 준비를 마칠 것"이라는 게 유엔군 측의 예상이었다.[116]

그런데 6월 18일, 유엔군이 억류하던 북한군 포로가 이승만 대통령의 지시로 '석방'되는 사건이 발생했다. 19일, 김일성 원수과 펑더화이 대장은 유엔군 클라크 대장 앞으로 "유엔군사령부는 남조선 정부와 군을 통제할 능력이 있는가?" "남조선 지역에서 정전협정이 이행된다는 보장이 있는가?"라는 내용의 항의 서한을 발송했다.[117] 또한 조·중은 "만약 이승만의 병력이 중립국위원회의 인원을 대상으로 무력을 사용한다면, 그들의 보호를 위하여 당신들이 보낼 경찰은 어떠한 행동을 취할 것인"지 물었다. 이에 유엔군은 "호전적 행위를 일체 지원하지 않을 것"이며,[118] 특히 "우리 측으로 파견되는 중립국감독위원회, 중립국송환위원회의 당신 측 인원을 보호할 것이며, 그를 위한 업무시설을 제공할 것"이라고 밝혔다.[119] 7월 19일, 양측은 중립국감독위원회의 4개국 대표들이

---

관리위원회(Prisoner of War Custodial Commission)"를, 북한군은 "중립국송환위원회(Neutral Nations Repatriation Commission)"를 제시했으나 별다른 논란 없이 중립국송환위원회로 확정됐다

116 「제149차 군사정전회담, 제123차 판문점회담 전체회의록」(1953. 6. 17), 위의 책, 714~716쪽.
117 「첨부문서1. 김일성 원수와 펑더화이 대장이 클라크 대장에게 보내는 1953년 6월 19일자 서한」, 위의 책, 720~721쪽.
118 「제152차 군사정전회담, 제126차 판문점회담 전체회의록」(1953. 7. 11), 위의 책, 728~729쪽.
119 「제154차 군사정전회담, 제128차 판문점회담 전체회의록」(1953. 7. 13), 위의 책, 739쪽.

정전협정 조인식에 참석해야 하므로, 이들이 한반도에 도착하는 날짜의 정보를 서로 교환하기로 했다. 또한 양측은 정전이 발효되는 시점에서 정전 조항에 따라 상대 지역에서 활동하는 중립국감독위원회 인원의 보호를 보장하는 데도 합의했다.[120]

7월 27일, 판문점에서 정전협정 조인식이 열렸다. 양측은 인사 한마디 나누지 않은 채 각자의 자리에 앉아 서명했다. 현장에 있던 한 기자는 마치 "정전이 아니라 선전 포고에 조인"하는 것 같았다며, "인간의 기나긴 전쟁사 중에 이렇게 불신에 바탕해 휴전이 이루어진 경우는 거의 없을 것이다"라고 묘사했다.[121] 정전을 위한 협상이 시작되어 협정이 체결되기까지, 양측이 날선 공방을 주고받으며 회담은 진퇴를 거듭했다. 특히 양측은 '정전을 관리 감독하는 방법'과 '송환 거부 포로 문제'를 둘러싸고 대립했다. 중립국에 의한 정전 감시와 포로 송환 관리가 제시되면서 협상의 물꼬가 트였으나, 구체적으로 어떤 나라를 중립국으로 선정할지를 둘러싸고 다시 한번 충돌했다.

당시 회담 대화 내용을 되돌아보면, 기본적으로 중립국(neutral nation)의 중립성(neutrality)은 냉전이 도래하기 전까지 국제적으로 받아들여지던 '전쟁에 참여하지 않는다'는 것, 즉 전시중립을 의미했다. 따라서 정전을 감시하는 중립국감독위원회에는 사회주의 진영에 속하는 체코슬로바키아와 폴란드가 참가할 수 있었으며, 이에 유엔군 측은 냉전의 적대 세력인 '공산' 진영이기 때문에 참가할 수 없다고 반박하지 않았다. 그렇다고 냉전의 진영 논리와 중립국의 중립성이 완전히 분리되어 있었던 것은 아니었다. 포로를 관리할 중립국을 협상하

---

120 「제158차 군사정전회담, 제132차 판문점회담 전체회의록(제2부), 비공개회담」(1953. 7. 19), 위의 책, 765~766쪽.

121 스툭, 앞의 책, 668·671쪽.

는 과정에서, 유엔군은 조·중이 제시하는 아시아의 중립국들은 공산주의의 영향을 받기 쉬워 중립성이 의심된다고 주장하기도 했기 때문이다. 이처럼 6·25 전쟁 시기에는 기본적으로 전쟁에 참여하지 않는다는 오래된 '전시중립' 개념이 공유되는 상황에서, 냉전의 진영이 중립성의 기준으로 언급되기 시작했다.

### 3) NNSC와 NNRC의 활동과 남북한의 대응

한반도 정전과 함께 정전협정이 규정한 관련 기구들이 구성됐으며, 포로 송환도 진행해야 했다. 정전협정에 따라 '정화 및 정전의 구체적 조치'를 수행하기 위한 군사정전위원회와 중립국감독위원회가 설치됐다. 전쟁의 재발을 막기 위해, 정전협정은 남북한 군사 인원과 물자의 현상 유지를 위한 일대일 교체만 허용하고 증원과 유입을 금지했다. 특히 정전회담 당시 논란이 됐던 비무장지대 너머의 상대 진영을 감시하는 역할은 중립국감독위원회가 맡았다(그림 2 참조).

중립국감독위원회 본부는 판문점 "군사정전위원회 본부의 부근에 설치"됐으며, 그 산하에 20개의 중립국시찰소조(Netural Nations Inspection Team: NNIT, 이하 시찰소조)를 두었다.[122] 시찰소조는 다시 10개의 이동소조와 고정소조로 구성됐다. 전자는 판문점 본부에서 한반도의 시찰이 필요한 지역으로 이동하여 활동했으며, 후자는 고정적으로 출입항에 주재하며 시찰 임무를 수행했다. 고정소조는 북쪽으로는 1소조(신의주), 2소조(청진), 3소조(흥남), 4소조(만포), 5소조(신안주)가, 남쪽으로는 6소조(인천), 7소조(대구), 8소조(부산), 9소조(강릉), 10소조(군산)가 설치

---

[122] 정전협정문의 40항 ㉠목은 "중립국감독위원회는 처음에는 20개의 중립국시찰소조를 두어 그 협조를 받는다"라고 규정했다. 『동아일보』1953. 8. 2.

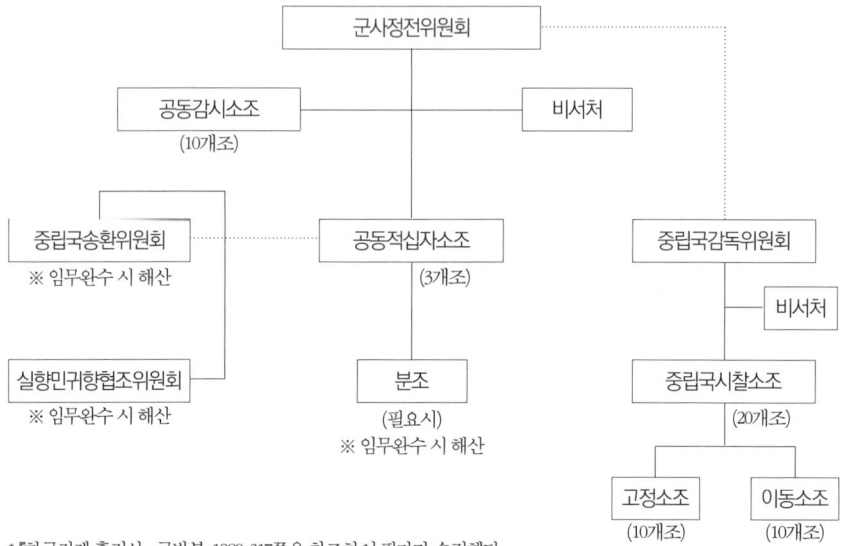

* 『한국전쟁 휴전사』, 국방부, 1989, 317쪽을 참조하여 필자가 수정했다.

됐다(그림 3 참조).[123]

중립국감독위원회는 1953년 8월 1일 열린 1차 본회의를 시작으로 29일까지 세부적인 절차규정 등을 확정했으며, 시찰소조의 활동도 시작됐다. 특히 중립국감독위원회는 원칙적으로 '공동기구'로서 활동하지만, 의견이 충돌하는 사안은 '다수결'로 결정하되 찬반이 동수일 때는 '부결'하기로 했다.[124]

그런데 중립국감독위원회 구성이 양측이 지명한 각기 2명씩 총 4명, 즉 짝수였기 때문에, 다수결에 따라 결정이 정해지기 어려운 구조였다. 일례로 북한

---

123 「중립국감독위원회 제21차 본회의록 요지(Summary records of the twenty-first plenary meeting)」 (1953. 8. 26).
124 「중립국감독위원회 본회의 요지기록」(1~20차)를 참조.

⟨그림 3⟩ 중립국감독위원회 시찰소조 파견 지역

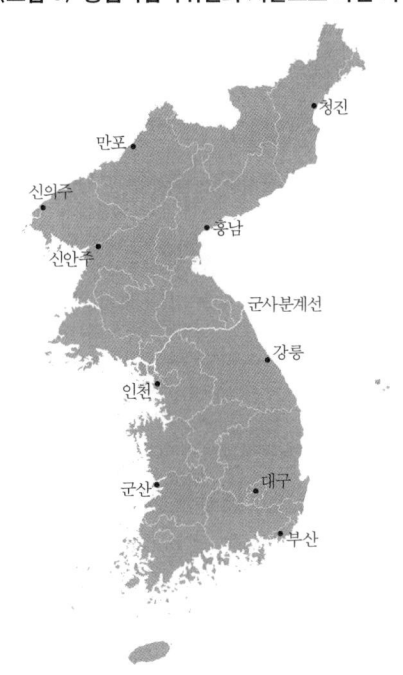

의 의주 비행장과 남한의 인천 항구에 대한 이동소조의 감독 활동을 둘러싸고 감독위원들은 대립했으며, 어떠한 결론도 내리지 못했다. 게다가 1953년 9월 9일, 강릉비행장에서 중립국 시찰소조의 폴란드 통역요원이 미군으로 이탈한 사건이 발생했다. 폴란드 청년은 공개 인터뷰에서 "나는 공산당원은 아니다"라며 "미국으로 가서 살고 싶다"는 희망을 피력했다.[125] 이 사건에 대해 북한은 '납치'된 것이라며 상대를 비난했다.[126]

---

125  폴란드 청년은 "아마 폴란드의 백성 99퍼센트 이상이 마음속으로 공산주의에 반대하고 있을 것이다"라고 말했다고 한다. 『조선일보』 1953. 9. 12.
126  『로동신문』 1954. 2. 25.(김광운 편, 『북조선실록: 년표와 사료 112(1954. 2. 20~3. 7)』, 코리아데

정전 이후 양측이 가장 첨예하게 대립했던 사안은 중립국송환위원회의 포로 처리 문제였다.[127] 포로협정에 따라 모든 포로는 먼저 판문점 내 비무장지대로 이송되며, 인도군 관리하에 송환을 거부하는 포로들은 본국에서 파견된 대표에 의한 '해설'을 받아야 했다.[128] 이를 위해 비무장지대에는 임시 포로수용소가 설치됐다.

8월 14일, 인도 외상을 수반으로 하는 인도군 선발대 13명은 자동차로 평양에서 판문점으로 이동하여 포로감시군 파견지를 확인했다.[129] 18일, 인도군 4천 명을 실은 배가 마드라스 항을 떠났으며, 9월 초에는 중립국송환위원회 의장이자 인도 대표 티마야(K. S. Thimayya) 중장이 비행기 편으로 이동했다.[130] 인도의 네루 수상은 티마야에게 "우리가 양심적으로 엄정 중립을 지켜야 한다"고 당부했다. 특히 네루는 "우리가 현재 전 세계에 인도의 중립성의 가치와 진실을 입증할 결정적인 장소에 서" 있음을 강조했다.[131]

그런데 인천항에 도착한 인도관리군은 이승만 정부의 비협조로 판문점으로 이동하는 것조차 쉽지 않았다. 결국 이들은 기차를 타지 못하고, 유엔군이

이터프로젝트, 2019, 135쪽, 이하 '『북조선실록 권호』, 쪽수'로 표기).

127  1954년부터 1957년 사이 중립국감독위원회(중감위)는 그 역할을 제대로 수행하기도 전에 조직의 축소와 남북한에 위치한 출입항에서 시찰소조의 철수, 그리고 자신의 활동을 규정한 정전협정 일부 조항의 무효화를 겪어야 했다. 관련 내용은 다음을 참고할 것. 박태균, 「1950년대 미국의 정전협정 일부 조항 무효선언과 그 의미」, 『역사비평』 60, 2003; 김도민, 「1953~1957년 중립국감독위원회의 활동과 북한의 대응」, 『통일과평화』 16-1, 2024.

128  김보영, 앞의 책, 376~377쪽.

129  『조선일보』 1953. 8. 17.

130  『조선일보』 1953. 8. 19.

131  K. S. 티마야 지음, 라윤도 옮김, 『판문점 일기—중립국송환위원회 의장의 한국현대사 증언』, 소나무, 1993, 104~108쪽; 백원담, 앞의 논문, 203쪽.

제공한 헬리콥터를 타고 판문점으로 이동해야 했다.[132] 이미 이승만 대통령은 정전협정 체결 전부터 "인도 병력을 자신들의 지역으로 받아들이지 않겠다고 선언"한 바 있었다.[133]

판문점에 도착한 인도관리군의 주요 임무는 송환 거부 포로들에게 본국에서 파견된 요원에 의한 해설을 제공하는 것이었다. 그런데 해설에 부여된 90일(9월 25일~12월 23일) 동안, 첫 해설은 10월 15일에야 시작됐으며 실제 해설이 진행된 날도 10일에 불과했다. 해설을 받은 포로의 비율은 조·중군 포로의 약 14%, 유엔군 포로의 약 71%였다.[134] 북한의 지적대로, "아직도 85% 이상이나 되는 약 2만 명의 조중 측 포로 인원이" 해설을 받지 못한 상황이었다.[135]

예정된 90일이 경과한 시점에 중립국송환위원회는 그동안의 활동에 대한 「중간보고서」를 작성했으며, 이는 투표에 불참한 스웨덴과 스위스 대표를 제외하고 찬성 3표 반대 0표, 즉 다수결로 채택됐다. 이 보고서 결론에는 "전쟁포로가 송환을 요청할 자유를 누리지 못했으며, 강제 또는 강제 위협에 시달"렸고 "조직적인 고함과 폭력 시위가 그러한 절차를 방해"했다는 내용이 담겼다. 특히 유엔군이 지원하는 남부 수용소의 전쟁포로들이 남한 정부의 영향에서 자유롭지 못했다고 지적한 반면, 조·중이 지원하는 북부 수용소에서는 "어떤 조직의 존재"를 "밝혀낼 만한 증거를 확보하지 못했다"고 결론 내렸다. 그리

---

132 티마야 장군은 "당시 한반도에 전개된 미군의 헬리콥터 편대 전부를 거의 소진"시켰다고 회고했다. 위의 책, 48~49쪽.
133 「제158차 군사정전회담, 제132차 판문점회남 선제외의톡(제2무), 비공개회담」(1953. 7. 19), 앞의 책, 758쪽; 『경향신문』 1953. 6. 30; 1953. 7. 19.
134 포로 송환 관련 내용은 다음을 참고했다. 조성훈, 『한국전쟁과 포로』, 선인, 2010; 이선우, 「한국전쟁기 중립국 선택 포로 연구」, 이화여자대학교 석사학위논문, 2012. 포로 송환 비율은 중립국송환위원회 보고서를 분석한 이선우 논문의 21쪽을 참조.
135 『로동신문』 1953. 12. 29(『북조선실록 108』, 612쪽).

고 이제 90일이 경과함에 따라 "송환권을 행사하지 않은 전쟁포로 처리 문제를 정전협정 초안 60조에 따라 소집을 권고한 정치회의에 회부해야" 했다. 그런데 언제 정치회의가 열릴지 불확실한 상황에서, 중간보고서는 중립국송환위원회는 정치회의에서 처분이 합의되지 않은 전쟁포로의 지위를 민간인 지위로 해제하는 문제에 대하여 양측에게 의견을 요청했다.[136]

이 중간보고서에 대해 김일성과 펑더화이는 "기본상으로 사실에 부합되며" "비교적 공정한 것이라고 인정"했다. 반면 중간보고서 채택에 반대하여 개별 보고를 제출한 스위스와 스웨덴 위원에게는 "중립적인 자격을 손상시키는 것이며, 조·중 측이 전혀 접수할 수 없는 것"이라고 비난했다.[137] 또한 조·중은 보고서가 유엔군 측이 "조선정전협정의 실행을 파괴한 엄중한 책임"이 있음을 "명약관화"하게 보여주었다고 주장했다. 북한은 "미국 측은 미리부터 동장리 포로수용소 내에 다수 잠입시킨 리승만, 장제스 도당의 특무대들을 직접 조종하여 위협, 공갈, 테로, 학살의 온갖 야수적 만행을 감행함으로써 우리 측 포로 인원들로 하여금 해설에 참가하지 못하게 하였"다고 비난의 강도를 높였다.[138] 이에 유엔군은 해설이 진행되지 못한 책임은 상대방에게 있다는 반박 서한을 발송했다. 서한에는 조·중이 "비합리적이고 갈피를 잡을 수 없이 변하는 요구"를 했을 뿐 아니라, 현실적으로 하루 동안 해설을 받을 수 있는 포로의 '합리적

---

136 채택에 반대한 스위스와 스웨덴 대표들은 자신들의 개별 보고서를 따로 의장에게 제출했고 이것은 보고서에 첨부문서로 실려 있다. 「중립국송환위원회의 중간보고서(INTERIM REPORT OF THE NEUTRAL NATIONS REPATRIATION COMMISSION」(1953. 12. 28), 유엔 디지털라이브러리(https://digitallibrary.un.org/record/703619?ln=en&v=pdf).
137 「조중 사령관이 티마야 장군에게 보내는 서한」(1954. 1. 7), 『로동신문』 1954. 1. 8(『북조선실록 109』, 275~279쪽).
138 『로동신문』 1953. 12. 29(『북조선실록 108』, 613쪽).

인 숫자'를 거부했다는 주장이 담겼다. 남한 국방부도 이러한 유엔군의 반박 서한에 지지 의사를 밝혔다.[139]

중립국송환위원회는 다수 의견으로 포로 해설 사업이 완수되지 않았으므로 여전히 해설이 계속되어야 한다고 결정하면서도, 이는 "쌍방 사령부가 동의하여야만" 한다며 양자의 합의를 요구했다. 그리고 중립국송환위원회는 제11항 규정에 따르면 "송환권을 행사하지 않은 전쟁포로의 처리 문제는" 향후 소집될 "정치회의에 넘겨"야 했다. 그런데 정치회의가 언제 열릴지 불확실한 상황에서 규정에 제시된 '30일'이 경과해도 인도관리부대가 전쟁포로를 계속 관리하는 것인지 쌍방 사령부에 관련 의견을 조회했다.[140]

이에 조·중은 해설 기간을 연장하여 향후 정치회의가 개최되기 전까지는 해설을 재개해야 한다고 주장했다. 반면 유엔군은 90일이 경과했기 때문에 해설은 종료됐으며, 앞으로 정치회담이 열리지 않더라도 예정된 30일마저 지나 총 120일 이후에는 포로들은 민간인으로 즉시 석방되어야 한다고 주장했다.[141] 양측의 의견이 충돌하는 상황에서 1953년 12월 말, 중립국송환위원회는 쌍방 사령부의 합의가 없다는 이유를 제시하며 '포로 해설의 종료'를 선언했다. 그리고 1954년 1월 초, 티마야 중장은 양측 사령관들에게 정치회의 관련 협상이 즉각 시작되는 것인지, 전쟁포로들의 처리와 관련하여 인도관리부대가 현재

---

139 『조선일보』 1954. 1. 6
140 『노동신문』 1954. 1. 10(『북조선실록 109』, 86~89쪽).
141 「중립국송환위원회의 최종보고서(FINAL REPORT OF THE NEUTRAL NATIONS REPATRIATION COMMISSION)」(1954. 2. 21), 유엔 디지털라이브러리(https://digitallibrary. un.org/record/703619?ln=en&v=pdf); 전준우, 「6·25전쟁 시기 포로 송환 문제와 전후 중립국송환위원회 활동」, 서울시립대학교 석사학위논문, 2025, 73쪽.

전쟁포로 관리 의무를 계속하는 데 동의하는지를 묻는 서한을 발송했다.[142]

이에 포로 관리를 인도관리군이 계속해야 한다는 조·중 측과 기간이 완료되면 즉시 포로들을 민간인으로 석방해야 한다는 유엔군의 대립이 반복됐다. 당시 정치회담을 위한 판문점 예비회담이 진행 중이었다. 그런데 예비회담에서는 향후 정치회담에 중립국을 참가시키는 문제를 둘러싸고 논쟁이 일었다. 1953년 11월 30일에 열린 판문점 예비회담에서, 조·중은 "정치회의의 순조로운 진행을 촉진하고 보장하기 위하여" 소련·인도·인도네시아·파키스탄·버마(미얀마) 등 5개 중립국을 회의에 참가시키자고 제안했다. 반면 유엔군은 교전 양측이 참가하는 회의여야 하므로 중립국 참가에 반대한다는 뜻을 밝혔다. 특히 남한 정부는 "인도가 유엔과 판문점에서 공산주의 노선을 추종한다고 비난"하며, 반대 의사를 분명히 했다.[143] 결국 예정된 120일이 끝나가는 1954년 1월 시점에도, 송환 거부 포로들의 문제를 다룰 정치회의는 언제 열릴지 알 수 없었다.

1954년 1월 14일, 티마야 중장은 오는 20일에 쌍방 송환 거부 포로를 원 억류 측인 유엔군과 조·중 측에 각각 돌려보내겠다고 발표했다. 사실상 포로들에 대한 유엔군의 보급이 없다면 2만 명 이상의 포로를 관리하는 것이 물리적으로 불가능했기 때문이었다. 다만 티마야 장군은 양측에 서한을 보내, 인도군은 이들 포로를 포로로서 환송하는 것이지 유엔군이 주장한 것처럼 민간인으로 석방하는 것은 아니라고 설명했다. 또한 이 조치는 중립국송환위원회의 결의에 따른 것이 아니라 의장 및 집행자의 자격으로 일방적으로 취한 것임을 밝

---

142 「조선인민군 최고사령관 김일성 원수와 중국 인민지원군 사령원 팽덕회 장군이 받은 중립국송환위원회 의장 티마야 중장의 1954년 1월 2일부 서한 및 그에 첨부된 비망록」, 『로동신문』 1954. 1. 10(『북조선실록 109』, 85~86쪽).

143 판문점예비회의에서 양측의 논의 과정은 다음을 참고할 것. 김보영, 「1954년 제네바정치회담과 외국군 철수 의제」, 『군사』 95, 2015, 66~71쪽.

했다.[144]

유엔군과 남한 정부는 포로를 민간인으로 즉시 석방하지 않는 데는 불만이었으나, 해설을 종료하겠다는 결정에는 환영의 뜻을 밝혔다. 한편 북한은 이러한 인도 결정에는 반대를 표하면서도, 공식 석상에서는 그 비난의 화살을 미국에 돌렸다. 일례로 1954년 1월 10일 군사정전위원회 회의에서 북한의 리상조 중장은 인도군이 포로 관리를 종료하는 것은 미국이 "중립국송환위원회 및 인도관리부대가 자기의 합법적 직권을 행사하는 것을 협박하고 저애함으로써" "전쟁포로들을 강제 억류하기 위한" "비렬한 음모"를 꾸민 것이라고 발언했다. 관련하여 『로동신문』 사설도 "미국 지배층의 사수"를 강조했다.[145] 이처럼 북한이 인도를 직접 비판하지 않은 것은, 향후 열릴 수 있는 한반도 문제 관련한 정치회담 참가국으로 중립국 인도를 제안한 상황이 고려됐을 가능성이 있다.

이 시기 인도와 북한의 관계는 긴밀했던 것으로 보인다. 포로 해설 기간 연장을 둘러싸고 논쟁이 한창이던 1953년 12월 11일, 중립국송환위원회 인도 대표단(콜 준장, 의장 고문 하바더 성, 인도 신문 보도관) 일행이 평양을 방문했다.[146] 이들은 평양의 로동신문사와 평양방적공장을 참관했다. 『로동신문』은 이들이 "방문 과정에서 조선 인도 량국 인민 간의 친선관계의 축전을 위한 그들의 념원을 표시"했으며, 기자회견에서는 "전후 복구건설에 궐기한 조선 인민의 영웅적 전투 모습에서 느낀 감명 깊은 감상을 피력"했다고 보도했다.[147] 이러한 사실은 평양방송으로도 송출됐는데, 이를 확인한 남한 신문은 인도 대표들이 적(敵)의

---

144 『조선일보』 1954. 1. 16.
145 『로동신문』 1953. 12. 29.(『북조선실록 108』, 613쪽).
146 『로동신문』 1953. 12. 13(『북조선실록 107』, 686쪽).
147 『로동신문』 1953. 12. 15(『북조선실록 107』, 751~752쪽).

수도 평양을 방문하여 "구경도 할 겸 환영도 받자는 셈이었던가?"라며 비판했다.[148]

1954년 1월 19일 중립국송환위원회 회의에서 티마야 장군의 성명에 따라, 20일 오전 9시부터 2만 2천여 명의 반공포로가 유엔군 측에 되돌아가기 시작했다. 북한 출신 7,700여 명, 중국 출신 1만 4천여 명이었다.[149] 거의 대다수의 포로들은 어느 한편을 선택했다. 그런데 어느 쪽도 선택하지 않은 소수의 포로들이 있었다. 이러한 중립국행 포로 88명은 행선지가 결정될 때까지 인도군 관리하에 포로 신분을 유지했다.[150] 1954년 2월 9일, 6·25전쟁의 포로 88인은 영국 함선 아스투리아스호(HMS Asturias)를 타고 인천항을 떠나 21일 인도 마드라스(Madras) 항구에 도착했다.[151]

2월 9일, 남한의 변영태 외무장관은 중립국행 포로에 대한 성명을 발표했다. 그는 포로들을 "인도로 납치하는 것은" "용서할 수 없는 정전협정 위반"이며 "우리 시민들이 공산주의자에게 돌아가도록 압박되지 않겠다는" "언질을 우리는 필요"로 한다고 했다.[152] 남한 신문들도 "중립국으로 떠나는 북한 출신 포로들"이 "조국을 배반"했다고 비난했다.[153] 반면 북한에서는 별다른 언급이 없었는데, 이는 인도와 관계를 고려한 것으로 보인다.

---

148 『조선일보』 1953. 12. 17.
149 『조선일보』 1954. 1. 21.
150 중립국행 포로 88명은 남측 수용소의 북한인(North Korean) 74명, 중국인(Chinese) 12명, 북측 수용소의 남한인(South Korean) 2명 등이었다. 『조선일보』 1954. 2. 8, 1면; 이선우, 앞의 논문, 41쪽.
151 『동아일보』 1954. 2. 9; 이선우, 앞의 논문, 32~33쪽. 당시 인도 마드라스 항구는 현재는 첸나이 항(Chennai Port)으로 불린다.
152 『동아일보』 1954. 2. 10.
153 『동아일보』 1954. 2. 11.

한반도를 떠나 인도로 향한 포로들의 숫자는 전체 송환 거부 포로 22,963명의 0.38%에 지나지 않았다. 그럼에도 최인훈의 소설 『광장』(1960)의 주인공 이명준처럼, 이들은 전쟁을 경험하고 냉전의 양대 진영 바깥으로 이동한 탈냉전·탈분단의 역사적 실체였다.[154] 물론 정병준이 밝혔듯이, 중립국행을 선택한 이유는 '반공주의적 입장', '기독교의 영향', '외국에 대한 동경·기대', '연고가 없는 남한 생활에 대한 현실적 두려움' 등 다양했다.[155] 그럼에도 중립국행 포로 주영복의 증언처럼 "자신이 비참한 전쟁에는 다시 동원되기 싫고", "이 죽이고 죽는 피를 보는 이 세계를 벗어나야" 한다는 판단도 있었을 것이다.[156] 이처럼 비록 소수일지라도 냉전·분단·전쟁의 폭력을 경험한 이들에게, '중립'은 국제정치적 용어이기에 앞서 적대적인 양대 진영을 넘는 행동을 가능케 하는 실존적 지향점이었다.

6·25전쟁은 냉전이 언제든지 전쟁으로 바뀔 수 있다는 것을 보여주었다. 평화가 있어야 탈식민 신생국가들의 번영이 가능하다는 인식하에, 인도는 6·25전쟁을 멈추기 위해 발발 초부터 여러 노력을 기울였다. 특히 정전을 가로막는 송환 거부 포로 문제 해결을 위해 6천 명의 인도관리군을 파견했으며, 책임자 티마야는 중립성을 지키기 위해 노력했다. 적대적인 양측은 끊임없이 인도의 중립성에 의문을 제기했으며, 포로수용소 관리의 현실적인 어려움 등으로 중립국송환위원회가 목표한 포로들의 자유로운 의사에 기반한 선택은 거의 실

---

154 정병준, 「중립을 향한 '반공포로'의 투쟁—한국전쟁기 중립국행 포로 76인의 선택과 정체성」, 『이화사학연구』 56, 2018, 3쪽.
155 "1954년 2월 9일 유엔주재 인도 대표 메논은 중립국송환위원회가 보호 중인 104명의 포로 가운데 89명이 중립국행을 선택했는데, 미국에 가고 싶은 포로는 한국인 65명, 중국인 5명이라고 유엔에 보고했다." 정병준, 앞의 논문, 11~14쪽.
156 KBS, 〈KBS 특별기획 한국전쟁: 제8편 정전〉, 2010. 6. 25 방영.

현되지 못했다. 그럼에도 인도가 중립국행을 선택한 포로의 의사를 존중해 이들을 한반도에 남기지 않은 것은, 냉전의 진영론에서 벗어난 주체적인 행동으로 평가받을 만하다.

## 2. 제네바회의와 콜롬보회의(1954)

정전협정 4조 60항은 3개월 이내에 한반도 문제의 평화적 해결을 위한 정치회의 소집을 규정했으나, 이를 위해 열렸던 판문점 예비회담은 1953년 12월 12일을 끝으로 기약 없이 중단됐다.[157] 이러한 상황에서 1954년 1월 25일부터 약 한 달간, 독일 베를린에서 미국·영국·프랑스·소련 4개국 외교장관이 참가하는 회의가 열렸다. 회의에서 소련의 몰로토프가 중국을 포함한 5개국 대표들이 인도차이나 문제를 포함하여 한반도 문제를 다루는 회의 개최를 제안했다. 자유 진영 내 미국은 회의 개최에 미적지근하게 반응했으나, 영국·프랑스는 아시아 분쟁 해결의 필요성에 동의하며 적극 호응했다.[158] 중국의 참여를 둘러싸고 미국과 소련의 대립이 있었으나, 2월 18일 열린 베를린회의에서 5개국(미국·영국·프랑스·소련·중국)과 관련국들이 참여하는 회의의 스위스 제네바 개최가 합

---

157 김보영, 앞의 논문, 69쪽; 마상윤, 『한국 문제에 대한 제네바회의(1954. 4. 26~6. 15)』, 국립외교원 외교안보연구소 외교사연구센터, 2024, 18~21쪽.
158 영국은 유럽에서 미국에게 뺏긴 외교 주도권을 아시아에서는 유지하고자 하는 의도로, 프랑스는 인도차이나 문제와 직접 관련되어 있어 제네바회의 개최에 주도적이었다. 영국의 제네바회의 관련 입장은 영국 문서에 기반하여 밝힌 다음의 연구를 참고할 것. 라종일, 「제네바정치회담—회담의 정치, 1954. 4. 26/6. 15」, 『고황정치학회보』 1, 1997.

의됐다.[159]

1954년 2월 24일, 북한의 『조선인민군』 신문에는 베를린회의의 합의가 "조선 문제의 평화적 해결을 위한 위대한 쏘련의 시종일관한 노력"의 결과라며 환영하는 보도가 실렸다.[160] 2월 26일, 평양 주재 수즈달레프(Суздалев С. П.) 소련 대사는 김일성을 방문하여 베를린 외상회의에서 한반도 문제가 토의된 것을 알려주었다. 수즈달레프는 이번 합의는 북한 "이익에 부합하며", 한반도 문제의 "논의를 위한 이보다 더 유리한 회의 구성을 기대할 수 없다"는 모스크바의 의견을 전했다. 이러한 "모스크바의 평가에" 김일성이 "동의"했다고, 수즈달레프는 본국에 보고했다.[161]

한편 2월 19일, 서울 주재 브리그스(Ellis O. Briggs) 미국 대사는 제네바회의 개최의 결정 소식을 이승만 대통령에게 알리자, 그가 실망한 듯한 모습이었다고 국무부에 보고했다. 20일, 변영태 외무장관은 베를린회의 결정으로 소련이 비(非)교전국이라는 중립국 지위를 부여받았을 뿐 아니라, 공산 중국을 회의 주최국 지위로 올려주었다며 비판했다.[162] 또한 23일, 그는 제네바회의에서 한반도 문제를 인도차이나 문제와 "동시 토의하는 것은 불가해한 일"이라고 불만을

---

159 소련은 중국을 회의에 참가시켜 가능한 많은 문제를 다루고자 했다. 반면 미국은 "중국을" "제5의 강대국으로 인정할 수 없다며 중국의 참여" 자체를 반대했다. 이에 영국은 중국을 포함하되 의제의 범위를 한반도와 인도차이나 문제에 한정하는 중재안을 제시함으로써 합의를 이끌었다. 김학재, 『판문점 체제의 기원—한국전쟁과 자유주의 평화기획』, 후마니타스, 2015, 473~477쪽; 김연철, 「1954년 제네바회담과 동북아 냉전질서」, 『아시아연구』 54-1, 2011, 194쪽.

160 『조선인민군』 1954. 2. 24(『북조선실록 112』, 141~143쪽).

161 「조선 주재 쏘련 대사 수즈달레프 일지(러시아연방 대외정책 문서고 장서 0102, 목록 10, 문서철 52, 문서 8)」(1954. 2. 26), 『북조선실록 112』, 279~280쪽.

162 마상윤, 앞의 책, 28~29쪽.

토로했다.[163]

이처럼 한반도 정전의 평화적 해결은 이제 아시아의 다른 전장인 인도차이나 문제와 함께 국제정치의 주요 현안으로 떠올랐다. 그런데 인도차이나 평화 문제를 논의하는 제네바회의에, 정작 주변에 위치한 아시아 국가들은 초대받지 못했다. 중국과 소련은 한반도 정전에서 중요한 역할을 했던 인도를 포함한 '원탁회의'를 주장했으나, 미국은 강력히 반대했다. 특히 미국은 원탁회의 방식은 다수결에 따른 의사결정이 이뤄질 가능성이 있었으므로 '쌍방회의'를 요구했고, 이는 관철됐다.[164]

강대국(Great Powers)에 의해 국제정치 무대에서 소외된 탈식민 신생 약소국들은 스스로 '공동의 광장'을 창출해야 했다. 1953년부터 이들의 노력은 구체화됐다. 1953년 실론(스리랑카)의 존 코텔라왈라(John Kotelawala) 수상은 "아시아 연방이라는 특별한 아이디어"에 입각한 외교 정책을 전개했으며, 인도의 네루 수상도 그의 생각에 동의했다. 영국 식민지였으며 영연방 국가인 인도·파키스탄·실론과 버마, 여기에 네루 수상이 제안한 인도네시아까지 참여하는 아시아 5개국 수상회의의 개최가 논의됐다.[165] 1954년 2월 3일, 코텔라왈라는 실론의 수도 콜롬보(Colombo)에서 5개국 수상회의를 개최하자고 제안했고, 4개국 수상은 이를 수락했다.[166]

---

163 『조선일보』 1953. 2. 25.
164 마상윤, 앞의 책, 29쪽.
165 콜롬보회의가 5개국으로 결정되는 과정은 스리랑카와 인도 등의 관련국 문서를 통해 밝힌 다음의 논문을 참고했다. Cindy Ewing, "The Colombo Powers: crafting diplomacy in the Third World and launching Afro-Asia at Bandung", *COLD WAR HISTORY*, VOL. 19, NO. 1, 2019, pp. 6~8. 해당 논문은 옥창준 교수의 소개로 읽을 수 있었음에 감사드린다.
166 『조선일보』 1954. 2. 6. 이 기사는 콜롬보 발 AFP를 인용하여, "인도 파키스탄 버마 및 인도네시아 4개국 수상은 4월 1일 실론의 콜롬보에서 개최하자고 제의된 동남아 5개국 수상회의

강대국 주도의 제네바회의가 4월 26일 시작된 상황에서, 28일 실론의 수도 콜롬보에서는 동남아 5개국 수상회의(콜롬보회의)가 열렸다. 4월 28부터 30일까지는 콜롬보에서, 그리고 5월 1일과 2일에는 칸디(Kandy)에서 만나 의견을 교환하고, 15항으로 구성된「동남아시아 수상회의 최종성명서(Final Communique, Conference of South-East Asian Prime Ministers)」가 만장일치로 발표됐다.[167]

성명서는 먼저 이번 회의가 "극동과 아시아 지역의 안정과 평화"를 논의하는 자리였음을 밝혔다. 특히 인도차이나 지역의 "길고 비극적인 전쟁이 아시아 및 전 세계의 안정과 평화에" 위협적인 상황에 대해 토론했으며, 현재 열리고 있는 제네바회의가 "인도차이나반도의 분쟁과 평화의 회복을 조속히 매듭지어주기를 희망"했다. 또한 '중화인민공화국 정부'가 유엔 대표권을 가지는 것이 "아시아의 안정(stability)을 촉진"하고 "세계 긴장완화"에 도움이 된다는 의견이 제시됐다. 그리고 성명서에는 "수소폭탄 문제, 실론의 유엔 가입과 팔레스타인의 지위, 동남아시아 경제협력 문제 등"이 언급됐다.[168] 성명서 마지막에는 인도차이나 수상이 제안한 '아프리카-아시아국가(African-Asian nations)회의' 개최 제안에 모두 찬성했음이 명시됐다. 냉전의 양대 진영 바깥에 서겠다는 5개국 수상의 의지는 성명서의 7·8·9항에 다음과 같이 담겼다.

---

에 참석할 것을 수락하였다"고 전했다. 그런데 실제 회의는 4월 28일 열렸다.

167   이하 콜롬보회의 최종성명서 내용은 옥장순 교수가 비동맹세미나에서 발표한 번역문을 참조하여 필자가 새로 번역했다. S. L. Poplai ed., *Asia and Africa in the Modern World: Basic Information Concerning Independent Countries*, Asia Publishing House for the Asian Relations Organization, 1955, pp. 202~205; 국회도서관입법조사국 엮음, 『제3세계관계자료집』(입법참고자료 제205호), 국회도서관, 1978, 10~13쪽.

168   Cindy Ewing, op. cit., p. 10.

7. 국내적, 국제적 측면에서 공산주의라는 주제가 전반적으로 논의되었으며, 수상들은 공산주의 이데올로기에 대한 각자의 견해와 태도에 관해 의견을 서로 교환했다.

8. 수상들은 민주주의와 민주적 제도에 대한 신념을 확인하고, 각자의 나라에서 민주주의 체제에 내재된 자유를 보존할 것을 결의하고, **외부의 공산주의자, 반공주의자** 또는 다른 기관들이 자국의 문제에 간섭하는 것을 거부하겠다는 확고한 결의를 선언했다.

9. 그들은 그러한 간섭이 자국의 주권과 안보 그리고 정치적 독립(independence)을 위협하며 나아가 인민들(people)의 생각과 열망에 따라 발전하고 나아갈 각국의 권리를 위협한다고 확신했다.[169] (밑줄 및 강조—인용자)

5개국 수상은 7항에서 공산주의 문제를 논의했음을 밝히고, 8항에서 "외부의 공산주의자, 반공주의자 또는 다른 기관들"의 "간섭(interference)"을 거부하겠다는 "확고한 결의를 선언했다." 그리고 9항에서는 외부 간섭이 존재하는 한 "자국의 주권과 안보, 그리고 정치적 독립"뿐 아니라 "인민들의 생각과 열망"에 따른 발전도 어렵다고 보았다. 이렇듯, 5개국 수상의 최종성명서는 어떠한 외부의 간섭도—그것이 공산주의자든 반공주의자든—거부하겠다는, 즉 냉전의 양대 진영에서 벗어난 일종의 '자주 선언'이었다. 남한의 『경향신문』 사설도, 이 성명서가 "공산주의건 민주주의건 어떠한 미명과 식으로도 식민지 정책을 취하는 것을 배척"하는 "민족자결주의적인 것"이었을 뿐 아니라 "강대국"이 "국제정치상의 주도권으로" "약소국을 전쟁"에 "몰아넣고 희생"시키려는 데

---

**169** S. L. Poplai ed., op. cit., pp. 202~205.

"거부"를 "시사한" 것으로 평가했다.[170]

콜롬보회의에 대해 별다른 언급이 없던 이승만 정부와 달리, 북한 『로동신문』은 "이 회의는 전 세계로부터 커다란 주목을 받고 있다"는 인도 수상 네루의 발언을 인용 보도했다. 먼저 신문은 참가한 5개국 모두 "이른바 중립 정책을 표방"하면서도 미국이 "책동하는" 동남아시아조약기구(SEATO)에 가입하지 않았으며, "중화인민공화국과" "외교관계"를 "설정"하고 있다는 사실을 강조했다. 또한 '인도차이나의 정화를 달성하고' '식민주의' 및 중국의 "국제적 지위 승인" 문제 등이 토의된 것도 중요하다고 지적했다. 『로동신문』은 이번 회의는 "전쟁을 확대"하려는 "미 제국주의자들"에 반대함과 동시에 평화를 원하는 아시아 인민들이 "자기들의 원쑤가 공산주의가 아니라 식민지 제도"임을 "인정"한 것이라고 평가했다.[171]

그런데 『로동신문』의 해설은 콜롬보회의 성명서의 일부만을 강조한 것이었다. 실제 최종성명서에는 '공산주의 문제'가 먼저 제시됐으며, 외부 간섭의 주체로 '반공주의자'뿐 아니라 '공산주의자'도 함께 언급됐기 때문이다.[172] 또한 『로동신문』은 인도가 미국이 주도하는 시토에는 가입하지 않고 중국과 외교

---

170 『경향신문』 1954. 5. 4. 반면 『조선일보』는 "한국 문제에 있어 인도의 주장이 용공(容共)정신에 근거를 둔 것과 마찬가지로" 인도차이나 문제에 관한 5국 수상회의의 결의 역시 그러하다는 것은 전(全) 아주(亞洲)의 반공 태세를 완성하는 데 적지 않은 지장"을 초래할 수 있으며 "이러한 결의"는 "공산 측에게 이용"당할 수 있다며 "우려"했다. 『조선일보』 1954. 5. 4.
171 『로동신문』 1954. 5. 9.
172 반둥회의 개최 직전에 발행된 인도네시아 외무부의 『아시아·아프리카회의 공보(Asian-African Conference Bulletin)』에는 콜롬보회의에서 '식민주의'와 '공산주의' 문제가 논의됐다고 할 뿐 '반공주의'는 언급되지 않았다. 이는 당시 인도네시아 수카르노 정부가 국내 공산당에 비판적이었기 때문으로 보인다. The Ministry of Foreign Affairs, Republic of Indonesia, *Asian-African Conference Bulletin*, March 1955, No. 1, pp. 2~3.

유엔 제네바 사무소와 몽블랑 산의 전경(https://www.ungeneva.org/en/about/palais-des-nations)

관계를 맺었다고 대비하여 설명했는데, 이는 자칫 인도가 미국이 아니라 사회주의 중국 편에 선 것으로 이해될 수 있다. 그런데 인도는 1947년 독립하자마자 미국과 외교관계를 수립한 상황이었다.

한편 1954년 4월 26일, 스위스 제네바의 '팔레 데 나시옹(Palais des Nations)'에서 제네바회의가 개막했다.[173] 이곳은 과거 국제연맹 본부가 있었던 유서깊은 장

---

173 한반도 문제에 관한 제네바회의를 다룬 연구는 다음과 같다. 라종일, 「제네바정치회담—회담의 정치, 1954. 4. 26/6. 15」, 『고황정치학회보』 1, 1997; 홍용표, 「1954년 제네바회의와 한국전쟁의 정치적 종결 모색」, 『한국정치외교사논총』 28-1, 2006; 이신철, 「1954년 제네바 정치회담 시기 남·북의 통일론」, 『사림』 25, 2006; 오정현, 「1954년 제네바 정치회담과 한반도 국제관계—전후 분단 체제의 형성」, 『통일정책연구』 30-1, 2021; 마상윤, 앞의 책; 김도민, 「1954년 한반도 문제에 관한 제네바회의와 북한의 활동—국제감시기구(중립국감독위원회)와 평화 문제를 중심으로」, 『한국사연구』 207, 2024.

유엔 제네바 사무소 내 '팔레 데 나시옹'의 위치(https://www.ungeneva.org/en/about/palais-des-nations)

소로, 1946년 4월 미국 뉴욕에 유엔 기구가 설립되자 유엔 유럽 사무소가 설치됐다.[174] 소련과 중국은 각기 300명과 200명으로 구성된 거대한 대표단을 파견했다. 북한 대표단도 80명에 이르렀으나, 남한 대표단은 10명 남짓이었다.[175]

개막 다음 날인 27일, 첫 번째 회의가 진행됐다. 남한 대표 변영태가 첫 발언에 나섰다. 그는 먼저 "민주주의 원칙하에서 한국을 통일함을 목표로 하는 이 회의의 한국 문제 토의에 있어서 한국의 유일한 적법적 정부인 대한민국 정부 대표단이 맨 먼저 발언하는 권한을 얻게 된 것을 본 대표단으로서는 영광으로 생각하는 동시에 비상한 감격을 금치 못"한다고 했다. 뒤이어 그는 첫째, "북한에서 유엔의 감시하에 선거를 시행하는 것이 1948년 2월 유엔 결의에 따른 임

---

174 유엔 제네바사무소(The United Nations Office at Geneva, UNOG)(https://www.ungeneva.org/en/about/palais-des-nations).

175 마상윤, 앞의 책, 48쪽.

한반도 문제에 관한 제네바회의 장면 『민주조선』 1954. 5. 27(『북조선실록』 117권, 420쪽).

무를 완수하는 길"이며, 둘째, "중국을 침략자로 규정한 1951년 2월 1일 유엔 결의안에 따라 중국군이 북한에서 전면 철수해야" 하며, 동시에 "중국군의 철수를 유엔군의 철수와 연계하여 동일시하는 것은 부당하다"고 주장했다.[176]

변영태는 남한이 가장 먼저 발언한다는 사실 자체가 한반도에서 남한 정부의 합법성과 정통성을 증명하는 것임을 강조했으며, 유엔 감시하 선거가 진행되지 못한 북한에서만 선거를 실시하면 된다고 주장했다. 또한 회의에 앞서 미국이 중국군 철수를 주장하지 말아달라고 했던 요청을 무시하고 이를 발표

---

176 「대한민국 외무부장관 변영태 씨 연설」(1954. 4. 27), 『제네바 정치회담 각국 대표 연설집』, 국방부 정훈부, 1955, 1~6쪽.

함으로써, 미국 대표단을 놀라게 했다.[177] 다만, 그는 북한을 공식 국호인 '조선민주주의인민공화국'은 아니었으나, 북한(north korea) 또는 북한 공산 정권(north Korean communist regime)으로 지칭하며, '북괴'를 사용하지는 않았다.

이어서 북한 대표 남일이 발언했다. 그는 가장 먼저 한반도에서 6개월 이내에 모든 외국군을 철수시키자고 주장했다. 그리고 외국군 철수가 완료되면 "어떠한 외부의 간섭도" 없는 상황에서 남북한의 "전체 조선 인민이 참가하는" "전 조선적 자유선거를 실시"하여 "조선의 평화적 통일"을 달성하자고 제안했다. 또한 "민주주의적 선거를 준비하기" 위해서는 "전조선위원회를 구성"해야 하는데, 이를 위해 "남북조선 대표들의 련석회의를 소집"하자고 했다.[178]

첫 번째 회의 직후, 북한 『로동신문』은 남일 외무상이 "조선의 민족적 통일을 회복하며 전 조선 자유선거를 실시하기 위한 구체적 방안을 제출"했으나, 남한은 "조선 문제의 평화적 해결을 달성할 수 있는 아무런 제안도" 없었다고 비판했다.[179] 미국도 남한이 북한에서만 선거를 실시하면 된다고 주장한 데 비해, 북한은 "한반도 전역에서의 선거"를 제안했다는 점에서 "서방 언론에서 더 큰 주목을 받고" 있다고 평가했다.[180]

4월 28일, 두 번째 회의가 진행됐다. 미국 대표 덜레스(John F. Dulles) 국무장관은 남한과 같은 입장을 피력하며 남북의 인구가 3배나 차이 나기 때문에, 남북한 모두를 대표하는 기구는 인구 비례에 따라 구성하는 것이 합당하다고 주

---

177 마상윤, 앞의 책, 50~51쪽.
178 『로동신문』 1954. 4. 29(『북조선실록 116』, 109~113쪽).
179 『로동신문』 1954. 4. 29(『북조선실록 116』, 162~164쪽).
180 마상윤, 앞의 책, 54쪽.

장했다.[181] 반면 중국 대표 저우언라이 외교부장은 북한 남일 외무상이 제출한 "조선의 국가통일을 회복하고 전체 조선의 자유선거를 거행할 데 관한 3가지 건의를 완전히 지지한다"고 발언했다.[182] 이후 회의에서 중국과 소련은 북한을, 미국과 자유 진영 국가들은 남한의 주장을 각각 지지하며, 서로 '인구 비례' 문제와 '전한반도위원회'를 어떻게 구성할지를 둘러싸고 비슷한 주장들을 반복했다.[183]

이처럼 회의는 개최된 지 3일 만에 교착 상태에 빠졌다. 중국 대표 저우언라이의 분석에 따르면, "한반도 문제에 대한 논의는 이미 교착 상태에 빠졌는데, 이는 미국이 문제를 해결할 의사가 없으며, 프랑스도 이 문제를 토의하고자 하는 입장에 있지" 않을 뿐 아니라 "영국도 이 문제에 대해 의견을 제시하고 싶지 않다는 점을 분명"히 했기 때문이었다.[184]

한반도 문제 관련 논의가 지지부진한 상황에서, 5월 7일 호찌민 군대가 인도차이나의 '디엔비엔푸' 전투에서 프랑스에게 결정적인 승리를 거뒀다.[185] 그

---

181  위의 책, 51~52쪽.
182  『人民日報』 1954. 4. 30(『북조선실록 116』, 156~162쪽).
183  4월 29일 열린 회의에서, 소련 대표 몰로토프 외무상은 "남일이 제출한 방안이 조선 문제에 관한 적절한 결정의 채택을 위한 토대로 될 수 있다고 인정한다"고 발언했다. 『로동신문』 1954. 5. 2(『북조선실록 116』, 213~218쪽). 5월 3일 회의에서 변영태 외무장관은 "공산 측이 제안한 50 대 50의 동등 비율하에서 조직되어야 한다는 전한국위원회는 대한민국의 입법 기관의 행정 기관에 대처하기로 계획된 입법 면에 있어서의 연립 이외에 아무것도" 아니라고 비판했다. 「대한민국 외무부장관 변영태 씨 연설」(1954. 5. 3), 국방부 정훈부, 앞의 책, 1955, 66쪽.
184  「저우언라이가 마오쩌둥, 류샤오치, 중국공산당 중앙위원회에 보내는 전보(발췌)」(1954. 4. 28), 윌슨센터 디지털아카이브(https://digitalarchive.wilsoncenter.org/document/121146).
185  베트남공산당사는 디엔비엔푸 전투를 "식민주의 세력의 잘 훈련된 군대와 피압박 민중이 벌인 투쟁사 가운데 가장 위대한 것 중의 하나"라고 평가했다. 베트남공산당 중앙위원회 마

러자 다음 날인 8일에 제네바에서 인도차이나 문제에 관한 첫 회의가 열렸다. 이 회의에 참여한 국가는 한반도 문제 관련 회의에 참석하는 미국·소련·영국·프랑스·중국과, 인도차이나전쟁에 관련된 캄보디아·라오스·남베트남(바오다이 정부)·북베트남(호찌민 정부) 등 9개국이었다.[186]

이제 제네바에서는 한반도와 인도차이나 문제가 동시에 논의되기 시작했다. 제네바회의의 목표는 한반도에서는 정전을 넘어 평화와 통일을 달성하는 것이었으며, 인도차이나에서는 전쟁을 어떻게 멈출 것인가였다. 흥미롭게도 두 사안의 논의 과정에서 공히 중립국 문제가 주요 쟁점으로 떠올랐다. 한반도 통일을 위해 실시하는 선거를 관리 감독할 주체와 인도차이나의 정전을 감독하는 기구 등으로 중립국이 거론된 것이었다.

5월 8일 열린 인도차이나 문제에 관한 첫 회의에서, 프랑스 대표 조르주 비도(Georges Bidault)는 군사 휴전을 위해 "국제위원회의 감독(supervision by an international committee)" 문제를 제기했다.[187] 10일 열린 회의에서, 중국·소련·북베트남의 사전 협의를 거친 북베트남 대표 팜반동(Pham Van Dong)은 휴전 조건으로 '중립국에 의한 감독위원회(the committee of supervision by neutral countries)'의 정전 감시 방안을 제시했다.[188]

---

르크스레닌주의연구소 산하 베트남공산당사연구회(이하 베트남공산당사연구회) 지음, 김종욱 옮김, 『베트남공산당사—베트남 인민의 반제·반봉건 투쟁에서 해방 후 사회주의 건설까지』, 소나무, 1989, 92쪽.

186 유인선, 『새로 쓴 베트남의 역사』, 이산, 2002, 386쪽.

187 「1차 전체회의 상황에 대하여 저우언라이가 보내는 전문」(1954. 5. 9), 윌슨센터 디지털아카이브(https://digitalarchive.wilsoncenter.org/document/110607). 1899년에 태어난 비도는 프랑스 총리와 외무장관, 국방장관을 역임했다.

188 중국은 소련, 북베트남과 논의를 거쳐 중립국감독위원회에 어느 국가가 참여해야 하는지 명시하지 않기로 결정했다. 그리고 저우언라이는 중국은 필요하다면 "인도, 파키스탄, 폴란

비슷한 시기, 한반도 문제에 관한 제네바회의에서도 통일을 위한 선거 감시의 주체로 국제기구 문제가 제기됐다. 5월 7일, 뉴질랜드 대표는 "공정한 국제기구"로서 "국제연합"의 감시를 북한이 받아들여야 한다고 발언했다.[189] 5월 11일, 벨기에 대표는 "회의에서 남북한 양 대표가 한 연설로 미루어볼 때 그들은 격정과 노기와 그들이 겪은 곤란에 대한 생생한 기억에 가득 차" 있다고 우려를 나타냈다. 그리고 그는 "만일 양측이 갑자기 대면하게 방임한다면 불가피하게 혼란 이상의 결과가 나타날 것이" "명약관화"하므로, 이를 피하기 위해 "국제적 감시는 불가피"하다고 보았다. 나아가 그 국제적 감시의 구성원은 반드시 "대한민국과 어깨를 마주대고 싸워온 국가들"이 아니더라도 유엔 회원국이면 가능하다고 밝혔다.[190] 5월 13일, 영국 대표 앤서니 이든(Anthony Eden)도 선거는 "유엔 주재"하에 "국제적 감시하에 시행"되어야 하지만, 감시기구에 "선정될 국가는 반드시 6·25전쟁에 참여한 국가가 아니어도" 되며, 제네바회의에서 "감시 국가를 찾을 수 있을 것"이라고 발언했다.[191] 같은 날 프랑스 대표는 선거 감시를 위한 국제기구의 구성원으로 "중립국 옵서버"를 제안하기도 했다.[192] 이에 중국의 저우언라이는 "프랑스가 구체적인 제안을" 밝혔다고 긍정적으로 평

---

드, 체코슬로바키아를 [위원회의 회원으로] 제안할 것"이며 "만약 상대방이 5명의 위원이 필요하다고 주장한다면 우리는 인도네시아와 버마에서 1명을 더 선택할 수도 있"다며, "그러한 제안이 적절한지 아닌지에 대한 중앙위원회의 지시를" 요청했다. 「1차 전체회의 상황에 대하여 저우언라이가 보내는 전문」(1954. 5. 9), 위의 자료.

189 「뉴-지랜드 대표 크리흐트 웹 씨의 연설」, 『제네바 정치회담 각국 대표 연설집』, 국방부 정훈부, 1955, 112쪽.

190 「백이의 외상 P. H. 스파아크 씨의 연설」(5. 11), 위의 책, 123쪽.

191 「영국 대표 이든 연설」(1954. 5. 13), 위의 책, 169쪽.

192 프랑스 대표는 옵서버 임명을 위한 기구는 유엔이 가장 적절하다고 밝혔다. 「프랑스 대표 비도 연설」(1954. 5. 13), 위의 책, 160~161쪽.

가하며, "중립국"으로 구성된 국제감독기구 제안을 본국에 자세히 보고했다.[193]

이처럼 5월 4일부터 13일까지 열린 한반도 문제에 관한 회의에서는 자유 진영의 영연방 국가와 프랑스를 중심으로, 회의의 진전과 남북한의 적대성 완화를 위해 중립국을 포함한 국제감독 기구가 필요하다는 주장이 대두했다. 이에 중국의 저우언라이도 영국이 "서구 국가들이 아시아 민족주의 정서를 무시하거나 반대하는 경향에 관한 주장에 동의하지 않았"다고 긍정적으로 평가했다.[194] 반면 남한 대표 변영태는 영국 대표가 "유엔 감시"를 위해 "소위 중립국가와 공산 중립국가로 반반 섞인 감시기구를 새로" 만들겠다고 제안했는데, 이는 "공산 알맹이를 '유엔' 껍질로 싸주자는 말에 불과"하므로 "단연 반대"한다고 밝혔다.[195]

5월 14일부터 8일간, 한반도 문제에 관한 제네바회의는 휴회했다. 이 시기 조·중·소 대표단은 관련 전략회의를 가졌다. 이들은 앞으로 새로운 제안을 하지 못한다면 회의는 교착 상태에 빠질 것이므로, 제기된 국제감독기구 방안에 동의하면서도 그 구성을 수정해 유엔이 아닌 '중립국에 의한 선거 감독'을 제안하자는 데 의견을 모았다.[196] 22일 재개된 회의에서, 저우언라이는 협의한 대로 앞서 자유 진영 대표들이 남북한의 적대성이 격화된 상황을 고려하여 이를

---

193 「10차 전체회의 상황에 관해 저우언라이가 마오쩌둥 등에게 보내는 전문」(1954. 5. 14), 윌슨센터 디지털아카이브(https://digitalarchive.wilsoncenter.org/document/110615).

194 위의 자료.

195 변영태, 『외교여록(餘錄): 부편상초(附 片想抄)』, 한국일보사, 1959, 84쪽.

196 저우언라이는 회의에서 중국 대표단이 '중립국에 의한 선거감독'을 "제안"하고자 한다며, 중앙위원회에 관련 지시를 요청했다. 5월 17일, 마오쩌둥은 저우언라인의 방침에 동의했다. 「1954년 5월 15일과 17일 저우언라이의 전보에 대해 중국공산당 중앙위원회가 답변한 전문」(1954. 5. 17), 윌슨센터 디지털아카이브(https://digitalarchive.wilsoncenter.org/document/110625).

완화하기 위한 제3의 국제감독기구의 필요성을 제기한 데 대해 동의를 표했다. 그리고 이 기구를 중립국으로 구성하자고 제안했다.[197] 이에 북한 대표 남일은 동의하는 발언을 했다.[198]

5월에 진행된 한반도 문제 관련 회의에서 중립국 문제가 부상했던 것처럼, 인도차이나 문제에서도 중립국이 논의되기 시작했다. 5월 15일 열린 인도차이나 문제에 관한 회의에서, 소련의 몰로토프는 "정전의 보충 제안으로 중립국감독위원회를 만들자고" 제안했다.[199] 5월 30일, 인도차이나 문제 관련하여 중국과 프랑스 관계자는 회합을 가지고 여러 쟁점에 대해 의견을 교환했다. 특히 양측은 인도차이나 정전이 실현되면 이를 감독할 기구의 구성과 임무에 대해 논의했다. 중국의 왕빙난(王炳南, Wang Bingnan)은 인도차이나 정전을 감시할 '중립국감독위원회(Neutral Nations Supervisory Commission)' 구성 문제는 양측이 구체적으로 논의해야 하며, 위원회의 임무는 "국내적으로 다시는 내전이 발생하지 않도록 하고" "국제적으로 외국 군대와 전쟁 물자의 [해당 지역] 진입을 중단"하는 것이어야 한다고 설명했다. 이에 스위스 주재 프랑스 대사 장 쇼벨(Jean Chauvel)은 동의를 표했다.[200] 이후 중국과 프랑스는 인도차이나의 정전을 위한 논의를 이어

---

197 저우언라이는 남일 외무상이 4월 27일 제시한 방안의 1항에 "전조선위원회가 전 조선 선거법에 근거하여 외국 간섭을 배제한 자유적 조건하에서 전 조선 선거를 거행하는 것을 협조하기 위하여 중립국검찰위원회를 성립하고 전 조선 선거에 대해 검찰을 진행한다"라는 내용 보충을 건의하는 형태로 제안했다. 『人民日報』 1954. 5. 24(『북조선실록 117』, 354~359쪽).

198 『로동신문』 1954. 5. 24(『북조선실록 117』, 359~368쪽). 북한 지도부는 중국의 중립기구 제안에 동의하면서도 외국의 내정 불간섭, 즉 조선 사람 자체의 해결이라는 자주 원칙이 훼손되지 않아야 한다는 점을 강조했다.

199 「저우언라이가 마오쩌둥 등에게 한반도 문제와 4차 인도차이나 문제에 관한 전원회의 상황에 대한 지시를 요청하는 전문」(1954. 5. 15), 윌슨센터 디지털아카이브(https://digitalarchive.wilsoncenter.org/document/116023).

200 「중국 외교부 사무국장 왕빙난(Wang Bingnan)과 국제인권연맹 조셉 폴봉쿠르(Joseph Paul-

갔다. 6월 1일, 프랑스 대표 비도는 저우언라이에게 "나는 두 번의 세계대전을 경험했고 전쟁에 정말 지쳤"다며, "첫 번째 전쟁에서는 상병으로 복무"했고, "2차대전 당시 하사"였는데, "3차대전"이 발발하여 "승급하고 싶지는 않다"고 말하기도 했다.[201]

이처럼 중국과 프랑스가 주도하며 논의를 진전시킨 인도차이나 관련 회의와 달리, 한반도 관련 회의는 5월 22일 중국이 한반도 선거를 위한 중립국감독기구를 제안한 데 대해 자유 진영이 반대함으로써 공전하고 있었다. 회의가 교착된 상황에서 북한은 미국이 현재 한반도 정전을 감시하는 중립국감독위원회를 공격함으로써 제네바회의에서 조·중이 제안한 '중립국감독기구'를 거부하려는 명분을 만들고 있다는 비판에 나섰다. 일례로 5월 23일자 북한의 『민주조선』은 미국이 한반도에서 활동 중인 "중립국감독위원회에 대하여 중상과 위혁을 가하고 있는 것은" 현재 진행 중인 인도차이나 문제 "토의에 악영향을 주려는 또 하나의 흉악한 목적" 때문이라고 지적했다. 특히 "미제는 중립국감독위원회 사업이 '실패'한 듯이 허위 선전함으로써, 중립국감독위원회의 사업을 방해한 자기들의 책임을 엄폐하고 중립국감독위원회의 '무용'론을 조작하려고 시도하고 있다"고 비판했다.[202]

실제로 5월 31일에 열린 인도차이나 문제에 관한 회의에서, 미국 대표 스미스는 한반도에서 "폴란드와 체코슬로바키아가 중립국감독위원회의 업무를 방해하고 있으며", 이러한 "공산주의 국가들은" "중립을 지킬 수 없다"고 발언

---

Boncour) 회장의 회담 회의록」(1954. 5. 30), 윌슨센터 디지털아카이브(https://digitalarchive.wilsoncenter.org/document/111474).

201 「저우언라이와 비도의 대화 기록」(1954. 6. 1), 윌슨센터 디지털아카이브(https://digitalarchive.wilsoncenter.org/document/111478).

202 『민주조선』 1954. 5. 23(『북조선실록 117』, 419쪽).

했다.[203] 6월 2일 열린 회의에서도, 스미스는 다시 한번 "공산주의 국가는 중립국으로 간주될 수 없으며 감독을 맡을 수도 없다"고 주장했다. 이후 스미스는 인도차이나 정전을 감독할 기구로는 스위스·스웨덴·인도·파키스탄이 적합하다고 제시하기도 했다.[204]

6월 7일, 중국의 저우언라이와 프랑스의 비도는 인도차이나 정전을 감시할 중립국 문제에 대해 논의했다. 비도는 "한반도 문제는 인도차이나 문제와 성격이 달라" "한반도의 선례가 인도차이나에 적용되지 않으므로" "폴란드와 체코슬로바키아가 인도차이나 감독에 참여하는 것에 동의하지 않는"다고 말했다. 그리고 인도와 파키스탄은 중립국으로 인정되며, 중립국은 회의 참가 9개국 모두가 확인하고 받아들일 수 있어야만 한다고 말했다.[205]

중립국을 둘러싼 제네바회의에서의 이런 논의들은, 1년 전 한반도 정전회담에서 사회주의 국가 폴란드와 체코슬로바키아가 중립국으로 제안되었을 때 유엔군이 별다른 문제를 제기하지 않았던 것과 사뭇 달라져 있었다. 아마도 냉전의 진영 논리가 한반도 정전 이후 더욱 고착된 현실과 함께, 실제 한반도 정전을 관리 감독하기 위해 활동하는 폴란드와 체코슬로바키아 위원에 대하여 이승만 정부가 "적색(赤色)감시위원"의 중립성을 비난하고 나섰던 당시 상황이 반영된 것으로 보인다.[206]

---

203 「9차 제한회의(Restricted Session) 상황에 대해 저우언라이가 마오쩌둥 등에게 보내는 전문」 (1954. 6. 1), 윌슨센터 디지털아카이브(https://digitalarchive.wilsoncenter.org/document/111479).

204 「11차 제한회의 상황에 대해 저우언라이가 마오쩌둥 등에게 보내는 전문」(1954. 6. 4), 윌슨센터 디지털아카이브(https://digitalarchive.wilsoncenter.org/document/111483).

205 「저우언라이와 비도과의 대화에 대해 저우언라이가 마오쩌둥 등에게 보내는 전보(발췌)」 (1954. 6. 10), 윌슨센터 디지털아카이브(https://digitalarchive.wilsoncenter.org/document/111494).

206 『동아일보』 1954. 8. 3.

6월 5일, 별다른 진척이 없던 한반도 관련 회의에서, 소련의 몰로토프는 중립국이라는 단어를 빼고 "전 조선 자유선거의 실시를 관찰하기 위하여 해당한 국제적인 위원회를 조직"하고, 그 구성원은 따로 심의하자는 수정안을 제시했다.[207] 이러한 소련의 제안에 미국의 덜레스 국무장관은 "중립국 감시위원회보다 완화된 형태인 듯 보이지만 유엔의 역할을" 여전히 "부정"하고 있으며, "그것이 진보의 환상(Illusion of progress)을 심어주면서 평화를 사랑하는 세계인을 기만"하는 것이라고 평가했다. 또한 미국은 자유 진영의 일부 국가로부터 "회의를 계속하며 검토하자는" 주장이 나오는 상황에서, 이제 자유 진영의 '분열'을 막기 위해 회의를 빠르게 종결하고자 했다.[208] 6월 11일 열린 한반도 문제에 관한 회의에서, 미국은 회의를 종료하고 한반도 문제는 차후 열리는 유엔에 회부하는 제안을 발표했다.[209]

　미국이 회의 종료를 도모하는 상황에서, 6월 14일 저녁 조·중·소 대표단은 한반도 문제에 관한 전략회의를 열었다. 회합에서 이들은 다음 날(15일) 열리는 회의가 마지막이 되리라 예상하며, 한반도 평화에 대한 독창적인 계획안을 최대한 온건하게 제시함으로써 자유 진영 측에 회담 종료의 책임을 지우는 전략을 수립했다.[210]

---

207 『로동신문』 1954. 6. 7(『북조선실록 118』, 228~231쪽).

208 예를 들어 태국 대표는 "7개국위원회를 만들어 제네바회의 이후에도 계속 한국 문제를 논의"하자고 제안했다. 당시 미국은 "영국과 캐나다 등의 대표단이 제네바회의를 통해 원칙에 대한 합의를 이루고, 그럼으로써 긴장완화의 시내를 열냈다는 결과를 들고 귀국하기를 희망하기 때문에 사유 신영 내 분열의 가능성이" 존재한다고 보았다. 마상윤, 앞의 책, 71~73쪽.

209 「제14차 전체회의 상황에 대해 저우언라이가 마오쩌둥 등에게 보내는 전문」(1954. 6. 13), 윌슨센터 디지털아카이브(https://digitalarchive.wilsoncenter.org/document/111496).

210 「제15차 전체회의 상황에 대해 저우언라이가 마오쩌둥 등에게 보내는 전문」(1954. 6. 17), 윌

6월 15일, 한반도 문제에 관한 제15차 회의가 열렸다. 6·25전쟁 참전 16개 국은 준비한 공동성명문을 읽었다. 성명문은 "유엔 감시하에 인구 비례에" 따 른 "자유선거를 한반도에서 시행"해야 하며, 이를 "거부하는 한" 한반도 문제 에 관한 더 이상의 회의는 "무용"하다고 주장했다. 16개국은 1953년 8월 28일자 "유엔의 결의에 의거하여 이 선언에 참여한 관련국은 이 회의의 의사를 유엔 에 보고"하겠다며, 한반도 문제의 유엔 회부를 일방적으로 선언했다.[211] 이에 북 한 대표 남일은 전날(14일) 수립한 전략에 따라, 한반도 평화와 통일을 위한 방 안으로 다음의 여섯 가지를 제시했다.

조선에서 평화 조건을 보장할 데 대하여 제네바회의 참가국들은 통일되고 독 립된 민주주의 조선 국가를 창건하는 기초 우에서 조선 문제를 평화적으로 조정 할 데 관한 합의를 달성할 목적으로 계속 노력할 데 대하여 합의를 보았다.

조선에서 평화적 조건을 보장하기 위하여

첫째, 비례적 원칙을 준수하면서 가능한 한 짧은 기간 내에 <u>조선 지역으로부 터 모든 외국 무력을 철거하기 위한 대책을 취할 것</u>을 해당 국가 정부들에 권고할 것. 조선으로부터 외국 군대를 철거할 기한은 제네바회의의 참가국들 간의 합의 에 의하여 결정할 것.

둘째, 1년 기한 내로 <u>조선민주주의인민공화국과 대한민국의 군대 수효를 축 소시키되 각측 군대의 수효 10만 명을 넘지 않게 할 것</u>.

셋째, 전쟁 상태를 점차적으로 퇴치하기 위한 조건들을 조성하며 쌍방의 군대 를 평화 상태로 전환시킬 데 대한 문제를 심의하여 조선민주주의인민공화국 정부

---

슨센터 디지털아카이브(https://digitalarchive.wilsoncenter.org/document/111500).
211 「참전 16개국 공동선언」(1954. 6. 15), 국방부 정훈부, 앞의 책, 1955, 276~277쪽.

와 대한민국 정부에 해당한 협정을 체결할 것을 제의하기 위하여 조선민주주의인민공화국과 대한민국 대표들로 위원회를 구성할 것.

넷째, 남북조선을 물론하고 다른 국가들과의 사이에 군사적 의무와 관련되어 있는 조약들이 존재하는 것은 조선의 평화적 통일의 리익과 량립될 수 없음을 인정할 것.

다섯째, 남북조선을 접근시키기 위한 조건들을 조성할 목적으로 조선민주주의인민공화국과 대한민국 간의 경제 및 문화 교류, 즉 통상 재정 회계 운수, 경계선 관계 주민의 통행 및 서신의 자유, 과학 문화 교류 및 기타 관계를 설정하며, 그를 발전시킬 데 대한 합의된 대책들을 강구 실시하기 위한 전조선위원회를 구성할 것.

여섯째, 조선의 평화적 발전을 제네바회의 참가국들이 보장하며 그리함으로써 조선을 단일한 독립적 민주주의적 국가로 평화적으로 통일하는 과업을 급속히 해결함에 도움을 줄 수 있는 조건들을 조성할 필요성을 인정할 것.[212](밑줄—인용자)

남일은 첫 번째로 그동안 회의에서 논란이 됐던 '전 한반도 선거 실시'와 '국제감시기구' 같은 문제는 빼고 '외국 군대 철수'만을 넣었다. 특히 두 번째 남북한 동시 군축 제안은 처음 나온 것으로, 조·중·소가 전날 회의에서 협의한 '독창적인 제안'으로 보인다.[213]

---

212 『로동신문』 1954. 6. 17(『북조선실록 118』, 630~631쪽).
213 남북한 군축 제안은 3월 초 중국이 제네바회의에 대비하여 준비했던 예비 초안의 미지막 항목에 포함되어 있었다. 「조선민주주의인민공화국 주재 소련 대사 수즈달레프의 일지(1954년 3월 1일~3월 31일)」(1954. 3. 16), 『북한관계사료집 조선민주주의인민공화국 주재 소련 대사의 일지 1』, 국사편찬위원회, 한국현대사료DB. 이후 북한 지도부는 1956년 5월 31일자 정부 성명으로 조선인민군 병력의 8만 명 축소를 발표했다. 『로동신문』 1954. 6. 1(이동원, 「1950년대 후반 남북한의 군축과 '평화' 모색」, 『한반도 정전 체제의 형성 변동과 평화기획』,

결국 4월 26일 시작된 한반도 문제에 관한 제네바회의는 51일 만인 6월 15일에 합의 없이 종결됐다. 다음 날(16일), 『로동신문』은 제네바회의를 거치면서 "미국 지배층들과 그 추종자들"은 한반도에 대한 "침략적 야망을 포기하지 않"은 "평화의 원쑤"라는 사실이 "전 세계에 폭로"된 반면, "처음 국제무대에 진출한" 북한과 중국은 그 "국제적 위신"이 높아졌을 뿐 아니라 "인민의 자유 독립을 위하여 노력"하는 평화의 옹호자임을 보여주었다고 평가했다.[214]

한반도 관련 제네바회의가 양대 진영의 대립으로 별다른 성과 없이 종료됐으나, 중국과 프랑스는 긴밀히 협력하며 상호 이해를 쌓아가고 있었다. 일례로 한반도 문제에 관한 회의가 종료되기 전날(14일) 조·중·소는 마지막 전략회의를 열었는데, 같은 날 중국 왕빙난은 프랑스 대표단의 폴봉쿠르(Paul-Boncour)의 사무실에 방문하여 한반도와 인도차이나 문제를 함께 논의했다. 폴봉쿠르는 한반도 문제와 관련하여, 유엔 감시하 선거라는 미국을 포함한 다른 자유 진영 국가들의 결정에 따를 수밖에 없는 프랑스의 현실을 설명하며 왕빙난에게 이해를 구했다. 왕빙난은 제네바회의는 유엔과 아무 관련이 없을 뿐 아니라 한반도 문제에 관한 합의가 도출될 수 있다고 말하면서도, 회의가 성과 없이 종료된다면 이는 조·중·소가 아니라 미국 때문이라는 사실을 프랑스 대표단이 주목해주기를 요청했다. 이에 폴봉쿠르는 중국 대표단의 입장이 합리적이라는 데 동의하면서도, 다른 16개국의 결정을 막을 수 없는 상황에서 중국이 유연한 태도를 보여야 한다고 제안했다.

이렇게 중국과 프랑스는 이미 한반도 문제가 별다른 성과 없이 종료되리라 예견하면서도, 이로 인해 양국이 대립하지 않기를 원했다. 그리고 양자의

---

국사편찬위원회, 2024, 87쪽 재인용).

**214**  『로동신문』 1954. 6. 18(『북조선실록 118』, 743~748쪽).

대화는 인도차이나 문제로 이어졌다. 폴봉쿠르는 미국이 인도차이나 회의를 방해하려 하지만 프랑스는 이번 회의가 실패하기보다는 성공하기를 원한다고 밝혔다. 이에 왕빙난도 직전에 열렸던 인도차이나 관련 회의의 분위기는 매우 좋았다고 화답했다.[215]

결국 6월 15일 한반도 문제는 성과 없이 종결됐으나, 7월 20일 인도차이나에 관한 제네바협정은 최종 타결됐다. 협정의 주요 내용은 다음과 같았다.[216] 첫째, 북위 17도선을 경계로 300일 이내에 호찌민 정부군은 이북으로, 프랑스군은 이남으로 이동한다. 둘째, 민간인도 자유의사에 따라 17도선 이남과 이북으로 이동할 수 있다. 셋째, 군사경계선은 잠정적인 것이며, 향후 통일 문제는 1956년 7월 이전에 총선거를 실시하여 결정한다. 넷째, 이후 일체의 외국 군대는 증원될 수 없으며 프랑스군은 총선거 때까지 주둔할 수 있다. 다섯째, '감독과 통제를 위한 국제위원회(International Commission for Supervision and Control, ICSC)'를 인도(의장국)·캐나다·폴란드 3개국으로 구성하여 협정의 이행을 감독한다. 특히 이 국제위원회는 베트남·라오스·캄보디아 각국 수도에 본부를 두었으며, 군사분계선 및 주요 출입구에는 초소가 설치되어 군사력·장비·보급품 등의 교환과 철수를 감독하는 임무를 부여받았다.[217]

---

215 「왕빙난(Wang Bingnan)과 프랑스 대표단의 장 폴봉쿠르(Jean Paul-Boncour)의 회의록(요약)」 (1954. 6. 14), 윌슨센터 디지털아카이브(https://digitalarchive.wilsoncenter.org/document/111497). 참고로 대화가 있었던 6월 14일은 프랑스 조세프 라니엘(Joseph Laniel) 정부가 6월 12일 프랑스 국회에서 불신임 투표로 무너진 뒤, 6월 19일 멘데스 프랑스(Pierre Mendes-France)가 이끄는 새 내각이 구성되기 전이다.

216 인도차이나 문제에 관한 제네바협정의 내용은 다음 책의 내용을 요약한 것이다. 유인선, 『새로 쓴 베트남의 역사』, 이산, 2002, 387쪽.

217 캐나다 국방부 누리집(https://www.canada.ca/en/department-national-defence/services/military-history/history-heritage/past-operations/asia-pacific/international-commission-supervision-control-

이처럼 인도차이나에 설치된 '감독과 통제를 위한 국제위원회'는 한반도에서 활동하는 중립국감독위원회와 감독 임무가 거의 유사했으나, 명칭에는 '중립국'이라는 표현이 들어가지 않았다. 이는 양대 진영에 속하는 캐나다와 폴란드가 포함됐기 때문으로 보인다.[218]

인도차이나 정전이 실현된 직후 이승만 대통령은 미국을 방문했다. 7월 28일, 미국 의회에서 이승만은 제네바회의가 "하등의 성과 없이 끝났으니만큼 휴전의 종결을 선언할 적당한 시기"일 뿐 아니라 "중국 본토가 자유 진영의 편으로 환원"되도록 하기 위해 행동해야 한다고 주장했다. 또한 현재 소련이 "평화를 운위"하고 있는데, 이는 "미국의 비행장들과 생산 중심지들을 분쇄할 만한 충분한 수소폭탄과 대륙간 왕복용 비행기를 보유하게 될 때까지" 시간을 확보하려는 "세계 정복"의 "전략"이라고 간주했다.[219] 미국에서 이승만의 호전적인 발언이 있은 지 이틀 후(30일), 원용덕 헌병사령관은 중립국감독위원회는 "휴전협정이 휴지화됨으로 인해서 그 존속성이 자동적으로 상실"되었으므로, "공산 측을 대표하는" 폴란드와 체코슬로바키아 위원들이 남한에 "잔류하는 것을

---

vietnam.html).

218 인도차이나 정전에 이르는 과정에서 '감독과 통제를 위한 국제위원회'(ICSC)가 어떻게 논의되어 결정에 이르게 되었는지는 향후 연구가 필요하다. 참고로 베트남에서 활동하는 ICSC는 하노이와 사이공에 본부를 두었으며, 남북에 각기 7개 팀이 배치되었고, 한반도의 중립국감독위원회처럼 이동소조와 고정소조로 구성되어 있었다. 첫해 동안 ICSC는 남북 베트남 정권으로의 권력 이양과 프랑스군의 베트남 철수를 성공적으로 감독했으나, 군사 장비와 병력의 유입 차단 감독에는 실패했다. 1965년 베트남에서 전면전이 발발하면서 ICSC는 모든 효력을 상실했으며, 북베트남에 주둔하던 7개 고정소조는 철수해야 했다. 1973년 초 미국이 베트남에서 철수하고 창설된 국제통제감독위원회(ICCS)에 캐나다가 참여함으로써 ICSC의 활동은 사실상 종료됐다. 캐나다 국방부 누리집, 위의 자료.
219 이승만, 「상하 양원 합동의회에서의 연설」(1954. 7. 28), 대통령기록관; 마상윤, 앞의 책, 79쪽.

단호 불허"한다는 조치를 발표했다.[220] 다음 날(31일), 미국에서 이승만은 원용덕 장군이 취한 조치는 제네바회의가 종결되자마자 정전협정은 "무효"가 됐으므로 "벌써 취해졌어야 할 일"이었다며 지지 의사를 밝혔다.[221]

8월 7일, 샌프란시스코 영연방클럽(The Commonwealth Club) 연설에서 이승만은 현 세계 정세를 분석하고 '평화와 중립'에 관한 자신의 의견을 밝혔다. 먼저 그는 1954년 소련의 "위성국가 숫자"는 놀랄 정도로 증가했으며, "공산주의를 저지"하기 어려우니 "방치해두어야 한다는" 주장들이 난무하고 있다고 보았다. "저명한" 유럽의 "몇몇 정치가들이" "가장 열렬한 공산주의 지지자가 되었"거나 "또 어떤 사람들은 무저항주의, 공존주의 내지 명백한 유화주의와 같은 정책을 사용함으로써 적색 음모를 방조하고" 있다고 비판했다. 특히 "그들 중 어떤 자들은 스스로를 중립자라고 말하고" 있으나, 이는 "중립이란 단어에 대한 이 얼마나 가소로운 곡해입니까?"라고 반문했다. 왜냐하면 '중립'이라는 단어는 작금의 공산주의에 유화적인 중립이 아니라 미국이 발전시킨 "명예스러운 말"이었기 때문이었다.[222] 또한 그는 현재 무저항주의와 공존주의를 외치는 '중

---

[220] 『조선일보』 1954. 8. 1. 그런데 같은 날 주미 한국 대사 양유찬은 "원용덕 헌병사령관의 철수 요구는 한국전쟁 재개를 지향하는 조치가 아니며" "휴전협정의 사문화를 선언하고 전투를 재개하여야 한다는 이 대통령의 제안과는 완전히 별개의 것"이라며 두 주장의 연관성을 부인했다. 『동아일보』 1954. 8. 1.

[221] 이승만, 「중립감시위(中立監視委) 철수 요구에 대한 성명서」(1954. 7. 31), 대통령기록관.

[222] 이승만은 1910년 미국 프린스턴대학에서 「미국의 영향을 받은 중립(Neutrality as Influenced by the United States)」이란 제목으로 박사학위를 받았다. 이 논문은 "중립법의 발전을 미국의 시각에서", "미국의 역할을 연대기 순으로 정리하고 있다." 정인섭, 「해제」, 이승만 지음, 정인섭 역주·해제, 『우남 이승만 전집 10. 미국의 영향을 받은 중립』, 연세대학교 대학출판문화원, 2020; 구한말, 대한제국, 그리고 일제강점기 이승만의 중립화론 내용과 성격은 다음을 참고할 것. 정병준, 『우남 이승만 연구—한국 근대국가의 형성과 우파의 길』, 역사비평사, 2005.

립자'들이 미국 여론에 악영향을 미쳐 미국 정부가 6·25전쟁과 인도차이나전쟁에서 "명확한 승리"를 위해 나아가지 못하고 정전에 이르고 말았다고 한탄했다. 그는 "공산주의와 민주주의 간의 투쟁에 있어서는 중립이라는 것이 있을 수 없"기 때문에, "양자간 어느 한쪽이든지 이기지 않으면" 안 된다고 주장했다.[223]

물론 이승만도 "우리 모두가 다 평화를 소망하"기 때문에, 한반도와 인도차이나 "서독 등 공산주의자들이 우리에게 위협을 던지고 있는 모든 장소 장소에서" "평화를 이루어야 한다고 말하는 사람들"의 "호소의 힘"이 크다는 사실은 인정했다. 그러나 이러한 "평화애호자인 척 가장"하는 이들이 외치는 "평화라는 용어는 허위"이며, "그들이 가져올 소위 평화라는 것은 사상 통제와 세뇌공장의 희생물이 되어서 쇠사슬에 얽매인 남녀들이 가지는 개성도 희망도 없는 평화"일 뿐이었다. 따라서 이승만은 미국 국민들이 "미국 자체가 공격을 받고 있다는 가상하에서" 적극적으로 "행동"해주기를 요청했다. 왜냐하면 제네바협정의 결과 인도차이나의 "전부는 거의 상실당한 셈"이며 순차적으로 공산주의 침략이 미국까지 미칠 수 있기 때문이었다. 즉 인도차이나 다음으로 가장 먼저 "태국"을, 다음에는 말레이시아와 버마, 그리고 "인도네시아와 일본의 차례가 될 것이며" "조만간은 자유로이 남아 있는 한국의 남반부의 차례가 돌아올 것"이고, 결국 "공산 세력이 극동으로부터 신세계, 미국으로 전진하기까지"는 그렇게 많은 시간이 걸리지 않을 것이라고 경고했다.[224]

한편, 북한 지도부는 인도차이나에서 정전이 실현된 것은 "평화 력량의 승리"라며 환호했다. 1954년 8월, 평화옹호전국민족위원회 위원장 한설야는 인도

---

223 이승만 「상항(桑港) 콤몬웰스 클라브에서의 연설」(1954. 8. 7), 대통령기록관.
224 위의 글.

차이나에서의 "정화의 실현은 평화를 공고화하며 국제적 협조를 발전시키기 위한 사업에서 새로운 전진으로 되며 세계 평화 력량의 거대한 승리"라고 평가했다.[225] 그는 제네바회의의 성공 이유를 기본적으로 사회주의 진영의 지도자 소련과 중국에서 찾았다. 우선 역사적으로 인도차이나에서 민족해방투쟁이 "오랜 세월에 걸쳐 장성 발전"될 수 있었던 것의 시작점에는 소련의 "사회주의 10월혁명의 승리"가 있었다. 직접적으로는 1954년 "쏘련의 이니샤티브에 의하여 소집된 베를린 외상회의"가 "처음으로 쏘련, 중화인민공화국, 불란서, 영국, 미국 등 5렬강이 참가하는 제네바회의의 소집을 위한 합의"를 보아 "아세아 문제 해결의 길을 열어놓앗"다.[226] 특히 제네바회의는 소련과 중국 "대표단의 성의 있는" "훌륭한 협조의 정신에 의하여 성과적으로 해결"될 수 있었다고 주장했다. 나아가 아시아에서 "평화를 보장하기 위한" "평화적 공존의 원칙들에 기초하여 각 나라들"의 협조가 "촉진"되고 있으며, 제네바회의가 열리는 동안 체결된 중국-인도 및 중국-버마의 선언이 그 증거라고 제시했다.

동시에 한설야는 제네바협정의 내용이 "미 제국주의"에 대한 '사회주의'의 승리임을 강조했다. 먼저 그는 최근 콜롬보에서 진행된 "5개국 수상회의"를 언급하며, 이 선언문은 "미 제국주의자들이 조작하려는 동남아세아동맹(시토―인용자)에 대하여 중립적 태도를 취할 것을 표명하고 있다"고 평가했다. 또한 그

---

225 한설야의 이 시기 직위는 『로동신문』 1954. 7. 16, 1면을 참조. 한설야, 「평화 력량의 거대한 승리」, 『근로자』 제8호(1954. 8)(『북한관계사료집 58』, 국사편찬위원회, 2008, 403~416쪽). 제네바회의가 열리기 직전, 리기영은 회의 개최 자체가 "'힘의 정책'에 대한 회담과 협의의 방법의 승리를 의미하며 전쟁 세력에 대한 평화 력량의 승리를 의미한다"고 평가했다. 『로동신문』 1954. 4. 17(『북조선실록 115』, 371쪽). 리기영은 "해방 후 강원도인민위원회 교육부장, 조쏘친선협회 중앙위원회 위원장, 최고인민회의 부의장, 조선문학예술총동맹 중앙위원회 위원장" 등을 역임했다. 『북조선실록 115』, 370쪽.

226 이 시기 북한 문헌에서는 소련 먼저, 그리고 다음에 중국을 배치했다.

는 "제네바협정이 거둔 거대한 성과" 중 하나로 "어떠한 군사동맹에도 가입하지 않"겠다는 인도차이나 3개국의 합의가 이 나라들에 "침략 조약을 인입하여 자기들의 군사기지로 전화시키려" 했던 "미 제국주의자들"의 "계획을 실패에 돌아가게" 한 것을 꼽았다. 나아가 인도차이나에서의 "정전협정 리행에 대한 감시와 관리를 보장하기" 위한 3개국 국제위원회에 "민주국가 대표"인 폴란드가 참가하였다는 것은, 이를 방해하려던 "미국 외교의 또 하나의 실패를 의미한다"고 주장했다. 비록 제네바회의에서 "조선 문제의 평화적 조정"은 실패했으나 1년 전 한반도에서 정전이 실현되어 "평화가 승리한 것처럼", 인도차이나에서 "평화회복"이 실현됨으로써 아시아에 평화가 도래했음을 강조했다. 그리고 이러한 평화의 도래는 "쏘련을 위시한 세계 평화 애호 민주 진영"이 "다시 한번 전쟁을 타승"한, 즉 "평화 력량의 거대한 승리"였다.

그럼에도 그는 최근 진행된 "국제 긴장 상태 완화의 의의를 과대평가"해서는 안 되며, "고도의 경각성"을 가져야 한다고 덧붙였다. "왜냐하면 아직도 평화의 원쑤들이 침략적 야망을 포기하지 않고 있으며 군비 경쟁을 계속하고 있으며" "새로운 군사기지와 군사 뿔럭들을 창설하고 있기 때문"이었다. 특히 그는 최근 있었던 이승만의 워싱턴 방문에 대해, "제네바회의에서 조선 문제의 평화적 조정을 파탄시킨 후 미 제국주의자들은 리승만 역도들을 사주하여 조선 정전의 불안정성을 조성하기" 위한 "발악"이라고 비난했다.

1954년 열린 제네바회의는 적대적인 냉전의 양대 진영이 만나 협상을 통해 인도차이나전쟁을 멈추고 평화를 만들어낸 획기적인 사건이었다. 비록 한반도 문제에 관한 협상은 성과 없이 종료됐으나, 1년 전까지 한반도에서 전투를 펼쳤던 쌍방이 만나 한반도 통일과 평화를 위한 회의를 진행했다는 것만으로도 그 의의는 작다고 할 수 없다. 이러한 '평화의 도래'에 대하여, 이승만은 평화의 호소력이 크다는 것은 인정하면서도 현재의 평화는 공산 세력이 세계 적화 야욕을 숨기며 침략을 준비하기 위한 위장평화이며, 유화적인 중립주의자들이 여기에 가세하고 있어 매우 위험하다고 보았다. 제네바협상 결과에 따라 인도차이나 일부를 공산 세력에 빼앗겼고, 여기서부터 시작된 공산 침략은 점차 동쪽으로 향하여 태국과 한반도, 더 나아가 태평양을 건너 미국까지 침공해 올 것이라고 경고했다. 현재의 평화는 위장된 가짜 평화이므로, 공산 침략에 대비해야 함을 강조했다.

제네바회의가 만들어낸 평화에 대해 비판적이었던 이승만과 달리, 북한 지도부는 평화의 도래를 환호했다. 그런데 아이러니하게도 현재의 평화를 가능케 한 이유에 대한 한설야의 분석은 이승만과 상당히 유사했다. 이승만이 공산 세력의 확산을 우려했듯이, 한설야에게 제네바회의가 합의에 도달할 수 있었던 것은 소련과 중국 덕분이었으며, 협상의 결과는 평화를 옹호하는 사회주의(민주) 진영이 전쟁을 일삼는 미 제국주의에 대해 승리한 결과였다. 또한 북한 지도부는 콜롬보회의에 주목했음에도, 채택된 선언문에 포함된 탈냉전적 중립의 의미는 다루지 않은 채 상대를 공격하는 논리로 활용했다.

이처럼 남북한 지도부는 1954년에 열린 제네바회의와 콜롬보회의에서 제기된 '중립에 의한 평화'에 주목하기보다, 회의 결과가 냉전의 양대 진영에 어떠한 유불리를 가져오는지 확인하고 그에 따라 대비책을 마련하는 데 몰두했다. 따라서 평화에 비판적인 남한 정부는 공산 침략에 대비해야 했으며, 북한 지도부는 아시아에 도래한 평화에는 환호하면서도 미국과 남한에 존재하는 '평화의 원쑤'들이 북한 침략의 야망을 가지고 한반도 정전을 불안하게 만들고 있으므로 이에 내비해야 한나고 상소했다. 1954년 하반기 지구적 냉전질서가 완화되고 아시아에서는 전쟁이 멈추고 평화가 도래했음에도, 남북한 지도부 모두 한반도에 살아가는 사람들은 언제든 상대가 침략해 올 수 있으니 긴장의 끈을 놓아서는 안 된다며 내부 통제의 필요성을 역설했다.

## 3. 최초의 아시아·아프리카회의(1955)

### 1) 보고르회의에서 반둥회의까지: 반둥 VS 방콕

1954년 4월 강대국의 제네바회의와 아시아 신생 5개 약소국의 콜롬보회의가 동시에 열렸으며, 7월 제네바회의에서 인도차이나 정전이 실현됐다. 이후 아시아 지역질서를 어떻게 주조할지를 둘러싸고 반공 자유 진영과 콜롬보 참가국들(Colombo Powers, 콜롬보 국가들)[227] 간의 각축전이 전개됐다.

제네바회의 내내 소극적인 자세를 취하던 미국은, 중국과 긴밀히 협력하며 타결을 이끌어낸 같은 진영의 프랑스와 영국에 불편해했다. 결국 미국은 인도차이나 문제에 관한 최종 협정문에 서명하지 않았으며, 다만 무력개입은 하지 않겠다고 밝힐 뿐이었다. 그리고 1954년 8월 12일, 미국의 국가안전보장회의(NSC)는 제네바 합의 내용을 거부하는 「미국의 동아시아 정책 재검토(Review of US. Policy in the Far East)」라는 내부 문건을 통과시켰다. 이 문건은 "제네바 협의로 유리한 입장에 서게 된 공산 세력들은 지역 내 평화를 역설하면서 자신들의 주도권을 확대해 나갈 것"이며, 이로써 "동남아 지역에서의 지도력 상실은 일본으로부터 시작되는 봉쇄망의 붕괴"를 "초래할 가능성이 높다"고 보았다.[228] 이는 제네바협정의 타결을 기점으로 공산 세력이 연쇄적으로 아시아를 침략할 것이라고 보았던 이승만의 인식과 유사한 것이었다.

미국은 공산 세력의 아시아 내 팽창을 저지하고자 반공 군사동맹의 집단안전보장체 결성에 나섰다. 이는 그동안 미국이 유럽과 달리 아시아에서 "콜

---

227  당시 1954년 4월에 열린 아시아 5개국 수상회의 참가국들은 '콜롬보 파워스(Colombo Powers)'라고 불렸는데, 이하에서는 '콜롬보 국가들'로 번역했다.

228  유인선, 앞의 책, 388쪽.

롬보 국가들에게 지나친 자극을 주지" 않기 위해 '소(小)지역적'이며 '양자적인' 반공방위협정을 체결해온 데서 더 나아간 것이었다.[229] 1954년 9월 5일부터 8일까지, 필리핀 수도 마닐라에서 필리핀·태국·호주·미국·영국·프랑스·뉴질랜드·파키스탄 등 8개국 대표가 모여 동남아조약기구(SEATO, 시토)를 창립했다.[230]

인도와 인도네시아 수상들은 아시아에서 집단적인 반공 군사동맹체를 만들려는 미국에 반대하며, 콜롬보회의에서 합의했던 아시아·아프리카회의 개최에 적극 나섰다. 9월 25일, 알리 사스트로아미조조(Ali Sastroamidjojo) 인도네시아 수상이 인도를 방문하여 네루 수상과 공동성명을 발표했다. 이 발표문에 따르면, 양자는 아시아·아프리카 국가들의 대표가 참여하는 회의 개최를 논의했으며, 이러한 회의는 "바람직하고" "평화를 촉진하는 데 도움"이 된다는 데 합의했다. 그리고 성명서에는 콜롬보회의에 참가했던 5개국 수상들이 아시아·아프리카회의 전에 인도네시아 자카르타에서 만나는 것이 바람직하다는 제안이 담겼다. 인도 방문을 마친 인도네시아 수상은 버마의 우 누(U Nu) 수상의 초청으로 랑군에서 3일을 보내며 비공식 회의를 가졌다. 이 회의에서도 두 수상은

---

[229] 소지역적이며 양자적인 반공방위협정은 1951년 미국-필리핀 상호방위협정 체결, 대일강화조약에 이은 미일상호안전보장조약, 미화방위협정, 한미상호방위조약, 그리고 미국-호주-뉴질랜드 3국 간의 상호안전보장조약인 ANZUS조약 체결 등이 있었다. 구철회, 「동남아조약기구 SEATO 의 성립과 한·중·일의 장래」(9. 25), 『지방행정』 3-5, 1954, 45~46쪽.

[230] 회의에서 필리핀의 막사이사이 대통령은 유럽의 나토(NATO)처럼 '일(一)가맹국에 대한 공격은 전(全)가맹국에 대한 공격'과 동일시하자는 내용을 제안했으나, 이는 받아들여지지 않았다고 한다. 아시아에서 유화책을 펼치고 있던 영국·프랑스의 반대가 있었으며, 향후 다른 콜롬보 4개국의 시토 참여를 유도해야 할 필요성 등이 고려됐기 때문이다. 동남아시아조약기구의 외부 공격에 대한 대응 수준은 1951년 체결된 「오스트레일리아, 뉴질랜드, 미국 간의 안보에 관한 조약(Security Treaty Between Australia, New Zealand and the United States of America)」과 유사했다. 위의 글, 46~47쪽.

**인도네시아 보고르에서 회합하는 5명의 수상들**
왼쪽부터 버마 우 누, 인도 네루, 파키스탄 모하메드 알리(Mohammed Ali), 실론 존 코텔라왈라, 인도네시아 알리 사스트로아미조조. *Asian-African Conference Bulletin*, March 1955, No.1, p. 6.

"아시아·아프리카회의가 세계 평화를 증진할 것"이라고 "재차 강조"했다.[231] 이후 인도네시아는 콜롬보회의에 참여한 수상 모두를 아시아·아프리카회의 준비를 위한 회의에 초대했다.

1954년 12월 28일 인도네시아 자바섬의 산간 도시 보고르에서, 7개월 전 실론의 콜롬보에서 회합했던 5개국 수상들이 다시 만났다. 여기서 그들은 1955년 4월 18일 인도네시아 반둥에서 아시아·아프리카회의를 여는 데 최종 합의했다.[232] 12월 29일, 이들이 발표한 「보고르회의 공동성명서」에는 아시아·아프리카회의 개최 목적이 4가지로 제시됐다. 회의는 아시아·아프리카 국가들의 사회·경제·문화적 관계를 상호 발전시키기 위해 협력할 것이며, 정치적 주권과

---

231 *Asian-African Conference Bulletin*, March 1955, No. 1, p. 3; 『조선일보』 1954. 9. 27.
232 *Asian-African Conference Bulletin*, March 1955, No. 1, p. 3.

인종주의·식민주의, 그리고 세계 평화 문제를 논의 대상으로 삼았다.[233] 그리고 절차적으로 아시아·아프리카회의는 5개국의 공동주최(joint sponsorship)이며, 5개국을 대표하여 인도네시아 정부가 회의 준비를 진행하기로 했다.

또한 보고르회의에서 아시아·아프리카회의의 초청 대상이 논의됐다. 수상들은 이번 회의가 광범한 지리적인 기반을 가져야 하며, 독립 정부를 가진 아시아·아프리카 지역의 모든 국가가 초청되어야 한다는 원칙하에 25개의 식민지 및 국가를 선정했다.[234] 즉 아시아·아프리카에 위치한 나라들이라면 냉전의 진영을 불문했으며, 아직 독립하지 못한 식민지 정부도 초대됐다. 초청국가들은 친서방 반공주의자, 사회주의자, 그리고 중립주의자 등으로 분류될 수 있다. 파키스탄·필리핀·태국·남베트남·실론·레바논·터키·이라크·이란·사우디아라비아·라이베리아·일본 등은 친서방적이었는데, 특히 일본·필리핀은 미국과 군사동맹을 맺고 있었으며, 파키스탄·태국은 시토 회원국이었다. 중국과 북베트남은 사회주의 국가였으며, "인도·인도네시아·네팔·버마" 등을 중심으로 한

---

[233] 보고르회의 공동성명서(JOINT COMMUNIQUE OF THE BOGOR CONFERENCE) (December 29, 1954)는 총 17항으로 이뤄져 있다. *COLLECTED DOCUIMENTS OF THE ASIAN-AFRICAN CONFERENCE APRIL 18~24, 1955*, A Publication of the AGENCY FOR RESEARCH AND DEVELOPMENT THE DEPARTMENT OF FOREIGN AFFAIRS, 1983, pp. 193~195; *Asian-African Conference Bulletin*, March 1955, No. 1, pp. 5~6. 4가지 목표는 인도네시아 수상이 반둥회의 개회식 연설에서 언급했는데, 이를 북한의『로동신문』이 번역하여 게재했다.『로동신문』1955. 4. 21.

[234] 참석한 29개국 명단은 이 책의 부록을 참고할 것. 인도네시아 수상은 보고르에 모인 5명의 수상들이 초청국들을 만장일치로 결정했다고 한다. 이스라엘은 합의에 이르지 못했으며, 단 하나의 중국인 '공산' 중국만을 인정했기 때문에 자유중국(대만)은 초청되지 않았다. *Asian-African Conference Bulletin*, March 1955, No. 1, p. 7. 남아프리카공화국은 인종차별 정책 때문에, 이스라엘은 아랍 대표단의 반대 가능성 때문에 제외됐다. Jürgen Dinkel, *The Non-Aligned Movement: Genesis, Organization and Politics (1927~1992)*, Alex Skinner trans., BRILL, 2018, p. 48.

일부 참가국들은 냉전의 어느 편에도 들지 않고 독자적이길 원했다.[235] 그리고 아직 독립하지 못한 식민지 골드코스트(Gold Coast), 튀니지, 모로코, 수단 등이 있었다.[236]

이처럼 냉전의 양대 진영의 국가들이 함께 초대됐기 때문인지, 보고르선언에는 앞서 발표된 콜롬보선언과 달리 '공산주의 위협'이나 '반공주의의 간섭' 같은 문구가 포함되지 않았다.[237] 또한 보고르성명서에는 아시아·아프리카회의가 '배타적'이거나 '지역적 블록(regional bloc)'을 구축려는 것이 아님이 명시됐다. 즉 "어느 한 국가의 초청 수락이 결코 다른 국가의 지위에 대한 견해의 변화를 포함"하는 것이 아니며, "한 나라의 정부 형태와 생활 방식이 결코 다른 나라의 간섭을 받아서는 안 된다는 원칙"이 강조됐다. 또한 "참가국이 회의에서 표현한 견해는 다른 국가가 원치 않는 한 구속력이 없으며 다른 국가가 수락하는 것으로 간주되지 않는다"고도 밝혔다. 이처럼 아시아·아프리카회의의 "기본 목적은 관련 국가들이 서로의 관점을 더 잘 이해"하는 것이라며, 초청된 모두가 참석해주기를 희망했다.

그런데 분단국으로서 전쟁을 겪은 아시아 국가 중 남베트남과 북베트남은 모두 포함됐음에도 남한과 북한은 초청국에서 제외됐다. 보고르회의에서 구체적으로 어떤 논의가 오갔는지 자료상 확인하지 못했으나, 인도네시아 수

---

235  Jürgen Dinkel, op. cit., p. 43.
236  영국령 골드코스트는 1957년 3월 가나를 건국했고, 프랑스 보호령의 튀니지와 모로코는 1956년 3월 독립했다. 영국-이집트 공동통치령이던 수단은 1956년 1월 1일 독립했다.
237  콜롬보에서 발행되는 『야나(Jana)』 1월호는 보고르회의에서 공산주의 위협이 완전히 잊혀진 이유가 공산 중국을 초대했기 때문에 이들의 감정을 상하게 하지 않기 위한 것이라면, 이는 완전히 이데올로기적 항복자의 고백인 것이라고 비판했다. *Asian-African Conference Bulletin*, March 1955, No. 1, p. 16.

상이 관련 문제를 언급한 바 있다. 국제뉴스 서비스(International News Service)의 극동 담당 편집자 고든(I. H. Gordon)이 인도네시아 수상에게 "베트남(Vietnam)과 베트민 (Vietminh)은 초대됐는데, 왜 한반도(the Republic of Korea)는 그렇지 않았느냐"고 물었다. 수상은 앞선 콜롬보회의 때부터 인도차이나 문제에 전념해온 5개 주최국 수상들이 "특별한 책임감(special responsibility)" 때문에 남베트남과 북베트남을 포함하여 인도차이나 국가들은 모두 초청했으나, "동일한 이유가 한반도(Korea)에는 적용되지 않았다"고 답변했다.[238] 또한 반둥회의 개최 전후 시기 인도네시아에서 현지 조사를 수행했던 미국 코넬(Cornell)대학 카힌(George M. Kahin) 교수는 1955년 11월 출간한 저서에서, 남·북한은 서로 적대적인 데다가 초대받은 많은 국가들과도 적대적이기 때문에 배제됐다고 썼다. 따라서 원칙적으로 아시아·아프리카회의의 화합과 성공을 위해 적대적인 분단국은 초청 대상이 아니었으나, 특별히 베트남만 초대된 것으로 보인다.[239]

'보고르성명서'의 마지막 조항에는 "새해 전야에 모인 총리들은 1955년이" 아시아·아프리카회의가 성공함으로써 "참석한 국가들과 다른 국가들의 우호 협력이 더욱 성장하고 세계 평화의 대의가 더욱 증진되는 한 해가 되기를 간절히 희망"한다는 내용이 담겼다. 보고르회의의 결정에 따라, 1955년 1월 7일 인도네시아 자카르타에는 5개 주최국의 외교사절단장들로 구성된 공동사무국 (Joint Secretariat)이 설치됐으며, 이들은 1주일에 한 번씩 회합하기로 했다.[240]

그런데 아시아·아프리카회의의 개최일과 초청국이 발표된 직후(1월 3일), 시

---

[238] *Asian-African Conference Bulletin*, March 1955, No. 1, p. 7.

[239] Ithaca, N. Y., *The Asian-African Conference: Bandung, Indonesia, April 1955*, Cornell University Press, London: Geoffrey Cumberlege Oxford University Press, 1956, p. 3.; 김학재, 앞의 책, 501쪽.

[240] *Asian-African Conference Bulletin*, March 1955, No. 1, p. 10; 『로동신문』 1955. 1. 11.

토 8개국 외상들은 2월 23일 태국 방콕에서 회의를 열겠다고 일제히 발표했다. 미 국무부는 공식적으로 "이 회담의 목적은 마닐라조약을 발효케 하는 절차들의 토의에 있으며" 아시아의 "평화와 안전을 위협하는 제반 사태에 관한 의견을 교환하는 데 있다"고 밝혔다.[241] 이로써 예정된 반둥회의(4월)와 방콕회의(2월)는 "약 2개월이라는 시일과 1,500리의 지리적 거리를 두고 개최"되지만, 아시아를 둘러싸고 "심각한 경쟁적 운명에 놓"이게 되었다.[242] 앞으로 아시아·아프리카회의에 초대받은 국가들이 얼마나 초청에 응할지, 특히 미국과 안전보장협정을 체결한 일본, 필리핀, 태국 같은 자유 진영 국가들이 과연 참석할 것인지, 모든 것이 불확실한 상황이었다.

남북한은 반둥회의와 방콕회의의 개최 소식에 상반된 반응을 보였다. 남한은 반둥을 비판하고, 방콕을 지지했다. 1월 6일, 미국 주재 남한 대사 양유찬은 반둥회의가 중국의 적화 야욕의 무대가 되리라고 예상했다. 반둥회의에서 중국은 "제 마음대로 선전을 자행"할 뿐 아니라 아시아 도처의 중국 "간첩과 공작원을 고무"할 것으로 보았다. 그는 반둥회의 개최의 이점이라고는 "공산주의의 발전에 대해서 자유세계가 어떠한 행동을 취해야 한다는" "경고" 메시지를 주는 것뿐이라고 냉소했다.[243]

남한 신문들은 반둥회의의 실패와 방콕회의의 성공을 희망하면서도 그 성패는 경제 문제에 달려 있다고 보았다. 즉 "후진 지역"인 "아시아의 장래"를 둘러싼 두 회의의 "성패의 요체는 그들의 민족운동을 존중하고 경제적 지위를 향상시키는 데" 있었다. 따라서 방콕회의가 성공하기 위해서는 "군사 문제와

---

241 『경향신문』 1955. 1. 5.
242 『조선일보』 1955. 2. 19.
243 『동아일보』 1955. 1. 8.

더불어 공산 침염(浸染)의 온상인 경제적 빈곤을 구하기 위한 경제 및 기술의 원조 문제"를 주요 의제로 삼아야 했다.[244] 『동아일보』 사설은 "최근 공산권은 일본, 인도, 인도네시아 등에 대해 매우 활발한 경제 공세를 전개하고" 있음을 지적하며, 아시아·아프리카 국가들을 "서방 측에 비끄러매두고, 한 걸음 더 나아가 시토에 끌어들이기 위해서는" 이들이 "몹시도 갈망하는 자본 및 기술의 대량 공급을 미국이 담당하는 것이 최선의 책"이라며, 미국 경제원조의 필요성을 제언했다.[245] 1월 9일, 중립국 스웨덴의 한 일간지도 방콕회의가 단지 군사적 조치만으로는 "중국의 그리고 아시아의 '중립' 공세('neutral' offensive)에 큰 영향"을 미치기는 어려울 것으로 보았다.[246]

남한과 대칭적으로, 북한은 반둥회의의 성공적인 개최를 기원함과 동시에 방콕회의를 비난했다. 1955년 1월 7일자 『로동신문』 사설은 보고르회의의 반둥회의 개최 결정을 "이 지역 인민들의 생활에서 거대한 의의를 갖는 사건"으로 규정했다. 이로써 아시아·아프리카라는 "광대한 지역에 거주하는 인민들"이 "처음으로 공통된 리익을 수호하기 위하여 자기들의 노력을 단합하는 길에" "견결히 나서게" 된 것이었다. 특히 이 회의가 "동방의 위대한 강국" 중국을 초대한 데 대하여 "특별히 중요한 의의를 가진다"고 강조했다.[247] 또한 1월 9일자 『로동신문』 사설은 반둥회의를 평화와 관련하여 설명했다. 먼저 "오늘날 평화의 유지는 서로 대립되는 지역적 군사 쁠럭의 창설로써는 불가능"하며, "각이한 사회 제도"를 가진 "국가들 간의 호상 리해와 존중"을 기반으로 "평화 지역"

---

244 『경향신문』 1955. 2. 23; 『조선일보』 1955. 2. 19.
245 『동아일보』 1955. 2. 25.
246 『스벤스카 다그블라데트(Svenska Dagbladet)』 1955. 1. 9; *Asian-African Conference Bulletin*, April 1955, No. 2, p. 16.
247 『로동신문』 1955. 1. 7.

을 창설함으로써 평화의 유지가 가능하다고 주장했다. 이미 1954년 동안 중국이 "평화적 공존에 관한 5개 원칙"에 입각하여 인도·버마와 체결한 협정이야말로 이러한 평화 지역 창설 확장의 "전형적 모범"이었다. 그리고 앞으로 열릴 반둥회의의 목적도 중국의 "평화적 공존에 관한 리념과 일치한다"고 해설했다. 다만 사설은 반둥회의에 "초청되지 않은 이 지역의 기타 국가들"에게도 "참가할 기회가 주어진다면" 회의 성공에 도움이 될 것이라며, 북한이 초대받지 못한 아쉬움을 토로했다.[248]

반면, 3월 27일자 『로동신문』은 방콕회의에 대해서 미국이 "자기의 예속국가들로 구성된 침략적 '동남아세아동맹기구'를 강화하여 이를" 반둥회의에 "대치시켜보려는 책동"으로 규정했다.[249] 사회주의 루마니아도 시토의 방콕회의 개최 결정은 미국이 "개별 국가들이 반둥회의에 참가하지 못하게 하려는" "대응조치"의 성격을 갖는다고 분석했다.[250]

2월 23일부터 3일간 태국 방콕에서 동남아조약기구 8개국이 참가하는 외상급 회의가 진행됐다.[251] 참가국 대표들은 방콕회의가 성공리에 마무리됐다며 공개적으로 만족감을 드러냈다.[252] 특히 회의에서 덜레스 미 국무장관은 남한·

---

248 『로동신문』 1955. 1. 9, 4면. 『아시아·아프리카회의 공보 2호』에는 "조선 신문이 아시아·아프리카회의를 환호하다(KOREAN PAPER HAILS ASIAN-AFRICAN CONFERENCE)"라는 제목의 1월 8일자 『민주조선』 기사가 영문으로 실렸다. *Asian-African Conference Bulletin*, April 1955, No. 2, p. 12.

249 『로동신문』 1955. 3. 27.

250 *Asian-African Conference Bulletin*, April 1955, No. 2, p. 15.

251 1954년 9월 8일 필리핀의 마닐라에서 시토의 협정이 조인됐으며, 1955년 2월 18일 모든 가맹국 국회의 비준이 완료됨으로써 정식 발효됐다. 『조선일보』 1955. 2. 26.

252 『동아일보』는 주최국을 제외한 7개국(미국·프랑스·영국·뉴질랜드·호주·필리핀·파키스탄) 대표들의 견해를 외신 인용 보도했다. 『동아일보』 1955.2.27.

일본·대만이 조속히 시토의 정식 회원국으로 가입하기를 희망한다고 밝혔는데, 남한의 외무부장관 변영태도 "한국이 직접 참가함으로써 진정한 반공 진영의 강화를 의미한다면" 가입하고자 한다며 호응했다.[253] 당대 남한의 정치평론가 구철회의 분석대로, 시토에 모든 "콜롬보 국가군(群)이 참가"하고 여기에 남한·대만·일본도 가입한다면, 시토는 "명실상부한 전(全) 태평양과 인도양이 합일되는 강력한 반공 집단방위체인 태평양동맹"이 되는 것이었다.[254]

그런데 "서구의 압정(壓政)하에 신음하였고 아직도 그 기반(羈絆)으로부터 완전히 벗어나지 못한 동남아 다대수(多大數) 국가는" "주로 서구 제국의 주도하에 들어가게 될" 시토 "기구에의 가입을 경계"하고 있었다.[255] 노르웨이의 한 신문도 반둥회의에 비해 시토의 방콕회의에는 분명한 약점이 존재한다고 보았다. 그 이유는 첫째, 시토의 "태국과 필리핀은" 반둥회의의 "인도와 인도네시아를 대체할 수" 없었다. 둘째, 시토의 주장대로 중국 공산주의의 남쪽 팽창을 막아야 하는 현실적인 이유는 있으나, 그렇다고 이것이 시토라는 "새로운 형태의 백인 제국주의"에 대한 아시아인의 적대적인 반응을 상쇄할 수 있을지에는 의문을 제기했다.[256]

세계의 관심은 방콕보다 반둥으로 집중되고 있었다. 3월 초 방콕에서 열린 시토회의에서 덜레스 미 국무장관도 반둥회의에 대해 "우리 모두는 평화, 자유, 정의, 복지(well-being)를 위해 일하고 있으며, 이것은 공동의 목적을 위해 일하고 있는 것"이라며 긍정적으로 언급했다. 특히 이번 시토회의에서는 반둥회의

---

263 『경향신문』 1955. 2. 27.
254 구철회, 앞의 글, 47쪽.
255 『조선일보』 1955. 2. 26.
256 『아르바이더블라데트(Arbeiderbladet)』 1955. 2. 26, *Asian-African Conference Bulletin*, April 1955, No. 2, p. 16.

에 보내는 '축하 인사 결의안(a resolution of greeting)'이 채택되기도 했다.[257]

1955년 초, 북한 지도부는 아시아 국가의 민간 대표들이 참여하는 국제회의에 직접 대표단을 파견해 반둥회의의 개최에 힘을 보탰다. 북한의 '조선 법률가 대표단'은 1955년 1월 25일부터 31일까지 인도 캘커타에서 열리는 '아시아 법률가 회의'에 참가했다. 이는 처음으로 비사회주의 국가 인도에 북한 대표단이 파견된 것이었다. 북한 수석대표 김익선은 미국이 "마닐라 군사 뿔럭"을 조작하고 일본의 재무장을 획책하며 중국 침략을 위해 미국-대만조약을 체결한 사실을 규탄했다.[258] 특히 채택된 회의 결의문에는 앞으로 열리는 반둥회의가 "평화적 공존의 원칙과 민족적 주권의 원칙에 찬동"하리라는 "희망"이 담겼다.[259]

또한 북한 지도부는 반둥회의 개최 직전인 1955년 4월 6일부터 10일까지, 인도 뉴델리에서 열린 아시아제국회의에 대표단을 파견했다. 아시아제국회의는 전년(1954년) 6월 인도 대표 라메슈와리 네루(Rameshwari Nehru)를 포함한 몇몇 아시아 국가 사회계 대표들의 발기로 소집되어, 소련·중국·북한·북베트남·몽골·인도·파키스탄·실론·요르단·레바논·시리아·버마·이집트·일본·캄보디아 등 18개국 대표단의 약 200명이 참가했다.[260]

---

257 『세인트 루이스 포스트-디스패치(St. Louis Post-Dispatch)』 1955. 3. 13(미국)(*Asian-African Conference Bulletin*, 18 April 1955, No. 3, p. 16).

258 인도 전국법률가협회가 주최한 회의였으며, 참가자들은 북한·소련·중국·북베트남·호주·버마·실론·이집트·인도네시아·일본·파키스탄·태국 등이었다. 회의에서 소련, 북베트남, 인도, 일본 대표들도 북한과 유사한 규탄 연설을 했다. 『조선중앙년감(1956년판)』, 410쪽.

259 『로동신문』 1955. 2. 22.

260 북한 지도부는 1955년 2월 인도 뉴델리에서 열린 6개국(버마·실론·인도·일본·북한·시리아) 대표들의 준비회의에 참가할 정도로 회의 개최에 적극적이었다. 『로동신문』 1955. 2. 26; 『조선중앙년감(1956년판)』, 407쪽.

**아시아제국회의에 참가한 북한 대표단 모습**
왼쪽부터 한설야, 박정애, 강량욱, 도유호. 『로동신문』 1955. 3. 17.

북한 지도부는 국제 스탈린상 수상자 박정애를 단장으로, 평화옹호전국민 족위원회 위원장 한설야 작가, 북조선 기독교도연맹 위원장 강량욱 목사, 과학 원 후보원사 도유호 고고학자 등으로 구성된 대표단을 파견했다.[261]

첫날 전체 회의에서 박정애는 제네바회의에서 해결되지 못한 한반도 통일 문제를 논의하기 위해 남북한 사회단체 또는 남북 국회 합동회의 개최를 지속 적으로 제안했음을 강조했다. 또한 10년 가까이 지속된 분단이 "조선의 정치, 경제, 문화 및 기타 각 방면에 걸쳐서 끼치는 손실은 실로 헤아일 수 없"다고 지 석했다. 특히 그는 "외국의 간섭 없이 조선 사람 자체에 의해 통일"되어야 하며,

---

261 『로동신문』 1955. 3. 17.

이를 위해 모든 외국 군대가 한반도에서 철수해야 한다고 주장했다.[262] 이는 한반도 정전회담부터 1954년 제네바회의 때까지 북한이 줄곧 주장해온 것들이었다.

1955년 4월 10일, 아시아제국회의는 「정치 문제들에 관한 결의문들」, 「경제 문제에 관한 결의문」, 「과학 문제에 관한 결의문」을 채택하고 폐막했다. 12개 항의 정치 관련 결의문은 주로 탈식민과 평화에 관한 것이었으며, 중국의 유엔 가입 지지를 제3항에 명시하고 있었다. 특히 회의 참가국들은 미국과 서방 강대국들이 주도하는 시토와 터키-이라크조약에 대한 반대를 표방함과 동시에 다가오는 반둥회의가 커다란 성과를 거두기를 축원하는 메시지를 채택했다.[263]

반둥회의에 초대받은 미국과 영국의 동맹국들의 참석 여부는 국제적으로 초미의 관심사였다. 보고르회의에서 반둥회의 개최일과 초청 명단이 발표되자, 처음에는 반둥회의 개최를 막고자 미국은 태국과 라이베리아에게, 영국은 아프리카 식민지들에게 회의에 참가하지 말 것을 요청했다. 그런데 얼마 지나지 않아 미국은 태국 등이 불참 의사를 밝힌다 해도 회의를 막을 수 없다는 사실을 깨닫고, 1월 하순경 전략을 바꿔 동맹국을 참여시켜 회의에 영향을 미치고자 했다. 이를 위해 미국은 반둥회의에 참가하는 동맹국들에게 일종의 행동 지침을 작성하여 서방 정책을 옹호하는 논거를 제공했다. 또한 미국은 유엔 외

---

262 『로동신문』 1955. 4. 11.
263 채택된 12개항은 다음과 같다. ① 대량살육 무기의 금지 및 관리, ② 아세아 국가들을 분열시키고 있는 군사조약 및 동맹들과 아세아에서의 외국 군사기지들이 아세아에 끼치는 위험, ③ 유엔 기구 내에서의 중화인민공화국의 정당한 의석 부여, ④ 자기의 원래 목적에로의 유엔의 복귀, ⑤ 아세아 제국 간의 외교관계의 정상화, ⑥ 인종차별, ⑦ 식민지 제도와 타국 내정에 대한 외국의 간섭, ⑧ 자유와 민족적 독립을 위한 아랍 인민들의 투쟁, ⑨ 반둥회의에 보내는 메시지, ⑩ 북아프리카 인민들에게 보내는 메시지, ⑪ 아세아 인민들에게 보내는 호소문, ⑫ 평화적 공존의 원칙들에 관하여. 『로동신문』 1955. 4. 13.

교관인 필리핀 대표 카를로스 로물로(Carlos P. Romulo)에게 장관의 지위를 부여하여 대표단장으로 임명될 수 있게 외교적으로 개입했다.[264]

1954년 3월 24일 골드코스트(Gold Coast)가 초청을 수락함으로써 중앙아프리카연방(Central African Federation, CAF)을 제외한 총 29개국의 반둥회의 참가 명단이 확정됐다.[265] 중앙아프리카연방은 영국의 요청에 따라 참석을 거부한 것이었다. 콰메 은크루마(Kwame Nkrumah)는 골드코스트 자치정부에 대한 영국의 압박으로 참가를 고민하다가 영국과의 독립 협상을 위하여 자신이 직접 참석하는 대신 개인 고문 2명을 파견하기로 했다.[266]

이로써 냉전의 경계를 넘어 처음으로 열리는 아시아·아프리카 국제회의가 카운트다운에 들어갔다. 인도네시아 반둥에는 1,300명을 수용할 수 있는 숙박시설이 준비됐으며, 교통수단은 승용차 143대, 택시 30대, 버스 20대가 제공될 예정이었다. 회의 건물에는 동시통역 장비와 확성기가 설치되었으며, 회의에서 사용될 언어는 영어였다. 참가 대표단과 언론인은 우편, 전신 및 전화국을 통해 매일 10만에서 20만 개 단어를 전송할 수 있었다.[267] 세계의 모든 눈이 인도네시아 반둥을 향하고 있었다.[268]

---

264 Jürgen Dinkel, op. cit., pp. 71~72.
265 『로동신문』 1955. 2. 20; 1955. 3. 20; 『조선일보』 1955. 2. 20; 1955. 2. 22; 1955. 2. 26, 3면; 1955. 3. 8; 1955. 3. 21. 보고르회의에서 5개국 수상이 논의할 때, 호주와 뉴질랜드는 아시아 지역으로 간주되지 않아 초청 대상이 되지 않았으나, 인도는 호주가 원한다면 인도네시아에 참석 요청을 지원하겠다고 밝혔다. 그런데 호주는 '아시아에 속하지 않고 유럽에 속한다'는 인식에 따라 참석하지 않기로 했다. David Walker, "Nervous Outsiders. Australia and the 1955 Asia-Africa Conference", *Australian Historical Studies* 36, 125, 2005, pp. 44~47; Jürgen Dinkel, op. cit., p. 48.
266 Jürgen Dinkel, op. cit., p. 48.
267 *Asian-African Conference Bulletin*, April 1955, No. 2, pp. 5~6.
268 세계 각국 정부와 언론이 반둥에 주목하고 보도한 양상은 딘켈의 책을 확인할 것. Jürgen

## 2) 반둥회의 개최와 만장일치 성명서의 채택

반둥회의를 앞둔 4월 8일, 미국은 각국에 주재하는 외교사절단장에게 훈령을 보냈다. 여기에는 동맹국들이 반둥회의에 참가하여 "식민 정책에 관한 공산 측의 비난을 일축하여주기"를 기대한다는 내용이 포함됐다.[269] 또한 11일, 미국 아이젠하워 대통령은 내년 회계연도에는 대외원조의 3분의 2에 달하는 35억 불을 아시아·중동·아프리카 지역에 할당한다는 대외원조법안을 의회에 제출하겠다는 특별교서를 발표했다. 남한의 『경향신문』은 아이젠하워 대통령의 특별교서에 대해 "반둥회의 참가 대표들에게" "영향력을" 미치려는 의도라고 해석하면서, 이것은 "확실히 후진 지역에서의 식민주의 배격을" 고무함으로써 "공산주의자들의 선동유혹을 막는 데 큰 도움이 될 것"으로 기대했다.[270]

소련은 스탈린 시대 말기, 자신을 반제국주의 강대국으로 내세우며 반식민주의자들의 요구를 지지함으로써 스스로 탈식민 국가들의 동맹국임을 보여주고자 했다. 흐루쇼프(Nikita S. Khrushchev)의 소련도 탈식민 세계에 영향력을 강화하기 위해 적극적으로 노력하고 있었다.[271] 1955년 4월 16일, 소련은 반둥회의를 지지하는 성명서를 외무성 부상 쿠즈네초프(Кузнецов В. В.) 명의로 발표했다. 성명서는 그동안 중국이 인도, 버마 등과 함께 발표했던 '평화 5개 원칙'를 지지하며 아시아·아프리카 국가들의 반식민 독립투쟁을 충분한 이해로서 주시하고 있다고 밝혔다. 그리고 "이 회의가 아시아 및 아프리카 인민들의 민족적 의식을 강화하는 데 기여"할 뿐 아니라 "국제 긴장 상태의 완화와 전반적 평화의 유

---

     Dinkel, op. cit., pp. 61~70.
269 『조선일보』 1955. 4. 10.
270 『경향신문』 1955. 4. 15.
271 Jürgen Dinkel, op. cit., pp. 75~76.

지를 위한 각국 간의 협조를 발전"시키는 "또 하나의 조치"가 되리라 "확신"한다며, "반둥회의가" "성과를" 거두기를 기원했다.[272]

그런데 반둥회의 개막 1주일 전(4월 11일), 홍콩에서 인도네시아 자카르타로 향하던 인도 여객기가 보르네오섬 북방 해상에서 추락하여 탑승자 전원이 사망하는 사건이 발생했다. 중국 외교부는 이 비행기에 중국 대표단 수행원들과 북베트남 수행원, 그리고 동행한 기자 등 총 11명이 탑승했다고 밝혔다.[273] 북한은 즉각 "이 불행한 사건"이 반둥회의를 앞두고 "초조에 싸여 있는 미국 지배층"이 이번 회의를 "파탄시키려는 추악한 음모"라고 비난했다. 특히 "미국과 장제스의 간첩 단체들이 의식적으로 조작한 살해 음모 사건"이라고 단정했다.[274] 이 사건에 관해 남한의 신문은 "반둥이 공산악당들에게는 원한의 땅이 되었으니 아아회의도 명호(嗚呼)든가?(슬프겠구나?—인용자)"라며 반둥회의에서 공산주의자의 실패를 예견했다.[275] 정확한 비행기 사고의 경위는 확인하기 어려우나, 이 사건으로 세계는 더욱 반둥회의에 주목하게 되었다.[276]

반둥회의 관련 소식을 자세히 전하던 북한『로동신문』에는 개막일 전날(17일) 장문의 논설이 실렸다. 논설은 인도 수상 네루의 발언을 인용하며, 먼저 "회의가 소집된다는 그 자체"만으로도 "벌써 독특한 의의" 가진다고 평가했다. 특

---

272 『로동신문』 1955. 4. 19.
273 『조선일보』 1955. 4. 13; 『로동신문』 1955. 4. 15.
274 『로동신문』 1955. 4. 15.
275 『경향신문』 1955. 4. 13.
276 딘켈은 이 사건이 "세계적인 미디어 이벤트로서의 회의 위상을 강화"했다고 평가했다. 1955년 4월 18일자 서독 신문은 "세계사의 위대한 작품을 만드는 어떤 감독도 오늘 자바 반둥에서 시작되는 거대한 아시아·아프리카회의를 위해 공산주의 중국 대표단을 태운 비행기가 바다로 뛰어드는 것보다 더 강렬한 팡파르를 생각해낼 수 없었을 것이다"라고 보도했다. Jürgen Dinkel, op. cit., p. 61.

「아시아·아프리카회의 공보」 1호 표지

히 논설은 "회의 참가국들은 그 누구를 반대하는, 또는 어느 한 지역에 대립하는 지역적인 군사 블럭과 같은 것을 창설하려는 의도는 조금도 가지고 있지 않"다는 점을 강조했다.[277]

새로운 블럭을 만드는 것이 아니라는 『로동신문』의 해설은 주최국 인도네시아 및 인도의 주장과 공명하는 것이었다. 인도 수상 네루는 아시아·아프리카 회의는 강대국 블록(great Power Bloc)의 어느 한편에 줄서는(align) 나라들과 어느 블록에도 줄서지 않는 나라들이 모두 참여하는 "본질적으로 공존에 대한 실험"이라고 밝힌 바 있었다.[278] 인도네시아 수상도 "반둥회의 참가국들이 스스로 지역적 블록을 만들지 않기를" 원했다.[279]

인도네시아 외교부는 반둥회의 소식을 전하기 위해 1955년 3월부터 『아시아·아프리카회의 공보(Asian-African Conference Bulletin)』(이하 『공보』)를 영문으로 발행하

---

277 논설에는 비록 미국의 회의 소집 방해는 실패로 끝났으나 여전히 미국은 회의에 참가하는 자신의 동맹국 필리핀·파키스탄·튀르키예·태국·이라크를 "리용하여" "회의를 미국에 유리한 방향으로 이끌게" 하거나 "회의 참가국들 간의 의견 대립을 격화시켜 회의를 파탄시키려" 하고 있다고 비난했다. 최근 인도네시아 신문의 보도를 근거로 미국이 "소위 '관광객'이란 명목 밑에 100명 이상의 파괴 분자들을 공공연히 반둥에 파견"하여 "인도네시아의 현 정부를 전복시키려는 음모"를 꾸미고 있다고 의심했다. 『로동신문』 1955. 4. 17.
278 이는 1955년 2월 25일 인도 의회에서 네루 수상이 했던 발언이다. *Asian-African Conference Bulletin*, April 1955, No. 2, p. 2.
279 *Asian-African Conference Bulletin*, March 1955, No. 1, p. 8.

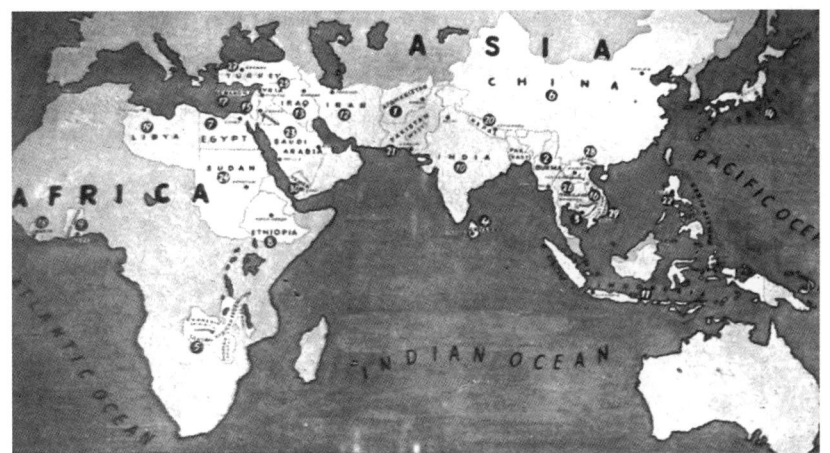

『공보』1호에 제시된 참석국 지도

여 전 세계에 관련 소식을 전했다. 이 『공보』 책자의 표지에는 지구본 그림이 실려 있었다. 지구본에서 반둥회의 참가국들은 국경 없이 하나의 하얀색으로 지도의 '중심부'를 차지했으며, 초청되지 못한 국가들은 검은색으로 '주변부'에 배치됐다. 또한 『공보』 1호에는 참가국 명단 및 해당 국가를 표시하는 지도가 실렸다.[280] 지도에는 반둥회의 초청국이 하얀색으로, 그 외는 검은색으로 구별하여 색칠됐다. 또한 독립국이든 식민지이든 29개 반둥회의 참가국들은 모두 주권 국가로 영토의 경계 및 수도가 표시됐다. 이러한 사진과 지도는, 아시아·아프리카 국가들이 자신들의 '목소리'를 내며, 이제 국제정치에서 중요한 행위자가 되었다는 메시지를 시각적으로 표현하고 강화하는 수단이었다.[281]

반둥회의 개막일(18일), 북한 지도부는 외무상 남일 명의로 아시아·아프리카회의 집행부에 공식 축하서한을 발송했다. 서한에는 "아세아와 전 세계의 평

---

280  Asian-African Conference Bulletin, March 1955, No. 1, p. 9.
281  Jürgen Dinkel, op. cit., p. 54·70.

화를 위하여 조속히 해결되어야 할 조선 문제의 평화적 조정을 촉진"하는 데 "금번 회의가 크게 기여"하리라는 기대가 담겼다. 그런데 축전에는 그동안 '미제국주의'를 거세게 비난하던 『로동신문』의 논조는 온데간데 없었다.[282]

북한과 달리, 남한 외무부는 반둥회의가 임박했음에도 1월 초 미국 주재 남한 대사 양유찬의 발언 이후 아무런 '의사 표시'도 없었다. 이에 반둥회의가 열리는 4월 18일 오전 10시에 개회한 국회 본회의에서, 외무분과위원회 소속 박영출 의원(자유당)이 가장 먼저 의사진행발언으로 '반둥회의 개최 조사·연구에 관한 건'을 제안했다. 그는 먼저 국내 "신문에 연일 반둥회의가 대서특서되었지만 아직까지 우리 정부라든지 우리 국회에서는 이 중대한 회의에 대해서 아무런 의사표시가 구체적으로 없는 것은 대단히 유감"이라고 밝혔다. 그리고 "이 반둥회의는 좋은 방향으로 가던 나쁜 방향으로 가던 아세아, 아프리카 양 대륙에 연합한" "큰 회의로 우리 대한민국으로서는 이렇게 무관심하게" 있어서는 안 된다고 강조했다. 특히 그는 외신을 통해 "이 회합"에서 "잘못하면 한국 문제에 지금까지 여러 가지의 음모를 계획하여오던 이 회의의 실제 참모 격에 있는 네루가" "한국 문제도 끌어넣을지 모른다는" 우려를 표했다. 따라서 그는 자신이 속한 국회 외무위원회가 조사하여 "본회의에 보고케 하도록" 해달라고 요청했다. 이에 다수 국회의원들이 동의하여, 이기붕 의장이 관련 '조사'를 지시했다.[283]

1955년 4월 18일 오전 9시 30분, "인류 역사상 최초의 유색인들"의 아시아·

---

282 『로동신문』 1955. 4. 19.
283 「반둥회의 개최 조사·연구에 관한 건」, 『제3대 국회 제20회 제29차 국회 정기회의 속기록』, (1955. 4. 18), 대한민국 국회회의록(https://record.assembly.go.kr/assembly/mnts/main.do).

반둥회의 개회식이 열렸던 당시 메르데카 건물의 전경 *Asian-African Conference Bulletin*, 18 April 1955, No. 3, p. 12.

아프리카회의가 인도네시아 서부 자바의 산악도시 반둥에서 열렸다.[284] 개회식은 '메르데카(Merdeka)회관'에서 있었다. 이 건물의 이름은 원래 조화 또는 화합을 의미하는 '콩코디아(Concordia)'였으나, 개막식 전날 수카르노 대통령이 독립을 의미하는 '메르데카'로 바꾼 것이었다.[285] 개회식에 참석하기 위해 29명의 국

---

[284] 수카르노 대통령은 개막식 환영사에서 "이번 회의는 인류 역사상 최초의 대륙 간 유색 인들의 회의이나(This is the first intercontinental conference of coloured peoples in the history of mankind!)"라고 말했다. *Asian-African Conference Bulletin*, 18 April 1955, No. 3, p. 2; 『로동신문』 1955. 4. 20.

[285] 4월 17일 수카르노 대통령은 반둥 준비 상황을 점검한 후 회의가 열리는 곳의 도로명도 "아시아-아프리카길(Djalan Asia-Afrika)"로 변경했다. 이러한 명칭들은 지역 당국, 회의 공동사무국 구성원 및 언론이 참석한 모임에서 반둥 시장의 승인을 받아 이루어졌다. *Asian-African Conference Bulletin*, 18 April 1955, No. 3, p. 12.

메르데카 외부에서 본회의를 위해 주요 대표단이 도착하는 것을 지켜보는 사람들  Asian-African Conference Bulletin, 19 April 1955, No. 4, p. 12.

가 및 정부 수반들은 일부는 정장을, 일부는 민족 복장을 입고 메르데카에 이르는 마지막 100미터 정도를 대기 중인 군중을 뚫고 회의장으로 걸어서 이동했다. 회의를 참관한 사람들은 축제 같은 분위기였으며, 마치 올림픽에서 각국이 펼치는 퍼레이드 같았다고 묘사했다.[286]

반둥회의가 열리는 회의장(conference hall) 연단 뒤에는 29개의 참가국 깃발이 걸려 있었다.[287] 깃발 바로 앞에는 개회식을 주관하는 콜롬보 국가들 대표들의 자리가 있었다. 맨 왼쪽부터 인도의 네루와 버마의 우 누가, 가운데에는 인도네시아의 하타 부통령과 수카르노 대통령, 알리 사스트로아미조조 수상이, 그

---

[286] Jürgen Dinkel, op. cit., pp. 52~53.
[287] 수단은 독립국이 아니었기 때문에, 검은 글씨로 '수단(Sudan)'이라 새겨진 흰색 깃발이 게양되었다. Jürgen Dinkel, op. cit., p. 52.

개회식에서 5개 주최국 총리들과 공동사무국 위원들의 모습  *Asian-African Conference Bulletin*, 20 April 1955, No. 5, p. 2.

옆으로 실론의 존 코텔라왈라 수상과 파키스탄의 모하메드 알리 수상이 자리했다. 네루의 오른쪽과 모하메드 알리의 왼쪽, 즉 약간 더 뒤쪽에는 6명의 공동사무국 위원들이 앉아 있었다. 회의에는 200명의 기자들이 참가했으며, 개회식 진행 상황은 외부 세계에 영어 및 인도네시아어로 송출됐다.[288]

개회식 환영사에서 수카르노 대통령은 먼저 이번 회의가 "인류 역사상 최초의 유색인종 대륙간 회의"로서 "세계 역사의 새로운 출발"을 의미한다고 이야기했다. 이어서 본인이 약 30년 전 참여했던 "제국주의와 식민주의 반대 연

---

[288] *Asian-African Conference Bulletin*, 18 April 1955, No. 3, pp. 13~14. 1947년 열렸던 아시아관계회의와 달리 반둥회의 회의장에는 참관인과 일반 대중을 위해 500여 개의 좌석이 따로 마련되었다고 한다. 이처럼 반둥회의에서 공식 참가자와 일반 참관인 사이의 분리와 거리감을 만든 이유에 대해, 딘켈은 1947년 "반식민 운동의 지도자들이" 이제는 "주권 정부의 일원으로 변화"하는 모습을 드러내기 위해, 일종의 정부(국가)의 권위를 확보하기 위한 것으로 분석했다. Jürgen Dinkel, op. cit., p. 62.

수카르노 대통령의 개회식 환영사 모습  *Asian-African Conference Bulletin*, 19 April 1955, No. 4, pp. 8~9.

맹"회의, 즉 브뤼셀회의를 언급하며[289] 인도네시아 독립투쟁의 역사를 자세히 설명했다. 그리고 현재 인도네시아의 독립과 재건, 발전은 평화가 있어야만 가능하다며, "평화를 유지하는 것은 가장 긴급한 임무"이자 "평화가 없다면 우리의 독립은 거의 의미가 없다"고 강조했다. 이러한 평화를 만들어내기 위해 제트기와 폭격기 같은 무기가 없는 우리 아시아, 아프리카 인민들은 "영적·도덕적·정치적 힘을 평화의 편으로 결집"하는 일종의 "민족들의 도덕적 힘(Moral Violence of Nations)"을 동원하여 평화를 만들어내야 한다고 주장했다. 그는 이번 회의가 열렸다는 것만으로도 평화를 위한 '도덕적 힘'이라는 방법의 유효성이 이미 입증되었다고 설명했다.

또한 그는 이번 회의의 성공은 각기 다른 종교와 정치적 신념, 경제적 독트린(사회주의, 자본주의, 공산주의 등)을 가진 다양한 참가자들이 서로를 이해하고 상

---

[289] 1927년 열린 브뤼셀회의에는 인도의 네루와 인도네시아 수카르노가 참석했다. 비자이 프라샤드 지음, 박소현 옮김, 『갈색의 세계사—새로 쓴 제3세계 인민의 역사』, 뿌리와이파리, 2015, 45~46쪽.

호의존성을 깨닫게 되는 데 있음을 강조했다. 그는 회의가 열리는 인도네시아 자체가 이미 다양한 종교와 신앙, 종족이 함께하는 작은 아시아·아프리카로서, 국가의 신조가 '다양성 속의 통일'임을 내세웠다. 특히 그는 참가자들이 모두 식민주의 경험을 가지고 있다는 점에서 유대 관계를 갖고 있을 뿐 아니라 소위 저개발 국가인 우리 중 다수는 어느 정도 비슷한 경제적 문제를 안고 있으므로 각자는 다른 사람의 경험과 도움을 통해 이익을 얻을 수 있다고 보았다. 또한 이번 회의가 "어느 블록을 반대하고자 하는 하나의 블록"을 만들고자 하는 것이 아님을 명확히 했다. 마지막으로 그는 우리는 공통점이 너무 많지만 서로에 대해 거의 아는 것이 없기 때문에, 이번 회의를 계기로 서로를 "좀 더 이해하고, 서로 감사하며, 서로의 문제에 대해 좀 더 공감하게 만드는 데 성공한다면, 어떤 성과를 거두더라도 이 회의는 가치 있는 일이 될 것이다"라며 연설을 마쳤다.[290]

오전 10시 20분, 50분에 이르는 수카르노의 환영 연설이 끝나고, 인도네시아 알리 사스트로아미조조 수상이 회의 개시를 선언했다. 곧바로 이집트 나세르 수상이 사스트로아미조조를 아시아·아프리카회의 의장으로 제안했다. 이를 중국과 요르단, 필리핀 대표 등이 지지함으로써, 그의 지명이 박수로 합의됐다.[291]

의장으로 선출된 사스트로아미조조는 먼저 보고르성명서의 제4항을 인용하며, 이번 회의의 목적이 이에 기초한다고 밝혔다. 그리고 현재의 냉전은 "위태로운 세력균형"으로 "어떤 행동이나 사건이 냉전을 하룻밤 사이에 전면적인 총격전으로 바꿀" 수 있다는 우려를 표했다. 즉 "불안한 세력균형에 따른 강대

---

[290] *Asian-African Conference Bulletin*, 18 April 1955, No. 3, pp. 2~7.

[291] Ibid., pp. 7~8.

대표단(the Heads of Delegations) 회의 장면  *Asian-African Conference Bulletin*, 24 April 1955, No. 9, p. 2.

국 정치(power politics)는 평화를 보장할 수 없고 조만간 전쟁으로 이어질 것"이라는 의미였다. 따라서 그는 "전쟁을 피하고 진정한 평화를 구축하는 길은" 오직 "상대방에 의해 파괴될 것이라는 두려움을 없애려는 인간의 노력"밖에 없다고 강조했다. 또한 수카르노처럼 식민주의, 인종주의, 경제적 후진성과 저개발 문제 등도 자세히 설명했다.[292]

인도네시아 수상의 연설을 끝으로 오전의 공개 세션이 종료됐다.[293] 오후에는 대표단들의 회의가 비공개로 열렸으며, 회의 의제와 운영 등이 논의됐다. 여기서 앞으로 다룰 의제로 경제적 협력(Economic Co-operation), 문화적 협력(Cultural Co-operation), 인권과 자결(Human Rights and Self-determination), 종속된 인민들의 문제들(Problems of Dependent Peoples), 세계평화와 협력(World Peace and Co-operation) 등 총 다섯 가

---

292  Ibid., pp. 8~12.
293  Ibid., p. 12.

지가 확정됐다. 그리고 회의의 모든 결정은 '만장일치(unanimous)'로 이루어져야 한다고 합의했다. 즉 해당 의제들은 자유롭게 토론하고 의견을 교환하지만, 만장일치로 승인되지 않는 한 어떠한 것도 회의의 결정으로 간주하지 않기로 했다. 곧바로 아시아·아프리카회의는 만장일치로 경제위원회(Economic Committee)와 문화협력위원회(Committee on Cultural Cooperation) 등 두 위원회만 설치하여 업무를 수행하기로 결정했다. 이들 위원회 회의는 비공개이며, 논의된 사항들은 전체 본회의(plenary meetings of the Conference)에 신속하게 보고할 의무가 있었다.[294]

이처럼 아시아·아프리카회의는 유엔총회 같은 통상적인 국제회의가 채택하고 있는 투표에 의한 다수결이나 3분의 2 이상 찬성 등의 방식이 아닌 만장일치제를 채택했다. 특히 정치위원회를 따로 설치하지 않고, 논쟁과 대립을 야기할 수 있는 정치적인 문제들은 대표단 대표들이 참가하는 덜 공식적인 회의 (less formal meetings)에서 논의하기로 했다.[295] 이러한 만장일치 방식은 참가국들이 대화, 협력 및 타협에 참여하도록 하는 통합의 방식이었지만, 동시에 "채택된 선언문의 모호함과 구체적이고 구속력 있는 결의안의 회피는 회의의 메시지를 희석하는 위험"도 함께 지니고 있었다.[296]

첫날 전체 본회의에서는 기존에 구성된 공동사무국이 계속해서 회의 사무국 역할을 수행하기로 결정하고, 공동사무국 의장이던 인도네시아의 로슬란 압둘가니(Roeslan Abdulgani)를 사무총장으로 임명했다.[297] 경제위원회는 인도네시

---

294  *Asian-African Conference Bulletin*, 19 April 1955, No. 4, pp. 8~9.
295  인도네시아 외교부는 이 두 가지 실행 결정이 반둥회의가 파탄에 이르지 않고 최종합의에 성공하게 된 중요한 분기점이었다고 회고했다. "The Conference in Retrospect", *Asian-African Conference Bulletin*, 24 April 1955, No. 9, p. 10.
296  Jürgen Dinkel, op. cit., p. 51.
297  *Asian-African Conference Bulletin*, 20 April 1955, No. 5, p. 2.

아공화국 경제부장관을, 문화협력위원회는 모하마드 야민(Mohamad Yamin) 박사를 각각 위원장으로 선출하여 회의를 진행했다. 그리고 논의 결과는 위원회 성명서(Communique)로 발표됐다.

4월 19일, 경제위원회는 다섯 가지 안건으로 ① 경제발전 협력, ② 무역발전 협력, ③ 다른 분야에서의 협력, ④ 평화적 목적을 위한 원자력 에너지 개발, ⑤ 조직적인 측면 등을 채택했다. 4월 20일, 문화협력위원회는 인도가 미리 제출한 작업 문서를 기반으로, 인도네시아·일본·파키스탄 등의 수정안과 새로운 제안들을 논의했다. 그리고 인도·인도네시아·일본·파키스탄·이라크·이집트·중국·필리핀·수단·북베트남·남베트남·라이베리아 등 12개국 대표로 소위원회를 구성했다.[298]

두 위원회가 회의를 진행하는 동안, 본회의장에서는 참가한 대표단 대표들의 개회사가 며칠 동안 이어졌다.[299] 특히 중국 대표 저우언라이의 연설은 세계의 이목을 끌었다. 저우언라이는 아시아·아프리카에서 계속되고 있는 식민지배를 비판하고, 외부 간섭 없이 나라를 발전시켜야 한다고 주장했다. 중국도 독립적이고(independent) 주권적인(sovereign) 경제발전을 위해 평화로운 국제 환경이 시급히 필요했다. 따라서 그는 평화를 달성하기 위해 인도차이나 평화 회복에 관한 제네바협정이 엄격하고 충실히 이행되어야 하며, 한반도의 평화통일 문제도 같은 원칙에 따라 해결되어야 한다고 주장했다. 끝으로 그는 그동안 중국이 인도, 버마와 함께 천명한 '평화공존의 5개 원칙'에 입각하여 반대 진영의 태국·필리핀뿐 아니라 기타 주변국들과 관계개선에 나서고자 한다고 강조하며, "중일관계 정상화를 추진할 의향"도 내비쳤다. 발언 내내 저우언라이는 "다

---

[298] *Asian-African Conference Bulletin*, 20 April 1955, No. 5, p. 3~4.

[299] *Asian-African Conference Bulletin*, 19 April 1955, No. 4, pp. 2~7.

툼이 아닌 화합을 추구하기 위해 이곳에 왔"음을 강조했다. 또한 "중국은 주변 국가의 정부를 전복시킬 의도가 전혀 없"으며 "오히려 미국이 공개적으로 벌이는 전복 활동으로 고통받고" 있다고 주장했다. 즉 "우리에게는 죽의 장막이" 없는데도, 누군가가 "우리 사이에 연막을 펼치고 있다"며 서방 진영을 비판했다.[300]

저우언라이의 온화하고 융화적인 발언이 있었음에도, 실론의 코텔라왈라 수상은 공산주의자들의 공격성을 강하게 비판했다. 21일 열린 회의에서 코텔라왈라는 중국이 타국의 공산당들은 베이징에 충성하는 것이 아니라 독자적으로 활동한다고 '변명'하는데, 그렇다면 중국이 아시아 및 아프리카 지역의 공산당들에게 공개적으로 해체를 요청해달라고 했다. 이에 저우언라이는 강하게 반박하기보다 아시아·아프리카회의에 참가한 29개국이 조화 상태를 이룩하자는 호소로 응수했다.[301]

이처럼 회의에서 일부 대립과 충돌이 있었으나, 4월 22일 열린 문화협력위원회 3차 회의와 경제위원회 5차 회의에서는 본회의에 제출할 최종보고서를 만장일치로 채택했다.[302] 그리고 9개국 대표들(이란·이라크·레바논·리비아·수단·라이베리아·파키스탄·필리핀·튀르키예)은 4개항으로 구성된 정치 문제 관련한 결의안을 4월 22일 금요일에 열린 본회의에 제출했다. 특히 4항에는 "모든 형태의 식민주의를 비난"하며 "이 식민주의는 침투 및 파괴 행동의 방법에 의존하는 국제적 사상들을 포함한다"는 문구가 담겼다. 그런데 중국이 이 결의안에 반대하고 인도마저 숭국을 시사하며 논란이 발생하자, 이 문제는 다음 날(23일) 회의에서

---

300  *Asian-African Conference Bulletin*, 21 April 1955, No. 6, pp. 6~8.
301  『경향신문』 1955. 4. 23; 『동아일보』 1955. 4. 23.
302  *Asian-African Conference Bulletin*, 22 April 1955, No. 7, p. 2.

초안 작성위원회(A Drafting Committee) 회의 장면  *Asian-African Conference Bulletin*, 24 April 1955, No. 9, p. 7.

다루기로 했다. 이날의 논란에 대해, 남한 신문은 유피 통신을 인용하여 "비교적 순조롭게 진행되어온 아시아·아프리카회의"는 "중공 수상 주은래가 공산주의를 식민주의라고 규정하는 비난을 물리"치는 데 실패했으며, "네루 인도 수상이 서방 측과 군사동맹을 체결하고 있는" 일부 참가국들을 "맹렬히 공격함으로써 이중적인 난관에 봉착"했다고 전했다.[303]

4월 23일 토요일, 대표단들은 회의를 재개하여 이미 제출된 경제 및 문화위원회의 보고서를 채택했으며, '세계평화와 협력 증진'에 관한 논의를 이어갔다.[304] 그런데 24일 일요일 내내 지속된 회의의 마지막 실무회의에서는 합의가 쉽게 이루어지지 않았다. 오후 3시로 예정됐던 최종 본회의가 연기됐다는 발

---

303 『동아일보』 1955. 4. 24; 『조선일보』 1955. 4. 24.
304 『경향신문』 1955. 4. 24.

표가 오후 3시 25분에야 나왔다. 이미 반둥에서 출발하는 비행기와 기차를 예약한 기자들과 사진가들은 걱정스럽게 시계를 확인했다. 저녁 6시 15분, 마침내 대표자들이 본회의장에 모여들어 최종 비공개 회의를 시작했다. 그리고 회의의 사무총장이 만장일치로 채택한 「최종성명서」 전체를 낭독했으며 저녁 10시까지 18명의 대표들의 폐회 연설이 이어졌다.[305]

「아시아·아프리카회의 최종성명서(FINAL COMMUNIQUE OF THE ASIAN-AFRICAN CONFERENCE)」는 전문(前文)에서 "아시아·아프리카회의는 아시아와 아프리카 국가들이 지닌 공통의 이익과 관심사를 숙고하고 그들 인민의 경제적·문화적·정치적 협력을 최대한 성취할 수 있는 수단과 방법을 논의했다"고 밝혔다. 그리고 성명서는 A. 경제협력, B. 문화협력, C. 인권과 자결, D. 종속된 인민들의 문제, E. 기타 문제, F. 세계 평화와 협력의 증진, G. 세계평화와 협력의 증진에 관한 선언 등으로 구성됐다. 특히 G항에서는 "불신과 두려움 없이, 서로에 대한 신뢰와 선의를 가지고, 국가들은 다음 원칙에 기초하여 관용을 실천하고 좋은 이웃으로서 서로 평화롭게 함께 살아가며 우호 협력을 발전시켜야 한다"며 이른바 '10개 평화 원칙'이 제시됐다. 성명서 마지막에서는 "5개 주최국이 참가국들과 협의하여 차기 회의 소집을 고려할 것을 권고"했다.[306]

22일 회의에서 논란이 됐던 "침투 및 파괴 행동의 방법에 의존하는 국제적 사상들을 포함"해야 한다는 문구는, D 의제 1항의 첫 번째 합의사항에 "모든 형태의 식민주의는 신속히 종식되어야 할 악이라고 선언한다"로 완화되어 실렸다. 비공개 회의였으므로 논의 과정을 확인할 수 없으나, 채택된 문구가 공

---

305 *Asian-African Conference Bulletin*, 24 April 1955, No. 9, p. 14.
306 *Asian-African Conference Bulletin*, 24 April 1955, No. 9, pp. 2~6. 북한 『로동신문』 1955년 4월 25일자에는 최종성명서 전문이 번역 게재됐다. 남한에서는 이동기, 『20세기 평화텍스트 15선』(아카넷, 2013, 100~112쪽)에 번역문이 소개되었다.

산주의를 떠올릴 수 있는 내용이 아닌 일반적인 식민주의 반대였으므로, 중국과 인도 대표의 반박 요청이 수용된 것으로 보인다.[307]

「최종성명서」에는 경제·문화협력과 반식민, 평화 관련 내용이 대부분이었으며, 직접적으로 '중립'을 언급한 부분은 없었다. 다만 'A. 경제협력'에서는 지역 내 협력 강화를 언급하면서도 폐쇄적 경제 블록의 형성에는 반대했다. 그리고 'G. 세계평화와 협력의 증진에 관한 선언'에서 제시된 10개 원칙에는 중립과 관련하여 "어떤 강대국의 특정한 이익에 봉사하는 집단적 방어 제도의 불용," "한 국가가 다른 나라에 압력을 행사하는 것을 금지," "영토보전이나 정치적 독립에 반하는 공격 행위나 위협 혹은 힘의 사용을 금지" 등이 포함되었다.

이처럼 보고르회의부터 반둥회의가 개최되어 최종성명서가 채택될 때까지, 인도네시아 수상의 폐회식 발언대로 "이렇게 다양한 국가들 사이의 정치적, 사회적, 문화적 전망의 차이"는 "토론으로 극복" 불가능한 "장애물인 것은 아닐까"라는 의문이 있었다. 그럼에도 "세계 인구 절반 이상이 만장일치"로 채택한 공동의 성명서라는 "역사적인 문서"가 탄생했다. 수상은 "반둥회의가 아시아와 아프리카의 미래 발전을 이끄는 등불(beacon)"이 되기를 희망했다.[308]

반둥회의 폐막일, 그동안 침묵하던 이승만 정부의 입장 발표가 있었다. 갈홍기 공보실장은 "현재 반둥에서 개최되고 있는 아아회의는 공산 진영과의 공존을 모색하는 또 하나의 무모한 기도"이기 때문에 "회의에 대표를 파견하지 않았다"고 밝혔다. 또한 4월 25일, 변영태 외무부장관도 반둥회의가 표방한 탈식민 평화에 대해 비판했다. 그는 반둥회의가 평화와 반식민을 내세우지만, 정작 공산 침략자 "중공"과 제국주의 국가였던 일본을 초청하면서도 희생자 남

---

307 *Asian-African Conference Bulletin*, 24 April 1955, No. 9, p. 4.

308 Ibid., pp. 8~9.

한을 빼놓은 것 자체가 '모순'이라고 지적했다. 즉 그는 반둥회의가 공산 진영의 중국을 초청했기 때문에 이미 공산 측에 유리한 선전장이 되어버렸다고 비판했다. 심지어 그는 반둥회의가 남한을 초청하지 않은 것을 "호의"라고 받아들였다. 왜냐하면 남한은 "공산 침략자와 어깨를 나란히 하여 앉기를 거절하는 확고한 방침"에 따라 어차피 참석을 거부했을 것이기 때문이었다. 나아가 그는 아시아·아프리카회의에 참가한 필리핀, 태국, 파키스탄, 튀르키예 등 "자유 우방 국가"들에게 앞으로는 "공산 침략자들의 면영(面影)을 도와주는" 국제회의에 참석하지 말기를 요청했다.[309]

이처럼 변영태는 반둥회의가 표방한 반식민의 모순을 지적하는 근거로 일본을 제시했다. 이 논리는 앞서 갈홍기의 발언에서도 확인된다. 갈홍기는 반둥회의에 참석한 일본이 자유 진영의 우방인 "미국을 배반"한 채 "새로운 아세아 제국(帝國)을 몽상"하며 "공산주의자들과 접근"하고 있다고 비판했다. 그는 일본이 반둥회의에 참석했다는 사실에 근거하여 일본이 자유 진영을 배신한 채 공산 세력과 가까워지고 있으며 나아가 새로운 제국주의를 꿈꾸고 있다고 판단했다. 즉 그의 논리는 '반식민=반공=반일'이며, '제국주의=친일=친공'이라는 공식으로 구성됐다.[310]

한편, 북한 『로동신문』은 이번 회의는 '평화적 공존'과 '민족적 독립과 자유에 대한 공통적인 지향'을 보여줬다며, 탈식민과 평화의 진전을 중요한 성과로 제시했다.[311] 1956년 4월 23일 조선로동당 제3차대회에서 김일성은 "작년 4월, 29개국 대표가 참가한 반둥회의는 식민주의를 반대하여 공고한 평화를 지향

---

309 『동아일보』 1955. 4. 25; 1955. 4. 26.
310 『동아일보』 1955. 4. 25.
311 『로동신문』 1955. 4. 27; 1955. 4. 29.

하는 수억만 아세아, 아프리카 인민들의 일치한 염원을 표명하였으며 유명한 5개 원칙에 입각한 이 지역 인민들의 단결을 뚜렷이 보여주었으며 제국주의자들에게 커다란 타격을 주었"다고 발언했다.[312] 즉 그는 아시아·아프리카회의의 성과를 탈식민 평화에서 찾았다. 특히 그는 반둥회의가 '제국주의'라는 냉전의 적을 타격하는 효과를 낳았다고 평가했다. 즉 북한 지도부가 아시아·아프리카회의를 평가하는 기준은 냉전의 반대편인 자유 진영에 어떠한 영향을 미치는가였다.

이처럼 남북한 정부가 반둥회의에 보인 관심의 정도와 지지 여부는 상반됐으나, 회의에 대한 인식과 평가의 기준은 모두 자신이 속한 냉전 진영의 유불리에 있었다.

## 4. 오스트리아의 중립화 독립(1955)

아시아에서 반둥회의가 폐막한 직후, 서유럽에서는 오스트리아의 중립화 독립이 실현되어 주변 국가들에 영향을 미치기 시작했다.[313] 1938년 독일에 합병된 오스트리아는 제2차 세계대전에 참전하여 패배함으로써 1945년 4개 연합국(미국·영국·프랑스·소련)에 분할되어 점령통치를 받았다. 1947년 오스트리아 대통령 레너(Karl Renner)가 처음으로 '스위스식 중립화' 같은 방법으로 오스트리아의 통일과 독립을 보장받는 방안을 제안했다. 이후 오스트리아 주요 정치인들

---

312 「자료 102. 조선로동당 제3차대회에서 진술한 중앙위원회 사업 총결 보고—1956년 4월 23일」(김준엽 편, 『북한연구자료집 2』, 고려대학교 아세아문제연구, 1974, 683~684쪽).
313 『조선일보』 1955. 5. 26.

은 일관되게 중립화 의사를 밝혔다.[314] 그럼에도 서유럽에서는 1949년 북대서양조약기구(NATO)가 출범하고 독일이 동·서독으로 분단되는 등 적대적인 양극적 대립이 격화되었고, 오스트리아의 중립화 독립 문제는 논의되기 어려웠다. 이런 국제적 상황에서도 오스트리아 대통령과 의회는 나토에 가입하지 않을 것이며, 동서 냉전에 개입할 의사가 전혀 없다는 '중립'의 의지를 일관되게 밝혔다.

1953년 스탈린 사망 이후, 소련 지도부는 평화공존을 강조하며 대외적으로 긴장완화에 나섰다. 1953년에는 한반도 정전이, 1954년에는 제네바회의 협상으로 인도차이나 정전이 실현됐다. "1954년 초 수소탄 폭파 실험이 이어지면서 양 진영 모두에서 인류의 자멸 위험이 극명해짐에 따라" "서구 동맹국과 소련" 양측 모두에서 대화와 타협의 흐름은 더욱 강화되고 있었다.[315]

1955년 4월, 소련이 제안하고 오스트리아가 확인한 '모스크바 각서(Moscow Memorandum)'가 발표되었다. 제1조 1항에 '스위스식 영세중립 선언'이 포함됐다. 5월 15일, 오스트리아 빈의 벨베데레(Belvedere)궁전에 모인 미·영·프·소 외상들은 '오스트리아 국가조약(Austria State Treaty)'을 체결했으며, 6월 7일에는 오스트리아 의회가 만장일치로 영세중립을 선포했다. 10월 23일, 오스트리아에 주둔하던 4개 연합군이 철수하고 3일 후(26일) '오스트리아 중립에 관한 헌법'이 통과됨으로써, 냉전기 유럽 지역에서 처음으로 양대 진영 바깥에 서는 중립국이 탄생한

---

314 이하 오스트리아의 중립화 독립의 과정은 다음의 두 책을 참고하여 정리했다. 강광식, 『중립화와 한반도 통일』, 백산서당, 2010, 55~60쪽; 안병영, 『왜 오스트리아 모델인가』, 문학과지성사, 2013, 140~156쪽.

315 빌프리트 로트, 「1부 국가와 권력관계의 변화: 2. 지구적 냉전」, 이리에 아키라 책임 편집, 이동기·조행복·전지현 옮김, 『하버드 C. H. 베크 세계사: 1945 이후—서로 의존하는 세계』, 민음사, 2018, 91쪽.

것이었다. 남북한은 이러한 오스트리아 중립화 독립에 주목했다.

북한 『로동신문』은 오스트리아 국가조약의 체결을 보도하면서 오스트리아 문제 해결이 '상시적 중립'이라는 원칙에 따라 해결됐다고 전했다. 특히 오스트리아가 어떠한 군사동맹에 가입하거나 자국 영토에 외국 군사기지 창설을 허용치 않는다는 중립 원칙히에 독립을 실현했음을 강조했다.[316] 또한 신문은 국가조약 체결을 환영하는 오스트리아 공산당 중앙위원회의 토의 내용(5월 20일 진행)을 자세히 전했다. 오스트리아 공산당은 먼저 "오지리의 중립과 독립의 원칙들에 립각한 국가조약의 체결은 쏘련의 정책의 덕택"임을 언급했다. 그리고 오스트리아의 "중립과 독립을 보장하며 공고화"하고, "앞으로 랭전을 종식시키고 평화를 강화하려는" 정부를 지지한다고 밝혔다.[317]

오스트리아 공산당처럼 『로동신문』도 오스트리아 "국가조약의 완성은 서부 렬강 지배층의 '힘의 립장에 선' 정책의 또 하나의 파산"이며, "국제 긴장상태를 완화하며 평화를 옹호하기 위하여 시종일관 투쟁하는 쏘련의 평화적 대외 정책의 정당성과 모든 국제적 분쟁 문제를 회담의 방법으로 해결할 수 있다는 사실을 다시 한번 뚜렷이" 입증한 사례라고 설명했다.[318] 또한 오스트리아의 중립화 독립은 주변의 이탈리아와 서독에서도 "새로운 정치적 추세를 불러" 일으키고 있었다. 일례로 이탈리아의 "광범한 사회층"은 오스트리아의 "모범을 따라 어떠한 군사집단에도 참가하지 않으며" "령토 내에 외국의 군사기지 설치를 용허하지 않는 그러한 중립 발전 로선을 취할 것을 요구"하고 있었다. 서독 사회계에서도 오스트리아 "모범을 따라 중립의 원칙을 지키는 조건하에 독

---

316  『로동신문』 1955. 5. 17.
317  『로동신문』 1955. 5. 25.
318  『로동신문』 1955. 5. 27.

일 문제"의 조정을 요구하는 "투쟁"이 전개되고 있다고 전했다.[319] 실제 당시 독일 사회민주당은 "냉전 속에서 오지리에 독립과 중립을 준 대오(對墺) 강화조약이 고스란히 독일에도 적용되어야 한다"고 주장한 바 있었다.[320] 나아가 『로동신문』은 "미국 대통령 아이젠하워까지도 구라파에서 중립국 지대를 만들 데 대한 리념이 보급되고 있는 것으로 보인다고 인정하지 않을 수 없었"다고 주장했다.

특히 『로동신문』은 오스트리아 중립화 독립과 그 영향력 확산의 원동력을 소련의 대외 정책에서 찾았다. 즉 "위대한 쏘련"이 "각이한 사회 제도를 가진 나라들 간의 평화적 공존에 관한 레닌의 원칙으로부터 출발하여 시종일관 평화적 대외 정책을 실시"한 결과, 이 시기 '바르샤바조약 체결', '군비축소 및 원자무기 금지 문제에 대한 소련의 새로운 제안'이 이루어졌으며, 소련은 '서독 정부에 관계 정상화를 위한 회담 개최'를 제안하기도 했다고 강조했다.[321] 이처럼 북한 지도부는 오스트리아가 "미국 지배층이 조작한 침략적인 군사집단에서 빠져나"왔다는 사실을 기준으로, 오스트리아 중립화는 곧 냉전의 적대적인 반대편의 약화이자 우리 진영의 강화를 의미한다고 해석했다.[322]

남한에서도 오스트리아의 중립화 독립은 초미의 관심사였다. 신문들은 연일 관련 소식을 전하며, 통합된 서방의 반공 자유 진영을 파열시키려는 "소련의 중립화 공세"라고 비판했다.[323] 소련이 오스트리아 국가조약을 성립시킨 이

---

319 『로동신문』 1955. 6. 12.
320 『경향신문』 1955. 5. 25.
321 『로동신문』 1955. 6. 12.
322 『로동신문』 1955. 7. 3.
323 『조선일보』 1955. 5. 26; 『동아일보』 1955. 6. 12.

유는 "독일의 중립화를 위시하여 구주에 있는 제소국(小國)"뿐 아니라 "극동 지역에 있는 국가에까지 중립화 정책을 실현시켜 보려는 데" 있다고 보았다.[324] 이승만 대통령도 오스트리아의 중립화 독립을 '중립공세'로 규정했다. 그는 1955년 「6·25사변 제5주년 기념사」에서 공산 세력이 "자유세계의 방위할 수단"을 없애버림으로써 공산화하려는 전략이 바로 중립이라 단언하며, 그 중립이 오스트리아를 넘어 이후 독일까지 퍼지는 것을 우려했다.[325]

남한 국회에서도 오스트리아의 중립화 독립을 둘러싼 논쟁이 있었다. 1955년 5월 18일, 국회 본회의에는 「오지리 독립 회복을 축하하는 멧세지(안)」이라는 긴급동의안이 제출됐다. 자유당 정기원 의원 외 9명이 제안한 동의안은 "대한민국 국회는" 오스트리아가 "숙망한 독립을 회복한 데" 대해 "충심으로 축하"한다는 말로 시작됐다. 다만 이 안건은 "소련의 제국주의적 야망으로 말미암아 종전 후에도 장구한 시일 외군의 점령하에서 벗어나지" 못했다고 설명할 뿐, 오스트리아가 4개국의 공동점령하에 있었다는 사실은 언급조차 되지 않았다.[326]

본회의에서는 동의안의 발송 문제를 둘러싸고 논쟁이 펼쳐졌다. 무소속 강세형 의원은 "중립국의 성격이라는 것"이 가지는 "애매"함을 거론했다. 그는 "확실한 반공국가인 서독에" "축하 메시지를 발송하는" 것은 "찬성"하지만, "오스트리아는 중립국"이 되는 것이므로 "늘 경계해야" 한다고 말했다. 따라서 그는 중립국 오스트리아가 만약 '공산' 진영에 가담한다면 축하 메시지를 보낸 우리 국회의 책임 문제도 불거질 수 있다며 발송 보류를 주장했다. 논거는 달

---

324  『조선일보』 1955. 6. 1.
325  이승만, 「6·25사변 제5주년 기념사」(1955. 6. 25), 대통령기록관.
326  『제3대 국회, 제20회 제46호 국회 정기회의 속기록』(1955. 5. 18), 1쪽.

랐으나 자유당 박영종 의원도 발송 보류를 요청했다. 그는 오스트리아가 "자유 진영으로 들어오려고 노력하고" 있음을 믿는다고 밝혔다. 그렇지만 국회가 축하 메시지를 보낸다면 "국가가 외교적으로" 국회 결정에 영향을 받을 수밖에 없기 때문에, 차후에 "중대한 과오"를 범할 수 있다는 우려를 표하며 발송 보류를 주장했다. 이에 발의자 정기원은 오스트리아가 "쏘련에 10여 년 동안 그렇게 고통을 당하고 아주 여러 가지 어려운 난경을 당하다가 주권 회복하는 날에 다시금 쏘련 편에 들어가리라고" 믿지 않는다고 말했다. 특히 그는 오스트리아가 "다시 자유 진영에 들어와 가지고 우리와 같이 어깨를" 나란히 하리라는 "그런 자신력을 가지고" 메시지안을 제출했다고 밝혔다.[327] 이처럼 국회의원들의 관심은 중립국 오스트리아가 냉전의 우리편으로 넘어올지 아니면 적대적인 반대편으로 넘어가느냐에 집중됐다. 냉전의 최전선에서 분단과 전쟁을 직접 경험한 국회의원들은 오스트리아가 어느 진영에도 속하지 않고 영구 중립국으로 남는 것은 상상하기 어려웠을 것이다.

냉전의 진영론으로 뒤덮인 국회 본회의장에서, 자유당 도진희 의원이 유일하게 탈식민 문제를 언급했다. 그는 "약소국가(弱小國家)인 오지리가 강대국가 세력에 휩쓸려서 17년 동안을 신음하다가 천우인력(天佑人力)으로 이번에 주권을 찾게 된 이 마당"에, "약소국가의 한 국민으로서 약소국가를 도웁는 견지"에서 축하 메시지를 발송하자고 주장했다.[328] 그는 냉전의 진영론보다 강대국에 신음해온 동일한 '약소국가'라는 동정(同情)의 관점에서 메시지 발송에 찬성한 것이었다. 결국 이 통의안은 재석의원 106인 중 찬성 68표, 반대 1표(강세형)로 가결되긴 했다. 그런데 가결의 이유는 『경향신문』의 분석처럼 "현 오지리가 자유

---

327  위의 자료, 13~14쪽.
328  위의 자료, 14쪽.

진영에의 가맹을 열절히 희구한다는 점"이 "참작"된 것으로 보인다.[329]

이처럼 남북한 모두 오스트리아 중립화 독립에 큰 관심을 보이며 정세를 분석하고 바람직한 방향까지 제시했다. 북한은 중립이 자유 진영 내로 더욱 확장되어야 한다며 긍정적으로 평가했다. 대칭적으로 남한에서는 자유 진영을 분열시키고 공산 세력의 확장을 노리는 중립 공세라고 비판했다. 그런데 북한은 아시아에서 열린 반둥회의와 관련해서는 약소민족과 민족해방이라는 탈식민의 문제를 냉전의 진영론과 함께 제기했으나, 유럽의 오스트리아 중립화 논의에서는 거의 언급하지 않았다. 마찬가지로 남한에서도 반둥회의를 논할 때는 냉전과 탈식민 문제를 함께 거론했으나, 오스트리아 독립 축하 메시지 발송을 둘러싼 국회 논의는 냉전의 진영론으로 점철됐으며, 국회의원 한 명만이 약소민족 문제를 언급했다. 이처럼 반둥회의와 오스트리아를 냉전과 탈식민 문제에서 다르게 바라본 남북한의 '유사한 인식'은, 중립이 출현한 역사적 배경의 차이에 기인한 것이었을 수 있다. 즉 아시아·아프리카는 오랫동안 식민지배를 받은 지역이었지만, 유럽의 오스트리아는 2차대전 이후 열강의 점령지배를 잠시 받았을 뿐 이전까지 오랫동안 강성했던 제국이었기 때문이다.

1955년은 한반도가 일제로부터 해방된 지 10년이 되는 해였다. 지구적 냉전의 도래와 함께 한반도에는 적대적인 양극의 한편에 선 분단정부가 수립됐으며, 결국 피흘리는 전쟁을 3년이나 겪었다. 6·25전쟁을 멈추기 위해, 그리고 전쟁의 재발을 막기 위해 중립국감독위원회와 중립국송환위원회가 설치되어 활동했다. 비록 제대로 운영되지 못했으나 양측이 격렬히 대립했던 송환 거부 포로 문제를 해결하기 위해 중립국포로송환위원회가 정전 직후부터 4개월간 활동했으며, 88명의 중립국행 포로를 인도로 데려감으로써 그 임무를 마쳤다.

---

[329] 『경향신문』 1955. 5. 19.

1954년 한반도 정전을 평화적으로 조정하고 격렬해진 인도차이나전쟁을 멈추기 위해 제네바에서 국제회의가 열렸으며, 여기에서도 중립국으로 구성된 국제기구가 평화통일과 정전을 감시하는 방안이 논의됐다. 한반도 문제는 결렬됐으나, 중립국 인도를 포함하는 국제감독기구에 의한 인도차이나 정전이 실현됐다. 동시에 아시아·아프리카의 탈식민 신생 약소국들이 강대국들에 의한 냉전질서에 거리를 두며, 냉전의 적대성을 완화하기 위해 스스로 '공동의 광장'을 만들고자 했다. 그 결과 1955년 4월 최초로 아시아·아프리카회의가 인도네시아 반둥에서 열렸으며, 만장일치의 공동성명을 발표하는 성과를 만들어냈다. 1955년 반둥회의에 대하여, 1965년 당시 『조선일보』 외신부 기자였던 리영희는 "세계 인구의 반을 점하면서도 2차대전까지 구미(歐美) 및 일본 제국주의의 식민지로서 세계정치의 담당자가 못 되고 그 희생물의 위치를 강요당했던" "유색인종에 의한 제3세력"이 "강렬한 반(反)식민·중립·비동맹적 사상"에 기반하여 "공동의 광장"을 스스로 창출한 것으로 평가했다.[330]

　아시아에서는 1953년 한반도 정전과 1954년 인도차이나 정전, 그리고 1955년 4월 반둥회의의 성공적 개최가, 유럽에서는 1955년 5월 오스트리아 중립화 독립이 있었다. 이처럼 1955년 하반기에는 적대적인 양극적 냉전질서가 완화되고, 탈냉전 평화와 중립의 시대가 성큼 다가와 있었다.

　이 시기 남북한 정부의 지구적 냉전질서와 아시아, 그리고 한반도에 대한 정세 판단은 판이했다. 남북한의 상반된 인식과 전망은 해방 10주년을 맞이하여 진행된 8·15기념식에서 잘 드러난다. 1955년 8월 15일, 서울운동장에서 열린 "제10주년 광복절" 및 "제7주년 정부수립 기념식"에서 이승만 대통령은 긴 연

---

330　『조선일보』 1965. 6. 6.

제10주년 광복절 기념일 축하식과 연설하는 이승만 대통령 『동아일보』 1955. 8. 16.

설을 했다.[331]

이승만은 먼저 "오늘은 우리가 소위 해방한 지 제10회 기념일을 축하하자는 것인데 이 자리에서 내가 말하려는 문제는 소위 공존주의라는 것을 사실적으로 생각해보자는 것"이라며 연설을 시작했다. 현 시점에서 그는 세계적으로 평화가 확산되고 있다는 사실은 인정했다. 특히 우리가 "근대 전쟁 중으로는 다른 나라보다 가장 많은 희생을 당했고 아직도 우리 인명과 경제에 말할 수 없는 참상"을 겪었기 때문에 평화의 호소력이 더 크다는 것도 인정했다.

그러면서 그는 평화를 다음과 같이 4가지로 나누어 평가했다. 첫째는 공산당이 주장하는 평화적 공존이라는 '위장 평화'였다. 이 평화는 자유 진영의 저항의지를 약화시킴으로써 세계를 지배하기 위한 위장 전략이었다. 둘째, 공산당과 협상으로 만들어낸 '거짓 평화'가 있었다. 거짓 평화의 대표적인 사례가

---

331 『동아일보』 1955. 8. 16; 이승만, 「제10회 광복절 기념사」(1955. 8. 15), 대통령기록관.

바로 판문점의 정전회담이었다. 한반도는 "타협과 양보로 잠시 평화"가 실현된 듯 보이지만, 이는 가짜 평화에 불과했다. 왜냐하면 공산당은 실질적인 문제해결 없이 전쟁을 "잠시 연기"한 후, 그동안 공산군을 "늘려" "마침내 적을" 정복하고자 하는 숨은 의도가 있기 때문이었다.

셋째, 인도 수상 네루가 퍼트리는 "타조(駝鳥)의 평화"가 있었다. 마치 타조가 "머리를 모래 속에 묻어놓고 크게 부르짖기를 위험한 것이 조금도 없다"라고 생각하듯이, 네루의 중립도 "자기가 자기를 속이는 평화"이자 "중립주의"에 불과했다. 넷째, 미국 대통령이 주장하는 평화가 있었다. 그는 이것이야말로 "양편에서 서로 전쟁이 유해무익(有害無益)한 것을 깨닫고 각각" "무력을 쓰지 않고 자기의 평화 목적을 달성"할 수 있는 진정한 평화라고 주장했다. 이렇게 이승만에게는 같은 진영의 동맹국 미국에서 발원하는 평화만이 진정한 평화일 뿐, 그 외의 평화는 모두 공산 세력을 이롭게 하는 해로운 것이었다.

특히 이승만은 공산당이 "중립주의"를 활용하여 냉전에서 '승리'하고 있다고 현 국제정세를 진단했다. 그는 공산 진영이 냉전의 승리를 위하여 "아직 공산군의 속박 받지 않은 백성들을 중립국가로 만들어 빗그러" 매고자 하며, 특히 소련이 이러한 전략을 성공시키면서 "계속해 나가고" 있었다. 그는 최근 공산당이 자유 진영의 일부를 "떼어내서 불완전한 중립국 자격으로 만들어놓는", 즉 공산 측의 자유 진영 분열 전략이 유럽과 아시아에서 모두 "성공"한 것으로 보았다. 이처럼 해방 10년을 맞이한 시점에서, 이승만은 아시아와 유럽을 불문하고 지구석으로 사유 진영이 사회주의 진영에 비해 불리한 형세임을 강조하며, "우리가 고집하고 나갈 것은 우리 우방들이 갑절 노력해서" "북한의 해방을 성취"하는 것이라고 호소했다.

한편, 1955년 8월 14일 저녁, 평양시 모란봉극장에서는 소련, 중국 및 사회주의 진영 축하 사절단이 참석하는 '위대한 쏘비에트 군대에 의한 8·15 조선해방

'8·15 조선해방 10주년 기념 평양시 경축대회'의 주석단 모습(1955. 8. 14) 앞줄 왼쪽부터 홍명희, 박창옥, 리제심, 김두봉, 주더(朱德), 김일성, 아. 브. 아리쓰또브, 박정애, 최용건, 양용. 뒷줄 두 번째부터 박금철, 호. 즈. 따이로바, 최창익, 박의완, 브. 아. 이와노브, 박영빈, 리영, 정일룡. 『로동신문』 1955. 8. 15.

10주년 기념 평양시 경축대회'가 열렸다. 그리고 8월 15일 당일에는 평양 김일성광장에서 축하행사가 진행됐다.

14일 저녁 북한의 김일성 수상은 장문의 보고 연설을 했다.[332] 먼저 10년 전 "쏘비에트 군대"에 의해 "우리 민족은 근 40년간의 고통스러운 식민지 노예의 쇠사슬로부터 해방되었다"며 쏘련에 가장 먼저 감사를 표한 다음, "항미원조의 기치를 들고 지원군을 조선 전선"에 파견한 중국 인민에 감사를 표했다. 이어서 그는 해방 10년의 역사를 '승리의 연속'으로 정리했다. 해방 후 5년간 북한에서는 "반제, 반봉건적 민주혁명의 과업을" 성공리에 수행했으며, 경제적으로도 "거대한 발전"을 이루었다. 반면 "남조선 형편"은 "미제의 가혹한 식민지 략탈 정책과 리승만 괴뢰들의 반인민적 배족 정책으로 말미암아 민족경제의 식민지 예속성과 편파성은 더욱" 심화됐다. 또한 1950년 발발한 이른바 "조국

---

332  『로동신문』 1955. 8. 15(『북조선실록 149』, 564~564쪽).

김일성 광장에서 진행된 해방 10주년 경축 군중시위(1955. 8. 15) 『북조선실록 149』, 657쪽.

"해방전쟁"은 "16개국의 국제 제국주의 련합 세력"이 "조선 전선에서 수치스러운 패배를 당하고 정전협정에 조인하지 않으면 안" 되었던 "우리 인민의 거대한 력사적 승리"였다.

특히 그는 정전 이후 "오늘의 국제정세는 우리 인민이" "과업을 실현함에 유리하게 전변"됐다고 보았다. 그 근거로 인도차이나에서의 "정전의 실현과 아세아 및 아프리카 제국 반둥회의와 헬싱키 평화애호력량대표자 세계회의", 그리고 "대오 국가조약 체결", "쏘련 유고슬라비야 간의 관계 개선, 쏘련-인도 간의 친선관계 강화" 등이 제시됐다. 그리고 이러한 역사적 사건들은 "각이한 제노블 산의 공존"과 "세계평화"에 크게 기여했다고 평가했다. 끝으로 그는 "해방 후 10년간"의 결과에 "만족감을 총화하면서" "앞날의 보다 더 큰 성과와 승리를 위하여" 대외관계에서는 "평화와 민주와 사회주의 진영 인민들의 불패의 국제주의 친선 단결 만세"를 외쳤다.

이처럼 이승만 대통령이 평화와 공존주의의 도래를 위협과 위기로 진단한

**사회주의와 자본주의 국가의 발전 상황을 대조하여 그린 『로동신문』의 삽화**
이 그림은 "사회주의 및 인민민주주의 국가에 있어서의 평화적 건설의 위대한 성과"와 자본주의 국가의 "군비경쟁"에 따른 비참한 상황을 대비하고 있다. 당시 북한 지도부의 국제정세 인식과 자신감이 형상화되어 있다. 『로동신문』 1955. 12. 31.

것과 달리,—또는 그렇기 때문에—김일성은 현 국제정세가 북한과 사회주의 진영에 유리하다고 판단했다. 이러한 국제정세가 김일성이 '주체' 문제를 제기하는 것을 가능하게 했을 것이다. 1955년 12월 28일 김일성은 「사상 사업에서 교조주의와 형식주의를 퇴치하고 주체를 확립할 데 대하여」라는 제목의 선전 선동 공작에 관한 장문의 연설을 발표했다.[333] 1955년 말, 북한 지도부는 국내외

---

333 션즈화는 김일성의 주체 연설이 "로동당 중앙상무위원회가 박창옥, 박영빈 등 일부 소련계 조선인 간부들의 과오를 선포하고 처벌 결정을 내렸던 다음 날" 행해졌음을 강조했다. 즉 김일성은 "주체 개념과 자주 사상에 입각하여 소련과 중국의 경험에 집착하는 교조주의자와 형식주의자들을 비판"한 것이었다. 유리한 국제환경에다가 1954년부터 시작된 전후 인민경제복구 3개년계획은 소련, 중국, 동유럽의 지원에 힘입어 상당한 성과를 올리고 있었다. 이것들은 김일성이 국내적으로 정치적 입지를 강화하는 데 도움이 됐던 것으로 보인다. 또한 사회주의 진영에서 스탈린 사후 흐루쇼프는 1955년 5~6월 티토에게 직접 잘못을 사과

문제를 조선 사람에 의해 주체적·자주적으로 해결할 수 있다는 자신감으로 가득차 있었다. 이처럼 북한 지도부에게 1955년은 "평화와 협조의 리념"이 "승리"한 해였기 때문에, "당당한 자부심을 가지고" "희망에 찬 새해"를 기대했다.[334] 그런데 사회주의 진영의 친선 단결은 이듬해(1956년)부터 삐걱거리기 시작했다. 그 균열의 지점에 '중립'이 있었다.

## 5. 사회주의 헝가리(1956)와 유고슬라비아(1958)의 중립

1956년 2월 25일, 소련공산당 제20차 대회에서 흐루쇼프는 「개인숭배와 그 결과들에 대하여」라는 제목의 보고 연설을 했다. 연설문에서는 얼마 전 죽은 스탈린의 정치적 탄압 행위들이 구체적인 수치와 함께 언급됐다.[335] 김일성은 스탈린 개인숭배에 대한 흐루쇼프의 비판에 긴장했다.[336]

소련공산당 대회의 결과가 사회주의 국가들에 전해지면서, 동유럽에는 일종의 '해빙'의 시대가 도래했다. 소련 지도부는 유고슬라비아의 수도 베오그라드를 방문해 티토를 만나, "사회주의는 여러 가지의 길이 있다"는 새로운 이론을 발표했다. 1956년 4월 유고슬라비아를 배제했던 공산주의 정보국 코민포름

---

하고 유고슬라비아와 외교관계를 개선하고 있었다. 션즈화 지음, 김동길·김민철·김규범 옮김, 『최후의 천조—모택동 김일성 시대의 중국과 북한』, 선인, 2017, 431~435쪽.

334 『로동신문』1955. 12. 31.

335 박상철, 「들어가는 말」, 니키타 세르게예비치 후루시초프 지음, 박상철 옮김, 『개인숭배와 그 결과들에 대하여』, 책세상, 2024, 6쪽.

336 김일성이 긴장한 이유에 대해 션즈화는 "스탈린의 방식을 똑같이 흉내 내어 자신을 조선에 높이 세우고, 자신을 자랑하며, 당내에서 거리낌없이 반대파를 제거"했기 때문으로 설명한다. 션즈화, 앞의 책, 443~444쪽.

(Cominform)도 해체됐다. 1956년 10월 26일자 『동아일보』는 동유럽 관련 해설 기사에서 "동독과 체코와 헝가리 등", "이 지역이 유고까지 합쳐서 공산 진영과 자유 진영 사이의 한 개의 '중립지대'의 역할을 하게 될" 수 있다는 전망을 내놓기도 했다.[337]

1950년대 중후반 시작된 동유럽 변화의 정점에 헝가리혁명이 있었다. 1956년 10월 23일에 시작된 헝가리 대학생 중심의 시위는 부다페스트 전역으로 확대됐고, 시위대의 요구사항 중 하나인 너지 임레(Nagy Imre)의 총리직 복귀가 24일 전격 이뤄졌다. 너지 정부는 10월 30일 동유럽 내 사회주의 국가 간의 군사동맹기구인 바르샤바조약기구의 탈퇴를 선언하면서, 대외적으로 소련과 서방 강대국 간의 중립 노선을 표명했다. 그런데 11월 4일, 소련군은 탱크를 앞세워 너지 정부를 무력으로 전복한 후 친소적인 카다르(János Kádár) 정부를 세웠다.[338]

북한은 『로동신문』에 헝가리혁명에 대한 소련의 발표 내용을 소개하며 지지를 밝혔다. 특히 너지 정권이 소련군에 의해 축출됐을 때, 신문은 "히틀러 군대에 복무한 수백 명의 웽그리야(헝가리―인용자) 장교 및 병사들이 서방으로부터" 헝가리에 잠입했다는 기사를 게재함으로써, 헝가리혁명이 민중혁명이 아니라 "반혁명"으로 변질됐다고 비판했다.[339] 그리고 『로동신문』은 헝가리가 반동으로 가는 길을 저지시켰다는 소련 『프라우다』의 사설을 그대로 인용함으로써, 소련의 헝가리 '침공'을 공개적으로 지지했다.[340] 11월 12일, 김일성은 신

---

337  『동아일보』 1956. 10. 24; 10. 25; 10. 26.
338  헝가리혁명의 전개 과정은 다음을 참고했다. 김도민, 「1956년 헝가리 사태에 대한 남한의 인식과 대응」, 『역사비평』 119, 2017; 재스퍼 리들리 지음, 유경찬 옮김, 『티토―위대한 지도자의 초상』, 을유문화사, 2003, 434쪽.
339  『로동신문』 1956. 11. 5.
340  『로동신문』 1956년 11월 6일, 5~6면. 다만 북한이 소련의 헝가리 무력진압을 '전적'으로 지

임 헝가리 수상에게 "웽그리야의 애국적인 혁명 력량이 쏘련의 방조하에서 반동분자들의 파괴적 활동을 분쇄하고" "반혁명 세력의 폭행의 후과를 조속히 청산"한 데 대해 축하 선물을 발송했다.[341]

한편, 남한에서는 헝가리혁명이 반공의거(反共義擧)로 대서특필됐다. 특히 11월 초 소련의 헝가리 무력 침공을 바라보며, 이승만 정부는 북한과 소련이 이러한 정세에 기대어 남침을 할 수 있다는 위기의식을 내세우며 이에 대비한 내부 통제에 나서기도 했다.[342]

소련이 헝가리를 무력진압한 사건은 1955년 이후 복원되어가던 소련과 유고슬라비아의 관계를 악화시켰다.[343] 그리고 1958년 4월 22일부터 26일까지 류브랴나에서 개최된 유고슬라비아 공산주의자동맹 제7차 대회에서는 새로운

---

지했는지는 확인이 필요하다. 약소국가인 북한에게 소련이 무력을 동원하여 헝가리 정권을 교체했다는 것은 자국에게도 동일한 상황이 도래할 수 있다는 우려를 안겼을 수 있다. 소련은 헝가리 무력진압이 약소국에 대한 내정간섭이라는 사회주의 국가들의 우려를 불식하고자, 헝가리에 평등과 독립을 부여하며 다른 나라의 내정을 간섭하지 않겠다는 내용을 담은 「사회주의 국가들 간의 친선 협조의 발전」(1956. 10. 30)이라는 선언을 발표했다. 션즈화, 앞의 책, 528쪽. 소련이 성명을 발표한 바로 다음 날 『로동신문』 1면 맨 위에는 「쏘련과 기타 사회주의 국가들 간의 친선 협조의 발전 및 그 가일층의 강화의 기본에 관한 쏘련 정부의 선언」이 게재됐다. 『로동신문』 1956. 11. 1.

341 『로동신문』 1956. 11. 14.
342 미국의 정보 수집에 따르면 이 시기 한반도에서 북한의 별다른 움직임은 없었다. 김도민, 앞의 논문, 316쪽.
343 1956년 11월 16일 유고슬라비아 기관지 『보르바』는 "11일 이스트리아 풀라에서의 티토 연설을 공개"하면서 "소련과의 관계 '정상화' 이면에 숨겨온 양국간 긴장을 드러냈다." "티토는 또한 헝가리 봉기와 너지 임레의 중립 선언에 대한 소련의 두 차례 무력진압을 강력하게 비판"했다고 한다. 김태경, 「비동맹운동 60주년에 돌아보는 냉전기 북한의 유고슬라비아에 대한 인식 변화」, 『역사문제연구』 46, 2021, 111쪽, 각주 35번.

정책강령 초안이 채택됐다.[344] 여기에는 외교 정책에서 중립을 표방하는, 즉 "동서 어느 진영을 불구하고 쁠럭(Bloc) 정책에 반대한다"는 내용이 포함됐다.[345] 이후 1958년부터 유고슬라비아는 대외적으로 쁠럭에 가담하지 않는 비동맹외교를 전개하기 위해 "많은 아시아, 아프리카, 남아메리카 국가를 방문"하기 시작했다.[346]

북한 지도부는 유고슬라비아의 '쁠럭불가담 선언'을 비판했다. 1958년 5월, 북한 국제생활사가 발행하는 반월간 국제정치 시사종합잡지 『국제생활』에는 허창봉의 「국제관계 문제에 대한 현대 수정주의의 주장을 배격한다」라는 글이 실렸다.[347] 이 글은 먼저 유고슬리비아가 엄연히 다른 두 진영을 동일한 '군사동맹'으로 간주하는 데 대해 문제를 제기했다. 즉 유고슬라비아 "지도자들과 강령 초안 작성자들은 현 세계가 두 개의 적대적인 진영"인 "사회주의 진영과 제국주의 진영으로 형성되어 있다는 력사적 사실을 무시하고 이를 다만 두 개의 '군사 쁠럭'의 존재로 묘사"했으나, "국제 긴장상태의 원인"은 "두 개의 군사-정치 쁠럭"이 아니라 "제국주의자들의 침략 정책"에 있었다. 유고슬라비아가 "특히 쏘련"도 "'힘의 립장'에 서 있다"고 주장했는데, 이는 "미국을 비롯한 제국주의자들의 침략 정책을 감싸"주는 것일 뿐이었다.

허창봉은 한반도 문제 관련한 강령 초안의 서술 내용이 "특히 우리를 격분

---

344  1952년 유고슬라비아는 6차 전당대회에서 기존 '유고슬라비아공산당'의 명칭을 없애고 '공산주의자동맹(the League of Communists of Yugoslavia, L. C. Y)'으로 바꾸었다. 재스퍼 리들리, 앞의 책, 418쪽.
345  『동아일보』 1958. 7. 10.
346  이정희, 「동유럽에서의 동요와 유고슬라비아」, 『동유럽사』, 미래엔, 2005, 350쪽.
347  허창봉, 「국제관계 문제에 대한 현대 수정주의의 주장을 배격한다」, 『국제생활』 1958. 5. 16, 7~10쪽; 홍종욱, 「1950년대 북한의 반둥회의와 비동맹운동 인식」, 『동북아역사논총』 61, 2018, 391쪽.

케" 한다고 지적했다. "강령 초안에는 마치 독일, 조선, 월남의 분렬도 '두개의 군사 쁠럭'으로 인하여 조성된 듯이" 서술됐으나, 한반도가 "오늘까지 통일되지 못하고 민족적 불행 속에 살고 있는 그 원인"은 "바로 미 제국주의의 남조선 강점" 때문이었다. 1958년 2월 5일 "공화국 정부 성명에 호응하여 중국 인민지원군이 조선으로부터 철거하고 있는 이 순간에도 미제는 남조선을 계속 강점"하고 있는 현실을 그 증거로 제시했다.

1958년 6월 14일자 『로동신문』에도 유고슬라비아가 발표한 '강령 초안'을 "현대 수정주의의 집대성"이자 "전형"이라고 비판하는 논설이 실렸다. 특히 유고슬라비아가 대외 정책으로 내세운 '중립'에 대해 다음과 같이 비판했다.

> 그들은 흔히 저들의 행동을 '제3로선'에 빙자하기 좋아한다. 그러나 공산주의자의 견지에서 볼 때 정치에서 '중간 로선'보다 더 해독스러운 것은 없다. 력사적 경험은 사회적 계급들 또는 집단들의 투쟁에 있어서 '중간적 립장'은 그러한 립장에 서려는 자들의 주관적 의도 여하를 막론하고 실제에 있어서는 항상 근로자들의 계급적 원쑤들에게 유익하였음을 가르쳐주고 있다. 유고슬라비야는 소위 '중립'을 표방하는 자기의 대외 정책으로써 항상 제국주의자들에게 리롭게 행동하였다. 그는 국제 반동의 괴수 미제가 15개국 무력 침공자들을 사촉하여 우리 나라에 대한 침략적 전쟁을 감행하였을 때에 유엔에서 '중립적' 태도를 취하였다. (…)[348] (밑줄—인용자)

논설은 유고슬라비아가 표방하는 '중립적 대외 정책'이 "항상 제국주의자들에게" 더 좋은 것이었다고 비판했다. 일례로 6·25전쟁 당시 유고슬라비아가

---

[348] 『로동신문』 1958. 6. 14.

유엔에서 행사한 기권표를 상기시켰다. 그리고 앞서 허창봉의 주장처럼, 한반도와 독일에서 "통일이 지연"되는 이유를 "쏘련과 미국의 '영향권'을 위한 투쟁"에서 찾는 유고슬라비아의 중립적 관점도 비판했다.

이처럼 북한 지도부는 사회주의 진영에서 발원하는 유고슬라비아의 중립에 대해서는 한반도 분단과 외국군 주둔 문제를 언급하며 석극적으로 비판했다. 한편 남한 정부는 관련하여 직접적으로 반응하지 않았다. 다만 1957년 12월 3일, 조정환 외무부장관은 미국의 대한(對韓)원조 정책을 비판하는 과정에서 유고슬라비아를 언급했다. 비판의 내용은 미국이 "자유세계에 대한 충성심을 실증할 수 있는 국가에게만 원조를 제공"해야 하는데, 유고슬라비아를 포함하여 인도 등 "의심스러운 국가"에 더 많은 원조를 제공하고 있다는 것이었다.[349]

---

[349] 『조선일보』 1957. 12. 4.

## 소결

1940년대 말과 1950년대 초중반, 냉전의 지구적 전개는 유럽과 아시아에서 상이한 양상을 보였다. 유럽에서는 미국과 소련이라는 양극을 중심으로 이분화되어 '안정적인 대립'이 구축된 반면, 아시아에서 냉전은 탈식민과 겹치면서 한반도와 인도차이나에서 '피흘리는 열전'으로 전개됐다. 또한 냉전의 양극으로 안정화된 유럽과 달리 아시아에서는 어떠한 지역질서를 구축하느냐를 둘러싸고 냉전의 두 진영뿐 아니라 어느 한편에 서지 않겠다는 중립주의라는 제3의 세력이 서로 경쟁하는 상황이었다. 그리고 1955년 아시아·아프리카회의의 개최와 만장일치의 성명서 채택으로 탈식민과 중립, 그리고 평화를 지향하는 세력들의 국제정치적 영향력이 입증되었다. 이로써 반둥회의를 계기로 세계정치의 동서 진영론의 대결 구도에서 새로운 행위자가 등장한 것이었다. 물론 반둥회의에 모였던 국가들은 1950년대 후반 다시 결집하지 못하며 분열하는 모습을 보였기 때문에, 반둥회의가 직접적으로 중립·비동맹의 확산을 만들어 냈다고 말하기는 어렵다. 그럼에도 반둥회의라는 국제회의는 냉전의 대결 무대를 유럽에서 아시아·아프리카 지역으로 확산하는 계기였으며, 반둥회의를 통해 가시화된 양대 진영 바깥에 서려는 탈식민 신생국들을 둘러싼 진영 간 경쟁이 본격화함으로써 그야말로 전지구적 냉전이 현실화한 것이었다. 미국과 서방 진영, 그리고 소련은 반둥회의를 통해 새로운 세계정치의 행위자로서 가시화된 탈식민 신생 약소국들을 자신의 진영으로 끌어들이기 위해 압박했으며, 이들 다수는 그에 대응하기 위한 전략으로 중립·비동맹 '이데올로기'를 내세웠다.

1950년대 말, 과장하면 양대 진영 바깥에 서겠다는 국가들 수만큼이나 중립·비동맹 관련 입장들이 존재했다.[350] 즉 중립·비동맹 관련 발언들이 다수 국가들로부터 등장했으며, 이들은 각자의 맥락에 따라 자신들의 지향점과 목표를 제시했다.[351] 그리고 이들을 관찰한 양대 진영의 언론인과 정치인들도 자신

---

[350] 1955년 반둥회의 이후 새로운 정치 행위자로 부상한 탈식민 신생국들이 중립·비동맹을 자신의 외교 정책으로 채택하게 되는 국내적·국제적 이유와 이들의 구체적인 발언에 대해서는 딘켈이 각국의 문헌에 기반하여 밝혀주었다. Jürgen Dinkel, op. cit., pp. 84~95.

[351] 인도네시아 독립 후 몇 년 만에 외무장관 하타(Mohammad Hatta)는 "독립적이며 적극적인 정책(independent and active policy)"으로, 네루는 어느 한편에 서지 않는 비동맹(non-aligned)과 "독립적인 [외교] 정책(independent[foreign] policy)"으로, 네팔 국왕 마헨드라 비르 비크람 샤 데브(Mahendra Bir Bikram Shah Dev)는 "긍정적 중립주의(positive neutralism)"로 자국의 외교 정책을 설명했다. 버마의 우 누 총리는 "중립의 외교 정책(foreign policy of neutrality)"을, 실론의 솔로몬 반다라나이케(Solomon W. R. D. Bandaranaike)는 "중립주의자(neutralist)"라는 용어 대신 "세계 어느 강대국과도 비동맹(non-alignment)에 기반한 외교 정책"을 추구하겠다고 밝혔다. 시리아의 유엔 대표는 1957년 "적극적인 중립 및 비동맹 정책(policy of positive neutrality and non-alignment)"을, 거의 비슷하게 예멘 정부는 "비동맹과 적극적인 중립의 정책(policy of non-alignment and positive neutrality)"을 발표했다. 알제리 벤 벨라는 "역동적이고 독립적이고 이해관계를 따지지 않는(dynamic, independent, and disinterested)" 외교 정책으로서 "건설적 중립(constructive neutrality)"을 추구하고 있다고 설명했다. 콩고의 파트리스 루뭄바(Patrice Lumumba)는 "중립주의 정책(policy of neutralism)"을, 케냐의 초대 대통령 조모 케냐타(Jomo Kenyatta)는 "적극적인 비동맹(positive non-alignment)"을, 기니의 세쿠 투레(Sékou Touré)는 "적극적인 중립주의(positive neutralism)"를 말했다. 1950년대 후반 가나 은크루마(Kwame Nkrumah)는 "비동맹과 긍정적 중립의 외교 정책(foreign policy of non-alignment and positive neutrality)"을 옹호한다고 밝혔다. 유럽과 탈식민 국가들 사이에서 양자의 협력을 모

들의 관점에서 이들을 지칭하며 다양하게 불렀다.[352] 다양한 단어들로 지칭되었으나, 분명한 것은 1950년대 말이 되면 다수의 국가들이 중립·비동맹을 지향했으며 이들은 국제정치의 새로운 행위자로서 등장했다는 것이다.

이들이 중립·비동맹을 선택한 데는, 딘켈이 잘 밝혔듯이 국내적·국제적 차원의 이유가 있었다. 상당수 탈식민 신생 정부들은 혼란스러운 국내 정치를 통합하는 이데올로기로서 중립·비동맹을 선택했다. 유고슬라비아에서는 서구 지향적인 슬로베니아 및 크로아티아와 러시아 정교회를 지향하는 세르비아를 통합하는 이데올로기로서 비동맹이 유효했다. 또한 이집트의 신생 나세르 정부는 국내적 혼란 상황에서 1955년 반둥회의에 참가함으로써 정부의 인기가 높아졌고, 이후 1956년 수에즈전쟁을 거치면서 아랍민족주의라는 통합을 이끄는 나라가 되었다. 즉 다양한 종교와 인종들로 대립과 갈등이 심하던 복잡한 아랍 지역에서 나세르의 중립주의는 일종의 통합 이데올로기였던 것이다. 결국 중립·비동맹 사상은 탈식민 신생국에게 분열된 내부를 하나로 통합하기 위한—베네딕트 앤더슨의 표현대로 정치적·문화적 차이를 초월한 일종의 '상

---

색하며 새로운 외교 정책을 그리기 시작한 유고슬라비아의 외교관과 정치인들은 "평화적이고 적극적인 공존(peaceful and active coexistence)"을 말하기 시작했다. Jürgen Dinkel, op. cit., pp. 84~87.

352 미국과 영국은 "정치적 중립(political neutrality)", "중립주의자(neutralists)", "중립국(neutrals)", "비동맹국(non- aligned nations)" 등으로, 서독은 "중립국(Neutrale, neutrals)", "비블록(Blocklose, non-bloc)", "블록-프리(Blockfreie, bloc- free)" 등으로 불렀다. 소련에서는 "중립 정책(Politika Nejtraliteta, policy of neutralism)", "중립주의(Nejtralizm, neutralism)", "정치적 중립주의 및 공격적인 전쟁 블록에 참여하지 않는 정책(politiki nejtraliteta i nečastija v agressivnych voennych blokach; policy of neutralism and non-participation in aggressive warring blocs)", "적극적 중립주의와 비동맹 정책(politiku pozitivnogo nejtraliteta i neprisoedinenija k blokam v meždunarodnych otnošenijach; policy of positive neutralism and non-alignment)", "중립 정부(nejtralistskich gosudarstv; neutral governments)" 등으로 지칭됐다. Jürgen Dinkel, op. cit., pp. 87~88.

상의 공동체'를 가능케 하는—통합의 이데올로기로서 효과가 있었다.[353] 나아가 국제적 차원에서도 탈식민 신생 약소국들에게 중립·비동맹은 양대 진영으로부터 이익을 취하는 데도 도움이 되었다. 일례로 네루는 자신의 외교 정책을 설명하면서 "모든 계란을 한 바구니에 담는 것은 현명한 정책이 아니"라며 "순전히 기회주의의 관점에서민 본다면, (…) 독립적인 정책이 가장 좋다"라고 말하기도 했다.[354]

이처럼 1950년대 중후반 반둥회의를 계기로 지구적 냉전의 새로운 국제정치의 행위자로 중립·비동맹을 지향하는 다수의 국가들이 출현했다. 물론 오스트리아가 항구중립화를 선언하고 독립을 실현했던 것처럼 오래된 스위스식 형태의 중립국도 만들어지고 있었다. 비록 중립의 내용과 성격은 다양했으나, 분명한 것은 1950년대 후반 중립의 물결은 이제 거스를 수 없는 대세가 되었다는 것이다.

남한 정부는 1950년대 출현한 탈식민 평화와 중립의 물결에 대하여 비판적이었다. 평화와 중립은 공산 세력을 이롭게 하는 자유 진영에 대한 평화공세이자 중립공세일 뿐이었다. 일부 국회의원은 약소민족으로서 남한과 중립화 독립을 이룬 오스트리아를 동일시하기도 했지만, 반식민조차 일본을 경유함으로써 친공의 논리로 받아들여졌다. 반면 북한은 정부수립 이전부터 주목해온 평화와 민족해방운동의 시각에서 1954년 커져가는 탈식민과 평화에 적극적인 지지와 연대를 보냈다. 북한 지도부는 제네바회의 결과와 중국·인도, 중국·버마의 관계개선, 콜롬보 국가들의 주도하에 열린 반둥회의 등을 지지하며 공명했다.

---

**353** Jürgen Dinkel, op. cit., p. 89.

**354** ibid., p. 93.

상반된 인식과 대응을 보인 남북한은 평화와 중립이 만드는 효과를 평가할 때는 '대칭적 유사성'을 보였다. 남북한은 평화와 중립이 낳는 효과가 자신의 진영에 유리한지 불리한지를 따졌다. 반둥회의와 오스트리아 중립화 독립은 자본주의 진영에서, 헝가리와 유고슬라비아가 표방한 중립외교는 사회주의 진영에서 발원했다. 따라서 북한은 냉전의 반대편에서 발생한 반둥회의와 오스트리아 중립화 독립은 미국을 공격하는 효과를 낳기 때문에 환영하면서도, 사회주의 헝가리와 유고슬라비아에서 출현한 중립은 자신의 진영을 약화하기 때문에 반(反)혁명이자 수정주의로 규정하며 비난했다. '대칭적'으로 남한은 사회주의 헝가리의 중립은 반소(反蘇)이자 반공(反共)이라며 환영했으나, 자본주의 국가들이 대다수 참여한 반둥회의와 자본주의 오스트리아의 중립화 독립은 자유 진영을 약화한다며 비난했다. 이처럼 남북한 모두 냉전의 반대 진영에서 발원하는 중립은, 적대적인 반대편을 공격하여 자신의 진영을 강화하는 효과를 낳는다고 보았다.

이처럼 1950년대 탈식민·탈냉전 평화를 지향하며 지구적으로 출현한 중립의 물결은, 냉전의 최전선에 위치한 분단된 한반도에 도달하자마자 강력한 양극적 원심력에 의해 산산히 부서졌다.

# 제2부

## 냉전의 진영 너머로 —1950년대 중반~1960년대 후반

캄캄한 밤을 찢어 던지고

우리 아프리카가 일떠선다.

온 세계 신문 지상에서

아프리카 너는 날마다 새 소식을 알리누나.

머리를 들어 사방을 둘러보라,

이 대륙의 북방으로부터 남방에 이르기까지 서쪽에서 동쪽까지…

아, 도처에서

포 소리 우릉우릉 울리고 있어라.

우리의 대지가

깊은 잠 속에서 깨여나누나.

새 나라가 련이어 태여나거늘

인민들은 미처

국가와 국기를 마련하기 바쁘구나.

그들은 아프리카를,

《검은 대륙》을

그 모습 바꾸게 하누나.

우리 사업 위대하고 끝 없어라.

지금 2억만 사람들이,
2억만 아프리카 사람들이,
자기 운명을 틀어쥐고 일어났다.
어제날 여기 아프리카에
붉은 피로 강물을 이루게 한 그 사람들이 일떠섰다.
원쑤들이 그 어떤 꿍꿍이 수를 꾸민다 할지라도
아프리카의 발걸음을 멈추지 못하리.
식민주의자들의 감옥이 오늘의 대학으로 변하였거늘,
자유를 위해 싸우는 단련된 영웅적인 전사를
이제부터 력사 무대에 올랐거늘…
그들 붉은 전사들이
모든 사람으로 하여금
눈을 크게 뜨고 아프리카를 바라보게 하리라,
오늘 아프리카는
우리의 20세기를 바라보게 하리라,
오늘 아프리카는 우리의 20세기를 따라 잡았노라.

―브. 트. 무르(라이베리아) 지음, 홍광 옮김, 「새 아프리카」,
『로동신문』 1964. 11. 17.

제1부에서 살펴본대로, 1950년대 초중반 탈식민·탈냉전 평화를 지향하는 중립의 물결이 지구적으로 출현하고 있었다. 특히 1955년 반둥회의를 계기로 아시아·아프리카 국가들이 '세계정치의 새로운 행위자'[01]로 등장함으로써, 그야말로 지구적 냉전이 전개되기 시작했다. 이러한 상황에서 남북한도 양대 진영 바깥에 서려는 국가들과 대외관계 개선에 나서기 시작했다. 북한은 상이한 사회 제도를 가진 비(非)사회주의 국가에, 남한은 비공산주의 중립국에 진출했다. 공교롭게도 남북한이 정부 차원의 공식 사절단을 진영 너머 국가에 파견한 시점은 1957년이었다. 이에 3장에서는 1957년을 기점으로 남북한이 냉전의 진영 너머로 진출했을 때 이들은 무엇을 발견하고 어떠한 활동을 전개했는지 살펴보고자 한다.

4장에서는 1960년 전후부터 급증하는 아프리카 신생국을 향한 남북한의

---

[01] 로트의 표현에서 가져왔다. 빌프리트 로트, 「1부 국가와 권력관계의 변화: 3. 세계 정치의 새로운 행위자」, 이리에 아키라 책임 편집, 이동기·조행복·전지현 옮김, 『하버드 C. H. 베크 세계사: 1945 이후—서로 의존하는 세계』, 민음사, 2018.

외교경쟁이 본격화했으므로, 당시 남북한의 아프리카 방문·초청외교의 양상을 정리할 것이다. 특히 한반도 유일 합법정부를 내세우며 상대를 인정하지 않았던 남북한 정부는 진영 너머의 외교를 전개하는 과정에서 관련 국제회의나 아시아·아프리카 현지에서 서로 마주해야 하는 상황이 발생했다. 이때 대외적으로 발생하는 '투 코리아(Two Korea: '두 개의 한국'[남한], '두 개 조선'[북한])' 문제에 대한 남북한의 대응도 다루고자 한다.

5장에서는 1960년대 초중반 중립·비동맹 관련한 국제회의의 전개 양상을 정리함과 동시에, 이를 둘러싼 남북한의 외교경쟁도 살펴보고자 한다. 제2차 아시아·아프리카회의가 여러 번 준비회의를 거쳤음에도 개최되지 못하는 상황에서, 비동맹회의가 두 차례 열렸다. 두 종류의 회의를 중심으로 아시아·아프리카 국가들은 분열하고 충돌했는데, 그 역사적 과정을 최대한 복원하고자 한다. 동시에 이 시기 중립·비동맹 관련 국제회의를 둘러싸고 전개되었던 남북한의 외교경쟁도 정리했다. 특히 1964년 제네바에서 열린 아시아·아프리카 경제회의에 남북한 모두 참석했는데, 이는 1954년 열린 한반도 문제에 관한 제네바회의로부터 10년 만이었다. 남북한이 1964년 제네바에서 열린 경제회의에서 전개했던 외교경쟁의 역사를 처음으로 소개하고자 한다.

또한 제2부에서는 남북한의 중립·비동맹을 둘러싼 외교경쟁을 다루면서 발전의 문제도 함께 살펴보고자 한다. 1960년을 전후하여 아시아·아프리카 지역의 '정치적' 식민지는 점차 사라지고 있었으나, 경제적 종속이라는 새로운 식민주의(신식민주의) 문제가 발생했다. 즉 1960년을 전후하여 탈식민이 확산하면서 정치적으로 식민지배를 받는 국가는 급격히 감소했으나, 이들 신생국 대다수는 가난한 약소국으로 과거 지배 모국에 경제적으로 의존해야 했다.[02] 이

---

02  1960년 전후 아프리카 지역에서 진행된 "탈식민화는 비교적 평화롭게 진행"됐다. 그런데 이

제 '발전/개발(development)'[03]은 지구적 냉전질서의 형성에 주요한 문제였다.

1950년대 후반부터 미국의 사회과학자들을 중심으로 저개발 국가들이 미국식 자본주의 발전 모델에 따라 단계를 밟아 나간다면 누구나 발전할 수 있다는 근대화론(Modernization Theory)이 등장했다.[04] 미국의 근대화론처럼 소련도 "'발전'은 이제 모든 이에게 열려" 있다면서도, "외세의 착취만 없다면 제3세계의 생산력은" 발전할 수 있다고 선전했다.[05] 1960~1966년 동안 중국도 "적극적인 제3세계 정책"을 펼치면서 "'인민'의 창조적 힘"을 통해 "기술의 미숙함을" "극복할 수 있다는 마오주의의 주의주의(主意主義)"를 "발전 모델"로서 제시했다.[06]

---

는 영국과 프랑스가 '진정한' 탈식민화를 추구했다기보다는, "영국은 자국의 이익을 기꺼이 보호해줄 중산층에게 권력을 이양하고자" 하는, 즉 "새로운 형태의 간접통치 방식"을 구축하고자 했으며, "프랑스령 서아프리카와 적도 아프리카에서도 비슷한 상황이 벌어졌다." 리처드 리드는 "1960년대 초에 벌어진" 아프리카에서의 "정치적인 현실은 과거 제국들의 '신식민주의'를 향한 의지를 적나라하게" 보여준다고 평가했다. 리처드 J. 리드 지음, 이석호 옮김, 『현대 아프리카의 역사』, 삼천리, 2013, 536쪽.

03 영어 디벨롭먼트(development)는 우리말로 개발 또는 발전으로 번역된다. 개발은 주로 자연상태의 것을 가공하여 변화시키는 외형적·물질적인 차원을, 발전은 물리적 변화뿐 아니라 사회문화적 변화까지 포괄하는 의미를 갖는다. 즉 "개발과 발전은 상호 교집합이 크게 형성되지만 후자가 전자를 포용하는 좀 더 포괄적인 개념으로 이해된다." 김태균, 「국제개발에서 사회발전으로—한국 사회의 국제개발 정책에 대한 비판적 고찰과 사회발전론의 재조명」, 『경제와사회』, 109, 2016, 234쪽. 냉전기 발전 개념의 변화 과정을 다룬 연구로 다음을 참고. 질베르 리스트 지음, 신해경 옮김, 『발전은 영원할 것이라는 환상—우리시대의 신앙이 되어버린 '발전'에 관한 인문학적 성찰』, 봄날의책, 2013.

04 미국 학계와 정부에서 근대화론이 등장하는 맥락과 남한에 적용되고 변형되는 과정은 다음 책들을 참고할 것. 마이클 레이섬 지음, 권혁은·김도민·류기현·신재준·정무용·최혜린 옮김, 『근대화라는 이데올로기』, 그린비, 2021; 홍정완, 『한국 사회과학의 기원』, 역사비평사, 2021.

05 오드 아르네 베스타 지음, 옥창준 외 옮김, 『냉전의 지구사—미국과 소련 그리고 제3세계』, 에코리브르, 2020, 279쪽.

06 위의 책, 272쪽.

1961년 가난한 신생국들이 다수 참여하여 창립된 비동맹회의 최종선언문에는 "식민지주의-제국주의와" 함께 "신식민주의(neo-colonialism)의 지배" 문제도 포함됐다.[07] 1964년에는 유엔에서 신생 저개발국들이 주도하는 유엔무역개발회의(UNCTAD)가 만들어졌으며, 이때 출범한 '77그룹'은 이후 "제3세계를 위한 경제 압력단체"의 역할을 했다. 1966년 1월 열린 아시아·아프리카·라틴아메리카의 '3대륙인민연대회의'에서도 "산업국들에 대한 탈식민 국가들의 경제 종속이 지속되는 문제"가 논의됐다.[08]

이러한 1960년대 지구적 냉전과 발전의 문제는 고스란히 한반도에도 투영됐다. 신생국이자 전쟁으로 폐허가 된 남북한은 경제발전이 필요했을 뿐 아니라 휴전선을 맞대고 있는 상대보다 더 빨라야 했다. 특히 남북한이 진영 너머의 가난한 신생국들과 만났을 때, 경제적 지원을 얼마나 해줄 수 있느냐와 어떠한 경제발전의 방법론을 제시할 수 있는지는 중요한 문제였다. 무엇보다, 남북한 스스로 그러한 경제발전의 '사례'이기도 했다.

---

07  Bandaranaike Centre for International Studies, *non-aligned conferences: basic documents 1961~1975*, GUNARATNE & CO. LTD., 1976, pp. 11~16; 국회도서관입법조사국, 『제3세계 관계 자료집』(입법참고자료 제205호), 1978, 95쪽.
08  빌프리트 로트, 앞의 책, 138쪽.

## 3장
# 첫걸음(1957)

## 1. 북한의 비(非)사회주의 국가 외교

　북한 지도부는 6·25전쟁 이전부터 세계평화운동에 참여하며 사회주의 이외의 국가에서 열리는 국제회의에 제한적이지만 참석했다.[09] 그리고 1955년 반둥회의 전후부터 민간 차원에서 열리는 아시아 지역 국제회의에 적극 참가함으로써, 그곳에서 진영 외부의 인사들과 만나기도 했다. 특히 북한 지도부가 가장 적극적으로 관계개선에 나선 비사회주의 국가는 아시아에서 중립과 평화를 주도한 인도였다.

　1948년 정부수립 전후부터 6·25전쟁 때까지 북한 지도부는 네루 수상의 인도 정부에 상당히 비판적이었다. 이 시기 『로동신문』에는 네루 정부가 국내 공산당과 인민들의 투쟁을 탄압하고 있다는 소식이 자주 실렸다.[10] 조선로동당

---

09　북한의 6·25전쟁 이전 평화운동 전개 양상은 다음 논문을 참조할 것. 정용욱, 「6·25전쟁 이전 북한의 평화운동」, 『역사비평』, 106, 2014.

10　일례로 다음 기사를 참고할 것. 「인도 네-루 정부의 반동 조치」, 『로동신문』 1951. 7. 14; 「인도 지배층은 월가의 주구이다」, 『로동신문』 1952. 12. 15.

기관잡지 『근로자』에는 인도에서 앙양되는 민족해방운동을 지도하는 노동계급을 탄압하는 인물로 네루가 직접 언급됐다.[11]

그런데 한반도 정전에 이르는 과정에서 중립국 인도의 활동을 계기로 네루와 인도 정부에 대한 북한 지도부의 인식도 변화하기 시작했다. 1953년 5월 31일, 『로동신문』은 인도 수상 네루가 6·25전쟁 종식을 요구했다고 보도했다.[12] 특히 송환 거부 포로 문제를 해결하기 위해 '중립국송환위원회' 의장 자격으로 한반도에 파견된 인도 대표단과 북한 지도부가 직접 접촉했던 기간은 "양국 간 친선관계의 발전에 중요한 계기"였다.[13] 2장에서 살펴봤듯이, 중립국송환위원회 소속 인도인들이 직접 평양을 방문한 적도 있었다. 1954년 제네바회의와 관련하여 『로동신문』에는 미국을 규탄하는 인도의 주장이 자주 소개됐다.[14] 1955년 10월 27일, 김일성 수상은 인도 기자의 질문에, "식민주의를 반대하며 민족적 독립을 위한 인도 인민의 투쟁의 탁월한 지도자로서 또한 평화 위업을 위한 열렬한 투사로서의" "네루 씨의 활동"에 대해 "깊은 감명과 존경을 가지게" 됐다고 말하기도 했다.[15]

1956년 4월 23일부터 29일까지 진행된 제3차 조선로동당대회에서 김일성 수상은 지난 8년 간의 국제정세를 설명하고 앞으로 북한이 나아갈 방향을 제시했다. 그는 먼저 2개월 전 열린 소련공산당 제20차 당대회를 언급했다. 흐루쇼프가 주장한 '평화공존론'이 세계 인민들의 열렬한 지지를 받으며, 세계평화

---

11 리문일, 「미제의 침략을 반대하는 극동 인민늘의 투쟁」, 『근로사』 10호, 1950. 5. 31(국사편찬위원회 편, 『북한관계사료집 55』, 2007, 333~339쪽).
12 『로동신문』 1953. 3. 31.
13 『조선중앙년감(1957년판)』, 74쪽.
14 『로동신문』 1953. 8. 21; 11. 14; 1954. 6. 24.
15 『로동신문』 1955. 10. 28.

옹호운동이 더욱 광범하게 앙양되고 있었다. 특히 사회주의 국가들이 "상이한 사회경제 체제의 평화적 공존가능성"에서 출발하여 "평등과 내정 불간섭" 원칙 하에 "모든 나라들"과 "정치·경제·문화적 협조를 강화"하고 있다고 보았다. 최근 사회주의 진영의 두 거두인 소련·중국이 인도, 버마 등과 친선관계를 맺은 것뿐 아니라 1955년 열린 반둥 회의도 중국의 "유명한 5개 원칙에 입각"해 있다고 설명했다.[16] 이러한 국제정세 변화에 따라, 김일성은 향후 북한이 나아갈 외교 방향을 다음과 같이 제시했다.

우리 당은 앞으로 세계의 공고한 평화와 안전을 위한 투쟁에 계속 적극적으로 참가할 것이며 소련과 중화인민공화국을 비롯한 기타 인민민주주의 제 국가들과의 형제적 친선 단결을 눈동자와 같이 고수하며 정치·경제·문화적 협조를 더욱 강화하여야 하겠습니다. 동시에 **상이한 사회 제도를 가진 나라들의 평화적 공존**에 대한 레닌적 원칙을 견지하며 자주권의 호상 존중과 평등권에 입각하여 세계의 모든 평화애호 국가들과의 정치적 및 실무적 연계를 맺기 위하여 노력하여야 하겠습니다. 특히 아세아에 대한 미 제국주의의 침략과 일본 군국주의의 재생을 견결히 반대하여 투쟁할 것이며 식민주의를 반대하는 아세아 인민들의 공동 투쟁을 강화하기 위하여 **인도, 비르마(버마), 인도네시아, 일본** 인민들과의 친선과 협조를 강화하며 기타 아세아 인민들의 식민지 민족해방투쟁을 적극 지지 성원하여야 하겠습니다.[17] (밑줄 및 강조—인용자)

---

16  김일성, 「조선로동당 제3차대회에서 진술한 중앙위원회 사업 총결 보고—1956년 4월 23일」, 김준엽 편, 『북한연구자료집 2』, 고려대학교 아세아문제연구소, 1974, 683~684쪽.
17  위의 글, 684쪽.

김일성은 '상이한 사회 제도를 가진 나라들과 평화적 공존'이라는 레닌적 원칙과 함께 '자주권의 호상 존중과 평등권'에 입각하여 모든 '평화애호 국가들'과 관계개선에 나서겠다고 밝혔다. 특히 아시아 식민지 민족해방투쟁을 적극 지지 성원하는 방법으로, 북한이 '인도·버마·인도네시아·일본'과 친선 협조를 강화해야 한다고 강조했다. 물론 그는 "형제적 친선 단결을 눈동자와 같이 고수"한다는 사회주의 진영의 강화를 먼저 제시했다. 그럼에도 1948년 제2차 당대회 시기 사회주의 진영외교만 제시했던 김일성의 발언에 비하면 상당히 유연해진 것이었다.

실제 1956년 4월 당대회 직후, 북한 지도부는 김일성이 언급한 인도·인도네시아와 인적 교류에 나섰다. 1956년 6월과 8월에 두 차례 인도 기자단이 북한을 방문했으며, 하반기에는 북한의 작가대표단과 조선불교대표단이 인도를 방문했다. 1956년 12월 25일, 인도 델리에는 '인도-조선 문화협회'가 창립됐으며, 이듬해 5월 8일에는 '조선-인도 문화협회' 창립대회가 평양 모란봉극장에서 열렸다.[18] 1956년 5월 인도네시아 반둥에서 개최된 "아시아·아프리카 학생대회에 북한의 학생대표단이 참가했고, 같은 시기 인도네시아 노동조합 대표단이 북한을 방문"했으며, 1956년 10월 "인도네시아 국회의원들이 북한을 방문"했다.[19]

1957년부터, 북한은 아시아 비사회주의 국가들과 통상관계 구축에도 나섰다. 당시 북한은 경제발전 5개년계획 수립을 위하여 소련·중국의 지원이 절실

---

18 창립대회에서는 조선평화옹호전국민족위원회 위원장 헌설야 작가의 보고를 시작으로 조선기자동맹 전국위원회 위원장 하일, 무용가 최승희, 불교도 백만호가 축하연설을 했다. 대회에서는 조선-인도 문화협회 규약을 채택한 후 위원장 한설야, 부위원장 서만일, 김해진 및 서기장 홍경석을 포함한 19명의 위원들이 선출되었다. 정규섭, 『북한 외교의 어제와 오늘』, 일신사, 1997, 50~51쪽; 『로동신문』 1957. 1. 3; 5. 9.

19 정규섭, 앞의 책, 51쪽.

했지만, 이들과의 무역협정 체결과 실행에 어려움을 겪고 있었다.[20] 1957년 초 북한과 중국의 관계는 1956년 8월 있었던 전원회의 사건의 여파로 여전히 '미지근한 상태'였으며, 이듬해 1월에 진행된 양측의 무역협정 회담에서는 북한의 식량 요구량이 충족되지 못했다. 또한 북한은 소련과 1957년 초 무역협정을 체결했음에도 1958년부터 실행해야 하는 5개년계획 수립을 위하여 더 많은 지원을 요청했다. 그런데 소련 지도부는 북한의 경제계획에 대해 "비현실적이고 그 속도가 너무 빠르"다며 비판적이었다.[21]

이처럼 북한이 소련·중국과 무역협정 체결 및 실행에 어려움을 겪는 상황에서, 1957년 처음으로 북한 정부 관계자가 포함된 무역대표단이 비사회주의 국가인 인도네시아·인도·버마에 파견됐다.[22] 먼저 4월 중순, 상업성 부상 김최선을 단장으로 하는 조선국제무역촉진위원회(the DPRK Association for International Trade) 대표단이 평양을 떠나 인도네시아로 향했다.[23] 5월 7일, 대표단은 인도네시아 "자카르타에 체류하면서 조선-인도네시아 량국 간의 통상관계 수립을 위한"

---

20  션즈화 지음, 김동길·김민철·김규범 옮김, 『최후의 천조―모택동 김일성 시대의 중국과 북한』, 선인, 2017, 532쪽.
21  이는 미코얀이 소련공산당 정치국회의에서 한 발언이라고 한다. 위의 책, 548~549쪽.
22  대표단 명칭에 '최고인민회의 대표단' '정부친선대표단' '조선로동당대표단' 같은 당과 정부 기관의 명칭이 붙는다면 그 대표단의 위상은 상당히 높다고 볼 수 있다. 다음으로 당과 정부 기관의 공식 명칭은 없으나 정부 관료가 포함된 경제 및 통상대표단도 급이 높은 편이다. 이 경우 보통 무역성과 재정성 부상 및 부국장 등이 단장으로서 대표단을 이끈다. 마지막으로 민간 대표단 형식을 취하는 '친선대표단'이나 '과학·문화·출판·보도' 대표단 등이 있다. 『조선중앙년감(1965년판)』, 487~490쪽.
23  『로동신문』은 구체적인 출발일자를 언급하지 않았지만, 보도가 조선중앙통신 4월 19일발인 것으로 보아 4월 19일 이전의 중순경으로 생각된다. 김최선은 1957년 12월 이집트 무역대표단이 평양을 방문했을 때 대내외 상업성 부상이라는 직책으로 등장하는 것으로 보아, 4월 시기에도 같은 직책이었을 가능성이 있다. 『로동신문』 1957. 4. 20.

협상을 진행했다.[24] 9일부터 북한 대표단은 경제위원회 위원장 코사시 푸르와네가라를 단장으로 하는 인도네시아 대표단과 통상회담을 시작했고, 15일 양국 간 통상협정이 체결됐다.[25]

5월 16일에는 대내외 상업상 진반수를 단장으로 하는 북한 무역대표단이 인도·버마와 통상관계를 수립하기 위해 평양을 떠났다.[26] 6월 5일, 북한 무역대표단은 인도 상공상 모라르지 데사이와 회담하고 통상관계 설정 문제를 논의했다.[27] 7월 11일자 『로동신문』에는 양국 대표단의 회담이 "만족스럽게 진행되어" "곧 통상협정이 체결될 것"이라는 진반수의 발언이 실렸으나, 사실 협상은 진척이 없었다.[28]

그 이유는 5개월 후 외무성 부상 박성철과 평양 주재 동독 대사가 나눈 대화에서 확인된다.[29] 문제는 양국 협상 주체의 '위상'을 둘러싸고 발생했다. 인도는 정부 차원에서 협상이 진행되더라도, 어떠한 무역협정(trade agreement)도 정부 명의로 서명하기를 거부했다. 즉 북한과의 협상들은 계약을 확립하기 위한 것일 뿐이며, 체결하는 협정도 무역기구(trade organizations)의 서명 수준이어야 한다는 것이었다. 반면 북한 대표단은 양자가 협정에 도달할 때까지는 정부 차원

---

24 『로동신문』 1957. 5. 8.
25 북한은 아연·강철·시멘트·유리·화학비료·견사를 수출하며, 인도네시아는 고무·차·야자유·식물성유·키니비·커피·재목·기타 물품 등을 수출하기로 했다. 『로동신문』 1957. 5. 11; 5. 17.
26 『로동신문』 1957. 5. 17.
27 『로동신문』 1957. 6. 8.
28 『로동신문』 1957. 7. 11.
29 박성철은 앞서 인도네시아 협상보다 인도 협상이 더 힘들게 진행됐다고 회고했다. 「1957년 11월 29일 박성철 외무 차관과 동독 대사 피셔 동지, 그리고 베렌스 동지 간의 회동에 관한 기록」(1957. 12. 10), 윌슨센터 디지털아카이브(https://digitalarchive.wilsoncenter.org/document/110011).

의 협상을 유지해야 한다고 인도에 요구했다. 결국 정부 차원이 아닌 외국 무역(foreign trade)의 회계를 위해 북한이 인도 내에 계좌를 개설하는 방식으로 민간 차원에서 처리하기로 양자 간 합의가 이루어졌다.[30] 1957년 8월 19일, 인도 뉴델리에서 북한 무역대표단과 인도 국영 무역회사는 「양국 간의 무역을 촉진시킬 데 대한 서한」을 교환했다. 이제 북한 국영 무역기관의 대표가 뉴델리에 파견될 것이었다.[31] 이처럼 북한은 인도의 요청에 따라 인도 국영 무역회사와 민간 차원의 협정을 체결했다. 인도가 강경한 입장이었던 이유에 대해, 박성철은 인도가 북한과 무역하는 데는 관심이 있었지만, 미국·서독·영국·일본 등과 협정을 체결한 상태였으므로, 이들 "제국주의 국가들"의 보복이 두려웠기 때문이라고 동독 대사에게 설명했다.[32]

인도 방문을 마친 진반수 무역대표단은 버마로 향했다. 10월 2일, 북한 대표단은 버마의 '연방무역발전성'과 「양국 간의 무역을 촉진시킬 데 대한 서한」을 교환했으며, "경제교류를 촉진하기 위하여 쌍방이 무역대표를 호상 상대국 수도에 주재"시키기로 했다.[33] 이는 앞서 무역회사를 설치하기로 한 인도와 달리 무역대표부에 합의한 것으로, 양국 외교관계의 상당한 진전을 의미했다.

1957년에는 비사회주의 국가인 이집트의 무역대표부가 평양을 직접 방문했다. 이집트는 1955년 반둥회의와 1956년 수에즈전쟁을 거치며 아랍 세계의 리더로 부상하여, 중동 지역에서 그 정치외교적 위상이 상당히 높았다. 12월 6일, 이집트 상업성 무역차관보 모스타파 칼리파를 단장으로 18명의 정부 무역

---

30  위의 자료.
31  『로동신문』 1957. 8. 25.
32  「1957년 11월 29일 박성철 외무 차관과 동독 대사 피셔 동지, 그리고 베렌스 동지 간의 회동에 관한 기록」(1957. 12. 10), 윌슨센터, 앞의 자료.
33  『로동신문』 1957. 10. 8.

**이집트 무역대표단장을 접견하는 김일성 수상** 『로동신문』 1957. 12. 10.

대표단이 평양을 방문했다. 북한 대내외 상업성 부상 김최선과 외무성 제2부장 양영순 등이 평양역 앞에서 이들을 직접 맞았다.[34] 그리고 9일, 김일성은 이집트 정부 무역대표단장을 접견했다.

김일성은 단장에게 "평화를 고수하며 식민주의를 반대하는 투쟁에서 양국 인민들의 친선이 보다 강화될 데 대하여서와 동 대표단의 사업에서 성과가 있기를 축원"한다고 말했다. 이에 단장은 이집트 "인민들이 식민주의 침략자들을 반대하여 투쟁하던 가장 준엄한 시기에 조선 인민이 보내 준 지극한 동정과 지지는 조선 인민의 따뜻한 우정의 표징"이었다며 감사를 표했다. 이는 1956년 수에즈전쟁 당시, 북한이 이집트를 지지하며 "영불의 무력침략을 반대하는" 성명을 발표한 데 대한 감사의 표시였을 것이다.[35] 12월 10일, 평양에서 양국 정부 간에 무역협정 및 지불협정이 조인됐다.[36]

---

34 『로동신문』 1957. 12. 7.
35 『로동신문』 1957. 12. 10; 정규섭, 앞의 책, 51쪽.
36 협정에 따라 북한은 각종 "강재, 전기 연, 전기 아연, 류안 비료, 카바이드, 흑연, 마그네샤크링카, 산화연, 나후타링, 옥수수 콘스타치, 건어 및 염장어, 어간유, 호쁘, 인삼, 견직물 및 기타

이처럼 1957년 동안 북한 지도부는 상이한 사회 제도를 가진 비사회주의 4개국들과 통상관계를 설정했다. 이러한 외교적 성과를 두고 『로동신문』은 "정치 사회 제도의 여하를 불문하고 모든 나라들과 평화적 공존 정책에 립각하여 친선 협조관계를 설정 발전시키려는" "정부의 시종일관한 평화애호적 대외 정책이 거둔 또 하나의 결실"이었다고 평기했다. 나아가 앞으로 반둥회의가 표방한 "평화적 공존의 5개 원칙에 기초하여" "기타 아세아의 모든 나라들과도" "친선 협조관계"를 수립하겠다고 밝혔다.[37]

『로동신문』에는 북한과 비사회주의 4개국의 공통점으로 '식민경험'이 언급되기도 했다. 즉 4개국 모두 식민주의 기반(羈絆)으로부터 해방되어 독자적 발전의 길에 들어섰는데, 이러한 신생국들을 서방 제국주의자들이 경제적으로 예속화하려고 한다는 것이었다. 특히 북한과 비사회주의 국가들의 관계개선은 한반도 분단의 평화적 해결에도 도움이 된다고 보았다.[38]

이처럼 1957년을 기점으로 북한과 '비사회주의 국가들' 간의 방문 및 초청 횟수는 급증했다. 북한의 공식 연대기 문헌인 『조선중앙년감(1958년판)』에 따르면, 북한 대표단들이 "아세아 및 아프리카"의 "비사회주의 국가들"을 방문한 횟수는 "1956년 4차에 걸쳐 13명이었다면 1957년에는 9차에 걸쳐 29명에 달하였다."[39] 또한 1983년 간행된 북한 문헌에 따르면 "1957년 한 해 동안" 북한에

---

제품" 등을, 이집트는 "조면, 면사, 면직물, 인견사, 인견 봉사, 인견 직물, 염료, 향료, 양모 직물, 피혁, 피혁 제품, 린회석, 망강, 석고 및 기타 제품들" 등을 상대국에 납입하기로 했다. 『로동신문』 1957. 12. 11.

37 『로동신문』 1957. 5. 17; 8. 25; 10. 8; 12. 11.
38 『로동신문』 1958. 9. 6.
39 북한 정부가 추구하는 평화애호적인 대외 정책이 사회주의 진영 이외의 아시아·아프리카 국가들과의 경제적·문화적 관계를 강화하고 있으며, 이는 현재의 "조선 문제의 평화적 해결의 촉진"에도 크게 "기여"하고 있다고 서술됐다. 『조선중앙년감(1958년판)』, 94쪽.

"온 대표단은 55차에 걸쳐 296명에" 달했으며, "1957년에" 북한 "대표단의 아세아, 아프리카 나라 방문은 1956년에 비하여 배 이상" 증가했다고 한다.[40]

1958년 1월 11일, 박성철 외무성 부상은 지난해 북한이 비사회주의 국가들과 체결한 협정에 대해 "대외 정책 분야에서 우리와 친선관계의 유지를 희망하는 세계의 모든 나라들과 관계를 정상화하며 경제 문화적 교류와 실무적 련계를 강화하기" 위한 노력의 결과물이라고 평가했다.[41]

## 2. 남한의 중립국 외교

1955년까지 이승만 정부는 지구적으로 출현하는 중립과 평화를 '공세'라고 규정하고, 반공 자유 진영의 단결을 호소했다. 남한 언론도 정부와 비슷한 견해였으나, 일부 논설에는 중립 노선을 취하는 국가들에 대한 적극적인 외교가 필요하다는 주장이 등장하기 시작했다. 1955년 10월, 야당 성향의 『동아일보』에는 주요한의 「외교진의 강화 급무」라는 칼럼이 실렸다. 주요한은 "원칙적으로" 진영을 넘어 "비공산 국가와 전부 외교관계를 수립"하자고 주장했다. 특히 그는 이 시기 우리의 대(對)유엔 외교에 적신호가 켜졌음을 강조했다. 지난해 (1954년) 12월에 열린 제9차 유엔총회의 한반도 문제 관련 표결에서, 반대와 기

---

40 박태호, 『조선민주주의인민공화국 대외관계사 1』, 사회과학출판사, 1985, 236~237쪽.
41 또한 박성철은 1957년 11월 열린 제12차 유엔총회에서 "절대 다수의 아세아, 아프리가 나리 대표들이" 북한 "대표를 조선 문제의 토의에 참가시킬 데 대한 인도의 제안을 지지하였으며 또한 수많은 아세아, 아프리카 나라들이 미국의 침략적 결의안을 지지하지 않은 사실만"으로도 북한 정부의 "평화애호적 대외 정책의 정당성이 광범한 아세아, 아프리카" 국가들의 "리해와 지지를 받게 되였"음이 "그대로 확증"됐다고 주장했다. 박성철, 「공화국 정부의 대외 정책의 기초」, 『로동신문』 1958. 1. 11.

권표를 던진 국가들이 제8차 총회 때 5개국보다 4개국 더 늘어난 9개국이었다. 또한 그는 1955년 9월에 열린 제10차 유엔총회에서 알제리 문제가 상정되는 과정을 언급했다. 자유 진영의 강대국 프랑스는 유엔총회에 식민지 알제리 문제가 상정되는 것을 반대했으나, 다수 여론에 밀려 채택된 것이었다. 이것을 두고 그는 유엔총회 결의안은 강대국이든 약소국이든 모두 1국가 1표를 가지는 다수결에 따라야 한다는 사실을 강조했다.[42]

따라서 그는 유엔 외교에서는 아시아·중동 지역의 약소국들이 주도하는 세계 여론의 향방이 중요하므로, 세계 각지에 우리 상주 대표단을 더 많이 설치하여 우리의 주장을 적극 알리는 "공작"의 필요성을 제기했다. 물론 이러한 '공작외교'도 기본적으로는 자유 진영 강화라는 이승만 정부의 입장과 동일했다. 다만 그는 "공산 측의 '평화 선전'은 한국 문제에 있어서도 집요하게 계속" 되고 있어, "이러한 선전 공세가 자칫 잘못하면 인도 계열의 소위 중립 노선국의 여론에 영향을 미칠 가능성"을 우려했다. 특히 그는 "인도, 애급(이집트) 기타의 소위 아랍·아시아 블럭은 종래의 단순한 중립 노선"에 따라 냉전에 "초월"하여 "표를 던"졌으나, "반둥회의 이래로 반식민주의"가 강화되어 "알제리·뉴기니아·사이프러스 등의 문제에서 의식적으로 반(反)서방적인 표를 던지고" 있다고 파악했다. 나아가 그는 "이러한 정략적 반(反)서방 노선이 한국 문제에 파급될까 염려"했다. 결국 그는 "중립 노선을 배제하고 이를 극복하든가, 적어도 우리에게 불리한 표가 증가되는 것을 예방하기 위해"서라도, "부득이 아랍·아시아 각국에도 공식 또는 비공식의 사절단"을 상주시켜야 한다고 주장했

---

42  또한 그는 소련이 1955년 5월 오스트리아 국가조약에 조인한 것도 다수의 "세계 여론 앞에 굴복한" 것으로 해석했다. 주요한, 「외교진의 강화 급무」, 『동아일보』, 1955. 10. 28.

다.⁴³ 『조선일보』도 반둥회의의 "결과로 즉시 나타난 효능"이 "유엔에서의 아랍·아세아 뿔럭의 행동 강화"라고 언급한 바 있었다.⁴⁴

이처럼 아시아·중동 지역 외교를 강화해야 한다는 목소리가 커지는 상황에서도, 1956년 11월 조정환 외무부장관 서리는 터키·필리핀·서독 같은 자유진영의 해외 공관을 강화하는 예산을 강구하고 있다며 별다른 대응책을 내놓지 않았다. 오히려 이 시기 이승만 정부는 대한민국의 유엔 가입을 위한 서명운동을 대대적으로 전개하고 있었다.⁴⁵ 그리고 제11차 유엔총회가 11월 11일 시작됐다.

1957년 1월 5일, 조정환 장관은 기자들에게 이번 유엔총회에서 남한의 유엔 가입이 가능하리라는 낙관적인 견해를 밝혔다.⁴⁶ 1월 30일, 유엔 특별정치위원회(Special Political Committee)에서 남한의 유엔 가입안이 찬성 45표, 반대 8표, 기권 22표로 통과되었다. 그런데 이전과 달리 22개국이나 기권표를 던졌다는 사실이 남한 사회에 커다란 파장을 일으켰다. 『경향신문』은 기권표 급증의 원인을 "양대 진영 간에서 중립을 유지한다는 외교 노선"에 따른 "아시아·아프리카권 국가들"의 "기권 전술"에서 찾으며, 이승만 정부가 이들에 대한 외교를 강화해야

---

43  『동아일보』 1955. 10. 28.
44  『조선일보』 1955. 12. 27.
45  1956년 진행된 유엔 가입 서명운동 결과, 천만 명이 남한의 유엔 가입을 호소하는 진정서에 서명하여 천만 장의 진정서가 유엔에 제출됐다. 유엔 역사상 가장 많은 양의 서류였기 때문에 주미 남한 대사관에서 유엔 본부에 전달하는 데만 무려 12대 이상의 트럭이 필요했다고 한다. 이 시기 이승만 정부의 적극적인 유엔 가입 시도는 1955년 제10차 유엔총회에서 그동안 가입이 미뤄졌던 아시아·아랍의 16개국이 대거 가입했을 뿐 아니라 일본이 1956년 가입하리라는 전망에 자극을 받았기 때문이었다. 『동아일보』 1956. 9. 11; 12. 22, 1면; 『서울신문』 1956. 12. 12; 류기현, 「1953~1971년 유엔의 한반도 분단 관리 구조의 형성과 전개」, 서울대학교 박사학위논문, 2024, 115~130쪽.
46  『동아일보』 1957. 1. 6.

한다고 주장했다. 또한 사설은 남한이 아시아·아프리카 외교를 전개할 때, 민족주의를 활용해야 한다고 제안했다. 왜냐하면 이들과 우리는 모두 식민지를 경험한 약소민족으로 "동병상련"의 처지에서 "민족자주" 혹은 "치열한 내셔널리즘"을 공유하기 때문이었다.[47]

이후 유엔총회에서 진행된 한반도 문제에 관한 표결에서는 직전(11차)보다 찬성과 기권이 모두 증대하는 현상이 발생했다. 반대와 기권이 6표 증대한 데 비해 찬성표는 13표 늘었기 때문에, 숫자상으로만 보면 남한에게 유리한 결과였다. 그런데 찬성과 기권이 모두 늘어난 이유는 유엔 회원국 숫자가 60개국에서 80개국으로 급증한 데 있었다. 그리고 제10차 총회 당시 찬성표가 44표였기 때문에 13표가 증대했다는 착시 효과가 발생한 것이지, 1953년 제8차 총회의 찬성 55표를 기준으로 하면 20개국이 새로 가입했음에도 2표만 증가한 것이었다. 즉 이번 표결에서도 아시아·중동 지역 신생국들 상당수가 유엔총회의 한반도 문제 표결에서 찬성보다 기권에 더 많은 표를 던진 것이었다(표 1 참조).

이렇게 유엔 외교에 적신호가 켜진 상황에서, 1957년 2월 신문 지상에는 이승만 정부가 "아(亞)·아(阿) 블럭"에 친선사절단을 파견할 거라는 추측성 보도가 등장했다. 조정환 장관은 파견 자체를 부인하지는 않으면서도 "매우 난색한 표정으로" "매우 데리케이트한 문제"라 말하며 구체적인 언급을 피했다. 또한 2월 7일자 『경향신문』에는 이승만 정부의 외교 방침이 "전환"됐다며, 그 근거로 중립국 오스트리아와 남한 정부가 국교수립을 진행하고 있다는 보도가 실렸다.[48] 이에 조정환은 오스트리아와 교섭이 진행 중인 것은 인정하면서도, "공산세력의 자취가 없으므로 국교관계를 수립하게 된 것이지", 우리의 "외교 방침

---

47 『경향신문』 1957. 2. 2; 『동아일보』 1957. 2. 3.
48 『경향신문』 1957. 2. 8.

〈표 1〉 유엔총회에서 한반도 문제 결의안 투표 현황

| 회기 | 표결일 | 회원국수 | 찬성 | 반대 | 기권 | 결석 |
|---|---|---|---|---|---|---|
| 8차 | 1953. 12. 8. | 60 | 55 | 0 | 5 | 0 |
| 9차 | 1954. 12. 11. | 60 | 50 | 5 | 4 | 1 |
| 10차 | 1955. 11. 29. | 60(76) | 44 | 0 | 11 | 5 |
| 11차 | 1957. 1. 11. | 80 | 57 | 8 | 9 | 6 |
| 12차 | 1957. 11. 29. | 82 | 54 | 9 | 16 | 3 |
| 13차 | 1958. 11. 14. | 81(82) | 54 | 9 | 17 | 1 |
| 14차 | 1959. 12. 9. | 82 | 54 | 9 | 17 | 2 |

* 출처: 『한국 외교의 20년』, 외무부 외교연구원, 1967, 부록.

을 변경하여 중립 국가와 국교수립을 진행하는 것은 아니라"고 설명했다.[49]

2월 16일, 조정환 장관의 명확한 입장 발표가 있었다. 그는 "가까운 장래에 중립주의를 표방하는 외국의 국민들과 친하려는 의도를" 갖고 있으며 "민간 외교의 테두리"에서 관계개선을 시도하겠다고 밝혔다. 그리고 "아직 구체적인 계획"은 없으나 "아·아 친선사절"의 파견도 시사했다. 다만 그는 "중립주의 국가의 그릇된 지도자" 및 "표변하는 중립주의 국가"는 외교 대상에서 제외하겠다고 했다. 그러면서 이러한 외교 정책은 "최근 갑자기 수립된 것이" 아니라 "건국 시초부터 세워진 기본방책"이었다고 설명했다.[50] 실제 이승만 대통령은 1948년 7월 취임사에서 대한민국과 친하게 지내려는 국가와는 누구하고도 관계를 맺을 수 있다고 천명한 바 있었다. 그럼에도 이는 원칙론이었을 뿐, 이승만 정부는 커져가는 중립에 내하여 공산 세력을 이롭게 한다고 비판하며 거리를 두었다. 따라서 조정환 외무부장관이 기자들에게 자유 진영 너머의 중립국

---

49 『경향신문』 1957. 2. 3.
50 『동아일보』 1957. 2. 17.

에도 친선사절단을 파견하겠다고 밝힌 것은, 그동안 이승만 정부가 취해온 진영외교라는 외교 방침의 '일대 전환'을 의미하는 것이었다.[51]

1957년 상반기, 외무부는 정부수립 이후 처음으로 자유 진영 너머의 국가들이 존재하는 아시아·아프리카에 정부 친선사절단을 파견했다. 먼저 3월 18일부터 5월 13일까지, 남베트남 공사 최덕신[52]을 단장으로 하는 친선사절단은 아시아 10개국(라오스→캄보디아→싱가포르→말라야[53]→보르네오→인도네시아→실론→파키스탄→버마→태국)을 방문했다.[54] 그런데 1955년 반둥회의를 공동 주최한 5개 콜롬보 국가들 중에서 유독 인도만 빠져 있었다. 이는 이승만 정부에게 인도는 중립국이 아니라 친공 국가로 받아들여졌기 때문이었다. 그리고 5월 1일부터 6월 19일까지, 김정렬 장군을 단장으로 하는 친선사절단이 중동·아프리카 10개국(모로코→튀니지→리비아→레바논→사우디아라비아→수단→에티오피아→이라크→이란→아프가니스탄)을 방문했다.[55]

---

51 『경향신문』도 사절단 파견에 대해 "외교 소식통"을 인용하여 "정부의 외교 방침은 일대 전환점에 도달하였다"고 전했다. 『경향신문』 1957. 2. 8.

52 최덕신은 평안북도 의주에서 태어나 식민지기 광복군에 복무했으며, 6·25전쟁 때 사단장으로 참전했다. 1956년 육군중장으로 예편하여 이후 베트남 공사, 외무부장관, 주서독 대사, 국토통일원 고문, 반공연맹 이사 등을 역임했다. 1981년 평양을 방문하고 1986년 북한에 정착하여 조국평화통일위원회 부위원장 등을 역임했다. 「최덕신」, 한국민족문화대백과사전 (https://encykorea.aks.ac.kr/Article/E0057248).

53 말라야는 1948년부터 1963년까지 존속했던 연방국가로, 1963년 말레이시아로 개명했다. 그리고 1965년에 싱가포르가 이 연방으로부터 독립했다.

54 각국 순방 기간은 다음과 같다. 라오스(3. 18~27), 캄보디아(3. 28~31), 싱가포르(4. 1~3), 말라야(4. 4~8), 보르네오(4. 9~13), 인도네시아(4. 14~17), 실론(4. 18~24), 파키스탄(4. 25~5.2), 버마(5. 3~7), 태국(5. 8~13). 「친선사절단 경과보고서 요지 송부의 건」(1957. 7. 19), 『친선사절단 아주 순방, 1957. 3. 18~5. 13』, 외교사료관, 1997.

55 각국 순방 기간은 다음과 같다. 모로코(5. 1~6), 튀니지(5. 7~10), 리비아(5. 11~14), 레바논(5. 15~17), 사우디아라비아(5. 18~24), 수단(5. 25~26), 에디오피아(5. 27~31), 이라크(6. 1~4), 이란

친선사절단의 순방 목적은 기본적으로 방문국들에게 우호의사를 전달하고, 6·25전쟁에 지원해준 국가들에게는 감사를 표시하는 것이었다. 그리고 방문국들과 향후 외교관계 수립과 통상관계 촉진의 문제를 논의하며, 유엔총회 같은 국제회의에서 한반도 문제 관련하여 지지를 호소하는 것이었다.

순방 이후, 사절단장 최덕신과 김정렬은 이승만 대통령에게 「순방 보고서 요지」를 제출했다. 보고서는 모두 '제1 개요(소감)'와 '제2 일정'으로 작성됐다. 흥미롭게도, 보고서에는 방문지에서의 '식민경험'과 관련된 내용이 포함됐다. 먼저 최덕신은 방문 소감을 총 6개 소제목에 따라 작성했다.[56] 그는 "태국을 제외하고 2차대전이 종결될 때까지 장구한 시일에 걸쳐서" "식민지 상태에" 있었으며, 몇몇 국가는 곧 독립할 예정이라며, 이 국가들의 식민경험에 주목했다. 특히 최덕신은 만나는 인사들이 "일본 점령통치가 최악이라고 혹평할 만큼 대일감정이 나쁘다"고 썼다. "일본 제국주의 통치의" 잔혹한 경험을 잘 저술한 우누 수상의 저서가 "일본이 점령했던 지역에는 모두 통용"되고 있었다.[57] 순방을 마치고 귀국 직후 가진 기자회견(6월 1일)에서도, 최덕신은 "모두 우리나라와 같이 2차대전 후 신생한 국가요 해방된 민족이라 우리나라와 흡사한 여러 점"이 있다고 말했다.[58] 최덕신의 보고서만큼은 아니지만 김정렬도 중동·아프리카

---

(6. 5~11), 아프가니스탄(6. 12~19). 「친선사절단 경과보고서 요지 송부의 건」(1957. 7. 19), 『친선사절단 중동 및 아프리카 순방, 1957. 5. 1~6. 19』, 외교사료관, 1997; 김정렬, 『항공의 경종—김정렬 회고록』, 대희, 2010, 175~178쪽.

56  6개 항목은 다음과 같다. ① 식민통치의 잔재, ② 대일(對日)감정의 악화, ③ 공산주의 위협의 증가, ④ 종교적 결합의 필요성, ⑤ 인도의 지도자적 입장의 쇠퇴 경향, ⑥ 자원의 풍부성과 산업의 미개발.

57  「친선사절단 경과보고서 요지 송부의 건」(1957. 7. 19), 『친선사절단 아주 순방, 1957. 3. 18~5. 13』, 외교사료관, 1997.

58  『동아일보』 1957. 6. 4.

지역을 방문하고 식민 문제와 관련하여 서술했다. 그는 모로코 황제가 양국 간의 구체적인 접촉은 없었지만 "일시적으로 외국인의 지배하에 있었던 점에서 공통"점이 있다고 언급했다는 사실을 보고서에 적었다.[59]

또한 최덕신은 중립주의를 표방하는 국가들을 반공 진영으로 끌어들이기 위해 식민 문제를 활용하자고 제안했다. 그가 보기에, 동남아시아 지역은 중국의 공산 침략과 일본의 침략이 교묘하게 얽혀 있었다. 즉 "저우언라이의 미소(微笑) 및 정책은 학교 공장 기타 여러 사회에 여러 가지 형태로 침투"하는, 즉 공산주의를 부식하는 과정에서 "일본과 교묘하게 협조"하고 있다고 분석했다. 따라서 그는 일본 제국주의의 통치 경험이 있는 동남아 국가들에게 반식민을 내세운다면, 이들을 '반(反)중공'의 '반공'으로 이끌 수 있다고 주장했다.[60]

보고서에는 중립에 대한 이승만 정부의 부정적인 인식과 정책이 전환되어야 한다는 내용도 담겼다. 최덕신은 실론 총리와 면담한 다음 "실론 정부의 중립적 태도가 친선(friendship)을 방해하지 않으며, 우리의 접근은 가능한 빨리 외교관계(diplomatic relations)를 개설해야만 한다"고 보고서에 썼다.[61] 김정렬도 아프리카의 신생국 수단이 취하고 있는 "중립 노선"은 "역사적으로 외국 지배하에 있던 기간"이 길었기 때문이라고 설명했다.[62] 이러한 사절단장의 중립에 대한 인식은 이승만 대통령의 강경하고 부정적인 '중립관(觀)'보다 유연한 것이었다.

---

59 「친선사절단 경과보고서 요지 송부의 건」(1957. 7. 19), 『친선사절단 중동 및 아프리카 순방, 1957. 5. 1~6. 19』, 외교사료관, 1997.
60 「친선사절단 경과보고서 요지 송부의 건」(1957. 7. 19), 『친선사절단 아주 순방, 1957. 3. 18~5. 13』, 외교사료관, 1997.
61 「최덕신 장관의 최근 친선사절단 활동 보고서 요약」(1957. 3~5), 위의 자료.
62 「친선사절단 경과보고서 요지 송부의 건」(1957. 7. 19), 『친선사절단 중동 및 아프리카 순방, 1957. 5. 1~6. 19』, 외교사료관, 1997.

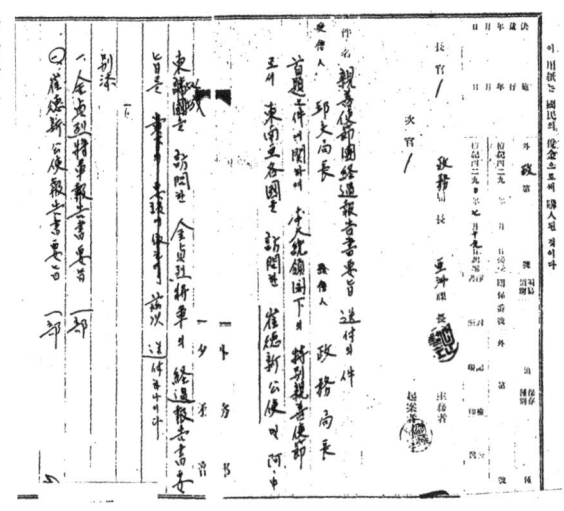

정무국장이 방교국장에게 보내는 「친선사절단 경과보고서 요지 송부의 건」(1957. 7. 19) 『친선사절단 아주 순방, 1957. 3. 18~5. 13』, 외교사료관, 1997.

이처럼 중간 및 최종 보고서에는 중립에 대한 재인식과 중립 노선을 취하는 국가들과도 대외관계를 맺기 위한 노력이 필요하다는 주장이 담겼다. 그런데 외무부 정무국이 이승만 대통령에게 제출한 '보고서 요지'의 '개요'[63]에는 중립 관련한 정책 전환의 필요성은 사라지고, 방문지에서 있었던 이승만 대통령을 "찬양"하는 내용이 상당 부분을 차지했다. 즉 개요에는 "친선사절단은 도처에서 자유애호 국가와 국민의 열광적인 환영을 받았고 그들은 이구동성으로 대통령 각하의 애국심 영도력을" 찬양했으며, "우리 민족"을 "성원" "지지" 하겠다는 약속을 했다는 내용 일색이었다.[64]

이처럼 1957년 중반, 이승만 정부가 중립국이 포함된 아시아·아프리카 20개국에 친선사절단을 파견했음에도, 제12차 유엔총회의 한반도 문제 표결 결

---

63  보고서는 '개요'와 '각국별 요지' 두 부분으로 작성되어 있다.
64  외교사료관, 앞의 자료.

과는 가장 최악이었다. 특히 직전(11차)보다 기권표가 7표나 늘었다.[65] 이러한 표결 결과를 두고, 북한의 외무성 부상 박성철이 "수많은 아세아, 아프리카 나라들이 미국의 침략적 결의안을 지지하지" 않았다고 언급할 정도였다.[66]

1957년 11월 30일, 국회에서 조정환 외무장관은 유엔총회 결과에 대해 "금번의 한국 문제 표결 시에 기권표를 던진 국가는 주로 아·아클럽이며 그들은 공산위협을 절실히 느끼고 있지 않기 때문에 반공 정책에 대한 견해 착오"를 일으켰다고 설명했다. 향후 그는 "아·아클럽에 대한 외교 강화책으로서 친선 사절단 파견뿐만 아니라 외교사절 교환까지도 모색 중"이라고 밝혔다.[67]

12월 12일 국회에서, 유엔총회에 국회대표로 참석했던 자유당 김법린 의원은 한반도 문제 표결에 기권한 16개국이 모두 중립국이라는 사실을 지적하며, 관련하여 우리의 "외교 활동에" "심심한 고려가 있어야" 한다고 주장했다. 특히 그는 "소위 제3세력 중립국가"들이 기권표를 던진 이유를 세 가지로 분석했다. 첫째, 중립국들은 "과거 제국주의 시대 식민지로서의 반감 그것이 상당히" 있다. 둘째, "전후에 있어서 정치적 독립은 했지만 경제적으로 아직도 여러 가지 미비한 점도 있고 해서 될 수 있으면 양다리를 걸고 자기네 문제를 해결"하려고 한다. 셋째, 최근 소련의 스푸트니크 인공위성 발사로 "우리 자유 진영이 공산 진영보다도 뒤떨어지겠다는 그러한 아주 공포 불안감 그런 것이 많이"

---

65  아프리카·중동 사절단장 김정렬은 다음과 같이 회고했다. "대한민국의 건국이 1948년이니까 1957년에는 건국한 지 이미 9년이 경과한 때였다. 하지만 대한민국은 건국 초창기에 3년이라는 긴 세월 동안 한국전쟁이라는 초유의 전쟁을 치르어내지 않으면 안 되었다. 그 전쟁 탓으로 우리나라는 세계 여러 나라들과 광범위한 외교관계를 맺을 수 있는 여유를 갖지 못"했으나 "전쟁 종결 4년 후 전후복구가 어느 정도 이루어지자, 이승만 대통령은 1957년 무렵부터 본격적으로 외교 활동을 펴기 시작"했다. 김정렬, 앞의 책, 161~162쪽.
66  박성철, 「공화국 정부의 대외 정책의 기초」, 『로동신문』 1958. 1. 11.
67  『경향신문』 1957. 12. 1.

있다. 이렇게 그는 기권표 증대 원인을 중립국의 '반식민'과 경제발전을 위한 '양다리' 작전, 그리고 '공산 진영'이 우세한 국제정세 등에서 찾았다.[68]

이처럼 1955년부터 유엔총회에서 진행된 한반도 문제 표결에서의 기권표 증가는 이승만 정부와 남한 사회에 위기로 다가왔다. 이를 타개하기 위하여 이승만 정부는 그동안 중립을 공세로 규정하던 입장에서 변화할 수밖에 없었다. 결국 1957년 처음으로 이승만 정부는 자유 반공 진영 너머의 비(非)공산주의 또는 중립 노선을 취하는 국가들을—비록 중립국 인도를 제외했으나—방문함으로써 중립국 외교를 시작했다.

정리하면, 1957년은 남북한 모두 정부 차원의 대표단을 처음으로 아시아 지역에 파견한 해였다. 진영 너머의 중립을 지향하는 국가들은 북한에게는 상이한 사회 체제를 가진 비사회주의 국가들이었으며, 남한에게는 비공산주의 중립국이었다. 북한 지도부는 비사회주의 국가들과 무역과 문화협정을 체결하는 등 경제협력에 적극적으로 나섰다. 반면 남한 정부는 유엔총회에서 한반도 문제에 대한 기권표 증대를 막기 위해 친선사절단을 파견했다. 적극성에서 차이는 있었으나, 현지를 방문한 남북한 외교관들은 모두 갓 독립한 아시아 국가들에서 '식민경험'의 공통점을 발견하고 이것을 연결고리 삼아 관계개선을 도모했다.

1957년 아시아를 중심으로 시작된 남북한의 진영 너머로의 진출은 이제 아프리카로 향하고 있었다. "캄캄한 밤을 찢어 던지고" "검은 대륙"에서 "새 나라가 튄이어" 탄생하고 있었기 때문이다.[69]

---

68 『제3대 국회 제26회 제58호 정기회의 속기록』(1957. 12. 12)』, 4쪽. 국회회의록 누리집(https://record.assembly.go.kr/, 이하 웹주소는 생략).

69 브. 트. 무르(라이베리아) 지음, 홍광 옮김, 「새 아프리카」, 『로동신문』 1964. 11. 17.

4장

# 새 아프리카와 남북한의 외교경쟁

## 1. 아프리카 신생국의 급증과 남북한의 적극적인 외교(1958~68)

제2차 세계대전 이후 전개된 탈식민화의 물결은 1950년대 후반 아시아를 넘어 아프리카까지 확산됐다. 1957년 아프리카 사하라 이남에서 최초로 가나가 독립한 것을 시작으로[70] 1958년에는 기니가, 그리고 1960년 한 해에만 무려 17개 신생국이 탄생했다.[71] 또한 1960년 12월 14일, 유엔총회는 결의안 제1514(XV)호 「식민지 및 그 인민에 대한 독립 부여에 관한 선언(Declaration on the

---

[70] 월러스틴은 1957년을 "대개 현대 아프리카 정치사에서 하나의 실마리가 되는 시점"으로 꼽았다. 이매뉴얼 월러스틴 지음, 성백용 옮김, 『세계 체제와 아프리카』, 창비, 2019, 14쪽.
[71] 1950년대 아프리카 지역의 독립국은 6개국(1951년 리비아, 1956년 모로코와 튀니지, 수단, 1957년 가나, 1958년 기니)이었다. 그리고 1960년 독립한 아프리카 17개국[말리, 오트볼타, 아이보리코스트(현 코트디부아르), 다호메이(현 베냉), 차드, 가봉, 마다가스카르, 모리타니아, 니제르, 세네갈, 토고, 카메룬, 소말리아, 나이지리아, 콩고인민공화국(브라자빌 콩고, 현 콩고), 콩고민주공화국(레오폴드빌 콩고), 중앙아프리카공화국]은 대부분 사하라 사막 이남에 위치한다. 리처드 J. 리드 지음, 이석호 옮김, 『현대 아프리카의 역사』, 삼천리, 2013, 325쪽; 유엔 함마르셸드(Hammarskjöld)도서관(https://www.un.org/en/library/unms); 편집부 편, 『비동맹운동』, 지양사, 1985, 76쪽.

Granting of Independence to Colonial Countries and Peoples)」을 채택했다. 이 결의는 "탈식민지화운동에 있어서 분수령적인 사건"이었으며, "국제 공동체가 탈식민지화를 하나의 원칙으로서 인정하고 있다는 명백한 선언"이었다.[72] 북아프리카에 위치한 알제리도 프랑스와 독립전쟁을 벌인 지 8년 만인 1962년 식민지에서 해방됐다. 이후 아프리카 지역의 식민지배를 받던 국가들의 상당수가 1960년대를 거치면서 정치적 독립을 달성했다.

이러한 '새 아프리카'를 둘러싸고 1960년 전후부터 미국을 위시한 서방 자유 진영과 사회주의 소련·중국의 외교경쟁이 본격화했다. 남북한도 지구적 냉전의 각축장에 뛰어들었다.

### 1) 북한의 아프리카 방문·초청외교

1958년 9월 25일, 북한 지도부는 민족해방투쟁을 펼치고 있는 북아프리카의 알제리 임시정부를 승인했으며, 10월 8일에는 비사회주의 국가 중에서 처음으로 아프리카의 기니와 대사급 외교관계를 수립했다.[73] 이렇게 북한 지도부가 아프리카에 공을 들인 이유는, 1960년 11월 19일 개최된 최고인민회의 제2기 제8차 회의 중 박성철 외무상이 한 발언에서 잘 드러난다. 최고인민회의의 3일차 회의 토론에서 박성철 대의원은 "오늘 국제정세는 조국의 평화적 통일을 위한 우리 인민의 투쟁에 더욱더 유리하게 발전되어가고" 있으며 "현 시기 평화와

---

[72] 이식우, 「국제법상 식민지 문제와 영토분쟁—"屬國"과 "領十"」, 『백산학보』 71, 2005, 432쪽; 국가인권위원회, 국제인권정보시스템(https://uhr.humanrights.go.kr/pub/uhrstd/1107).

[73] 10월 2일 프랑스에서 독립한 기니가 김일성 수상에게 "외교적 분야에서 국제적 협조에 기초한 관계의 설정을 바란"다는 전문을 보내자, 10월 8일, 김일성이 "외교관계를 설정할 데 대한 각하의 제의를 전적으로 동의하는 바입니다"라고 답전을 보냄으로써 양국의 외교관계가 수립됐다. 『로동신문』 1958. 10. 9; 1960. 5. 11; 5. 13; 정규섭, 『북한 외교의 어제와 오늘』, 일신사, 1997, 51쪽.

사회주의 력량은 전쟁 세력을 결정적으로 압도하면서 날로 강화 발전"하고 있다고 진단했다. 이러한 "사회주의의 결정적 승리"는 우선 "소련을 선두로 한 사회주의 진영의 부단한 장성과 통일 단결의 강화"에서 비롯됐다. 그리고 그는 민족해방운동의 불길의 확산을 언급했다. "아세아에서 식민지 체계는 거의 완전히 붕괴되었으며 식민지 민족해방운동은" 이제 "암흑의 땅으로 불리던 아프리카대륙에서 료원의 불길과 같이 세차게 일어나고" 있었다. 즉 "우리 시대"는 "사회주의혁명과 민족해방혁명의 시대"였다. 특히 그는 "가나, 기니아를 비롯한 신생 독립국가들과 그리고 온갖 식민지적 예속을 반대하여 궐기한 아세아, 아프리카 모든 나라 인민들의 정당한 투쟁에 대하여 전적인 련대성을 표시"했다.[74]

또한 그는 민족해방운동의 목표인 "완전한 독립"을 위해서는 정치적 문제뿐 아니라 "자립경제"라는 경제 문제도 중요함을 강조했다. 특히 북한이 전후 "혹심한 전쟁피해를 단시일 내에 회복하고 사회주의 건설의 모든 분야에서 달성한 기적적 성과들은 식민지 예속 국가 인민들과 자주적 발전의 길에 들어선 인민들에게 있어서 새로운 고무적 힘"을 추동한다고 자랑스럽게 밝혔다. 즉 자립경제에 기반한 북한의 경제발전 자체가, 북한이 지금까지 40여 개의 비사회주의 국가와 통상관계를 설정하고 70개 국가들과 문화관계를 맺는 외교적 성과의 원동력이었다는 것이다.[75]

북한 지도부는 아시아 비사회주의 국가들과는 기존의 관계를 더 강화하고,

---

74 박성철, 「최고인민회의 제2기 제8차회의에서 한 토론: 미제를 괴수로 하는 제국주의자들을 반대하여 견결히 투쟁하자!」, 『로동신문』 1960. 11. 23.
75 이날 토론에서는 "락후한 식민지 반봉건 국가였던" 북한을 "강력한 경제 토대를 가진 사회주의적 공업-농업국가로 전변시켜놓은" "류례 없는 번영" 등이 언급됐다. 『로동신문』 1960. 11. 23.

신생 아프리카 국가들과는 새로운 관계를 구축하기 위해 정부대표단을 파견하기로 했다. 이번에 파견되는 정부대표단은 1957년의 무역대표단보다 위상이 높았다. 먼저 1961년 5월 3일, 내각 부수상 겸 무역상 리주연을 단장으로 하는 '정부 무역 및 친선대표단'(이하 정부대표단)이 평양을 떠나 버마로 향했다.[76] 16일, 북한의 리주연과 버마의 내각 부수상 겸 무역상 우 트윈(U Thwin)은 「공동 콤뮤니케」를 발표했다. 그 내용은 양국이 무역관계를 넘어 '영사관계'를 설정하고, 상대 수도에 총영사관을 설치한다는 것이었다. 또한 북한은 버마 정부의 "평화애호적 중립 정책"이 세계평화에 기여한다는 것을 "인정"하며, "민족경제를 발전시키고 민족적 독립을 공고화하기 위하여 노력하는" 버마와 "굳은 련대성을 표명"했다는 내용도 담겼다.[77]

18일, 버마를 떠난 북한 정부대표단은 인도 뉴델리에 도착했다.[78] 20일, 정부대표단은 인도 상공성에서 열리는 오찬회에 참석했다. 『로동신문』은 오찬회가 "시종 화기에 넘치는 친선적인 분위기"였다고 전했다.[79] 25일에는 정부대표단이 인도 수상 네루를 방문했는데, 이번에도 "친선적인 분위기 속에서 담화가 진행"됐다는 기사가 실렸다. 그런데 '친선적 분위기'를 전하는 기사에는, 네루가 어떤 발언을 했는지 구체적인 언급이 없었다. 게다가 6월 4일 정부대표단이 인도를 떠나 인도네시아에 도착했다는 소식이 6일자 『로동신문』에 실리기 시작했음에도, 인도와 진행한 회담 결과에 대한 후속 보도는 없었다. 앞서 버마와의 회담 결과가 곧바로 『로동신문』에 실렸던 것과 대조적이었다. 결국 6월 8

---

76 이는 앞서 북한을 방문한 버마 정부의 초청에 따른 것이었다. 『로동신문』 1961. 1. 27; 5. 4.
77 『로동신문』 1961. 5. 7; 7. 19.
78 『로동신문』 1961. 5. 20.
79 『로동신문』 1961. 5. 27.

일자 『로동신문』에는 지난 2일 인도 뉴델리에서 북한과 인도가 "호상 무역대표부" 설치에 합의했다는 소식만 별다른 논평 없이 뒤늦게 실렸다.[80]

이후 인도네시아 자카르타에 도착한 정부대표단은, 17일 양국이 총영사 교환과 총영사급 영사기관을 각국에 설치하는 데 합의했다는 내용의 「공동 콤뮤니케」를 발표했다. 1957년 통상협정 체결로 시작된 양국 관계가 1961년 '영사관계'로 격상된 것이었다.[81] 이러한 영사관계 합의에 대해 『로동신문』에서는 "사회 제도의 차이에 관계없이 모든 평화애호 국가들과 우호 협조관계를 설정 발전시키기 위하여 시종일관 노력"한 자신들의 "정당한 대외 정책"의 성과임이 강조됐다. 또한 이는 인도네시아의 대외 정책이 "반제국주의 립장에 확고히 서서 독자적 중립 정책을 실시하고" 있어 가능했다는 설명이 덧붙여졌다. 흥미롭게도 1957년 북한 무역대표단이 방문했을 때처럼, 이번에도 양국의 공통된 '식민경험'이 언급됐다. 특히 양국이 당면한 식민 문제는 현재의 분단 문제와도 연결됐다. 즉 분단된 한반도 남쪽에는 미군이 주둔하고 있으며, 동시에 미국은 인도네시아가 서이리안(West Irian)을 되찾는 것을 방해하고 있다는 주장이었다.[82]

1961년 6월 26일, 40일 넘게 버마·인도·인도네시아를 방문했던 정부대표단이 귀국했다. 7월 2일자 『로동신문』에는 정부대표단의 아시아 순방 성과를 정리하는 논설이 실렸다. 먼저 논설은 버마·인도네시아와의 영사관계 설정 및 영사관 설치 등의 합의로 북한의 "대외적 위신"이 높아졌다고 평가했다. 그리

---

80  『로동신문』 1961. 6. 6; 6. 8.

81  『로동신문』 1961. 6. 6; 6. 19.

82  『로동신문』 1961. 6. 20. 독립 이후 1960년대 초까지 인도네시아는 "서이리안에 대한 통치권을 확보하여 네덜란드 식민지배로부터 독립을 완수하는 것"이 중요한 외교 목표였다. 서지원, 「인도네시아 외교에서의 아시아–아프리카 탈식민화와 서이리안 문제」, 『담론201』, 28-2, 2025.

고 이번 방문은 아시아 "중립국가들이 견지하고 있는 중립 정책"이 이들의 "리익과 자주적 민족경제의 발전에 부합"할 뿐 아니라 "아세아와 극동의 평화에"도 기여한다는 것을 "확인"한 것이었다고 정리했다. 나아가 논설은 "장기간의 식민지 통치의 후과를 청산하기 위한" 이들 국가의 "반제, 반식민주의적 립장"에 지지를 표명했다. 특히 "미 제국주의자들"의 분할통치 전략이 반둥회의에 기반한 아시아 인민들의 단결을 가로막고 있다고 비판했다. 끝으로 논설은 "조선 인민은" "광범한 아세아, 아프리카 인민들의 열렬한 지지를 받고 있는 반둥회의의 정신에 언제나 충실"했으며, 앞으로도 계속 "아세아 인민들과 더불어 제국주의와 식민주의를 반대하는 투쟁에서 견결"히 나서겠다고 다짐했다. 다만 이번 방문에서 영사관계를 수립하지 못했던 인도는 짧게 언급되었을 뿐이었다.[83]

비슷한 시기, 보통교육상 리일경을 단장으로 하는 정부대표단이 아프리카 5개국을 방문했다. 1961년 6월 7일, 정부대표단은 아프리카 기니의 수도 코나크리에 도착했다.[84] 기니는 북한이 처음으로 수교한 비사회주의 국가였다.[85] 13일, 정부대표단은 기니 대통령 세쿠 투레(Ahmed Sékou Touré)를 만났는데, 그는 "식민주의와 제국주의를 반대하는 조선 인민 투쟁을 전적으로 지지"한다고 밝혔다.[86] 이후 열린 연회장에서 리일경은 "조선 인민은 제국주의자들과 식민주의자들을 반대하는 전선에 확고히 서" 있으며, 남한을 강점한 "미 제국주의자들

---

83 『로동신문』, 1961. 6. 25; 6. 27; 1961. 7. 2. '엄정한' 중립·비동맹 노선을 견지한 인도는 1962년 3월 1일 남북한과 동시에 영사관계를 수립했다.
84 『로동신문』, 1961. 6. 10.
85 북한 정부는 1958년 10월 2일 기니가 프랑스 식민지에서 해방되어 독립을 선포하자 며칠 후인 10월 8일 승인 및 외교관계를 설정했다. 『조선중앙연감(1959년판)』, 152쪽.
86 『로동신문』, 1961. 6. 15.

을 물러가게 하고 조선 인민의 자신에 의하여 나라의 평화적 통일을 실현하는 것"이 최대 목표라고 말했다. 이 자리에서 리일경은 최근 남한에서 발생한 5·16군사정변도 미국과 연관지어 언급했다. 5·16은 "미 제국주의자들의 조종하에" 발생한 것이며, "이러한 음모는 아세아, 아프리카, 라틴아메리카에서 감행하고 있는 제국주의자들과 식민주의자들의 발악적인 책동들의 련쇄의 한 고리"였다. 이처럼 리일경이 5·16을 미국의 음모와 연관하여 설명한 것은 아프리카 나라들에서도 외부에 의한 쿠데타가 발생할 수 있다는 일종의 경고를 전달함으로써, 이들이 반미·반제국주의 전선에 동참하길 원했던 것으로 보인다. 다음 날(14일), 양국은 「통상 및 문화협조협정들과 방송 분야 및 통신사들 간의 협조에 관한 협정들」을 체결했다.[87]

14일, 북한 정부대표단은 가나 수도 아크라에 도착하여 은크루마 대통령과 정부 관료들을 만났다.[88] 은크루마는 가나의 초대 대통령으로 아프리카 탈식민운동의 선구자이자 비동맹운동의 대표적 인물이었다.[89] 『로동신문』에는 대통령 면담이 "화기에 넘치는 분위기 속에서 진행"됐으며, 양국은 "제국주의와 식민주의를 반대하는 공동 투쟁"에서 "친선적인 뉴대가 맺어지고 날로 강화 발전되고" 있다고 보도했다. 특히 가나 외상은 "조선, 월남 및 독일 인민이 겪고 있는 민족적 분렬의 비극은 제국주의자들의 책동으로 말미암은 것이라고 지적하면서 이와 같은 사태는 콩고에서도 명백히 볼 수 있다고 말하고 조선, 월

---

87  통상 관련해서 양국에 "파운드화의 은행구좌"가 "호상 설치"될 것이고 이 은행 계좌는 "상업적 및 비상업적 지불"에서 "리자나 수수료"가 발생하지 않는다고 했다. 『로동신문』 1961. 6. 16; 6. 17.
88  『로동신문』 1961. 6. 17; 6. 19.
89  로버트 J. C. 영 지음, 김택현 옮김, 『포스트식민주의 또는 트리컨티넨탈리즘』, 박종철출판사, 2005, 425~427쪽.

남, 독일 및 콩고는 통일되여야 한다고 강조"했다고 한다. 『로동신문』은 "정부대표단의 가나 방문과 그 성과는 량국 간의 친선관계를 발전시킴에 있어서" "커다란 기여"를 했다고 높이 평가했다. 그런데 양국의 공동발표문이나 협정 체결 같은 가시적인 결과물은 없었다.[90]

7월 1일, 가나를 떠난 정부대표단은 외교관계를 맺고 있던 말리를 방문했다.[91] 대표단은 말리의 모디보 케이타(Modibo Keïta) 대통령을 만났는데, 그는 북한 정부와 인민이 "말리 공화국 독립 선포 시" "보내준 열렬한 축하에 대하여 사의를 표하였다." 이어서 그는 말리 정부와 인민은 "조선의 국토 완정과 민족적 독립을 공고히 하기 위한 조선 인민의 모든 활동을 무조건 지지"한다고 밝혔다.[92] 5일, 수도 바마코에서 양국은 「무역 및 지불에 관한 협정」 및 「문화 협조에 관한 협정」을 체결 및 조인한다는 내용을 담은 「공동 콤뮤니케」를 발표했다.[93]

7월 6일, 모로코 수도 라바트에 도착한 북한 정부대표단은 일주일이 지난 13일에야 하싼 2세(Hassan II) 왕을 만날 수 있었다. 단장 리일경이 식민주의를 반대하는 모로코 인민의 투쟁을 지지한다고 하자, 하싼 2세는 "조선 인민에게 번영과 성과가 있기를 축원"한다고 대답했다. 앞서 반식민, 반제국주의에 대한 기니·말리에서의 적극적인 호응과 달리, 모로코에서는 별다른 반응이 없었던 것이다. 17일 발표된 「공동 콤뮤니케」에는 "많은 문제들에 대하여 의견이 교환"됐으며, "쌍방은 경제 및 통상 분야에서 교류를 진행"하겠다는 추상적인 내

---

90  『로동신문』 1961. 6. 25.
91  1959년 북한은 말리와 외교관계를 수립했다. 『조선중앙연감(1961년판)』, 145쪽.
92  『로동신문』 1961. 7. 5.
93  두 협정은 북한 정부대표단 단장 보통교육상 리일경과 말리 정부대표단 단장 국무사법상 쟝 마리 코네(Jean-Marie Koné)의 명의로 조인됐다. 『로동신문』 1961. 7. 8.

〈표 2〉 북한 정부대표단의 아프리카 5개국 방문 일정과 그 결과

| 방문국 | 기간(56일) | 결과물 |
| --- | --- | --- |
| 기니 | 6.7~6.14(8일) | 「공동 콤뮤니케」 발표. 「통상 및 문화협조 협정들과 방송 분야 및 통신사들 간의 협조에 관한 협정들」 체결. |
| 가나 | 6.14~6.22(9일) | 없음. |
| 말리 | 6.22~7.6(15일) | 「공동 콤뮤니케」 발표. 「무역 및 지불에 관한 협정 및 문화 협조에 관한 협정」 체결. |
| 모로코 | 7.6~7.22(17일) | 「공동 콤뮤니케」 발표. |
| UAR | 7.22~8.1(11일) | 영사관계 수립 및 북한 기자의 카이로 파견에 합의. |

용만 담겼다.[94]

7월 22일, 정부대표단은 아랍연합공화국(United Arab Republic, UAR) 수도 카이로에 도착하여 29일 나세르 대통령을 방문했다.[95] 나세르는 1956년 당시 영국·프랑스와 수에즈전쟁을 펼치던 이집트를 적극 지지해준 북한 정부와 인민에게 감사를 표했다. 30일, UAR 주재 박영 북한 무역대표가 연회를 열었다. 여기에 정부대표단과 UAR의 외무성·교육성·경제성 관료들, 그리고 카이로에 주재하는 "형제 국가 대사들과 중립 국가 외교 사절" 등이 참가했다. 31일, 양국은 "총령사관계"를 설정하고 "문화교류를 더욱 촉진"하기로 합의했다. 8월 1일, 리일경은 "량국 간의 령사관계를 수립하며 카이로에 조선 기자들을 파견할 데 대하여 합의를 보았다"는 내용의 성명을 발표했다.[96]

흥미롭게도 북한 정부대표단이 방문한 아프리카 국가들은 모두 '카사블랑

---

[94] 『로동신문』 1961. 7. 9; 7. 17; 7. 18.

[95] 아랍연합공화국(United Arab Republic)은 1958년 2월 1일 시리아와 이집트의 협정에 따라 만들어진 정치적 연합체이다. 당시 북한에서는 '아랍연합공화국'으로 남한에서는 대체로 '통일아랍공화국'으로 불렸다.

[96] 공식적으로 북한 총영사의 활동은 1961년 11월 27일부터 시작됐다. 카이로에 주재하던 무역대표 '박영'이 총영사를 승계했다. 『로동신문』 1961. 8. 3; 8. 4; 12. 3.

카 그룹'이었다. 카사블랑카 그룹(Casablanca Group)은 1961년 1월 모로코의 카사블랑카에서 기니·가나·말리·모로코·UAR 등 5개국 수상과 알제리 임시정부 수상이 모여 진행한 회의에서 범아프리카주의(Pan-Africanism) 연대를 지향하며 결성된 그룹이었다.[97] 카사블랑카 그룹은 1961년 9월 열린 비동맹 정상회의에서도 반제국주의와 반식민주의를 앞세우는 급진적인 성향을 보였다.[98] 즉 북한 지도부의 아프리카 방문외교의 우선순위는 반제·반식민을 내세우는 국가들에 있었다.

8월 8일, 56일간의 아프리카 방문을 마치고 정부대표단이 귀국했다. 『로동신문』은 기니·말리·UAR와 맺은 협정과 합의 등이 "제국주의, 식민주의를 반대하는 공동투쟁에서 맺어진 친선 협조관계"의 "가일층 강화"를 의미한다고 평가했다. 동시에 '미 제국주의'가 "소위 '평화계획'이니 뭐니 하는 허울 좋은 간판을 내걸면서 더욱더 음흉하고 교활한 방법으로 아프리카를 비롯한 후진국가들에 침투하려고 갖은 책동을" 펼치고 있다고 지적했다.[99]

이처럼 1961년 동안 북한은 아시아와 아프리카 지역에 정부대표단을 파견함으로써 버마·인도네시아·UAR 등과 영사관계를 수립하는 외교적 성과를 달성했다. 이 국가들은 반둥회의의 주역이었으며, 북한이 이들 국가와 맺은 외교관계의 수준은 남한보다 앞서고 있었다.[100]

---

97 『조선중앙년감(1962년판)』, 544쪽.
98 『경향신문』 1961. 9. 9; 몬로비아 그룹과 구 프랑스령이던 지역의 브라자빌 그룹은 보수적인 모임이었다. 로버트 J. C. 영, 앞의 책, 432쪽.
99 『로동신문』 1961. 8. 9; 8. 26.
100 북한과 UAR의 합의에 따라 1961년 11월 27일부터 카이로에서 북한 총영사가 업무를 시작했으나, 남한은 11월 6일에야 총영사관 설치에 합의했다. 또한 남한은 버마와는 1962년 7월에, 인도네시아와는 1966년 7월에 각각 영사관계를 수립했다. 『동아일보』 1961. 12. 15; 1962. 7. 10; 1966. 7. 13.

말리 정부 친선대표단과 김일성 수상의 면담 『로동신문』 1961. 9. 26.

북한 지도부는 방문외교뿐 아니라 초청외교에도 공을 들였다. 초대받은 손님들은 대체로 비슷한 코스를 밟았는데, 먼저 김일성 수상과 고위 인사를 만난 다음 북한이 안내하는 장소들을 방문했다. 1960년을 전후하여 아시아·아프리카·라틴아메리카 인사들의 평양 방문이 본격화했으며, 그중에서도 아프리카 대표단이 가장 많았다.

1961년 9월 23일, 평양에 도착한 말리 정부 친선대표단은 정일룡 부수상을 만났으며, 저녁에는 이들을 위한 환영 공연이 평양 대극장에서 열렸다. 그리고 25일 아침, 말리 대표단 단장 마데이라 케이타(내정 및 공보상) 및 대표단 전원은 김일성 수상을 면담했다.[101]

이후 말리 대표단은 황해제철소 참관에 나섰다. 『로동신문』은 말리에서 온 손님들이 "1호 용광로와 나란히 솟은 2호 용광로를 이곳 로동자들이 불과 반년도 못 되는 기간에 건설했다는 이야기를 듣고 우리 로동계급의 무궁무진한

---

101  『로동신문』 1961. 9. 24; 9. 26.

창조력에 깊은 감명을 표시"했다고 전했다. 특히 이들은 "오랫동안 발길을 멈추고 용광로에서 쏟아져 내리는 붉은 쇳물을 감명 깊게 바라보았"으며, 대표단 단장은 "벌써 조선은 자립적 민족경제의 토대를 튼튼히 구축한 나라로 되었다"고 말했다고 한다.[102] 북한 지도부에게 황해제철소는 "반 년도 못 되는 기간에 건설된" "자립적 민족경제"를 증명하는 자랑스러운 공장이었다. 『로동신문』 보도는 말리 대표단의 반응을 과장한 선전이었을 수 있다. 그럼에도 프랑스로부터 독립한 지 1년밖에 되지 않은 말리인들에게 용광로에서 쇳물이 쏟아져 내리는 장면은 놀라운 발전의 증거이자 선망의 대상이었을 것이다. 이날 저녁, 평양 대극장에서 말리 대표단을 환영하는 군중대회가 열렸다. 케이타 단장은 "고도로 공업화되고 현대적인 농업을 가졌으며 농촌의 전기화가 완성된 나라"를 만들어낸 북한 "근로자들의 천재적인 창의와 창발성에서 깊은 감명을 받았"다고 연설했다.[103]

이 자리에서 내각 부수상 정일룡도 양국의 공통된 식민경험과 함께 발전에 관해 언급했다. 먼저 그는 양국이 지리적으로 멀리 떨어져 있지만 과거 동일한 제국주의의 식민지배를 겪었으며 현재는 "평화와 민족적 독립의 공고화를 위하여 제국주의와 식민주의를 반대하여 계속 견결히 투쟁하고 있는 공통성"을 가지고 있다고 했다. 특히 그는 말리의 "적극적인 중립 정책"이 "주권에 대한 호상 존중, 내정 불간섭, 평등과 호혜, 평화적 공존의 제 원칙에 입각"하고 있다며 높이 평가했다. 그리고 그는 북한 경제발전에 대한 자신감을 드러냈다. 즉 오늘날 북한은 식민통지 유신을 완건히 청산하고 민족경제의 자립적 토대를 닦았을 뿐 아니라 "선진기술과 선진문화를 가진 강력한 공업-농업 국가로

---

102  『로동신문』 1961. 9. 26.
103  『로동신문』 1961. 9. 26.

탄자니아 정부 친선 대표단과 김일성 수상의 면담 기념 사진(1965. 11. 17) 『로동신문』 1965. 11. 18.

되었"다는 것이다. 다음날 친선대표단은 평양방직, 견방직, 뜨락또르(트랙터) 공장을 방문했으며, 관개시설과 양수장, 저수지 현장 등도 돌아보았다. 또한 함흥의 공장과 기업소를 방문했으며, 안주의 관개시설과 농업협동조합도 참관한 다음 귀국길에 올랐다.[104]

이후 아프리카 인사들의 평양 방문이 이어졌다. 방문한 아프리카인들은 북한의 경제에 관심을 보였으며, 북한도 자신들의 성과를 적극적으로 알리고자 했다. 특히 탄자니아는 북한의 농업에 큰 관심을 가졌다. 1965년 11월 17일, 탄자니아 제2 부대통령을 단장으로 하는 정부친선대표단이 평양을 방문했다.[105] 특히 탄자니아 초대 대통령 줄리어스 니에레레(Julius K. Nyerere)는 북한의 자력갱생에 의한 산업과 농업 발전을 높이 평가하며, 이를 자국에 도입하고자 했다.[106]

---

104  『로동신문』 1961. 9. 26~29.
105  북한과 탄자니아는 1965년 1월 13일 대사급 외교관계를 수립했다. 『로동신문』 1965. 1. 15.
106  니에레레는 남부 아프리카 해방운동을 적극 지원하는 비동맹운동의 주요 지도자 중 한 명

그는 1968년 6월 북한을 방문하고 돌아가는 길에, "전쟁의 거대한 파괴에도 불구하고 북한 인민들이 산업과 농업 생산 모두에서 놀라운 발전을 이루"었다며, "북한이 했던 자력갱생(self-reliance)의 정책"을 자국의 정책으로 추구하겠다고 밝히기도 했다.[107]

북한의 비사회주의 국가 초청 및 방문외교는 아시아·아프리카를 넘어 라틴아메리카까지 확장됐다. 특히 북한과 쿠바의 관계는 긴밀했다. 1959년 1월 1일 발생한 쿠바혁명에 대해, 『로동신문』은 "라틴아메리카에서 반미 민족해방투쟁의 전례 없는 앙양을 보여"주는 "민족해방투쟁의 전환점"으로 평가했다.[108] 사회주의 쿠바는 1961년 창립한 비동맹회의에 참가한 국가였다. 특히 체 게바라(Che Guevara)는 "전 세계에 착취당하는 사람들을 해방시킬 전략을 찾고자" 노력한 인물로, 그의 글은 "제3세계의 경계를 넘어서까지 확산"될 정도로 영향력이 컸다.[109]

1959년 8월에는 조선로동당 대표단이 처음으로 라틴아메리카의 쿠바를 방문했고, 10월에는 쿠바 정부 보건대표단과 청년대표단이 평양을 방문했다. 또한 1960년 12월, 쿠바 국립은행 총재 체 게바라를 단장으로 하는 정부 경제대표단이 북한을 방문했다. 환영 연회에서 김일성 수상은 쿠바혁명의 승리가 라틴아메리카와 전 세계 민족해방운동과 평화 위업에 크게 기여하고 있다고 언급

---

이었다. 『로동신문』 1965. 3. 5; 5. 9; 6. 14; 9. 5; 11. 15.
107  Julius K. Nyerere, *FREEDOM AND DEVELOPMENT: A Selection from Writings and Speeches 1968~1973*, London and New York: Oxford university Press, 1973, p. 45.
108  『로동신문』 1959. 12. 30.
109  「'에르네스토 체 게바라의 삶과 작품—청소년기·청년기의 육필 원고에서부터 볼리비아 전투 일기까지' 기록물 컬렉션」, 유네스코 국제기록유산센터(https://www.unescoicdh.org).

쿠바 정부 경제대표단과 김일성 수상의 면담 기념 사진(1960. 12. 2) 왼쪽에서 5번째가 체 게바라, 6번째가 김일성이다. 『로동신문』 1964. 12. 3.

했다.[110]

북한과 라틴아메리카의 문화교류도 활발히 진행됐다. 1960년 6월, 북한 대외문화연락협회의 초청으로 라틴아메리카 문화대표단이 평양을 방문했다.[111] 그리고 1962~63년 동안, 조선문화협회가 브라질·베네수엘라·칠레 등지에 창립됐다. 특히 북한은 칠레와 관계개선에 적극 나섰다.[112] 1963년에는 북한 무역대표단이,[113] 1965년 5월에는 북한 문화사절단이, 같은 해 10월에는 최고인민회의 의장의 초청으로 칠레 국회대표단이 북한을 방문했다. 유엔한국통일부흥위원단(UNCURK)의 회원국이던 칠레는 북한 지도부에게 "대남 전략 측면에서"

---

110 『로동신문』 1960. 12. 1; 12. 3.

111 이 대표단은 "아르젠틴 법률가 로돌포 아라즈 알파로를 단장으로 하고 칠리의 저명한 평화 인사이며 미술가인 조세 벤뚜렐리와 칠리 종합대학 미술학부 교원이며 화가인 쥴리오 에 쓰까메즈 외 2명으로 구성"됐다. 『로동신문』 1960. 6. 12.

112 『로동신문』 1962. 8. 30.

113 『로동신문』 1963. 5. 30.

중요했기 때문이다.[114]

1961년 9월 11일 열린 제4차 조선로동당대회에서, 김일성 수상은 현 국제정세를 "민족해방투쟁의 거세찬 불길은 아프리카대륙을 휩쓸고 있으며 라틴아메리카에 퍼지고" 있다고 보았다.[115] 특히 "큐바 인민혁명의 승리"를 계기로, "지금 라틴아메리카의 거의 모든 나라들에서 미 제국주의자들의 식민지 예속화 정책과 그 주구들의 독재정치를 반대하는 인민들의 강력한 투쟁이 전개되고" 있었다.[116]

이번 당대회에서도 김일성은 민족해방투쟁보다 사회주의 진영의 승리와 성과를 먼저 언급했다. 즉 "사회주의 역량은 제국주의 세력을 결정적으로 압도"하고 있으며 그 선두에는 소련과 중국이 있었다. 특히 소련은 공업과 농업, 그리고 "소련 사람들에 의한 우주비행 시현"처럼 과학기술에서 세계 최고봉에 올랐으며, 중국은 "사회주의혁명이 이미 승리하였으며 사회주의 건설은 성과적으로 진행"되고 있었다. 그는 사회주의 승리를 언급한 다음, "각이한 사회제도를 가진 국가들 간의 평화적 공존 원칙에 립각하여 아세아, 아프리카, 라

---

[114] 류기현, 『1953~1971년 유엔의 한반도 분단 관리 구조의 형성과 전개』, 서울대학교 박사학위논문, 2024, 225쪽; 「북괴 문화사절단의 칠레 방문」(1965. 6. 30), 「외무장관이 주알젠티나 대사에게 보낸 전문」(1965. 7. 9), 『북한의 칠레 침투』, 외교사료관, 1996; 『로동신문』 1965. 5. 28; 10. 14.

[115] 『로동신문』 사설은 이번 당대회를 "조선의 공산주의자들이 평화와 사회주의 진영의 동방 초소에 얼마나 위력한 진지를 꾸려놓았으며 얼마나 자신만만하게 나아가고 있는가를 과시한 승리자의 대회"라고 설명했다. 또한 내회 첫날인 9월 11일 김일성은 6시간 이상에 걸친 장문의 보고를 했다. 여기서 김일성은 1957년부터 1960년까지 이루어진 사회주의 개조와 건설 과정에서 얻어진 경제적 성과를 중심으로 북한의 경제성장을 자랑스럽게 총괄했다. 『로동신문』 1961. 9. 11. 제4차 당대회의 진행 과정과 그 의미는 서동만, 『북조선 사회주의 체제성립사 1945~1961』, 선인, 2005, 788~790쪽을 참고.

[116] 김일성, 「조선로동당 제4차대회에서 한 중앙위원회 사업총화보고」, 『로동신문』 1961. 9. 12.

틴 아메리카의 민족적 독립국가들과 우호적 관계를 설정하며 발전시키는 것을 대외 정책의 중요한 일환으로 삼고" 있다고 밝혔다. 그리고 그는 당대회 시점까지 북한이 "인도, 인도네시아, 비르마(버마), 아랍련합공화국, 이라크 등 많은 아세아, 아프리카 나라들과 우리나라와의 국가적 관계도 부단히 높은 단계에로 발전"했으며, 이는 앞서 정부대표단이 아시아와 아프리카에 파견된 것이 "중요한 계기"였음을 강조했다. 나아가 김일성은 라틴아메리카까지 포함하여 아시아·아프리카·라틴아메리카 나라들과 관계 발전을 위해 노력할 것임을 밝혔다.[117]

이후 북한과 비사회주의 국가들 사이의 "대표단 래왕"은 더욱 많아졌다. 특히 1960년대 초중반 북한 지도부가 가장 많은 정부대표단을 파견한 지역은 아프리카였다. 1964년 한 해에만 북한 '정부친선대표단'이 가나, 세네갈, 니제르 등 3개국(단장: 보통교육상 윤기복)과 잔지바르(단장: 로동성 부상 문정식)를 방문했으며, 조선로동당대표단과 정부대표단이 알제리에 각각 한 번씩 파견됐다. 최고인민회의 상임위원회 위원장 최용건을 단장으로 하는 대표단이 아프리카의 UAR·알제리·말리·기니 등을 방문하기도 했다.[118]

1948년 정부수립 이후 1966년 7월까지 북한이 대외관계(외교·영사·무역대표부)를 설정한 비사회주의 국가의 숫자는 〈표 3〉에서 확인되듯이, 아프리카 13개국으로 아시아(5개국)보다 월등히 많았다.

북한은 1958년부터 비사회주의 국가들과 대외관계를 설정하기 시작했으며, 특히 2년간(1963~64) 아프리카 6개국과 외교관계를 수립했다. 1965년 1월 탄자니아와 외교관계를 수립한 것까지 포함하면 2년 동안 아프리카 7개국과 대

---

117 위의 자료.
118 『조선중앙년감(1965년판)』, 487쪽.

〈표 3〉 북한과 외교·영사·무역대표부 관계를 설정한 나라(1966년 7월 말 기준)

| 년도 | 사회주의 국가 | 비사회주의 국가* |
|---|---|---|
| 1948 | 소련(외교, 10. 12)<br>몽골(외교, 10. 15)<br>폴란드(외교, 10. 16)<br>체코슬로바키아(외교, 10. 21)<br>루마니아(외교, 11. 3)<br>헝가리(외교, 11. 11)<br>불가리아(외교, 11. 29) | |
| 1949 | 알바니아(외교, 5. 17)<br>중국(외교, 10. 16) | |
| 1950 | 북베트남(외교, 1. 31) | |
| 1958 | | 알제리임시정부(1962년 독립)(외교, 9. 25) [아프리카]<br>기니(외교, 10. 8) [아프리카] |
| 1960 | 쿠바(외교, 8. 29) | 말리(외교, 10. 31) [아프리카]<br>오스트리아(무역대표부, 11. 23) [유럽] |
| 1961 | | 버마(영사, 5. 15) [아시아] |
| 1962 | | 인도(영사, 3. 1) [아시아]<br>소말리아(무역대표부, 12. 17) [아프리카] |
| 1963 | | 우간다(외교, 3. 2) [아프리카]<br>예멘(외교, 3. 9) [아프리카]<br>우루과이(무역대표부, 5. 17) [미주]<br>아랍연합공화국(외교, 8. 24) [아프리카] |
| 1964 | | 실론(스리랑카)(영사, 1. 25) [아시아]<br>인도네시아(외교, 4. 16) [아시아]<br>핀란드(무역대표부, 7. 30) [유럽]<br>모리타니아(외교, 11. 12) [아프리카]<br>캄보디아(외교, 12. 20) [아시아]<br>콩고(브라자빌)(외교, 12. 24) [아프리카]<br>가나(외교, 12. 28) [아프리카] |
| 1965 | | 탄자니아(외교, 1. 13) [아프리카] |
| 1966 | | 이라크(영사, 7. 21) [아프리카]<br>수리아(시리아)(외교, 7. 25) [아프리카] |

* 출처: 『조선중앙년감(1966~1967년판)』, 505~506쪽.
* 비사회주의 국가: 북한 문헌에서 알제리·기니·말리·탄자니아 등은 비사회주의 국가로 분류됐다. 박태호, 『조선민주주의인민공화국 대외관계사 1』, 사회과학출판사, 1987, 239쪽; 『조선민주주의 인민공화국 대외관계사 2』, 사회과학출판사, 1987, 23~24쪽.

사급 외교관계를 수립한 것이었다. 그야말로 북한에게 1963년과 64년은 '아프리카 외교의 해'였다. 또한 북한은 아시아 지역 비사회주의 국가 중에서 인도네시아와는 외교관계를, 버마·인도·스리랑카·이라크 등과는 영사관계를 설정하는 성과를 달성했다. 라틴아메리카의 경우, 북한은 사회주의 쿠바와 외교관계를 수립했으며 우루과이에 무역대표부를 설치했다. 1960년대 중반 시기, 북한의 대(對)라틴아메리카 외교는 아시아·아프리카 지역에 비하면 아직 걸음마 단계였다.

그렇다면 왜 1960년대 북한은 진영 너머의 '세 대륙'을 향해 적극적으로 진출했던 것일까? 그 이유는 1963년 6월 작성된 평양 주재 동독 대사관의 보고에서 찾아볼 수 있다. 동독 대사는 이 시기 북한 지도부가 소련 및 동유럽 사회주의 국가들과의 갈등 때문에 비사회주의 국가들과 적극적인 관계개선에 나선 것으로 분석했다. 특히 1962년 쿠바 미사일 위기를 기점으로, 조선로동당은 소련이 평화적 공존 정책을 내세우지만 실질적으로 제국주의자들에게 항복한 것으로 보았다. 그리고 이러한 불만은 소련과 긴밀한 관계를 맺고 있는 동유럽 사회주의 국가들까지 확장되어, 이때부터 알바니아와 루마니아를 제외하고 북한과 동유럽 사회주의 국가들의 교류가 줄어들었다고 보고서에 정리됐다.[119]

이처럼 1960년대 초중반, 북한은 아시아·아프리카·라틴아메리카 지역의 비사회주의 국가들을 방문하거나 상대국 대표를 대거 초청했다. 1962년부터 1965년까지 "60여 개의 각급 대표단이 제3세계 나라들에 파견"됐으며, "같은 기간에 아세아, 아프리카, 라틴아메리카에서 200여 개의 각급 대표단이" 북한을 방문했다.[120] 북한을 방문한 이들에게 안내된 곳은 경제발전을 '선전'할 수 있는 제철소·제강소·제련소·공작기계공장 등이었고, 이들의 발언과 방문 소식은 『로동신문』에 사진과 함께 자세히 실리곤 했다. 이러한 세 대륙의 비사회주의 국가들에 대한 북한의 적극적인 외교 활동은 상대국과 다양한 수준의 외교

---

119 「동독 대사관으로부터의 조선로동당 정책에 대한 정보」(1963. 6. 20), 윌슨센터 디지털아카이브(https://digitalarchive.wilsoncenter.org/document/110118).
120 박태호, 『조선민주주의 인민공화국 대외관계사 2』, 사회과학출판사, 1987, 20쪽.

관계를 맺는 성과로 이어졌다. 동시에 이들을 향한 반제국주의·반식민주의 같은 정치적 구호는 이제 신식민주의 같은 경제발전 문제와 함께 제기되기 시작했다.

### 2) 남한의 아프리카 방문·초청외교
#### (1) 이승만 정부의 아프리카 친선사절단 파견과 적극적인 중립국 외교로의 전환

1950년대 후반 아프리카에서는 다수 신생 독립국이 탄생하고 있었다. 1959년 7월 31일, 라이베리아 국무장관 대리 그라임스(J. Rudolnh Grimes)가 남한 외무부에 1960년 1월 3일부터 열리는 대통령 취임식 참석을 요청하는 공식 초청장을 보냈다.[121] 8월 25일, 라이베리아의 패드모어(Goerge Padmore) 대사가 미국 워싱턴 주재 남한 대사 양유찬에게 다시 한번 해당 초청장을 보냈다.[122] 이에 양유찬은 조정환 외무장관에게 참석이 필요하다는 견해를 밝혔다.[123] 9월 3일, 양유찬 대사는 이승만 대통령에게 처음으로 아프리카 국가로부터 초대장을 받았다는 사실을 보고했다. 그리고 이번 친선사절단이 라이베리아 취임식 이후 다른 독립국들도 방문함으로써, 남한을 거의 모르는 아프리카 신생국들에게 우리를 알릴 좋은 홍보 기회라고 설명했다.[124]

9월 7일, 조정환 외무장관은 양유찬 대사에게 초대에 응하기에 앞서 라이

---

[121] 「J. 루돌른 그라임스(Rudolnh Grimes) 국무장관 대행이 외교부장관(대한민국 서울)에게 보내는 친문」(1959. 7. 31), 『신선사설난 라이베리아 대통령 취임식 참석 및 아프리카·중동 비공식순방, 1959. 12. 30~60. 1. 28.』, 외교사료관, 1995.

[122] 「조지 패드모어(George Padmore) 대사가 양유찬 박사(대사, 워싱턴 D.C. 한국대사관)에게 보내는 전문」(1959. 8. 25), 위의 자료.

[123] 「양유찬이 조정환 박사(외무장관)에게 보내는 전문」(1959. 8. 27), 위의 자료.

[124] 「양유찬이 대통령 각하(Your Excellency)에게 보내는 전문」(1959. 9. 3), 위의 자료.

베리아가 "북한을 초대했는지" 확인하라고 지시했다. 이것이 확인되어야 다음 조치를 결정할 수 있다는 것이었다.[125] 9월 9일, 이승만 대통령도 프랑스에 주재하는 정일권 대사에게 라이베리아로부터의 초청장 입수를 알리면서, 현재 양유찬 주미 대사가 '북괴'의 초청 여부를 확인 중이며, 초청받지 않았다면 귀하를 취임식의 대표로 파견하는 것을 고려하고 있다고 밝혔다.[126]

북한이 초청되지 않았다는 양유찬의 보고를 받고,[127] 21일 이승만은 정일권에게 귀하를 아프리카에 파견할 예정이라고 알렸다. 그러면서 이승만은 이번 파견에서 "우리 면직물(cotton textiles)"을 라이베리아에 판매하는 문제를 가장 중요하게 생각하고 있다고 언급했다. 특히 관련 샘플과 가격, 유용함 같은 정보를 프랑스 주재 남한 대사관에 보냈으니, 물품이 도착하면 1등서기관이 현지 대사관들을 방문하여 우리 면화제품의 수출 가능성을 알아보도록 하라고 지시했다.[128] 이처럼 이승만 대통령이 사절단을 파견하는 목표에는 참가하는 대표들에게 물건을 팔고자 하는 일종의 '경제외교'도 포함되어 있었다.

9월 22일, 외무 차관 최규하는 대통령에게 "정일권 대사가 아프리카를 방문하는 이번 기회를 이용하여, 우리와 거의 관계가 없는 에티오피아, 가나, 기니, 모로코, 남아공 같은 아프리카 나라들을 방문하는 친선사절단(good-will mission)"을 파견하자고 제안했다.[129] 또한 뉴욕의 양유찬도 한반도 통일과 남한의 유엔 가입 문제 등을 이들에게 이해시키는 것이 중요하다며 아프리카 친선사절단 파

---

125 「조정환(장관)이 양유찬에게 보내는 전문」(1959. 9. 7), 위의 자료.
126 「대통령이 대사 정일권(파리)에게 보내는 전문」(1959. 9. 9), 위의 자료.
127 「양 대사가 이승만 대통령(KORPITAL) 및 외무부(WOIMUBU)에 보내는 전문」(1959. 9. 9), 위의 자료.
128 「대통령이 대사 정일권(파리)에게 보내는 전문」(1959. 9. 21), 위의 자료.
129 「외무차관이 대통령에게 보내는 전문」(1959. 9. 22), 위의 자료.

견에 동의했다.[130] 대통령의 지시 문건이 자료상 확인되지는 않았으나, 최종적으로 최규하는 미국에 주재하는 라이베리아 대사에게 참가하겠다는 답신을 수교할 것을 양유찬에게 지시했다.[131] 또한 최규하는 정일권 대사를 사절단장으로 내정했다고 통보했다.[132]

11월 2일, 조정환 장관은 정일권 사절단장에게 아프리카 방문 목적이 아프리카 중립국과 정치·경제적 관계 개선에 있음을 통보했다. 조정환은 아프리카 신생 독립국가들이 "냉전에 있어서 중립적 입장을 취하는 경향이 농후"하므로, "극히 좌경하지 않는 한 이들 국가와 친선관계를 하루속히 맺고 우리나라를 위한 외교 활동을 활발히 전개"하라고 지시했다. 특히 그는 이번 사절단 파견이 "이러한 목적을 달성하기" 위한 "정부 외교 활동의 효시", 즉 처음임을 밝혔다. 1957년에 있었던 김정렬과 최덕신의 사절단은 "대통령의 신임장을 휴대하지 않은 비공식 친선방문"이었지만, 이번에는 "신임장을 휴대하는 공식사절"이었기 때문이다. 또한 그는 앞선 이승만 대통령의 언급처럼 이번 방문에는 "정치적인 목적 외에 경제적인 면"도 있음을 강조했다. 아프리카 국가들이 "대

---

130 「양유찬이 대통령에게 보내는 전문」(1959. 9. 24), 위의 자료.
131 「최규하(외무장관 권한대행)이 J. 루돌프 그라임스(Rudolph Grimes) 라이베리아 몬로비아 국무장관 권한대행에게 보내는 전문」(1959. 10. 28), 위의 자료.
132 「최규하(외무장관 권한대행)이 양유찬 대사에게 보내는 전문」(1959. 10. 28), 위의 자료. 정일권은 사절단원으로 3등서기관 신기흠과 6·25전쟁에 참전한 윤응렬을 무관으로 추천했고, 이는 받아들여졌다. 「정 대사가 외무부장관에게 보내는 전문」(1959. 10. 30), 위의 자료. 정일권은 터키 주재 대사로 근무하다가 1959년 4월 17일 초대 프랑스 대사로 임명됐다. 『경향신문』 1959. 4. 18. 윤응렬은 1927년 평양에서 태어나 1943년 일본 규슈비행학교에 입학했으며 가미카제(神風) 특공대로 출격을 기다리다 해방을 맞았다. 1948년 월남하여 육군사관학교 (7기)를 거쳐 육군 항공대에 들어갔다. 6·25전쟁에 참전했으며, 공군사관학교 교장, 공군작전사령관을 거쳐 소장으로 예편한 다음 국방과학연구소(ADD) 초대 부소장을 역임했다. 『연합뉴스』 2022. 10. 24.

개가 농업 및 공업 후진국가"이므로 남한의 "방직물 기타 공예품의 수출이 기대"되며, 앞으로의 판로를 개척"하기 위한 "큰 목적이" 있다는 것이었다.[133]

파리에서 출발한 정일권 친선사절단은 1960년 1월 2일부터 28일까지 아프리카 7개국(라이베리아→가나→남아프리카공화국→에티오피아→수단→리비아→튀니지)을 순방했다. 애초 계획에는 기니와 모로코가 포함됐으나, 좌경한 국가이므로 방문의 실익이 없다는 정일권의 요청에 따라 제외됐다.[134] 사절단은 각국 원수와 의전관들에게 증정할 선물로 홍삼(Ginseng)과 자개장, 그리고 이승만 대통령 사진과 홍보용 책자 등을 준비했다.[135]

정일권은 방문 국가별로 보고서를 작성하여 이승만 대통령에게 제출했는데, 여기에는 현 아프리카 정세 판단과 외교 정책에 관한 제언이 포함됐다. 그는 세계 모든 나라들이 아프리카에 주목하고 있으며, 특히 소련·중국·북한의 아프리카 '침투'가 현저하다고 보았다. 소련은 24명으로 구성된 거대 대표단을 라이베리아 대통령 취임식에 파견했으며, '중공(Red China)'은 전년에 아프리카에 예술단을 파견했고, 당해 5~6월에는 체육단을 파견할 계획이었다.[136] 이러한 중국의 적극적인 아프리카 외교에 대해, 정일권은 소련의 아프리카 침투를 위

---

133 「(외무부장관이 정일권 대사에게 보내는 공문) 건명: Liberia 국 정부통령 취임식 참석 및 "아푸리카" 제국 친선방문에 관한 건」(1959. 11. 2), 외교사료관, 앞의 자료.

134 「(주불 대사가 외무부장관에게 보내는 전문) 건명: "아푸리카" 제국 친선방문에 관한 건」(1959. 11. 29), 위의 자료. 기니는 북한과 1958년 10월 외교관계를 수립한 상황이었다. 그리고 이 시기 모로코는 프랑스의 사하라 사막에서의 원폭실험에 항의하는 등 중립 노선이면서도 반서방적인 성향을 보였다. 『조선일보』 1960. 2. 16.

135 「Liberia에 대한 정 대사의 건의」(1959. 12); 「정무국장이 방교국장에게 보내는 전문」(1959. 12. 8); 「외무부장관이 정일권 대사에게 보내는 전문」(1959. 12), 외교사료관, 앞의 자료.

136 정일권은 이 시기 중국은 이집트·모로코와 대사를 교환했으며, 기니와는 외교관계 수립에 동의했고, 가나와 에티오피아, 수단과는 대사 교환을 진행하기로 했다고 보고했다.

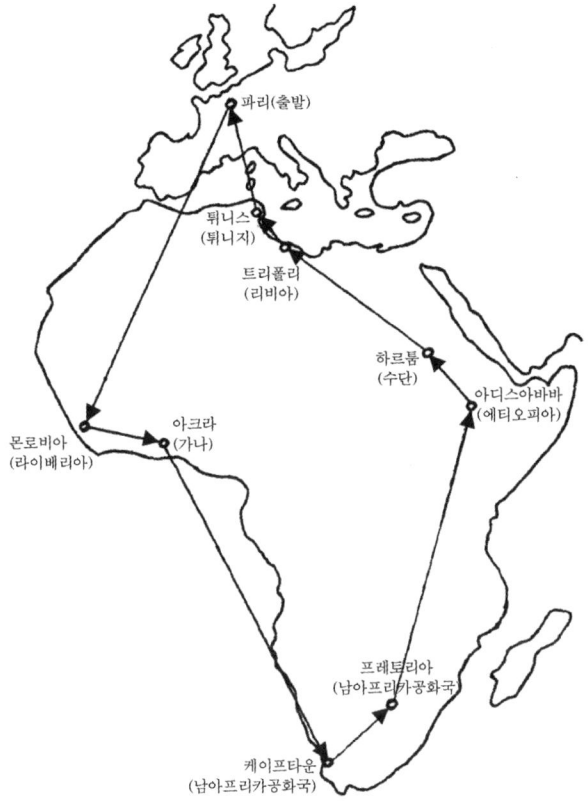

〈그림 4〉 친선사절단의 아프리카 7개국 방문 경로

* 출처: 『친선사절단 라이베리아 대통령 취임식 참석 및 아프리카·중동 비공식순방, 1959. 12. 30~60. 1. 28』, 외교사료관, 1995.

한 꼭두각시(puppet) 역할이라고 설명했다.

특히 정일권은 중국의 아프리카 진출에 편승하는 "북괴"를 언급하며, 이를 저지하기 위한 우리 정부의 적극적인 외교적 대응이 필요하다고 주장했다. 방문하는 아프리카 나라들에서 북한의 이미지가 남한보다 더 좋았는데, 정일권은 그 이유를 '재일동포' "북송(北送)" 사업에서 찾았다. 1959년 12월 14일, 일본에 거주하는 재일조선인 천여 명이 일본 니가타항을 출발하여 북한 청진으로 떠났다. 이승만 정부는 이를 강하게 비난했으며, 남한에서는 연일 '재일동포 북송 반대 국민대회'가 열렸다.[137] 정일권은 일본에 거주하는 상당수 '조선인'들이 남한이 아닌 북한으로 이주하는 것을 보고 아프리카 신생국들이 북한을 더 살기 좋은 곳으로 생각하고 있다며, 이에 자신은 매우 화가 났다고 토로했다. 따라서 사절단은 만나는 아프리카인들에게 '북송'의 '진실'을 설명하기 위해 최대한 노력했다고 한다.

보고서 말미에 정일권은 중립 노선의 아프리카 신생국들에 대한 견해를 밝혔다. 그는 방문한 7개국 중에서 친미적인 남아프리카공화국과 리비아를 제외한 5개국 모두 중립 정책을 채택하고 있으며, 아프리카에서는 곧 10개국이 독립할 것임을 강조했다. 그는 갓 독립한 아프리카 나라들이 중립 정책을 취하는 것은 이해된다고 했다. 또한 만나서 직접 대화를 나눠보니, 이들은 공산주의 국가들의 감정을 고려하여 반공의 최전선에 있는 우리와 가까운 관계를 형성하는 데 조심하는 것임을 알 수 있었다고 한다. 따라서 정일권은 북한이 이들에게 접근하기 전에 우리가 먼저 이들의 지지를 확보하기 위해 노력해야 한다는 제안으로 보고서를 마무리했다.[138]

정일권 사절단은 방문국에 따라 다른 선전 전략을 펼쳤다. 친미 반공 성향

---

[137] 당시 진행된 재일조선인의 북한으로의 이동에 대하여, 북한에서는 조국으로 되돌아온다는 의미에서 '귀국(歸國)' 사업으로, 남한에서는 북한으로 보내진다는 의미에서 '북송(北送)' 사업으로 불렀다. 재일조선인 '북송/귀국' 사업의 역사적 전개 과정과 남한 정부의 대응 양상은 다음을 참고할 것. 테사 모리스-스즈키 지음, 한철호 옮김, 『북한행 엑서더스—그들은 왜 '북송선'을 타야만 했는가?』, 책과함께, 2008; 박정진, 『재일한인 북송 문제(1959)—국제인권 규범 vs 국민주권수호』, 선인, 2023.
[138] 「정일권이 경무대 대통령 각하(서울, 대한민국)에게 보내는 전문」(1960. 1. 8), 외교사료관, 앞의 자료.

의 국가들에서는 우리의 '반공' 경험을, 중립주의나 친공적 성향의 국가들에서는 '식민' 경험을 호소하는 방식이었다. 즉 라이베리아·남아프리카공화국·리비아·에티오피아 등에서는 6·25전쟁에서 이승만 대통령이 공산주의와 투쟁했던 사실을 꺼냈으나, 가나에서는 반공은 전혀 언급하지 않은 채 은크루마 대통령의 반식민주의와 반제국주의 투쟁을 추어올리면서 동시에 이승만도 일본 제국주의와 싸웠다는 사실을 강조했다.[139]

1월 30일, 정일권은 친선사절단의 '요약 보고서'를 외무장관과 대통령에게 제출했다. 보고서를 시작하면서 정일권은 이번 방문에서 출발 전 상상했던 것과 다른 점을 현장에서 많이 발견했다고 적었다. 먼저 그는 영국과 프랑스의 국제정치적 영향력이 약화하는 상황에서 미국 정부조차 '평화를 위한 공존 정책(co-existence policy for peace)'을 취하고 있어, 신생국들의 대외 정책이 중립주의 혹은 반(反)서방적·친공산적 중립주의로 나아가고 있다고 진단했다. 즉 독립한 아프리카 신생국의 지도자들 대부분은 영국·프랑스의 식민주의에 대항하여 싸웠으며 감옥살이도 했기 때문에, 현재 소련 블록에 의해 영국과 프랑스로부터 자유를 획득했다고 생각하고 있었다. 특히 신생국 지도자들은 내셔널리즘과 '적극적인 중립주의(positive neutralism)'를 견지하고 있었는데, 이러한 나라들의 내셔널리즘에 공산주의가 침투하고 있다고 보았다. 더구나 현재 아프리카 신생국들이 소련 블록과 관계 맺기에 나서고 있어, 시간이 지날수록 공산 진영의 아프리카 침투는 커질 것으로 예상했다.

또한 그는 아프리카 신생국들이 동서냉전이 전장인 한반도와의 불필요한

---

[139] 정일권은 보고서에 가나인들이 진보(progress)와 재건(rehabilitation)을 위하여 노력하고 있으며, 가나의 가장 중요한 프로그램은 평화를 유지함으로써 경제를 촉진하는 것이라고 적었다. 「정일권이 경무대 대통령 각하(서울, 대한민국)에게 보내는 전문」(1960. 1. 12), 위의 자료.

접촉을 피하려고 한다고 보고했다. 이들은 남한이야말로 많은 무기와 공군력을 보유한 가장 강력한 반공주의 국가로서 중립주의의 반대편에 서 있다고 생각하거나, 아니면 남한 자체를 모르는 경우가 많았다. 게다가 현재 미국은 공존 정책을 추구하고 있는데, 외려 남한이 열전으로 이끌고 있다고 생각하고 있었다. 더구나 그는 유화적인 대공(對共) 공존 정책을 펼치는 미국과 달리, 소련·중공은 아프리카에서 적극적으로 북한에 유리한 선전을 펼치고 있어 상황이 더욱 심각하다고 지적했다. 그는 즉각 아프리카 선전에 나서지 않는다면, 우리의 '지위'는 북한보다 더욱 열악해지리라 경고했다.

따라서 정일권은 첫째 "아프리카대륙에서 가장 강력한 반공국가인 라이베리아와 남한은 외교관계를 수립"해야 하며, 둘째 "우리는 신생 아프리카 국가를 승인해야만 하고, 독립 축하식에 대표단을 파견하며, 우리 정부는 친선관계를 촉진하기 위하여 여러 나라들과 겸임대사를 임명"할 것을 권고했다. 끝으로 그는 "우리의 대외 정책과 활동"에 대한 "재토론"의 필요성을 제기하며 하나의 방안을 제시했다. 우리 외교관들은 "중립국 사절단과 사적으로 친밀한 관계를 유지"할 필요가 있으며, 이를 위해 "중립국들의 인사들이 우리나라를 방문"하는 데 제약이 되는 현행 "비자 발행의 규정을" 바꾸자는 것이었다.[140]

이처럼 아프리카 현지에서 사회주의 진영의 적극적인 활동을 목격한 정일권은, 기존에 이승만 정부가 중립국 외교에 나서기는 했지만 여전히 소극적인 정책들에 머물고 있다는 데 문제를 제기하고 정책의 재검토와 전환을 요청한 것이었다. 최종적으로 외무부는 정일권의 권고대로 정치적·경제적 관점에서 적극적인 중립국 외교가 필요하다는 다음의 분석과 권고사항을 대통령에게 제출했다.

---

[140] 「(정일권이 외무장관 각하에게 보내는 전문) 제목: 친선방문 요약」(1960. 1. 30), 위의 자료.

1. 정치적 관점

정치적 관점에서 볼 때, 외무부는 중립을 취하는 아프리카 국가들이 동서로부터 원조를 얻기 위해 "중립"을 연기하며 냉전에서 벗어나려는 위치를 가지려고 하고 있다. 그러나 지난 세기 서구 제국주의에 대한 미움을 가지고 있으며, 극도의 가난한 상황이기 때문에, 이들은 쉽게 공산주의 블록의 선전에 영향을 받는 경향이 있다. 최근 공산 선전이 중립국들에 쏟아져 들어가고 있다.

우리나라가 이 부분에서, 우리는 이러한 새로운 국제정치 세력을 다소 무시해 왔다. 우리는 이러한 나라들 대부분과 어떠한 정치적 접촉도 가져오지 않았다. 이 지역에 공보 활동의 부족으로 우리나라는 거의 알려져 있지 않다.

그러나 우리는 이들이 중립적 대외 정책을 채택하기 때문에 이러한 중립국들로부터 멀리할 수 없다. 정 대사의 보고서는, 아직 너무 늦지 않았으며, 더 적극적인 정책을 강화한다면 유엔에서 이러한 일부 나라들의 지지를 얻는 것이 완전히 불가능하지 않다는 것을 제안하고 있다.

2. 경제적 관점

정 대사는 우리의 면직물과 쌀이 이 지역에 가능한 수출품이 될 수 있다고 제안했다. 더 많은 연구가 있어야 하겠지만 이들 나라들과 친선관계를 유지하는 것이 필요하고 우리에게 도움이 될 것이다.[141] (밑줄—인용자)

2월 8일, 이승만은 정일권에게 귀하의 보고서를 읽었는데 그 내용이 매우

---

141 「정 대사의 아프리카 국가 친선사절단에 대한 평가」(1960. 2), 위의 자료. 해당 문서에는 정확한 발신자와 수신자 그리고 날짜가 표기되어 있지 않으나, 외무부가 대통령에게 전달하기 위해 작성한 것으로 보인다.

가치가 있으며, 이 권고를 가장 잘 실행하는 방법을 결정하기 위하여 귀하의 도착을 기다리고 있다고 썼다.[142] 11일, 외무 차관도 대통령에게 정일권의 권고에 동의한다고 밝히면서, 앞서 제시된 외무부의 권고사항이 포함된 내용을 함께 제출했다.[143] 정일권이 제시한 방안들은 곧바로 국장들에게 하달되었다. 2월 10일, 외무 차관은 "정일권 주불 대사의 보고서 중" 관련되는 부분을 통상국장과 의전국장, 방교국장 등에게 전달하면서 "처리"를 지시했다. 이 지시문에는 정일권 대사가 보고서 요약 사항에서 제시한 적극적인 중립국 정책의 내용(중립국과 친선을 유지하고, 중립국 인사의 초청을 위한 비자 발급 규정을 변경하는 문제)이 그대로 담겼다.[144]

이처럼 1957년 처음으로 중립국 외교를 시작한 이승만 정부는 1960년 1월 아프리카에 파견된 현지사절단의 보고와 권고를 수용함으로써, 적극적인 중립국 정책에 나서기 시작했다. 적극적인 중립국 외교의 국제정치적 목표는 아프리카 신생국들이 유엔의 한반도 문제 투표에서 기권이나 반대표를 던지지 않게 만들며, 소련·중국·북한의 아프리카 침투를 저지하는 것이었다. 동시에 이들과 무역을 증진함으로써 경제적 이익을 얻고자 하는 목표도 있었다. 그리고 이러한 국제정치적·경제적인 목적을 추구하는 적극적인 중립국 외교 정책의 기조는 4월혁명 이후 과도정부와 장면 정부, 그리고 5·16 이후 군사정부에서도 지속됐다.

---

142 「대통령이 대사 정일권에게 보내는 전문」(1960. 2. 8), 위의 자료.
143 「(외무차관이 대통령 각하에게 보내는 전문) 제목: 정 대사의 아프리카 친선방문 후 건의」 (1960. 2. 11), 위의 자료.
144 「외무부 차관이 통상국장, 의전국장, 방교국장에게 보내는 전문」(1960. 2. 10), 위의 자료.

### (2) 과도정부의 적극적인 중립국 외교

4월 26일, 이승만 대통령은 "국민이 원하면 대통령직을 사임할 것"이라는 하야성명을 발표했다.[145] 6월 4일, 과도정부의 대통령 권한대행을 맡은 허정 수석국무위원[146]은 국회에 출석하여 시정연설을 하면서 향후 외교 방향을 설명했다. 그는 4월혁명이라는 "민주 의거를 계기로 우리나라에 대한 해외의 인식이 새로워지고 우리의 국위가 선양된 이 기회에 과감, 참신한 외교를 추진"하겠다는 포부를 밝혔다. 특히 이승만 정부의 고위 관료였던 허정은 "이제까지의" 외교를 "공허하고 독선적인 구호외교"라며 강하게 비판했다. 그리고 그는 "미국을 비롯한 자유국가와의 유대를 일층 강화"할 뿐 아니라 "비교적 소원한 관계에 있는 중립국들과의 관계도 개선"하겠다고 했다.[147] 그런데 앞서 살펴본 대로, 4월혁명 직전 이승만 대통령과 외무부는 이미 아프리카에서 적극적인 중립국 정책을 시행하는 중이었다.

약 100일 동안, 과도정부는 아프리카 지역에 친선사절단을 두 차례나 파견했다. 앞선 정일권 사절단처럼, 과도정부도 신생 아프리카 독립국의 경축식에 맞춰 사절단을 파견하고 이를 기회로 주변국을 순방하는 방식이었다. 그리고 외교관계 수립과 함께 공산 세력의 침투 현황, 무역 가능성 등을 조사하는 임무를 부여받았다.[148] 또한 이번에도 우방인 미국 국무부와 현지 미국 대사관

---

145 「이승만 대통령의 하야성명」(1960. 4. 26), 대통령기록관; 『조선일보』 1960. 4. 27.
146 허정은 1960년 4월 25일 혁명으로 인하여 혼란한 정국과 민심을 조속히 수습하기 위한 국무원 개편 당시 수석국무위원인 외무부장관으로 임명된 바 있었다. 『조선일보』 1960. 4. 26.
147 『경향신문』 1960. 6. 4; 「제4대 국회 제35회 제29호 임시회의 속기록」(1960. 6. 4), 2~3쪽, 국회회의록 누리집.
148 「(품의) 건명: 아프리카 제국에 대한 친선방문에 관한 건」(1960. 6. 2), 『친선사절단 콩고 킨샤사 독립경축식 참석 및 아프리카·모로코 비공식순방, 1960. 6. 27~7. 20』, 외교사료관, 1995.

의 적극적인 지원과 협조가 있었다. 미국은 남한의 적극적인 아프리카 순방외교에 지지와 지원을 아끼지 않았으며, 남한 외무부도 미국의 협조를 요청하고, 방문한 현지의 미국 대사에게 도움을 받았다.[149]

물론 과도정부의 아프리카 순방은 이전보다 더 적극적인 측면도 있었다. 앞서 정일권 사절단은 참가 요청을 받고 나서야 접촉을 시작했으나, 이번에는 외무부가 먼저 '콩고(레오폴드빌)'와 '말라가시'의 독립식 초청 대상에 남한이 포함되어 있는지 확인했다.[150] 그 결과 말라가시의 초청 명단에는 남한이 빠져 있었는데, 외무부의 비공식적 조회 및 문의로 초청장을 받아내기도 했다.[151] 또한 이전과 달리 방문 대상국의 범위가 확장됐다. 정일권 사절단은 북한과 수교한 기니와 수단을 친공적이라는 이유로 방문 대상에서 제외했으나, 이번에는 모두 포함됐다.[152]

그런데 이러한 변화는 4월혁명 덕분이기도 했다. 북한과 수교한 기니 대통령 세쿠 투레가 4월혁명에 대해 과도정부에 축하를 표하면서, 먼저 아시아·아프리카 국가들의 관계개선을 위해 서로 협력하자는 전문을 보내올 정도였다. 이에 과도정부의 외무장관은 기니를 사절단의 방문국에 포함하라고 손원일

---

[149] 「외무부장관이 주미 대사에게 보내는 전문」(1960. 6. 3); 「주미 대사가 외무장관에게 보내는 전문」(1960. 6. 9), 위의 자료.

[150] 「(품의) 건명: 아프리카 제국에 대한 친선방문에 관한 건」(1960. 6. 2), 위의 자료.

[151] 「(주불 대사 대리가 외무부 차관에게 보내는 전문) 건명: MALGACHE 공화국 독립식전에 관한 건」, 『친선사절단 말라가시 독립 경축식 참석 및 동부 아프리카·중동 비공식순방, 1960. 7. 29~8. 7』, 외교사료관, 1995.

[152] 손원일 주독 한국 대사는 애초에 방문국에 포함된 기니에 대해 항공 스케줄상 여의치 않고 "정 대사 사절도 환영치 않았을 뿐만 아니라 동국의 정책은 아국의 사절을 환영치 않을 듯" 하니 제외하는 게 좋겠다고 외무부장관에게 건의했다. 「주독 대사가 외무부장관에게 보내는 전문」(1960. 6. 18), 위의 자료.

주독 대사에게 지시했다.[153] 이처럼 4월혁명은 과도정부가 적극적으로 아프리카 지역에 대한 중립국 외교를 펼치는 데 유리한 조건을 창출했다. 동시에 과도정부라는 제한적 여건에서도 당시 아프리카 독립국의 급증이라는 급변하는 국제정세에 대응할 필요성도 있었을 것이다. 결국 과도정부는 적극적인 중립국 외교 방침에 따라 '친공'과 '엄정' 중립국을 포함하여 아프리카에 순방사절단을 파견하기로 했다.

1960년 6월 27일부터 7월 20일까지, 과도정부의 첫 아프리카 친선사절단이 손원일 서독 주재 대사를 단장으로 하여 콩고 킨샤사에서 열린 독립경축식에 참여했다. 이후 사절단은 6개국(카메룬→나이지리아→토고→기니→세네갈→모로코)을 순방했다. 다음으로 7월 29일부터 8월 7일까지, 김영기 이탈리아 주재 대사를 단장으로 하는 친선사절단이 말라가시 독립 경축식에 참석한 이후 3개국(통일아랍공화국→수단→소말리아)을 방문했다.[154]

아프리카를 방문했던 과도정부의 친선사절단장들도 적극적인 중립국 외교의 필요성을 본부에 건의했다. 특히 손원일 대사는 종합보고서에 아프리카 신생국 전부가 "비(非)종속 정책 및 동서분쟁의 와중에서 벗어나려는 근본 국시에서 중립주의를 표방"하고 있다고 분석했다. 그리고 이들과 "적절한 시기에 외교관계를 수립"하는 "적극책을" 취함으로써, "북한의 대외확장을 미연에

---

[153] 외무부장관은 손 대사에게 기니가 앞서 우리의 4월혁명을 축하하며 양국 간 관계를 강화하자는 축전을 보내온 데 따른 것이었다고 언급하며 가급적 포함시킬 것을 지시했다. 「외무부 상관이 수독 대사에게 보내는 전문」(1960. 6. 20), 위의 자료.

[154] 『친선사절단 콩고 킨샤사 독립 경축식 참석 및 아프리카·모로코 비공식순방, 1960. 6. 27~7. 20』, 외교사료관, 1995; 『친선사절단 말라가시 독립 경축식 참석 및 동부 아프리카·중동 비공식순방, 1960. 7. 29~8. 7』, 외교사료관, 1995. 말라가시는 1896년 프랑스 식민지가 되었다가 1960년 6월 26일 독립하였다. 1975년 12월 말라가시(Malagasy) 공화국에서 현재의 마다가스카르 민주공화국으로 국호를 변경했다. 「마다가스카르」, 『한국민족문화대백과사전』.

막는 방법도 동시에 강구"해야 한다고 썼다.[155] 김영기 대사도 아프리카를 둘러 싼 북한과의 외교경쟁에 적극 나설 것을 건의했다. 관련하여 그는 분단된 동서 독의 중립국 외교를 언급했다. "현재 동독이" UAR에 "통상대표부만을 설치하고 있는 반면에" 서독은 "대사관을 설치하여 외교사절을 교환하고" 있다며, 우리도 서독처럼 적극적이며 강경한 중립국 외교를 펼쳐야 한다는 것이었다.[156]

### (3) 장면 정부의 적극적인 중립국 외교

과도정부하에서 기존의 국회의원들이 제1공화국의 헌법을 개정하여 내각 책임제와 양원제가 채택됐다.[157] 새 헌법에 따라 7월 29일 시행된 5대 민의원선거로 새로운 국회가 구성됐다. 8월 12일, 국회는 민주당 최고위원 윤보선을 대통령으로 선출했다.[158] 윤보선은 대통령 취임사에서 외교 정책의 '혁신'을 강조했다. 그는 이승만 정부가 "자유 진영의 두통거리"이자 "무정견·무정책의 연속"으로 "세계 우방으로부터 고아 취급을 받았"다고 지적했다. 특히 그는 이승

---

155 「콩고공화국 특별경축사절 및 기타 아푸리카 제국 비공식 친선사절 종합보고서」(1960. 7. 25), 외교사료관, 앞의 자료.
156 그런데 이는 김영기가 UAR 외상과 면담한 뒤 보고한 내용으로 판단할 때 거의 실현 불가능한 것이었다. 김영기는 UAR 외상에게 "대한민국 정부만이 한반도에 있어서 유일한 합법정부임을 역설하고" "북한 괴뢰와는 여사한 관계를 맺기 아니할 것을 강조"했다. 그런데 UAR 외상은 "정치 문제를 제외한" "경제 및 문화 등의 유대를 발전시키는 데에는 찬성"한다며 사실상 그의 제안을 거절했다. 「(김영기 주이 대사가 외무부장관에게 보내는 전문) 건명: 아프리카 친선방문 결과 보고의견」(1960. 8. 13), 『친선사절단 말라가시 독립 경축식 참석 및 동부 아프리카·중동 비공식순방, 1960. 7. 29~8. 7.』, 외교사료관, 1995.
157 4월혁명 이후 제2공화국 탄생까지의 개헌 과정과 그 논쟁점에 대해서는 다음의 논문을 참조. 오제연, 「제2공화국 시기 윤보선 대통령의 헌법상 권한과 정치 관여 논란」, 『한국인물사연구』 23, 2015.
158 『경향신문』 1960. 8. 12.

만이 "독재적 정책을 합리화하고" "국내의 정치적 위기를 모면"하기 위해 "국내의 불평불만을 외우(外憂)로" 돌리는 "기만적 외교"를 일삼았다고 강하게 비판했다.[159]

8월 19일, 민의원 본회의에서 민주당 대표최고위원 장면이 초대 국무총리로 결정됐으며,[160] 23일에는 조각이 완료되어 새로운 내각이 출범했다.[161] 24일, 신임 외무부장관 정일형은 "외무행정의 7대 목표라는 원칙"을 발표했다.[162] 그는 "반공 진영의 결속과 중립국가군(群)에 대하여 외교를 강화한다"고 밝혔다.[163] 특히 그는 이승만 정부 때와 달라진 중립국 외교의 사례로 인도를 언급했다. 과거 인도인들이 남한에 "들어오지 못"했으나, 이제는 "중립국의 거의 대표국"인 "인도 사람들이" 실제 입국했다는 것이다.

또한 그는 중립국들을 '친공', '엄정 중립', '친서방' 등 세 그룹으로 분류한 다음 그 성향에 맞는 외교 정책을 강구했다. 먼저 친공 중립국들은 남한과 국교수립을 희망하지 않을 것이니 전혀 고려의 대상이 아니었다. 마찬가지로 친서방적인 중립국들과는 이미 외교관계 수립을 위해 노력하고 있어, 추가적인 조치가 필요하지 않았다. 그런데 냉전의 양대 진영 바깥에 서고자 하는 '엄정 중립국'들은 적극적인 외교를 통해 우리 편으로 끌어올 필요가 있었다.[164]

다만 정일형은 엄정 중립국 외교에서 한반도 유일 합법정부 문제와 관련해서는 신중했다. 9월 22일 참의원 회의에서, 정일형은 적극적인 중립국 외교

---

159 「제2대 윤보선 대통령 취임사」(1960. 8. 13), 대통령기록관.
160 『동아일보』 1960. 8. 20.
161 『경향신문』 1960. 8. 23.
162 『제5대 국회 제37회 제6호 민의원 속기록』(1960. 9. 8), 30쪽, 국회회의록 누리집.
163 『동아일보』 1960. 8. 25.
164 『제5대 국회 제37회 제13호 참의원 속기록』(1960. 9. 22), 13쪽, 국회회의록 누리집.

를 전개하지만 남북한을 동등하게 취급하는 엄정 중립국과 외교관계를 수립하는 데는 일단 부정적이라고 밝혔다. 왜냐하면 대한민국은 1948년 12월 12일 유엔총회 결정에 따라 한반도 유일의 합법정부로 그 정당성을 부여받았기 때문이었다. 그럼에도 정일형은 남한만의 유일 합법성을 받아들이지 않는 엄정 중립국과의 수교 문제에 관해 일정한 여지를 남기는 발언을 했다. 즉 시기적으로 "아직은" 아니지만 "만일 전 국민이 그래도 하자고 할 것 같으면 그것은 이해가" 된다는 것이었다.[165]

이러한 그의 발언은 당시 남한에서 중립화 통일론이 급속도로 확산되던 상황을 고려한 것으로 보인다. 그동안 이승만 정부는 북진통일을 내세우며 중립화나 평화통일론 자체를 금기시했으나, 4월혁명 이후 언론의 자유가 확대되면서 중립화 통일론에 대한 논설이 각종 신문·잡지에 실리기 시작했다. 일례로, 1960년 6월 일본에서 중립화 통일론을 주장해온 김삼규가 방한(訪韓)하여 여러 잡지와 일간지에 관련 글을 발표했으며, 관련 대학생 토론회도 열렸다.[166] 당시 중립국행 포로를 주인공으로 한 최인훈의 소설 『광장』이 잡지 『새벽』(10월호)에 실리며 인기를 끌기도 했다. 이처럼 1960년도를 지나면서 남한 사회에서 '중립'에 대한 관심은 커지고 있었다.[167]

---

165  위의 자료, 13쪽.
166  1960년 9월 24~25일, 고려대학교에서 '전국 학생 통일 문제 토론회'가 열렸다. 이 행사에서 최우수상을 받은 단국대학교 김혁동을 포함한 다수 학생들은 "민족자주성에 입각한 탈냉전 '중립적' 통일과 열강이 보장하는 영세 중립화 방식의 통일"을 주장했다. 또한 1960년 10월 미국 상원의원 맨스필드가 오스트리아와 같은 한반도의 중립화 통일을 언급함으로써 '중립'이라는 말이 남한에서 더욱 주목받았다. 홍석률, 『통일 문제와 정치 사회적 갈등 1953~1961』, 서울대학교출판부, 2001, 113~115쪽.
167  이 시기 남한 사회에서 김삼규의 중립화 통일론과 최인훈의 『광장』에 기입된 중립의 상상력이 서로 겹쳐지고 커져가는 과정은 장문석, 『최인훈의 아시아』, 틈새의 시간, 2025, 69~76

이승만 정부처럼 장면 정부의 중립국 외교에서도 주요 목표 중 하나는 매년 열리는 유엔총회에서의 한반도 문제에 관한 회의에 대비하는 것이었다.[168] 9월 20일 열린 참의원 회의에서 정일형 장관은 이번 유엔총회에서 "아아(亞阿) 쁠럭"과 "중립 진영"의 중요성을 언급했다. 먼저 그는 1960년 새로 독립한 아프리카 국가들이 모두 유엔에 가입할 수 있으므로 이들의 "향배"가 중요하다고 설명했다. 특히 그는 유엔 회원국은 과거 "전부 다수가 민주 진영"이었으나 이제는 "공산 내지 중립국가군의 세력이" 커졌기 때문에, 유엔총회에서 한반도 통일 방안이 "그들이 하자는 대로" 결정될 수 있음을 우려했다. 이를 방지하기 위해, 그는 우리 정부가 그동안 견지해온 유엔총회에서 도출된 "유엔 결의를 받아들인다"는 원칙을 일부 수정하여 "유엔 결의를 존중해서 유엔 감시하에 남북통일선거로 반공민주통일을 한다"로 변경했다고 밝혔다. 왜냐하면 "만일" 유엔총회에서 "유엔 감시하에 통일을 하자고 결의가 될지라도 이것이 반공"이자 "민주통일이 아니고는" 유엔총회의 "결의를 존중하지만 전적으로 받아들일 수" 없기 때문이었다.[169]

1961년 2월, 장면 정부는 임창영 주유엔 대사를 단장으로 하는 친선사절단을 아프리카 8개국(콩고→카메룬→다호메이→토고→가나→나이지리아→아이보리코스트→세네갈)에 파견했다. 친선사절단의 목표는 유엔총회에서 지지를 요청하고 "4월 혁명 이후의" 변화한 "민주 발전 상황을 소개하고" 아울러 우리 "국토 통일방안"을 설명하는 것이었다.[170] 순방 과정에서 임창영 사절단은 북한의 아프리카

---

쪽을 참고.
168  『서울신문』 1960. 9. 4; 『동아일보』 1960. 9. 21.
169  『제5대 국회 제37회 제11호 참의원 속기록』(1960. 9. 20), 14쪽, 국회회의록 누리집.
170  사절단 수행원으로는 전영철(국무총리 비서관)과 김창훈(유엔 대표부 촉탁)이 파견됐다. 그리고 다호메이는 애초 계획에는 포함되어 있지 않았으나 비행기 연락관계상 그 나라에

침투를 저지하기 위해서도 노력했다. 일례로 세네갈에서 사절단은 현지 미국 대사를 통해 4월 3일 열리는 세네갈 독립 1주년 기념식에 남한뿐 아니라 북한도 초대됐다는 정보를 입수했다. 이에 사절단은 외교력을 동원하여 마련한 세네갈 대통령과의 면담 자리에서 북한 초청의 "재고"를 요청했다. 그런데 대통령은 이번 북한 초청에는 아무런 '정치적 이유'가 없다며 사실상 거절했다.[171]

장면 정부는 아프리카 사절단을 파견하며 유엔총회에 대비했으나, 한반도 문제 관련 논의는 이전보다 더 어려울 것으로 예견됐다. 이에 3월 초, 국회 민의원 회의에서는 「남북통일 방안에 대한 국회 결의의 재강조를 위한 유엔총회에 보내는 멧세지 발송에 대한 결의안」이라는 긴급동의안이 상정되어 논의가 이루어졌다. 이 긴급 결의안은 곧 재개될 유엔총회에서 한반도 통일 문제가 논의될 때 국회의 견해를 명확히 제시하기 위한 것이었다. 특히 지금 "유엔에 99개국" 중 "45개국이" "소위 아세아와 아프리카에 있는 중립 진영" 국가들이기 때문에, "지금의 유엔 감시하라는 것은 반드시 자유 진영의 감시하가 아니라" "내년에는 중립 진영의 감시하가 될" 수도 있었다. 이를 막고자 국회는 긴급동의안을 유엔총회에 보냄으로써 "대한민국헌법 절차에 따라서 하는 것을 그 보류

---

착륙하게 된 기회를 이용하여 방문한 것이었다. 「아프리카 신생 제국 친선방문에 관한 종합보고서」(1961. 3. 8), 『친선사절단 아프리카 신생국 순방, 1961. 2. 18~3. 7』, 외교사료관, 1995; 『동아일보』 1961. 2. 8.

171 관련하여 사절단은 종합보고서에 북한이 같이 초청되더라도 "우리 대표단을" 더 "강하게 조직하여 참여"해야 한다고 썼다. 나아가 "아프리카 신생 제국이 대개 외교면에서 중립 노선을 취하고" 있으나, "대개 친서방적이고 그들의 중립 관념이 독립 관념과 혼동되어 있으니 앞으로 대아프리카 공작"에서, 이를 "이해하고 과감하게" "친선을 도모"해야 한다고 제안했다. 「(임창영 단장이 외무부장관에게 보내는 전문) 아프리카 신생 제국 친선방문에 관한 종합보고서」(1961. 3. 8), 외교사료관, 앞의 자료.

조항"으로 한다는 점을 명시하고자 했다. 이 메시지는 만장일치로 통과됐다.[172]

4월 8일, 참의원 회의에서 김용성 의원은 장면 정부가 수립된 이후 '예멘, 오스트리아, 버마, 쿠바' 등이 북한과 경제 혹은 문화협정을 설정하는 동안 우리는 "중립주의 진영과의 외교관계가 어느 만치 진척된 것인지" 물었다. 외무부 정무차관 김재순은 먼저 "중립 진영과의 외교 강화는" "우리 장 정권의 획기적인 외교 방침의 하나"임을 밝혔다. 그리고 그는 구체적인 성과로 인도를 제시했다. 인도가 "독립 이래 저희들이 축전을 치면 과거 이(承) 정권 시대에는 답전이" 없었으나 "이번에는 답전이" 왔다는 것이었다.[173]

4월 10일, 유엔총회 제1위원회에 한반도 문제가 상정됐다. 먼저 '절차' 문제로 남북한 중에서 누구를 옵서버로 초청할지가 논의됐다. 다수 중립국들이 표결에 참가했기 때문에, 이전처럼 남한 '단독초청안'이 통과되기 어려운 상황이었다. 다수 여론이 한반도 통일 문제의 당사자인 북한도 출석하여 의견을 개진하는 것이 바람직하다는 쪽으로 향하고 있었고, 만약 이대로 표결이 진행된다면 남한 단독초청안이 부결될 가능성이 높았다. 이에 11일 회의에서 미국 대표 스티븐슨(Adlai E. Stevenson)이 북한이 유엔의 자격과 권위를 수락한다는 조건하에서 남북을 동시에 초청하자는 이른바 '조건부 남북한 동시초청안'을 수정 제안했다. 그리고 미국의 수정안은 가결됐으나, 이는 남한 사회에 커다란 파장을 불러일으켰다.[174]

장면 총리는 조건부 남북한 동시초청안은 "한 개의 승리"로 규정했다. "아

---

172  『제5대 국회 제38회 제35호 민의원 회의록』(1961. 3. 13), 10~15쪽, 국회회의록 누리집.
173  『제5대 국회 제38회 제41호 참의원 회의록』(1961. 4. 8), 33쪽, 국회회의록 누리집.
174  제15차 유엔총회에서 미국 스티븐슨 제안이 도입되고 통과된 일련의 과정과 그것이 남한에 미친 영향은 다음을 참고했다. 홍석률, 앞의 책, 213~225쪽.

프리카 신생 제국이 공산 측의 유혹과 중립국의 영향 및 한국 문제에 대한 미숙한 지식에도 불구하고 그 반수 이상이 한국의 입장을 위해서 투표해주었"다는 해석이었다. 또한 이 조건부 초청안은 "북한괴뢰 정권의 대표라고 할지라도 반드시 유엔의 권위에 복종하지 않으면 안 된다는 전제조건"이 있기 때문에, "북한 대표 측을" "참여를 할 수도 없고 안 할 수도 없는" "굉장히 곤란한 궁지"에 몰아넣었다는 설명이었다.[175]

장면 "정부선 승리"라고 했으나, "보수혁신을 가릴것없이 여야 정치인들이 이를 중대시하고 민의원 본회의에서도 문제화"됐다.[176] 그리고 장면 정부의 외무장관 정일형조차 유엔총회에서 남한 단독초청안이 제시됐을 때 "아프리카라든지 중립국가"의 "강력한 반대에 봉착"했으며, 이때 "실망하고 낙담하지 않을 수밖에 없"었다고 참의원 회의에서 밝혔다. 그는 유엔 구성이 "중립국과 흑인의 수가 대등하기 때문에 적어도 민주 진영의 발언권과 지휘권이 약화일로로 간다는 이런 사실"을 인정해야 하는 현실을 강조했다.[177]

이처럼 4월혁명 이후 과도정부와 장면 정부는 공히 이승만 정부의 외교를 '고립' 외교이자 '독단' 외교라 비판하며, 이를 탈피하는 방안으로 적극적인 중립국 외교를 표방했다. 그런데 이미 1959년 말 정일권의 아프리카 사절단 파견을 기점으로 이승만 정부의 중립국 외교도 적극성을 보이기 시작했으며, 그것은 정치적인 것뿐 아니라 경제적인 교류까지 고려한 것이었다. 또한 과도정부와 장면 정부 모두 중립국 외교의 실행 방식은 아프리카 사절단을 파견하여 유엔에서 한반도 문제 표결에 대비하는 형태였다. 물론 이승만 정부와 차이점도

---

175 『제5대 국회 제38회 제49호 민의원 회의록』(1961. 4. 14), 3~8쪽, 국회회의록 누리집.
176 『조선일보』 1961. 4. 15.
177 『제5대 국회 제38회 제56호 참의원 회의록』(1961. 5. 1), 4~7쪽, 국회회의록 누리집.

있었다. 친선사절단이 상대국에게 남한을 선전할 때는 이승만 대통령의 업적이 아니라 4월혁명의 위대함이 부각됐으며, 그동안 배제됐던 중립국 인도에 관한 조치가 실행됐다.

동시에 당시 지구적 냉전질서의 판도가 변화하고 있었다. 미국 중심의 자유 진영이 대부분이던 유엔 회원국 구성이, 신생 아프리카 국가들의 대거 유입으로 더 이상 남한에 유리하지 않은 형태로 바뀌어가고 있었다. 당시 정일형 외무장관의 표현대로 1960년 열린 제15차 유엔총회는 그야말로 "흑인총회"였으며, 상당수 아프리카 국가들이 중립 노선을 채택하고 있었다.[178] 남한에게 불리한 방향으로의 지구적 냉전질서의 변화는 이제부터가 시작이었다.

### (4) 군사정부의 적극적인 중립국 외교

1961년 5월 16일, 군사정변을 일으킨 세력은 「혁명공약」 6개항을 발표하고, "반공을 국시의 제1의(-義)로" 삼으며, 반공 체제 강화와 "유엔헌장 준수", 그리고 "미국을 위시한 자유우방과의 유대" 등을 내세웠다.[179] 동시에 정변 세력은 장면 정부 시기 고조된 통일과 중립에 대한 통제에 나섰다. 5월 24일, 장도영 국가재건최고회의 의장 및 내각 수반은 첫 번째 시책으로 '용공(容共)중립주의'의 '일소(一掃)'를 발표했다. 그는 "정부의 내부로부터 아래는 청소년 학도에 이르기까지" 당시 활발하던 통일과 중립 논의를 "용공중립주의"이자 공산 세력의 "간접침략"으로 규정했다.[180] 6월 10일, 최고회의는 「재건국민운동에 관한 법률」을 공포하고 '국가재건 범국민운동 촉진대회'를 열었는데, 여기서는 "8·공

---

178 정일형은 "유엔총회의 구성분자가 굉장히 이질적, 이질화"했다고 말했다. 위의 자료, 7쪽.
179 민주화운동기념사업회 연구소 엮음, 『한국민주화운동사 1』, 돌베개, 2008, 351쪽.
180 『경향신문』 1961. 5. 25.

중립 사상"을 "배격"하자는 구호가 제창됐다.[181]

군사정부는 국내적으로는 '중립 사상'을 용공이라 탄압하면서도, 대외적으로는 적극적인 중립국 외교를 표방했다. 국가재건최고회의가 발행한 『최고회의보』 1호(8월 15일 발행)에는 군사정부의 대외 정책 방향이 제시됐다. 여기에 유양수 최고회의 외무국방위원장은 앞으로 군사정부가 이승만 정부의 "대외시책을 조정하는 영단"을 내려, "AA 쁠럭(Asia-Africa bloc)"에 대한 적극적인 외교를 전개해야 한다고 주문했다. 그는 "국가이익에 치밀치" 못했던 "이씨 외교"는 국제사회에서 "사면초가" 고립됐으며, 그 결과 남한은 "수개국과의 긴밀한 관계 외에는 세계와의 접촉에서 분리"되어 "미국의 과중한 외교 부담물로 전락"했다고 토로했다. 그리고 앞으로 군사정부는 "완전한 적성국가를 제외하고는" "공동이익점"을 발견하는 방법으로 아시아·아프리카 블록과 외교관계 구축에 나서야 한다고 제안했다. 특히 그는 '국가이익'의 관점에서 국내와 국외의 차원을 '분리'한 정책 집행의 필요성을 제기했다.[182] 같은 호에 실린 조순승 고려대 교수의 글도 이승만 정부가 국내 정치에서의 "중립주의 사상" "배격"과 대외적 차원의 "중립국가들과의 교섭" 문제를 분리하지 못했다고 비판했다.[183] 이처럼 군사정부도 전임 정부들처럼 제1공화국의 이승만 대통령을 '1인' 외교 또는 '대미(對美) 일변도' 외교로 규정했다.

군사정부의 적극적인 중립국 외교 정책의 핵심은 친선사절단 파견이었다. 이전보다 방문국 숫자와 기간이 대폭 늘어났으며, 처음으로 민간인 대학교수가 사절단에 포함됐다. 1961년 5월 27일, 김홍일 외무장관은 "한국을 이해하

---

181 『경향신문』 1961. 6. 12.
182 유양수, 「외교 신장의 구체적 방안」, 『최고회의보』 1(1961. 8. 15), 97~99쪽.
183 조순승, 「국제정세와 혁명정부의 외교 방향」, 위의 자료, 39~40쪽.

는 나라를 보다 많이 얻기 위하여 유력한 민간인을 포함한 특별친선사절단을 중립 제국에 보낼 예정"이라고 언론에 밝혔다.[184] 6월 12일, 외무부는 친선사절단을 다섯 지역의 "세계 우방국가 및 중립국가"들에 파견하는 계획을 확정했다.[185] 이 거대 친선사절단의 목적은 세 가지였다. 첫째, 방문지에서 "군사혁명"을 설명하고 이들의 "이해와 지지를 획득하여 우의를 증진"하며, 둘째, 경제와 문화 등에서 "상호 우호관계를 더욱 증진"하고, 셋째, 유엔총회에서 남한에 대한 "지지를 요청"하는 것이었다.[186] 군사정부는 사절단을 총 88개국(실제 76개국)에 파견할 계획을 세웠는데, 이는 "대한민국 수립 이후 초유의 대규모적인 외교 활동"이었다.[187] 반별 파견지와 구성을 정리하면 〈표 4〉와 같다.[188]

미주 1반은 유양순 국가재건최고회의 외교국방위원장이, 나머지는 모두 현지 대사가 사절단 단장을 맡았다. 그리고 사절단에는 민간인이 1명씩 포함됐다. 1반에는 외무부 관료 출신으로 합동통신사 상무취체역(상무이사)으로 근무하는 이원경[189]이, 다른 반들에는 모두 현직 교수가 포함됐다. 2반의 김준엽

---

184 『동아일보』 1961. 5. 28.
185 「외무부 정무국이 의전국장에게 보내는 전문」(1961. 6. 12), 『친선사절단 아주 순방, 1961. 7. 4~9. 1』, 외교사료관, 1995, 5쪽.
186 외무부 정무국, 「친선사절단 파견계획」(1961. 6. 12), 위의 자료, 8쪽.
187 애초 계획보다 12개국이 줄었는데, 동남아에서는 인도네시아와 아프가니스탄이, 중근동에서는 튀니지와 수단이, 아프리카에서는 소말리아와 에티오피아 등이 빠졌다. 외무부 정무국, 「5개 지역 친선사절단의 종합평가」, 위의 자료.
188 외무부 정무국, 「친선사절단 파견계획」(1961. 6. 12), 위의 자료; 『동아일보』 1961. 7. 1; 외무부 외교연구원, 『한국 외교의 20년』, 1967, 162~163쪽.
189 이원경은 1944년 도쿄대학교 법학부 중퇴 후, 1947년 서울대 상과대학을 졸업했다. 1948년 외무부에 들어간 후 외무부 방교국장, 의전실장, 주 일본대표부 참사관, 합동통신 상무이사, 제12대 외무부 차관, 합동통신 사장, 1974년 문화공보부장관, 1983년 제20대 외무부장관 등을 역임했다. 『한국민족문화대백과사전』.

〈표 4〉 친선사절단의 파견지와 구성 현황

| | 파견지 | 사절단장(직위) | 인원 | 민간인 |
|---|---|---|---|---|
| 제1반 | 미주 | 유양수(국가재건최고회의 외교국방위원장) | 5 | 이원경 |
| 제2반 | 동남아 | 최덕신(주베트남 대사) | 4 | 김준엽 |
| 제3반 | 중근동 | 윤치창(주터키 대사) | 5 | 이용희 |
| 제4반 | 구라파 | 김용식(주영국 대사) | 4 | 정일영 |
| 제5반 | 아프리카 | 백선엽(수프랑스 대사) | 4 | 조의설 |

고려대 교수는 중국 전문가이자 최고회의 의장의 고문이었다.[190] 3반의 이용희 교수는 서울대 행정대학원 원장으로 최고회의 기획위원회 고문이었다.[191] 4반에는 서울대 법대 교수이자 외무부장관 자문위원인 정일영[192]이 합류했다. 군사정부에서 직책을 맡고 있지 않았던 것은 5반의 조의설[193] 연세대 문리대 교

---

190  김준엽은 1946년 2월 중국 국립 동방어문전문학교 전임강사를 시작으로 중국어와 중국사를 공부했다. 1949년 2월부터 고려대학교 교수로 재직했으며, 1957년 아세아문제연구소를 창설했다. 『고대신문』 2023. 5. 8.

191  이용희는 1940년 연희전문학교 문과를 졸업하고 1962년 서울대학교에서 법학박사학위를 받았으며, 1949년부터 1975년까지 서울대학교 교수로 재직했다. 1956년부터 1967년까지 한국국제정치학회 회장을 역임했으며, 1962년 유엔총회 한국대표, 1976~1979년 국토통일원 장관 등을 지냈다. 『한국민족문화대백과사전』.

192  정일영은 1951년 서울대학교 정치학과를 졸업하고 1959년 스위스 제네바대학 국제연구소에서 「국제법학(국제재판) 연구」로 박사학위를 취득했으며, 1960년부터 서울대 법대 교수로 재직하면서 한일회담 대표, 1964년 외무부 차관, 제9,10대 국회의원 등을 역임했다. 정일영, 『한국 외교와 국제법』, 2011, 나남, 885쪽.

193  조의설은 1931년 연희전문학교 문과를 졸업하고 일본 도호쿠제국대학(東北帝國大學) 서양사학과에서 희랍사를 전공했다. 1939년 연희전문 교수를 시작으로 1971년 연세대학교에서 정년을 맞이했다. 1953~1954년 미 국무부가 제공하는 교환교수 프로그램으로 미국 미네소타대학과 하버드대학에 초빙됐다. 『한국민족문화대백과사전』.

**친선사절단의 단장들** 우측부터 유양수, 최덕신, 윤치창, 김용식, 백선엽. 출처: 『친선사절단 아주 순방, 1961. 7. 4~9. 1』, 외교사료관, 1995; 『동아일보』 1961. 6. 24.

수뿐이었다.[194]

아시아와 아프리카에 파견되는 2반(동남아)·3반(중근동)·5반(아프리카)의 활동 목표는 "비(非)공산주의" 국가의 국내외 정책과 현지 공산 세력 및 북한의 침투 현황을 조사하고, 국가별로 어떠한 외교관계(국교수립, 영사관계, 무역사절단 파견 등)가 구축 가능한지를 파악하는 것이었다.[195] 이러한 사절단들의 활동이 종료한 이후 외무부 정무국은 방문 성과를 세 가지로 정리했다. 첫째, 군사혁명과 관련하여 실제 방문한 76개국 중 42개국이 지지를, 30개국이 이해를 표명했으나, 스위스와 아이슬란드는 무관심했으며 실론과 나이지리아는 언급을 회피했다. 둘째, 유엔에서 남한에 대하여 54개국은 지지를, 8개국은 협조를, 7개국은 중립을 표명했으며, 명확히 의견을 밝히지 않은 국가는 7개국, 냉담한 1개국이 있었

---

194  외무부 정무국, 「친선사절단 파견계획」(1961. 6. 12), 『친선사절단 아주 순방, 1961. 7. 4~9. 1』, 외교사료관, 1995, 10~11쪽.
195  외무부 정무국, 「친선사절단 파견계획」(1961. 6. 12), 위의 자료; 『동아일보』 1961. 7. 1; 외무부 외교연구원, 앞의 책, 162~163쪽.

다. 셋째 국교수립 관련하여 39개국이 원칙적으로 합의를, 11개국이 희망을 표명했다. 반면, 실론과 사우디아라비아는 냉담한 태도였다고 한다.[196]

또한 외무부는 파견을 위해 철저하고 체계적인 사전 준비를 했으며, 그 결과가 외교 정책에 반영되는 상당한 "외교적 진전"이 있었다고 자평했다. 특히 정무국 아주과는 이번에 진행된 "전 세계 비공산 국가"에 대한 "친선 우호 방문"은 이승만의 "자유당 시대"와 달랐음을 강조했다. "자유당 시대에도 이러한 친선 방문"은 있었으나, "모두 규모가 적었을 뿐만 아니라 사전 준비가 불충분"했으며, 또 사후에 "성과를 검토하고 이를 외교 정책 수행의 어떠한 밑천으로 삼으려는 노력이 부족"했다고 지적했다. 반면 "이번의 방문이 전 세계적인 것이고 또 단시일의 준비 기간밖에 없었는데도" 최고회의 의장의 친서를 비롯하여 선물 구입, 임원 구성, 일정표 작성 등에 이르기까지 사전 준비에 빈틈이 없었다고 회고했다. 또한 각국을 방문하는 과정에서도 외무부의 적절하고도 조속한 연락과 지시가 있었는데, 이는 과거에는 없던 일이라며 "우리나라 외교 활동의 커다란 진전"으로 평가했다.[197]

그리고 보고서에는 방문했던 다수 국가들이 우리와 국교수립에 원칙적으로 합의하거나 희망한다고 밝힌 것도 성과로 제시됐다. 특히 "종래 구(舊)정권들이 실현하지 못한 중립국가(특히 인도)와의 영사관계 수립 문제가, 이번 본사절단의 방문의 결과로써 실현될 단계에 들어"섰다는 사실이 강조됐다.[198] 구체적으로 동남아 친선사절단은 인도 방문에 대하여 상당히 고무적이었다고 기

---

196 외무부 정무국, 「5개 지역 친선사절단의 종합평가」, 외교사료관, 앞의 자료.
197 「동남아 지역 친선사절단의 종합보고」(1961. 9. 22), 위의 자료. 이 보고서에는 작성 일자가 없으나, 종합보고서를 외무부 국별로 회람한 시점은 9월 22일이었다. 「건명: 동남아 친선사절단 보고서 공람」(1961. 9. 22), 위의 자료.
198 「동남아 지역 친선사절단의 종합보고」(1961. 9. 22), 위의 자료.

록했다. 사절단은 인도의 네루 수상과 30분 동안 대화를 나눴는데, 이는 "아주 우호적인 분위기 속에서 진지"하게 진행되었다고 한다. 사절단은 네루가 "우리 혁명정부에 대하여 이해를 하고 장차 양국의 우호관계 유지에 적극적인 성의를 표시"했다고 판단하며, "대단히 기쁨과 의의를" 느꼈다고 적었다.

그런데 보고서에 따르면 네루가 "외교사절의 교환은 불가능하나 만일 한국 측이 총영사를 교환하고저 하면 곧 실현하겠다"고 하자, 사절단은 "우리가 인도에 총영사관을 설치한다고 하면" 북한도 "같은 것을 인도에 요구할 것이고 이것을 인도 정부가 수락할 것은 명백"하다고 우려했다. 그럼에도 사절단은 인도가 중립국들뿐 아니라 국제사회에서 큰 영향력을 가지기 때문에 "우리가 인도에 총영사관을 먼저 설치하고 적극적인 외교 활동을 전개한다면, 앞으로 우리의 국제적 입장은 대단히 좋아질 것으로 확신"했다고 한다. 결국 사절단은 "이번의 인도와 버마 방문의 결과로 과거 이 나라들과의 좋지 못한 감정이 해소"됐으며, "앞으로 친선 유대관계의 확립을 위한 터전"이 마련됐다고 방문 결과를 긍정적으로 정리했다.[199]

군사정부가 인도와 영사관계를 맺고 총영사관을 설치하기로 한 것은 이전보다 진일보한 외교적 성과인 것은 분명했다. 그런데 이미 과도정부와 장면 정부 때부터 적극적인 중립국 외교의 일환으로 인도와 관계개선이 진행되고 있었는데, 이는 언급되지 않았다. 게다가 군사정부와 인도의 관계개선을 방문외교의 성과로만 보기도 어렵다. 1950년대 말부터 인도는 중국과 국경분쟁으로 갈등하기 시작했으며, 1961년 들어서는 라오스 문제를 둘러싸고 미국과 공동 목소리를 내는 등 친서방 쪽으로 일정하게 기울고 있었기 때문이다.[200]

---

199  외무부 정무국,「동남아 지역 친선사절단의 종합보고」(1961. 10. 16), 위의 자료.
200  『경향신문』 1961. 5. 6.

중근동에 파견된 사절단이 통일아랍공화국(UAR)과 총영사 교환에 합의한 것에 대해, 정무국 구미과가 "무엇보다도 큰 성과"였다고 평가한 것도 따져 볼 필요가 있다. 비슷한 시기 남북한 사절단 모두 카이로를 방문 중이었다. 북한은 나세르 대통령과 면담했으나 남한은 만날 수 없었다. 또한 남한의 중근동 사절단이 카이로에 도착하고 나서, 북한이 UAR과 영사교환에 합의했다는 정보를 입수하고 급히 UAR의 "외무 차관과 아세아국장" 등과 면담을 요청했으나 끝내 이들은 "공식 접견을 회피"했다. 군사정부 사절단은 어렵게 UAR 외무 차관을 만난 자리에서, 양국 간 가장 높은 외교관계 수준인 "대사급 사절 교환을 제의"했으나 "즉각 거절"당했다고 한다. 그리고 총영사관 관련 합의 내용을 담은 "공동성명서"를 발표하자고 여러 차례 교섭했음에도 이 또한 "완강히 거절당"했다. 사절단은 "현재 통일아랍공화국의 분위기로 보아 설령 총영사관 설치를 승낙"하고 우리가 "시급하게 설치를 요청"하더라도, UAR이 "그 조속한 설치에 즉각적으로 응할"지는 "의문"이라고 본부에 보고했다.[201]

이처럼 군사정부 사절단이 북한이 먼저 관계를 형성하고 있던 인도와 통일아랍공화국을 방문하여 영사관계를 설정하는 데 합의한 것은 유의미한 성과임은 분명하다. 다만 이것을 군사정부의 외무부와 사절단이 자신들의 독보적인 성과로 내세우는 것은 과장된 측면이 있다. 이미 1950년대 후반부터 전임 정부의 외무부가 적극적인 중립국 외교를 펼쳐온 과정과 함께, 1961년 국제정세의 변화도 존재했기 때문이다.

---

201 「중근동 지역 친선사절단의 종합보고」(1961. 9), 『친선사절단 서구 및 중동 순방, 1961. 7. 8~8. 28.』, 외교사료관, 1995; 「(중근동 친선사절단 이병엽 준장이 외무부장관에게 보내는 전문) 정무국 구미과, 중근동 지역 친선사절단의 종합보고」(1961. 8. 24), 외교사료관, 앞의 자료. 북한과 UAR의 영사관계 수립이 보도된 지 1주일 만에 방문 중인 남한의 윤치창 사절단도 영사관계를 맺기로 했다는 보도가 나왔다. 『동아일보』 1961. 8. 2; 8. 10.

아시아·아프리카를 방문하고 작성된 사절단의 보고서에는 당시 이 지역에 확산 중이던 중립주의의 성격을 분석하며 향후 대책을 제시하는 건의 사항이 담겼다. 기본적으로 사절단들은 아시아·아프리카 국가들이 중립주의와 비동맹 정책을 시행하는 것이 "미쏘 양 진영의 대립 속에서 정치적, 경제적 자립을 희구하며 동서냉전에 휩쓸리지 않으려" 하는, 즉 경제발전과 정치적 독립의 필요성 때문이라고 보았다. 일례로 5반은 "아프리카 제국들은 경제개발에 대한 절박한 필요", 그리고 오랜 식민의 역사로 "서구 제국과의 동맹도 아니고 적대도 아닌 입장을 유지하고저 하는 현실적 고려하에" "비동맹 정책을 채택"하고 있다고 분석했다.[202] 2반도 아시아의 네팔이 "대내적으로는 뚜렷한 반공"이면서도 대외적으로 "중립주의"를 내세우는 이유를 "동서 양 진영에서 다같이 원조를 받고" 싶어 하는 데서 찾았다. 네팔의 대외적 중립주의는 "중립국가 회의들에 참가하면서 집단안전보장을 꾀하자는 방책"에서 나온 것으로 해석했다.[203]

외무부는 이 지역에 널리 퍼진 "중립"이 곧 "독립"이라는 인식을 "그릇된 사고방식"으로 규정했다.[204] 특히 이들을 직접 만났던 친선사절단은 대외관계 개선에 두 가지 기준을 제시했다. 먼저 대외적으로 '그릇된 사고'인 중립주의와 비동맹 정책을 내세우더라도, 대내적으로는 반공인 "우익적 중립국가와는

---

[202] 정무국 구미과, 「아프리카 지역 친선사절단의 종합보고」(1961. 9), 『친선사절단 아프리카 순방, 1961. 7. 13~8. 31. 전 2권(V. 1. 기본문서집)』, 외교사료관, 1995, 283쪽. 해당 문건에는 정확한 작성일이 포함되어 있지 않으나, 제5반의 마지막 대외관계 보고가 1961년 9월 4일에 외무부장관에게 보내진 것으로 보아, 9월 중하순에 작성된 것으로 보인다.

[203] 외무부 정무국, 「동남아 지역 친선사절단의 종합보고」(1961. 10. 16), 『친선사절단 아주 순방, 1961. 7. 4~9. 1』, 외교사료관, 1995.

[204] 정무국 구미과, 「아프리카 지역 친선사절단의 종합보고」(1961. 9), 『친선사절단 아프리카 순방, 1961. 7. 13~8. 31, 전 2권(V. 1. 기본문서집)』, 외교사료관, 1995.

모두 긴밀한 연대관계"를 맺을 수 있었다. 반면 대내외 모두 친공적인 국가는 외교적 노력을 기울이더라도 성과가 없으며, 대내외 모두 중립적인 엄정 중립국과도 외교적 관계를 개선하는 것은 쉽지 않다고 보았다.[205]

사절단의 보고와 건의는 북한이 아시아·아프리카 지역에 상당히 침투했음을 우려하며, 적극적인 봉쇄와 이들의 선전에 대항하는 반(反, counter)선전의 필요성도 강조했다. 동남아 사절단은 "대중립국 적극외교의 전망"에서 "우리의 외교 목적의 첫째"는, 북한을 "국제사회에서 고립시키고 외교의 힘으로 그를 붕괴시키는 데" 있다고 밝혔다.[206] 아프리카 사절단도 북한이 이 지역에 이미 문화사절단을 파견하여 적극적으로 선전을 펼치고 있으며, 방문했던 아프리카 국가들로부터 남한은 "어디에 있는 나라냐"라는 질문을 받기도 했다고 한다. 특히 중앙아프리카 방송국에서는 "One Korea(재일 조련계에서 발간하는 북한괴뢰 선전잡지)라는 공산계 잡지가 침투"했음을 언급하며, 우리의 "대외선전"도 "시급히 추진되어야" 한다고 건의했다.[207]

덧붙여 아시아·아프리카를 방문한 사절단들은 모두 적극적인 중립국 외교의 전개와 이를 위한 주요 거점 국가들과 외교관계 수립 및 공관 설치의 필요성, 주요 인사의 초청과 관련 지역 외교관의 양성 등을 강조했다. 실제 아프리카 지역에는 약 1년 후인 1962년 9월 6일 모로코의 수도 라바트에 남한 대사관이 처음으로 개설됐다.[208] 특히 외무부의 활동 범위가 아시아·아프리카까지 대

---

205 외무부 정무국, 「동남아 지역 친선사절단의 종합보고」(1961. 10. 16), 『친선사절단 아주 순방, 1961. 7. 4~9. 1』, 외교사료관, 1995.
206 위의 자료.
207 정무국 구미과, 「아프리카 지역 친선사절단의 종합보고」, 『친선사절단 아프리카 순방, 1961. 7. 13~8. 31, 전 2권(V. 1. 기본문서집)』, 외교사료관, 1995.
208 『조선일보』 1962. 9. 8.

거 확대되는 상황에 맞추어, 기존의 구미과와 아주과를 확대하고 관할 지역을 새로 구분하여 "아주과(근동까지), 구주과, 미주과, 아프리카과(아프리카 북부까지)" 등 4개 과로 증설할 것을 제안했다.[209] 실제 아프리카 과는 개설되지 않았으나, 이 제안은 정무국 개편안에 일부 반영되어, 1961년 8월 17일 외무부의 정무국은 아주(亞洲)과, 구아(歐亞)과, 미주(美洲)과, 특수지역과(공산권 문제 전담) 등 4개국으로 개편됐다.[210]

나아가 동남아 사절단은 "공산권 연구기구의 설치"를 제안했다. 왜냐하면 "앞으로 중립국 제 국가와 국교를 수립하는 경우" 남한 "외교관들이 연회석상 등에서 공산권 외교관들과 만날 기회가" 발생하고, 앞으로 북한과 "불이 나는 경쟁"에 대비하기 위해서였다. 즉 "공산권에 대한 깊은 연구가 없다면" 외무부가 "적절한 지시를" 내리기 어려울 뿐 아니라 "중립주의나 공산주의에 대한 이론적 극복이 없이는 이런 국가로 가는 우리 외교관은 곤경에 빠지는 일이 가끔 생길 것"이기 때문이었다. 따라서 사절단은 "대중립국 외교의 전개와 동시에 외무부 내에 공산권 연구기구를 설치하는 것이 중요하"다고 제안했다. 재원을 확보하기 위해 "과거 민주당 시기의 '통일문제연구소'의 비용을" 공산권 연구기구 설립 비용으로 "전용"하는 방안까지 제시됐다.[211]

실제 1960년부터 아시아·아프리카에 파견된 남한 외교관들은 북한 사람들

---

[209] 외무부 정무국, 「동남아 지역 친선사절단의 종합보고」(1961. 10. 16), 『친선사절단 아주 순방, 1961. 7. 4~9. 1』, 외교사료관, 1995; 정무국 구미과, 「아프리카 지역 친선사절단의 종합보고」(1961. 9), 『친선사절단 아프리카 순방, 1961. 7. 13~8. 31, 전 2권(V. 1. 기본문서집)』, 외교사료관, 1995.

[210] 『조선일보』 1961. 8. 17.

[211] 외무부 정무국, 「동남아 지역 친선사절단의 종합보고」(1961. 10. 16), 『친선사절단 아주 순방, 1961. 7. 4~9. 1』, 외교사료관, 1995.

과 마주하는 일이 잦아졌다. 일례로 1960년 7월 열린 이라크혁명 2주년 기념식에는 남한의 주터키 대사 신응균과 북한의 교육상 김종항이 모두 참석했다.[212] 북한 대표들은 "대사와 삼등 서기관의 성명을 정확히 알고" 있었다고 한다. 신응균은 이들이 본인과 대화를 시도했으며, "노골적으로" 우리 3등 서기관 "침실의 문"을 두드리며 "면담을 요청"하기도 했다고 보고했다. 이때 신응균과 서기관은 북한 대표들의 "적극적인 접근을 회피"하기 어려웠으며 "사진 촬영"을 당하여 "역선전에 이용당할 우려가 있"다고 판단하고 예정된 일정을 단축하여 방문지를 급하게 떠나야 했다.[213] 이처럼 냉전의 진영 너머로의 중립국 외교가 본격화할수록, 남한 외교관이 북한 인사들과 마주하는 일은 더욱 많아질 것이며, 이에 대비한 공산권 연구와 학습은 중요할 수밖에 없었다.

지금까지 살펴봤듯이, 군사정부의 아시아와 아프리카 사절단의 현지 정세 분석과 대응 방향은 대동소이했다. 그런데 일부 정책에서는 인종에 따른 차이가 있었다. 동남아 사절단은 "아세아의 각국은 우리와 지리적, 인종적으로 가까울 뿐만 아니라 태반이 제2차대전 후에 제국주의자들의 지배에서 해방되어 독립했다는 공동운명감"이 있어, "이러한 공동의 입장과 감정을 무시"하지 말고 "구미 일변도"에서 "아시아 중시의 외교를 전개할 것을" 강조했다.[214] 반면, 아프리카를 방문한 사절단은 이곳의 신생국들은 "경제적, 기술적 자립 능력이

---

212 「주토 대사관이 외무부장관에게 보내는 전문」(1960. 7. 18), 『신응균 특사(주터키 대사) 이라크혁명 2주년 기념식 참석, 1960. 7. 10~17』, 외교사료관, 1995.
213 「이라크혁명 제2주년 경축사절단 출장 특별보고」(1960. 7. 19), 위의 자료. 다른 사절단과 달리 동남아 사절단만 '학문적'인 건의를 제시한 것은, 참여했던 김준엽 교수 때문인 것으로 보인다. 그는 중국 전문가로 1957년 6월 고려대 아세아문제연구소를 설립하여 공산권 연구에 주력하고 있었다. 고려대학교 아세아문제연구원(http://www.asiaticresearch.org).
214 외무부 정무국, 「동남아 지역 친선사절단의 종합보고」(1961. 10. 16), 『친선사절단 아주 순방, 1961. 7. 4~9. 1』, 외교사료관, 1995.

없어 국민은 빈곤에서 헤매"고 있기 때문에, 이들과 관계를 개선하기 위해 경제협정을 조속히 체결하고, 우리의 농업과 연안 어업 같은 기술원조를 제공하며, 남한 농민의 대대적인 이민까지 고려해야 한다고 건의했다. 또한 아프리카 신생국들은 "식민국 통치국이 후퇴하자 부족주의를 비롯한 국내의 여러 분리주의적 세력"이 난립하는 정치적 현실을 타개하고자 "한 사람의 지도자를 중심으로 한 일당독재의 형태를 지닌" 국가도 많다고 보았다. 심지어 사절단 건의 사항의 마지막 항목에는, 참고사항으로 "아프리카 공작"시 "아프리카인들의 상호 질투와 시기심을 충분히 이용"하라는 내용이 첨부되기도 했다.[215]

이처럼 당시 처음으로 아프리카를 방문했던 군사정부의 다수 외교관들에게는 일종의 '인종적 편견'이 존재했다. 즉 아시아인은 우리와 동일한 인종으로 적극적인 중립국 정책을 펼치면 충분했다. 그런데 인종적으로 다른 아프리카는 부족주의로 대표되는 분열과 질투와 시기심을 가진 전근대적 사회로 인식되어, 현지를 방문한 사절단의 보고서에 아시아와 차별화된 정책적 제안이 포함되어야 했다.[216]

거대 사절단 파견이 종료된 이후, 군사정부는 이들의 활동을 국내에 적극 홍보하고자 했다. 외무부는 사절단의 성과를 알리는 "귀국보고회를" 두 차례(9월 18일, 21일) 개최했으며, 단원으로 참여했던 민간인들이 연사를 맡았다.[217] "최

---

[215] 정무국 구미과, 「아프리카 지역 친선사절단의 종합보고」(1961. 9), 『친선사절단 아프리카 순방, 1961. 7. 13~8. 31, 전 2권(V. 1. 기본문서집)』, 외교사료관, 1995.

[216] 아프리카에 대한 우리의 인종주의적 편견은 여전히 존재하는 듯하다. 이는 강원도 춘천의 에티오피아 한국전 참전기념관 전시 내용에서 확인된다. 김도민, 「춘천 '에티오피아 한국전 참전기념관'의 전시 내용 분석과 개선 방향」, 『강원사학』 39, 2022.

[217] 「(정무국장이 각국 과장 및 총무과장에게 보내는 전문) 건명: 친선사절단 부내 강연회 개최」, 『친선사절단 아주 순방, 1961. 7. 4~9. 1』, 외교사료관, 1995.

고회의 본회의실에서 약 2시간에 걸친" "보고 강연은 재경(在京) 최고위원 및 각군 참모급과 정부 고위 관리 사회단체의 장, 학(學) 총장, 언론계 간부 백여 명"이 참석했다고 한다.[218] 그리고 재건국민운동본부는 귀국한 "친선사절단"이 "서울과 지방에서 순차적으로 강연회를 베풀"게 하였다. 이처럼 재건국민운동본부는 범국민운동의 일환으로 "중립사상 배격운동"을 적극적으로 전개하기로 결정했으며, 사절단 구성원을 활용하여 "중립 사상의 그릇됨을 국민에게 주지시키"고자 했다.[219]

또한 함께 갔던 대학교수들은 『최고회의보』에 방문기를 실었는데, 이들 모두 방문국에서 '빈곤 해방의 의지'를 발견했다고 언급했다. 동남아를 방문했던 김준엽 교수는 "동남아 각국이 공동으로 가지고 있는 고민이 있다면 그것은 민주주의를 어떻게 확립하며 경제를 어떻게 번영시키는가 하는 일"이며, 대부분 "우리와 마찬가지의 후진국가들이고, 빈곤에서 해방되려고 지금 필사의 노력을 기울이고 있다"고 썼다.[220] 또한 그는 방문국들과 공통경험으로 경제 문제뿐 아니라 '반식민' 문제에도 주목했다. 그는 "아세아 아프리카 지역"은 "2차대전 이후에 비로소 제국주의자들의 지배에서 벗어났고, 우리와 마찬가지로 유색인종이고 또한 강한 민족주의의 소유자들이다"라고 평가했다.[221]

중근동을 방문했던 이용희 교수는 현지의 "중립주의"가 "반드시 한국에 대

---

218 『경향신문』 1961. 9. 23.
219 이 시기 재건국민운동본부가 범국민운동으로 전개하기로 결정한 이른바 3대 운동은 "상도의 앙양 운동"과 "중립사상 배격 운동", 그리고 "수입내 지출 생활 운동"이었다. 『경향신문』 1961. 8. 22; 『동아일보』 1961. 9. 27; 『조선일보』 1961. 9. 27.
220 김준엽, 「동남아 친선방문을 끝마치고」, 『최고회의보 2호』 (1961. 10. 1), 101쪽.
221 위의 글, 100쪽.

해서 비우호적인 것이 되어야 한다는 이론상의 근거는" 없다고 보았다.[222] 왜냐하면 "중립주의 기본 구상이 말하자면 어떠한 철학이나 어떠한 정치이념에서" 발원한다기보다, "현재 아주 위약한 경제 구조나 현재 경제 상황에서 민생을 향상시키고 현재 뒤떨어져 있는 일반적인 경제 형편을 급격하게 향상시키려고 하는 그런 국내적인 요구와 밀접"하게 관련되어 있기 때문이었다.[223] 즉 그는 중근동 지역에서 중립주의가 발원하는 이유를 경제적 이익의 필요성에서 찾았다.[224]

아프리카를 방문했던 조의설 교수도 아프리카 방문국들에서 '경제발전'의 의지를 발견했으며, '경제원조'의 필요성을 제기했다. 애초에 사절단은 이민 문제를 고려하지 않았는데, 아프리카 인사들이 먼저 우리의 "기술 노무자"를 요구했다고 한다. 특히 그는 "기술 요구는" 아프리카 "전 지역에 걸쳐 공통되는 절박한 문제"였다고 소개했다. 나아가 그는 이러한 "신흥 아프리카" 국가들의 "건설의욕과 실천력"을 우리도 본받아야 한다고 강조했다.[225]

이처럼 사절단원으로 참가한 교수 모두가 '경제발전의 의지'를 발견했으며, 동시에 우리의 경제발전 필요성을 제기했다. 반면 식민 문제를 언급한 이는 일제강점기 독립운동을 펼쳤던 김준엽뿐이었다. 이는 이승만 정부가 파견한 사절단이 처음 아시아·아프리카를 방문하여 '식민경험'을 발견했던 4년 전과는 사뭇 달라진 것이었다. 이렇게 군사정부의 사절단들이 '식민경험'보다 '경제발전'에 더 주목했던 것은, 북한과 경제적인 차원의 '체제경쟁'에서 승리

---

222  이용희, 「중근동 친선방문을 마치고 나서」, 『최고회의보 3호』(1961. 12. 1), 140쪽.
223  위의 글, 140~141쪽.
224  위의 글, 141쪽.
225  조의설, 「'아프리카' 친선방문을 마치고」, 『최고회의보 3호』(1961. 12. 1), 138쪽.

하고자 하는 군사정부의 의지가 반영된 것일 수 있다. 1961년 12월 『최고회의 보』에 박정희 의장은 「공산 위협과 우리의 경제재건」이라는 제목의 글을 실었 다. 그는 "4·19 이후 또다시 고개를 쳐들게 된 용공중립의 사상"의 원인을 "빈곤 에 허덕이는 약화된 국민심리"를 파고드는 "공산도당들의" "간접침략"에서 찾 았다. 그는 북한이 "허구헌날 선전을 일삼고 있는 숫자상의 경제건설은 전연 신빙성이" 없다면서도, "소련과 중공의 뒷받침으로 경제건설을 서두르고 있다 는 사실만은 솔직히 인식"해야 한다고 주장했다. 따라서 그는 북한과 "경쟁에 서 이겨내야 할 우리의 난제가 여기에 또한 가로놓여" 있다며 북한과 경제적 차원에서의 '경쟁'을 강조했다.[226] 즉 5·16군사정변 이후 '반공'을 발전주의와 결합한 '승공(勝共)'이라는 표현이 '반공'보다 더 일반화된 데서 알 수 있듯이, 군 사정부는 북한과의 산업화 경쟁에서 승리하여 '승공'해야 했다.[227] 이에 군사정 부의 사절단원으로 파견된 교수들도 현지에서 '식민'보다 '경제' 문제에 먼저 주목했을 가능성이 크다.

1962년에도 군사정부의 적극적인 중립국 외교의 방향은 유지됐다. 1961년 12월, 박정희 의장은 먼저 "주로 중립국가 특히 아프리카 방면"에 "내년도에는 공관 몇 개를 더 세워야겠다"는 생각을 언급했다. 특히 그는 "새로운 신생 아프 리카의 여러 나라들, 중립을 표방하고 나오는 나라들의 향배가" 앞으로 우리 외교에서 중요하다고 강조했다.[228] 1962년 1월, 그해의 시정방침을 밝히는 자리

---

226 박정희, 「공산위협과 우리의 경제재건」, 『최고회의보 3』(1961. 12. 1), 5~9쪽.

227 김성보, 「한국의 반공주의를 다시 본다」, 역사문제연구소 한독비교사포럼 기획, 김귀옥 외, 『분단과 냉전의 역사인식을 넘어』, 한울, 2019, 319쪽. 물론 5·16 이전에도 "승공과 경제발전 을 통한 자유민주주의 확립"을 "중심 화두"에 둔 유진오 같은 인물도 있었다. 허은, 「'5·16군 정기' 재건국민운동의 성격」, 『역사문제연구』 11, 2003. 15~16쪽.

228 『동아일보』 1961. 1. 1.

에서도 박정희는 "자유우방과의 유대" 강화를 기본으로 하지만, 대미(對美) 일변도 외교에서 벗어나 "자주외교"로서 "유엔 및 비(非)공산국가에" 대한 적극적인 외교를 전개하겠다고 설명했다.[229]

박정희 연설 직후 외무부는 관련 외교 정책을 수립했다. 1962년 1월 9일, 「자유우방 및 중립국 제국과의 정식 외교관계 수립」이라는 외무장관 명의의 문건이 재외공관장들에게 하달됐다.[230] 또한 6월 19일, 외무부는 「외교관계 수립 교섭 진도표 제출 의뢰」라는 문건을 비서실 이기주 명의로 작성하여 미주과·구아과·아주과에 배포했다. 이 문건에 따르면, 외무부 비서실이 외교관계 수립 교섭의 "진척 현황을 상시 파악하기" 위해, 외무부 과장들은 "매월 말일 현재의 진도를 익월 2일"까지 첨부한 양식에 근거하여 작성해야 했다. 해당 과에서 올라오는 보고를 수합하여 비서실은 "진도표를 작성"했으며, "이 표를 확대한 상황판이" 장관실에 설치됐다.[231] 이렇게 군사정부의 외무부는 교섭 대상국을 분류하고 외교관계의 진척 상황 진도표를 만들어 하나하나 체크하는 운영 체계를 구축했다.[232]

친선사절단 파견도 규모는 줄었지만 계속됐다. 1962년에도 하반기 개최되는 유엔총회에 대비하기 위해 친선사절단과 문화사절단이 동남아·중남미·아

---

229 『동아일보』, 1962. 1. 6, 1면; 공보부, 『혁명과업 완수를 위한 지도자의 길, 국민의 길—1962년도 시정방침』, 삼화인쇄 주식회사, 1962, 23쪽; 박태균, 「박정희 정부 시기 한국 주도의 동아시아 지역 집단안건보장 체제 구상과 좌질」, 『세계정치』 11, 2011, 17~18쪽.
230 「자유우방 및 중립국 제국과의 정식 외교관계 수립」(1962. 1. 9), 『국교수립—자유우방 및 중립국가』, 외교사료관, 1995.
231 「외교관계 수립 교섭진도표 제출의뢰」(1962. 6. 19), 위의 자료.
232 「1962년도 중요 사업 및 사무 내역」(1962. 8. 2), 『동남아 지역 국교관계 미수립 국가에 대한 대책』, 외교사료관, 1995.

〈표 5〉 박정희 정부의 대(對)비동맹 중립국 파견사절단(1965~1969)

| 년도 | 사절단장 | 방문국 |
|---|---|---|
| 1965 | 최두선 특사 | 세네갈, 아이보리코스트, 니제르, 다호메이, 나이지리아, 중앙아프리카공화국, 차드, 가봉 (8개국) |
| 1965 | 이수영 대사 | 우간다, 말라위, 케냐, 소말리아, 에티오피아, 수단, 튀니지 (7개국) |
| 1966 | 이동원 외무장관 | 이란, 터키, 사우디아라비아, 레바논, 요르단 (5개국) |
| 1966 | 이성규 대사 | 레바논, 사우디아라비아, 요르단, 쿠웨이트, 통일아랍공화국 (5개국) |
| 1967 | 이동원 의원 | 세네갈, 잠비아, 시에라리온, 라이베리아, 아이보리코스트, 가나 (6개국) |
| 1967 | 최완복 대사 | 니제르, 오트볼타, 토고, 다호메이 (4개국) |
| 1967 | 양유찬 순회대사 | 에티오피아, 케냐, 르완다, 콩고(킨샤사), 가봉, 카메룬, 차드 (7개국) |
| 1968 | 김용직 대사 | 자메이카, 과테말라, 베네수엘라, 콜롬비아, 페루 (5개국) |
| 1968 | 박준규 국회외무위원장 | 이란, 레바논, 요르단, 쿠웨이트, 사우디아라비아, 리비아, 튀니지, 모로코, 통일아랍공화국 (9개국) |
| 1968 | 박동진 대사 | 에티오피아, 케냐, 우간다, 르완다, 콩고(킨샤사), 카메룬, 가봉, 차드 (8개국) |
| 1968 | 이수영 대사 | 세네갈, 시에라리온, 라이베리아, 오트볼타, 가나, 토고, 다호메이, 중앙아프리카공화국 (8개국) |
| 1968 | 백두진 의원 | 싱가포르, 인도네시아, 라오스, 버마, 인도, 네팔, 파키스탄 (7개국) |
| 1969 | 양유찬 순회대사 | 레바논, 요르단, 쿠웨이트, 통일아랍공화국, 사우디아라비아, 리비아, 모로코 (7개국) |
| 1969 | 최경록 대사 | 과테말라, 파나마, 자메이카, 베네수엘라, 가이아나 (5개국) |
| 1969 | 박동진 대사 | 에티오피아, 우간다, 르완다, 마다가스카르, 모리셔스 (5개국) |

* 출처: 『한국 외교 30년(1948~1978)』, 대한민국외무부, 1979, 230~231쪽.

프리카에 파견됐다.[233] 1965년부터 1969년까지 박정희 정부가 '비동맹 중립국'에 파견한 사절단장과 방문국은 〈표 5〉와 같다. 〈표 5〉에서 확인되듯이, 박정희 정부는 아시아·아프리카 국가를 중심으로 사절단을 파견했으며, 1968년이 다섯 차례로 가장 많았다.

군사정부는 사절단의 현지 방문뿐 아니라 아프리카 인사들의 방한(訪韓)에도 공을 들였다. 1962년 9월 22일, 카메룬공화국의 친선사절단이 서울에 도착했다. 외무 차관을 단장으로 5명으로 구성된 사절단은 24일 청와대를 방문해 박

---

233 『경향신문』 1962. 12. 22.

김포공항에 도착한 카메룬 사절단과 이들의 박정희 의장 접견 모습 『동아일보』 1962. 9. 22; 9. 24.

정희와 면담했다. 이 자리에서 사절단장은 박정희 의장에게 본국 대통령의 친서를 전달했으며, 김현철 내각수반, 최덕신 외무부장관, 유창순 상공부장관 등을 만나 양국 간 외교 강화와 통상 문제 등을 협의했다.[234]

1962년 11월 2일에는 아프리카의 니제르 친선사절단이 서울을 방문했다.[235] 지방경제장관을 단장으로 하는 니제르 사절단은 박정희 의장, 유양수 재정경제위원장, 김현철 내각수반, 최덕신 외무부장관, 장경준 농림부장관 등을 차례로 만나며 양국의 우호 증진과 경제협력 등을 협의했다. 그리고 다음 날(3일) 수원의 농촌진흥청을 방문했다. 이는 니제르 정부가 사전에 군사정부에게 농업과 어업 분야의 기술자를 각 1명씩 보내달라는 기술원조 관련 요청을 했기 때문으로 보인다.[236]

군사정부는 아프리카 신생국들에게 인종이 '기술원조'를 제안하기도 했다.

---

234 『동아일보』 1962. 9. 24.
235 『동아일보』 1962. 11. 2.
236 『동아일보』 1962. 11. 3; 4. 26.

1963년 3월, 군사정부는 당시 방한한 콩고 농림사절단과 일반농업 부문의 기술원조 제공에 합의했다. 이 합의 내용은 다음 해(1964년)에 콩고인 2, 3명에게 반년에서 1년 동안 남한의 농업진흥청과 수원농대 등에서 훈련을 제공하는 것이었다.[237] 군사정부는 미국 원조를 받고 있었으며 경제개발계획의 실행을 위한 외자 도입도 여의치 않은 상황인에도, 아프리카 국가들과 관계개선을 위해 경제원조를 약속한 것이었다. 이후에도 비동맹 중립국 인사 및 사절단의 방한은 이어졌다. 1965년부터 1968년까지 남한을 방문한 '비동맹 중립국'의 인사들은 〈표 6〉과 같다.

이번 절에서 살펴봤듯이 1960년부터 아프리카에서 신생 독립국이 급증하는 상황에서 남북한 모두 아프리카 외교에 본격적으로 나서기 시작했다. 아프리카에서는 여전히 탈식민 민족해방운동이 전개되고 있었으며, 갓 독립한 신생국들도 서방 강대국에 의한 오랜 식민지 경험 때문에 대외적으로 냉전에서 반서방이거나 적어도 중립 노선을 지향하는 경우가 많았다. 물론 일부 아프리카 신생국들은 과거 프랑스·영국과의 관계와 그들의 경제원조의 필요성 등으로 친서방적 경향을 보이기도 했다. 남북한은 아프리카에 정부대표단(사절단)을 파견하는 방문외교와 그들을 한반도에 초대하는 초청외교를 전개했다.

이처럼 1960년 전후 아시아·아프리카를 둘러싸고 본격화한 남북한의 외교경쟁 과정에서, 남북한 사람들에게는 '의도치 않은' 만남의 기회가 제공됐다.

---

[237] 『동아일보』 1963. 3. 23. 농업 부문뿐 아니라 의료 분야 '원조'는 1964년부터 시행됐다. 1964년 남한 정부는 우간다에 의사 4명을 처음 파견함으로써 기술협력의 길을 열었으며, 그 후 아프리카 여러 나라에 30여 명의 의사를 정부 비용으로 파견하는 동시에 각종 의약품과 의료기구 등을 무상으로 제공하기도 하였다. 남한 정부는 "우리 의사들의 훌륭한 기술과 봉사" 같은 기술원조가 "파견국 국민들로부터 호평과 존경을 받았다"고 평가했다. 외무부, 『한국외교 30년』, 1979, 232~233쪽.

〈표 6〉 비동맹 중립국의 방한(訪韓) 사절단(1965~1969)

| 년도 | 방한 인사 및 사절단 | |
|---|---|---|
| 1965 | 마다가스카르 주유엔 대사 | 라코토말라(L. Rakotomalala) |
| | 케냐 하원의장 | 응갈라(R. Ngala) |
| 1966 | 토고 주유엔 대사 | 로베르 아자봉(Robert Ajavon) |
| | 마다가스카르 외상 | 앨버트 실라(Albert Sylla) |
| | 레소토왕국 수상 | 레아부아 조나단(Leabua Janathan) |
| 1967 | 통일아랍공화국 이슬람최고회의 사무국장 | 오웨이다(Oweida) |
| | 르완다 주유엔 대사 | 피에르 카반다(Pierre C. Kabanda) |
| | 인도네시아 정부사절단 단장 | 슬라메트(Slamet) |
| | 인도네시아 국회의장 | 아크마드 샤이추(Achmad Sjaichu) |
| | 케냐 외상 | 제임스 니암웨야(James Nyamweya) |
| 1968 | 니제르 농촌경제장관 | 마이다 마모두(Maidah Mamoudou) |
| | 에티오피아 황제 | 하일레 셀라시에 1세(Haile Selassie I) |
| | 니제르 주유엔 대사 | 아드무 마야키(Admou Mayaki) |
| | 토고 주유엔 대사 | 알렉상드르 J. 오힌(Alexandre J. Ohin) |
| | 시에라리온 주유엔 대사 | 크리스토퍼 O. E. 콜(Chiristopher O. E. Cole) |
| 1969 | 인도네시아 국회부의장 | 샤리프 타제(Sjarief Thajeh) |
| | 아이보리코스트 주유엔 대사 | 사이먼 아케(Simon Ake) |
| | 다호메이 주유엔 대사 | 막심 레오폴드 졸러(Maxime Leopold Zoller) |
| | 튀니지 외상 | 하비브 부르기바 주니어(Habib Bourguiba Jr.) |
| | 레소토 수상 | 레아부아 자나단(Leabua Janathan) |
| | 니제르 대통령 | 디오리 하마니(Diori Hamani) |
| | 자메이카 보건장관 | 허버트 엘데미어(Herbert W. Eldemire) |
| | 스와질랜드 상공장관 | 응수말레(S. Nxumale) |

* 출처: 『한국 외교 30년(1948~1978)』, 대한민국 외무부, 1979, 232쪽.

그런데 이는 서로를 인정하지 않는 분단국 정부에게 외교적 문제를 일으킬 수 있었다. 즉 남북한이 동일한 국가와 동시적으로 외교관계를 맺을 경우, '남북한이 원치 않는 '상호승인'이 인정되어 국제적으로 '두 개의 한국/조선'이 용인될 수 있었다. 1948년 정부수립 이후 자신만이 한반도 유일의 합법정부라고 주장하며 상대를 '괴뢰(꼭두각시)'라고 비난해온 남북한 정부로서는 '상호승인'도, '두 개의 한국/조선'도 받아들일 수 없었다. 그럼에도 늘어나는 중립·비동맹 국가의 수만큼 이 문제는 현안으로 떠올랐다.

## 2. 남북한의 국가승인과 '두 개의 한국/조선' 문제(1961~64)

국제관계에서 한 국가가 상대국에 파견하는 공적인 재외 상주 대표기관으로 인정되는 외교기구는 기본적으로 '외교사절'과 '영사' 두 종류가 있다. 다만 현실적으로 양국은 정식 외교관계가 수립되기 전, 정치와 통상 같은 현안 문제를 교섭하기 위해 '비공식적인 관계(Unofficial Intercourse)'를 맺을 수 있다. 일례로 냉전의 어느 한편에 서기를 거부하며 중립 노선을 취했던 인도·버마·캄보디아·이집트는 남북한이라는 "분단국가에 대하여 '2개의 국가' 불승인 정책을 추구"했으나, 비정치적 임무를 주로 수행하는 통상사절단(Trade Mission) 또는 통상대표부(Trade Representative) 등을 북한에 파견하기도 했다.[238]

그런데 양국 외교관계가 통상이나 무역 수준을 넘어 영사관계로 발전하면서, 시간의 차이는 있으나 남북한 모두 인도·버마·캄보디아·통일아랍공화국(UAR)과 영사관계를 수립하게 되었다.[239] 국제법적으로 한 국가에 대한 동시 영사관계 수립은 관계를 맺은 두 국가가 서로를 외교적으로 인정하는 상호승인 효과를 낳는다고 한다. 동시에 이러한 상대국을 매개로 한 남북한의 상호승인

---

[238] 「외교대표부의 법적 성격」(1963. 5. 31), 『외교대표부의 법적 성격에 관한 검토』, 외교사료관, 1995.

[239] 1961년 8월 통일아랍공화국은 카이로에서 남북한과 동시 영사 교환에 합의했다. 『동아일보』 1961. 8. 1; 8. 4. 1962년 3월 1일 한국과 인도 정부는 양국 간 영사관계 수립을 결정했다. 같은 날 인도는 북한 정부와도 총영사급의 영사 대표 교환의 결정 사실을 발표했다. 『동아일보』 1962. 3. 3. 또한 북한 총영사관이 이미 버마에 설치되어 있는 상황에서 1962년 7월 10일 한국은 버마와 영사수립 및 총영사관 설치에 합의했다. 『동아일보』 1962. 7. 10.

효과는 '두 개의 조선/한국'을 용인하는 것으로 받아들여질 수 있다. 특히 북한이 먼저 영사관계를 수립한 중립국에 대하여, 후발주자로서 영사관계를 맺고자 하는 남한 정부는 동시 영사관계를 수립함으로써 발생하는 북한에 대한 국가승인 효과를 방지할 필요성이 있었다. 이를 위해, 박정희 정부는 해당국에 "영사인가장 발급 없는 영사관계"를 요구하고 관철시켰다.[240] 즉 남한은 북한에 대한 국가승인 효과를 '실무적'으로 방지하고 있었다.[241]

그런데 '동시 영사관계'의 수준을 넘어 한쪽이 먼저 해당 국가와 대사급 외교관계를 수립하는 경우, 박정희 정부는 남북한의 상호승인 효과를 막을 방법이 마땅치 않았다. 사실 박정희 정부가 적극적인 중립국 외교를 전개하기 위해서는 해당 중립국과 영사급 수준을 넘어 대사급 관계까지 수립해야 할 수도 있었다. 더욱이 남북한이 모두 영사관계를 맺고 있던 중립국이 북한과 먼저 대사급 외교관계를 수립하는 경우, 박정희 정부는 남북한의 상호승인과 이로 인해

---

240 남한은 중립주의를 지향했던 인도·버마·통일아랍공화국 등과 영사인가장 발급이 없는 형태로 북한과 동시에 영사관계를 수립했다. 캄보디아와는 영사인가장 발급이 북한에 대한 국가승인과 하등 관계가 없다는 명시적 유보(留保)를 부친 조건하에 동시 영사관계 수립했다. 「(대중립국 정책 자료) 분단국가와 국가승인 문제」(1963. 4. 23), 『분단국가의 국가승인 문제』, 외교사료관, 1995.
241 남한은 '영사인가장' 발급이 없거나 명시적으로 유보하는 조건이면 '비승인'으로 간주했으나 서독의 '비승인' 기준은 달랐다. 1955년 12월 8일 열린 회의에서 서독 외무부의 정치국장이자 할슈타인 원칙 창안자로 알려진 그레베(Wilhelm G. Grewe)는 "제3국과 동독이 교류하는 과정에서 발생할 수 있는 동독 승인의 문제점"의 기준을 마련했다 이 과정에서 그는 '승인과 미승인의 기준이 애매한 경우'로 여섯 가지를 제시했는데, 그중 하나가 바로 영사인가장 없는 영사관계의 수립이었다. 그레베가 애매하다고 제시했던 6가지 기준은 다음과 같다. ① 인가장 없는 영사관계 수립의 경우, ② 국가 무역대표단 교환의 경우, ③ 동독 비자의 발급, ④ 다국적 회의에 동독의 참가를 허용할 경우, ⑤ 다국적 조약에 동독이 가입하는 경우, ⑥ 국제기구에 동독이 가입하는 경우. 신정훈, 「독일연방공화국의 외교·통일 정책(1955~1972)—'할슈타인 독트린'을 중심으로」, 건국대학교 석사학위논문, 2013, 12~14쪽.

발생하는 '두 개의 한국' 문제에 대비해야 했다.

박정희 정부의 외무부는 중립국 외교 활동의 기본 방침을 수립하는 과정에서 이 문제를 검토하고 대책 마련에 나섰다. 1963년 2월 1일, 외무부는 「대(對)중립국 외교 활동 기본 방침」을 수립하면서 대전제로 '두 개의 한국'의 불용인을 강조했다. 즉 "정부는 한반도 내의 유일한 합법적 정부이며 두 개의 한국관을 용납할 수 없음은 물론이려니와" "헌법상에도 명시되어 있지만 대중립국 외교 정책은 북괴를 명시적 또는 묵시적 또는 여하한 방법으로 승인하는 중립국가와는 일체의 관계를 맺을 수 없"다는 것이었다.[242]

이처럼 박정희 정부가 설정한 중립국 외교 원칙에 따른다면, 북한을 승인함으로써 '두 개의 한국'을 용인하는 중립국과는 외교관계를 단절해야 했다. 그런데 "이러한 대전제를 고수"한다면, 북한과 "외교관계를 수립하거나 또는 북한을 명시적으로 또는 법률적으로 승인"하는 중립국과는 어떠한 관계도 수립할 수 없다는 현실적인 외교적 어려움에 봉착하게 된다. 따라서 외무부는 북한을 "법률적으로 승인하지 않은 중립국과"는 남북한 '동시 영사관계 수립'은 "용인"할 수 있다며 일부 완화된 외교 방침을 일단 확립했다.[243]

그리고 외무부는 냉전기 중립국을 둘러싸고 발생하는 분단국가의 문제를 종합적으로 검토했다. 이는 1963년 4월 23일 외무부 정무국 동남아과가 중립국 정책 자료로 작성한 「분단국가와 국가승인 문제」라는 문건에서 잘 드러난다.[244] 이 문건은 먼저 전후 국제질서가 "자유, 공산 양(兩) 진영으로 분극화됨"에

---

242 「대중립국 외교 활동 기본 방침」(1963. 2. 1), 『국교수립―자유우방 및 중립국가』, 외교사료관, 1995. 대한민국 헌법 제3조는 '한반도와 부속도서'를 영토로 규정하고 있다.
243 위의 자료.
244 「분단국가와 국가승인 문제」(1963. 4. 23), 『분단국가의 국가승인 문제』, 외교사료관, 1995.

따라, 국제정치 역사상 "국토의 분단화"라는 현상이 발생했고, "그 분단화의 유래나 태양(態樣)에 있어서는 다소의 차이가" 있으나, 현재 "분단의 운명을 겪고 있는 국가"는 "한국, 중국, 월남. 독일의 4개국"이 있다고 설명했다. 특히 "이러한 양 분단국가는 그 분단의 필연적인 결과로서 분단된 국토의 부분에 수립된 공산 정권과 사실상 병존치 않을 수 없었으며, 이와 같은 병존의 현상이 초래한 국제법상 내지 국제정치상의 문제는 결국 정통 정부 주장과 관련된 국가승인 문제"를 야기한다고 보았다.

특히 이 문건은 분단국들의 중립국 외교의 '행동 준칙'을 비교 검토하는 과정에서 서독의 '할슈타인 원칙(Hallstein Doktrin)'에 주목했다. 서독은 "동독이 쏘련을 위시한 공산 진영 제국을 배경으로 하여, 아(亞)·아(阿) 중립 제국에 대한 진출을 적극화함에 따라" "동독의 이러한 진출을 저지하고 아울러 아·아 중립 제국의 동독 승인을 봉쇄하는 방편으로서, 서독은 외교관계, 동독은 '비(非)' 외교관계(영사관계 또는 통상대표부) 수립을 용인하는 입장을" 취해왔다. 그 결과 1963년 현재, 서독은 인도·버마·인도네시아 등과는 외교관계를, 동독은 그보다 낮은 영사(버마·인도네시아) 및 통상대표부(인도) 관계를 유지했다.[245] 즉 동일한 중립국에 대해 서독은 상호승인이자 가장 높은 수준인 대사급 외교관계를 수립하면서도, 상대국이 동독을 승인하지 않는 비공식적인 영사 혹은 통상대표부 같은 낮은 수준의 외교관계에 머물게끔 만들었다. 이렇게 서독은 할슈타인 원칙을 강력히 추진함으로써, 중립국 외교에서 동독을 압도하는 외교적 '승리'를 구가하고 있었다.

외무부 정책 자료는 같은 분단국으로서 서독의 "할슈타인 원칙"에 주목하며, 이 원칙이 "동독에 대한 법적 및 정치적 우위를 확보하고 나아가 동독에 대

---

[245] 위의 자료.

한 국가승인을 막아 나가는 지극히 현실적 정책"이라고 높이 평가했다. 다만 현실적으로 서독은 "강력한 경제력"의 "뒷받침" 때문에 이것이 가능했다고 보았다. 최종적으로 이 문건은 박정희 정부의 중립국 외교의 지향점이자 목표로 '서독'을 설정했다. 즉 남한도 서독처럼 외교관계를 수립하되, 북한에 대해서는 "국가승인 효과 없는 비(非)외교관계의 수립"을 유지해야 한다는 것이었다. 그러면서도 "강대한 경제력을 배경"으로 하여 추진되는 서독의 외교 정책을 그대로 따르기에는 현재 남한이 "국력 면에서 제약"이 있다는 것은 인정하며, "점진적"인 추진을 제안했다.[246]

그런데 할슈타인 원칙에 입각한 박정희 정부의 중립국 외교는 곧바로 현실적인 어려움에 직면했다. 1963년 8월 25일, 통일아랍공화국(UAR)이 종래의 분단국가 불승인 정책을 변경하여, 북한과 먼저 대표부급 외교관계를 수립해버린 것이다. 만약 외무부가 할슈타인 원칙을 그대로 적용한다면, 이미 설치한 카이로 주재 총영사관을 철수해야 했다. 실제 외무부 내 실무자급에서도 북한이 "총영사관을 대사관으로 승격시켰으니" "우리 총영사관을 철수시켜야" 한다는 "즉각적인 반응"이 있었다.[247]

---

[246] 이 문건은 1960년대에 들어 서독의 할슈타인 원칙이 "변조"되고 있다고 분석하기도 했다. 1963년 서독이 폴란드와 통상협정을 체결한 것은 "외무성 관리를 단장으로 하는 상주 통상사절단을 폴란드에 설치하고 상호 외교 파우치를 사용"했다는 사실에서 "엄격한 의미에서 볼 때 비록 할슈타인 독트린(Hallstein Doctrine)에 위배되지는 않"지만, 할슈타인 원칙이 설정한 본래적인 의미에서 비추어볼 때는 "사실상 상당한 변조"라고 평가했다. 위의 자료. 서독의 아데나워 정부가 동유럽 관계개선 정책을 펼친 까닭은, 1956년의 폴란드와 헝가리 사태로 "동정적인 여론이 형성"된 이후, "서독 내에서 소련의 위성국으로서 탄생한 동유럽 국가들의 태생적 한계를 인정하고 동독 불승인 정책의 대상에서 동유럽 국가를 예외로 두자는 주장이 점차 힘을 얻게" 되었기 때문이었다. 신정훈, 앞의 논문, 26쪽.

[247] 「제목: 대중립국 외교 정책의 종합적 재검토」(1964. 10. 15), 『국교수립―자유우방 및 중립국가』, 외교사료관, 1995.

관련하여 외무부 구미국 아중동과는 카이로 총영사관의 유지와 철수에 관한 장단점을 종합적으로 검토하는 보고서를 작성했다. 보고서는 먼저 총영사관을 유지할 때 발생하는 문제점으로 두 가지를 제시했다. 첫째 북한이 대사관임에도 남한은 그보다 급이 낮은 영사관이기 때문에 상대적으로 중동·아프리카 지역에서의 외교 활동에 "제약을 받을 우려성"이 있었다. 둘째, UAR의 사례에 따라 주변 중립국들이 비슷한 결정을 하는 일이 추가로 발생할 수 있었다. 그렇다고 할슈타인 원칙에 따라 카이로 총영사관을 철수한다면, 아시아·아프리카 "블록으로부터의 고립을 자초하는 결과"가 발생할 수 있었다. 왜냐하면 UAR은 중동과 아프리카 지역에 영향력이 큰 국가였기 때문이었다. 게다가 이는 북한의 "중립국 침투를 저지"하기 위한 중동·아프리카 지역의 거점이 사라지는 것을 의미했다.

이러한 장단점을 언급한 다음, 아중동과는 카이로 공관의 유지를 상부에 건의했다. 왜냐하면 첫째, "카이로 공관의 경우 아국의 대중립국 정책에 있어서의 전면적 후퇴"를 고려치 않는다면, 이집트가 "차지하고 있는 아랍 및 아프리카에 대한 영향력을 감안"해야 하고, 둘째, 북한의 "독무대화" "방지"의 필요성 때문이었다.[248]

1964년 10월 15일, 외무부는 이 문제와 관련하여 중립국 외교 정책을 종합적으로 다시 검토했다.[249] 재검토 문건은 1964년 남한 정부가 중립국 외교와 관련하여 직면한 "할슈타인 원칙 3종의 문제"로 첫째, 카이로 총영사관 철수 문

---

[248] 「아랍 제국과의 외교관계 수립 문제(1964. 7. 22)」, 위의 자료.

[249] 외무부 내에서는 국무총리, 외무장관, 차관 등 고위 정책수립가들이 "명확한 원칙을 수립 못하고 있는 실정(實情)이기 때문에" "정부는 중립국 문제에 대해서 불투명(不透明)한 태도를 취하게 되는 것이고, 불투명한 태도가 장기지속"된다는 비판이 있었다. 「제목: 대중립국 외교 정책의 종합적 재검토(1964. 10. 15.)」, 위의 자료.

제, 둘째, 콩고의 남한 대사관 철수 문제, 셋째, 인도에 설치된 총영사관의 대사관 승격 문제를 제시했다. 이 문건도 서독이 할슈타인 원칙 같은 "고자세"를 견지할 수 있는 까닭을 "신생 제국에 대하여" 서독이 갖는 "거대한 경제적 실력"에서 찾았다. 즉 "신생 제국 중, 전(前) 불란서 식민지와 전(前) 영국 식민지였던 국가를 제외하면, 서독의 많은 경제원조를 받고 있는 나라가 많"기 때문에, 서독은 할슈타인 원칙을 가지고 "일률적으로 적용하는 하나의 외교 정책을 만들" 수 있었다고 보았다.

반면 서독보다 경제력이 낮은 남한에서는 국가별 특수 사정을 고려해 "케이스 바이 케이스(Case by case)"식 해결 원칙이 필요하다고 보았다. 카이로에 북한이 대사관을 설치했다고 하여 우리의 현재 총영사관을 철수한다면 중동의 아랍 국가들과 "영원히 결별"할 결심을 해야 하며, 동시에 "유엔에서 기권하던" 아랍 국가들이 이제는 "부(不)표로 변화"할 수 있었다. 또한 할슈타인 원칙에 따라 우리가 철수하면, 북한은 이를 "역이용"하여 북한이 "침투만 하면" "대한민국은 후퇴한다고 생각"하게 만들어 "더욱 그 효과를" 노릴 위험성이 있었다.

따라서 이 문건은 우리의 "중립국 외교 정책에는 십분 탄력성"이 필요하다고 강조했다. 특히 "카이로나 콩고에서 우리가 철수하는 것은 언제나 할 수 있는 일이나, 그후의 사태는 실로 막대하고 곤란"하기 때문에, 우리는 "고통스럽기는 하지만 현상유지에 노력"해야 한다는 결론을 내렸다. 그리고 외무부는 중립국 정책의 지향점 세 가지를 다음과 같이 국가안전보장회의에 건의했다.[250]

    가. 서독의 경우와 같이, 할슈타인 원칙의 일률적 적용을 피할 것.
    나. 각개 신생 중립국의 현지 사정을 사려하여, 한국과의 관계는 "Case by case" 처리

---

250  위의 자료.

하는 방식을 취할 것.

다. 신생 중립국과의 관계 수립에 있어서, 되도록 총영사관 설치 방식을 우선할 것.²⁵¹

1964년 10월 23일, 이 문건에 박정희 대통령이 서명했다. 이로써 박정희 정부의 중립국 외교는 할슈타인 원칙에 따라 북한과 수교한 국가와는 "국교를 단절"하는 것을 원칙으로 하면서도, "특히 국제정치상에 영향이 많거나" "통상 가능성 있는 국가와는 영사관계를 맺는" 일종의 "신축성" 있는 중립국 정책을 수립한 것이었다.²⁵²

그런데 1964년 말, 아프리카에 위치한 모리타니아는 남한과 1964년 4월 9일 대사급 외교관계를 수립했는데, 약 7개월 만에(11월 12일) 북한과도 대사급 외교관계를 수립하는 사건이 발생했다. 그리고 모리타니아는 박정희 정부에게 자국의 비동맹 정책에 따른 것이니, 이것이 양국 간 "우호관계에 나쁜 영향을 미치지 않게 되기를 희망"한다며 사실상 남북한 모두와 외교관계를 그대로 유지하고자 했다.²⁵³ 모리타니아가 '두 개의 한국'을 인정하고 나선 상황에서, 박정희 정부는 할슈타인 원칙의 실행 여부를 논의했던 것으로 보인다.²⁵⁴ 특히 외무부는 우방국인 프랑스·미국·영국에 관련 자문을 구했는데, 이들 모두 모리타니아와 단교하는 것이 바람직하다는 회신을 보내왔다.²⁵⁵

---

251 위의 자료.
252 「장관이 국가안전보장회의 사무국장에게 보내는 발신전문」(1964. 11. 27), 『한국의 대아중동 외교 정책』, 외교사료관, 1995.
253 『조선일보』 1964. 11. 15.
254 『동아일보』 1964. 11. 17.
255 김현주, 「냉전기 한국의 실리외교 추진 과정과 요인―대 모리타니아 재수교의 정치경제」,

1964년 12월 5일, 이동원 외무부장관이 「모리타니아 회교공화국과의 외교관계 단절」이라는 안건을 국무회의에 제출했다. 안건에서 외무장관은 "모리타니아와의 외교관계 유지는 사실상 '두 개의 한국'을 인정하는 중대한 정책 변경을 의미하는 것"일 뿐 아니라 아프리카 국가들이 "추종할 위험성이 많다"며 "대한민국은 '모리타니아 회교공화국'과의 외교관계를 단절한다"는 "의결주문"을 제안했다.[256] 그리고 12월 10일, 박정희 정부는 「'모리타니아'와의 단교에 관한 성명서」를 발표했다. 성명서에서 정부는 "모리타니아 정부와 한국 북부 지역의 공산 정권 사이의 수교"를 "직간접적으로 한국의 분단을 영속시키려는 공산 정권의 시도를 돕고 방조하는 것"으로 규정했다. 그리고 "대한민국 정부는 이 기회를 빌어 대한민국 정부가 모든 국민의 자유의지를 대표하는 유일한 합법정부라는 기본 입장을 재천명하고자 하며, 이는 한반도에서 어떤 다른 정부를 승인하는 어떤 조치도 비난"한다고 밝혔다.[257]

이처럼 박정희 정부가 UAR과 달리 모리타니아와 단교를 빠르게 결정한 이유는 무엇일까? 우선 영사관계였던 이집트와 달리 모리타니아와는 대사급 외교관계를 맺고 있었으므로, 북한과 동시에 대사급 관계를 설정한 모리타니아와 수교를 유지한다면 북한에 대한 국가승인 효과를 방지할 방법이 없었다. 또한 공식 성명서에는 언급되지 않았으나, 지역에서 막강한 영향력을 가진 UAR과 달리 아프리카 서부에 위치한 모리타니아는 영향력이 크지 않다는 판단도 있었을 것이다.

---

서강대학교 석사학위논문, 2014, 55쪽.

256 제출자: 국무위원 이동원, 「결의사항: 모리타니아 회교공화국과의 외교관계 단절」(제출일자: 1964. 12. 5), 『국무회의안건철』, 관리번호: BA0084420; 김현주, 앞의 논문, 53~54쪽.

257 「'모리타니아'와의 단교에 관한 성명서」(December 10, 1964), 『국교수립—모리타니, 1963. 7. 30』, 외교사료관, 1995.

그렇다면 북한은 남한과 외교관계를 수립하고 있는 모리타니아와 외교관계를 수립함으로써 발생할 수 있는 '두 개의 조선' 문제에 어떠한 입장이었을까? 이를 확인할 수 있는 문건은 아직까지 찾을 수 없었다. 북한은 남한이 모리타니아와 외교관계를 수립하고 있다는 사실 자체를 거의 언급하지 않았다. 어쩌면 북한은 남한과 모리타니아의 외교관계에 침묵함으로써, '중립 정책'을 펼치고 있는 모리타니아와의 외교적 마찰을 피하고자 했을 수 있다.[258]

이 시기에는 북한 지도부가 상호 국가승인 문제에 대해 별다른 반응을 하지 않았으나, 1970년대부터는 남북한 유엔 동시가입을 반대하는 논리로 '두 개의 조선'의 현실화 문제를 제기했다. 왜 북한 지도부는 '두 개의 조선'이 국제적으로 용인될 수 있는 동시수교 문제에는 별다른 반응이 없었던 것일까? 관련하여 사회주의 국가로서 북한이 대외관계를 인식하고 설정해 나가는 방법에 대한 검토가 필요하다고 생각한다. 선즈화의 지적처럼, 사회주의 국제관계는 '당제(黨際)관계'가 국가관계보다 우선시됐다.[259] 즉 지구적 냉전질서하에서 사회주의 형제국가들의 국제관계에는 기존의 자본주의 국가들이 형성해온 '외교적 관례 및 원칙들'과 다른 매커니즘이 존재할 수 있다. 따라서 사회주의 국가 북한의 '두 개의 조선' 문제와 자본주의 남한의 '두 개의 한국' 문제는 다른 인식과 체계 위에서 이해될 필요가 있다.

---

258 『로동신문』 1964. 11. 13. 이집트나 알제리 외무부가 생산한 자료에 북한과 모리타니아의 외교관계 수립 과정이 드러나 있을 가능성이 있다. 새로운 국가들의 새로운 자료 발굴이 필요하다.

259 사회주의 진영 국가들 간의 '당제관계'와 '국가관계' 문제에 대해서는 다음 논문을 참조. 선즈화(沈志華)·리단휘(李丹慧), 「프롤레타리아 국제주의의 딜레마에 관한 시론—중소 동맹의 결렬로 본 사회주의 국가관계의 구조적 불균형」, 『대동문화연구』 98, 2017.

**5장**
# 냉전의 진영 너머의 국제회의와 남북한의 대응

1955년 반둥회의는 냉전의 양대 진영 바깥에 서려는 '새로운 세계정치의 행위자'[260]의 탄생을 알리는 사건이었다. 주로 탈식민 신생국으로서 중립·비동맹을 지향하던 이러한 국가들의 국제정치적 영향력은 1960년을 전후하여 더욱 커지고 있었다. 1960년 9월, 함마르셸드(Dag Hammarskjöld) 유엔 사무총장이 제15차 유엔총회에 보내는 연차보고에서 "아시아, 아프리카 세력은 이제 세계의 5대국을 합친 세력에 대등한 힘이 되었다"고 언급할 정도였다. 특히 1960년 한 해 동안 아프리카에서 독립한 17개국이 모두 유엔에 가입했다.[261] 이제 1945년 창립 당시 51개국이던 유엔의 회원국 숫자는 1960년 제15차 유엔총회를 계기로 거의 두 배에 이르는 99개국으로 급증했으며, 특히 아시아·아프리카 블록이 전체 회원국 중 절반에 가까운 45석을 차지했다. 유엔총회의 "중요 결의가 3분의 2 이상의 찬성"을 요건으로 하는 상황에서, 이러한 변화는 이제 "아아(亞阿)"

---

260 '새로운 세계정치의 행위자'라는 표현은 빌프리트 로트가 쓴 글에서 가져왔다. 빌프리트 로트, 「1부 국가와 권력관계의 변화」, 이리에 아키라 엮음, 앞의 책, 136쪽.
261 『조선일보』 1965. 6. 8.

의 "단결만으로 총회의 중요 결의는 모두 저지" 가능하다는 것, 즉 아시아·아프리카 블록이 "실질적 거부권"을 가지는 것을 의미했다.[262]

아시아·아프리카 신생국들이 다수 포함된 중립·비동맹 지향의 국가들은 새로운 국제적인 '공동의 광장'을 창출하기도 했다. 1961년 9월 1일 유고슬라비아의 수도 베오그라드에서 비동맹국들의 정상회의(the First Conference of Heads of State or Government of the Non-Aligned Countries)가 처음으로 열렸다. 지역과 인종적 색채가 강했던 1955년의 아시아·아프리카회의(반둥회의)와 달리, 비동맹 정상회의는 그 명칭에서부터 넌얼라인드(Non-Aligned), 즉 냉전의 어느 한편에 서지 않겠다는 탈냉전적 지향성을 분명히 했다.

그런데 1964년 이집트 카이로에서 열린 제2차 비동맹 정상회의에는 1차 때보다 참가국이 2배 이상 많아졌으나, 회원국들 간의 내부 분열이 심화되어 "베오그라드에서와 달리 카이로에서는 참석자들이 어떤 실질적인 합의도 이루지 못한 채" 종료됐다.[263] 또한 1965년 알제리에서 열기로 한 제2차 아시아·아프리카회의는 최종 무산됐으며, 1960년대 동안 제3차 비동맹 정상회의도 열리지 못했다.

이처럼 1960년대 초중반 아시아·아프리카의 지역분쟁과 정치적 격변하에서, 아시아·아프리카 세력 또는 중립·비동맹 국가들이 주도하는 국제회의들이 요동쳤다. '진영 너머의 외교'에 나선 남북한 정부는 이러한 중립·비동맹 관련 국제회의 동향을 주시하며, 한반도 문제와 관련하여 어떠한 논의가 진행되는지 촉각을 곤두세웠다. 특히 1955년 반둥회의에 초대받지 못했던 분단국 남북

---

262 『조선일보』 1960. 10. 24.
263 Jürgen Dinkel, *The Non-Aligned Movement: Genesis, Organization and Politics (1927~1992)*, Alex Skinner trans., BRILL, 2018, p. 114.

한은, 1964년 열린 자카르타 준비회의의 결정에 따라 제2차 아시아·아프리카회의의 초청 대상에 포함됐다. 그리고 제2차 아시아·아프리카회의를 준비하기 위해 1964년 열린 비공식 제네바 아시아·아프리카 경제회의에 함께 참석하여 외교경쟁을 펼쳤다. 이는 한반도 정전의 평화적 조정을 위해 1954년 제네바에 시 모였던 것으로부터 10년 만의 '재회'였다.

이에 5장에서는 1960년대 전개된 아시아·아프리카회의와 비동맹회의의 '경쟁적인' 전개 양상을 정리하면서, 이를 둘러싸고 남북한이 어떠한 인식하에서 외교적 대응을 펼쳤는지 살펴보고자 한다.

## 1. 열리지 않는 제2차 아시아·아프리카회의와 비동맹회의의 탄생(1958~61)

### 1) 민간급 아시아·아프리카 국제회의들과 북한의 적극적인 참여

1955년 인도네시아 반둥에서 열렸던 최초의 아시아·아프리카회의에서 향후 "2년에 한 번씩" 회의를 개최하자는 안건이 논의됐으나 채택되지는 못했다. 후속 회의가 열리지 못하는 상황에서, '반둥' 원칙과 정신을 지향하는 민간 차원의 아시아·아프리카 국제기구 및 회의 들이 다수 만들어졌다. 정상급이 참여하는 반둥회의 이후 창설된 민간급 관련 국제기구 및 회의를 정리하면 〈표 7〉과 같다.[264]

〈표 7〉에서 확인되듯이 반둥회의 이후 여러 민간 차원의 아시아·아프리카 관련 회의들이 창립됐으며, 대부분의 회의는 이집트와 인도네시아에서 열렸

---

[264] 『조선중앙년감(1966~67년판)』, 519~523쪽.

〈표 7〉 아시아·아프리카 관련 민간급 국제회의 및 기구(1955~1965)

| 개최·창설 | 국제회의 및 기구, 소재지 |
|---|---|
| 1955. 1.<br>(1957. 11) | 아시아 법률가회의(Asian Lawyers Conference), 인도 캘커타<br>(개편) 아시아·아프리카 법률가회의(Afro-Asian Lawyers Conference), 시리아 다마스커스 |
| 1956. 12.<br>(1958. 10) | 아시아 작가회의(Asian Writers' Conference), 인도 뉴델리<br>(개편) 아시아·아프리카 작가회의(Afro-Asian Writers' Conference), 이집트 카이로 |
| 1958. 1.<br>1960. 4. | 아시아·아프리카 인민단결회의(Afro-Asian Solidarity Congress), 이집트 카이로<br>아시아·아프리카 인민단결기구(Organization for Afro-Asian peoples Solidarity), 이집트 카이로 |
| 1958. 8 | 아시아·아프리카 영화축전, 소련 타슈켄트 |
| 1958. 12.<br>(1960. 5) | 아시아·아프리카 경제회의, 이집트 카이로<br>(개편) 아세아·아프리카 경제협조기구(Afro-Asian Organization for Economic Cooperationm), 이집트 카이로 |
| 1960. 1. | 아시아·아프리카 여성대회, 이집트 카이로 |
| 1960. 1. | 아시아·아프리카 소아과대회(Afro-Asian Congress of pediatrics), 인도네시아 자카르타 |
| 1962. 11. | 아시아 경제토론회(Asian Economic seminar, AES), 실론 콜롬보 |
| 1963. 4. | 아시아·아프리카 기자협회(Afro-Asian Journalist Association), 인도네시아 자카르타 |
| 1964. 9. | 아시아·아프리카 보험·재보험연맹(Federation of Afro-Asian Insurance and Reinsurance, FAIR), 이집트 카이로 |
| 1964. 10. | 아시아·아프리카 의학자대회(Afro-Asian Medical Congress), 이집트 카이로 |
| 1964. 11. | 신흥세력경기(가네포)연맹(Games for the New Emerging Forces(Ganefo) Federation), 인도네시아 자카르타 |
| 1965. 1. | 아시아·아프리카·라틴아메리카 인민단결기구(Organization of Solidarity with the people of Africa, Asia and Latin America), 쿠바 아바나 |
| 1965. 12. | 아시아·아프리카 주택기구(The Afro-Asian Housing Organization, AAHO), 이집트 카이로 |

다. 특히 아시아·아프리카 인민단결회의가 그 규모와 영향력 면에서 상당했다. 1957년 12월 26일부터 1958년 1월 1일까지, 이집트 카이로에서 인민단결회의가 열렸다. 반둥회의 때처럼 냉전의 양대 진영에 속하는 국가들도 여럿 포함됐다.[265] 회의는 최종성명서에서 "우리는 1955년 4월 반둥회의에서 채택된 원칙들

---

265 북한은 47개 국가 및 지역 대표가 참가했다고 서술했는데, 그중 국가는 총 38개국(북한·소련·중국·몽골·북베트남·인도·이집트·인도네시아·버마·실론·시리아·일본·타이·라오스·캄보디아·파키스탄·아프가니스탄·이란·터키·네팔·사이프러스·사우디아라비아·이라크·요르단·레바논·오만·예멘·리비아·라이베리아·모로코·튀니지·알제리·수단·가나·토고·잔지바르·소말리아·마다가스카르)이 참가한 것으로 보인다. 『조선중앙년감(1958년판)』,

이 계속 국제관계의 기초로 되여야 한다고 성명"함으로써, 반둥정신에 기초하고 있음을 밝혔다. 최종성명서에 포함된 10개 원칙도 1955년 반둥회의에서 선포된 원칙들과 거의 유사했다.[266]

남북한 정부는 반둥회의 이후 열리는 아시아·아프리카 인민단결회의에 큰 관심을 보였다. 특히 반둥회의에 초대받지 못했던 북한 지도부는 이 회의에 한설야를 단장으로 하는 대표단을 파견했다. 1957년 12월 28일, 회의에서 한설야는 "조선에 대한 미 제국주의의 식민지 예속화 정책을 규탄하였으며 조선의 평화적 통일을 위한 아세아, 아프리카 인민들의 공동 투쟁을 호소"했다.[267] 『로동신문』에는 이 회의가 "반둥회의 이후의 가장 거대한 사변으로서 반둥의 정신의 거대한 생활력을 다시 한번 확증하고 더욱 강화 발전시켰"을 뿐 아니라 "미제를 비롯한 서방 식민주의자들에게는 또 하나의 치명적 타격"을 입혔다는 논설이 실렸다.[268] 이승만 정부의 외무부도 아시아·아프리카 인민단결회의를 주시하며 정보수집에 나섰다. 1958년 1월 14일, 홍콩 주재 강춘희 영사는 현지 신문에 보도된 회의의 주요 내용을 입수하여 본부에 전달했는데, 북한의 동향에 주목했다.[269] 다만 외무부는 북한 관련 정보수집에 집중했을 뿐, 관련 회의들

---

464쪽; 남한 외무부는 45개 국가 및 지역 대표가 참가했다고 파악했다. 「홍콩 주재 영사 강춘희가 외무부장관에게 보내는 전문」(1958. 1. 14), 『아·아 인민단결기구(Afro-Asian solidarity Organization) 회의에 관한 건』, 외교사료관, 1994.

266  아시아·아프리카 인민단결회의 10개 원칙은 다음에 실려 있다. 『조선중앙년감(1958년판)』, 262쪽; 『로동신문』 1958. 1. 5.
267  『조선중앙년감(1958년판)』, 465쪽; 『로동신문』 1957. 12. 31. 『로동신문』과 달리 남한 외무부 문서에는 한설야가 1957년 12월 29일 발언한 것으로 기록되어 있다. 「홍콩 영사 강춘희가 외무부장관에게 보내는 전문」(1958. 1. 14), 외교사료관, 앞의 자료.
268  『로동신문』 1958. 1. 5.
269  강춘희가 보내온 보고서를 검토한 외무부 관료는 대회 관련한 여러 내용 중에서 유독 북

이 친공적이라는 판단하에 참여 자체는 고려치 않았다.

2년마다 회의를 열기로 한 합의에 따라, 제2차 아시아·아프리카 인민단결회의는 1960년 4월 기니의 코나크리에서 열렸다. 이 회의에서 정식명칭이 '아시아·아프리카 인민단결기구(The Organization for Afro-Asian people's Solidarity)'로 개칭됐다.[270] 이 기구는 최고 기관으로서 '아시아·아프리카 인민단결대회'를 2년마다 1회씩, 그리고 회원국 대표들로 구성되는 이사회는 매년 1회 이상 소집하기로 했다. 또한 이 기구 산하에는 집행위원회(30개국)와 상설서기국(15개국) 등이 설치됐다.[271]

정치·경제·사회·문화 등 모든 분야를 망라했던 인민단결회의를 중심으로 다른 아시아·아프리카 관련 회의 및 기구 등이 만들어지기도 했다. 1957년 12월 열린 아시아·아프리카 인민단결회의에서 지역 내 국가들의 경제협조를 위한 조직의 필요성이 논의되어, 1958년 12월 이집트 카이로에서 38개국이 참가하는 아시아·아프리카 경제회의가 열려 아시아·아프리카 경제기구의 창설을 결정했다. 그리고 1960년 4월 30일부터 5월 30일까지 이집트 카이로에서 열린 제2차 아시아·아프리카 경제회의에서 아시아·아프리카 경제협조기구가 정식 창설됐다.[272] 또한 1959년 2월, 아시아·아프리카 인민단결기구 이사회 회의에

---

한 대표의 발언에 밑줄을 그어놓았다. 「강춘희 영사가 조정환 외무장관에게 보내는 전문」(1958. 1. 14), 외교사료관, 앞의 자료.

270 『조선중앙년감(1963년판)』, 541쪽.
271 제3차 인민단결대회는 1963년 탕가니카(Tanganyika는 현재 탄자니아의 일부 지역으로 1961년부터 64년까지 존재했던 국가였음) 모쉬(Moshi)에서, 제4차 대회는 1965년 가나 윈네바(Winnebah)에서 열렸다. 4차 대회에서는 1966년 1월 쿠바 아바나에서 제1차 아시아·아프리카·라틴아메리카 인민단결대회를 진행하기로 결정했다. 『조선중앙년감(1966~67년판)』, 482쪽.
272 아시아·아프리카 경제협조기구는 2년마다 1회씩 아시아·아프리카 경제회의를 개최하기

서는 아시아·아프리카 여성회의에 대한 제의가 있었다. 이후 준비회의를 거쳐 1961년 1월 15일부터 19일까지 이집트 카이로에서 45개국 여성 대표들이 참여하는 최초의 아시아·아프리카 여성대회가 열렸다.[273]

반둥회의는 냉전기 아시아와 아프리카가 함께한 최초의 국제회의였기 때문에, 아시아에서만 진행되던 민간 차원의 회의들도 아프리카까지 포괄하는 형태로 개편되기 시작했다. 일례로 1956년 12월 인도 뉴델리에서 시작된 아시아 작가회의에서는 아시아·아프리카 작가회의를 발족하자는 결의가 있었으며, 1958년 소련의 타슈켄트에서 처음으로 아시아·아프리카 작가대회가 열렸다.[274] 또한 1955년 1월 인도 캘커타에서 시작된 아시아 법률가회의는 1957년 시리아 다마스쿠스에서 아시아·아프리카 법률가회의를 열었다.[275]

반둥회의 후신의 성격을 지닌 국제회의를 둘러싼 남북한의 인식과 대응 양상은 상이했다. 북한 지도부는 1955년 열린 반둥회의를 적극적으로 지지하는 연장선에서 이후 열리는 민간급 아시아·아프리카회의에 직접 참여하며 적극적으로 활동했다. 특히 회의에 참석한 북한 인사들은 국제회의에서 민족해방투쟁과 제국주의·신구식민주의 반대, 그리고 자립경제 문제 등에 적극 호응하며 발언했다.

한편, 남한의 과도정부·장면 정부·군사정부 모두 적극적인 중립국 외교를 표방하며 '좌경' 국가들에 친선사절단을 보내면서도, 반둥회의 이후 열린 민간 차원의 아시아·아프리카 관련 국제회의에는 참여하려 하지 않았다. 이는 이러

---

로 했다. 『조선중앙년감(1966~67년판)』, 485쪽.
273 『조선중앙년감(1962년판)』, 545쪽.
274 일본 아시아·아프리카 작가회의 엮음, 신경림 옮김, 『민중문화와 제3세계: AALA 문화회의 기록』(제3세계총서 11), 창작과비평사, 1983, 15쪽.
275 『조선중앙년감(1968년판)』, 445쪽.

한 회의들이 민간 차원에서 열리는 것이므로 대(對)중립국 외교에 별다른 영향력을 미치지 못할 것으로 판단했기 때문이다. 또한 관련 회의와 기구들이 채택한 선언문들에는 사회주의 진영의 주도하에 반제국주의·반식민주의·반신식민주의를 표방하는 내용이 많았으므로, 외국군이 주둔하고 외부 원조에 의한 경제개발계획을 추진해야 하는 남한 정부의 입장에서는 섣불리 참여하기 어려웠을 것이다.

### 2) 비동맹 정상회의의 개최와 남북한의 소극적인 반응

반둥회의 이후 후속 회의 개최를 위해 주최국이었던 인도네시아가 나섰다. 1956년 11월 14일, 인도네시아 수상은 인도·버마·실론과 함께 이듬해(1957년) 6~7월경에 2차 반둥회의를 개최하는 데 원칙적으로 합의했다고 발표했다.[276] 그런데 1957년 초, 인도네시아는 국내외적 어려움에 직면했다. 수카르노 대통령은 거듭되는 국내정치 혼란을 수습하기 위해 '비상사태령'을 발령했으며,[277] 서뉴기니아 문제를 둘러싸고 소요 사태가 발생하기도 했다.[278] 결국 2차 반둥회의 개최를 위한 논의가 진전되지 못한 상황에서, 대신 1957년 12월 말 민간 차원의 아시아·아프리카 인민단결회의가 열렸다.

1959년에는 반둥회의의 두 주역인 중국과 인도의 국경분쟁까지 발생했다. 3월에 티베트 독립을 주장해온 달라이 라마가 인도로 망명하자 양국 관계는 급격히 냉각됐으며, 9월에는 인도의 동부와 중국의 서부를 마주하는 국경 지역에서 양국의 군대가 충돌했다. 급기야 10월에는 "인도군 9명이 전사하고 10

---

276 『조선일보』 1956. 11. 17.
277 윤성이·이동윤, 「인도네시아의 정당정치와 민주주의 공고화」, 『국가전략』 8-4, 2002, 144쪽.
278 『동아일보』 1957. 12. 9.

명이 포로가 되는" 총격전까지 있었다.[279]

이처럼 2차 반둥회의 개최 준비가 지지부진한 상황에서, 1960년 6월 13일 유고슬라비아 대통령 티토는 비동맹 국가들의 "정상회담을 요청하는 것으로 해석"되는 발언을 했다. 그의 발언은 지난달(5월) 파리에서 개최 예정이던 미국·프랑스·영국·소련 4대국 정상회의가 결렬된 데 대한 의견 표명이었다. 그는 "이제 파리 정상회담이 실패로 돌아갔으므로 양 진영의 비가담(非加擔) 제국들이 세계 사태를 수동적으로 좌시할 수 없"다며, "정치가들이 될 수 있는 대로 자주 만나야 한다고" 말했다.[280]

1961년 6월 5일부터 13일까지, 이집트 카이로에서 비동맹 정상회의 준비를 위한 대사급 준비위원회 회의가 열렸다.[281] 티토와 나세르 등은 이 회의 개최를 통해 주변 지역 및 국제 지도력에 대한 자신들의 주장이 강화되길 희망하며 회의 준비에 박차를 가했다.[282] 카이로 준비회의는 다가오는 9월 유고슬라비아에서 비동맹 정상회의를 개최하는 데 합의했다.[283] 그리고 정상회의에 초대할 비동맹 국가를 판단하기 위한 기준을 다음 5가지로 설정했다.

---

279  고홍근,「인도·중국 무력 충돌의 역사적 배경과 전망」,『AIF 인도·남아시아』, 2020.
280  『동아일보』1960. 5. 19; 6. 15. 이 기사에서 확인되듯이, 남한에서는 넌얼라인먼트가 북한의 번역어인 '불가담'과 비슷한 "비가담(非加擔)"으로 번역되기도 했다.
281  준비회의에서는 인도 중심의 '온건파'와 아프리카 지역 내 급진적인 성향의 '카사블랑카 그룹' 간의 의견 충돌이 있었다고 한다. 네루 수상은 비동맹이라는 이름의 또 다른 제3세력이 형성되는 것을 우려하면서 실질적인 중립국인 오스트리아·스웨덴, 그리고 라틴아메리카의 중립국들까지 광범하게 초청하자고 했으나, 카사블랑카 그룹의 나세르 대통령은 유럽의 다른 중립국을 참석시킨다면 비동맹 국가들의 적극적인 행동을 어렵게 만든다며 반대했다.『경향신문』1961. 9. 9.
282  Dinkel, op. cit., p. 97.
283  『동아일보』1961. 6. 7; 6. 10.

1. 각 국가는 상이한 사회와 정치 체제의 공존에 기반한 독립적인(independent) 정책을 채택해야만 하고, 비동맹(non-alignment)에 대해 최소한 이 정책을 지지하는 경향을 보여야만 한다.
2. 이러한 국가들은 민족독립운동(national independence movements)을 항상 지지해야 한다.
3. 이 국가는 강대국들(great powers) 간의 분쟁의 틀 내에서 체결된 어떠한 다자간 군사협정(multilateral military pact)에도 가입해서는 안 된다.
4. 해당 국가가 강대국 중 하나와 양자 군사협정을 맺었거나 지역 방위조약에 가입한다면, 이 협정이나 조약이 강대국 간의 분쟁이라는 틀 안에서 의도적으로 체결되어서는 안 된다.
5. 외국 강대국(foreign power)의 군사기지 설치를 허용했다면, 기지 설치가 강대국 간의 분쟁의 틀 내에서 이루어진 것이어서는 안 된다.[284]

제시된 기준에서 알 수 있듯이, 비동맹회의는 탈식민·탈냉전 평화를 지향했으며, 이는 6년 전 열린 반둥회의와 유사한 측면이 있었다. 그런데 회의 명칭이 '비동맹'이듯이, 강대국들 간의 분쟁의 틀 내에서 만들어진 군사협정 또는 지역 방위조약에 가입하거나 군사기지를 설치하는 것은 분명히 반대했다. 따라서 반둥회의 당시 냉전의 진영을 불문하고 거의 모든 아시아·아프리카 국가들에게 초청장이 발송됐던 것과 달리, 이번에는 냉전의 어느 한편에 속하는 국가의 참가는 원천 봉쇄된 셈이었다.

1961년 9월 1일, 유고슬라비아 수도 베오그라드에서 최초의 '비동맹 정상회

---

284 「비동맹회의 초대(INVITATION TO THE NON-ALIGNMENT CONFERENCE)」, 『비동맹 정상회의, 제4차. Algiers(알제리) 1973. 9. 5~9, 전 3권, V. 2. 우리 입장 지지 교섭』, 외교사료관, 2004. 해당 내용은 당시 번역되어 신문에 보도됐다. 『동아일보』 1961. 6. 13.

1961년 비동맹회의가 열린 유고슬라비아 베오그라드의 국회의사당 전경 ⓒ National Archives

의(the conference of the Heads of State or Government of Non-Aligned Countries)'가 25개 회원국과 3개 옵서버국 대표들이 참여한 가운데 열렸다. 회원국은 유고슬라비아와 키프로스만 빼고 모두 아시아·아프리카 국가들이었다.[285] 그래서인지 남한의 한 언론은 이 회의를 "작은 규모의 '아시아·아프리카' 회의"라고 부르기도 했다.[286] 반둥회의를 주도했던 콜롬보 국가들 중에서는 지역방위조약 시토(SEATO)와 센토(Central Treaty Organization, CENTO; 중앙조약기구)에 가입한 파키스탄만 제외하고 인도·

---

285 옵서버 3개국은 모두 라틴아메리카 국가들이었다. 구체적인 참가국 명단은 이 책의 부록을 참고할 것. Henry M. Christman ed., *NEITHER EAST NOR WEST: The Basic Documents of Non-Alignment*, Sheed & Ward, New York, 1973, p. 53.
286 『경향신문』 1961. 9. 9.

유고슬라비아 국회의사당에서 진행된 제1차 비동맹 정상회의 모습   유네스코 세계기록유산(https://www.unescoicdh.org).

인도네시아·버마·실론 등이 모두 참가했다.[287] 25개 회원국 숫자는 주최하는 유고슬라비아의 예상을 밑도는 수치였다. 특히 초청된 라틴아메리카 국가들 중에서는 쿠바만 참석했는데, 미국의 외교적 압력으로 브라질과 멕시코 등 몇몇 국가들이 회의에 상당한 관심을 보였음에도 결국 참석하지 않았다.[288]

비동맹을 명확히 밝혔기 때문에 양대 진영에 속하는 국가들은 배제됐다는

---

[287] 파키스탄은 시토와 센토에 가입한 국가였기 때문에 초청 대상에서 제외됐을 기능성이 크다. 유고슬라비아가 초청장을 발송한 국가가 정확히 어느 나라들이었는지는 당시 유고슬라비아의 문서를 발굴하여 확인할 필요가 있다. 카사블랑카 그룹 중에서는 말리를 제외하고 UAR·가나·기니·모로코와 알제리 임시정부가 회의에 참가했다.

[288] 딘켈은 당시 주최국 유고슬라비아가 생산한 문서와 미국·영국·서독 현지 대사관이 수집한 정보에 기반하여 관련 사실을 밝혔다. Dinkel, op. cit., p. 97.

유고슬라비아의 티토 의장(좌), UAR의 나세르 대통령(우) ⓒ National Archives

것을 감안하더라도, 1955년 반둥회의 이후 독립한 아프리카 국가들만 20개가 넘는 상황에서 반둥회의 때보다 참가국 숫자가 줄었다는 것은 그만큼 비동맹회의에 대한 국제적 관심이 높지 않았음을 보여준다. 인도의 네루도 회의가 국제적으로 주목받지 못할 것으로 예상했다. 1961년 7월 말, 주최국 유고슬라비아조차 강대국들이 비동맹회의를 완전히 무시하지는 않을까 우려했다. 당시 미국·영국·서독의 외무부도 이 회의가 세계정치에 새로운 흐름을 촉발하기는 힘들 것으로 보았다. 그런데 부정적인 예상들을 깨고, 회의가 열리기 직전인 1961년 8월 31일 베를린장벽이 건설되면서 비동맹회의는 하루아침에 세계정치의 중심으로 부상했다. 왜냐하면 베를린장벽의 합법성 여부를 둘러싸고 동서 진영이 극심한 의견 차이를 보였고, 양쪽 모두 중립적인 비동맹국 정부의 지지를 확보해야 했기 때문이었다.[289]

1961년 9월 1일 시작된 회의에서 참석자들은 국제정세에 관한 의견을 교환

---

289   Dinkel, op. cit., p. 98.

인도네시아의 수카르노 대통령(좌), 인도의 네루 수상(우) ⓒ National Archives

했다. 다음으로 국제평화의 확립과 강화 방안이 논의됐으며, 이어서 기타 문제와 회의 최종선언문 등이 다뤄졌다. 회의에서는 아프리카 국가들과 유고슬라비아를 포함한 아시아 국가들을 중심으로 무엇이 시급한 현안인지를 둘러싸고 의견 차이가 발생했다. 최근 독립한 아프리카 국가들은 주로 국가주권에 가장 큰 위협이 되는 식민지배와 제국주의 통치를 완전히 종식하는 조치를 강조했다. 즉 다수 아프리카 대표들은 남부 아프리카에서 계속되는 포르투갈의 식민통치, 영국과 네덜란드가 남은 식민지의 독립을 허용하지 않고 있는 문제, 팔레스타인에 대한 이스라엘의 '제국주의' 정책, 남아프리카공화국의 흑인에 대한 억압, 특히 1961년 여름 프랑스군의 튀니지 폭격 사건, 그리고 알제리 독립운동에 대해 여러 차례 강조했다. 또한 많은 아프리카 국가들은 유럽 식민지 강대국이나 냉전 강대국에 대한 지속적인 경제적 의존이 자국의 경제발전을 저해하는 새로운 형태의 식민주의와 제국주의로 인해 자국의 독립이 위험에 처해 있다고 생각했다.

가나의 은크루마 대통령(좌), 실론의 반다라나이케 수상(우) ⓒ National Archives

한편, 유고슬라비아와 함께 이미 독립을 달성한 지 10년이 지난 아시아 국가들은 냉전을 배경으로 강대국들이 세계를 이분화하는 것을 가장 큰 위험으로 보았다. 일례로 네루는 식민주의와 씨름하기보다는 소련과 미국 간의 긴장과 대립에 초점을 맞춰야 한다고 주장했다. 또한 네루는 회의 참석자들에게 냉전의 다양한 측면, 즉 독일뿐 아니라 한반도와 베트남의 뜨거운 쟁점이던 분단국가 문제에 대한 이해도 촉구했다.[290]

9월 6일, 회의 과정에서 이견들이 존재했음에도, 최종적으로 참가국들은 만장일치의 합의된 선언문(DECLARATION)을 채택하고 폐막했다.[291] 최종선언문은

---

290 Dinkel, op. cit., pp. 100~102.
291 당시 채택된 '비동맹 정상회의 선언' 전문(全文)은 다음에 실려 있다. Henry M. Christman ed., *NEITHER EAST NOR WEST: The Basic Documents of Non-Alignment*, Sheed & Ward, New York, 1973, pp. 53~65. 유엔 디지털라이브러리에는 요약본만 실려 있으며, 국회입법조사국에서 발간한 책에 실린 번역문도 이 요약본의 일어 번역본을 중역한 것으로 보인다. 국회도서관 입법조사국, 『제3세계관계자료집』, 1978, 93~103쪽.

이 회의 목적이 "세계평화와 안보, 그리고 인민들 간의 평화로운 협력에 더욱 효과적으로 기여한다는 시각을 견지하며, 국제 문제들에 대한 의견을 교환"하는 데 있었다고 밝혔다. 선언문은 첫째, "전쟁이 오늘날보다 더 심각하게 인류를 위협했던 적은 없었다"며 "모든 인민들(peoples)이 안정적인 평화로 향하는 확실한 길을 찾기 위해 노력해야 할 필요성에 대해서 국제사회의 주의를 환기"했다. 둘째, 상이한 사회 체제 간의 평화적 공존을 강조했다. 셋째, 이번 회의가 새로운 블록을 형성하고자 하는 것이 아님을 전제하면서, 비동맹 지역이 더욱 확대되는 것만이 "세계를 블록으로 분할하려는 정책 및 냉전 정책의 격화에 대체할 수 있는 유일하고도 불가결한" 방안이라고 주장했다.

선언문 마지막에는 구체적인 결정 사항 27가지가 담겼다. 1항부터 14항까지는 1960년에 열린 제15차 유엔총회에서 채택된 「식민지 및 그 인민에 대한 독립 부여에 관한 선언(Declaration on the Granting of Independence to Colonial Countries and Peoples)」을 지지하며, 식민주의·신식민주의·제국주의 지배를 종식하기 위하여 알제리 독립투쟁, 앙골라 사태, 튀니지 내 프랑스 군대 철수, 콩고 문제, 남아프리카공화국의 인종차별 정책, 팔레스타인 문제, 쿠바의 관타나모 미군 군사기지 등이 해결되어야 한다고 주장했다. 15항부터 20항까지는 "군비를 위해 소비되고 있는 에너지와 자원을 인류 전체의 평화적인 경제적·사회적 발전에 충당"하기 위한 군비축소와 핵실험 금지에 관한 협정의 긴급한 체결이 필요하다고 제안했다. 다음으로 21항부터 23항까지는 경제적 문제가 담겼는데, 소수의 경제적 선진국과 다수의 경제적 저개발국 간의 생활수준의 격차를 해소하는 방안들이 제시됐다. 24항부터 26항까지는 유엔헌장 개정을 통한 유엔총회와 안전보장이사회, 경제사회이사회의 재편을 요청했다. 26항에는 차기 유엔총회에서 중화인민공화국 대표를 중국의 유일한 합법적인 대표로 받아들여야 한다는 권고가 명시됐다. 끝으로 27항은 당시 독일 베를린을 둘러싼 급박한 정세

악화를 우려하며 무력 사용이나 위협적인 행동을 취하지 않아야 한다는 것이었다.[292]

비동맹 정상회의는 반둥회의처럼 전 세계 언론의 큰 주목을 받았다. 무려 1,016명의 기자, 사진작가 등이 참가했으며, 그중에서 690명이 해외에서 왔다고 한다. 세계 정치인과 정치학자들도 "국제관계에서 새로운 행위자가 등장"했다고 보았으며, 자국 정부에게 비동맹 국가들에 대한 개입 강화를 주문했다. 비동맹회의에 대하여 미 국무부와 외교관들은 대체로 "비동맹 국가들은 소련을 일방적으로 지지"한다며 부정적으로 평가했다.[293] 반면 소련은 비동맹회의의 결론을 지지했다. 소련의 『프라우다』는 회의 참가국들이 전쟁과 평화에 관한 문제에서는 중립적일 수 없으며, 식민지 세력에 맞서 싸워야만 평화의 길을 열 수 있다는 이해를 보여줬다며 긍정적으로 논평했다. 반면 중국은 티토와 네루가 주요 후원자로 참여하고 중립주의에 기반한 것으로 보이는 비동맹회의에 대해 격렬하게 반대했다.[294]

북한 지도부는 반둥회의 때와 달리 비동맹회의에 개최 축하 메시지를 보내지도, 지지한다는 입장을 발표하지도 않았다. 중국과 밀접한 관계를 형성하고 있던 북한으로서는 중국이 참여조차 불가능한 비동맹회의에 축하 메시지

---

292  1961년 6월 17일, 소련 육군 기관지는 베를린과 독일 문제를 둘러싼 서방 측과 소련의 대립으로 "열핵전쟁이 촉발"될 수 있다고 "경고"했다. 『동아일보』 1961. 6. 19.

293  1961년 9월 4일 베오그라드 주재 미국 대사이자 미국 고위급대표단 수장인 조지 케넌(George F. Kennan)은 티토의 성명에 대하여 "흐루쇼프가 쓰지 않았을 법한 단어가 하나도 없었"을 정도로 "친소적"이라는 전문을 미 국무부에 보냈다. Dinkel, op. cit., pp. 106~107.

294  Jeremy Friedman, *Shadow Cold War: The Sino-Soviet Competition for the Third World*, The University of North Carolina Press, 2015, pp. 67~68. 실제 비동맹회의가 열리기 직전인 1961년 8월, 중국의 천이(陳毅) 부총리는 제2차 아시아·아프리카회의가 소집되어야 한다고 발표하기도 했다. 『로동신문』 1961. 8. 20.

를 보내는 것이 쉽지 않았을 것이다. 또한 거의 매일 소식을 전달하던 반둥회의 때와 달리, 비동맹회의 관련 소식은 『로동신문』에서 거의 언급되지 않았다. 9월 9일자 『로동신문』에 소개되는 내용도 인도네시아·UAR·버마·가나·쿠바·실론·캄보디아·모로코·말리·알제리 임시정부 등의 발언은 실렸으나 주최국 유고슬라비아와 인도에 관해서는 언급조차 없었다. 회의 내용도 미국을 포함한 서방 강대국의 제국주의와 식민주의를 비판하는 내용(쿠바 대표의 미군 군사기지 비판 발언 등)으로 채워졌다. 그래서인지 이 기사의 헤드라인 제목도 「국제 긴장상태의 근원은 제국주의와 식민주의이다」였다. 논설의 마무리는 비동맹회의 최종선언문에서 "유엔이 다음 번 회의에서 중화인민공화국 대표를 이 나라의 유일하게 합법적인 유엔 대표로 인정할 것을 권고한다고 지적되였다"로 끝났다.[295] 당시 인도는 중국과의 국경분쟁의 당사자였으며, 북한 지도부는 유고슬라비아가 내세우는 "제3로선"이나 "중립"에 대해 비판적이었다. 1962년 『로동신문』에는 유고슬라비아가 "쁠럭불가담의 가면을 리용하여 아세아, 아프리카 나라들을 분렬시키려" 한다는 비판 기사가 실리기도 했다.[296]

한편, 남한 신문들은 비동맹 정상회의를 "중립국" 정상회담으로 소개하며 관심을 보였다. 『경향신문』은 "아(亞)·아(阿) 중립 쁠럭의 비중이 증대하여" "그들의 동향 여하에 동서 양 진영이 모두 비상한 관심을 집주(集注)하고" 있다고 보았다.[297] 인도를 언급하지 않은 『로동신문』과 달리, 『조선일보』는 네루 수상이 "중립국회의에서 채택된 멧세지를 가지고 모스크바를 방문한 일"을 언급했다. 신문 사설은 "인도의 네루 노선에 대해서는 중립국 자신에서뿐만 아니

---

295 『로동신문』 1961. 9. 9.
296 『로동신문』 1962. 12. 13.
297 『경향신문』 1961. 9. 5.

라 자유 진영에서도" "공산주의자들에 영합하는 태도"라는 "불만불평"과 "그를 비난하는 소리는 끊임없이 떠돌고" 있다고 전했다.[298] 5·16 직후여서인지, 군사정부의 관련 발표는 없었다. 1961년 8월 중근동 지역에 파견된 친선사절단이 UAR을 방문했을 때, 남한이 베오그라드 "중립국회담에 옵서버로 참가할 가능성"이 있는지 "타진"했던 사실은 확인된다. 사절단 보고서에 따르면, UAR은 "명백한 언어로 가능성을 부인"했다고 한다.[299]

## 2. 제2차 아시아·아프리카회의 준비회의와 제2차 비동맹 정상회의의 개최(1964)

### 1) 제2차 아시아·아프리카회의를 위한 자카르타 준비회의와 남북한의 동시초청

1962년 6월, 인도네시아는 제2차 아시아·아프리카회의(2차 반둥회의) 개최를 위한 '외상급 준비회의'를 올해 하반기에 개최하고자 한다며 공동주최국이 되어줄 것을 각국 현지 대사관을 통해 요청했다. 6월 13일 일본도 주일 인도네시아 대사로부터 이러한 요청을 받았다고 한다. 당시 일본 외무성은 인도네시아가 주도하는 외상급 준비회의가 하반기에는 개최될 가능성이 높다고 판단했다.[300] 그런데 1962년 하반기와 1963년 동안 아시아 지역에서는 갈등과 분쟁이

---

298 『조선일보』 1961. 11. 8.

299 정무국 구미과, 「중근동 지역 친선사절단의 종합보고」(1961. 8), 『친선사절단 서구 및 중동 순방, 1961. 7. 8~8. 28』, 외교사료관, 1995; 박정근, 「1960~1973년 한국의 아랍 접근과 이스라엘 문제」, 『사학연구』 157, 2025, 392쪽.

300 15개국은 다음과 같다. 태국, 모로코, 수단, 중국, 파키스탄, 이라크, 캄보디아, 통일아랍공화국, 사우디아라비아, 리비아, 카메룬, 버마, 실론, 기니, 가나. 「(주일대사 배의환이 외무부장

격화했다. 1962년 10월 중국이 인도를 침공하는 국경전쟁이 발발하여 1개월 동안 지속됐으며,[301] 1963년에는 말레이시아 연방이 만들어지자 이를 인정하지 않는 인도네시아는 잦은 국경 충돌을 일으켰다.[302] 1962~63년 동안 격화하는 아시아 지역 내 분쟁으로 2차 반둥회의 개최 준비에는 별다른 진척이 없었다.

이러한 상황에서 1964년 3월, 비동맹 정상회의 개최를 위한 대사급 준비회의가 실론의 콜롬보에서 열렸다. 통일아랍공화국(UAR)·유고슬라비아·실론의 공동 초청으로 23개국이 참가한 준비회의는 다가오는 10월에 비동맹 정상회의를 이집트의 카이로에서 개최하기로 합의했다.[303] 비동맹 정상회의의 10월 개최가 확정되자, 비동맹회의에 참석하지 못하는 중국과 파키스탄은 인도네시아가 추진하는 2차 반둥회의 개최를 위한 준비회의 개최를 적극 지원하고 나섰다.[304]

1960년대 초중반, 양극적인 지구적 냉전질서는 변화하고 있었다. 1962년 쿠바 미사일 위기를 계기로 미국과 소련은 대화와 협상을 진행하면서 부분핵실험금지조약(Partial Test Ban Treaty, PTBT)을 체결하는 등 평화공존의 분위기를 만들어

---

관에게 보내는 전문) 제목: 제2차 "반둥회의"에 관한 보고」(1962. 7. 30), 『아·아 회담(Afro-Asian Conference) 제2차, 전 6권 (V. 1. 회의 개최 준비상황 보고, 1962. 7~64. 5』, 외교사료관, 1996.

301 고홍근, 「인도·중국 무력충돌의 역사적 배경과 전망」, 2020(https://www.kiep.go.kr/aif/issueDetail.es?brdctsNo=306227&mid=a30200000000&systemcode=02).

302 『동아일보』 1963. 9. 25; 9. 30; 『조선일보』 1963. 10. 3.

303 아중동과, 「참고자료」(1964. 4. 3), 『비동맹 정상회담, 제2차, Cairo, 1964. 10. 5~11, 전 2권 (V. 1. 기본문서)』, 외교사료관, 1995.

304 아주국 동남아아주과, 「(행정연구서) 제목: 제2차 아아회의 참석 문제」(1965. 1. 10), 『아·아 회담(Afro-Asian Conference) 제2차, 전 6권(V. 2. 회의 개최 준비상황 보고, 1964. 4~65. 3)』, 외교사료관, 1996.

갔다. 사회주의 진영은 중국과 소련의 갈등이 표면화하며 분열했으며, 서방 진영에서도 프랑스의 드골(Charles de Gaulle) 대통령이 프랑스의 "자립과 자주성을 내세우며", 미국과 다른 목소리를 내기 시작했다.[305] 특히 아프리카 신생국이 급증하고 비동맹회의가 개최됨으로써, 냉전의 양대 진영 바깥에 서려는 흐름은 강화되고 있었다.

그런데 이러한 진영 너머를 지향하는 국가들이 분열하는 양상이었다. 크게 중국과 인도네시아의 주도하에 반제국주의와 식민지해방투쟁을 내세우는 급진적인 '2차 반둥회의 추진 그룹'과, 인도·유고슬라비아·UAR 등의 주도하에 평화공존과 경제발전을 강조하는 비교적 온건한 '비동맹 그룹'으로 양분되고 있었다. 남한 외무부의 정세판단처럼, 대체로 1964년 동안 제3세계는 "급진파가 아·아회의를", 그리고 "온건파가 비동맹국회의를 각각 주름잡아 영도권 쟁존을" 펼치고 있었다.[306]

이 시기 북한 지도부는 유고슬라비아의 티토가 주도하는 비동맹회의보다 인도네시아와 중국이 반제국주의를 선명하게 내세우며 추진하는 2차 반둥회의에 더 큰 관심을 보였다. 일례로 1964년 1월, 『로동신문』에는 인도네시아 사

---

305 『조선일보』는 프랑스의 독자 노선을 "서방의 이단자 드골"의 "다시 콧대 높인 민족주의론"으로 불렀다. 즉 프랑스는 "자립과 자주성을 내세"우며 "동서 양 진영의 영도(領導)국인 미소의 이익만을 위해 제3국들의 국가 이익이 희생되어서는 아니되며, 특히 국가방위 문제에 있어서는 아무리 이념이 같은 처지라고 하더라도 타국에 의존해서는 아니된다"고 주장했다. 특히 1960년 핵실험에 성공한 프랑스는 독자적인 핵군(核軍) 창설에도 나서고 있었다. 『조선일보』 1963. 10. 1.

306 물론 외무부의 분석처럼 비동맹 그룹 전체를 온건파로 규정하는 것은 과도한 단순화의 문제가 있다. 왜냐하면 반제국주의와 민족해방투쟁을 강조한 급진적 성향의 카사블랑카 회의 국가들도 비동맹회의에 참여했기 때문이다. 그럼에도 비동맹회의와 제2차 반둥회의를 지향하는 그룹의 경쟁 구도가 존재했던 것은 분명해 보인다. 「제2차 아아회의 소집국 기준 발표」(1964. 10), 외교사료관, 앞의 자료.

회계 소식이 실렸는데, "제국주의를 반대하는 투쟁" 강화를 위해 "아세아 아프리카회의를 될 수 있는 대로 빨리 소집하는 것이 필요하며" 이 회의의 목적은 "미국과 기타 서방 국가들이 아세아, 아프리카 나라 내정에 간섭하지 못하도록" 하는 데 있다는 내용이었다.[307]

1964년 4월 10일, 인도네시아 자카르타의 신흥세력경기대회 본부 청사에서 2차 반둥회의 개최를 위한 외상급 준비회의가 22개국 대표들의 참가하에 열렸다. 특히 "회의장 벽에는 쇠사슬을 끊어버리고 제국주의자들을 반대하여 싸우는 세 사람의 아세아, 아프리카 투사를 그린 커다란 프랑카드가 걸려 있었다"고 한다.[308] 인도네시아 국회 초청으로 자카르타를 방문 중이던 북한 최고인민회의대표단이 2차 반둥회의 준비회의 참가국이 아님에도 회의를 참관했다.[309]

4월 15일, 제2차 아시아·아프리카회의 개최를 위한 준비회의(이하 자카르타 준비회의)는 「외상회의의 최종성명서(FINAL COMMUNIQUE OF THE MEETING OF MINISTERS)」를 발표했다.[310] 성명서에 따르면, 제2차 아시아·아프리카회의는 반둥회의 10주년이 되는 다음 해(1965년) 3월 10일 아프리카 지역에서 개최될 것이

---

307 『로동신문』 1964. 1. 6.

308 『로동신문』 1964. 4. 12. 개막 회의에는 21개국(인도네시아·중국·가나·기니·네팔·라이베리아·모로코·필리핀·UAR·알제리·아프가니스탄·이라크·이란·인도·에티오피아·카메룬·캄보디아·파키스탄·터키·시리아·실론)이 참여했으며, 개막 이후 탕가니카(Tanganyika) 대표단이 늦게 참가했다. 『로동신문』 1964. 4. 14, 4면. 탕가니카는 1961년 12월 9일 영국연방왕국의 일원으로 독립하였지만 1962년 공화정으로 전환되면서 탕가니카공화국이 되었다. 1964년 4월 26일 산시바르와 연합관계를 수립하면서 사라졌다.

309 『로동신문』 1964. 4. 7. 북한 대표단은 최고인민회의 최원택 의장을 단장으로, 최고인민회의 상임위원장 강량욱 부위원장을 부단장으로 하고, 최고인민회의 대의원 김종항 고등교육상과 최고인민회의 상임위원회원 김옥순, 최고인민회의 대의원 김희준, 외무부상 허담 등을 단원으로 하여 구성됐다. 『로동신문』 1964. 3. 30; 4. 13.

310 『로동신문』 1964. 4. 17.

며, 주최국 결정은 아프리카통일기구(OAU)에 위임하기로 했다. 장소가 아프리카로 정해진 것은 '제1차 아시아·아프리카회의'가 아시아의 인도네시아 반둥에서 열렸기 때문이었다.[311] 자카르타 준비회의는 2차 회의에서 다룰 임시 의제로 '반둥 원칙 평가', '탈식민의 반제국·반식민 투쟁', '인권', '군축', '경제와 문회 협력', '평화공존' 등을 선정했다.[312]

그런데 초청 대상을 논의하는 과정에서 소련과 말레이시아 초청 문제를 둘러싸고 논쟁이 일었다. 인도 대표는 소련을 초청하자고 주장했으나, 중국은 "소련 대표가 출석하면 보이콧"하겠다며 강하게 반발했다. 이제까지 민간 차원에서 열렸던 아시아·아프리카 관련 회의들에는 소련 대표도 참석해왔기 때문에, 인도의 소련 초청 주장은 갑작스러운 것이 아니었다. 그럼에도 당시 중국이 인도의 요구를 강하게 거부했던 것은 중소분쟁이 더욱 격화하는 것과 연관되어 있을 가능성이 있다. 1963년 9월부터 "중국은 공개서한을 통하여 소련 수정주의를 공격"하기 시작했다.[313] 이에 1964년 4월 7일, 소련 정부 기관지 『이

---

311 『로동신문』 1964. 4. 18; 최종성명서인 「FINAL COMUNIQUE OF THE MEETING OF MINISTERS」(15 April 1964)는 다음 문건의 〈별첨 4〉에 실려 있다. 아주국 동남아주과, 「(행정연구서) 제목: 제2차 아아회의 참석 문제」(1965. 1. 10), 『아·아회담(Afro-Asian Conference) 제2차, 전 6권(V. 2. 회의 개최 준비상황 보고, 1964. 4~65. 3)』, 외교사료관, 1996.
312 구체적인 의제 항목은 다음과 같다. 가. 국제정세 검토 및 반둥 원칙 평가, 나. 식민지 해방 및 반제국, 반식민 투쟁. 다. 인권 문제(① 인종차별, ② 대량학살), 라. 세계평화 및 군축 문제(① 엄격한 국제 관리, ② 핵실험 금지, ③ 핵무기 확산 금지, ④ 무핵지대 설치, ⑤ 핵무기 완전 금지 및 파기), 마. 국제분쟁의 평화적 해결과 무력 사용 포기(① 아아 지역 내 분쟁 해결을 위한 기본 원칙), 바. 국제연합 강화(① 헌장의 검토, ② 헌장 원칙 목적의 준수, ③ 국제연합 결의의 이행), 사. 경제발전 및 협력(① 유엔통상회의 결과 검토, ② 아아 제국 간의 경제협력을 위한 원칙), 아. 문화협력, 자. 평화공존(① 평화공존 기본원칙), 차. 상설사무국 설치 문제. 외교사료관, 위의 자료.
313 박종철, 「문화대혁명 초기 북중관계와 연변 조선족」, 『민족연구』 63, 2015, 104쪽.

즈베스챠(Известия; Izvestia)』는 중국이 "공산주의운동에 분열을 일으키고 있다고 비난"했다.[314]

중국이 소련의 초청에 반대했다면, 말레이시아에 대해서는 인도네시아가 반대하고 나섰다. 1963년 9월, 영국이 말라야연방(Federation of Malaya), 싱가포르, 북보르네오(사바), 사라왁 자치정부 등을 통합하여 새로운 국가 말레이시아연방(Malaysia)을 출범시키자, 인도네시아 수카르노 대통령은 이를 '신(新)식민주의의 연장'으로 규정하며 "말레이시아를 무너뜨리자(ganyang Malaysia; Crush Malaysia)"라는 캠페인을 발표했다.[315] 특히 1964년 1월, 수카르노 대통령이 인도네시아군 지휘관들에게 말레이시아연방을 "분쇄하기 위한 노력을 더 경주"하라고 명령하면서, 양국은 전쟁 직전 상황까지 치닫고 있었다.[316] 이러한 상황에서 자카르타 준비회의는 소련과 말레이시아 초청 문제를 결정하지 못하고 차후 다시 논의하기로 미루었다.

소련과 말레이시아를 제외하고, 자카르타 준비회의는 제2차 아시아·아프리카회의 초청 대상을 확정했다 첫째, 1955년 반둥회의에 참여한 국가들, 둘째, 아프리카통일기구(OAU)의 구성국, 셋째, 외몽골·북한·남한·키프러스·쿠웨이트·서사모아·앙골라 임시정부, 넷째, 기타 미독립 지역 대표 등이었다. 이로써 남북한 모두 2차 회의 초청 대상국에 포함되었다.[317]

---

314 『동아일보』 1964. 4. 8.
315 Marsita Omar, 「인도네시아–말레이시아 대립(Indonesia–Malaysia Confrontation)」(https://www.nlb.gov.sg/main/article-detail?cmsuuid=78909a3d-b4c3-4ee8-a1f3-9d3b56c00213&utm).
316 『로동신문』 1964. 1. 6. 1964년 8월 중순부터 인도네시아는 말라야 본토에 게릴라를 계속 투입했다. 『경향신문』 1964. 9. 18.
317 「주미대사가 외무부장관에게 보내는 전문(제목: 제2차 아아회의 및 제2차 비동맹제국회의 개최를 위한 준비회의)」(1964. 4. 27), 『아·아 회담(Afro-Asian Conference) 제2차, 전 6권(V. 1. 회의 개최 준비상황 보고, 1962. 7~64. 5)』, 외교사료관 1996.

북한 『로동신문』은 자카르타 준비회의 소식을 자세히 전하면서도 그 내용은 '선별'하여 내보냈다. 반제국주의에 앞장서는 인도네시아·중국·알제리의 주장은 자세했으나, 비교적 온건한 입장이던 인도의 발언은 배제했다. 심지어 4월 14일자 신문은 자카르타 준비회의 소식을 크게 보도하는 동시에 1주일 전 있었던 네루 수상 발언을 비난하는 기사를 함께 실었다.[318]

4월 17일, 북한 외무성 대변인은 2차 회의 소집 결정에 대하여 "제국주의와 신구 식민주의를 반대하는 아세아, 아프리카 인민들의 투쟁에서 달성한 새로운 성과"라고 규정하며, 북한도 "적극 참가"하겠다고 밝혔다.[319] 특히 자카르타 「외상회의 최종성명서」가 『로동신문』에 "공보"라는 제목으로 거의 그대로 게재됨으로써, 북한뿐 아니라 남한도 초대됐다는 사실이 북한 인민들에게 알려졌다.[320]

한편 1964년 4월 3일, 남한 정부의 외무부 아중동과는 비동맹회의와 2차 반둥회의에 대하여 '다른' 대비책 마련의 필요성을 제기했다. 먼저 아중동과는 비동맹회의가 국제정치에 미치는 영향력이 낮을 뿐 아니라, 비동맹회의의 "성격상 현 시점에서" 남한의 "참가는" 불가능하다고 판단했다. 그럼에도 이번 제2차 비동맹 정상회의에서는 분단국가 문제가 의제에 포함됐으므로 '한반도 문제'가 다뤄질 가능성이 높기 때문에 관련 "추이를 주시"해야 한다고 건의했다.

---

[318] 구체적인 내용은 다음과 같다. "17억 아세아, 아프리카 인민들"이 "제국주의, 식민주의자들의 침략 행동을 분쇄하자"는 요청을 열렬히 환영하고 있다는 보도를 전하면서, 인도 수상 네루가 4월 6일 국회에서 중국 영토인 악사이친(Aksai Chin, 인도의 서북 국경 지역) 지역을 "강점할 작정"이며 네루는 "중국과 인도의 직접적인 회담을 거부"하고 있다는 북경발 신화통신을 인용 보도했다. 『로동신문』 1964. 4. 14.
[319] 『로동신문』 1964. 4. 18.
[320] 남북한 동시 초청에 관해서는 별다른 언급이 없었다. 『로동신문』 1964. 4. 18.

반면 2차 반둥회의에는 이미 수카르노 인도네시아 대통령이 남한의 "참여 가능성을 공언"했기 때문에 남북한이 "동시 초청될 가능성이 농후"하다고 보고 이를 "사전에 검토 연구하여 대비책"을 마련해야 한다고 제안했다.[321]

또한 자카르타 준비회의 이후, 미 국무부 동남아 공산지역국장 그랜트는 "남북한이 같이 초청되었을 뿐만 아니라 북한이 이미 이 회의에 대한 지지를 표시한 바 있다는 사실과 제2차 회의 의제에 한반도 통일과" 관련된 사항이 포함되었다는 "사실을 참작"하여, 박정희 정부에게 관련 정책 수립을 '진지하게 검토'하라고 알려왔다.[322] 즉각 참가를 공표한 북한과 달리, 남한은 회의 참가 여부를 결정하지 못하고 있었다.

### 2) 제네바 아시아·아프리카 경제회의와 남북한의 동시참석

자카르타 준비회의 결정에 따라 남북한은 동시초청됐다. 북한은 기다리던 2차 회의가 열린다는 데 적극적인 환영을 표시하며, 이미 참석을 공언하고 있었다. 반면 자카르타 회의 성명서가 발표된 지 3주가 지난 시점에도, 남한의 정일권 외무부장관은 "참석하라는 정식 초청을 아직" 받지 않았다고 언급할 뿐이었다.[323] 자카르타 준비회의는 "2차 아아회의에 초청된 국가 대표들이" 회의에 제출할 "경제 문제"를 토의하기 위하여, 제네바에서 열리는 유엔무역개발

---

321 아중동과, 「참고자료」(64. 4. 3), 『비동맹 정상회담, 제2차, Cairo, 1964. 10. 5~11, 전 2권(V. 1. 기본문서)』, 외교사료관, 1995.

322 「(주미 대사 김정렬이 외무부장관에게 보내는 보고) 제2차 아아(Afro-Asian)회의(Bandung Conference) 및 제2차 비동맹제국회의(Non-Aligned Conference) 개최를 위한 준비회의」(1964. 4. 27), 『아·아 회담(Afro-Asian Conference) 제2차, 전 6권(V. 1. 회의 개최 준비상황 보고, 1962. 7~64. 5)』, 외교사료관 1996.

323 「장관이 보내는 발신전문」(1964. 5. 4), 위의 자료.

회의(the United Nations Conference on Trade Development, UNCTAD)가 종료한 직후 모이기로 예정되어 있었다.[324] 그런데 5월까지 박정희 정부는 제네바에서 열리는 이번 경제회의의 참석 여부도 결정하지 못하고 있었다.

6월 3일, 유엔무역개발회의에 참석한 수석대표 이한빈은 관련 초청장이 곧 도착할 것이라는 소식을 접하고, 긴급히 외무부장관에게 참가 여부 및 북한 대표가 "참가하는 경우" "취할 태도" 등을 질의했다.[325] 실제 이날 오후, 라이베리아와 인도네시아 대표 명의로 발송된 초청장이 도착했다.[326] 장관은 이번 "회합이 순전한 경제관계이며 또한 비공식 회합이므로" "참석하기로 결정"했다. 그리고 미국 주재 남한 대사에게 이 사실을 미 국무부와 협의하고 미국 정부의 태도를 타진하여 조속히 보고하라고 지시했다.[327]

6월 4일 저녁, 스위스 제네바 윌슨궁전(Palais des Wilson)에서 제2차 아시아·아프리카회의 경제회의 개최 준비를 위한 비공식 회의가 열렸다. 여기에는 제네바 유엔무역개발회의에 참석 중이던 55개국과 중국이 회합했다. 이 준비회의에서는 아시아·아프리카회의 경제회의를 무역개발회의 직후에 열기로 결정했다. 남한의 이한빈은 회의에 참여한 중국·인도네시아·가나 등이 적극적인 태도를 보인 반면, 인도·파키스탄·UAR은 소극적이었으며, 중국에 이용당하지 않을까 조심하는 태도였다고 본부에 보고했다. 그리고 그는 제네바 아시아·아

---

324 「장관이 보내는 발신전문」(1964. 5. 4), 『아·아 회담(Afro-Asian Conference) 제2차, 전 6권(V. 1. 회의 개최 준비상황 보고, 1962. 7~64. 5)』, 외교사료관, 1996.
325 「주제네바 공사가 장관에게 보내는 전문」(1964. 6. 3), 위의 자료.
326 다음 문건에 영문 공식 초청장이 실려 있다. 「주제네바 공사가 장관에게 보내는 전문」(1964. 6. 3), 위의 자료.
327 「장관이 주미 대사에게 보내는 전문」(1964. 6. 5), 『아·아회담(Afro-Asian Conference) 제2차, 전 6권(V. 2. 회의 개최 준비상황 보고, 1964. 4~65. 3)』, 외교사료관, 1996.

프리카 경제회의에는 유엔무역개발회의 구성원은 아니지만 북한의 참석이 확실시 된다고 전망했다.[328]

6월 6일, 인도네시아와 라이베리아 대표 공동명의로 아시아·아프리카 경제회의 참가 초청장이 발송되어, 제네바 주재 남한 대표부에 도착했다.[329] 13일, 외무부장관은 이번 경제회의에 남한 대표의 참석을 지시했다.[330] 다만 장관은 북한 참석이 "확실"하므로, 남한의 참석이 북한을 "승인하는 것이 아니라는 유보 의사를" 회의에서 "명확히 선언"해야 하며, 미국 정부가 중·소 간 "이념분쟁이" 회의에서 "표면화하는 경우"에 우리가 "관여하지 않기를 희망"하고 있다는 의견을 전달했다.[331] 장관 지시에 따라, 이한빈은 라이베리아 대표단 의장에게 초청 수락을 통보했다.[332] 이로써 남북한은 1954년 한반도 문제를 논의하기 위해 제네바에서 만난 지 10년 만에 다시 같은 곳에서 마주하게 되었다.

3개월간 진행된 유엔무역개발회의가 종료된 직후인 6월 16일, 제네바 아시아·아프리카 경제회의가 시작됐다. 남한은 이한빈 대사를 대표로 5명이, 북한은 허담 부상을 대표로 7명이 참석했다. 회의가 시작되자마자 이한빈은 본부 지시대로 "의장 앞으로 우리의 참석에 대한 입장을 천명하는 성명서(statement)를 공문과 함께 제출하고 공식 기록에 올릴 것을 요구"했다. 성명서에는 이번 회의에 "한국(Republic of Korea) 대표단"과 "이북(northern part of Korea)" 몇 사람이 함께 출석했으나, 이것이 "1948년 12월 12일의 유엔총회 결의안 195(III)에 따라 인정된

---

328 「주제네바 공사가 장관에게 보내는 전문」(1964. 6. 5), 위의 자료.
329 「아·아회의 참가 초청장 송부」(1964. 6), 위의 자료.
330 동남아주과 김기수, 「(품의) 제목: 제2차 아아회의 참석」(1964. 6. 10), 위의 자료.
331 「장관이 유엔통상개발회의 대표에게 보내는 전문」(1964. 6. 13), 위의 자료.
332 「이한빈 대사가 라이베리아 대표에게 보내는 서한」(1964. 6. 15), 위의 자료.

대한민국이 한반도 유일의 합법정부"라는 "확고한 지위에 영향을 미치는 것으로 절대 해석되지 않아야 한다"는 내용이 담겼다.[333] 박정희 정부는, 남북한이 비록 국제회의에 동시참석하지만 이것이 다른 국가들에게 '두 개의 한국'을 용인하는 것으로 받아들여지는 것을 최대한 방지하고자 했다.

첫날(16일) 회의에서는 전날(15일) 종료된 유엔무역개발회의 결과에 관한 각국의 입장 발표가 있었다. 77그룹 의장을 맡은 파키스탄 대표는 유엔무역개발회의에서 채택된 'G-77 공동선언서(Joint Declaration of the Seventy-Seven Developing Countries)'에 관하여 설명하고, 성공적인 진전을 이뤘다며 그 의의를 높이 평가했다. 인도 대표도 유엔무역개발회의에서 남한과 남베트남이 새롭게 가입함으로써 77그룹이 됐다며, 이는 아시아·아프리카 후진국 간의 단결과 상호이해를 증진하는 좋은 예라고 발언했다고 한다.[334]

그리고 77그룹이 아닌 중국 대표 방이(方毅, Fang Yi)가 긴 연설을 시작했다. 그는 아시아·아프리카에서 30개 이상의 국가들이 독립했음에도 여전히 독립과 자유를 위하여 투쟁은 계속되고 있으므로 인민들의 반제국주의 연대운동이 중요하다고 언급했다. 특히 경제 문제와 관련하여 중국은 평등과 호혜적인 원칙(the principle of equality and mutual benefit)에 입각하여 아시아·아프리카 국가들에게 원

---

333 회의는 먼저 의장 1인(라이베리아)과 부의장 2인(알제리 및 캄보디아) 보고관(Rapportour)(이란), 사무국장(인도네시아) 등을 선출했다. 「(수석대표 대사 이한빈이 장관에게 보내는 전문) 제목: 아·아 경제회의 참석 보고서」(1964. 6. 22), 위의 자료.
334 이한빈은 보고서에서 이러한 파키스탄 대표의 발언에 대해 유엔통상회의에 참석했던 대표들 다수가 지지하는 태도를 보였다고 평가했다. 「(수석대표 대사 이한빈이 장관에게 보내는 전문) 제목: 아·아 경제회의 참석 보고서」(1964. 6. 22), 위의 자료. 77그룹이 발표한 최종 선언문은 다음을 참고. 「The Joint Declaration of the Seventy-seven Developing Countries (Group of 77) made at the conclusion of the First Session of the United Nations Conference on Trade and Development, Geneva, 15 June 1964」(https://uat.g77.org/landmark-documents-2/?utm).

조(aid)를 제공하고 있다는 사실을 강조했다. 또한 그는 1955년 반둥회의 이래로 아시아·아프리카 국가들의 경제적 협력은 상당히 성장했으며, 앞으로 열릴 2차 회의는 아시아·아프리카 국가들의 경제적 협력에 새롭고도 더 넓은 전망을 열어줄 것으로 확신한다고 밝혔다.[335]

이어서 북한 대표 허담이 발언했다. 그는 제2차 아시아·아프리카회의는 아시아와 아프리카 인민들의 삶을 어둠에서 빛으로 부활시키는 매우 중대한 의미를 가지는 사건이 되리라고 예상했다. 그는 회의 개최 자체가 바로 아시아·아프리카 인민들이 제국주의와 식민주의에 대항하여 민족해방과 독립적인 (independent) 진보의 길을 다이내믹하게 걸어온 열망의 반영이라고 평가했다. 그리고 북한은 제2차 아시아·아프리카회의 개최를 열렬히 환영하며, 적극 참여하여 회의 성공을 위해 노력하겠다고 밝혔다. 특히 그는 경제적 발전과 협력은 신생 아시아·아프리카 국가들에게 매우 중요한 문제라고 주장했다. 왜냐하면 아시아·아프리카 국가들 대부분이 오랜 식민통치의 유해한 유산을 물려받은 상황에서, 확고한 경제적 기반이 없다면 정치적 독립은 완성되기 어렵기 때문이었다. 즉 그는 정치적 독립과 경제적 발전(자립)은 불가분의 관계임을 강조했다.

또한 그는 현재 아시아·아프리카 국가들이 경제적으로 뒤처져 있으나, 이들이 부유한 천연자원을 서로 협력하여 이용하는 바람직한 방향으로 투쟁한다면 경제적 후진성(economic backwardness)을 제거하고 빠르게 번영하는 나라로 '전변'할 수 있다고 주장했다. 그 증거가 바로 "조선인들의 경험"이었다. 북한이 걸어온 '자립적인 민족경제(independent national economy)' 건설의 방향이 강력한 통치

---

335 「중국 대표단 단장 방이의 연설(Speech by Fang Yi, Head of Chinese Delegation)」(1964. 6. 16), 위의 자료.

와 독립국가(independent state)를 건설하는 가장 빠르고 가장 정확한 방법이었다. 그는 북한 "인민들은 전쟁의 잿더미라는 극단적인 어려운 조건하에서 재건을 진행했고 단 10년 만에 자립적인 국가경제"를 구축했다고 설명했다. 그 결과 후진(backward)적이고 식민·반봉건적인 북한 사회가 이제는 공업-농업국가(industrial-agricultural state)로 전변했으며 의식주의 문제도 완전히 해결됐다는 것이다.

따라서 그는 북한의 경험과 반둥 원칙들에 입각하여 아시아·아프리카 국가들이 긴밀히 협력하고 강력히 통합한다면, 자립적인 국가경제를 건설하고 통치의 독립성(sovereign independence)을 발전시킬 수 있다고 강조했다. 구체적으로 그는 상대적으로 발전된 아시아·아프리카 국가들이 비이기적인(unselfish) 경제적·기술적 원조를 이들에게 제공할 것을 제안했다. 만약 아시아·아프리카 국가들이 제국주의자들에게 의존한다면 정치적·경제적 독립은 불가능할 것이었다. 특히 그는 "미 제국주의자들"이 "원조"와 "협력"을 외치고 있으나, 이것은 새로운 경제적 노예화의 시도라고 비난했다.[336]

이러한 중국과 북한의 발언에, 남한의 이한빈은 장관에게 "중공 및 북괴의 정치성을 띤 연설에 대하여 좌경 국가들을 제외하고는 대부분의 대표들이 극히 무관심한 태도를 보였"다고 보고했다.[337] 물론 북한의 급속한 경제발전은 전후 사회주의 형제국들의 상당한 원조에 기반했으므로, 허담의 발언은 과장된 것이 분명했다. 그럼에도 경제적 발전과 정치적 독립이라는 두 마리 토끼를 모두 잡아야 하는 아시아·아프리카 신생국 대표들에게 북한식 발전 모델은 주목할 만한 성공 사례였을 수 있다. 왜냐하면 이 시기 남한과 달리 북한은 외국 군

---

336 「외무부상 허담의 연설(Speech by Vice-Foreign Minister HU DAM)」(1964. 6. 16), 위의 자료.
337 「(수석대표 대사 이한빈이 장관에게 보내는 전문) 제목: 아·아 경제회의 참석 보고서」(1964. 6. 22), 위의 자료.

대의 주둔 없이도 빠른 경제성장을 보이고 있었기 때문이다.

17일(2일차) 회의에서 이한빈은 먼저 유엔무역개발회의 결과 77그룹에 남한이 새롭게 가입한 데 대하여, 특히 인도 대표의 환영사에 사의를 표했다. 그리고 그는 77그룹의 행동 통일이 "통상 문제에만 그치지 않고 아아회의"와 "유엔의 테두리 내의 관계 회의에서도 계속" "유지"되었으면 하는 희망을 밝혔다.[338]

참가국들의 발언이 종료된 이후, 공동성명서 초안 심의가 있었다. 이때 이한빈은 초안 10항의 1절 끝에 적시된 "경제적 독립(independence)을 확보하기 위하여"라는 문구와 2절의 한 문장 전체의 "삭제"를 요청했다. 그런데 이한빈의 삭제 요청은 받아들여지지 않았고, 해당 내용은 그대로 공동성명에 담겼다.[339]

종료된 제네바 아시아·아프리카회의에 대한 남북한의 평가는 극명하게 갈렸다. 남한의 이한빈은 이번 회의는 "중공 등이" 참석했다는 사실 외에는 별다른 "의의"가 없었다고 평가절하했다.[340] 반면, 북한의 허담은 이번 회의는 제2차 아시아·아프리카회의를 위한 중요한 분기점이자, 실질적으로 아시아·아프리카 국가들의 경제적 협력을 이끌어내기 위한 중요한 회의였다며 그 의의를 높이 평가했다.[341]

---

[338] 「수석대표 이한빈이 장관에게 보내는 전문」(1964. 6. 18), 위의 자료.
[339] 삭제를 요청한 문장은 다음과 같다. "노안 대표늘은 이번 기회에 자신의 국가경제(national economics)를 발전시키고, 상호원조(mutual aid)와 협력을 강화하는 원칙과 수단들에 대하여 자신의 견해를 표현할 기회를 가졌다." 「(수석대표 대사 이한빈이 장관에게 보내는 전문) 제목: 아·아 경제회의 참석 보고서」(1964. 6. 22), 위의 자료.
[340] 「수석대표 이한빈이 장관에게 보내는 전문」(1964. 6. 18), 위의 자료.
[341] 「외무부상 허담의 연설(Speech by Vice-Foreign Minister HU DAM)」(1964. 6. 16), 위의 자료.

### 3) 제2차 비동맹 정상회의와 남북한의 적극적인 대응

인도네시아 자카르타에서 제2차 아시아·아프리카회의 준비회의(4월)가 열리기 직전인 3월 말, 제2차 비동맹 정상회의 준비를 위한 대사급 예비회의가 실론의 콜롬보에서 열렸다. 유고슬라비아·실론·UAR이 공동주최한 회의였다. 예비회의에서는 2차 정상회의의 장소(이집트 카이로)와 시기(10월 첫 주), 그리고 정상회의 직전 외상급 회의 개최에 대한 합의가 이뤄졌다. 또한 회의에서 다룰 의제로 '반식민주의, 군축 문제, 냉전 문제(분단국가 문제 포함), 경제협력' 등 4가지가 제시됐다.[342]

북한 지도부는 제1차 비동맹 정상회의 때처럼 이번에도 유고슬라비아 때문에 회의가 반제국주의로 귀결되지 못할 수 있다고 우려했다.[343] 그럼에도 3년 전과 달리 김일성 내각 수상 명의의 공식 축전을 비동맹회의 앞으로 발송했다. 김일성은 "금번 회의가 제국주의와 식민주의를 반대하며 민족적 독립과 평화를 수호하기 위하여 아세아, 아프리카 및 라틴아메리카 인민들의 위업에 기여하리라는 기대를 표명"했다.[344] 비동맹회의 참가국 숫자가 1차 때보다 2배 이상 증가하여 국제정치적 영향력이 커진 데다가, 회의 의제에 분단국가 문제가 포함되어 한반도 문제가 논의될 가능성도 있었기 때문일 것이다. 또한 이듬해(1965년)에 열기로 한 제2차 아시아·아프리카회의의 준비도 예정대로 진행되고 있었으므로, 두 회의 모두 참가하는 인도네시아 같은 국가들을 의식했을 수도 있다.

---

342 아중동과, 「참고자료」(1964. 4. 3), 『비동맹 정상회담, 제2차, Cairo, 1964. 10. 5~11, 전 2권(V. 1. 기본문서)』, 외교사료관, 1995.
343 『로동신문』 1964. 4. 14.
344 『로동신문』 1964. 10. 5.

박정희 정부의 외무부도 제2차 비동맹 정상회의에 큰 관심을 보였다. 특히 외무부는 '분단국가 문제'와 관련하여 대응책 마련에 나섰다. 8월 18일, 갓 취임한 이동원 외무부장관은 카이로 주재 남한 총영사 강윤희에게 "분단국가 문제가 포함되어 있는 점에 특히 유의"하여, 관련 "움직임을 면밀히 관찰하여 입수되는 모든 정보를 수시로 보고"할 것을 지시했다. 또한 이동원은 이번 회의에 남한이 옵서버를 파견할 수 있는지 동시에 북한의 옵서버 파견 여부도 조속히 조사하여 보고하라고 했다.[345]

9월 1일, 강윤희는 장관에게 조사한 결과를 보고했다. 먼저 비동맹 정상회의 참석국 선정 기준은, 첫째 "동서 양 진영(미·소 양국)의 군사기지"가 없어야 하며, 둘째 "군사조약(안전보장조약, NATO, SEATO 등)을 체결하지" 않았어야 하고, 셋째 "비결맹 정책(Non-Alignment Policy)[346]을 대외에 선포한" 국가여야 했다. 따라서 남한은 미국과 상호방위조약을 맺고 있는 데다가 미군 기지까지 있으므로, 옵서버 자격으로도 참석이 불가능할 것이라고 보고했다. 그리고 북한도 "회의에 참석할 자격이 없으며", 현재까지 북한의 "회의 참석 의사표시"도 없었고 혹여 참석을 신청하더라도 "거부될 것"이라고 예상했다.[347]

이동원 장관은 "같은 분단국가로서 서독과" "동일 보조를 취하기로 결정"하고, 강윤희 총영사에게 카이로 현지의 "서독 대사와 긴밀"하게 "협력"하라고 지시했다. 특히 최우선 목표를 회의 개최 전까지 '분단국가 문제'라는 "안건 삭제"에 두었다. 만약 의제 삭제에 실패한다면 "차선책으로," "아국에게 불리한

---

345 「제2차 중립국 정상회의(장관이 주카이로 총영사에게 보내는 전문)」(1964. 8. 18), 외교사료관, 앞의 자료.
346 1960년대 초중반, 남한 외무부에서는 '넌얼라인먼트'가 '비(非)결맹'으로 번역되기도 했다.
347 「주카이로 총영사가 외무부장관에게 보내는 전문」(1964. 9. 1), 외교사료관, 앞의 자료.

내용", 즉 "외군 철수 문제" "같은 구체적인 결의안이 채택되지 않도록 "측면외교를 전개"하라고 지시했다.[348] 측면외교의 주요 대상국 중 하나는 당시 친서방으로 기울고 있던 인도였다. 인도 뉴델리 주재 남한 총영사는 우리의 삭제 요청에 인도가 "비동맹 국가 회의에서 양단된 국가 문제가 토의되지 않기를 희망"했다는 긍정적인 답변을 받았다고 장관에게 보고했다.[349] 또한 이집트 카이로 주재 강윤희 총영사는 현지의 버마·캄보디아·세네갈 외교관들을 만나 분단국가에 관한 의제 항목의 삭제를 요청했다.[350]

10월 1일부터 5일까지, 이집트 카이로에서 비동맹 정상회의에 앞서 외상회의가 열렸는데, 앞서 채택된 의제 등이 재확인됐다.[351] 외상회의가 열리는 내내 카이로 주재 남한 총영사 강윤희는 개회식을 비롯한 공개 회의에 참석했다. 동시에 비공개 주요 회의에 참가하는 우방국 대표들과 긴밀히 협조하며 필요한 정보를 입수하고자 노력했다. 특히 강윤희는 인도 공사와 접촉하여 '분단국가 문제' 의제의 삭제를 재차 요청했다. 그런데 외상회의에서 "통일아랍공화국, 인도 등"이 분단국가 문제 "토의를 별로 원하지" 않았음에도, 다른 "국가 대표들이 콜롬보 예비회담에서 채택된 의제를 삭제한다는 것은 좋지 못한 선례를" 남긴다며 삭제에 반대하여 그대로 유지됐다고 한다.[352]

1964년 10월 5일, 이집트의 카이로에서 세계 독립국 중 거의 절반인 57개국

---

348 「장관이 주카이로 총영사에게 보내는 전문」(1964. 9. 24), 위의 자료.
349 「주뉴델리 총영사관이 외무부장관에게 보내는 전문」(1964. 8. 26), 위의 자료.
350 「주카이로 총영사(강윤희)가 외무부장관에게 보내는 전문」(1964. 9. 30), 위의 자료.
351 「주카이로 총영사(강윤희)가 외무부장관에게 보내는 전문」(1964. 10. 6), 위의 자료.
352 「주카이로 총영사(강윤희)가 외무부장관에게 보내는 전문」(1964. 10. 6), 『비동맹 정상회담, 제2차, Cairo, 1964. 10. 5~11, 전 2권(V. 1. 기본문서)』, 외교사료관, 1995.

10월 4일 저녁 카이로에 도착한 수바나 푸마 라오스 수상(중앙)과 마카리오스 싸이프러스 대통령(좌)을 환영하는 나세르 통일아랍공화국 대통령(우) 『동아일보』 1964. 10. 6.

(47개 정회원국, 10개 옵서버국)이 참가하는 제2차 비동맹 정상회의가 열렸다.[353] 1961년 1차 회의 이후 3년 동안 지구적 냉전질서는 "미소 간의 부분적 핵실험금지조약을 고비로 하는 동서긴장의 완화", 중소갈등으로 폭발한 "공산권 내부의 분열"로 변화하고 있었으며, 1964년 5월에는 "비동맹 중립국의 지도자 네루"가 사망한 상황이었다.[354]

10월 10일, 비동맹 정상회의는 「제2차 비동맹제국 정상회의의 평화와 국제협력을 위한 계획」이라는 최종선언문을 발표했다. 1차 선언문보다 분량은 약 3배 더 늘었으며, 내용에는 주로 '탈식민과 민족해방투쟁의 지지', '인종차별 반대', '경제발전과 협력'(1964년의 유엔무역개발회의 개최에 주목하고, 77그룹의 공동선언문 지지 등), '군축과 평화공존의 원칙' 등이 포함됐다. 특히 평화공존 관련해서는 "1955년 반둥에서 주창된 원칙들"을 고려한다고 언급함으로써, 비동맹회의가 반둥회의와 연속되고 있음을 밝혔다. 또한 선언문은 1차 베오그라드회의 권고를 상기하며, 유엔총회에서 중국의 권리를 회복할 것과 중국 정부를 유일 합법

---

353 참가국 명단은 책의 부록을 참고할 것.
354 『경향신문』 1964. 10. 5.

정부로 인정할 것을 요청했다.[355]

이처럼 카이로선언이 베오그라드선언보다 약 3배 더 긴 것은 단순히 참가자의 수가 늘어났기 때문만은 아니었다. 딘켈의 분석에 따르면 회의 과정에서 의견 차이와 파벌주의가 드러났으며 일부 참가국들은 비동맹회의를 정례화하거나 개최하려고 시도했지만 대부분 실패했다. 결국 "베오그라드와 달리 카이로에서는 참석자들이 어떤 실질적인 합의도 이루지 못했으며", 최종선언문도 "극도로 모호한 문구"로 작성되었다.[356]

이러한 '모호성'은 남북한이 주시한 분단국가 관련 조항에서도 확인된다. 최종선언문 제5조 '국가주권 및 영토보전의 존중, 분단국가의 문제(Respect for the sovereignty of states and their territorial integrity; problems of divided nations)'의 4항에는 다음과 같이 서술되어 있다.

> 4. 본 회의는, 국제 긴장의 원인 중 하나가 분단국가 문제에 있다고 생각한다. 회의는 그러한 국가의 인민들에 대하여 전적인 공감을 표하고, 통일을 이루고자 하는 그들의 열망을 지지한다. 또한 외부의 개입이나 압력 없이, 평화적인 방법으로 분단국가들의 영토통일을 위하여 정당하고도 지속가능한 해결책을 찾아내기를 관련 국가들에게 촉구한다. 위협이나 무력에 의존하는 것은 만족스러운 해결을 이끌어낼 수 없으며, 국제 안보를 위태롭게 하는 것 외에는 아무것도 할 수 없다는 것을 고려한다.[357]

---

355  Bandaranaike Centre for International Studies, *non-aligned conferences: basic documents 1961~1975*, GUNARATNE & CO. LTD., 1976, pp. 19~33; 국회도서관 입법조사국, 『제3세계관계자료집』, 1978, 114~138쪽.

356  Dinkel, op. cit., p. 114.

357  Bandaranke Centre for International Studies, op.cit., p. 27; 국회도서관 입법조사국, 『제3세계관계

선언문은 국제적 긴장의 원인으로 분단국가 문제를 언급하면서도, 구체적으로 어느 곳인지 언급하지 않았다. 또한 통일을 이루려는 인민들의 열망에 추상적으로 '공감'할 뿐, 평화적인 방법으로 통일한다는 것이 실질적으로 어떠한 절차와 단계에 따른 것인지 설명하지 않았다. 그래서인지 카이로 주재 남한 총영사 강윤희도 "분단국가 문제가 국제긴장의 원인의 하나임을 지적하고 분단국 인민들과 더불어 동정하며 외부의 간섭 없는 원만한 해결을 희망할 뿐 분단국가에 불리한 결의안"이 채택된 것은 아니었다고 평가했다.[358] 북한 지도부는 해당 조문을 직접 언급하지 않았으나 비동맹회의 참가국 간의 충돌이 있었음을 언급했다. 즉 『조선중앙년감』에는 "제국주의와 신구식민주의를 반대하는 투쟁을 포기케 하려는 유고슬라비아 찌또(티토—인용자) 도당의 무원칙한 '평화적 공존'"의 주장이 있었으나, 이를 "물리치고" 반제 투쟁이 '평화적 공존'의 선결 조건임을 "강조"하는 것으로 회의가 귀결됐다고 정리됐다.[359] 이처럼 제2차 비동맹 정상회의에 대하여 남한은 분단국 문제에 한반도가 포함되지 않았음에 '안도'했으며, 북한은 비록 회원국 내부에서 논쟁은 있었음에도 자신들의 원하는 반제국주의 투쟁의 방향으로 귀결됐다고 '호평'했다.[360]

---

자료집』, 1978, 126쪽.
358 「제2차 중립국 정상회의에 관한 특별정세보고(종합보고): 주카이로 총영사(강윤희)가 외무부 차관에게 보내는 전문」(1964. 10. 13), 외교사료관, 앞의 자료.
359 『조선중앙년감(1965년판)』, 427쪽.
360 『동아일보』 1964. 10. 12.

## 3. 반둥회의 10주년과 제2차 아시아·아프리카회의의 무기한 연기(1965)

1964년 7월 17일, 이집트 카이로에서 열린 아프리카 정상회의(OAU)는 제2차 아시아·아프리카회의의 개최지로 알제리를 결정했다.[361] 아프리카 북서부에 위치한 알제리는 130년이라는 긴 시간 동안 프랑스 식민지였다가 1962년 갓 독립한 신생국이었다. 알제리 민족해방운동은 1954년 알제리전쟁이 선포된 이후 치열한 무장독립투쟁을 전개되면서 세계적으로 큰 주목을 받았다.[362] 특히 북한은 알제리 민족해방운동에 주목하며, 1958년 알제리 임시정부가 만들어지자 곧바로 외교적으로 승인했다.[363] 또한 1960년 5월, 북한 지도부는 알제리 임시정부 대표단을 평양으로 초청하여 알제리 독립투쟁을 지지한다는 의사를 밝혔다. 특히, 양국은 "지리적으로 멀리 떨어져 있으나 공동의 원쑤 제국주의와 식민주의를 반대하는 투쟁 행정에서 굳게 단합되어 있음으로 하여 언제나 친근하다"는 점이 강조됐다.[364] 나아가 1962년 에비앙협정이 체결되어 알제리가 독립하자, 북한은 즉각 외교관계를 설정했다. 그리고 1963년 5월에는 알제리 초대 북한 대사로 임명된 허석신이 벤 벨라 수상에게 신임장을 봉정함으로써, 양

---

361 외무부 정보에 따르면, 이는 알제리 스스로 제안한 것이었다고 한다. 구미국 아중동과, 「아프리카통합기구(The Organization of African Unity) 제1차 회의」(1964. 7. 28), 『OAU 정상회담, 제1차, Cairo(통일아랍공화국), 1964. 7. 17~21』, 외교사료관, 1995.
362 알제리전쟁의 전개 과정은 다음 책을 참고했다. 노서경, 『알제리전쟁 1954~1962—생각하는 사람들의 식민지 항쟁』, 문학동네, 2017.
363 『로동신문』 1958. 9. 24.
364 『로동신문』 1960. 5. 10.

국은 대사급 외교관계를 수립했다.³⁶⁵

한편, 이승만 정부는 1958년 알제리 임시정부에 대하여 "침묵(silence)"하기로 결정했다. 만약 알제리 '망명정부'를 인정한다면 아랍국들의 지지는 얻을 수 있겠지만 식민지배자 프랑스와 동맹국 미국에게 "매우 비우호적인 행동"으로 비춰질 것을 우려한 고육지책이었다.³⁶⁶ 그리고 1962년 알제리가 독립하자 미국 및 자유국가들이 승인하는 상황에서 공산국이 아닌 한 신생 독립국가에 대하여 승인하는 원칙에 따라 알제리를 외교적으로 승인하는 수준이었다.³⁶⁷

이처럼 알제리가 민족해방투쟁과 독립에 이르는 과정에서 북한과 알제리는 매우 친밀하게 실제 대사급 관계까지 맺은 반면, 남한은 별다른 외교관계를 형성하지 못한 상태였다. 이러한 알제리에서 제2차 아시아·아프리카회의가 개최될 예정이었다.

1964년 10월, 주최국 알제리에서 15개국이 참가하는 대사급 준비위원회가 열렸다.³⁶⁸ 그런데 박정희 정부의 외무부는 1964년 10월 22일자 『라바트』 신문 보도를 통해 이번 준비위원회가 남한을 초청 대상국에서 제외했다는 정보를 입수하고 사실 여부를 확인하는 데 외교력을 집중했다.³⁶⁹ 외무부는 준비위원

---

365 『로동신문』 1963. 5. 8.
366 「대통령실을 위한 메모랜덤」(1958. 9. 29), 『알제리 망명정권에 관한 건』, 외교사료관, 1994.
367 「알제리아국 승인에 관한 각의 안건」(1962. 7. 4), 『신생독립국 승인—알제리』, 외교사료관, 1995.
368 제2차 아아회의 쥬비위원회(대시급 싱임위원회)의 15개국은 알제리·캄보디아·중국·에티오피아·기니·인도·인도네시아·이란·파키스탄·모로코·통일아랍공화국·가나·탄자니아·잠비아·말라위 등이었다. 「주카이로 총영사가 외무부장관에게 보내는 전문」(1964. 12. 28), 『아·아회담(Afro-Asian Conference) 제2차, 전 6권(V. 2. 회의개최준비상황보고, 1964. 4~65. 3)』, 외교사료관, 1996; 「제2차 아아회의 소집국 기준 발표」(1964. 10), 위의 자료.
369 「아프리카 민족—라바트 1」(1964. 10. 22), 위의 자료.

회 참가국 인도와 UAR의 총영사관, 그리고 모로코 대사관 등에 관련 사실을 문의했다. 인도는 남한이 제외됐다는 사실에 대해 아는 바가 없으며 그럴 일도 없다고 했다.[370] UAR도 "자카르타 준비회의에서 결정된 참가국은 변경할 수 없"으므로, 남한은 "틀림없이 참가하게 되는 것"이라고 알려왔다.[371]

제2차 아시아·아프리카회의 참가 초청장을 실제 받을 수 있을지 문제가 새롭게 발생한 상황에서, 여전히 박정희 정부는 회의 참석 여부 자체를 확정하지 못하고 있었다. 일부 참가 반대 의견도 있었으나 외무부 내에서는 참가의 필요성이 강하게 제기됐다. 왜냐하면 "지금까지의 민간급 아아회의와는 달리" 이번 2차 알제회의는 "정부급 회의"이므로 그 영향력이 상당할 것이기 때문이었다. 또한 "자유 우방국"과 "엄정 중립국들이 대거 참가"하므로 이번 회의는 "공산 진영의 독무대가 되지 않을 것"으로 예측되기도 했다.[372]

한편, 제2차 아시아·아프리카회의에 대한 지지와 참석을 일찍부터 공언해온 북한 지도부는 관련국들과 긴밀한 관계를 유지하고자 노력했다. 1964년 11월 19일부터 12월 22일까지, 최고인민회의 상임위원회 위원장 최용건을 단장으로 하는 대표단은 UAR·알제리·말리·기니·캄보디아를 방문했다.[373] 말리만

---

370 1964년 10월 26일 남한은 "인도 외무성에 조회"했으나 "초청국의 발표에 대하여는 아는 바 없다"는 답변을 받았다. 「(주뉴델리 총영사가 외무부장관에게 보내는 전문) 제목: 제2차 아푸로, 아세아회의 예비회담」, 위의 자료.
371 「주카이로 총영사가 외무부장관에게 보내는 전문」(1964. 12. 28), 위의 자료.
372 아주국 동남아주과, 「(행정연구서) 제목: 제2차 아아회의 참석 문제」(1965. 1. 10), 위의 자료. 이 '행정보고서'는 1965년 1월 12일 국장(국가안전보장)회의 안건으로 제출되어 논의가 진행됐다. 「국장회의안건」(1965. 1. 12), 위의 자료; 정보과, 「제2차 아아회의(반둥회의)에 대한 아국의 적극 참가 여부에 관한 검토」, 위의 자료.
373 박태호, 『조선민주주의인민공화국 대외관계사 2』, 사회과학출판사, 1987, 20쪽.

제외하고 모두 제2차 아시아·아프리카회의 상설준비위원회 국가들이었다.[374] 특히 11월 30일, 북한 대표단이 알제리에서 발표한 공동성명서에는, 내년 "3월에 소집되는 제2차 아세아·아프리카회의의 성과적 수행을 위하여 공동으로 모든 노력을 다할 데 대하여 일치한 결의를 표명"했다는 내용이 담겼다.[375]

이에 박정희 정부의 외무부도 1965년 2월부터 4월까지 "거물급"이 포함된 아프리카 친선사절단을 동부와 서부로 나누어 파견했다.[376] 이는 5·16 직후 군사정부에서 아프리카에 대규모 사절단을 파견한 이후 처음 있는 일이었다. 이 시기 남한 외무부의 거대 아프리카 사절단 파견은 북한의 아프리카 침투를 저지하며 제2차 아시아·아프리카회의에 대비하기 위한 것이었다. 이처럼 자카르타 준비회의에서 남북한의 동시참가가 결정되자, 남북한의 아프리카 외교경쟁도 격화되었다.

---

[374] 『조선중앙년감(1965년판)』, 487쪽. 북한 대표단원은 조선로동당중앙위원회 정치위원회 위원인 내각 부수상 리주연, 최고인민회의상임위원회 부위원장 강량욱, 조선로동당중앙위원회 정치위원회 후보위원인 외무상 박성철, 조선로동당중앙위원회 위원인 평양시인민위원회 위원장 강희원, 내각 참사 황장엽, 외무성 참사 전인철, 상업성 부상 리상연, 알제리 주재 북한 특명전권대사 허석신, 조선중앙방송위원회 부위원장 지재, 외무성 참사 옥인섭 등으로 구성됐다. 『로동신문』 1964. 12. 2.

[375] 『로동신문』 1964. 12. 2. 남한의 외무부도 "90여 명"에 이르는 최용건의 거대 "친선사절단"이 2차 아아회의 "준비위원회" 국가를 "중점적으로 방문"했다고 분석했다. 「(행정연구서) 제목: 제2차 아아회의 참석 문제」(1965. 1. 10), 외교사료관, 앞의 자료.

[376] 「(구미국장 정상문이 각 실국장에게 보내는 협조전) 제목: 대아프리카 중동 지역 외교 강화 계획」(1965. 1. 13), 외교사료관, 앞의 자료. 1965년 2월 9일부터 4월 5일까지 최두신 전 국무총리를 단장으로 하는 친선사절단이 서부 아프리카의 세네갈, 아이보리코스트, 니제르, 다호메이, 카메룬, 중앙아프리카, 나이지리아, 가봉, 챠드를 방문했다. 또한 1965년 2월 26일부터 4월 21일까지는 이수영 특사(전 공보장관)을 단장으로 하는 친선사절단이 동부 아프리카 지역의 우간다·말라위·케냐·소말리아·탄자니아·에티오피아·수단을 방문했다. 『친선사절단 서부 아프리카 순방, 1965. 2. 9~4. 5』, 외교사료관, 1996; 『친선사절단 수단 및 동부 아프리카 순방, 1965. 2. 26~4. 21』, 외교사료관, 1996.

그런데 1965년 2월 8일, 아시아·아프리카회의 개최를 위한 15개국이 참가하는 대사급 준비위원회에서 3월 예정된 회의의 6월 말 연기가 결정됐다. 이는 주최국 알제리 정부의 회의 준비를 위한 연기 요청에 따른 것이었다. 6월 회의 개최를 앞두고 1964년 자카르타 준비회의에서 해결하지 못했던 소련 참가 문제가 다시 수면 위로 떠올랐다. 이 문제를 둘러싸고 중소분쟁의 골은 더욱 깊어졌으며, 양국의 영향을 받는 아시아·아프리카 국가들까지 갈등이 확산하는 양상이었다.

자카르타 준비회의 직후인 1964년 4월 18일, 중국 『런민르바오(人民日報)』는 초청 원칙 관련하여, "비(非)아시아, 비아프리카 국가"도 회의에 초대하자는 인도의 발언을 문제 삼았다. 신문은 소련을 구체적으로 언급하지는 않았으나, 이러한 인도의 제안은 아시아·아프리카 통합을 위한 회의에 어떠한 도움도 되지 않는다고 주장했다.[377]

5월 4일, 소련은 중국의 주장에 반박하는 성명서를 아시아·아프리카 관련 국가들에게 송부했다. 성명서는 먼저 소련이 아시아 국가가 아니라는 중국의 주장에 반박했다. 우선 지리적으로 소련의 3분의 1만 유럽에 속할 뿐 3분의 2는 아시아에 위치한다며, 소련의 아시아 영토는 중국보다 2배 많으며 아시아 국가들과 7천 킬로미터에 이르는 국경을 마주하고 있음을 강조했다. 또한 소련 사람들의 피부색이 다르다는 "인종적" 차이에 대해서는, 중국이 아시아·아프리카 국가들에 대한 헤게모니를 확보하기 위해 거짓 핑계를 내세우고 있다고 비난했다. 특히 소련은 과거 협소한 민족주의적 이익을 추구해온 중국 황제의

---

377 「『인민일보』의 아시아-아프리카회의 준비회의 성공 축하」(1964. 4. 18), 『아·아회담(Afro-Asian Conference) 제2차, 전 6권(V. 1. 회의 개최 준비상황 보고, 1962. 7~64. 5)』, 외교사료관, 1996.

역사를 끄집어냈다. 반면 소비에트연방(Soviet Union)은 여러 아시아 나라들로부터 온 사람들이 포함된 다민족적(multinational) 나라이며, 그동안 반제국주의와 반식민주의 투쟁이라는 공동의 목표를 위해 국제주의적 지원을 아끼지 않았다는 사실을 강조했다. 이처럼 소련은 아시아의 가장 큰 국가들 중 하나로서 이번 회의의 성공을 위해 전력을 다할 준비가 되어 있다며 관련국들에게 자신의 참가를 호소했다.[378]

중국과 국경분쟁을 치른 인도는 제2차 아시아·아프리카회의 상임위원회 회의에서 소련 참가를 지지하며 중국과 격렬하게 대립했다. 인도는 소련 초청을 실현하기 위해 소련과 적대적인 남한 정부에게도 도움을 요청했다. 1965년 1월 13일, 인도 외무성 관료는 뉴델리 주재 남한 영사에게 소련과 "관계를 이해 못하는 바는 아니지만, 이번 초청" 관련하여, 그동안 민간 차원의 아시아·아프리카의 국제적인 회의와 행사에 소련이 빠짐없이 초청됐으며, 특히 중국과 북한이 "소련 초청을 반대하는" 상황임을 고려하여, "쏘련 초청 문제 자체에 대하여는 지지하여주기를" 요청했다.[379] 5월 4일에도 인도 정부는 다시 한번 소련 초청 지지를 요청했다. 일단 뉴델리 주재 임병직 외교관은 "아직 어떠한 본부의 지시를 받은 바가 없고, 본국에서 결정할 문제라고 언급하며" 답변을 "회피"했다.[380] 14일, 외무부장관은 임병직에게 "쏘련 초청 문제에 대하여는 언급을 하

---

378 「아프리카-아시아회의에 관한 중국의 입장에 대한 소련의 성명」(1964. 5. 4), 위의 자료.

379 「(주뉴델리 총영사 사무취급 내사 임병직이 외무부장관에게 보내는 전문) 제목: 제2차 아아회의」(1965. 1. 15), 『아·아회담(Afro-Asian Conference) 제2차, 전 6권(V. 2. 회의 개최 준비상황 보고, 1964. 4~65. 3)』, 외교사료관, 1996.

380 「(주뉴델리 총영사 사무취급 대사 임병직이 외무부장관에게 보내는 전문) 제목: 제2차 아아회의」(1965. 5. 7), 『아·아회담(Afro-Asian Conference) 제2차, 전 6권(V. 3. 회의 개최 준비 및 참석교섭상황 보고, 1965. 4~5)』, 외교사료관, 1996.

지 마시고" 다시 "문의"를 받으면 "이에 적극 반대는 하지 않을" 것임을 "시사"하라고 지시했다.[381]

이처럼 1965년 초, 지구적 냉전은 미국의 참전으로 베트남전쟁을 둘러싸고 적대적인 진영 대립이 격화하는 상황이었으나, 아시아·아프리카회의의 소련 참석을 둘러싸고는 같은 사회주의 진영의 중국과 북한은 반대하고, 인도와 관계를 고려하여 남한은 적극 반대하지 못하는 '기묘한' 구도가 형성됐다.

2차 반둥회의가 6월 말로 연기된 상황에서, 1965년 4월 17일, 인도네시아 자카르타에서 반둥 10주년 기념식이 막을 올렸다.[382] 자카르타에는 반둥회의 10주년을 기념하여 "신식민주의를 박살내자!"는 플래카드와 쇠사슬을 끊어내는 손, 그리고 원조를 비판하는 그림 등이 걸렸다.[383]

4월 10일, 북한의 김일성 수상은 반둥 10주년 행사 참석차 인도네시아 자카르타 공항에 도착했다. 김일성이 사회주의 국가가 아닌 곳에 처음으로 발을 내딛는 순간이었다. 수카르노 대통령의 환영을 받은 김일성 수상이 비행장을 나서려는 순간 "인도네시아 인민들은 〈김일성 장군의 노래〉"를 부르기 시작했다. 지난해(1964년) 수카르노 대통령의 평양 방문 이후, 이 노래가 인도네시아 "전국에 보급"됐다고 한다.[384] 김일성은 자카르타의 붕 카르노 경기장(the Bung Karno

---

381 「(외무부장관이 주뉴델리 총영사에게 보내는 전문의 기안) 제목: 제2차 아아회의」(1965. 5), 위의 자료.
382 『경향신문』 1965. 4. 17.
383 관련 사진들은 다음 영상에서 캡처했다. INDONESIA: AFRO-ASIAN COUNTRIES CELEBRATE BANDUNG ANNIVERSARY - ROUND-UP (1965), https://www.britishpathe.com/asset/155699.
384 『로동신문』 1965. 6. 2.

10주년 기념식에 걸린 "신식민주의를 박살내자!"는 플래카드 https://www.britishpathe.com/asset/155699.

아시아·아프리카(AA)라는 글자와 쇠사슬을 끊어내는 손을 형상화한 심볼마크 https://www.britishpathe.com/asset/155699.

아시아·아프리카인들이 "당신의 원조를 가지고 지옥에나 가라"고 말하는 모습의 벽화 https://www.britishpathe.com/asset/155699.

김일성을 환영하는 자카르타 시민들(1965. 4. 10) 『로동신문』 1965. 6. 2.

Sports Stadium)에서 열린 반둥 10주년 기념식에 참석했다.[385]

다음 날(11일), 김일성은 10년 전 최초의 아시아·아프리카회의가 열렸던 반둥의 메르데카 건물을 방문했다. 마침 이곳에서는 "인도네시아 공화국의 최고 기관으로서 국가의 기본 방침과 정책을 결정하며 법률을 제정"하는 "림시인민협상회의 제3차 회의가 열리"고 있었다. 김일성이 참석할 수 있게 인도네시아 정부에서 사전에 준비해놓은 것이었다. 회의에서는 "자력갱생의 원칙에 립각하여 자립경제를 건설하기 위한" 인도네시아 경제 정책의 "방향전환"이 논의됐다. 수카르노 대통령은 "1947년 자립경제 건설에 대하여 강조"한 김일성의 발언을 인용하며, 현재 북한이 "먹고 입는 문제를 완전히 해결"했으며, "농

---

385 《(영상) 인도네시아: 반둥회의 10주년 기념식, 자카르타 개최(1965)》(https://www.britishpathe.com/asset/227545). 해당 영상 자료를 소개해준 백원담 선생님께 감사드린다.

자카르타에서 열린 반둥 10주년 기념식에 참석한 김일성 https://www.britishpathe.com/asset/227545.

업-공업국가로부터 공업-농업국가"로 전변했음을 강조했다. 특히 수카르노는 "조선은 지금 정치적으로나 문화적으로나 누구에게도 의존하지 않고" 있기 때문에 "인도네시아도 뒤떨어지기를 원치 않는다고" 역설했다.[386]

3일 후(14일), 김일성은 인도네시아 '알리아르함 사회과학원(Aliarcham[Ali Arham] Academy of Social Sciences)'에서 「조선민주주의인민공화국에서의 사회주의 건설과 남조선혁명에 대하여」라는 제목의 강의를 진행했다. 그는 "주체를 세운다는 것"이 매우 중요하다며, 구체적으로 "사상에서의 주체, 정치에서의 자주, 경제에서의 자립, 국방에서의 자위"를 내세웠다. 특히 그는 "남에 대한 의존심을 버리고 자력갱생의 정신을 발양하며 자기의 문제는 어디까지나 자신이 책임지고 풀어 나아가는 자주적인 립장"을 강조했다. 또한 김일성은 반둥회의 10년이 지난 현재, 비록 상당수 아시아·아프리카 식민지들이 정치적 독립은 쟁취했음에

---

386 『로동신문』 1965. 6. 3; 4. 11.

도 경제적 자립을 달성하지 못한다면, 제국주의 국가들에 의해 정치·경제적으로 다시 지배당할 수 있다는 위험성을 경고했다.

이러한 김일성 강의를 들은 알리아르함 사회과학원 원장은 감사를 표하며 연설했다. 그는 "조선 인민이 발휘하고 있는 천리마 정신은 인도네시아 인민을 고무하고 있다"며, "자립적 경제의 기초가 없이는 우리는 독립도 할 수" 없음을 강조했다. 특히 "조선 인민과 조선 정부는" "처음부터 반둥정신을 견결히 발휘하고 있는 아세아, 아프리카 인민들의 전초선에 선 투사"였고, "지금"은 제2차 아시아·아프리카회의의 "성과를 위하여 노력하고" 있었다.[387]

이처럼 양국의 인사들은 10년 전 반둥회의를 언급하면서 경제적·정치적 식민성의 동시 극복을 강조했다. 즉 1955년 반둥회의 「최종성명서」가 담아낸 '경제적·정치적' 식민성의 동시해결이라는 테제는, 10주년을 맞아 반둥정신으로 다시 소환됐다. 특히 1955년에는 반식민이 평화와 결합하여 전쟁 방화를 일삼는 제국주의에 대한 반대를 외쳤다면, 10주년에는 경제 문제와 결합하여 제국주의의 신구식민주의를 극복하는 것이 화두였다.

한편 2차 반둥회의의 개최를 한 달 앞둔 시기(1965년 5월), 남한 외무부는 회의 개최가 어려울 것으로 전망했다. "온건파와 과격파의 대립이 더욱 심해"졌으며, "비동맹국 회의라는 유사 기구가 생김으로써 아아회의의 특이한 존재 이유가 희박"해졌다고 보았다.[388] 또한 인도와 중국의 갈등은 극단으로 치달았다.

---

387 『로동신문』 1965. 4. 11; 4. 17.
388 특히 이 시기 제2차 아시아·아프리카회의 개최를 위해 노력해오던 인도네시아는 유엔에 대응하는 새로운 국제기구인 가네포(Games of the New Emerging Forces, GANEFO)를 창설하고자 했다. 반면 인도는 인도네시아의 새로운 국제기구 창설 움직임에 반대하며 유엔을 강화하자는 입장이었다. 「(아주국장 연하구가 각 국장에게 보내는 협조전) 제목: 제2차 아아회의」(1965. 5. 18), 『아·아회담(Afro-Asian Conference) 제2차, 전 6권(V. 3. 회의 개최 준비 및 참석교섭 상황보고 1965. 4~5)』, 외교사료관, 1996.

인도는 뉴델리 주재 임병직 대사에게 "중공의 티베트 침략, 인도 침입, 동남아 침략 등"을 언급하며 "중공이야말로 신식민주의이고, 제국주의"라는 비난을 제2차 아시아·아프리카회의에서 펼칠 계획임을 알리며, 남한 정부의 적극적인 지원과 동조를 요청할 정도였다.[389]

남한 외무부는 회의 개최 전망이 어둡다고 판단했으나, 일단 초청장을 받기 위하여 참가하겠다는 의사를 알제리 정부에 밝히기로 했다. 5월 29일, 외무부장관은 영국·프랑스·모로코에 주재하는 남한 외교관들에게 "국무총리를 단장으로 하는 30명 규모의 대표단을 제2차 아아회의에 파견"한다는 내용을 현지 알제리 대사관에 "통고"하라고 지시했다.[390] 그리고 다음 날(30일), 외무부는 제2차 아시아·아프리카회의 참석을 기정사실화하고, 이에 대비한 기본 입장과 방침들을 확정했다.[391] 먼저 회의 참석 목표를 "자유 진영 및 친서방 제국과 제휴하여 제2차 아아회의를 과도한 반식민, 반제국주의 노선으로 이끌어가려는 공산 및 친공계의 책략을 분쇄하고 제지"하는 것으로 설정했다. 즉 과격 급진 노선과 온건 노선의 정치적 대립을 완화하기 위해 "아아 제국의 공동이익을 증진하는 방향으로 회의의 기조"를 이끌고자 했다. 또한 한반도 문제 관련하여 "외군 철수, 외세 간섭 배제, 민족자결" 같은 문제가 구체적으로 제기되지 않도록 노력하며, 최대한 "결의문 또는 선언문에서의 표현이 제2차 비동맹국회의(카이로)에서와 같은 원칙론"을 넘지 않아야 했다.

특히 외무부는 베트남전쟁과 관련해 제2차 아시아·아프리카회의에서 "공

---

389 인도는 회의에서 중국을 공격할 때 이를 석극적으로 지원해달라고 남한에 요청했다. 「(주뉴델리 총영사 대사 임병직이 외무부장관에게 보내는 전문) 제목: 제2차 아아회의」(1965. 5. 28), 위의 자료.
390 「외무부장관이 주영, 주불, 주모록코 대사에게 보내는 발신전문」(1965. 5. 29), 위의 자료.
391 외무부, 「제2차 아·아회의의 가의제 분석과 우리의 입장」(1965. 5. 30), 위의 자료.

산계로부터 가장 저열한 공세가 있을 것으로 예상"했다.[392] 외무부 내에는 이미 베트남 파병이 제2차 아·아회의에서 공산 측 공격 목표가 될 수 있다는 우려를 제기하며 참가 자체를 반대하는 견해도 있었다. 그럼에도 참가를 결정한 이상 외무부는 어떻게든 "월남사태에 있어서는 월남 및 기타 자유 진영 국가들과의 긴밀한 협조와 친서방 제국의 지원을 얻어 미국의 대월남 정책과 아국의 입장을 옹호하고 격렬한 반미적 선동과 책략을 저지"해야 했다.[393] 또한 국제회의에 남북한이 동시참석하는 것은 다른 국가들에게 박정희 정부가 '두 개의 한국'을 인정한다는 오해를 낳을 수 있었다. 그리고 참석한 남한 대표는 "상이한 정치, 사회 체제를 가진 국가 간의 평화적 공존" 같은 의제에도 의견을 제시해야 했다. 이에 외무부는 '두 개의 한국' 및 '평화공존'과 관련하여 "공산국가와의 공존"을 "인정(認定)하지 않는다"는 기본적 입장을 고수하기로 했다.[394]

박정희 정부에게 제2차 아시아·아프리카회의는 다가오는 가을에 열릴 유엔총회를 대비해서도 중요했다. 지난해(1964년) 열린 제19차 유엔총회의 일반정책 연설에서, 다수의 아시아·아프리카 대표들이 제2차 비동맹 정상회의에서 채택된 최종선언문의 분단국가 문제에 관한 부분을 인용하며 한반도 문제도 "외부 간섭 없는 평화적 통일 내지 민족자결 원칙"에 따라 해결해야 한다고 언급한 바 있었다. 따라서 제2차 아시아·아프리카회의에서 채택된 선언문에 분단 문제 관련하여 어떠한 내용이 채택되느냐에 따라, 하반기 열리는 유엔총회에서의 한반도 문제 논의에 직접적인 영향을 미칠 가능성이 컸다.[395]

---

392  외무부, 「제2차 아·아회의의 가의제 분석과 우리의 입장(제1차 시안)」(1965. 5. 30), 위의 자료.
393  위의 자료.
394  외무부, 「제2차 아·아회의」(1965. 5. 26), 위의 자료.
395  위의 자료.

김일성과 알제리 특사단의 면담 장면 『로동신문』 1965. 6. 8.

이처럼 5월 말, 박정희 정부는 제2차 아·아회의 참석을 결정하고, 대응 방안도 준비했다. 그런데 6월이 되어도 공식 초청장은 오지 않았다. 이에 6월 4일, 외무부는 어떠한 외교관계도 없는 알제리 현지에 외교관을 급파하며 외무성 의전 차장에게 아시아·아프리카회의 "초청장의 조속한 발급을" 요청했다.[396]

남한 외무부가 초청장을 받기 위해 동분서주하는 동안, 6월 6일 알제리 벤 벨라 대통령 특사와 그 일행이 평양을 방문했다.[397] 다음 날(7일), 알제리 특사단은 김일성 수상과 면담하며 벤 벨라 대통령의 친서를 전달했다. 『로동신문』은 친서의 구체적인 내용을 밝히지 않았으나,[398] 모로코 주재 남한 대사관이 수집한 정보에 따르면 이는 "아아회의 준비와 진행 상황을 알리며" "방문국 정부의 견해와 제의를 청취"하는 것이 목적이었다고 한다.[399]

---

396 「신, 정대사가 외무부장관에게 보내는 선문」(1965. 6. 4), 『아·아회담(Afro-Asian Conference) 제2차, 전 6권(V. 4. 알제리정변 발발 및 회의 개최 연기, 1965. 6~7)』, 외교사료관, 1996.
397 『로동신문』 1965. 6. 7. 앞서 알제리 군사대표단이 평양을 방문하고 있었다. 『로동신문』 1965. 6. 2.
398 『로동신문』 1965. 6. 8.
399 「주모로코 대사가 외무부장관에게 보내는 전문」(1965. 6. 3), 외교사료관, 앞의 자료; 알제리

6월 4일, 알제리에서 제2차 아시아·아프리카회의 개최를 위한 7차 상임준비위원회 회의가 열렸다.[400] 지난해 자카르타 회의 이후 "새로운 중요한 요소가 어떤 국가에 발생하였는지 여부"가 논의됐는데, 그 대상은 바로 남베트남과 남한이었다. 회의에서 인도 대표는 자카르타 회의 결정대로 남한의 초청을 강력히 주장했으나, 중국과 인도네시아가 맹렬히 반대했다고 한다. 결국 이 문제는 정상들이 모이는 아시아·아프리카회의 개최 직전에 진행하는 외상회의에 일임됐다.[401]

6월 7일자 『로동신문』은 제2차 아시아·아프리카회의의 연기 원인이던 알제리 건물이 6월 12일이면 완공되리라는 소식을 전하며 회의 개최가 임박했음을 알렸다.[402] 그런데 신문은 6월 4일 열렸던 7차 준비위원회 회의 소식은 자세히 전하면서도 이때 논란이 됐던 초청 대상국 문제는 언급하지 않았다. 같은 지면에는 인도네시아 수카르노 대통령이 6월 8일 했던 발언이 자세히 소개됐다. 특히 신문 헤드라인에는 일부 국가들이 "남조선, 말레이시아, 남부 웰남, 이

---

특사단이 평양을 떠나는 환송 자리에 박덕청 중국 대사는 함께했으나, 소련 대사는 없었다. 이는 당시 북한이 중국과 가깝고 소련과는 소원했음을 보여주는 장면이었다. 『로동신문』 1965. 6. 8.

400 상임준비위원회는 알제리·아랍연합공화국·모로코(마로끄)·가나·기니·에티오피아·인도·중국·캄보디아·파키스탄·인도네시아·탄자니아·이란·말라위·잠비아 등 총 15개국으로 구성됐다. 『로동신문』 1965. 6. 11; 「주모록코 대사가 장관에게 보내는 전문」(1965. 6. 5); 「주모록코 대사가 장관에게 보내는 전문」(1965. 6. 6); 「주미 대사가 외무부장관에게 보내는 전문」(1965. 6. 9); 「주비 대사가 외무부장관에게 보내는 전문」, 외교사료관, 앞의 자료.

401 「뉴델리 공관이 서울 외무부에 보내는 전문」(1965. 6. 11); 「주영 대사가 장관에게 보내는 전문」(1965. 6. 11), 위의 자료. 남한 중앙정보부의 정보에 따르면, 알제리혁명 이후인 1965년 6월 30일 부메디엔(Houari Boumedinène) 대령은 헌병사관학교 졸업식 연설에서 "한국은 월남에 파병했기 때문에 제2차 아아회의에 초청되지 않았다고 말했다"고 한다. 「주모록코 대사 신현준이 외무부장관에게 보내는 전문」(1965. 7. 15), 위의 자료.

402 『로동신문』 1965. 6. 7.

스라엘을 지지한다는 리유로 회의에서 탈퇴하려 한다면 소원대로 하라", 그리고 "우리는 계속 반제 국가들의 편에 설 것이다"라는 수카르노의 발언이 크게 실렸다.[403] 이는 북한 지도부가 아시아·아프리카회의 준비회의에서 논란이 된 참가국 문제와 관련해 수카르노의 비판을 인용하여 자신들의 입장을 표명한 것으로 보인다.

6월 17일 오전, 북한의 박성철 외무상이 제2차 아시아·아프리카회의 참석을 위해 평양을 떠났다. 18일 알제리 수도 알제에 도착한 박성철은 회의가 "훌륭한 결과를 가져오도록 하기 위하여 모든 성의 있는 노력을" 다하겠다는 성명을 발표했다. 여기서 훌륭한 결과란 "외상회의가 제국주의, 식민주의 및 신식민주의를 반대하는 혁명적 기치 밑에 단결과 호상 협조의 정신을 발양"하는 것을 의미했다.[404]

그런데 박성철이 알제에 도착한 다음 날(19일), 알제리에서는 국방장관 부메디엔이 주도하는 군사정변으로 벤 벨라 대통령이 축출되는 사건이 발생했다. 새로운 정권은 예정된 아시아·아프리카 외상회의(24일) 및 정상회의(29일)를 그대로 개최하겠다고 발표했다. 이에 중국·인도네시아·북베트남·북한 등은 동의했으나, 인도·파키스탄·실론·나이지리아·가나·우간다·케냐·잠비아·시에라리온·사이프러스·라이베리아·터키·일본 등이 회의 연기를 주장했다.[405] 결국 26일 열린 15개국 대사급 대표들의 준비위원회에서 UAR의 나세르와 파키스탄의 사스트리가 연기를 요청하고 이에 중국과 인도네시아가 동의함으로써,

---

403 『로동신문』 1965. 6. 11.
404 『로동신문』 1965. 6. 18; 6. 22.
405 「주영 대사가 장관에게 보내는 전문」(1965. 6. 23), 외교사료관, 앞의 자료; 『로동신문』 1965. 6. 22.

아시아·아프리카 정상회의는 11월 5일로, 외상회의는 그 직전인 10월 28일로 다시 한번 연기됐다. 중국은 준비위원회의 발표문에 "제국주의자들의 책략" 때문에 연기됐다는 문구를 넣자고 제안했으나, 인도·모로코·에티오피아·실론 등의 반대로 성공하지 못했다고 한다.[406]

이처럼 재차 연기된 아시아·아프리카회의에 대해, 남한 외무부는 회의에서 베트남 문제로 미국을 공격하려 했던 중국 외교가 참패한 것이자, 아시아·아프리카 국가들의 취약한 결속력이 그대로 노출된 것이라고 분석했다. 프랑스의 한 언론은 "제3세계의 서정적인 환상은 이미 지난날의 것이 되고 말았다"고 논평했다.[407] 또한 외무부는 재차 연기된 회의의 개최 가능성이 더욱 희박해졌다고 평가했다. 첫째, 주최국 알제리는 현재 정변의 여파로 테러와 폭발사고가 발생하며 혼란스러운 상황이었다. 둘째, 이번 회의 연기를 계기로 아시아·아프리카 그룹 내 '과격파'와 '온건파'의 분열 대립은 더욱 격화됐다. 셋째, 10월 말이라는 시점의 문제도 있었다. 9월에는 제20차 유엔총회가 열리며, 그리고 10월에는 제3차 아프리카통일기구(OAU) 회의가 예정되어 있어 대표들이 다시 알제리에 모이는 것은 물리적으로 쉽지 않았다.[408]

---

406 「주모록코 대사가 장관에게 보내는 전문」(1965. 6. 27); 「주불 대사가 외무부장관에게 보내는 전문」(1965. 6. 28); 「주독 대사가 장관에게 전문」(1965. 6. 28), 위의 자료. 다음 문건에 상임 준비위원회의 공동성명서(Communique)가 실려 있다. 「주미 대사가 외무부장관에게 전문」(1965. 6. 28), 위의 자료. 북한은 제2차 아시아·아프리카회의 준비위원회의 성명서를 「공보」라는 제목으로 번역하여 『로동신문』에 전문 게재했다. 『로동신문』 1965. 6. 28.

407 외무부는 프랑스와 스위스, 미국, 필리핀 등에서 입수한 정보에 기초하여 정세를 분석했다. 「주제네바 대사가 장관에게 보내는 전문」(1965. 7. 2); 「주미 대사가 장관에게 보내는 전문」(1965. 7. 7); 「주제네바 대사가 장관에게 보내는 전문」(1965. 7. 8), 외교사료관, 앞의 자료.

408 아주국장 연하구, 「제2차 아아회의에 관한 보고(국가안전보장회의용)」(1965. 7. 13), 위의 자료; 「주카이로 총영사 강춘희가 외무부장관에게 보내는 전문) 제목: 제2차 아아회의에 관한 정보」(1965. 8. 9), 『아·아회담(Afro-Asian Conference) 제2차, 전 6권(V. 5. 회의 개최 연기 및 아

회의 개최 자체가 불확실한 상황에서, 박정희 정부는 곧 열리는 제20차 유엔총회를 대비하기 위하여 아시아·아프리카회의 참석 문제와 관련한 지침을 확정했다. 먼저 외무부는 남한이 제2차 아시아·아프리카회의에 "기꺼이 참여할 용의"가 있음을 밝히기로 했다. 또한 외무부는 현지 외교관들에게 작년 자카르타 준비회의에서 남한이 피초청국으로 확정된 사실을 강조하며, 이를 변경할 권한이 없는 주최국 알제리와 준비위원회가 남한의 베트남 파병을 이유로 초청장을 발송하지 않고 있는 것은 부당하다는 사실을 부각하고자 했다. 즉 아시아·아프리카회의라는 국제회의에 유엔에 의해 유일 합법성을 인정받은 남한이 '불(不)초청'되고, 유엔의 "권위를 무시하고 불법하게 조직된 북한 괴뢰정권이" 초청되었음을 강조한다는 계획이었다.[409]

한편 북한 지도부는 새로운 알제리 정부에게 회의 개최의 필요성을 언급하며 회의가 예정대로 열리기를 희망했다. 남한 외무부가 입수한 8월 25일자 알제리 정부 기관지 『무자히드(el moudjahid)』에 따르면, 김일성 수상은 알제리 혁명위원회 의장 부메디엔에게 "제2차 아프리카–아시아회의는 제국주의와 식민주의에 맞서 싸우고 아시아와 아프리카 민족들의 결속과 전투적 연대를 강화하는 데 매우 중요한 행사가 될 것"이라는 메시지를 발송했다.[410]

그런데 그동안 회의 개최를 주장해온 중국은 재차 회의가 연기된 이후부터 9월 초까지 입장 변화를 모색하고 있었던 것으로 보인다. 이는 중국과 북한 외교관의 대화에서 추정해볼 수 있다. 9월 12일, 북한 박성철 외무상이 평양 주

---

국 초청 문제, 1965. 8~11)」, 외교사료관, 1996.
[409] 「(아주국장 연하구가 방교국장에게 보내는 협조전) 제목: 자료제공 요청」(1965. 8. 2), 위의 자료.
[410] 「주모록코 대사 신현준이 외무부장관에게 보내는 전문」(1965. 9. 2), 위의 자료.

재 중국 대사 하오칭(Hao Deqing, 郝德青)에게 아시아·아프리카회의 개최 관련 상황을 질의했는데, 하오칭 대사는 정확한 답변이 어렵다고 사과했다. 이 시점에서 중국의 입장은 아직 정리되지 않았을 가능성이 크다.[411]

9월 29일, 북경 인민대회당에서 열린 기자회견에서 천이 외상은 "미 제국주의"를 비난할 수 없는 아시아·아프리카회의의 개최보다는 그것이 가능한 "조건이 성숙될 때까지 기다림이 유리할 것이다"라고 발언했다.[412] 즉 중국은 공개적으로 아시아·아프리카회의 개최가 어렵다고 밝힌 것이었다. 미 국무부 국장도 중국의 발언 이후 이제는 "회의가 예정대로 개최될 것인지" "판단하기 힘들어졌다"고 평가했다.[413]

---

411 「차오관화(喬觀华) 중국 외교부 부부장과 박세창(朴世昌) 주중 북한 대사의 대화록」(1965. 10. 11.)」, 윌슨센터 디지털아카이브(https://digitalarchive.wilsoncenter.org/document/118773). 이 시기 중국의 제2차 아아회의 관련한 입장은 중국 측 사료에 입각하여 추후 밝혀져야 할 필요가 있다. 1965년 8월 10일 작성된 남한 외무부의 「제2차 아아회의에 관한 보고」에 따르면 "참가국 수가 감소되고 공격 목표를 상실한 중공 인니 등 과격파는 아아회의보다는 인니가 주장하고 있는 신생국가회의에 중점을 변경할 가능성도 있으므로 11월 5일로 연기된 제2차 아아회의의 의의는 극히 감퇴하게 될 것으로 예상"되었다. 그럼에도 이 보고서는 "현재로서는 개최 여부에 대한 정확한 판단이 곤란하나 과격파들이 적극적인 추진 공작을 전개하고 있으므로 큰 변동이 없는 한 예정대로 개최될 가능성이 큰 것으로 관측"했다. 「제2차 아아회의에 관한 보고」(1965. 8. 10), 외교사료관, 앞의 자료.
412 1965년 9월 30일자 『아시히 신문』 조간은 1면 특종기사로 중국 외상의 발언을 보도했다. 「주일 대사가 외무부장관에게 보내는 전문」(1965. 9. 30), 외교사료관, 앞의 자료.
413 「주미 대사가 장관에게 보내는 전문」(1965. 9. 30), 위의 자료. 일본 외무성은 그동안 소련의 회의 참가를 반대해오던 UAR의 나세르 대통령이 소련을 방문한 이후 참가 지지로 입장을 바꾸었으며, 이에 동조하는 국가들이 증대하자 "중국의 발언권이 적어질 것을 고려하여 조건이 성숙될 때까지 기다"리겠다고 발언한 것으로 분석했다. 「주일 대사가 외무부장관, 중앙정보부장에게 보내는 전문」(1965. 10. 1), 같은 자료. 천이 외상의 발언이 있기 전에 주영 한국 대사관은 중국이 이미 제2차 아아회의에서 "주도권을 장악"하기 어렵다고 판단하여 "아아회의 추진 열성이 약화된 것으로" 보인다는 보고를 제출하기도 했다. 「주영 대사이형근이 외무부장관에게 보내는 전문」(1965. 9. 24), 같은 자료. 1965년 8월 30일, 나세르 대통령은

중국의 입장 발표 다음 날(30일), 아시아·아프리카회의 개최에 주도적이던 인도네시아에서 군사정변이 발생했다. 앞선 알제리 정변과 달리, 이번 군사정변은 수하르토 장군을 중심으로 한 "민족주의적이고 보수적인 군부가 기도한" 것이었다. 따라서 그동안 급진적인 수카르노 대통령의 대외 정책들(유엔 탈퇴 및 새로운 국제기구 창설, 북한·중국과 함께 아시아 반제국주의 노선 강화 등)의 수정이 불가피해졌다.[414] 이로써 반제·반식민주의를 내세우며 회의 개최를 주도해온 중국과 인도네시아의 추동력은 사라졌다.

10월 11일, 중국 외무 부상 차오관화(Qiao Guanhua, 乔冠华)는 회의의 무기한 연기 결정을 중국 주재 북한 대사 박세창에게 알렸다. 차오관화는 그 이유로 첫째, 유엔 사무총장 우 탄트(U Thant)가 참석하는 것,[415] 둘째, 소련 참가에 반대하겠다던 나세르가 적극적으로 반대하지 않겠다며 우경화된 것, 셋째, 인도네시아가 정변으로 혼란에 휩싸였다는 사실을 언급했다.[416]

10월 19일, 중국의 요청으로 아시아·아프리카회의 상임준비위원회가 알제리에서 다시 열렸다. 중국은 2차 회의를 연기하자는 제안서를 제출했으며, 이 연기안을 함께 기초한 캄보디아와 파키스탄·탄자니아·기니 등이 지지의사를 밝혔다. 그런데 그동안 회의 개최에 소극적이었던 인도가 갑자기 회의 연기에 반대하며 개최를 주장하고 나섰다. 그리고 인도의 개최 주장에 알제리·이란·

---

모스크바를 방문하고 발표한 공동성명서에서 아랍공화국은 소련이 제2차 아아회의에 참석히는 것을 지지한다고 천명했나.「아아회의에 관한 정세 변화」(1965. 10. 6), 같은 자료.
414 리영희, 「수카르노 20년 왕국 최악의 날」, 『조선일보』 1965. 10. 2.
415 버마의 우 탄트는 1955년 열린 반둥회의에 우 누와 함께 참석했던 인물이었다.
416 「중국 외교부 차오관화(Qiao Guanhua) 부부장과 박세창(朴世昌) 주중 북한 대사 간 대화 기록」(1965. 10. 11), 윌슨센터 디지털아카이브(http://digitalarchive.wilsoncenter.org/document/118773).

가나·인도네시아·모로코·에티오피아·통일아랍공화국 등이 지지를 표했다. 인도와 알제리는 회의 연기 여부 자체는 이번 대사급 준비위원회가 아니라 외상회의에서 결정되어야 할 사안이라고 주장했다.[417]

10월 22일, 중국의 저우언라이 총리는 제2차 아시아·아프리카 참가 대상국들에게 회의 연기에 관한 공식 입장문을 발송했다. 그러나 25일 열린 상임준비위원회 회의에서 알제리는 다시 인도·인도네시아와 함께 예정대로 10월 28일 외상회의를 열겠다고 주장하고 나섰다. 논쟁이 일자, 알제리는 준비위원회 의장국 자격으로 외상회의 개최를 결정했다.[418] 이처럼 그동안 회의 개최에 적극적이던 중국과 소극적이던 인도의 대립이 "지금에 와서는 정반대"로 바뀐 것이었다. 이는 일본 외무성의 분석대로 인도가 "개최를 원해서이기보다도 아아회의가 중공에 의하여 개최될 수 없었다는 비난"의 "기반을 만들기 위한 것"이었다고 보인다.[419]

알제리가 외상회의를 결정해버리자, 중국은 곧바로(26일) 이를 비난하는 성명을 발표했다.[420] 다음 날(27일), 북한 지도부도 중국이 반대하는 회의에는 참석

---

417 「주모로코 대사가 장관에게 보내는 전문」(1965. 10. 16);「주모로코 대사가 외무부장관에게 보내는 전문」(1965. 10. 17);「주모로코 대사가 외무부장관에서 보내는 전문」(1965. 10. 21), 외교사료관, 앞의 자료.

418 『로동신문』 1965. 10. 28;「저우언라이(Zhou Enlai) 총리와 천이(Chen Yi) 부총리, 박성철 외무상의 두 번째 회담의 기록」(1965. 11. 11), 윌슨센터 디지털아카이브(https://digitalarchive.wilsoncenter.org/document/118693).

419 일본 외무성은 인도가 "실제에 있어서는 카슈미르 문제가 국제 여론상 지극히 불리한 이유 등으로 인하여 회의 개최를 바라지 않"고 있다고 분석했다. 「주일 대사가 장관에게 보내는 전문」(1965. 10. 19.) 외교사료관, 앞의 자료.

420 중국은 "10월 28일 소집되기로 예정된 아세아·아프리카 예비 외상회의는 제2차 회의의 구성 부분이며 이 예비 외상회의의 개막으로써 제2차 아세아·아프리카회의의 사업이 시작되는 것"이기 때문에 회의연기에 대한 토의를 한다는 것 자체가 불가능하다며 알제리의 결정

하지 않겠다는 '정부성명'을 발표했다. 그리고 "일방적으로" "일부 나라들만"으로 진행되는 이번 회의는 "반제 반식민주의 공동투쟁"의 "단결"을 약화할 뿐이라며 불참의 이유를 설명했다. 이는 중국이 언급한 무기한 연기 이유와 동일했다.[421]

외상회의는 알제리가 공표한 28일에서 다시 연기되어 10월 30일에야 열렸다. 45개국과 앙골라 임시정부 대표가 참석했으며 17개국은 불참했다.[422] 불참을 선언한 중국은 소련이 "참석치 않는다는 조건하에 3개월 후에 아아 정상회담에 참석할 것을 수락한다"는 메시지를 알제리 정부에 보냈다. 외상회의에서 인도는 소련·싱가포르·말레이시아의 참석을, 일본은 남한의 참석을 주장하고 나섰다.[423]

31일 오전 열린 외상회의에서는 참가국 문제를 토의하자는 인도의 주장과 회의 연기 문제를 토의하자는 알제리·파키스탄·인도네시아의 주장이 대립했다. 결국 저녁 회의에서, 알제리 의장은 회의를 연기하는 결의안을 제시하고

---

을 강하게 비판했다. 중국은 의장국 "알제리의 결정은 아세아·아프리카회의가 근 10년간 시종일관 견지"해온 전원합의라는 원칙을 "유린"함으로써 "분렬의 정세를 조성"했다고 지적했다. 따라서 중국은 "강압적으로 소집되는 제2차 아세아·아프리카회의는 오직 분렬의 회의"가 될 것이기 때문에 회의에 불참하겠다고 발표했다. 『로동신문』 1965. 10. 28.

421 신문에는 저우언라이 총리가 앞서 22일 북한에 보낸 전문과 성명이 모두 공개됐다. 『로동신문』 1965. 10. 28.

422 「주모록코 대사가 장관에게 보내는 전문」(1965. 10. 29), 외교사료관, 앞의 자료. 추청장을 받지 못한 국가는 9개국(소련·말레이시아·뉴베트남·남한·몰디브·이스라엘·콩고(레오폴드빌)·감비아·싱가포르)이었다. 「국련 대사가 장관에게 보내는 전문」(1965. 11. 3), 위의 자료.

423 회의에서는 통일아랍공화국의 제안에 따라 알제리 외상이 의장으로, 카메룬과 실론이 각각 부의장으로 필리핀이 보고자(RAPPORTEUR)로 선출됐다. 「주모록코 대사가 장관에게 보내는 전문」(1965. 10. 31); 「주모록코 대사가 장관에게 보내는 전문」(1965. 11. 1); 「(긴급) 주모록코 대사가 장관에게 보내는 전문」(1965. 11. 1), 위의 자료.

이를 낭독하며 다른 의견은 받아들이지 않았다. 이에 인도·일본·튀니지·모로코 등은 유보를 표명했으나, 11월 2일 열린 회의에서 연기 결의안이 담긴 최종 결의안(「FINAL RESOLUTION AS ADOPTED ON 2 NOVEMBER 1965」)이 발표됐다. 결의안 내용은 첫째, 제2차 아시아·아프리카회의는 알제리에서 차후에 개최하기로 연기하며, 둘째, 상임준비위원회는 회의 개최를 위해 지속적으로 업무를 부여받으며, 셋째, 향후 아시아·아프리카 국가들이 회의 개최를 위해 노력한다는 것이었다.[424] 형식적으로 알제리에서 향후 열릴 수 있다는 여지를 남겨놓았으나, 실질적으로 1964년 열린 자카르타 외상회의부터 본격화한 2차 회의 개최 문제는 1965년 두 차례 연기 끝에 최종적으로 무산된 것이었다.

공식적으로 북한 지도부도 중국과 동일하게 제2차 아시아·아프리카회의 무산의 원인을 미국을 비롯한 제국주의와 신구식민주의의 분열 책동이라는 '외부'에서 찾았다. 그런데 북한 지도부는 무산의 원인이 아시아·아프리카 국가들 '내부'에도 있다고 보았는데, 이는 북한과 중국이 나눈 다음의 긴 대화에서 잘 드러난다.

11월 11일, 중국 베이징의 댜오위타이 국빈관(钓鱼台国宾馆, Diaoyutai State Guest House)에서 중국의 저우언라이 수상과 천이 부수상은 북한의 박성철 외무상과 중국 주재 박세창 대사를 만났다.[425] 먼저 천이는 중국을 지지하던 나세르가 소

---

[424] 「(긴급) 주모록코 대사가 장관에게 보내는 전문」(1965. 11. 1); 「주일 대사가 외무부장관에게 보내는 전문」(1965. 11. 12); 「1965년 11월 2일 채택된 최종 결의안(FINAL RESOLUTION AS ADOPTED ON 2 NOVEMBER 1965)」, 위의 자료; 「저우언라이(Zhou Enlai) 총리와 천이(Chen Yi) 부총리, 박성철 외무상의 두 번째 회담의 기록」(1965. 11. 11), 윌슨센터 디지털아카이브(https://digitalarchive.wilsoncenter.org/document/118693); 『동아일보』 1965. 11. 2.

[425] 「저우언라이(Zhou Enlai) 총리와 천이(Chen Yi) 부총리, 박성철 외무상의 두 번째 회담의 기록」(1965. 11. 11), 윌슨센터 디지털아카이브(https://digitalarchive.wilsoncenter.org/document/118693). 윌슨센터는 원본이 중국 외무부 사료관(Chinese Foreign Ministry Archives)

련으로부터의 경제원조를 약속받고서는 입장을 바꾼 사실을 언급하며 비난했다. 이에 박성철도 동의하며, UAR·알제리·말리 등도 미국의 경제지원을 바라며 '미 제국주의'를 강하게 비난하지 못하고 있다며 불만을 표출했다. 관련하여 천이는 지난 9월 알제리 외무부장관 부테플리카(Bouteflika)를 만났던 이야기를 꺼냈다. 부테플리카가 자신에게 "솔직히 아프리카 나라들의 문제는 반제국주의나 반식민주의가 아니라 빵(bread)이 문제임을 알아야 한다"고 말하자, 천이는 중국·소련·미국 누구든 빵을 제공할 수는 있으나, 중요한 것은 아시아·아프리카 국가들이 스스로 빵을 만드는 것이라고 대답했다고 한다.

또한 천이는 북한 측 인사들에게 자신이 말리·기니·UAR·시리아·파키스탄·아프가니스탄·수단 등 중동 및 아프리카를 방문했던 경험을 언급했다. 이들 나라들은 외국에 의존하고 있으며, 행정 비용이 30퍼센트가 넘을 정도로 부패가 심각하고, 자동차와 가솔린 관련 과소비가 정말 끔찍할 정도였다고 털어놓았다. 이에 북한의 리주연 부수상도 기니에서는 마실 물을 프랑스에서 구매한다며 맞장구를 쳤다. 천이는 기니에서는 일반 관료들까지 자동차를 가지고 있으나, 중국은 장관들만 자동차가 있을 뿐 이하 차관이나 국장들은 모두 버스를 탄다며 비난에 가세했다. 여기에 북한의 외무상 박성철은 북한에서는 관료들 모두 11번(No. '11')을 탄다며, 두 발로 걸어다니고 있음을 강조했다.[426] 이처럼 양국 인사들 모두 회의 개최 실패의 원인을 아시아·아프리카 국가들의 외세의존성과 과소비·부패에서 찾았다. 그리고 향후 대응 방안을 논의했다.

---

에 소장된 중국어로 된 자료라고 소개했다. 그런데 이 문서는 영어 번역본만 공개되어 있을 뿐 중국어 원본이 윌슨센터에 올라와 있지 않다. 영어본은 중국어를 번역한 것이기 때문에 정확한 대화의 맥락을 이해하기 위해서는 향후 원본 대조가 필요하다.
426  영어 번역문은 다음과 같다. "In Korea we all take the No. '11'(meaning to use one's two legs to walk)."

박성철은 현재 상황을 타개할 어떤 지침이나 방법을 제시해달라고 요청했다. 천이는 아시아·아프리카회의 같은 집단적인 국제회의를 개최하기보다는 양자 및 다자적 접근을 통해 공산당이 위협적이지 않음을 설득하는 것이 바람직하다고 대답했다. 동의를 표하면서도, 박성철은 그렇다면 앞으로 아시아·아프리카회의는 어떠한 조건이 마련되어야만 열릴 수 있는지 물었다. 천이는 네 가지 조건을 제시했다. 첫째, 대부분 나라들이 미국을 공개적으로 비난할 수 있는, 즉 반미(反美) 조건이 무르익어야 한다. 둘째, 가장 큰 장애물은 남한·남베트남·말레이시아 같은 제국주의의 '괴뢰'들이며, 이들과 함께하는 회의 개최는 불가능하다. 셋째, 주최국 알제리는 유엔 사무총장 우 탄트 초대를 철회해야 한다.[427] 넷째, 소련은 유럽 국가이므로 회의에 참여해서는 안 된다. 재차 박성철은 반미(反美)의 구체적인 기준, 즉 미국을 반대하는 국가가 60개 이상이면 회의가 열릴 수 있는지 되물으며 어떻게든 빨리 아시아·아프리카회의가 다시 열리기를 희망했다. 그런데 천이는 조건이 언제 무르익을지 예측하기 어려우며, 회의 개최 시기는 빠를 수도 있고 몇 년이 걸릴지도 모른다며 '모호하게' 대답할 뿐이었다.

이처럼 향후 반제국주의 투쟁 방향에서 북한은 일부 국가들만이라도 참여하는 아시아·아프리카 주도의 국제회의를 개최하자며 '적극성'을 보였으나, 중국은 사태를 관망하자며 소극적인 입장에 머물러 있었다. 양측은 반제국주의 투쟁 노선을 둘러싸고 '미묘하게' 어긋나 있었다.

아시아·아프리카 국가들이 경제적 이익 때문에 적극적으로 '미 제국주의' 반대에 나서지 못한다는 북한·중국의 인식과 유사하게, 박정희 정부도 신생 아프리카 국가들이 표방하는 중립·비동맹의 대외 정책을 양 진영 모두로부터

---

427 당시 중국은 우 탄트를 "미국의 앞잡이"로 간주했다. 『조선일보』 1965. 10. 28.

필요한 것을 얻어내려는 대외 전략으로 이해했다. 특히 외무부는 나세르 대통령의 중립주의 노선을 적대적인 냉전을 이용하여 자국의 경제적 이익을 얻고자 하는 '양다리 걸치기' 작전으로 보았다.

흥미롭게도 남북한 모두 이집트의 비동맹을 외부로부터 경제적 이익을 얻고자 하는, 즉 외세 의존적이며 자국 '이익'을 위한 수단으로 규정하며 비판했다. 한 국가가 경제적 이익을 얻기 위해 대외 정책을 펼치는 것이 비판받을 만한 것인가는 차치하고, 비동맹과 원조에 대한 나세르의 인식이 정말 그러했는지 따져볼 필요가 있다. 마침 1964년 인도 신문 『브릿츠』 지면을 통해 나세르가 '비동맹과 원조'에 관해 언급한 내용이 남한 외무부가 수집한 자료에 남아 있다. 신문과 진행한 기자회견에서, 그는 "지금 전 세계는" "베트남·콩고·도미니카공화국에 이르기까지 대립과 열전(hot war)으로 더 악화하고" 있으며, "이러한 작은 전쟁들"이 "거대한 재앙으로 격화"되는 것을 "막는 방법은 바로 비동맹 국가들의 통합(unity)과 연대(solidarity)에" 있다고 보았다. 또한 원조에 대해서는, "돈을 빌려주는 데" "어떤 조건이나 정치적인 것들이 동반된다면, 우리는 그것 없이 매우 잘해 나갈 수" 있으며, "이것은 우리 인민들에게 자립(self-help)이라는 교훈을 가르쳐"줄 것이라고 발언했다. 더 많은 나세르의 발언과 맥락을 따져봐야겠지만, 위의 발언에서 확인되듯이 그의 비동맹 노선은 전쟁이 아닌 평화를 지향했다. 또한 그는 외부의 경제원조가 가져올 위험성도 충분히 고려하고 있었다.[428]

---

[428] 「나세르 대통령의 인도 신문 『브릿츠(Blitz)』 기자회견담 전문(FULL TEXT OF INTER-VIEWS GRANTED BY NASSER)」, 『아·아회담(Afro-Asian Conference) 제2차, 전 6권(V. 4. 알제리 정변 발발 및 회의 개최 연기, 1965. 6~7)』, 외교사료관, 1996.

## 소결

　1950년대 중후반 남북한은 자신의 진영을 넘어 아시아·아프리카 지역의 비사회주의 국가 또는 중립국에 처음으로 진출했다. 특히 1960년을 전후하여 탈식민이 지구적으로 보편화하고 신생국이 급증하는 과정에서 아프리카 국가들의 국제정치적 영향력은 증대했다. 이에 아프리카 국가를 둘러싼 남북한의 외교경쟁이 본격화했다. 1950년대 후반 아프리카에 처음 진출했을 때, 남북한은 공히 아프리카의 식민경험에 주목하고 이것을 외교관계의 지렛대로 삼고자 했다. 물론 남북한의 차이도 있었다. 북한은 아프리카의 식민경험에 공명할 뿐 아니라 현재 진행 중인 민족해방투쟁도 적극 지지했으며, 이러한 탈식민의 국제여론이 냉전의 우두머리 '미 제국주의'에 타격을 주어 한반도 문제를 자신들이 원하는 방향으로 만들 수 있으리라 기대했다. 반면 남한은 친공적이거나 중립 노선을 취하는 방문지에서는 이승만 대통령의 일제강점기 독립운동을 언급했으나, 친서방 우익적 국가들에서는 6·25전쟁에서 이승만의 반공투쟁을 제시하는 다른 전략을 취했다.
　아프리카를 둘러싼 남북한의 초청 및 방문외교도 치열했다. 남북한 정부는 한반도를 찾은 아프리카인들에게 모두 '경제발전'을 지렛대 삼아 관계개선을 도모했다. 북한은 전후 빠른 경제복구와 발전하는 경제를 보여주고자 방조(訪朝)하는 아프리카인들을 황해제철소로 안내했다. 그곳에서 갓 독립한 가난한 농업국 아프리카인들은 쏟아지는 쇳물에 감격하며 북한의 경제발전에 경의를 표했다. 정치적으로 갓 독립은 했으나 경제적으로 식민 모국에 종속되어 있던 아프리카인들에게 북한이 내세우는 자력갱생식 경제발전의 방법은 매우 매력적이었을 것이다. 이렇게 북한 지도부는 경제를 지렛대 삼아 아프리카 비사회주의 국가들과 외교관계에서 남한보다 앞서 나가기 시작했다.

남한 정부도 아프리카를 방문하거나 아프리카인들이 방한(訪韓)했을 때, 경제발전 문제를 중요시했다. 1961년 5·16 직후 군사정부는 정부수립 이후 가장 거대한 규모의 친선사절단을 세계 각지에 파견했으며, 특히 아시아·아프리카 중립국에 큰 관심을 보였다. 사절단에 참여했던 민간인 교수들은 아시아·아프리카 방문지에서 경제발전의 열망을 발견했으며, 동시에 그러한 발전의 욕망을 우리도 배워야 한다고 강조하기도 했다. 또한 군사정부는 방한하는 아프리카인들에게 기술원조를 약속하며 관계개선에 나섰다. 그런데 1961년에 이미 제철소를 가지고 있던 북한과 달리, 남한의 군사정부는 이제 막 경제개발을 시작해야 하는 상황이었기 때문에, 방한하는 이들을 데려간 곳은 농업진흥청이나 농업대학교였다. 군사정부는 적극적인 아프리카 중립국 외교를 강조하며 어려운 경제여건에서도 기술원조를 제공하는 등 노력을 기울였으나 상대적으로 북한의 아프리카 '침투'를 저지하기에는 역부족이었다.

또한 이 시기 남북한의 아프리카 외교경쟁에서는 탈식민과 냉전, 그리고 경제발전을 둘러싼 '차이'도 존재했다. 북한 지도부는 국제정치적 차원의 탈식민과 냉전의 문제를 경제적 차원의 신식민주의 문제와 결부하여 제기했으며, 자신들이 성공적으로 수행해온 자력갱생이라는 경제발전 모델을 이들에게 제시했다. 반면 남한 정부는 탈식민과 냉전 문제는 되도록 국제정치적 차원에서 제한적으로 언급했으며, 경제발전과 식민 문제는 별개로 설명하곤 했다. 일부 남한 인사는 아프리카인들이 중립주의 노선을 취하는 것을 냉전의 적대적인 양 진영으로부터 경제적 이익을 모두 얻으려는 '양다리' 작전으로 해석하기도 했다. 이 시기 남한 스스로 미국 원조에 의존해야 하는 상황에서 아프리카 신생국들이 서방 강대국에 경제적으로 여전히 종속되어 있는 문제를 적극적으로 제기하기 어려웠기 때문에, 남한 정부는 탈식민보다는 냉전적 대립과 경제발전 문제에 집중했던 것으로 보인다.

1961년 비동맹회의의 탄생과 성공은 냉전의 어느 한편에 서기를 거부하는 국가들이 지구적 냉전질서의 주요한 행위자임을 세계에 알리는 계기였다. 그리고 1964년 열린 제2차 비동맹회의는 회원국들 간의 갈등과 논쟁으로 그 응집력은 약화했으나, 참가국이 2배 이상 증가하며 세를 불렸다. 같은 해 인도네시아 자카르타에서 열린 제2차 아시아·아프리카회의 개최를 위한 외상급 준비회의도 중국-인도 분쟁, 인도네시아-말레이시아 분쟁, 중국-소련 분쟁 등으로 분열이 심화하는 양상이었음에도 이듬해(1965년) 회의를 열기로 확정했다.

1964년 자카르타 준비회의 결정에 따라 남북한은 제2차 아시아·아프리카회의 정식 초대국이 되었으며, 곧바로 경제 문제 논의를 위한 비공식적 회합으로 스위스 제네바에서 열리는 아시아·아프리카 경제회의의 초청장도 받았다. 남한은 아직 제2차 아시아·아프리카회의 참석 여부를 결정하지는 않았음에도, 비공식 성격의 회합이자 유엔무역개발회의 종료 직후 열리는 회의였기 때문에 경제회의에 참석하기로 했다. 마침 남한은 유엔무역개발회의 마지막 날 77그룹에 가입함으로써, 곧바로 아시아·아프리카 경제회의에 참석할 수 있었다. 반면 중국과 북한은 77그룹 회원국이 아니었으므로 아시아·아프리카 경제회의 참석을 위해 제네바를 방문했다. 이로써 남북한은 한반도 문제의 평화적 조정을 위하여 1954년 제네바에서 열린 회의에 참가한 이후 10년 만에 다시 제네바에서 마주 앉았다.

　아시아·아프리카 경제회의에서 북한은 스스로 추진해온 '자력갱생에 입각한 민족경제발전'의 논리를 설명하면서, 가난한 신생 아시아·아프리카 국가들도 상호 경제협력을 통해 정치적·경제적 종속을 한꺼번에 벗어나 진정한 탈식민 독립국가를 이룩할 수 있다고 설득했다. 한편, 남한은 북한과 함께 국제회의에 참석하는 것이 '두 개의 한국'을 용인하는 것이 아님을 확인하는 서한을 의장에게 제출했다. 그리고 북한이 내세우는 '자립적 민족경제발전' 같은 문구가 경제회의 선언문 내용에서 삭제되어야 한다고 주장했다. 그런데 남한의 삭제 요청은 받아들여지지 않았고, 북한 발언과 거의 유사한 문구가 경제회의 선언문에 실렸다. 10년 만에 제네바에서 다시 만난 남북한의 외교경쟁에서 북한이 '승리'한 셈이었다.

　1964년 자카르타 준비회의 결정에 따라, 제2차 아시아·아프리카회의 초청국이 된 남북한은 각기 대응책 마련에 나섰다. 북한은 1955년 반둥회의 이후 지속적으로 민간급 아시아·아프리카 관련 국제회의에 참여했기 때문에, 그 연장선에서 제2차 아시아·아프리카회의에 참석하여 반제국주의와 신구식민주의 반대, 그리고 자신과 같은 자립적인 민족경제 건설의 필요성을 주장하고자 했다. 반면 남한은 상당 기간 참석 여부를 결정하지 못했다. 남한의 외무부가 1955년 반둥회의 이후 열린 민간급 아시아·아프리카 국제회의들이 친북한 성향이며 반미와 반제국주의적인 급진성을 띠고 있다며 거리를 두어온 데서 알 수 있듯이, 박정희 정부로서 참석을 결정하는 것은 쉽지 않은 일이었다. 그런데 유엔총회에서 한반도 문제 관련 표결에 대비하고, 대(對)아시아·아프리카 중립국 외교를 강화하기 위해서는 더 이상 머뭇거릴 수 없었다. 왜냐하면, 1964년 열린 제2차 비동맹회의에서 처음으로 분단 문제가 논의됐으며, 더구나 아시아·아프리카 국가들이 한반도 문제에 대해 집단화된 의견을 표출하기 시작했기 때문이다. 결국 고민을 거듭하던 박정희 정부는 제2차 아시아·아프리카회의에 참석하여 반미·반제 선전을 펼칠 북한을 저지하기로 결정했다.

1965년 3월 예정된 제2차 아시아·아프리카회의가 지역 내 분쟁과 중소갈등 등으로 연기된 상황에서 반둥회의 10주년 기념식이 인도네시아에서 열렸다. 인도네시아는 1965년 4월 반둥회의 10주년 행사를 개최하면서 북한을 초청했으며, 이 행사에 참석하기 위하여 김일성은 처음으로 사회주의 진영 너머의 땅을 밟았다. 아시아·아프리카 국가들은 중국-인도의 국경분쟁, 중국-소련의 갈등 등으로 분열하고 있었다. 그럼에도 인도네시아와 알제리를 중심으로 반제와 신구식민주의 반대를 외치는 급진 세력의 주도하에 제2차 회의 개최가 추진됐다. 그런데 1965년 과거 반둥회의 주최국 인도네시아와 이번 2차 회의 주최국 알제리에서 거의 비슷한 시점에 군사정변이 발생함으로써, 제2차 아시아·아프리카회의 개최는 결국 무산되고 말았다. 회의에서 베트남전쟁을 일으킨 미국과 참전한 남한을 규탄하는 국제여론을 불러일키고자 했던 북한 지도부 입장에서는 실망이 클 수밖에 없었을 것이다. 그런데 북한과 중국 관료들의 대화를 보면, 중국은 제2차 아시아·아프리카회의 같은 국제회의를 열어 반미·반제국주의 여론을 모아야겠다는 의지가 북한만큼 크지는 않았던 것으로 보인다. 이는 남한 군대가 베트남에 파병된 것을 한반도 전선에서의 직접적인 위기로 받아들이는 북한 지도부와 당시 북베트남과 사이가 좋지만은 않았던 중국의 상황 차이 때문일 수 있다.[429]

1965년 하반기에 접어들면서 박정희 정부는 베트남전쟁에 전투병을 파병하기 시작했을 뿐 아니라 일본과 한일협정을 체결하며 국교 정상화에 나섰다.

---

[429] 베트남전쟁을 둘러싼 북한과 중국의 인식과 대응의 차이는 다음 책을 참고. 도미엔, 『붉은 혈맹―평양, 하노이 그리고 베트남전쟁』, 서울대학교출판문화원, 2022.

이에 북한 지도부의 위기감은 더욱 고조되었다. 게다가 긴박한 베트남 전선에 사회주의 진영이 힘을 합쳐도 모자랄 상황인데, 중소갈등의 골은 더욱 깊어지고 있었다.

한편, 남한은 미국의 요청에 따라 베트남에 참전함으로써 자유 진영 국가들 중에서도 가장 적극적으로 미국 지향적인 냉전의 진영외교를 시행하고 있었다. 결국 박정희 정부의 베트남 파병은 5·16 직후부터 추진해온 적극적인 대(對)중립국 외교에 심각한 타격을 줄 수밖에 없었다. 실제 미국의 베트남전쟁 개입에 비판적이었던 제2차 아시아·아프리카회의 주최국 알제리는 초청 대상이었던 남한과 남베트남에게 초대장 발송을 거부했다. 다행히 제2차 아시아·아프리카회의가 무산되어 열리지 않았으나, 자칫 북한만 참석하고 남한은 참석하지 못하는 외교적 수모를 겪을 뻔했다.

박정희 정부의 베트남전 파병은 제20차 유엔총회에서 한반도 문제 표결에 악영향을 미쳤다. 유엔총회에 올라온 남한 대표 초청안은 유엔 회원국 117개국 중 재적과반수인 59표에서 9표 부족한 재적득표율이 42.7퍼센트였는데, 이는 역대 '최악'의 수치였다. 당시 김대중 민주당 의원의 지적처럼, 박정희 정부가 적극적인 중립국 외교라는 다변외교를 추구한다면서도 동시에 베트남 파병이라는 미국 편향의 냉전적 진영외교를 실행하는 것은 '모순적'일 수밖에 없었다.[430] 『조선일보』 리영희 기자도 박정희 정부가 베트남 파병이라는 "굳건한 반공 노선"을 고수하는 한, 아시아·아프리카 국가들과 관계개선에는 "외교적·사무적 기술로만은 해결할 수 없는" "어떤 한계가" 있을 수밖에 없었다고 지적했다.[431]

---

430  『제6대 국회 제47회 제6호 국회회의록』(1965. 1. 25), 12~13쪽, 국회회의록 누리집.
431  리영희는 "굳건한 반공 노선을 지키면서도 한국은 아아 지역 국가 사회의 일원이지 서구 국

1960년대 초중반 아프리카 국가들의 급증은 아시아·아프리카 그룹을 중심으로 하는 제3세계의 국제정치적 영향력을 강화했으나, 동시에 증대하는 숫자만큼 국가들의 충돌도 증대했다. 또한 그동안 중립·비동맹을 이끌어온 주역들이 사망하거나 군부 쿠데타로 실각하는 일이 발생했다. 특히 제3차 비동맹 정상회의가 1960년대 내내 열리지 못하면서, 비동맹회의는 국제정치의 역사 속으로 사라지는 듯했다.[432] 동시에 냉전의 진영 너머를 향한 남북한의 외교경쟁도 잦아들었다. 중립·비동맹의 시대가 저무는 듯했다.

---

가가 아니라는 시대적·지역적 자각과 이 모순된 양 노선을 어떻게 조절하는가가 대한민국이 정면으로 부딪친 국가적 과제이다"라고 썼다. 『조선일보』 1965. 6. 12.

432　Jürgen Dinkel, op. cit., p. 128.

# 제3부
## '비동맹/쁠럭불가담'을 향하여 —1960년대 후반~1976년

3. 비동맹(non-alignment) 정책은 독립적인(independent) 나라들이 자국의 독립(independence)과 인민의 정당한 권리를 수호하겠다는 결의로부터 출현했다. 인종적, 지역적 그리고 다른 장벽들을 뛰어넘는 광범위한 국제운동으로 비동맹의 성장은 전체 국제 공동체의 구조에 상당한 변화들을 가져오는 데 반드시 필요한 것이다. 이는 세계의 반(反)식민지혁명과 독립적인 정치적 방향과 발전을 선택하면서도 수세기 동안 오래된 종속의 방식이 새로운 형태로 바뀌는 것을 거부한 수많은 새로 해방된 국가들이 출현한 결과이다. 이러한 변화의 근저에는 비동맹 회원국들이 자유·독립·평등을 위해 매우 명시적으로 표명한 열망과 모든 형태의 억압과 착취에 저항하겠다는 결의가 존재한다. (…) 이것이 바로 베오그라드와 카이로선언의 타당성을 입증해준다. 블록 원칙에 입각한 국제 공동체의 극화(polarization)가 국제관계의 항구적인 특징이며, 강대국 간의 핵분쟁의 위협이라는 유령이 인류 주위를 계속 맴돌고 있다고 믿어지는 이런 상황에서, 비동맹 국가들은 현재 세계를 위한 새로운 전망을 보여주었으며, 국제 긴장완화를 위한 길을 열었다.

4. 우리 시대는 역사의 기로에 서 있다. (…)

7. 국제관계는 상호의존의 증대와 또한 독립적인 정책들을 수행하는 국가들의 희망에 의하여 특징지어진 국면으로 돌입하고 있다. 따라서 국제관계의 민주화는 우리 시대의 필수불가결한 명령이다. (…)

―「평화와 독립, 발전, 협력, 그리고 국제관계의 민주화에 관한 선언」
(1970. 9. 10), 제3차 루사카 비동맹 정상회의 선언문.

1967년 1월 7일자 『경향신문』은 당시 제3세계의 침체를 다음과 같이 설명했다. 1960년을 기점으로 급증한 아프리카 신생국들의 "대량 유엔 가입과" "유엔에서 30개 핵심적인 비동맹 세력을 중심으로 뭉친 60여 아·아 신생 국가는 '제3세력'이란 큰 테두리 밑에 유엔의 강대국 이용을 배격하고 국제 외교가에서 가장 강력한 압력단체로 등장했다." 그런데 "세계 3분의 2 인구를 가지고 대국 중심의 국제 권력정치를 외곽에서부터 조여가던" "제3세계" 혹은 "비동맹 세력"은 "65년을 고비로" "국제적인 조직으로 확대 직전에서 엉거주춤"하기 시작했다.[01] 제2부에서 살펴봤듯이, 1965년 알제리에서 개최하기로 했던 제2차 아시아·아프리카회의는 무기한 연기됐다. 그리고 제3차 비동맹 정상회의도 1960년대 후반 열리지 못했다.

이러한 제3세계의 쇠퇴 원인은, 일차적으로 아시아·아프리카 신생국들과 비동맹 국가들이 처한 국내적·지역적 변화에서 찾을 수 있다.[02] 첫째, 그동안 중

---

01 『경향신문』 1967. 1. 7.
02 이하 1960년대 후반 비동맹회의가 열리지 못하고, 1970년대 비동맹회의가 재개되어 조직과

립·비동맹을 주도해온 인도의 네루, 인도네시아의 수카르노, 버마의 우 누, 가나의 은크루마, 알제리의 벤 벨라, 이집트의 나세르 같은 1세대 인물들이 죽거나 정치적 영향력을 거의 상실했다.[03] 이제 유고슬라비아의 티토만이 '살아남은' 정도였다. 둘째, 인도-중국, 인도-파키스탄 등 아시아와 아랍 지역 내에서 분쟁이 끊이지 않았다. 셋째, 주요 비동맹 국가들이 국내정치 문제로 기존의 비동맹 외교 정책을 유지하기 어려워졌거나 비동맹회의 개최의 필요성을 느끼지 못하게 되었다.

국제정치적으로 유럽 식민제국은 거의 해체되어 식민지 대부분이 독립을 달성하고 유엔에 가입했다. 또한 경제발전을 원했던 신생국 정부들은 1964년 유엔무역개발회의(UNCTAD)를 개최함과 동시에 개발도상국들의 이익을 대변할 수 있는 연합체인 77그룹(Group of 77, G77)을 창립했다. 이로써 탈식민 국가들은 처음으로 국제적 경제 정책에 영향력을 행사하는 기구를 가지게 됐으며, 앞으로 경제협상을 통해 자국의 경제 상황이 개선되리라 기대했다. 더구나 1962년 쿠바 미사일 위기 이후 미국과 소련 간에 진행된 일련의 긴장완화 조치들은 국제협력을 통해 경제상황이 개선되리라는 비동맹 정부들의 희망을 증폭시켰다. 따라서 1960년대 후반 대다수 비동맹 국가들은 유엔을 벗어난 새로운 국제

---

운영 방식을 갖추고 영향력을 확립해가는 과정은 주로 딘켈의 책을 참고했다. Jürgen Dinkel, op. cit., pp. 122~190.

[03] 1964년 네루는 사망했으며, 쿠데타로 1962년에는 우 누가, 1965년에는 수카르노와 벤 벨라가, 1966년에는 은크루마가 실각했다. 나세르 대통령은 UAR이 해체되면서 그 영향력이 상당히 약화한 데다가 1967년 이스라엘과 펼친 '6일전쟁'에서 패배하기까지 했다. 비자이 프라샤드 지음, 박소현 옮김, 『갈색의 세계사—새로 쓴 제3세계 인민의 역사』, 뿌리와이파리, 2015; 유진 로건 지음, 이은정 옮김, 『아랍—오스만제국에서 아랍혁명까지』, 까치, 2016, 471~485쪽; 박은홍, 「버마, 그 가난과 억압의 역사」, 민주화운동기념사업회(https://www.kdemo.or.kr/d-letter/all/page/65/post/197).

회의를 개최할 이유를 찾기 어려웠다.

  1960년대 말, 비동맹회의 재개를 위해 적극 나선 국가는 유고슬라비아였다. 특히 1968년 체코슬로바키아에서 발생한 '프라하의 봄'을 소련이 무력침공하자, 유고슬라비아는 자국의 안보를 확보해야 한다는 절박함에 비동맹회의 개최에 동분서주했다. 동시에 개발도상국의 이익을 대변하리라 기대했던 유엔무역개발회의가 기존의 종속적인 선진국 후진국 간의 경제 구조를 개선하지 못하면서, '남(The South)'의 경제적 상황은 나아지지 못하고 있었다. 그리하여 경제적인 남북 문제를 해결하기 위해서라도 유엔 이외의 비동맹 같은 국제회의 개최의 필요성이 커지고 있었다.

  또한 1970년을 전후해 본격화한 미·소, 미·중의 데탕트도 비동맹 국가들의 결집에 영향을 미쳤다. 중국이 유엔에 가입했으며, 유럽안보협력회의(Conference on Security and Cooperation in Europe, CSCE)가 만들어져 유럽 지역의 안보와 평화가 확립되어가는 등 강대국 간의 긴장완화는 상당한 성과를 달성했다. 그런데 비동맹 국가들은 강대국의 안보기구에 참여하기 어려웠으며, 강대국끼리의 데탕트에도 불구하고 아시아·아프리카 지역 내 분쟁은 지속됐다. 즉 평화와 경제발전이 모두 선진국과 강대국들에게만 주어지고, 그 외의 국가들은 여전히 분쟁과 전쟁의 위협, 그리고 경제발전의 어려움에서 헤어나지 못하고 있었다. 이러한 문제들을 해결하기 위해 기존의 유엔을 넘어선 새로운 공동의 광장으로 비동맹회의가 다시 주목받게 된 것이다.

  1970년부터 재개된 비동맹회의는 70년대를 거치면서 일정한 조직과 운영 방식을 갖춰 나가며 항구적인 회의체로서 기반을 확립했다. 특히 1973년 알제리에서 열린 제4차 비동맹 정상회의는 비동맹회의가 국제정치적 영향력을 확립했음을 세계에 알리는 계기였다. 비동맹 회원국은 급증했으며, 석유수출기구(OPEC)와 77그룹의 일원이던 주최국 알제리는 비동맹 국가들의 목소리를 모아내는 새로운 리더로 떠올랐다. 비동맹 관련 회의가 1960년대 내내 5차례만 열렸던 데 비해, "1970년 4월부터 1977년 9월까지 123회의 각종 위원회, 장관급, 정부급 회의 등"[04]이 열릴 정도로, 활동 면에서 비동맹회의는 1970년대 명실상부한 새로운 국제정치의 행위자가 되었다.

1960년대 후반 변화하는 베트남 전황과 1970년 전후 본격화된 데탕트는 남북한 모두에게 커다란 영향을 미쳤다. 1960년대 후반부터 남북한은 새로운 냉전이 전개되고 있음을 인식하고, 이에 대응하여 새로운 냉전 전략으로서 '자주' 외교를 모색하기 시작했다. 북한은 1960년대 중소갈등과 베트남전쟁이 격화하는 상황에서 "자주 로선"을 선언했다. 남한은 베트남전 파병으로 대미(對美) 일변도의 외교를 전개했으나, 1960년 후반 급증하는 북한의 대남공세에 대한 미국의 미온적인 반응, 그리고 미군 철수 등이 겹치면서 자주국방과 자주외교를 강조하기 시작했다.

1970년대 초중반, 미중 데탕트와 비동맹회의의 개최, 남북대화 등은 남북한이 비동맹·제3세계 외교 정책을 수립하고 실행하는 데 영향을 주었다. 특히 1970년대 북한은 유엔을 포함한 국제무대에 적극 진출하기 시작했다. 1973년 5월 20일, 북한은 유엔 산하기구인 세계보건기구(WHO)에 가입함으로써, 처음으로 그해 9월 뉴욕에 주유엔 대표부를 개설했다. 나아가 북한은 티토와 관계를 개선하며 비동맹에 가입하고자 했다.

이러한 북한의 적극적인 국제무대 진출에 남한도 적극적인 대응에 나섰다. 박정희 정부는 1973년 6·23선언을 통해 그동안의 수동적인 차원을 넘어 적극적인 비동맹 중립국 정책을 추진하기 시작했다. 특히 남북한 유엔 동시가입을 주장하면서 그동안 표방해온 할슈타인 원칙을 폐기했다. 나아가 박정희 정부

---

04  Jürgen Dinkel, op. cit., p. 159.

는 외국 군대가 남한에 주둔하는 상황에서는 비동맹 가입이 어렵다는 것을 인지하고서도, 북한의 비동맹 가입을 저지하기 위해 비동맹 외상회의에 가입신청서를 제출했다. 이로써 1975년 8월, 머나먼 라틴아메리카 페루의 수도 리마에서 "남북의 첫 정면 대결"[05]이 펼쳐졌다. 그리고 이듬해 열린 제5차 콜롬보 비동맹 정상회의에서 가입국 북한은 한반도 문제에 관한 강경한 결의안을 제출하며 '공세'를 이어갔으며, 이를 저지하기 위해 남한도 외교력을 집중했다. 이렇게 남북한은 1975년에는 비동맹 가입을 둘러싸고, 1976년에는 비동맹회의에 상정된 한반도 문제를 둘러싸고 맞대결했다.

이에 제3부에서는 1968년 비동맹회의의 재개가 모색되는 시점부터 1970년대 초중반 비동맹회의가 결집하며 전개되는 양상을 최대한 복원하면서도, 특히 비동맹회의 의제로 올라온 한반도 문제가 어떠한 논의 과정을 거쳐 어떠한 내용으로 귀결됐는지 정리할 것이다. 동시에 이들을 둘러싼 남북한의 인식과 대응도 살펴보고자 한다.

---

05 『동아일보』 1975. 12. 25.

# 6장
# 전초전

## 1. 새로운 냉전과 남북한의 자주외교(1960년대 후반)

1960년대를 거치면서 지구적 냉전질서는 양극적 대립에서 '다극화'했다. 미국과 소련은 대립하기보다 가까워지고 있었으며, 베트남전쟁 문제를 둘러싸고 자유 진영 내 프랑스와 미국이, 그리고 사회주의 진영 내 중국과 소련이 서로 갈등했다. 또한 중국은 핵실험에 성공했으며, 문화대혁명은 사회주의 진영의 혼란을 낳았다. 특히 1968년 체코슬로바키아에서 발생한 '프라하의 봄'에 대한 소련의 무력진압은 사회주의 형제국들에게 충격을 안겼다. 이렇게 변화하는 지구적 냉전에 대응하여, 남북한은 새로운 냉전 전략을 모색했다.

1966년 10월, 북한에서는 제2차 조선로동당 대표자회가 열렸다. 제4차 조선로동당대회 이후 5년 만이고, 제1차 대표자회 이후 8년 만이었다. 개최 목적은 "현 정세와 국제 공산주의운동의 내부 형편을 정확히 분석하고 이에 대하여 옳은 리해를" 가지고 "조성된 정세에 맞게 당의 대내외 활동 방침을 세우고 그것을 철저히 관철"하기 위한 것이었다. 김일성은 현재의 지구적 냉전질서를 "사회주의와 제국주의, 혁명 력량과 반(反)혁명 력량 간에 격렬한 투쟁"이라는 이분법적 대립 구도로 설명하면서도, 미국과 소련의 양극적 대립으로만 보지 않았다. 이전과 달리 미국은 새로운 냉전 전략을 다음과 같이 구사하기 시작했기 때문이다.[06]

> 특히 사회주의 나라들은 오늘 미 제국주의자들이 큰 나라들과는 될수록 관계를 악화시키지 않으면서 주로 웰남에 침략의 예봉을 돌리며 조선, 꾸바, 동부독일 등 분열되어 있는 나라들과 작은 나라들을 하나 하나 먹어들어가려 하는 데 대하여 응당한 경각성을 높여야 합니다. 이와 함께 미 제국주의자들이 아세아 침략에 힘을 집중하기 위하여 구라파에서는 정세를 일시 완화 또는 고착시키려고 획책할 수 있다는 데 대하여 주의를 돌려야 합니다.[07] (밑줄—인용자)

미국은 '큰 나라들'과 관계는 악화시키지 않으면서 '분열된 작은 나라들'을 하나씩 공격하는, 즉 "사회주의 나라들을 비롯한 국제 혁명 력량을 각개격파" 하는 새로운 냉전 "전략"을 전개하고 있었다. 이에 김일성도 새로운 대응 전략을 밝혔다. "세계의 모든 지역, 모든 전선에서 미 제국주의자들에게 타격을 주어 그들의 력량을 최대한으로 분산"시키는, 즉 미국이 "함부로 날뛸 수 없게 손발을" 묶어놓음으로써 "미 제국주의들의 전략을 성과적으로 분쇄"해야 한다는 것이었다.[08]

특히 민족해방투쟁이 펼쳐지는 아시아·아프리카·라틴아메리카 지역은 국

---

06 김일성, 「현 정세와 우리 당의 과업」, 『로동신문』 1966. 10. 6; 『조선중앙년감(1966~67년판)』, 99~130쪽.
07 『조선중앙년감(1966~67년판)』, 100쪽.
08 『조선중앙년감(1966~67년판)』, 101쪽.

제 혁명 역량의 근거이자 냉전의 주요 '전장(戰場)'이었다. 앞서 1961년에 열린 제4차 당대회에서 김일성은 아시아·아프리카를 넘어 라틴아메리카 지역의 민족해방운동에 주목하며 세 대륙의 인민들과 연대하겠다고 밝힌 바 있었다. 그런데 5년 전 발언의 중심은 민족해방운동보다는 사회주의 진영의 단결 강화에 있었다. 당시 그는 프롤레타리아 국제주의 원칙에 입각하여 모든 사회주의 국가들과의 친선 단결을 강화하겠다는 내용을 자세히 설명한 다음, 아시아·아프리카·라틴아메리카 지역 관련해서는 "민족적 독립국가들과 우호적 관계를 설정하여 발전시키"겠다고 간략히 언급하는 정도였다.[09]

그런데 이번 당대표자회에서 김일성은 "우리 당과 정부는 제국주의를 반대하며 자유와 해방을 위한 아세아, 아프리카, 라틴아메리카 인민들의 투쟁을 지지하는 것을 대외 정책의 중요한 원칙으로 삼고" 있다며, 그 이유를 다음과 같이 자세히 설명했다.

> 아세아, 아프리카, 라틴아메리카에서 제국주의 식민지 체계를 청산하고 인민들이 완전한 해방과 독립을 달성하기 위해서는 아직도 많은 일을 하여야 합니다. 민족해방의 길은 간고한 투쟁의 길입니다. 이 과정에서는 제국주의자들과 반동들의 필사적인 반항도 받게 되며 수많은 난관과 시련도 겪게 됩니다.
> 정치적 독립의 달성은 민족해방혁명의 종국적 승리를 위한 첫걸음에 불과합니다. 독립을 달성한 인민들 앞에는 외래 제국주의자들과 국내 반동 세력의 파괴 책동을 반대하고 민족해방 위업을 끝까지 완수하여야 할 과업이 나서고 있습니다. 이를 위해서는 제국주의 식민지 통치기구를 분쇄하며 제국주의 및 국내 반동들의 경제적 지반을 박탈하며 혁명 력량을 강화하고 진보적인 사회정치 제도를

---

09 김일성,「조선로동당 제4차대회에서 한 중앙위원회 사업총화보고」,『로동신문』1961. 9. 12.

<u>수립하며 자립적 민족경제와 민족문화를 건설하여야 합니다. 오직 이렇게 하여야만 신생 독립국가 인민들은 식민지통치에서 넘겨받은 세기적 락후성과 빈궁을 청산하고 부강한 자주 독립국가를 건설할 수 있습니다.</u>[10](밑줄—인용자)

김일성은 세 대륙에서의 "정치적 독립의 달성은 민족해방혁명의" "첫걸음"일 뿐이며, 이후 "자립적 민족경제와 민족문화를 건설"할 때라야 "신생 독립국가 인민들은 식민지통치에서 넘겨받은 세기적 락후성과 빈궁을 청산하고 부강한 자주 독립국가"를 이룩할 수 있다고 주장했다. 특히 그는 아시아의 라오스와 캄보디아, 아프리카의 콩고(킨샤사), 그리고 라틴아메리카의 베네수엘라에서 전개되고 있는 "인민들의 해방투쟁을 지지"한다고 밝혔다.

세 대륙에서 전개되는 민족해방투쟁을 긍정적으로 평가하고 전망한 것과는 대조적으로, 김일성은 사회주의 진영에 대해서는 새로운 관계 형성을 촉구했다. 특히 그는 "오늘은 과거에 쏘련이 단독으로 혁명하던 때와는 사정이" 달라졌다며, 사회주의 형제국가들 간의 관계는 과거 소련을 선두로 하던 '위계적인' 방식에서 벗어나야 한다며 다음과 같이 제안했다.

<u>최근 년간 국제공산주의운동에서는 형제당들 간의 호상관계의 규범을 위반하는 현상들이 계속되고 있습니다.</u> 이것으로 하여 국제공산주의운동에서는 복잡한 문제들이 생겨나고 있으며 형제당들의 단결에는 엄중한 장애가 조성되고 있습니다. (…)
국제공산주이운동 내에는 각국 당들의 활동을 유일적으로 지도하는 그러한 국제적인 조직이 없습니다. <u>시대는 달라졌으며 공산주의운동에서 국제적인 중앙</u>

---

10 『조선중앙년감(1966~67년판)』, 104쪽.

을 필요로 하던 시기는 이미 지나갔습니다. 제3국제당이 해산된 후에는 국제공산주의운동에 어떠한 '중앙'이나 '중심'도 없습니다. 따라서 혁명의 '중심'이 한 나라에서 다른 나라에로 왔다갔다 할 수도 없게 되였습니다. 더우기 어느 한 나라가 '세계혁명의 중심'으로 되거나 어느 한 당이 국제공산주의운동의 '지도적 당'으로 될 수는 없는 것입니다.

매개 나라에서의 혁명은 결코 그 어떤 국제적 '중앙'이나 그 어떤 다른 나라 당에 의해서가 아니라 그 나라 당의 지도 밑에 그 나라 인민의 힘에 의하여 수행되고 있습니다. 공산주의자들은 국제공산주의운동에서 그 어떤 '중심'이나 '중앙'도 인정하지 않습니다. 만일 그것을 인정한다면 그 어떤 당의 특권적 지위를 허용하는 것으로 될 것입니다. 이렇게 되면 어떤 당은 높은 자리에 올라앉아 다른 당들에 지시하고 명령할 수 있게 될 것이며 다른 당들은 그 밑에서 복종하고 떠받들어야만 할 것입니다. 형제당들 사이에서 이러한 관계가 허용되게 된다면 매개 당들은 자주성을 가질 수 없게 되며 도대체 자기 나라의 혁명과 건설을 독자적으로 수행해 나갈 수 없게 될 것입니다. 국제공산주의운동에서는 이러한 관계가 절대로 허용될 수 없습니다. (…)

국제공산주의운동의 현 정세는 우리들로 하여금 자주성과 독자성을 더욱 확고히 견지할 것을 요구하고 있습니다. 오늘의 조건에서 우리가 만일 자주성과 독자성이 없이 남이 하는 대로 따라간다면 로선과 정책에서 원칙성과 일관성을 가질 수 없게 될 것입니다. 이렇게 되면 결국 우리의 혁명과 건설 사업에 막대한 해독을 끼치게 될 뿐 아니라 국제공산주의운동에도 커다란 손실을 주게 될 것입니다.

우리는 결코 남의 품에 놀 수 없으며 또 그렇게 하지도 않을 것입니다. 우리는 맑스-레닌주의 원칙과 우리 나라의 현실로부터 출발하여 자주적으로 자기의 로선과 정책을 규정하고 그것을 관철함으로써 혁명과 건설 사업을 힘있게 추진시켜 나아가야 합니다. 우리는 국제 활동 분야에서도 자신의 신념에 기초하여 자주적 립장을 견지하여 나아가야 합니다.[11] (밑줄―인용자)

그는 최근 공산주의 국가들 사이의 호상 평등한 관계를 위반하는 현상을 비판하며, 각국의 혁명은 "결코 그 어떤 국제적 '중앙'이나 그 어떤 다른 나라 당에 의해서" 지도될 수 없다고 보았다. "시대는 달라졌으며 공산주의운동에서 국제적인 중앙을 필요로 하던 시기는 이미 지나"갔다. 그리고 그는 "복잡한 문제들이 생겨"나는 "국제공산주의운동의 현 정세"에 대응하기 위해, "우리 나라의 현실로부터 출발하여 자주적으로 자기의 로선과 정책"을 수립할 것이며, 이에 따라 "국제 활동 분야에서도" "자주적 립장을 견지하여 나아가"겠다고 천명했다.

이처럼 "대국주의"를 비판하고 사회주의 형제당 사이의 수평적이고 평등한 관계를 강조한 김일성은, 그동안 북한이 "자주 로선"을 견지하면서 "좌우경의 편향을 범하지 않"았기 때문에 "오늘 국제무대에서" 그 "지위가 공고히 되었"을 뿐 아니라 "대외 활동에서" 업적을 이루었다고 자랑스럽게 설명했다. 따라서 그는 앞으로도 "계속 대내외 활동에서 자주 로선을 확고히 견지"해 나가겠다고 밝혔다.[12]

김일성의 새로운 냉전에 대한 인식과 자주 노선의 강조는, 아시아·아프리카·라틴아메리카 인민단결기구 기관의 이론 잡지인 『뜨리꼰띠넨딸』 8호(1968. 10)에 실린 「아세아, 아프리카, 라틴아메리카 인민들의 위대한 반제혁명 위업은 필승불패이다」에서도 확인된다. 이 글에서도 그는 미국이 "새로운 형태의 랭

---

11 『조선중앙년감(1966~67년판)』, 109~111쪽.
12 위의 책, 110~112쪽.

전"을 만들어내고 있다고 진단했다. 즉 "미제의 기본 전략은 큰 나라들과는 될수록 관계를 악화시키지 않고 대결을 피하면서 작고 분렬된 혁명적인 사회주의 나라들과 신생 독립국가들은 무력 각개격파"하는 것이었다. 이제 미국은 전면전과 핵전쟁을 준비하면서도 과거처럼 소련 같은 강대국과 대결하기보다는, 허야한 사회주의 국가 및 신생 독립국가들에 대한 "사상정치적 공세"나 "사상문화적 침략"을 통해 그들을 내부로부터 파괴하는 전략을 구사하고 있었다.

이러한 새로운 냉전 상황에서, 김일성은 작은 나라들의 '주체'를 강조했다. 우선 "작은 나라"들은 "큰 나라에 의존하려는 사대주의"를 버려야 했다. "큰 나라들에 대한 의존심을 가지고 가만히 앉아 있어서는 혁명을 할 수 없으며 다른 사람들이 자기를 대신하여 혁명을 해줄 수" 없기 때문이었다. 그리고 비록 상대가 "큰 적"이지만, "작은 나라들도 주체를 세우고 인민대중을 묶어 세워 희생을 두려워하지 않고 용감히 일어나 싸운다면" "타승할 수" 있었다. 특히 "조선전쟁의 경험이 이 진리를 증명해주었으며 꾸바혁명의 승리와 웰남 인민의 (…) 반미구국항전이 또한 이 진리를 훌륭히 증명"하는 역사적 사례였다. 김일성의 글은, 북한이 중국·소련이라는 큰 나라에 의존하지 않고, 쿠바·베트남 같은 작은 나라들과 연대하여 세계를 지배하려는 "미 제국주의"에 대항하여 주체적으로 용감히 싸우겠다는 일종의 대외적 선언인 셈이었다.[13]

이를 위해 북한 지도부는 아시아·아프리카·라틴아메리카 지역의 작은 나라들에게 더 적극적으로 다가갔다. 특히 아프리카 사절단의 평양 방문이 부쩍 늘었다. 일례로 1968년 탄자니아 대통령 니에레레가 방조(訪朝)하자, 환영회에서 김일성은 탄자니아가 "쁠럭불가담의 평화애호적 대외 정책을 실시"하는

---

13 「김일성 동지의 보고, 로작, 연설 및 축하문」, 『조선중앙연감(1969년판)』, 44쪽; 김도민, 「1968년 '프라하의 봄'에 대한 남북한의 인식과 반응」, 『역사비평』 123, 2018, 94쪽.

데 대하여 적극 지지를 표했다.[14] 그리고 이어진 연회에서, 김일성은 앞으로 "반제반미 기치 밑에 자력갱생하여 나아가는 아세아, 아프리카 인민들은 수세기에 걸친 제국주의 식민지통치가 남겨놓은 후과를 청산하고 반드시 독립되고 번영하는 새 아세아, 아프리카를 건설할 것"이라고 전망했다.[15] 또한 1969년 북한 정부는 친서방적이지만 중립·비동맹 노선을 표방하는 적도기니·차드·중앙아프리카 등과도 대사급 외교관계 수립에 합의했으며,[16] 1970년대 초에는 아시아·아프리카의 20여 개국과 새로운 외교관계를 설정하기에 이르렀다.[17]

비슷한 시기, 박정희 정부도 변화하는 냉전에 대응하기 위한 새로운 외교전략 모색에 나섰다. 1960년대 중반 남한의 비동맹 중립국 외교는 베트남 파병으로 인해 어려움에 봉착해 있었다. 이러한 상황에서 1968년 9월 3일, 박정희 대통령은 국회 시정연설에서 변화하는 냉전 시대에 나아가야 할 중립국 외교의 목표를 밝혔다. 그는 먼저 당시 국제정세를 다음과 같이 진단했다.

국제정세를 살펴보아도 부단히 변천의 길을 걸어왔습니다. <u>동서 양 진영 간의 대립, 양극화 및 냉전을 통하여 유지되어온 전후 체제는 불가항력적인 변화의 힘</u>

---

14 「우리나라를 국가방문한 줄이어스 케이, 니에레레 대통령을 환영하는 연회에서 하신 김일성 동지의 연설」(1968. 6. 22), 『조선중앙연감(1969년판)』, 48쪽.

15 「탄자니아련합공화국 대통령 줄리어스 케이, 니에레레와 그의 부인이 차린 연회에서 하신 김일성 동지의 연설」(1968. 6. 22), 『조선중앙연감(1969년판)』, 51쪽.

16 박재규 편, 「북한의 대아프리카 외교 정책」, 『북한의 내외 성책』, 경남대학교출판부, 1986, 516쪽.

17 1971~73년 사이에 북한은 시에라리온·말타·카메룬·르완다·우간다·세네갈·부르키나파소·파키스탄·마다가스카르·자이르·토고·다호메이(베냉)·감비아·모리셔스·이란·말레이시아·방글라데시·인도·아프가니스탄 등을 비롯하여 20여 나라들과 새롭게 외교관계를 맺었다. 박태호, 『조선민주주의인민공화국 대외관계사 2』, 사회과학출판사, 1987, 141~142쪽.

앞에서 서서히 변질해가는 징후를 보여왔습니다. (…) 핵 균형과 중소분쟁을 계기로 시작된 미·소의 접근은 그 후 꾸준한 전진을 보여, 최근에 와서는 이 양국은 정치 이념 면에서는 근본적인 대립을 보이면서도 <u>협력의 가능성을 개척하고 증가시키는 새로운 대립과 협력관계를 형성해 나가고 있습니다.</u> (…) '아시아', '아프리카', 그리고 중남미에 있어서 아직도 공산주의는 제국주의적 야욕을 버리지 않고, 신생국과 발전 도상의 국가의 약점을 노려 침략과 침투 시도를 계속하고 있는 것입니다.

또한 중립주의를 표방하는 대부분의 신생 '아시아', '아프리카' 국가들은 각종 침략적 세력의 위협 앞에서도 <u>각기 자국의 자유와 번영을 위한 사회개혁과 근대화의 실현을 위하여 끊임없는 투쟁과 노력</u>을 다하고 있습니다.[18](밑줄—인용자)

그는 미국과 소련의 대립이라는 양극적 냉전질서가 "변질"하여 "미소의 꾸준한 접근"이 이뤄졌다고 보았다. 1968년 1월 베트남 구정공세 이후 세계적으로 베트남전 반대시위가 격화되고 있었고, 5월부터 프랑스 파리에서 베트남전 관련한 평화회담이 시작되고 있었다. 이러한 상황에서 박정희는 우리 나라가 "주체적 존재"가 되어야 한다며 다음과 같이 발언을 이어갔다.

그동안 우리나라 외교는 새 시대와 새 변천에 호응하여 보다 고차적이면서도 보다 현실적인 국가이익의 추구와 국제협력에 의한 상호발전의 보장을 바탕으로 '아시아'의 영도적인 역할을 다하여왔습니다. 우리는 우리의 <u>당면 목표인 경제건설과 자주국방을 촉진 확립</u>하여, 북으로부터 오는 광신적인 공산주의 침략의 위협에 대비하고, 자유와 평화의 이념 위에 통일을 달성하기 위한 국제적 협력을 더

---

[18] 박정희, 「1969년도 예산안 제출에 즈음한 시정연설」(1968. 9. 3), 대통령기록관.

욱 강화하여, 안전보장 외교, 대 중립국 외교 및 경제외교의 실을 거둔 바 있습니다.

(…) 나는 그동안 추진하여온 대 중립국 친선외교의 강화에 있어 '아프리카'의 '에티오피아' 황제를 초청한 바 있으며, 기술협력을 통한 새로운 협력관계를 창조함으로써 '아시아' '아프리카' 지역에서의 우리의 국제적 유대를 더욱 견고히 하였습니다. <u>이는 국제사회의 객체적 존재에서 주체적 존재로 옮아가기 위한 우리들의 노력의 일단인 것입니다.</u>

(…) 우리는 또 대 중립국 외교에 있어서, 형식적인 친선외교에서 진일보하여 더욱 실질적이고 항구적인 유대관계의 확립을 위하여, 우호통상과 경제 및 기술협력을 계속 확대 강화해 나갈 것입니다. 또한 <u>다각적인 경제외교의 강력한 추진</u>을 통하여 제2차 5개년계획의 완수를 지원할 것입니다. 그리하여 새로이 발족할 통일원과 더불어 대 '유엔' 외교를 신축성 있게 추진함으로써, 통일에의 국제적 기반을 더욱 유리하게 조성해 나갈 것입니다.(밑줄—인용자)

박정희는 "새 시대와 새 변천에 호응하여" "현실적인 국가이익"을 목표로 경제건설과 자주국방을 추구하여 중립국 외교에서 일정한 성과를 거두었다고 자평했다. 특히 남한이 국제사회의 객체에서 "주체적 존재"로 변화하는 과정이 바로 중립국 외교의 성과였다. 따라서 그는 중립국 외교 강화를 위해 앞으로 중립국들과 경제 및 기술협력을 확대 강화하며 "다각적인 경제외교"도 "강력히 추진"하겠다고 밝혔다.[19] 이에 따라 그동안 1년에 2~3회에 그쳤던 사절단

---

19  1969년 7월 괌에서 닉슨은 "자신의 신외교 노선"을 발표하면서, "아시아 국가들이 정치, 경제 발전과 함께 점차 자주적인 노선을 걷고 있다"고 평가한 바 있다. 우승지, 『남북화해론—박정희와 김일성』, 인간사랑, 2020, 81쪽; Henry Kissinger, "Ch 28", *Diplomacy*, New York: Simon & Schuster, 1994.

파견 횟수가 1968년 한 해 다섯 차례로 급증했다.[20]

이처럼 1968년 남북한은 모두 지구적 냉전의 전개 양상이 변하고 있다고 판단했다. 물론 새로운 냉전 시대에도 남북한 대외 정책의 기본 축은 자신의 진영 강화에 있었다. 일례로 1968년 소련이 체코슬로바키아에서 발생한 '프라하의 봄'을 무력으로 진압하자, 박정희 정부는 소련의 적색 제국주의가 여전한 상태에서 냉전의 완화는 불가능함을 강조하며, 유럽의 북대서양 방위 체제와 유사한 아시아 집단방위 체제 및 미국 원조 증대 같은 미국의 적극적인 개입주의적 대외 정책을 요청했다. 북한도 소련의 침공을 사회주의 진영에서 이탈하려는 우경화된 체코슬로바키아를 지켜낸 것으로 공개적으로 옹호함과 동시에 사회주의 국가들의 단결을 강조했다.[21]

그런데 남북한은 진영 강화를 주장하면서도 미국과 소련에만 의존하지 않았다. 남한은 북한이 소련의 체코슬로바키아 무력 침공에 영향을 받아 한반도 남침 야욕을 더 키울 것으로 예상했다. 그리고 이러한 '위기' 상황임에도, 소련과 계속 화해 정책을 펴는 미국에 대해 불만이었다. 동시에 미국이 체코슬로바키아 사태를 계기로 유럽의 북대서양조약기구(NATO)를 강화하고자 남한에 대한 원조를 감소시키는 데도 비판적이었다. 이제 박정희 정부는 강대국 미국에만 안보를 맡기기보다, 국방연구소(Defense Research Institute, DRI)를 만들고 향토예비군을 창설하는 등 자주국방 구축에 나섰다.

1968년 북한은 좌경화하는 중국과 우경화하는 체코슬로바키아를 동시에 비판하며 사회주의 진영의 단결을 강조하며 다시금 소련에 밀착하기 시작했

---

20 외무부, 『한국 외교 30년』, 1979, 230~231쪽.
21 북한 지도부는 소련의 체코슬로바키아 무력진압을 공개적으로 지지하면서도, 동시에 쿠바 카스트로의 긴 발언을 소개하면서 작은 나라들의 연대와 투쟁을 강조하기도 했다. '프라하의 봄'에 대한 북한의 인식은 다음 논문을 참고할 것. 김도민, 앞의 논문.

다. 그런데 북한이 보기에 소련은 여전히 베트남 평화협상을 진행하며 미국과 가까워지려고 했고, 푸에블로호 사건과 관련하여 미국과 전쟁도 불사하겠다는 북한에 거리를 두었다.[22] 이제 북한은 중국·소련이라는 큰 나라보다 쿠바·베트남 같은 작은 나라들과 연대를 강조하며, 이 작은 나라들이 세계를 지배하려는 '미 제국주의'에 대항하여 주체적으로 용감히 투쟁에 나서자고 제안했다.

이처럼 1960년대 후반 양극적 냉전이 완화하며 새로운 냉전의 시대가 도래하는 상황에서, 약소국 남북한은 이제 스스로 자신을 지켜야 했다. 남북한의 지도자들은 미국과 소련·중국이라는 큰 나라에 대한 기대를 완전히 접지는 않으면서도, 자주적이고 주체적인 대내외 정책을 실행하기 시작했다. 1960년대 중후반, 자주적인(independent) 외교 정책을 추구하는 비동맹 국가들의 국제회의는 열리지 않았으나, 아이러니하게도 냉전의 최전선 한반도에서 자주와 주체가 전면화하고 있었다.

## 2. 재개된 비동맹회의와 남북한의 관망(1969~70)

### 1) 베오그라드 비동맹 자문회의와 다르에스살람 비동맹 외상회의

1960년대 중반 베트남전쟁이라는 열전이 지구적 냉전의 적대성을 격화했음에도, 중립·비동맹을 주도해온 국가들의 혼란과 주요 인물들의 퇴각으로 제3차 비동맹회의 개최의 계기는 미련되지 못하고 있었다. 1966년 10월 하순, 인도 뉴델리에서 인디라 간디와 유고슬라비아의 티토, 그리고 이집트의 나세르

---

[22] 「N. G. 수다리코프(Судариков, Н. Г.)와 조선로동당 정치위원회 위원 박성철의 대화록」(1969. 4. 16), 윌슨센터 디지털아카이브(https://digitalarchive.wilsoncenter.org/document/134231).

가 모여 이른바 '비동맹국 소(小)정상회담'를 열었다.[23] 그런데 다수 비동맹 정부들은 이 3자회담에 거의 관심을 보이지 않았으며, 에티오피아·기니·말리·버마·인도네시아·알제리 지도자들은 3개국의 공동발표문이 "오만"하다고 일축하며 거부했다.[24]

이후 비동맹회의 재개의 움직임은 거의 사라졌다. 특히 비동맹회의를 창립하는 데 가장 큰 역할을 했으며, 제1차 비동맹회의 주최국이던 유고슬라비아조차 내부의 반대에 내몰리고 있었다. 유고슬라비아 내 마케도니아와 보스니아-헤르체코비나 같은 가난한 지역의 정치인들은 연방정부가 자국의 저개발지역을 돕기보다 제3세계에 개발원조를 제공하고 있다고 비판했으며, 크로아티아와 슬로베니아 같은 부유한 지역에서는 제3세계가 아니라 유럽 공동체에 더 가까이 다가갈 것을 촉구했다. 이러한 국내의 비판에 직면하여 1960년대 중후반 비동맹 결속을 위한 유고슬라비아의 움직임은 찾아보기 어려워졌다.[25] 주요 비동맹국들도 국내정치의 변화와 함께 국제적으로는 1964년 시작된 유엔무역개발회의 및 77그룹의 창립 등으로 기존의 유엔 기구를 통해 남북 문제 해결이 가능하리라고 예상함으로써, 새로운 비동맹회의가 필요하다고 생각하지 않았었다.[26] 1960년대 말, "비동맹회의 외교는 국제정치에서 사라지는 것처럼

---

23 「뉴델리 3자 회의 공동발표문 전문(TRIPARTITE CONFERENCE IN NEW DELHI TEXT OF JOINT COMMUNIQUE)」(1966. 10. 24), 『비동맹 정상회담, 제3차, Lusaka(잠비아), 1970. 9. 8~10, 전 2권(V. 1. 1968~69)』, 외교사료관, 2001; 『경향신문』 1966. 10. 24; 『조선일보』 1966. 10. 24.

24 Jurgen Dinkel, op. cit., pp 116~117. 딘켈은 미 국무부와 영국 외무부 자료를 활용하여 '뉴델리 3자회의'를 설명했는데, 당시 남한 외무부의 평가와 대체로 일치한다.

25 Jurgen Dinkel, op. cit., p. 125.

26 인도는 1, 2차 비동맹회의 참가국이었으나, 이미 1차 때부터 회의에 부정적이었다. 인도가 중국 및 파키스탄과 분쟁하던 시기 미국·영국이 자국을 도와주었기 때문에 친서방적으로 기

보였다."²⁷

이러한 상황에서 비동맹 세력 결집에 다시 적극적으로 나선 인물은 유고슬라비아의 티토였다. 1967년 6월 발발한 중동전쟁 이후 UAR의 나세르와 티토는 여러 번 회담을 가지며 중동 문제 해결에 관해 협의했으며, 이 자리에서 평화애호국의 회의 소집이 논의됐다. 특히 1968년 1월부터 2월까지 티토는 아프가니스탄·파키스탄·인도·캄보디아·에티오피아·UAR 등을 방문하며 비동맹회의 소집에 관한 의견을 타진했다. 또한 1968년 5월, 인도·에티오피아·UAR을 방문한 유고슬라비아의 외무 차관과 차관보는 다음 해에 비동맹 정상회의를 개최하자는 합의가 있었다고 발표하기도 했다.²⁸

1968년 초부터 유고슬라비아와 함께 아프리카의 에티오피아도 비동맹회의 개최를 위해 적극 나선 것으로 보인다. 1968년 5월, 에티오피아 황제 하일레 셀라시에 1세(Haile Selassie I)는 아시아 8개국을 순방했는데, 이때 "비동맹 정상회

---

울었다. 인도네시아는 1965년 군부 쿠데타로 친서방적인 정권으로 교체됐다. 알제리는 반제국주의를 선명하게 내세우는 아시아·아프리카회의의 개최를 원했으며, 소극적인 비동맹회의에는 회의적이었다. 또한 알제리는 1964년 유엔무역개발회의에 참여했으며, 77그룹 회원으로서 유엔을 중심으로 경제 문제를 해결하면 된다고 생각했다. 비동맹회의 개최에 적극적이었던 실론의 시리마보 반다라나이케(Sirimavo Bandaranaike) 수상은 1965년 선거에서 패배하여 물러났으며, 새 정부는 기존의 비동맹 지향적인 대외 정책을 수정하여 친서방 노선을 취했다. Jurgen Dinkel, op. cit., pp. 122~127.

27 Jurgen Dinkel, op. cit., p. 128.
28 구미국 아주동과, 「제3차 비동맹 정상회담 개최 전망(중간보고)」(1968. 6. 27), 외교사료관, 앞의 자료. 1960년대 말, 유고슬라비아가 비동맹회의 재개에 적극 나선 이유를 딘켈은 '프라하의 봄'을 진압하기 위해 침공을 감행한 소련군으로 인한 안보 불안에서 찾았다. 이것이 중요한 계기가 된 것은 분명하지만, 이미 유고슬라비아와 이집트는 1967년부터 그리고 에티오피아는 1968년 초부터 비동맹회의 재개를 위해 움직이고 있었다는 사실을 간과해서는 안 될 것이다.

담 개최에 대한 아세아 각국의 의중을 타진"했다.[29] 특히 1968년 5월 7일부터 13일까지 셀라시에 황제는 인도네시아를 방문했으며, 양국 정상은 비동맹 정상회의의 개최를 지지하는 공동성명을 발표했다. 이 공동성명서에는 비동맹 정책과 아시아·아프리카의 연대와 협력, 그리고 반둥 10개 원칙 등에 대한 신뢰를 재확인한다는 내용이 명시됐다.[30] 셀라시에는 인도네시아를 포함하여 인도·캄보디아·말레이시아 등과도 비동맹회의 개최에 합의하며 이들의 회의 참석 약속을 받아냈다.[31]

아시아에서는 인도가 비동맹회의에 관심을 보이기 시작했다. 인도는 1962년에는 중국과, 1965년에는 파키스탄과 국경분쟁을 치르며 "종래의 적극적 비동맹이라는 국제적 역할에서 후퇴하여 소극적인 자기보존의 정책에 머물고 있었다." 그런데 이 시기 인도는 다시금 "적극적 비동맹 정책을 아시아에서 실현"하고자 했다. 이러한 인도의 움직임에 대하여 『경향신문』은 베트남전쟁 이후 "더욱 팽배할지 모르는 아시아에서의 미·중·소의 대결 자세에 대비하여 역내 중립 세력을 확보"하여 "독자적인 아시아 안보 체제"를 구축하려는 사전 포석으로 보았다.[32]

1968년 8월 말 유고슬라비아·에티오피아·인도 등은 회합을 가지고 "비동맹

---

29 「(주이디오피아 대사가 외무부장관에게 보내는 전문) 제목: 비동맹 정상회담에 관한 KETE-MA 외상의 발언」(1968. 5. 28), 위의 자료.
30 「인도네시아-에티오피아 공동성명서(INDONESIAN-ETHIOPIAN JOINT COMMUNI-QUE)」(1968. 5. 13), 위의 자료.
31 황제의 아시아 순방길에는 남한도 포함되어 있었으나 박정희 정부와는 비동맹 관련한 논의는 없었던 것으로 보인다. 방한한 셀라시에는 강원도 춘천을 방문하여 에티오피아인의 6·25전쟁 참전을 추모하는 기념비 제막식에 참석했다. 「(주이디오피아 대사가 외무부장관에게 보내는 전문) 제목: 비동맹 정상회담에 관한 KETEMA 외상의 발언」(1968. 5. 28), 위의 자료.
32 『경향신문』 1969. 6. 28.

국 정상회담 준비회담을" 에티오피아에서 개최하는 데 합의했다.[33] 그런데 개최 시기를 둘러싸고 의견 대립이 발생했다. 1968년 8월 20일 체코슬로바키아의 '프라하의 봄'을 진압하기 위해 소련군이 무력침공을 감행하자, 유고슬라비아는 소련에 반대하여 비동맹 준비회의 개최에 더욱 박차를 가하고자 했다. 사회주의 국가에 대한 소련의 무력 침공은 유고슬라비아가 잊고 있던 안보 불안을 일깨웠으며, 비동맹회의에서 티토는 소련을 비난하는 세계 여론을 모아내고자 했다. 그런데 이 시기 소련의 경제·군사원조를 받던 인도는 소련의 침공 결과를 검토하기 위해 비동맹회의를 조속히 개최하자는 유고슬라비아의 제안에 "냉담한 태도"를 보였다고 한다.[34]

결국 1968년 9월 23일 열린 에티오피아와 유고슬라비아의 회담에서, 양국은 비동맹회의의 개최 시점을 특정하지 못한 채 "적당한 시기(at appropriate time)"라고만 공동발표문에 담았다. 이는 소련의 체코슬로바키아 침공을 둘러싼 주요 국가들의 입장 차이로, 지금 비동맹회의를 개최하더라도 "아무런 성과를 거둘 수 없다"는 우려가 반영된 결과였다.[35] 이처럼 개최 시기를 둘러싸고 "충분한 사전 준비"를 내세우며 신중한 입장을 취하는 에티오피아(주최 예정국)와 빨리 회의를 개최하자는 유고슬라비아가 대립하는 상황이었다.[36]

---

33  에티오피아 주재 남한 대사관의 보고에 따르면 "티토 대통령이 6, 7월에 개최하자는 의견과 달리" 에티오피아는 "OAU 정상회담(9월11~17일) 이후 9월 말에 준비회담을 개최하는 일에 중요국 간에 합의를" 보자고 요청했다고 한다. 「이디오피아와 비동맹국 정상회담」(1968), 외교사료관, 앞의 자료.

34  「아중농과, '인도, 비동맹회의 개최에 냉담」(1968. 9. 9), 위의 자료.

35  「(에티오피아 대사의 주간정세보고 중) 비동맹 회담 개최 무기연기설」(1968. 10. 3~9); 「에티오피아 대사의 주간정세보고(1968. 12. 11~17)」, 위의 자료.

36  에티오피아 주재 남한 대사관은 에티오피아 "케테마(Ketema) 외상이 베오그라드를 회담 개최지로 들고" 나왔는데, 이는 에티오피아가 "비동맹 정상회담을 개최하는 이상에는 충분한

비동맹 정상회의를 열기에 앞서 일종의 '예비회의'를 유고슬라비아에서 열기로 했다. 1969년 7월 8일부터 11일까지, 유고슬라비아의 수도 베오그라드에서 4대륙 51개국의 대표 180여 명이 참가한 비동맹국 '자문'회의가 열렸다.[37] 회의의 공식 명칭은 '준비(Preparatory)'회의가 아니라 '자문(Consultative)'회의였다. 왜냐하면 "준비회의는 어떤 결정된 사항이 있을 때 그 결정 사항을 준비하기 위한 회의에 사용할 수 있는 명칭"이었기 때문이다.[38] 많은 이견과 난관이 있었음에도 자문회의의 형태로라도 비동맹 관련 회의가 다시 열릴 수 있었던 것은 유고슬라비아가 "문전에서 문전으로" 전개한 "외교적 노력" 때문이었다.[39]

그런데 자문회의에서도 대표들 간의 입장충돌과 의견대립이 있었다. 비동맹회의 참가국 범위를 둘러싸고 유고슬라비아는 '확대'를, 알제리는 '축소'를, 인도는 '현상유지'를 주장했다. 즉 유고슬라비아는 비동맹 기준을 완화하여 더 많은 국가들이 참여하는 국제회의로 만들고자 했으나, 급진 성향의 알제리는 비동맹 기준을 엄격히 적용하여 "경제적으로 타국에 의존하는 국가를 제외한

---

사전 준비가 있어야 하며, 그리하여 비동맹 정상회담의 결과로서 내놓을 수 있는 뚜렷한 성과를 거두어야 한다는 신중론을 펴왔음에 반하여, 유고슬라비아가 좌우간에 회담을 개최하고 보자는 졸속 태도를 취하는 데 대한 일종의 반발"로 해석했다. 「(주이디오피아 대사가 장관에게 보내는 전문) 벨로보히(Belovohi) 유-고 외무 차관보의 제2차 이티오피아 방문 결과」 (1969. 2. 18), 위의 자료.

37  초청된 나라는 총 57개국이며, 참가한 나라는 51개국이었다. 초청장을 받고 불참한 6개국은 쿠바, 멕시코, 다호메이, 핀란드, 토고, 사우디아라비아 등이었다. 「(주이디오피아 대사가 외무부장관에게 보내는 전문) 제목: 비동맹 자문회의(The Consultative Conference of Non-Aligned Countries)의 결과」(1969. 7. 15), 위의 자료; 『경향신문』 1969. 7. 9.
38  「(주이디오피아 대사관의 외무보고 제49호) "벨로브스키", "유고" 외무 차관보의 비동맹 정상회담 개최를 위한 "이디오피아" 방문 결과」(1969. 3. 3), 외교사료관, 앞의 자료.
39  「(주튜니스 대사의 주간정세 보고서) 제목: 베오그라드 비동맹국 협의회의」(1969. 7. 19), 위의 자료.

진보적인 국가들"만 참여하게 하자고 주장했다.[40] 또한 튀니지 주재 남한 대사의 보고에 따르면, 회의에서 비동맹국 대표들은 "일반적이고 추상적인 원칙과 열망"에는 "상당히 결합하고" 있었으나, "월남전쟁, 중동사태, 체코사태" 같은 구체적인 국제 문제에 대해서는 타협이 불가능할 정도의 "의견대립을 노출"하며, 자기 "주장"을 펼치고 있었다고 한다.[41]

그럼에도 비동맹 자문회의에서는 일부 합의 사항이 도출됐다. 자문회의는 "무력개입, 전복 활동, 내정간섭 등의 방법으로 독립국가의 주권과 영토를 침범하는 사태가 빈번히 일어나고 있음을 공격하고, 이러한 힘에 의한 정치와 압박을 자행하는 제국주의, 식민주의 및 신식민주의 세력을 규탄"했다. 또한 베트남 문제의 조기 해결을 위해 모든 외국 군대 철수를 강조했으며, 중동사태의 해결 조건으로 아랍 영토에서 이스라엘군의 철수를 요구했다.[42] 비동맹회의 개최를 위해 노력했던 에티오피아 정부 기관지는 "많은 의견 상의가 있었음에도 불구하고 타협으로써 비동맹국가 간의 조화를 이룩할 수 있었다는 점에서 좋게 평가"했다. 그럼에도 내부적으로 논쟁이 있어서인지, 앞으로 비동맹 정상회의를 개최한다는 원칙만 합의됐을 뿐, 개최 시기와 장소에 관한 구체적인 결정은 이뤄지지 못했다.[43]

1969년 9월 27일, 제24차 유엔총회를 위해 미국 뉴욕에서 모인 59개 비동맹

---

40 「(주뉴델리 총영사가 장관에게 보내는 전문) 제목: 비동맹국 자문회의」, 위의 자료.

41 「비동맹 협의회의, 보다 적극적인 접근 필요성에 동의(NON-ALIGNED CONSULTATIVE MEETING ENDS AGREES ON NEED FOR MORE ACTIVE APPROACH)」(1969. 7. 14);「(주튀니스 대사의 주간 정세보고서) 제목: 베오그라드 비동맹국 협의회의」(1969. 7. 19), 위의 자료.

42 「(주이디오피아 대사가 외무부장관에게 보내는 전문) 제목: 비동맹자문회의(The Consultative Conference of Non-Aligned Countries)의 결과」(1969. 7. 15), 위의 자료.

43 위의 자료.

국 대표단이 회합을 가졌다. 이 자리에서 제3차 비동맹 정상회의 준비를 위한 외상회의의 개최지와 날짜가 확정됐다.[44] 그에 따라 1970년 4월 12일, 탄자니아의 수도 다르에스살람(Dar-es-Salaam)에서 54개국 외상과 8개 옵서버들이 참가한 비동맹 외상회의가 열렸다. 외상회의는 제25차 유엔총회 이전에 잠비아의 수도 루사카에서 제3차 비동맹 정상회의를 열기로 결정했다. 그리고 정상회의를 위한 초청장 발급 대상 국가는 지난 1, 2차 회의 당시의 비동맹국 정의 기준에 따르기로 했다. 또한 정상회의 준비를 위해 16개국으로 구성된 준비위원회(Standing Committee)를 구성했다. 정확한 정상회의 개최일은 준비위원회에서 결정하기로 했다.[45]

1970년 4월 비동맹 외상회의가 열리는 탄자니아는, 1965년 1월 북한과 대사급 외교관계를 맺고 수도 다르에스살람에 북한 상주공관이 설치되어 있을 정도로 양국 관계가 상당히 가까웠다. 북한 지도부가 탄자니아 중부 지역에 "관개기술자"를 파견하여 관개공사를 "방조"했을 뿐 아니라 탄자니아 대통령은 김일성 수상에게 17종에 달하는 47마리의 아프리카 짐승들과 새들을 선물로 전달하기도 했다.[46] 이에 남한 외무부는 탄자니아에서 열리는 비동맹 외상회의에 북한이 어떤 '공작'을 전개할 수 있다고 우려하고, "탄자니아 인근 및 카이로에 상주하는" 공관들에게 북한의 "활동"을 "주시 또는 가능한 견제"하라는 지

---

44 「주튜니시아 대사가 장관에게 보내는 전문」(1969. 10. 2), 앞의 자료, 337쪽. 1970년부터 재개된 비동맹회의에서 두각을 나타낸 인물 중 한 명이 탄자니아 니에레레 대통령이었다.
45 준비위원회 16개국은 다음과 같다. 알제리·부룬디·인도·인도네시아·말레이시아·모로코·통일아랍공화국·탄자니아·유고슬라비아·잠비아·가이아나·이라크·실론·에티오피아·수단·세네갈. 「탄자니아 다르에스살람 비동맹국 준비회의 최종성명서(Preparatory Meeting of non-aligned countries, Dar es Salaam, Tanzania, 13th-17th April, 1970. Final Communique)」, 「비동맹 정상회담, 제3차, Lusaka(잠비아), 1970. 9. 8~10, 전 2권, V. 2. 1970」, 외교사료관, 2001.
46 「조선중앙년감(1970년판)」, 446쪽.

시를 하달했다.[47] 그런데 북한은 앞서 유고슬라비아에서 열렸던 비동맹 자문회의 때처럼 이번 탄자니아 비동맹 외상회의에 대해서도 침묵했다. 남한 외무부가 수집한 정보에 따르더라도, 북한이 "실제 활동한 흔적을 발견할 수 없었으며" "다만 회의 개막식 날" 탄자니아 주재 대사가 "다른 대사들과 귀빈석에 참석"하는 정도였다고 한다.[48]

1970년 6월 8일, 탄자니아 외상회의 결정에 따라 16개국으로 구성된 준비위원회 회의가 열렸다. 준비회의는 정상회의 개최일을 9월 8일로 확정하고, 초청하는 74개국도 발표했다.[49] 대다수 국가와 세계 언론들이 역사 속으로 사라질 것으로 예상했던 비동맹회의 개최가 이제 3개월 앞으로 다가온 것이었다.

그렇다면 어떻게 예상을 깨고 비동맹회의 개최가 확정될 수 있었을까? 이는 다수 국가들의 상황과 지구적 냉전질서의 변화가 복합적으로 작용한 결과였다. 1960년대 말, 국제정치적 차원의 '동서 문제'는 미소와 미중 데탕트로 완화되었지만, 경제적 차원의 '남북 문제'는 더욱 악화하고 있었다. 특히 1964년 출범한 유엔무역개발회의가 1968년 열린 회의에서 별다른 성과를 내지 못했기 때문에, 유엔 밖에서 경제 문제에 대한 비동맹국들의 목소리를 결집해야 할 필요성이 커졌다. 또한 미국 달러 중심의 국제통화질서인 브레튼우즈 체제가 흔들리는 상황에서, 사우스(The South) 국가들은 선진국(Global North) 중심의 종속적인 세계 경제질서에 대항하여 수평적인 '남남협력(South-South Cooperation)'을 논

---

47 「비동맹 중립국 외상회의 자료」(1970. 4), 외교사료관, 앞의 자료.
48 「(주케냐 대사가 장관에게 보내는 전문) 제목: 비동맹 외상회의」(1970. 5. 8), 『비동맹 정상회담, 제3차, Lusaka(잠비아), 1970. 9. 8~10, 전 2권(V. 2. 1970)』, 외교사료관, 2001.
49 탄자니아 회의에서 논란이 되어 부결됐던 캄보디아 망명정부의 시하누크 대표 초청 문제는 비동맹 정상회의 직전 열리는 외상회의에서 재검토하기로 미뤄둔 상태였다. 「주간 70. 6. 17」, 위의 자료.

의하고 추진하기 위한 공동의 플랫폼(Platform)으로 비동맹회의를 다시 주목하게 되었다.[50]

동시에 비동맹국들의 인식 변화에는 당시 지구적 냉전의 전개 양상도 영향을 미쳤을 것이다. 1960년대 중반 베트남전쟁의 격화와 아랍전쟁(1967)의 여파로 1968년부터 반전평화를 요구하는 국제 여론이 커지고 있었다. 특히 1968년 베트남에서의 구정공세를 기점으로 반전(反戰)시위와 반자본주의·반제국주의·반권위주의를 내세운 68혁명이 지구적으로 확산했다. 이는 1950년대 6·25전쟁과 인도차이나전쟁이 제3차 대전의 발발을 방지하고 만연한 적대성을 넘어 평화를 지향하는 탈식민 신생 국가들의 새로운 공동광장으로서 반둥회의라는 국제회의의 탄생 배경이 되었음을 떠올리게 한다. 물론 1970년 전후 본격화한 데탕트는 화해와 평화의 분위기를 만들었기 때문에, 외려 반전평화를 위해 비동맹회의 개최가 필요하다는 주장은 약화된 측면도 있다. 그런데 데탕트의 실상을 따져보면, 강대국과 유럽 국가들 간의 국제적 안보 협력 논의에서 비동맹국들은 제외되기 일쑤였다.[51] 또한 유럽과 달리 아시아·아프리카의 지역분쟁 문제를 해결하는 데 강대국들은 별다른 관심을 보이지 않았다. 이처럼 미국-소련, 미국-중국 간의 데탕트는 세계 긴장완화에 도움이 되었지만, 동시

---

50  딘켈은 유고슬라비아에게는 소련의 체코슬로바키아 침공이, 알제리에게는 유엔무역개발회의의 초라한 성과에 대한 불만이, 스리랑카에게는 1970년 반다라나이케 수상의 재집권 등이 비동맹회의 개최에 적극 나서는 주요 계기가 되었다고 설명했다. Jurgen Dinkel, op. cit., pp. 143~159.

51  1970년대 초 데탕트 시기 협상과 안보협정은 지리적으로 유럽이나 북반구에 집중되어 있었다. 일례로 1973년 알제리와 북부 아프리카 국가들은 지중해의 안보를 논의하기 위한 유럽안보협력회의(Conference on Security and Cooperation in Europe, CSCE)에 참여하지 못했다. 배제된 국가들이 참여하는 비동맹회의에서는 1970년부터 데탕트를 강대국들이 "식민지 시대처럼 세계를 평화와 분쟁의 영역으로 나누려는 새로운 시도로 간주"하고 이에 대항하는 목소리를 발신했다. Jurgen Dinkel, op. cit., p. 136.

에 비동맹 약소국들이 겪는 지역분쟁과 경제적 어려움은 시야에서 사라지게 하는 문제가 발생했다. 그래서 1970년부터 재개된 비동맹회의에서는 강대국 중심의 데탕트와 평화에 대하여, 지구상에서 평화와 전쟁의 지역을 완전히 분리하는 것은 불가능하다는 문제제기가 등장하기 시작했다.

### 2) 제3차 비동맹 정상회의

루사카 비동맹 정상회의 개막 이틀 전, 북한 지도부는 그동안의 비동맹 관련한 침묵을 깨고 김일성 내각수상 명의의 축전을 "쁠럭불가담 수뇌자회의 앞"으로 발송했다. 김일성은 "미 제국주의자들이 아세아에서 침략전쟁의 불길을 더욱 확대하고 있는" 상황에서 열리는 이번 회의가 "모든 반제평화 애호 력량이 힘을 합쳐 투쟁하는" 계기로서 "매우 중요한 의의"를 가진다고 보았다. 특히 그는 다시 열리는 이번 회의가 "미제를 우두머리로 하는 제국주의와 신구식민주의 및 인종주의를 반대"하는 방향으로 진행되기를 희망했다.[52] 이는 1964년 제2차 카이로 비동맹 정상회의에 발송했던 축전과 유사한 내용이었다.

왜 북한 지도부는 지난해(1969년)의 비동맹 자문회의와 얼마 전의 다르에스살람 외상회의에 대해서는 침묵했던 것일까? 이는 비동맹을 주도하는 유고슬라비아에 대한 입장 정리가 필요했기 때문으로 보인다. 1960년대 내내 북한 지도부는 비동맹을 긍정적으로 평가하면서도 이를 주도하는 유고슬라비아와 티토에는 비판적이었다. 1969년 11월 인쇄된 『조선중앙년감(1969년판)』은 1968년도의 사건을 정리한 것인데, 여기에서는 유고슬라비아의 "찌또"는 "미제의 별동대로서" "대외석으로는 소위 '석극석인 공존'과 '쁠럭불가담'이라는 산깐 밑에 사회주의 진영과 국제공산주의운동을 내부로부터 와해분렬시키기 위한 파

---

52 김일성, 「(축전) 제3차 쁠럭불가담 수뇌자회의 앞」, 『로동신문』 1970. 9. 8.

괴공작을 감행"했다고 서술됐다. 그런데 『로동신문』을 기준으로 할 때, 유고슬라비아에 대한 부정적인 기사는 1969년 6월 9일을 마지막으로, 이후에는 찾아보기 어렵다. 이 시점은 비동맹 자문회의 개최를 한 달 앞둔 때였다.[53] 이때부터 약 1년 동안 북한 문헌에서 유고슬라비아와 비동맹에 대한 언급은 거의 등장하지 않았다. 이 시기 북한은 내부적으로 대(對)유고슬라비아 정책을 조정하고 있었던 것으로 보인다.[54] 1970년 6월 20일, 『로동신문』에는 약 1년 동안의 침묵을 깨고 유고슬라비아 관련 기사가 실렸다. 과거 "찌또" 혹은 "찌또 도당"에서, 이제는 "유고슬라비아사회주의련방공화국 대통령 이오씨프 브로즈 찌또 원수 각하"로 정중히 호명됐다.[55] 그리고 제3차 비동맹 정상회의에 김일성의 축전이 발송된 것이었다.

한편, 박정희 정부의 최규하 외무부장관은 루사카 비동맹 정상회의를 앞두고 "분단국가 문제"와 "월남 참전" 문제 등이 "논의될 가능성"이 있는지 "은밀히 예의 주시 보고"하라고 각 공관에 지시했다. 지시 사항에는 1964년 카이로 비동맹회의에서 "'분단국가에 관한 문제'가 의제 속에 포함"되어 우리의 "통일방안과 상치되는" "불리한 결의안이 채택되지 않도록 최선의 외교적 노력을 전개한 사실"이 "첨언"되어 있었다.[56]

---

53  『조선중앙년감(1969년판)』 452쪽; 「유고슬라비아에서 실업자가 계속 늘어나고 있다」, 『로동신문』 1969.6.9.

54  김태경은 "북한-유고슬라비아 관계는 1960년대 말에 이르러" 북한의 "비동맹운동 외교 추진 맥락에서 형제적 친선관계를 회복했다"고 설명했다. 김태경, 「비동맹운동 60주년에 돌아보는 냉전기 북한의 유고슬라비아에 대한 인식 변화」, 『역사문제연구』 46, 2021, 123쪽.

55  『로동신문』 1970.6.20, 5면.

56  「장관이 주이란 대사·주멕시코 대사·주알헨티나 대사·주브라질 대사·주칠레 대사·주우루과이 대사·주튜니시아 대사·주아이버리코스트 대사·주우간다 대사·주켄야 대사·주토 대사·주베이루트 대표부공사·주카메룬 대사·주콩고(킨) 대사대리에게 보내는 전문」(1970.6.

제3차 루사카 비동맹 정상회의 회의장 모습 「역사적 인용문(HISTORIC QUOTATIONS)」, 『비동맹 정상회담, 제3차, Lusaka(잠비아), 1970. 9. 8~10, 전 2권(V. 2. 1970)』, 외교사료관, 2001.

1970년 9월 8일, 제3차 비동맹 정상회의가 잠비아의 수도 루사카에서 54개 회원국과 옵서버 12개국의 참석하에 개막했다.[57] 6년 만에 재개된 비동맹 정상회의였으며, 아프리카대륙에서는 처음 열리는 것이었다. 주최국 잠비아는 "흑인해방운동의 전초기지"였다.[58]

정상회의에서는 먼저 지난 4월 탄자니아 다르에스살람 외상회의에서 결정하지 못했던 '캄보디아 대표권'과 '베트콩 임시정부대표의 회의 참석' 문제 등이 논의됐다. 캄보디아의 론놀 정부와 시아누크 망명정부 중에서 시아누크가 회의에 참가하고자 했으나, 현 론놀 정부를 지지하는 국가들의 반대로 참석하

---

12); 「장관이 주이디오피아 대사·주모록코 대사·주말레이지이 대사·주뉴델리 총영사·주자카르타 총영사·주카이로 총영사에게 보내는 전문」(1970. 6. 12), 외교사료관, 2001.

57  참가 명단은 이 책의 부록을 참고할 것.

58  「(주켄야 대사가 장관에게 보내는 전문) 제목: 주간 정세보고서 제출」(1970. 9. 11), 외교사료관, 앞의 자료.

**루사카 비동맹 정상회의 참가자들** 「역사적 인용문: 1970년 9월 8~10일 루사카 비동맹 정상회담에서」, 『비동맹 정상회담, 제3차, Lusaka(잠비아), 1970. 9. 8~10, 전 2권(V. 2. 1970)』, 외교사료관, 2001.

지 못했다. 반면 베트콩 대표는 옵서버로 회의에 참석할 수 있었다.[59]

이후 참가 대표들의 기조연설이 이어졌다. 주최국 잠비아의 카운다(Kenneth David Kaunda) 대통령은 이번 정상회의의 의의를 "개별적으로는 우리가 세태의 추이에 영향을 미치"기 어려울 수 있으나, "우리의 집합적인 비동맹운동은 인류를 위해 엄청난 정치적·도덕적 힘을 창출할 수" 있음을 강조했다.[60] 옵서버로 참석한 베트콩 빈(Nguyen Tri Binh) 대표는 "미군의 무조건 철수"와 "사이공에 있는 미국의 팟쇼 정권을 넘어뜨리고 해방 정권을 세워야 한다"고 발언했다. 그가 모잠비크 해방전선 산토스(Marcello de Santos) 부통령, 앙골라 해방전선 지도자 네투(Augustino Nettho)와 포옹하자 참석자들의 "만장의 갈채"가 있었다고 한다. 참가한 대표들의 기조연설과 함께 결의안을 준비하기 위한 각 분과위원회 토의도

---

59  위의 자료.
60  「HISTORIC QUOTATIONS」, 외교사료관, 앞의 자료.

**'루사카 최종선언문과 결의문' 표지** 『비동맹 정상회담, 제3차, Lusaka(잠비아), 1970. 9. 8~10, 전 2권(V. 2. 1970)』, 외교사료관, 2001.

시작되었다.[61]

9월 10일, 「평화와 독립, 발전, 협력, 그리고 국제관계의 민주화에 관한 루사카선언(LUSAKA DECLARATION on Peace, Independence, Development, Co-operation and Democratisation of International Relations)」 및 「제3차 비동맹국 정상회의 결의안들 (RESOLUTIONS of the Third Conference of Heads of State or Government of Non-Aligned Countries)」이 발표됐다. 최종선언문을 제1결의안으로 하여 총 15개 결의안이 참가국의 만장일치로 채택됐으며, 일부 결의문에는 몇몇 국가의 유보(Reservation)가 포함됐다.[62]

---

61 「(주켄야 대사가 장관에게 보내는 전문) 제목: 주간 정세보고서 제출」(1970. 9. 11), 외교사료관, 앞의 자료.
62 루사카 최종선언문과 결의안들의 전문은 다음에 실려 있다. Bandaranaike Centre for International Studies, *non-aligned conferences: basic documents 1961~1975*, GUNARATNE & CO. LTD., 1976, pp. 37~54; 번역문은 다음을 참고할 것. 국회도서관 입법조사국, 『제3세계관계자료집』, 1978, 141쪽. 루사카선언은 "현재의 세계 경제 체제의 변혁을 요구하는 선언을 하는 등 전진을 보였으나, 여전히 많은 점에서 반제국주의·반식민지주의에 대한 모호한 입장"이었다고

최종선언문 제12항에는 비동맹의 목표가 '유엔 내 비동맹 역할 강화', '세계 평화와 평화공존 추구', '식민주의와 인종주의 반대', '평화적 수단에 의한 분쟁 해결', '군축에 의한 군비경쟁 종식', '강대국과 군사동맹 및 협정 체결 반대', '외국 군사기지 설립과 타 국가의 영토에 군대주둔 반대', '유엔의 평등과 상호이익에 기반한 투쟁' 등으로 제시됐다.

특히 현재 미국과 소련, 미국과 중국의 데탕트로 인해 "강대국 간의 분쟁으로 인한 직접적 위험은" 감소했으나, 이것이 "약소국과 개발도상국의 안보에 공헌하거나 국지전쟁의 위험을 방지하는 데까지" 진행되지 못하고 있다고 보았다. 또한 중동과 인도차이나에서 진행되는 전쟁을 비판하며, "모든 외국군의 철수"를 주장했으며, 동시에 남부 아프리카(Southern Africa) 지역에서 소수 백인 정권이 자행하는 인종차별을 비판했다. 그리고 최종선언문 제6항의 세 번째 문장에 한반도 관련 내용이 다음과 같이 포함됐다.

> 6. 다른 국가들의 내정에 간섭하는 관행, 그리고 정치적·경제적 압력, 무력 및 전복 위협에 의존하는 행위는 놀라운 규모와 위험한 빈도로 증가하고 있다. 중동과 인도차이나에서 침략전쟁이 격화하고 있으며, 남베트남에서는 장기화하고 있고, 캄보디아까지 확대되고 있다. <u>한반도 내 외국 군대(foreign forces)의 주둔은 민족독립(national independence)과 국제평화, 그리고 안보에 위협을 가하고 있다.</u> 남부 아프리카 지역에서 인종차별주의적이며 식민적인 소수 정권들이 아프리카 인민들을 계속 억압하고 예속하는 것은 인류의 양심에 오점을 남길 뿐 아니라 국제평화와 안보에 심각한 위협이 되고 있다. 이러한 상황은 서구의 일부 선진국과 해당 지역의 인종차별적 소수 정권 간의 결탁으로 인해 위험할 정도로 폭발적으로 증

---

평가되기도 한다. 편집부 편, 『비동맹운동』, 지양사, 1985, 86쪽.

가하고 있다. 계속되는 군비경쟁은 핵 데탕트의 가능성을 극도로 불안정하게 만들고 제한전을 촉발하는 역할을 하고 있어 우려와 걱정을 낳고 있다. 초강대국들(superpowers) 간의 공포의 균형은 그들을 제외한 나머지 세계에는 평화와 안보를 가져다주지 못했다. 물론 강대국 블록 간의 데탕트가 증대하는 경향은 반가운 신호이지만, 냉전의 완화가 아직도 강대국 분쟁의 맥락에서 형성된 군사블록의 해체까지는 이어지지 못하고 있다.[63] (밑줄—인용자)

제6항은 "계속되는 군비경쟁"에 "우려"를 표하며, "강대국들 사이의 공포의 균형"이 그들에게는 '평화와 안보'를 가져다주었을지 모르나, 강대국 '이외의 세계'에는 그렇지 않았다고 지적했다. 즉 현재 진행 중인 강대국 간의 데탕트는 '환영'하지만, 강대국 간의 데탕트가 '군사블록의 해체'로 이어지지 못하고 있다는 비판이었다.

한반도 문제에 관한 내용은 한 문장으로, 중동과 인도차이나에서의 전쟁, 그리고 남부 아프리카 지역에서의 인종차별을 비판하는 문장의 중간에 삽입된 형태였다. 내용은 "외국 군대의 주둔"을 문제 삼으며 민족적 독립과 평화를 강조하는 것이었다. 특히 1964년 제2차 비동맹 정상회의에서 채택된 분단국가 문제 관련한 추상적인 문구와 달리 '한반도'라는 구체적인 지명이 언급됐다.

북한 『로동신문』에는 한반도에 외국 군대가 주둔하는 문제를 언급한 대표들의 발언이 자세히 소개됐다. 이러한 발언들은 회의에 참가한 대표들이 "남조선에 외국 군대가 있는 것은 민족적 독립과 세계평화와 안전에 대한 위협"임을 정확하게 이해하고 있는 것일 뿐 아니라 "미제를 반대하는 조선 인민의 투

---

63 Bandaranaike Centre for International Studies, op. cit., 1976, p. 38.

쟁에 련대성을 표시"한 것으로 설명됐다.[64] 한편, 박정희 정부는 회의의 성과가 크지 않았다고 평가했다. 케냐 주재 남한 대사는 "결의안 심의 과정 중 의견이 분분"하여, 앞으로 "하나의 블록으로" 비동맹 국가들의 발언권이 커지기는 어려울 것으로 보았다. 특히 그는 이번 회의가 "편파적"이라는 "비난을 면하기 어려울 것"이라는 의견을 덧붙였다. 왜냐하면 남베트남과 이스라엘이 초청되지 않았으며, 남부 아프리카 지역에서 미국과 서방 국가들의 협력은 비난하면서 "중공"이 남부 아프리카에 위치한 영국 식민지 "로데시아(Rhodesia)와 교역"하는 것은 언급조차 하지 않았기 때문이었다.[65] 인도 주재 남한 총영사도 본부에 이번 정상회의 "성과는 적다"는 인도 신문의 평가를 인용하여 보고했다.[66]

이처럼 1969년의 비동맹 자문회의와 1970년의 탄자니아 외상회의를 관망하던 남북한은 제3차 비동맹 정상회의가 재개되자 상반된 인식과 전망을 내놓으며 적극적으로 반응하기 시작했다. 남한은 이번 루사카 회의가 편파적이며 내부적으로 분열되어 있어 별다른 성과가 없으며, 앞으로 비동맹회의의 국제정치적 영향력도 별로 없을 것으로 예상했다. 반면 북한은 드디어 한반도 분단과 미군 주둔 문제에 대해 비동맹국들이 직시하기 시작했다며 그 영향력이 더욱 확대되길 희망했다.

---

64 『로동신문』 1970. 9. 20.
65 「주켄야 대사가 장관에게 보내는 '주간 정세보고서 제출'」(1970. 9. 11), 『비동맹 정상회담, 제3차, Lusaka(잠비아), 1970. 9. 8~10, 전 2권(V. 2. 1970)』, 외교사료관, 2001.
66 언급된 인도 신문은 『INDIAN EXPRESS』였다. 「주뉴델리 총영사가 장관에게 보내는 전문」(1970. 8. 7); 「주뉴델리 총영사가 외무부장관에게 보내는 전문」(1970. 9. 16), 외교사료관, 앞의 자료.

## 3. 급진화하는 비동맹회의와 남북한의 적극적인 외교(1972~73)

**1) 조지타운 비동맹 외상회의**

1970년 재개된 제3차 비동맹 정상회의에서는 향후 비동맹회의의 연속성 보장을 위한 장치가 마련되었다. 다양한 수준의 협의회를 주기적으로 열기로 했으며, 특히 주최국에게 관련 "회의의 결정, 결의 및 지시를 실행하는" 의장 자격을 부여했다.[67] 따라서 정상회의 주최국은 의장으로서 3년 후 열리는 다음번 정상회의 때까지 관련 상임준비위원회 소집 및 논의를 진행할 책임을 맡았다. 또한 정상회의가 열리기 1년 전에는 외상회의를 개최하는 것이 정례화되었다.[68]

1971년 10월 열리는 제26차 유엔총회 참석을 위해 세계 각국 대표들이 미국 뉴욕을 방문 중이었다. 뉴욕에서 비동맹회원국 외상들은 회합을 갖고 다음 번 유엔총회 개최 이전인 이듬해(1972년) 8월 초까지 라틴아메리카의 가이아나에서 비동맹 외상회의를 열자는 데 합의했다.[69] 그리고 1972년 2월과 5월 외상회의를 준비하기 위한 두 차례 회의가 진행됐다.[70]

---

[67] 관련한 문구는 루사카 선언문 13항 (h) 및 결의안 13호(RES. 13)를 참조할 것. Bandaranaike Centre for International Studies, op. cit., 1976, pp. 39, 51~52.

[68] 다만, 1970년 루사카 정상회의 선언문과 결의안에는 개최의 반복 주기가 명시되어 있진 않다. 비동맹회의는 유엔 같은 국제기구와 다르게 "공식적인 창립 헌장(Charter), 법규(Act) 또는 조약(Treaty)", 그리고 "상설 사무국(permanent secretariat)" 등이 없는 느슨한 국제회의체로서, 주최국이 의장 자격으로 관련 업무의 조정과 관리를 맡는 방식이었다. 'NON ALIGNED MOVEMENT (NAM), The Uganda Chairmanship 2024-2027'(https://nam.go.ug/history).

[69] 「(구미국장이 방교국장에게 보내는 협조문) 제목: 비동맹 외상회담」(1972. 6. 21), 『비동맹 외상회의, 제4차, Georgetown(가이아나), 1972. 8. 8~12』, 외교사료관, 2003.

[70] 1차 준비위원회 회의는 외상회의 개최지인 가이아나에서 2월 17일부터 19일까지 15개 회원국(알제리·이집트·실론·에티오피아·가이아나·인도·인도네시아·이라크·말레이시아·

박정희 정부는 "비상한 관심"을 가지고 가이아나 비동맹 외상회의를 "주시"했다. 특히 "반제, 반식민투쟁, 월남전에 대한" 북한의 "호소(Appeal)"가 "제27차 유엔총회 직전에" 비동맹 외상회의에 참가하는 대표들에게 영향을 미칠 것을 우려했다.[71] 북한의 참석 가능성이 높다는 판단하에, 외무부도 참관단 파견을 검토했다. 1972년 6월 28일, 김용식 외무부장관은 브라질 주재 노석찬 대사에게 최근 "남북적십자사회담 등으로 알려진" 우리의 "이미지"와 주최국 가이아나와 외교관계를 맺고 있다는 사실을 고려할 때, "입국"이 가능한지 보고하라고 지시했다.[72] 7월 26일, 외무부는 노석찬 대사를 단장으로 하는 "비동맹회의 참관단" 구성을 확정하고 관련 훈령 및 활동 지침도 작성했다.[73]

그런데 다음 날(27일), 노석찬 대사는 비동맹회의 이후 방문해달라는 가이아나의 요청을 장관에게 긴급히 타전했다. 가이아나 정부가 회의가 열리는 수도에 호텔이 2개밖에 없다며 양해를 구한 것이었다. 대사는 "주최국의 의향을

---

모로코·세네갈·수단·튀니지·유고슬라비아·잠비아)과 1개 옵서버(자이레) 등이 참석했다. 「제3차 비동맹회의 준비위원회 보고서」(1972. 5. 30), 위의 자료. 2차 준비위원회 회의는 1972년 5월 23일부터 25일까지 말레이시아 수도 쿠알라룸푸르에서 열렸는데, 1차 때와 달리 부룬디가 추가되어 16개 회원국이 참석할 예정이었으나, 회의에 부룬디와 세네갈이 불참했다. 「주말 대사가 장관에게 보내는 전문」(1975. 5. 24); 「(외무보고 제127호) 5. 비동맹 준비회의 공동성명 요지」(1972. 6. 1); 「장관이 주유엔 대사에게 보내는 전문」(1972. 5. 26); 「PRESS COMMUNIQE」(JUNE II); 「(외무보고 제127호) 5. 비동맹 준비회의 공동성명 요지」(1972. 6. 1); 「제4차 비동맹국가 외상회담」, 외교사료관, 앞의 자료.

71 「(구미국장이 방교국장에게 보내는 협조문) 제목: 비동맹 외상 회담」(1972. 6. 21), 위의 자료.
72 「장관이 주브라질 대사대리에게 보내는 전문」(1972. 6. 28), 『비동맹 외상회의, 제4차, Georgetown(가이아나), 1972. 8. 8~12, 전 3권(V. 2. 한국참관단 파견계획)』, 외교사료관, 2005.
73 실무진은 주멕시코 대사관 노영찬 참사관과 주유엔 대표부 김석규 서기관 등으로 구성됐다. 「비동맹회의 참관단에 대한 훈령 및 활동 지침(1972. 7. 26)」, 위의 자료.

존중"하는 것이 "현명한 처사"라는 의견을 본부에 밝혔다.[74] 29일, 장관은 "역효과를 자아낼 수 있음에 감안"하여 참관단 파견의 "전원 취소"를 결정했다.[75] 결국 박정희 정부는 처음으로 비동맹회의 참관단 파견을 결정하고 실무진 구성까지 완료했으나, 실행에 옮기지는 못했다. 또한 외무부의 정보 수집에 따르면, 남한이 거절된 동일한 이유로 북한 대표단도 대표단 파견이 거절됐다고 한다.[76]

1972년 8월 8일, 비동맹 외상회의가 라틴아메리카에 위치한 가이아나의 수도 조지타운에서 개최됐다.[77] 비동맹회의가 아시아와 아프리카에 이어 처음으로 라틴아메리카에서 열리는 것이었다. 회의 시작부터 캄보디아의 현 정부와 망명정부 중 어느 쪽에 대표권을 부여할지, 그리고 루사카 정상회의에 옵서버로 참석했던 베트콩 대표를 정회원으로 받아들이는 문제를 둘러싸고 논란이 일었다. 루사카 정상회의 때와 달리, 이번에는 민족해방투쟁을 지지하는 다수 국가들에 의해 망명정부의 시아누크가 참석했다. 또한 베트콩의 정회원 자격으로의 참석도 결정됐다. 이러한 결정에 반대하여 인도네시아 대표는 퇴장했으며, 말레이시아와 라오스 대표도 그 뒤를 따랐다. 특히 말레이시아 대표는 그동안 인도차이나 주변국들의 "현저한 반대에도 불구하고 어떻게 베트콩 가입을 위한 컨센서스가 이루어졌다고 할 수 있느냐며" "의장단을 비난"했다고

---

74 「주브라질 대사가 장관에게 보내는 전문」(1972. 7. 19); 「주브라질 대사가 장관에게 보내는 전문」(1972. 7. 27), 위의 자료.
75 「장관이 주브라질 대사에게 보내는 전문」(1972. 7. 29), 위의 자료.
76 「비동맹회의 참관단에 대한 훈령 및 활동 지침」(1972. 7. 26), 위의 자료.
77 가이아나는 1966년 5월 영연방하에서 독립하여 1970년 2월 23일 공화국을 선포했고, 3월 17일 첫 대통령선거를 실시했다. 『조선중앙년감(1973년판)』, 541쪽.

한다.⁷⁸ 이처럼 논란은 있었으나, 참가국 문제는 이전보다 비동맹 내 급진적인 국가들의 주도로 결정되었다.

11일, 외상회의는 「조지타운선언문(GEORGETOWN DECLARATION OF FOREIGN MINISTERS OF NON-ALIGNED COUNTRIES)」을 발표했다. 총 42개 항으로 작성됐으며, 부록으로 9개 결의문이 담겼다.⁷⁹ 「조지타운선언문」은 루사카 정상회의 선언 내용을 계승하면서도, 반제국주의와 반식민지주의를 더욱 선명하게 밝혔다.⁸⁰ 제7항에서 "회의는 제국주의 및 신식민주의와 싸우는 민족해방운동의 전진과 그들의 침략에 대한 저항을 확인"했으며, "비동맹 국가들은 모든 반제·반식민지주의 세력 간에 현존하는 유대와 협력을 강화·확대하기 위한 활동을 지속할 의도를 표명했다."⁸¹ 또한 채택된 「인도차이나에 관한 결의안(RESOLUTION ON INDOCHINA)」에는 인도차이나전쟁을 확대하고 침략 정책을 계속하는 국가로서 미국이 명시됐다.⁸²

한반도 관련 사항은 루사카 정상회의 선언문에서는 한 문장으로 언급됐으나, 이번에는 단독 조항으로 다음과 같이 서술됐다.

---

78 「(외무부장관이 각 수신처에 보내는 전문) 제목: 비동맹 외상회의 결과 요약」(1972. 8. 21), 『비동맹 외상회의, 제4차, Georgetown(가이아나), 1972. 8. 8~12』, 외교사료관, 2003.
79 조지타운선언의 최종선언문은 다음에 실려 있다. Bandaranaike Centre for International Studies, non-aligned conferences: basic documents 1961~1975, GUNARATNE & CO. LTD., 1976, pp. 55~61; 국회도서관입법조사국 편, 『제3세계관계자료집』, 153~168쪽.
80 편집부 편, 앞의 책, 87~88쪽.
81 국회도서관입법조사국 편, 앞의 책, 155쪽.
82 Bandaranaike Centre for International Studies, op. cit., pp 69~70; 「인도차이나에 관한 결의안(DRAFT RESOLUTION ON INDOCHINA)(초안)」, 『비동맹 외상회의, 제4차, Georgetown(가이아나), 1972. 8. 8~12, 전 3권(V. 3. 회의결과)』, 외교사료관, 2005.

26. 회의는 한반도의 평화통일을 향해 이뤄낸 최초의 성과에 만족을 표한다. 한반도 인민들에 의해 통일로 나아가기 위해, 회의는 이 문제에 관한 모든 외부의 개입(foreign intervention) 중단을 요구한다. 나아가 회의는 모든 외국 군대(foreign forces)의 철수를 요구한다.[83]

제26항은 몇 달 전 발표된 '7·4남북공동성명'을 한반도 평화통일을 위한 최초의 성과로 규정했다. 그리고 "모든 외부의 개입 중단" 및 "모든 외국 군대의 철수"를 요구했다. '철수'라는 단어는 앞선 루사카 정상회의 최종선언문의 '주둔'이라는 단어에 비해 더 강경해진 표현이었다.

이러한 회의 결과에 대해, 남한의 외무부는 이번 외상회의가 쿠바·잠비아·알제리 같은 "과격파"에 의해 "반미, 반서방적인 정치적 방향으로" 귀결됐다고 평가했다. 즉 비동맹회의가 "'비(非)비동맹'의 성격"을 가진 "좌경적 색채"로 변화하는 "분수령"이 바로 이번 회의였던 것이다.[84]

반대로 중국은 '환호'했다. 중국 공산당 기관지 『런민르바오』는 조지타운선언과 결의문들이 "제국주의와 신구식민주의를 반대하는 블록 불가담 국가와 인민들의 억센 의지"뿐 아니라 미국의 "폭력 위협"에 대한 아시아·아프리카·라틴아메리카 나라들의 "새로운 발전을 보여"준다고 설명했다. 그리고 중국 정부와 인민은 이번 회의 결과가 "제국주의와 식민주의를 반대하여 단결하여" 싸워 "이룩한 커다란 성과"임을 강조하며, 이를 "열렬히 축하"한다고 밝혔다.[85]

---

83  Bandaranaike Centre for International Studies, op. cit., p. 59, 국회도시관입법조사국 편, 『제3세계관계자료집』, 162쪽.
84  「(외무부장관이 각 수신처에 보내는 전문) 제목: 비동맹 외상회의 결과 요약」(1972. 8. 21), 『비동맹 외상회의, 제4차, Georgetown(가이아나), 1972. 8. 8~12』, 외교사료관, 2003.
85  「제국주의와 식민주의를 반대하여 단결하여 싸웠다(비동맹국 외상회의 폐막에 즈음하여 인

그런데 중국의 공개적인 환호와 달리, 북한 『로동신문』에는 "쁠럭불가담 국가 외상회의가 열렸다"는 소식이 단신으로 소개되는 정도였다.[86] 왜 북한 지도부는 그동안 내세운 '한반도에 대한 외세의 개입 중단'과 '외국 군대 철수'가 선언문에 명시됐음에도 중국처럼 환호하지 않았던 것일까? 이는 남북한 공동성명 발표 직후 남북대화가 진행 중인 상황을 고려하여, 박정희 정부를 자극하지 않으려는 '배려'였을 가능성이 있다. 비록 공개적인 환호는 없었으나, 조지타운 외상회의 이후 북한 지도부는 비동맹 국가들에 대한 대외 활동에 적극 나섰다. 1972년 8월 17일, 김경련 재무상을 단장으로 한 북한 정부친선대표단이 외상회의가 열렸던 가이아나를 방문했다.[87] 평양 주재 헝가리 대사관은 1972년 동안 비동맹회의와 관련하여 각국의 "정부고위대표단과 정상, 유력 지도자들이" 북한을 "대거 방문"했으며, 북한도 이에 화답하는 방문을 진행했다고 본국에 보고했다.[88]

### 2) 제4차 비동맹 정상회의

1972년 조지타운 외상회의는 차기 비동맹 정상회의 개최지로 알제리를 확정했다.[89] 정상회의 개최일은 1973년 5월 아프가니스탄 카불에서 열린 준비회

---

민일보 논평원의 논평)」, 위의 자료.

86 『로동신문』 1972. 8. 12.

87 「장관이 주브라질 대사에게 보내는 전문」(1972. 8. 18), 『비동맹 외상회의, 제4차, Georgetown (가이아나), 1972. 8. 8~12, 전 3권(V. 3. 회의결과)』, 외교사료관, 2005.

88 「북한 주재 헝가리 대사관 보고서(제목: 알제에서 열린 북한과 비동맹 정상회담)」(1973. 9. 27), 윌슨센터 디지털아카이브(https://digitalarchive.wilsoncenter.org/document/116004).

89 가이아나 의장이 "차기(73년) 비동맹 정상회담 장소를 알제리아로 결정하는 문제에 있어서" 비동맹회의의 전통적인 의결방식인 "consensus(전원일치)"에 따르지 않았기 때문에, "동남아 제국 대표단의 불만과 비난"이 있었다고 한다. 「(외무부장관이 각 수신처에 보내는 전문) 제

의에서 9월 5일로 결정됐다.[90]

정상회의를 앞두고 북한 지도부는 주요 비동맹국들에 "우선적으로" "대표단과 주요인사들을 파견"하며 적극적인 대외 활동에 나섰다. 캄보디아 망명 정부의 시아누크와 여러 번 회담했으며, 알제리 대표단이 평양을 방문했다. 특히 북한 지도부는 유고슬라비아 대통령 티토의 지지 확보에 힘썼다. 1973년 2월 말, 허담 부총리 겸 외무상이 알제리 정상회의 관련하여 유고슬라비아의 베오그라드를 방문했으며, 5월에는 유고슬라비아 사절단이 평양을 방문했다. 평양 주재 헝가리 대사관은 1973년 동안 북한의 비동맹 국가들에 대한 "외교공세(diplomatic offensive)"가 강화됐으며, 특히 김일성 주석이 개인 특사를 80개국 이상에 파견했다고 본국에 보고했다.[91]

북한은 비동맹 외교를 친한(親韓)적인 국가까지 확대했다. 1973년 3월, 북한 지도부는 최고인민회의 의장 황장엽[92]을 단장으로 하는 정부대표단을 그동안

---

목: 비동맹 외상회의 결과 요약」(1972. 8. 21), 『비동맹 외상회의, 제4차, Georgetown(가이아나)』, 1972. 8. 8~12』, 외교사료관, 2003.

90 준비위원회 위원국은 아프가니스탄·알제리·부룬디·이집트·에티오피아·가이아나·인도·인도네시아·이라크·말레이시아·모로코·세네갈·스리랑카·수단·탄자니아·유고슬라비아·잠비아 등이었다. 옵서버는 캄보디아(시아누크 망명 정권)·칠레·쿠바·네팔·베트콩 등이었다. 「(주뉴델리 총영사가 외무부장관에게 보내는 전문) 제목: 제4차 비동맹국회의 준비위원회」(1973. 5. 18), 『비동맹 정상회의, 제4차, Algiers(알제리), 1973. 9. 5~9, 전 3권(V. 1. 기본대책)』, 외교사료관, 2004. 준비회의는 9월 5일부터 8일까지 정상회의를, 직전에는 외상급 회의(9. 2~4)를, 그 직전에는 준비위원회 최종회의(8. 29~31)를 진행하기로 했다. 「(주뉴델리 총영사가 외무부장관에게 보내는 전문) 제목: 제4차 비동맹국회의 준비위원회」(1973. 5. 18), 같은 자료.

91 8월 말에는 조선로동당 정치국 후보위원이자 중앙위원회 비서인 김동규가 티토 주석에게 김일성 주석의 친서를 직접 전달했다. 「북한 주재 헝가리 대사관 보고서(제목: 알제에서 열린 북한과 비동맹 정상회담)」(1973. 9. 27), 윌슨센터 디지털아카이브(https://digitalarchive.wilsoncenter.org/document/116004).

92 황장엽은 1972년 이후 11년 동안 북한최고인민회의 의장으로 활동하고, 1984년 조선로동당

외교관계가 없던 북아프리카의 튀니지에 파견했다.[93] 튀니지는 남한과 대사급 외교관계를 맺었으며, 수도 튀니스에는 남한 대사관이 활동 중이었다. 튀니지 주재 남한 대사관은 3월 방문한 황장엽 대표단이 튀니지에 양국의 외교관계 수립을 강력히 요청했다고 본부에 보고했다. 또한 4월, 북한 외교관은 튀니지 외상에게 접근하여 이번 정상회의에서 북한이 가입신청을 하려고 하니 지지해달라고 했다고 한다.[94] 북한은 친한적인 인도네시아 공략에도 나섰다. 평양 주재 헝가리 대사관에 따르면, 인도네시아에 대표단을 파견한 북한 지도부는 비동맹 가입 지지를 요청했으나, 수하르토 정부가 남한을 지지하여 별다른 성과를 내지는 못했다.[95]

북한의 비동맹 가입 움직임을 포착한 박정희 정부는 대응책 마련에 고심했다. 1973년 6월경, 외무부 구아국 중동과는 "북한의" "참가 가능성을 일단 가정하고 대책을 수립해야" 한다고 판단했다. 비록 지난 5월 아프가니스탄 카불에서 열린 준비회의에서 북한이 가입신청서를 제출하지 않았으나, 정상회의 개최 직전 참가신청을 할 수 있다고 보았다.[96]

6월 15일, 구아국 중동과는 북한의 가입신청에 대응하는 방안의 하나로 남한의 비동맹회의 참석의 장단점을 검토했다. 남한이 참석한다면 "아·아권의

---

국제담당비서와 1993년 최고인민회의 외교위원회 위원장을 역임했다. 「황장엽 망명」, 국가기록원(https://www.archives.go.kr/next/newsearch/listSubjectDescription.do?id=002948&sitePage=&utm).

93 『로동신문』 1973. 3. 21.
94 「주튀니시아 대사단장이 장관에게 보내는 전문」(1973. 5. 5), 외교사료관, 앞의 자료.
95 윌슨센터 디지털아카이브, 앞의 자료.
96 「준비위원회 회의 14일 오후 세션 회의록(Meeting of the Preparatory Committee of Non-Aligned Countries at KABUL, May 14, 1973)」(Afternoon Session -2.30 P.M), 외교사료관, 앞의 자료.

일원으로" "중립 제국과 친선우호 및 국제적 지위"를 높일 수 있으며, 특히 단독으로 참석한 북한의 일방적인 선전공세를 견제할 수 있었다. 다만 1964년 제네바 아시아·아프리카 경제회의 때처럼 남북한의 비동맹회의 동시참석은 "두 개의 한국을 인정하는 결과를 가져올" 수 있었다. 또한 정상회의에서 한반도 문제에 관한 "토의 시 유엔 외군 철수 및 남북 간 평화조약 체결" 같은 "결의안이 다수 회원국의 지지를" 받아 통과된다면, 참석한 남한은 "몹시 난처한 입장에" 처할 수밖에 없었다. 결국 중동과는 "여러 가지 위험과 문제점"을 고려할 때, 참가하는 것이 아니라 "우호적인 회원국"을 통한 북한 가입 반대 여론을 다수 확보하는 것이 바람직하다고 제안했다. 다만 중동과는 북한의 비동맹회의 가입신청이 "명백해지고" 이것이 실현될 가능성이 높다고 판단된다면, 다시 한번 참석 문제를 검토해야 한다는 단서를 달았다.[97]

1973년 전개된 북한의 외교 활동은 상당한 성과를 내고 있었다. 1972년까지 남북의 수교국은 "86 대 46으로" 남한이 "압도적"이었다. 그런데 1973년 들어 석 달 반 동안, 남한은 11개국과 수교한 데 비해 북한은 19개국과 수교에 성공했다. 게다가 북한은 그동안 남한만 회원국이던 주요 국제기구에도 입성하기 시작했다. 4월에는 정부 간 기구인 국제의회연맹(Inter-Parliamentary Union, IPU)에, 5월에는 유엔 산하기구인 세계보건기구(World Health Organization, WHO)에 가입하는 데 성공했다. 특히 세계보건기구 가입으로 북한은 "유엔의 옵서버 자격을 인정받아 처음으로 유엔 체제에 편입"됐으며, 드디어 "옵서버 대표부를 스위스 제네바와 미국 뉴욕에 상주시킬 수 있었다." 물론 1973년 북한의 외교적 성과는 1972년 본격화된 지구적 냉전의 긴장완화와 평화적 분위기의 확산 덕분이기도 했

---

[97] 구아국 중동과, 「제4차 비동맹 정상회담 대책 준비 실무위원회 자료」(1973. 6. 15), 외교사료관, 앞의 자료.

다. 즉 1972년 닉슨 미국 대통령은 북경과 모스크바를 방문했으며, 중국과 일본은 국교를 정상화했고, 남북대화에 따른 7·4공동성명 발표가 있었다.[98]

이처럼 데탕트와 남북관계의 변화, 그리고 북한의 국제사회 진출이 두드러진 상황에서, 1973년 6월 23일 박정희 대통령은 「평화통일 외교 정책에 관한 특별성명」을 발표했다. 박정희는 2년 동안 진행된 남북대화의 성과가 "우리 기대와는 거리가" 멀었으며, "최근 국제정세는" "냉전 시대가 끝나고 현상유지를 기조로 하는 열강들의 세력균형으로 평화공존을 유지"하고 있어, "국토통일이 단시일에 성취되기 어렵다"고 보았다. 따라서 그는 "우리의 자주 역량으로" "조국통일을" 실현하기 위한 방안 7가지를 제시했다. 특히 대외적으로 "북한이 우리와 같이 국제기구에 참여하는 것"과 "북한과 함께 국제연합에 가입하는 것을 반대하지 않는다"고 밝혔다.[99]

남북한의 국제기구 동시참석이나 유엔 동시가입에 반대하지 않겠다는 박정희의 선포는, 그동안 북한의 고립을 목표로 남북한 동시수교와 국제회의 동석을 거부하며 고수해온 할슈타인 원칙의 폐지를 의미했다. 즉 박정희 정부는 공식적으로는 여전히 '두 개의 한국'을 인정하지 않았음에도, 실질적으로 남북한 유엔 동시가입이 가능하다고 밝힘으로써 그동안의 대(對)비동맹 외교의 경직성을 탈피하고자 했다.[100] 실제 6·23선언 직후 작성된 것으로 보이는 「제4차 비동맹 정상회담 대책」이라는 제목의 외무부 문건에는 직전 작성된 대책보다 더 '적극적'인 방안이 제시됐다. 선언 발표 이전의 대비책에서는, 남한 참가 시

---

98 『동아일보』 1973. 3. 28; 5. 18; 9. 3; 『경향신문』 1973. 4. 30; 『조선일보』 1973. 1. 1; 신종대, 「남북한 외교경쟁과 '6·23선언'」, 『현대북한연구』, 22-3, 2019, 212쪽.
99 박정희, 「평화통일 외교 정책에 관한 특별성명」(1973. 6. 23), 대통령기록관.
100 우승지도 6·23선언을 "실질적으로 두 개의 한국을 인정"한 것으로 본다. 우승지, 앞의 책, 238쪽.

가장 먼저 제시된 단점이 '두 개의 한국' 문제였으나, 이번 문건에는 언급조차 없었다. 또한 가입신청의 장점으로 가장 먼저 6·23선언 이후 남한의 평화적, 진취적 이미지를 선전할 수 있다고 제시됐다. 다만, 이 문건에는 북한이 "6·23특별선언을 역이용하여" "중립 제국에 대하여 승인 획득 교섭을 전개할 가능성"을 우려하는 내용도 담겨 있었다.[101]

6월 23일 박정희가 '특별성명'을 발표하자, 같은 날 김일성 수상도 체코슬로바키아 공산당 총서기 후사크(Gustáv Husák) 환영대회에서 이른바 '조국통일 5대 강령'을 발표했다. 먼저 김일성은 박정희 6·23선언이 미국의 한반도 분열 정책에 따른, "조선의 분열을 영구화하고 《두개 조선》을 만들려는 책동"이라고 규정했다. 그리고 그는 "오늘 조성된 난국을 타개하고 평화적 조국통일의 민족적 숙원을 하루빨리 실현"하기 위한 새로운 "자주적 평화통일 방침" 5가지를 "천명"했다. 첫째, 남북의 군사적 대치라는 긴장상태의 해소, 둘째, 남북의 다방면적인 합작과 교류, 셋째, 각계각층 인민들과 정당·사회단체 대표들로 구성되는 대(大)민족회의 소집, 넷째, 고려연방공화국 국호에 의한 남북 연방제 실시, 다섯째, 고려연방공화국이라는 단일 국호로 유엔에 가입하는 것 등이었다.[102] 특히 그는 하나의 연방제(Confederation)를 실현하여 단일 국호인 고려연방공화국으로 유엔에 가입해야 한다고 주장했는데, 이는 박정희의 남북한 유엔 동시가입 제안에 대한 거부를 의미했다. 이처럼 남북대화가 교착된 상황에서,[103] 남북

---

101 「제4차 비동맹 정상회담 대책」(날짜 미상), 외교사료관, 앞의 자료.
102 김일성, 「민족의 분렬을 방지하고 조국을 통일하자—체스꼬슬로벤스꼬사회주의공화국 당 및 정부대표단을 환영하는 평양시군중대회에서 한 연설」(1973. 6. 23), 『김일성 저작집』 28, 조선로동당출판사, 1984.
103 남북대화는 정치 및 경제·문화 문제를 일괄 타결하자는 북한과 경제·문화적 문제를 먼저 풀어 나가자는 남한의 주장이 평행선을 달리면서 별다른 성과를 내지 못하고 있었다. 남북

한 정상은 각자의 '한반도 통일과 유엔 가입 방안'을 내놓으며 충돌했다. 이제 비동맹 정상회의는 석 달이 채 남지 않았다.

7월 4일, 남한의 김용식 외무부장관은 주요 비동맹 국가들이 주재하는 재외공관에 북한의 옵서버 참가 신청과 지지 교섭 여부 등을 "긴급 조사 회보"하라고 지시했다.[104] 이에 카이로 주재 총영사는 북한이 공식적으로 옵서버 신청을 하지는 않았으나, 알제리에는 북한의 "대규모 대사관"이 있어, "최소한 게스트(GUEST) 자격으로라도 참가"할 것으로 예상하고, 남한도 "6·23성명에" 따라 북한과 동일하거나 그 이상의 "자격으로 참가하여" 외교 활동을 전개해야 한다고 건의했다.[105] 그런데 8월 1일, 장관은 가입신청이 "현 단계에서는 적당치" 않다고 결정했다. 왜냐하면 정상회의에서 북한의 일방적인 선전 활동을 견제한다는 '득'보다, "비동맹국 여부에 관한 복잡한 논쟁"과 "주한 유엔군의 계속 주둔"에 대한 "극단적인 친공 좌경 국가들의 반발" 등으로 '실'이 더 크다고 판단했기 때문이었다. 또한 옵서버 참가도 "적당한 방책"은 아니었다. 남한이 옵서버로 참가하는데 북한이 "정식 가입신청"을 하여 회원국 자격으로 참가해버리면, "열등한 위치에 놓이기" 때문이었다. 따라서 "현실적"인 "최선의 방안"은 회의에 참석하는 "비동맹 중립국들과 적극 교섭"하여 남한의 "입장을" "대변"하게 함으로써 한반도 관련한 "불리한 결의문 채택을 최대한 예방하는" 것이었다.[106]

---

대화의 진행 과정은 다음을 참고. 김지형, 『데탕트와 남북관계』, 선인, 2008.

104 「장관이 주이디오피아 대사, 주모로코 대사, 주인도 총영사, 주인도네시아 총영사, 주말레이사 대사, 주카이로 총영사에게 보내는 전문」(1973. 7. 4), 외교사료관, 앞의 자료.

105 「(긴급) 주카이로 총영사가 장관에게 보내는 전문」(1973. 7. 6), 위의 자료.

106 외무부, 「제4차 비동맹 중립국 정상회담 대책 연구서」(1973. 7. 30); 「(외무부 보고사항) 수신: 대통령 각하, 제목: 제4차 비동맹 중립국 정상회담에 대한 대책」(1973. 8. 1.); 「장관이 주모록

8월 1일, 장관은 비동맹국들을 설득하기 위한 우리의 기본 입장을 주재 공관에 하달했다. 첫째, 북한은 소련 및 중국과 "각각 군사동맹을 체결한 바 있어 북한의 참가는 비동맹회의 성격상 용납될 수 없는 일"이다. 둘째, "보편성 원칙에 따라 남북한이 유엔에 같이 가입하는 것은 한반도의 긴장완화에 도움이 되는 현실적인 방안이며 유엔의 평화유지 기능 강화라는 비동맹 중립국회의 목적과도 부합되는 것"이다. 셋째, "주한 유엔군은 한반도에서 휴전협정의 당사자로서 전쟁재발을 방지하는 역할을 효과적으로 수행 중"이기 때문에 "아무런 대책없이 유엔군을 해체하는 것은 6·25와 같은 전쟁재발을 초래하는 무책임한 행위가 될 것"이다.[107]

그런데 북한의 군사동맹을 비판하는 남한 외무부의 논리에는 허점이 있었다. 튀니지의 외무성 정무국장은 "쌍무 조약 당사자"는 "비동맹회의 결격사유가" 아니기 때문에 북한 가입에 문제가 되지 않을 것이라고 설명한 바 있었다. 또한 주한 유엔군을 옹호하는 남한의 논리에 대해서는 인도 외무성 차관보가 "약소 중립국들이 생리적으로 외국 군대의 주둔을 싫어하는 감정"이 있다고 지적했다.[108] 모로코 외무성 국장은 유엔군 주둔의 "필요성은 인정하나 그 구성"을 "중립국으로 대체하는" 방안을 고려해보기를 제안하기도 했다.[109] 친한적인 말레이시아 외교관조차도 남한의 "입장을 지지해야" 하지만, "중립주의"

코 대사, 주말레지아 대사, 주인도네시아 총영사, 주인도 총영사, 주이디오피아 대사, 주켄야 대사, 주튜니시아 대사에게 보내는 전문」(1973. 8. 1), 위의 자료.
107 「장관이 주모록코 대사, 주말레지이 대사, 주인도네시이 총영시, 주인도 총영사, 주이디오피아 대사, 주켄야 대사, 주튜니시아 대사에게 보내는 전문」(1973. 8. 1), 위의 자료.
108 「주뉴델리 총영사가 장관에게 보내는 전문」(1973. 8. 13), 『비동맹 정상회의, 제4차, Algiers(알제리), 1973. 9. 5~9, 전 3권(V. 2. 우리 입장 지지 교섭)』, 외교사료관, 2004.
109 「주모로코 대사가 장관에게 보내는 전문」(1973. 8. 18), 위의 자료.

라는 "외교 정책 원칙과 비동맹국 회의 전체의 분위기를 본다면 외군 철수안을 지지"할 수밖에 없다며 양해를 구했다.[110]

한편, 북한 지도부는 비동맹 정상회의 개막 이틀 전(9월 3일), 김일성 주석 명의의 축전을 비동맹회의 앞으로 발송했다. 축전에는 3년 전 루사카 정상회의 때와는 사뭇 달라진 국제정세 인식과 전망이 다음과 같이 담겼다.

> 이번 제4차 쁠럭불가담 국가 수뇌자회의는 제국주의와 식민주의를 반대하고 새 생활 창조를 위한 오늘의 투쟁의 공통성으로 아세아, 아프리카, 라틴아메리카 인민들과 굳게 단결되어 있으며 <u>그들의 민족해방운동과 혁명투쟁을 적극 지지 성원하고 있습니다.</u>
> <u>오늘 제국주의는 계속 내리막길을 걷고 있으며 세계 인민들이 자주의 길로 나가는 것은 막을 수 없는 우리 시대의 추세로 되고 있습니다.</u>
> 나는 이번 회의가 온갖 형태의 침략과 예속, 불평등을 반대하며 <u>제3세계 인민들의 공동의 리념을 실현하기 위한 투쟁에 중요한 기여를 하게 되리라고 믿으면서</u> 회의 사업에서 커다란 성과가 있을것을 충심으로 축원합니다.[111](밑줄—인용자)

3년 전 열린 루사카 비동맹 정상회의에서 김일성은 "제국주의와 신구식민주의 및 인종주의를 반대"하는 회의 결과가 창출되기를 기원했다. 그런데 이번에는 이미 "제국주의와 식민주의를 반대"하는 "오늘의 투쟁의 공통성"이 존재하며, 특히 "민족해방운동"뿐 아니라 "혁명투쟁"까지 "적극 지지 성원하고" 있다고 평가했다. 즉 3년 전 축전에서 보였던 미국의 침략과 전쟁 책동에 대한 위

---

110 「주말 대사가 장관에게 보내는 전문」(1973. 8. 20), 위의 자료.
111 『로동신문』 1973. 9. 5.

**'자주'라는 횃불 아래 무장투쟁하는 아시아·아프리카인들**
『조선중앙년감(1974년판)』, 352~353쪽.

기의식은 사라지고, "제국주의는 계속 내리막길을 걷고 있으며 세계 인민들이 자주의 길로" 나아가고 있다며 현 국제정서를 유리하게 평가했다.

그리고 축전에서는 처음으로 "자주"라는 단어가 등장했다. 북한 지도부는 1966년 10월 당대표자회의 때부터 "자주 로선"을 공식화했으며,[112] 1960년대 후반부터 좌··우경 기회주의를 비판하며 대국에 의존하기보다 작은 나라들과 자주적 연대를 추구하는 새로운 냉전 전략을 추진했다. 특히 1972년 12월 제정된 '조선민주주의인민공화국 사회주의헌법' 제1조(자주적인 사회주의 국가이다)와 제6조(대외관계에 완전한 평등권과 자주권을 행사한다)에 '자주'가 명시됐다.[113] 또한 1972년 남북이 공동발표한 7·4남북공동성명서의 조국통일 첫 번째 원칙도 "자주적 해

---

112  김보미, 『김일성과 중소분쟁—북한 자주외교의 기원과 형성(1953~1966)』, 서강대학교출판부, 2019, 488~489쪽.

113  「조선민주주의인민공화국 사회주의헌법」(1972. 12), 『북한최고인민회의자료집(제3집: 4기 1차 회의~5기 7차 회의)』, 국토통일원, 1988, 623~624쪽.

결"이었다.[114] 이처럼 김일성이 축전에서 '자주'를 언급한 것은 1960년대 후반부터 북한이 추구해온 자주 노선의 연장선이었다.

남북한은 알제리 비동맹 정상회의에 관한 정보 수집에 힘썼다. 알제리 주재 북한 대사는 비동맹회의 방청석에 참석했으며, 북한 기자 2명은 회의장을 취재했다.[115] 또한 알제리 정상회의 기간 동안, 김일성 특사 자격으로 진춘국 외무성 부상이 알제리를 방문하고 있었다.[116] 반면, 박정희 정부는 여러 노력을 기울였으나 알제리에 외교관을 파견할 수 없었다.[117] 결국 외무부는 알제리 인근에 위치한 튀니지 주재 남한 공관을 통해 간접적으로 회의 정보를 수집해야 했다.

1973년 9월 5일, 제4차 비동맹 정상회의가 알제리 수도 알제의 외곽에 위치한 '팔레 데 나시옹(Palais des Nations)' 건물에서 열렸다. 8년 전 제2차 아시아·아프리카회의가 열리기로 했던 장소였다. 알제리는 1960년대 후반 석유수출기구(OPEC)와 아랍연맹, 77그룹(G77)의 회원국이 되었을 뿐 아니라 이들 기구 내에서 존경받는 국가였다. 서방 언론과 정부기관들은 알제리를 "제3세계의 기관차"

---

114  공동성명의 첫 원칙은 "외세에 의존하거나 외세의 간섭을 받음이 없이 자주적으로 해결하여야 한다"였다. 한국국제문화협회 편, 『남북대화 제1호(~1973. 4)』, 대한공론사, 1976, 3쪽.

115  「주말 대사가 장관에게 보내는 전문」(1973. 9. 4), 『비동맹 정상회의, 제4차, Algiers(알제리), 1973. 9. 5~9, 전 3권(V. 2. 우리 입장 지지교섭)』, 외교사료관, 2004.

116  진춘국은 회의에는 참석하지 못했으나, 참가국 대표들과 접촉하고자 적극적으로 외교 활동을 전개했다. 「주북한 헝가리 대사관의 보고서, 제목: 알제에서 열린 북한과 비동맹 정상회담」(1973. 9. 27), 윌슨센터 디지털아카이브(https://digitalarchive.wilsoncenter.org/document/116004).

117  알제리는 남한 외교관에게 입국사증을 발급하지 않았다. 그리고 알제리 입국사증을 확보하여 알제 현지에 도착한 남한의 정종석 기자는 "사증에 VOID 도장"이 찍혀 있어 공항에서 입국을 거부당하여 1시간 후 파리로 돌아와야 했다. 「주튜니시아 대사가 장관에게 보내는 전문」(1973. 9. 4), 외교사료관, 앞의 자료.

제4차 비동맹 정상회의가 열린 알제 팔레 데 나시옹(Palais des Nations) 『비동맹 정상회의, 제4차, Algiers(알제리), 1973. 9. 5~9, 전 3권(V. 3. 회의경과)』, 외교사료관, 2004.

로, 대통령 부메디엔(Houari Boumediène)을 "제3세계의 주요인물"로 묘사했다.[118] 정상회의에는 75개 정회원국과 옵서버 8개국, 게스트 3개국이 참석했다. 이는 3차 루사카 정상회의 때보다 무려 20여 국가들이 더 참가한 것이었다.[119]

주최국 대통령 부메디엔의 개회사를 시작으로 인도·이집트·가봉·시에라리온 원수들의 기조연설이 이틀간 이어졌다. 정상회의와 함께 별도의 정치분과위원회와 경제분과위원회가 진행됐다. 정치위원회 의장직에는 스리랑카와

---

118 Jurgen Dinkel, op. cit., pp. 150~152.
119 참가 명단은 이 책의 부록을 참고할 것. 「외무부장관이 대통령 각하에게 보고하는 외무부 보고사항) 제목: 제4차 비동맹회의」(1973. 9. 1), 외교사료관, 앞의 자료. 제4차 알제리 정상회의 최종선언문과 각종 결의안들은 다음에 실려 있다. Bandaranaike Centre for International Studies, op. cit., pp. 73~112; 유엔 디지털라이브러리(https://digitallibrary.un.org/record/577515?ln=en&v=pdf).

정상회의를 주재하는 부메디엔 알제리 대통령(가운데) 『비동맹 정상회의, 제4차, Algiers(알제리), 1973. 9. 5~9, 전 3권(V. 3. 회의경과)』, 외교사료관, 2004.

경쟁하여 인도 대표가, 경제위원회 의장에는 만장일치로 칠레 대표가 선출됐다.[120]

정상회의는 당초 예정보다 하루 늦은 9월 9일 폐막했다. 이전까지 정상회의 선언문들과 달리, 이번 회의에서는 선언문(Declaration)과 결의안(Resolutions)이 정치와 경제로 각기 작성됐으며, 특히 마지막에는 경제적 협력을 위한 실행 프로그램(Action Programme for Economic Co-operation)이 새롭게 포함됐다.[121] 이처럼 경제 문

---

[120] 「주불 대사가 장관에게 보내는 전문」(1973. 9. 6), 『비동맹 정상회의, 제4차, Algiers(알제리), 1973. 9. 5~9, 전 3권(V. 2. 우리 입장 지지교섭)』, 외교사료관, 2004; 「(긴급) 주튜니시아 대사가 장관에게 보내는 전문」(1973. 9. 6), 『비동맹 정상회의, 제4차, Algiers(알제리), 1973. 9. 5~9, 전 3권(V. 3. 회의경과)』, 외교사료관, 2004.

[121] Bandaranaike Centre for International Studies, op. cit., pp. 73~112; 유엔 디지털라이브러리(https://

**제4차 알제 비동맹 정상회의 회의장 내부 전경** 『비동맹 정상회의, 제4차, Algiers(알제리), 1973. 9. 5~9, 전 3권(V. 3. 회의경과)』, 외교사료관, 2004.

제는 이번 회의의 가장 중요한 관심사였다. 『경향신문』의 분석대로, 이번 비동맹회의에서는 "냉전체제가 지녔던 국제사회의 행동기준인 이념질서가 전면적으로 붕괴·와해되면서 그대신 새로운 시대적 국제사회의 행동 원칙으로 경제적 빈부가 도전적 양상으로 등장함으로써 세계는 그 어느 때보다 자원전쟁 혹은 남북대결, 선후진국 대결 등"으로 접어들었다는 것이 분명해졌다.[122]

정치선언(Political Declaration)은 먼저 식민주의와 인종차별을 강하게 비판했다. 남부 아프리카에서 자행되는 아파르트헤이트와 시온주의 같은 폭력을 일삼는 소수 백인 정권이 종식되어야 했다. 특히 '평화의 분할 불가능성'이 강조됐다. 현재 진행 중인 미국과 소련, 미국과 중국의 데탕트는 긍정적이지만, "일부 지역에서 지속되는 갈등을 모른 척한 채 다른 지역의 긴장을" 없애는 것은 불가

---

digitallibrary.un.org/record/577515?ln=en&v=pdf).

122 『경향신문』 1974. 9. 4.

능하다는 주장이었다. 즉 현재 세계는 "소수의 부유한 국가"는 평화와 "번영"을 누리지만, 대다수 가난한 국가들은 "강자에 의한 불안과 지배에" 놓여 있었다. 게다가 부국과 빈국의 "이러한 분할(division)"이 더욱 심화하고 있다고 비판했다. 따라서 "반둥, 베오그라드, 카이로, 루사카, 그리고 조지타운의 선언들이 분명히 보여주었듯이, 비동맹 국가들은 오직 대다수 인민의 열망을 표현하고 있"으며, "인민들이 원하는 것은 여전히 존재하는 식민지 멍에를 없애고" "모든 형태의 인종차별과 분리를 근절"하는 것이라고 선언했다.

또한 선언에서는 분리 불가능한 정치·경제·문화적 차원의 독립(independence)이 강조됐다. 비동맹 국가들의 "진정한 독립"은 "외국 독점을 제거하여 민족 자원에 대한 통제권을 확보하고" "인민의 이익을 위해 자원을 개발"할 때라야 확립되는 것이었다. 이러한 경제적 독립하에서 "비동맹 국가의 인민들은 그들 본연의 모습(personality)을 수호하고, 문화유산을 되살려 풍요롭게 만들" 수 있었다. 나아가 "식민주의로 심각하게 소외됐던 자신의 본연성(authenticity)"의 회복과 촉진이 가능할 것이다. "마지막으로 비동맹 국가들은 어떠한 패권(hegemony)에도 대항하는 민족주권(national sovereignty)을 실질적으로 행사함으로써, 즉 모든 형태의 종속이나 의존을 배제하고 정치적으로나 경제적으로나 군사적으로나 어떤 간섭이나 압력의 형태를 거부함으로써 우리의 독립을 공고히 하고자 분투할 것" 임을 선언했다.

경제선언(Economic Declaration)에는 비동맹 국가들의 구체적인 경제협력의 방안들이 담겼다. 첫째, 개발도상국들이 세계경제 및 재정에 참여해야 하고, 둘째, 다국적 회사의 활동을 제한하고, 셋째, 개발도상국 자원의 주권적 처분이 보장되고, 넷째, 후진국 간의 경제협력 증진을 촉구하고, 다섯째, 사회주의 국가와의 경제통상관계를 증진하며, 여섯째, 77그룹의 개발도상국 각료회의 소집을 촉구하며, 일곱째, 석유·구리 같은 1차 산품 생산국의 이익 옹호를 위한 기구

창설을 요구하는 등의 내용이 제시됐다.[123]

한반도 문제는 '정치선언의 42항'과 민족해방투쟁선언(Declaration on the Struggle for National Liberation)과 함께 채택된 15개 결의안 중에서 11번째로 각각 다음과 같이 서술됐다.

> 42. 회의는 한반도의 국민에 의하여 착수된 자주적인(independent)[124] 평화적 통일의 행동을 지지하며, 남한으로부터의 외국 군대 철수를 요구하고 그리고 한반도 문제는 외부의 간섭(foreign interference) 없이 해결되어야 한다고 생각한다.[125]

> 11. '한반도 문제에 관한 결의안(Resolution on the Problem of Korea)'
> 1973년 9월 5일부터 9일까지 모인 비동맹국의 정상들은, 한반도가 거의 30년 동안 분단된 상태였음을 고려하며, 1972년 한반도의 평화통일을 향한 가시적인 진전이 이루어졌으나 그 이후 장애물들이 발생했음에 주목하고, 이러한 분단의 지속은 아시아와 세계의 평화와 안보에 대한 영구적인 위협이 된다는 사실을 주목하고, 한반도에 대한 외국 간섭을 종식시키고 한반도 인민의 자결권(self-determination)

---

123 「주모록코 대사가 장관에게 보내는 전문」(1973. 9. 11), 『비동맹 정상회의, 제4차, Algiers(알제리), 1973. 9. 5~9, 전 3권(V. 3. 회의경과)』, 외교사료관, 2004.

124 영어 단어 인디펜던트(independent), 인디펜던스(independence)는 우리말로 '독립적인/독립', '독자적인/독자성', '자주적/자주' 등으로 번역될 수 있다. 중립·비동맹·제3세계 국가들이 탈식민을 지향했다는 점에서 기본적으로 '독립적인/독립'으로 번역했다. 그런데 이번 1973년 비동맹 정상회의의 한반도 문제 관련 조항 및 결의문의 경우에는 1972년 남북한이 합의한 7·4남북공동성명을 직접 언급하는 것이므로, 여기에서는 선언에 등장하는 '자주적인/자주'라는 말로 번역했다.

125 유엔 디지털라이브러리, 앞의 자료, 12쪽; 국회도서관 입법조사국, 『제3세계관계자료집』, 175쪽.

이 보장되어 그들이 스스로의 문제를 스스로 관리하고 한반도 통일 문제를 평화적 방법으로 해결할 수 있도록 요구하며, 조국의 통일을 염원하는 한반도 인민과 나라의 분단을 영속시킬 수 있는 남북한(two Koreas)의 유엔 동시가입안에 대한 한반도 인민의 한결같은 반대를 유념하며,

1. 남한에 주둔한 모든 외국군의 철수와 한반도 내정에 대한 온갖 형태의 외부 간섭(foreign interference)의 종식을 요구한다.
2. 또한 한반도의 평화적이고 자주적인(independent) 통일에 도움을 줄 수 있도록 제28차 유엔총회에서 한반도 문제를 심의할 것과 유엔의 깃발 아래 남한에 주둔하고 있는 외국 군대의 철수와 유엔한국통일부흥위원단의 해체를 결정할 것을 요구한다.
3. 코리아의 유엔가입은 나라의 완전한 통일 이후이거나 남북한 연방제(confederation)의 확립 이후에 단일 국명(the name of a single state)으로만 달성될 수 있음을 선언한다.[126]

평양 주재 헝가리 대사관에 따르면, 알제리가 한반도 관련 조항을 제안했으나 친한적 인도네시아가 다른 수정안들을 제시하며 대응했다고 한다. 그런데 유고슬라비아의 티토와 캄보디아의 시아누크가 알제리가 제시한 결의안을 지지하는 발언을 하자 회의장 분위기가 알제리 쪽으로 기울었다. 결국 알제리가 제출한 결의안이 거의 그대로 통과됐다. 수정된 문구는 기존의 '미군' 철수를 구체적인 국가명을 뺀 '외국 군대' 철수로 변경한 것 정도였다.[127]

---

126 유엔 디지털라이브러리, op. cit., p. 49; 「제4차 뻘럭불가담 국가 수뇌자회의에서 채택된 『조선 문제에 관한 결의』」, 『로동신문』 1972. 9. 12.
127 「주북한 헝가리 대사관의 보고서, 제목: 알제에서 열린 북한과 비동맹 정상회담」(1973. 9. 27), 윌슨센터 디지털아카이브(https://digitalarchive.wilsoncenter.org/document/116004).

『로동신문』은 알제 정상회의가 채택한 한반도 관련 내용과 그 의의를 대대적으로 보도했다. 그동안 북한이 주장해온 "조선의 유엔가입은 조선의 완전한 통일이 이룩된 다음이거나 남북련방제가 실시된 다음 단일국호에 의하여 이루어져야" 하며, "외국 군대는 남조선으로부터 물러가야" 한다는 내용이 결의안에 담겼음을 강조했다. 또한 채택된 결의안과 회의에서 연설한 국가 및 정부 수반들의 발언은 "평화와 통일의 선구자이신 조신민주주의인민공화국 김일성 주석께서 올해 6월 23일에 제시하신 어떠한 외세의 간섭도 없이 조선의 자주적 평화통일을 실현하기 위한 5대 강령을 지지"하는 것이었다고 해설했다.[128]

이처럼 북한 지도부는 "력사상 가장 많은 국가 수반들과 정부 수반들이 참가한" "이번 쁠럭불가담 국가 수뇌자회의는 제국주의와 신구식민주의, 인종주의를 반대하고 민족적 해방과 자주권, 평화와 사회적 진보를 위한 제3세계인민들의 투쟁에서 획기적 의의를 가지는 국제적 사변으로 되었다"고 높이 평가했다.[129] 평양 주재 헝가리 대사관도 "북한 지도부는 알제 회의가 한반도 문제를 통과시킨 결의문에 매우 만족하고" 있으며, "김일성 본인도 이 결의안을 높이 평가"했다고 보았다. 특히 북한 미디어들은 "논평과 함께 결의문 전체를 발표"했을 뿐 아니라, 북한 "전역에서 개최된 지방회담과 회의들에서 알제 결의안은 이제" 북한의 "자주적인 대외 정책의 승리로 제시"되었다고 전했다.[130]

한편, 남한 외무부는 "비동맹 진영"의 "내부적 분열을 노출"한 "성과없는 정

---

128 『로동신문』 1973. 9. 12.
129 『로동신문』 1973. 9. 12.
130 「주북한 헝가리 대사관의 보고서, 제목: 알제에서 열린 북한과 비동맹 정상회담」, 윌슨센터 디지털아카이브, 앞의 자료.

상회담"이었다는 평가보고서를 대통령에게 제출했다. 보고서는 세계적 이목이 집중된 가운데 전례없이 많은 후진국가 원수들이 참석"했다는 사실은 인정하면서도, "워낙 이질적인 국가들이 모인 관계로 이해상반, 의견백출로 아무런 효과적인 대(對)선진국 공동투쟁 방안도 수립하지 못"했다고 평가했다. 분열의 근거로 "쏘련을 새로운 제국주의자로 간주할" 것인지를 둘러싸고 "친쏘, 친중공 및 중간파 간에 격렬한 사상논쟁을 일으켜 건실직인 회의 운영이 거의 불가능"했음을 제시했다. 동시에 보고서에서는 외무부가 그동안 전개한 비동맹 외교의 성과가 강조됐다. 성과의 핵심은 북한의 비동맹 가입 "저지"였다. 즉 "북한 가입 저지를 위하여 43개 우방 중립국에 사전 교섭을 한 바 있었고, 19개 회원국으로부터 북한 가입 반대 약속을" 받아냈다는 것이다.[131] 또한 외무부는 「한반도 문제에 관한 결의안」에 대해서는 "회의 결렬 방지라는 특수상황하에서 부득이 일괄 승인한 것"에 불과하다며 그 의미를 축소했다.[132]

그런데 알제 비동맹 정상회의에서 채택된 한반도 문제 관련 결의안은 유

---

131 「(외무부장관이 대통령 각하에게 제출한 외무부 보고사항) 제목: 제4차 비동맹 정상회담 경과보고」(1973. 9. 17), 『비동맹 정상회의, 제4차, Algiers(알제리), 1973. 9. 5~9, 전 3권(V. 3. 회의 경과)』, 외교사료관, 2004. 1년이 지난 1974년 8월 31일, 외무부장관은 다른 요인은 언급조차 하지 않은 채 알제 정상회의에 북한이 "가입신청을 기도하다가 아국의 적극적인 저지 공작으로 실패"했다고 대통령에게 보고했다. 「(외무부장관의 대통령 각하 보고사항) 제목: 북괴의 비동맹그룹 가입신청」(1974. 8. 31), 『북한의 비동맹 회원국 가입신청 정보 입수』, 외교사료관, 2005.

132 외무부는 영향력이 없을 것이라고 예상하면서도 알제에서 채택된 결의안이 "유엔에서의 한국 문제 토의에 영향이 없도록 계속 강력한 설득 공작을 전개하고 있"다고 대통령에게 보고했다. 「(외무부장관이 대통령 각하에게 제출한 외무부 보고사항) 제목: 제4차 비동맹 정상회담 경과보고」, 『비동맹 정상회의, 제4차, Algiers(알제리), 1973. 9. 5~9, 전 3권(V. 3. 회의경과)』, 외교사료관, 2004.

엔총회 표결에 영향을 주었을 가능성이 크다.[133] 1961년 이래로 남한은 북한이 유엔의 권위를 인정해야만 참가할 수 있다는 '조건부 초청안'을 지지했으며, 이것이 통과됐었다. 그런데 1973년 박정희 대통령의 6·23선언에 따라 남북한 유엔 동시가입을 제안했으므로, 기존의 조건부 초청안을 고수할 수는 없었다. 게다가 북한은 1973년 5월 세계보건기구에 가입함으로써, 7월 뉴욕에 옵서버 대표부를 설치한 상황이었다. 이러한 상황에서 알제 비동맹 정상회의 직후 제28차 유엔총회가 열렸을 때 '남북한 무조건 동시초청안'이 남북한의 "막후교섭의 결과" "토론조차 없이 전격적으로" 통과된 것이었다. 이로써 유엔총회 역사상 처음으로 북한이 한반도 문제 토의에 참여하게 되었다.[134]

1973년 10월 11일, 김일성 주석은 조선인민군대회에서 알제리 정상회담의 결과와 유엔총회에서 북한 대표의 무조건 참가 결정을 자랑스럽게 언급했다. 그는 "이 모든 것은 우리 혁명에 대한 지지자와 동정자들이 급속히 늘어나고 있으며 전반적 정세가" "우리 인민에게 유리하게 전변되고 있다는 것을 뚜렷이 보여"주는 일이라고 평가했다. 그리고 "오늘 아세아, 아프리카, 라틴아메리

---

[133] 1973년 9월 22일, 알제리 상임대표(Permanent Representative) 라할(Abdellatif Rahal)은 유엔 사무총장에게 보내는 서한에서 4차 비동맹 정상회의가 채택한 공식문서(official documents)를 유엔총회의 단일한 공식문서로서 배포해주기를 요청했다. 그리고 라할은 유엔총회 의제와 12, 22, 23, 39, 40, 41, 42, 46, 60, 70, 71, 72, 101, 106, 108번 항목들(items)이 관련되어 있음을 밝혔다. 여기서 42번 항목은 정치선언의 한반도 관련 조항이었다. 「1973년 11월 22일자 유엔 알제리 상임대표가 사무총장에게 보낸 서한(Letter dated 22 November 1973 from Permanent Representative of Algeria to the United Nations addressed to the Secretary-General)」, UNITED NATIONS GENERAL ASSEMBLY(GENERAL A/9330, 22 November 1973), 유엔 디지털라이브러리(https://digitallibrary.un.org/record/577515?ln=en&v=pdf).

[134] 앞선 26차(1971년)와 27차(1972년) 유엔총회에서는, 데탕트와 남북대화의 개시라는 국내외의 변화된 정세를 고려하여 서방 측이 제출한 '한반도 문제 토의 연기안'이 논란 없이 통과된 바 있었다. 외무부, 『한국 외교 30년(1948~1978)』, 197~199쪽; 『동아일보』 1973. 10. 2.

카의 많은 나라 인민들이 우리 인민을 적극 지지하는 것은 우리 당이 주체사상에 기초하여 옳은 로선과 정책을 실시하며 자주적으로 나가"기 때문이었다. 따라서 "지금 세계정세 발전의 중요한 추세는 작은 나라들이 자주성에 기초하여 단결"하는 것이며, "모든 분야에서 주체를 튼튼히 세우고 자주, 자립, 자위의 원칙을 철저히 관철하여 나간다면 우리 혁명에 더욱 유리한 국제적 환경을 마련할 수 있으며 조국통일의 력사적 위업을 앞당길 수" 있다고 전망했다.[135]

1973년 알제리에서 열린 비동맹회의는 비동맹 역사상 그 규모와 조직 운영의 측면에서 하나의 분기점이었다. 루사카 당시 53개였던 회원국은 알제 정상회의에서 75개국으로 급증했으며, 비동맹운동의 '연속성'을 확보하기 위한 조정위원회가 설치 및 운영되기 시작했다. 비록 유엔의 상설사무국(permanent secretariat) 같은 기구는 아니었으나, 이때부터 주최국 알제리 뉴욕 주재 대표부가 조정국(Coordinating Bureau)으로서 정기적으로 비동맹 관련 문제를 처리하거나 필요시 회의를 소집할 수 있었다.[136] 이처럼 알제 정상회의를 기점으로 비동맹회

---

135 김일성, 「인민군대의 중대를 강화하자—조선인민군 중대장, 중대정치지도원대회에서 한 연설」(1973. 10. 11), 『김일성 저작집』 28, 조선로동당출판사, 1984.

136 모로코 주재 남한 대사의 정보에 따르면, 1973년 비동맹 정상회의에서 알제리는 비동맹회의 상설사무국을 설치하고자 했으나, 합의에 도달하지 못하여 타협안으로 14개국 부의장으로 구성되는 조정위원회를 두기로 결정됐다고 한다. 「주모록코 대사가 장관에게 보내는 전문」(1973. 9. 11), 『비동맹 정상회의, 제4차, Algiers(알제리), 1973. 9. 5~9, 전 3권 (V. 3. 회의경과)』, 외교사료관, 2004. 조정위원회는 상설사무국이 아니라 정상회담이 열리는 3년마다 개편되는 일종의 회의 조직체였다. 2024~2027년 비동맹운동의 우간다 의장국이 설명하는 비동맹 운영 방식에 따르면, 비동맹운동(NAM)은 유엔이나 다른 지역 및 국제 조직과 달리 "공식적인 창립헌장, 규정, 조약(formal founding Charter, Act or Treaty) 또는 상설사무국(permanent secretariat)도 존재하지 않았다. 모든 운동의 업무를 조정하고 관리하는 일은 정상회의를 주최하는 국가가 의장국으로서 3년 동안 그 책임을 졌다. 「운영방식(Working Mechanisms)」, 2024~2027년 비동맹운동 우간다 의장국(NON-ALIGNED MOVEMENT(NAM), The Uganda Chairmanship 2024-2027)(https://nam.go.ug/working-

의는 일정한 조직과 운영 체계를 갖춘 지속가능한 회의체가 되었다.[137]

참가국이 급증하고 국제정치적 영향력이 커진 비동맹 정상회의에 남북한 모두 큰 관심을 가지며 대응에 나섰다. 남한은 북한이 비동맹 가입을 신청하는지 주시하며, 북한의 가입신청이 확인된다면 참석하겠다는 방침을 세우고 있었다. 그런데 북한의 가입신청은 없었으며, 남한도 최후의 카드인 가입신청 정책을 추진할 필요성이 사라졌다. 또한 남북한은 정상회의에서 다뤄지는 한반도 문제 관련 선언과 결의안을 자신들에게 유리한 방향으로 만들기 위해 노력했다. 남북대화가 교착된 상황에서 북한은 자신이 주장해온 한반도 통일 방안과 외국 군대 철수 주장이 비동맹회의의 선언과 결의문에 반영되도록 측면외교를 펼쳤다. 주최국 알제리를 중심으로 급진적 성향의 비동맹 국가들이 주도하여 작성된 알제 회의 최종선언문과 결의문 등에는, 김일성 주석이 내세운 '조국통일 5대 강령'의 입장, 즉 남북한의 연방제(Confederation) 실현과 단일 국호로 유엔 가입, 외세간섭 없이 자주적인 한반도 통일의 추구, 그리고 남한에서의 외군 철수 등이 거의 그대로 실렸다. 애초 알제리가 제안한 '미군' 철수라는 문구가 '외군' 철수로 수정된 것이 그나마 남한에게는 다행이었다. 비동맹회의 직후 열린 제28차 유엔총회에서도 남북한이 '무조건' 동시 초청됨으로써,

---

mechanisms).

137 딘켈은 "1970년대 비동맹운동이 국가연합의 형태로서 자체적인 제도와 정치적 목표를 수립"했다고 본다. 이로써 1968년까지 비동맹 국가들의 회의는 5차례에 불과했지만, 1970년 4월부터 1977년 9월까지 123회의 관련 단체, 위원회, 외상급, 정부회의 등이 열릴 수 있었다. 특히 딘켈은 1970년대 확립된 비동맹운동의 조직과 운영 방식에 양면성이 있음을 강조했다. 즉 비동맹운동은 말 그대로 하나의 운동으로서 독자적인 정체성과 느슨한 네트워크를 구축하고 국제정치관계에 대한 해석을 공유했으며, 이를 바탕으로 공동의 적을 식별하고 자체적인 상징과 함께 공동의 목표를 공식화했다. 이러한 느슨한 구조는 연대의 범위를 넓히지만 동시에 비동맹 국가들의 결집력과 실행력의 단점으로 작용하기도 했다. Jurgen Dinkel, op. cit., pp. 159~184.

유엔총회 역사상 처음으로 남북한이 옵서버 자격으로 함께 한반도 문제 토의에 참석했다. 동시에 이번 유엔총회에서는 미국과 중국이 먼저 합의하고 남북한의 동의를 얻어, 북한이 오랫동안 주장해온 유엔통일부흥위원단(United Nations Commission for the Unification and Rehabilitation of Korea, UNCURK)이 조용히 해체됐다.[138]

1973년 말 남북한은 대화가 아닌 대결의 길로 나아가고 있었다. 국제정치적 영향력이 커진 비동맹회의와 비동맹 국가들이 수도하는 유엔총회, 그리고 여러 국제회의를 둘러싸고 남북한의 대결은 본격화했다. 북한은 급진화하는 비동맹 세력을 기반으로 친한(親韓)적인 국가들까지 포괄하는 전방위적인 대외활동에 나섰으며, 이를 저지하기 위해 남한은 자국에 우호적이거나 엄정 중립 성향의 비동맹 중립국에 외교력을 집중했다. 그야말로 폭풍전야였다.

---

138  홍석률, 『1970년대 UN에서의 UNCURK 해체 문제』, 경인문화사, 2020, 17·99쪽.

## 7장
# 정면 대결

## 1. 비동맹/뻘럭불가담 가입을 위한 남북한의 외교전(1974~75)

### 1) 알제 비동맹 조정위원회 회의와 북한의 가입 권고안 채택

알제리 비동맹 정상회의 결정에 따라, 회의에서 의장과 부의장을 맡았던 국가들로 구성된 비동맹 조정위원회(Coordinating Bureau)가 조직됐다. 조정위원회는 필요시 대사급 또는 외상급 회의를 소집할 수 있었다. 1974년 3월 19일, 첫 비동맹 조정위원회 외상회의가 열렸는데, 17개국 외상들과 23개 옵서버국이 참석했다.[139] 21일 발표된 공동성명에는, 정치적으로 "이스라엘과 외교 문화 및 경제관계를 즉각 단절하고 이스라엘을 유엔에서 축출할 것"과 "인도차이나 문제에 관해 미국과 월남 정부가 파리협정을 위반했다고 비난하고 비동맹국들은 베트콩을 외교적으로 승인하는 한편 유엔에서 시아누크 망명 정권의 합법

---

139  17개국은 알제리·쿠바·가이아나·쿠웨이트·라이베리아·말레이시아·네팔·페루·세네갈·소말리아·스리랑카·시리아·탄자니아·유고슬라비아·자이레·인도·발리 등이었다. 『조선일보』 1974. 3. 20; 『경향신문』 1974. 3. 23.

적 권리를 적극 지원할 것을 건의"하는 내용이 담겼다. 특히 "국제사회는 불평등 지배 착취에 바탕을 둔 현재의 경제관계를 철저히 개혁, 평등과 상호이해에 입각한 새로운 경제질서를 수립해야 한다"고 촉구했다.[140]

이러한 공동성명이 보여주듯이, 이 시기 비동맹 세력은 불평등한 국제 경제질서를 비판하며, '새로운 경제질서 수립'을 위한 목소리를 모아내고 있었다. 이미 1974년 1월 31일, 알제리 대통령은 유엔 사무총장에게 자원특별총회 개최를 요청한 상태였으며, 3월에는 77그룹이 "13개항으로 된 소위 개도국선언을 채택"했다.[141] 4월 9일, '천연자원과 개발 문제'를 의제로 한 유엔 자원특별총회가 미국의 뉴욕 유엔본부에서 135개 유엔 회원국과 7개 옵서버국이 참석한 채 열렸다. 이러한 다수 비동맹 개발도상국들이 주도하는 유엔 특별총회는 전년(1973년) 10월 아랍석유수출국기구(Organization of Arab Petroleum Exporting Countries, OAPEC) 회원국들의 석유 금수조치로부터 촉발된 오일쇼크의 한복판에서 개최되는 것이었다. 『조선일보』는 유엔 자원특별총회를 "자원이란 큰힘을 배경으로 한 제3세계의 부상과 제3세계를 중심으로 한 '남(South)'의 세력의 선진 공업국을 중심으로 한 '북(North)'의 세력에 대한 도전"으로 묘사했다.[142] 5월, 유엔특별총회는 "제3세계 96개국이 제출한" 「새로운 국제 경제질서 수립에 관한 선언(Declaration on the Establishment of a New International Economic Order, NIEO)」을 채택했다. 총 13개항의 선언문에는 자원보유국의 자원에 대한 주권 행사 보장과 다국적 기업에 대한 국제적 규제와 통제권을 인정하라는 등의 내용이 담겼다.[143]

---

140 『경향신문』 1974. 3. 23.
141 『매일경제』 1974. 4. 9.
142 『조선일보』 1974. 4. 17.
143 『경향신문』 1974. 4. 10.

이처럼 1974년 자원민족주의가 대두하는 상황에서 비동맹 그룹은 조정위원회라는 상시적 회의체와 유엔을 통해 국제정치적 영향력을 강화하고 있었다. 이 시기 커져가는 비동맹의 영향력은 미국의 비동맹 정책 변화를 추동하기도 했다. 1974년 7월 28일, 인도를 방문 중이던 미 국무장관 헨리 키신저(Henry A. Kissinger)가 미국 관리로서는 처음으로 "미국이 비동맹을 인정한다(accepts)"고 연설함으로써, 미국이 그동안 취해온 "반(反)비동맹 노선"을 포기했음을 공개적으로 밝혔다.[144]

북한 지도부는 이러한 일련의 회의에 적극 호응하며 긍정적으로 바라보았다. 특히 "원료 및 개발 문제에 관한 제6차 유엔총회 특별회의"가 채택한 '새로운 국제 경제질서의 수립에 관한 선언'과 '행동강령'은 "제국주의자들의 정치적 예속과 경제적 략탈에 불만을 품고 항거해 얼떠선 제3세계 나라들"의 "공동투쟁"의 성과로 규정했다.[145] 또한 1974년 동안 북한과 비동맹 국가들의 만남은 더욱 늘어났는데, 한 해 동안 알제리·캄보디아(시아누크의 망명 정부)·세네갈·토고·모리타니아·자이르 정상들이 평양을 방문했다.[146]

특히 김일성과 유고슬라비아의 티토는 서한을 주고받으며 주요 현안을 논의했다. 1974년 5월, 김일성은 티토에게 서한을 보냈다. 당시 북한이 미국과 평화협정 체결을 위해 미 의회에 서한을 발송했다는 것과, 지난해(1973년) 8월 이

---

144 『동아일보』 1974. 10. 30; "181. Information Memorandum From the President's Deputy Assistant for National Security Affairs (Scowcroft) to President Ford 12"(1974. 10. 29), *Foreign Relations of the United States, 1969~1976*, Volume E-8, Documents on South Asia, 1973~1976.
145 『조선중앙년감(1975년판)』, 544쪽.
146 제4차 비동맹 정상회의 의장국 알제리 대통령은 1974년 3월 2일부터 5일까지 평양을 방문하여 김일성을 만났다. 『조선중앙년감(1975년판)』, 518~527쪽.

후 남북대화가 중단된 이유를 자세히 설명했다.[147] 그리고 김일성은 "제3세계 인민들의 힘"을 강화하는 방안을 제시했다. 첫째, "제3세계 국가들이 외부의 지배와 통제에서 벗어나기 위해서는 자주독립의 기치 아래 단결을 더욱 강화해야 한다." 둘째, "프랑스·일본·캐나다 등과 같은 제2세계 국가들의 억압을 받는 국가들을 해방시키는 것이 중요하다." 왜냐하면 "천연자원이 충분하지 않"은 제2세계 국가들은 "자국의 경제발전을 위해 제3세계 국가의 풍부한 사원에 의존"하고 있기 때문이다. 즉 "제3세계 국가들이 이러한 강대국의 약점과 적대관계를 능숙하게 활용한다면" 제2세계 국가들과 "통일전선을 형성할 수" 있을 것이다. 셋째, 이렇게 제3세계와 일부 제2세계 세력을 규합한다면, "현존하는 유엔과 독립적인", 이른바 "제3세계 국가들이 이끄는" 새로운 국제기구의 "창설"까지 가능하지 않겠냐는 의견을 제시했다.

끝으로 김일성은 북한은 "제3세계에 속한 나라로서 비동맹국들이 반대하지 않는다면 쁠럭불가담 나라의 대열에 들어가고자 한다"며 가입 의사를 내비쳤다. 특히 "유고슬라비아가 사회주의 국가이면서 동시에 제3세계에 속하는 국가"로서 "비동맹 국가 대열에서 큰 역할을 하고 있다는 좋은 선례가 있기 때문에 우리도 그 대열에 합류할 수 있다고 생각한다"고 밝혔다. 그러면서 그는 북한이 유고슬라비아와 달리 다른 사회주의 국가와 양자적 군사동맹(bilateral military alliances)을 맺고 있다는 사실이 거론될 수 있으나, 이 군사동맹은 "바르샤바 조약과 같은 다자간 군사 블록의 구성원"이 아닐뿐더러, 북한에는 "외국 군사

---

147 김일성은 미국에 제시한 "우리의 제안은 남조선의 통치가 조국의 반역자이며 실권 없는 꼭두각시라는 사실을 전 세계에 폭로하는 데 유용할 것이며," 이로써 남한이 "국제무대에서 더욱 고립"될 것이라고 그 이유를 밝혔다. 또한 1973년 8월 이후 남북대화가 중단된 이유도 "남조선 통치자들이" "북과 남으로 분단된 현 정세를 공고히 하고 '두개의 조선'을 만들고자" 하기 때문이라고 설명했다.

기지가 없다"며 논란이 될 수 있는 사항에 대한 반박 논리까지 덧붙였다.[148]

7월 23일, 티토는 답신을 보냈다. 그는 북미 간 평화협정 체결은 적극 지원하겠으나, 새로운 국제기구 창설에는 반대했다. 그는 현재의 유엔이 "비록 결점과 불완전함"이 있더라도, "가장 적합한 보편적 국제기구이자 평화를 수호하고 국제협력을 발전시키기 위한 국제사회의 대체할 수 없는 도구라고 믿는다"고 설명했다. 그리고 티토는 북한이 비동맹에 참여하고자 한다는 소식을 들었을 때 매우 기뻤다고 적었다. 그는 "이에 경의를 표하며 귀 국가의 의도를 지지"하며, "비동맹 조정국 성원들과 추후 더 논의"하겠다고 답했다. 그러면서 티토는 김일성에게 북한이 비동맹 가입에 성공하기 위해서는 회의에서 구성원의 만장일치(consensus) 합의를 얻어야 하므로, 먼저 아시아의 비동맹 국가들과 더 자주 접촉하여 이들의 지원을 확보하는 것이 중요하다며 가입을 위한 방법도 전달했다.[149]

한편, 북한 가입 문제는 박정희 "대통령 각하의 관심사"였다. 이에 남한 외무부는 북한의 가입신청 여부를 알고자 고군분투했다.[150] 1974년 9월, 카이로 주재 남한 총영사는 북한의 가입 "가능성을 전혀 배제할 수 없"다는 현지 싱가포르 대사대리의 의견을 장관에게 보고했다. 현재 비동맹회의의 "회원국 가입의 기준요건"이 "점차 완화되어가고" 있으며, 비동맹 그룹의 "전체적인 움직임의

---

148 「조선민주주의인민공화국 주석 김일성이 요시프 브로즈 티토 대통령에게 보낸 서한 및 친서」(1974. 5), 윌슨센터 디지털아카이브(https://digitalarchive.wilsoncenter.org/document/208682).
149 「(김일성 주석의 친서 및 메시지에 대한) 티토 대통령의 회신」(1974. 7. 23), 윌슨센터 디지털아카이브(https://digitalarchive.wilsoncenter.org/document/208683).
150 「(긴급) 주비 대사가 장관에게 보내는 전문」(1974. 8. 29), 『북한의 비동맹회원국 가입신청 정보 입수』, 외교사료관, 2005.

양상이 과격한 방향으로 변모하고" 있다는 분석이었다.[151]

이러한 비동맹 그룹의 급진화는 유엔총회에서 한반도 문제에 관한 '표결'에도 영향을 미쳤다. 특히 "비동맹 중립" 회원국이 유엔에서 차지하는 비율이 "50~60년대의 20% 선에서 70년대에는 40%를 넘어"선 상황이었다.[152] 특히 1974년 열린 제29차 유엔총회에서는 2년간 중단된 한반도 문제에 관한 '표 대결'이 부활했다.[153] 그런데 1974년 12월 17일 유엔총회에서 서방 진영이 제출한 공동결의안은 찬성 61표 대 반대 43표로 통과됐으나, 동시에 사회주의 진영이 제출한 공동결의안이 찬반 표 동수(48표)로 부결된 것이었다.[154]

표 대결 이틀 후인 12월 19일, 같은 장소에서 비동맹 조정위원회 회의가 열렸다. 회의에서는 이듬해 1975년 2월 세네갈에서 열리는 '원자재에 관한 개발도상국회의(Conference of Developing Countries on Raw Materials)'의 참석 대상이 논의됐다. 회의는 초청 대상을 첫째, 비동맹의 회원이나 옵서버 국가이거나, 둘째, 비동맹 회원국은 아니더라도 77그룹 회원국이거나, 셋째, 유엔 사무총장과 유엔무역개발회의(UNCTAD) 사무총장 등으로 결정했다. 그런데 회의에서 알제리와 쿠바가 참가 대상인 77그룹 회원국 중 칠레·캄보디아(크메르 정권)[155]·남한·남베트

---

151 「(주카이로 총영사가 외무부장관에게 보내는 전문) 제목: 북괴의 비동맹 그룹 가입신청」(1974. 9. 13), 위의 자료.
152 외무부, 『한국 외교 30년(1948~1978)』, 197쪽.
153 1973년 유엔총회에서는 한국 문제가 다시 토의됐으나 미국과 중국의 타협에 따라 표 대결이 유보됐다.
154 외무부, 『한국 외교 30년(1948~1978)』, 200쪽.
155 1974년 12월 시점에 캄보디아에서는 미국의 전폭적인 지원을 받는 론놀 정부와 중국의 지원을 받는 캄푸치아공산당인 크메르 루주의 내전이 격화하고 있었다. 1970년 3월부터 5년간 이어진 내전에서 1975년 4월 크메르 루주가 승리하여 론놀은 망명을 떠나야 했다. 신재혁, 「캄보디아 훈센 정권의 야당 탄압과 권력유지 전략」, 『AIF 아세안』, 2019.

남 등을 제외하자고 제의했는데 이는 받아들여졌다.

1975년 1월 21일, 남한 외무부는 말레이시아·라이베리아·인도·네팔·세네갈 측에 남한의 참석 배제는 "부당"한 처사임을 설명하면서, 향후 북한만 초청하는 움직임이나 제의가 있다면 반대해달라고 요청했다. 외무부는 북한은 비동맹 구성원이 아니며, 77그룹에도 포함되어 있지 않으니 세네갈 자원회의에 참석하지 못할 것으로 예상했다.[156] 세네갈 자원회의 개최일 전날(3일), 김일성 주석은 회의 앞으로 축전을 발송했다. 그는 이번 회의가 "제3세계 나라들이 제국주의자들의 략탈로부터 자기 나라의 자원을 지키고 완전한 평등과 자주성의 원칙에 기초하여 원료 문제를 포함한 국제경제관계 문제를 공정하게 해결하기 위한 공동투쟁을 강화하는 데서 매우 중요한 의의"가 있음을 강조했다.[157]

1975년 2월 4일, 세네갈의 수도 다카르(Dakar)에서 비동맹 그룹이 주관하는 '원자재에 관한 개발도상국회의'가 열렸다. 이 회의는 앞선 알제 비동맹회의 결정에 따라 진행되는 것으로 민족해방운동 및 국제단체들까지 포함하여 약 100개의 대표단이 참가했다.[158] 그런데 둘째 날(5일), 회의 참가 대상이 아닌 북한의 참석이 결정됐다.[159] 회의 개최 전에 미리 다카르에 와 있던 북한 정부 경제대표단(단장 김경령)이 곧바로 참석했다.[160] 인도네시아 대표는 기조연설에서 남

---

156  1975년 1월 24일 시점까지 외무부는 북한이 참석하지 않을 것으로 보고 있었다. 중남미과 홍장희, 「비동맹 외상회의」(1975. 1. 24), 『비동맹 전체 외상회의, Lima(페루), 1975. 8. 25~30, 전 9권(V. 1. 기본대책 I. 2~4월)』, 외교사료관, 2006.
157  『조선중앙년감(1976년편)』, 502쪽.
158  위의 자료.
159  「(협조문) 제목: 회의개최」(1975. 2. 7), 외교사료관, 앞의 자료.
160  『로동신문』 1975. 1. 29; 「(제목 미상) (내용: 1.비동맹을 위한 조처, 2. 북괴책동)」(미상), 외교사료관, 앞의 자료.

한 등이 초청되지 않은 부당성을 강조하며, 인도네시아·말레이시아·싱가포르 3개국 공동명의로 이들의 참가를 요구하는 서명을 의장에게 제출했다. 그런데 다른 회의 참가자들의 호응이 없었다고 한다.[161]

참가 대상이던 77그룹의 남한 대신 77그룹이 아닌 북한이 참가하자, 남한 외무부는 충격에 휩싸였다. 2월 10일, 외무부 방교국장 주재하에 과장급이 참석하는 비동맹대책 협의를 위한 회의가 열렸다. 이 자리에서 북한의 비동맹 "편승 책동"의 심각성이 공유됐다. 특히 과장들은 북한이 '원자재에 관한 개발도상국회의'에 참가함으로써, "앞으로 비동맹 그룹에" 진출하는 "발판"이 마련됐다고 보았다. 즉 북한이 8월 페루 비동맹 외상회의에 "옵서버 파견 등 구체적인 책동을 펼 가능성이 농후"하다고 예상했다.[162] 회의 결과는 「비동맹 대책」이라는 문건으로 정리됐다. 이 문건은 그동안의 소극적인 비동맹 대책을 "적극 대책으로 전환"하며, 그 첫 번째 대책으로 남한의 비동맹 "옵서버 가입추진"을 제시했다. 또한 남한의 입장을 대변해줄 비동맹 국가를 A, B, C 그룹으로 분류하여 각기 차별화된 외교술을 펼칠 것을 제안했다. 즉 남한의 입장을 '적극' 대변할 A그룹과 '일정하게' 지지해줄 B그룹 국가들에는 현지 연락그룹(contact group)을 조속히 형성하여 접촉을 강화하면서도, 엄정 중립의 국가들은 되도록 자극하지 않는다는 것이었다.[163]

2월 15일, 북한 지도부는 비동맹 조정위원회 의장인 알제리 외무성에 "공식 회원으로서 뻘럭불가담운동에 참여하고자 한다"는 「구상서(Verbal Note) 524」(가입

---

161 「(긴급) 주인도네시아 대사가 장관에게 보내는 전문」(1975. 3. 8), 『비동맹 조정위원회 외상회의, Havana(쿠바), 1975. 3. 17~19』, 외교사료관, 2006.
162 방교국장, 「(협조문) 회의 개최」(1975. 2. 7), 외교사료관, 위의 자료.
163 위의 자료.

신청서)를 제출했다. 북한은 가입신청서에 그 이유를 다음과 같이 적었다.

오늘날 쁠럭불가담운동은 모든 형태의 공격과 개입, 억압 그리고 불평등에 반대하며 그리고 평화와 국제 문제들의 공정한 해결을 위해 불굴의 투쟁을 펼쳐왔다. (…) 쁠럭불가담운동의 고귀한 목표와 이상은 조선민주주의인민공화국 정부가 변함없이 추구해온 독립적인(independent) 외교 정책과 완전히 일치한다. (…) 쁠럭불가담 국가의 인민들은 스스로 조국을 독립적이고 평화적으로 통일하려는 조선인민의 투쟁을 고려하여, 쁠럭불가담 수뇌자회의를 포함한 여러 회의에서 조선 인민의 정당한 노력을 지지하고 격려하는 결의안을 채택해왔으며, 이러한 방식으로 그들은 우리 인민들의 투쟁을 지지했다.

오늘날 조선 인민과 쁠럭불가담 국가의 인민들의 우호관계는 훨씬 더 증진됐으며 협력관계는 날마다 더 강화되고 있는 중이다.

조선민주주의인민공화국 대표가 2월 초 세네갈 수도 다카에서 열린 자원개발 회의에서 모든 참가국들의 희망에 따라 공식 회원(offical member)으로서 참석했다는 사실은, 공동의 대의를 위해 조선 인민이 쁠럭불가담 국가 인민들과 나란히 손잡고 투쟁하고 있다는 것을 명백히 보여준다.

조선민주주의인민공화국 정부와 인민은 쁠럭불가담운동에 참여하기를 강력히 희망한다. 왜냐하면 진실로 평화와 민주주의, 민족독립, 그리고 사회적 진보를 향한 공동의 투쟁에서, 우리는 반제국주의와 주권(sovereignty)의 기치를 높이 들고 쁠럭불가담 국가 인민들과 긴밀히 협력하여 적극적으로 기여하기를 진실로 바라기 때문이다.

지금까지와 마찬가지로 미래에도, 조선민주주의인민공화국 정부와 인민은 변함없이 쁠럭불가담의 고귀한 이상을 존경할 것이며, 이 운동을 확대하고 발전시키기 위한 모든 노력을 기울일 것이며, 모든 형태의 개입과 공격에 반대함과 동

시에 뽈럭불가담 국가 인민들의 공동의 이익을 지키기 위해 적극적으로 투쟁할 것이다.[164](밑줄—인용자)

가입신청서에는 '독립적(independent)'이라는 비동맹운동의 목표와 이상을 북한도 지향해왔을 뿐 아니라 비동맹회의에서 채택된 결의안도 그동안 북한이 주장해온 내용과 일치한다는 점이 강조됐다. 특히 최근 세네갈에서 열린 자원 관련 회의에 회원으로 참가한 것이야말로 "조선 인민이 뽈럭불가담 국가 인민들과 나란히 손잡고 투쟁하고 있다는 것을 명백히 보여"주는 증거로 제시됐다. 그리고 북한은 가입이 실현되면 "반제국주의" "기치를 높이 들고" "긴밀히 협력"하겠다는 의지를 피력했다.

김일성은 티토에게 가입을 위한 "유고슬라비아 정부의 적극적인 협조를 요청"하는 서한을 보냈다. 그는 먼저 "유고슬라비아 정부가 조정위원회의 일원이자 뽈럭불가담 국가들 사이에서 유명한 국가"임을 강조하며, "티토 동지께서 우리의 염원이 실현되는 데 적극적으로 기여해주리라고 확고히 믿는다"고 썼다. 그리고 그는 구체적인 요청 사항을 제시했다. 먼저 김일성은 3월 열리는 쿠바 조정위원회 회의에서 북한에 대한 가입 "승인권고(recommendation of approval)"가 채택되기를 원했다. 조정위원회의 승인권고가 있어야만 이후 열리는 페루 비동맹 외상회의에서 가입 문제가 논의될 수 있기 때문이었다. 동시에 그는 "남조선 괴뢰(south Korean puppets)는 어떤 일이 있어도" 비동맹 관련 회의에 참가할 수 없도록 티토가 나서주기를 요청했다. 그리고 그는 티토가 북한과 관

---

164 「조선민주주의인민공화국 외무성이 알제리인민민주공화국 외무성에 제출한 구두 각서 524의 전문(Text of Verbal Note 524 submitted by the Ministry of Foreign Affairs of the Democratic People's Republic of Korea to the Ministry of Forign Affairs of the People's Democratic Republic of Algeria. on February 15, 1975)」(1975. 2. 15), 외교사료관, 위의 자료.

계가 좋지 않은 "스리랑카·인도·쿠웨이트 같은 조정위원회 회원국"에게도 영향력을 발휘해주기를 원했다.[165]

남한 외무부는 북한의 비동맹 가입 문제와 관련하여 외상회의 주최국 페루 외교관들과 긴밀히 협력했다. 2월 14일, 페루 주재 남한 대사는 현지 외무성 인사들에게 "북괴 및 일부 비동맹 국가들의 책동"을 비난했다. 이에 페루 측은 남한 입장에 대한 "충분한 이해를 표시"했다고 한다.[166] 28일, 일본 주재 페루 대사는 남한 공사에게 리마 외상회의에 남한이 초청되도록 최선을 다할 것이며 "적어도 북괴의 단독초청"이 이루어져서는 안 된다는 것을 "본국에 강력히 건의"하겠다고 알려왔다.[167] 3월 초, 페루의 실바(Gustavo Silva) 외무성 정무국장은 북한이 쿠바 대사관을 통하여 비동맹 조정위원회 외상회의에서 남한의 참여를 저지하기 위한 "공작을 맹렬히 추진하고 있다"는 정보를 제공했다.[168] 당시 남한 외무부는 북한 가입을 저지하기 위해 북한이 소련 및 중국과 군사협정을 체결하고 있다는 사실을 비동맹 국가들에게 적극 알리며, 필요시 해당 조약문을 제공하기도 했다.[169]

---

165 윌슨센터가 제공하는 문서에는 김일성이 보낸 서한의 날짜가 1975년 2월 1일로 되어 있으나, 편지에서 북한이 공식적으로 알제리에 가입신청을 최근에 보냈다고 한 것으로 보아 적어도 2월 15일 이후어야 한다. 따라서 이 서한은 2월 1일이 아니라 2월 하순경 작성된 것으로 보인다. 「조선민주주의인민공화국 주석 김일성이 유고슬라비아사회주의연방공화국 대통령 요시프 브로즈 티토에게 보낸 서한」(1975. 2. 1), 윌슨센터 디지털아카이브(https://digitalarchive.wilsoncenter.org/document/208685).
166 「주페루 대사가 외무부장관에게 보내는 전문」(1975. 2. 17), 외교사료관, 앞의 자료.
167 「주일 대사가 장관에게 보내는 전문」(1975. 2. 28), 위의 자료.
168 「장관이 주유엔, 주말레지아, 주인도, 주라이베리아 대사에게 보내는 전문」(1975. 3. 18), 위의 자료.
169 「주국련 대사가 장관에게 보내는 전문」(1975. 3. 13), 위의 자료.

1975년 3월 17일, 쿠바 수도 아바나에서 조정위원 17개국과 옵서버 24개국이 참여하는 비동맹 조정위원회 외상회의가 열렸다. 19일 회의에서 페루 비동맹 외상회의에 북한의 비동맹 가입 권고를 요청하는 다음과 같은 자이레 대표의 결의안이 제출됐다.

> 리마에서 곧 열리는 외상회의는 조선민주주의인민공화국을 비동맹의 회원으로서 인정하며 비동맹 그룹의 확장과 강화에 기여하는 이번의 새로운 입후보에 만족을 표명할 것을 권고한다.[170]

3월 20일 열린 조정위원회 회의에서 자이레가 제출한 안건이 논의됐다. 세네갈·알제리·쿠바 대표들이 자이레의 북한 가입 제안을 지지하는 발언을 했다. 반대 발언은 말레이시아 대표뿐이었는데, 북한 가입 문제는 앞으로 열리는 리마 외상회의에서 처리하는 것이 바람직하다는 주장이었다. 그동안 남한 외무부가 적극적으로 교섭해온 인도·네팔·라이베리아는 북한 가입이 "아프리카 다수국의 지원으로 기정사실"이 된 상황에서 "반대해도 소용 없겠다는" "대세"를 고려하여 침묵했다고 한다.

결국 비동맹 조정위원회는 북한이 주장해온 한반도 문제 관련 내용과 북한의 가입권고안이 담긴 최종선언문을 채택했다. 특히 정치선언문 제13항에는 한반도 문제 관련하여 다섯 가지 내용이 담겼다. 첫째, 외부의 간섭 없는 자주 평화통일 정책에 대한 지지를 재확인하며, 둘째, 유엔 깃발하에서 남한에 주둔한 미국과 기타 모든 외국 군대의 철수를 요구하며, 셋째, 남북한의 유엔 가입은 통일 이후 또는 남북연방을 성립한 이후 단일국가로서만 가입이 가능

---

170 「ZAIRE, NOTE TO THE PRESIDENT」(1975. 3. 19), 외교사료관, 위의 자료.

함을 확인하고, 넷째, 남북한(two Koreas)의 유엔 동시가입에 반대한다는 것이었다. 특히 조정위원회가 채택한 이번 한반도 문제 관련 조항에는 알제 비동맹 정상회의와 달리 "미국과 모든 다른 외국 군대의 철수(withdrawal of the united states and all other foreign troops)"라는 표현이 명시됐다. 그리고 제13항의 마지막에는 북한의 비동맹 가입신청에 만족을 표하면서, 리마 외상회의에서 이 신청이 받아들여지기를 권고하는 내용이 담겼다.[171]

북한의 가입권고안이 채택되자, 『로동신문』은 관련 내용을 상세히 소개했다. 특히 3월 24일자 사설은 "만장일치로 채택"된 북한의 가입권고안에 북한의 "자주적인 대내외 정책이 쁠럭불가담의 원칙들과 일치하며 쁠럭불가담운동의 강화발전에 중요한 기여를 한다"는 내용이 포함됐음을 강조했다. 그리고 이러한 권고안 채택은 "경애하는 수령 김일성 동지께서 제시하신 공화국의 자주적인 정책이 가져온 또 하나의 귀중한 열매"라고 평가했다.[172]

이처럼 북한의 비동맹 정회원 가입권고안이 조정위원회에서 채택됨으로써, 박정희 정부에게도 비동맹 가입신청 문제가 중대한 현안으로 떠올랐다.[173]

### 2) 남한의 가입신청서 작성과 제출

1975년 3월 21일, 김동조 외무부장관은 주요 재외공관 대사들에게 8월로 예정된 페루 리마 외상회의에 "옵서버 자격"으로 "참여를 추진코자" 한다고 알렸다. 특히 그는 남한의 가입신청이 북한의 단독가입을 "저지"하거나, 적어도 "남

---

171 「DRAFT FINAL DECARATION」(1975. 3. 19), 위의 자료.
172 『로동신문』 1975. 3. 23; 3. 25.
173 「(대통령 각하에게 보내는 보고서) 제목: 북괴의 비동맹 조정위 외상회의에 대한 책동」(1975. 3. 18), 외교사료관, 앞의 자료.

북이 공히 옵서버나 게스트로 초청되던가 또는 전혀 초청 대상에서 공히 제외될 것을 목표로" 한다고 밝혔다. 즉 장관은 비동맹 가입 자체보다는 북한과 동시가입 아니면 동시 불가입이라는 일종의 '물귀신 작전'을 수립한 것이었다.[174]

이미 유엔총회에서는 남북한 동시초청 문제가 오랫동안 논란이 됐던 사항이었다. 친서방적 국가들이 다수였던 1950년대에는 유엔총회에 남한만 단독으로 초청됐다. 그런데 1960년대에는 중립·비동맹 국가들이 다수 유엔에 가입함으로써 단독 초청이 어렵게 되었다. 미국 측은 유엔의 권위를 인정해야 한다는 남북한 '조건부 동시초청안'을 들고나옴으로써 북한의 참가를 저지할 수 있었다. 그럼에도 사회주의 진영은 남북한 '무조건 동시초청안'을 제시하며 유엔총회에 참석하고자 지속적으로 시도했다. 1973년 북한이 세계보건기구(WHO)에 가입하여 뉴욕에 유엔 주재 옵서버 대표부를 설치함으로써, 제28차 유엔총회에서 유엔 사상 처음으로 남북한이 동시에 한반도 문제 토의에 참가하게 되었다.[175] 또한 박정희 대통령은 1973년 6·23선언으로 '유엔에의 남북 동시가입'을 반대하지 않겠다고 밝힌 바 있었다. 곧바로 김일성 수상은 조국통일 5대 원칙을 밝히며, 남북한 유엔 동시가입은 '두 개의 조선'을 받아들이는, 즉 분단을 영구화하는 것이라며 비판했다.

그런데 김일성의 유엔 동시가입 거부와 북한의 단독 비동맹 가입신청은 논리적으로 모순되는 면이 있었다. 라이베리아 주재 남한 대사는 북한의 비동맹 가입신청 논리의 모순점에 대해 장관에게 설명했다. 1975년 3월 28일, 대사는 북한의 "비동맹에의 단독가입 추진은" 그동안 "한반도에서 통일된" 단일국

---

174 「장관이 주유엔, 주말, 주인도, 주멕시코, 주라이베리아, 주페루 대사에게 보내는 전문」 (1975. 3. 21), 외교사료관, 앞의 자료.
175 대한민국 외무부, 『한국외교 30년 1948~1978』, 1979, 187~199쪽.

가로서만 유엔에 가입되어야 한다는 이유에서 남한의 유엔 동시가입을 거부해온 것과 "상치하는 이론임을 지적"하며, 이러한 허점을 "교섭에 활용함이 유리할 것"이라고 보고했다. 대사의 보고 전문을 받은 외무부 관료는 보고문건의 해당 내용이 적힌 문단에다 "요것들"이라는 수기 메모를 적고 밑줄을 그어놓기도 했다.[176] 그리고 외무부는 향후 비동맹국들과 교섭에서 북한의 비동맹 단독가입 시도를 저지하기 위한 반박 논리로 해당 부분을 적극 활용했다.

박정희 정부의 비동맹 가입 추진은 미국과 긴밀한 협의하에 진행됐다. 1975년 3월 14일 17시 40분, 외무부 차관실에서 노신영 외무부 차관과 에릭슨(Richard A. Ericson) 주한 미 대사관 차석이 만났다. 에릭슨은 "미국 정부는 북한과 동등한 자격으로 앞으로의 비동맹회의에 참여하려는 한국 정부의 입장을 충분히 이해하며, 만일 한국 정부 의도대로 될 경우 한국의 비동맹 그룹에의 진출을 위해서나 유엔에서의 노력에 도움"이 될 것이라며 지지 의사를 밝혔다. 다만 에릭슨은 "미국 정부는 한국 정부의 비동맹 옵써버 참여의 의도가 그러한 목적에 국한된 것으로 알"고 있다는 말을 덧붙였다.[177] 이러한 에릭슨의 발언에는 당시 한미관계가 박정희 정부의 핵무기 개발을 둘러싸고 긴장관계에 있었기 때문에, 남한의 비동맹 가입 시도에 다른 의도가 있어서는 안 된다는 일종의 '경고'의 의미가 포함됐을 가능성이 있다.[178]

---

176 「주라이베리아 대사가 장관에게 보내는 전문」(1975. 3. 28), 외교사료관, 앞의 자료.
177 「면담요록」(1975. 3. 14), 『비동맹 전체 외상회의, Lima(페루), 1975. 8. 25~30, 전 9권(V. 1. 기본대책 I. 2~4월)』, 외교사료관, 2006.
178 미국이 남한의 비동맹 가입 문제와 당시 진행 중이던 박정희 정부의 핵무기 개발 프로그램을 함께 고려했는지는 당시 한미 간에 주고받은 문서를 발굴하여 검토해야 입증이 가능할 것이다. 다만 1970년대 초는 박정희 정부가 핵무기 개발 프로그램의 일환으로 캐나다 중수로를 도입하고자 시도했으나, 1974년 5월 인도의 핵실험으로 여의치 않게 됐으며, 1975년 3월은 한국 정부가 핵비확산조약(NPT) 비준을 결정하게 된 시기임을 고려해볼 필요가 있

3월 28일, 미국 워싱턴에서 진행된 한미회담에서도 북한의 비동맹 가입 문제가 언급됐다. 미국 측에서는 포드(Gerald Ford) 대통령, 키신저 국무장관, 스나이더(Richard L. Sneider) 주한 미 대사가, 남한 측에서는 김동조 외무장관, 함병춘 주미 대사 등이 참석했다. 김동조는 키신저에게 북한이 비동맹에 가입하려고 하는데, 이것은 우리를 다치게(hurt) 만들 것이라고 언급했다. 이에 키신저는 우리는 비동맹에 관해 뭔가를 해야 하며, 특히 북한이 비동맹으로 간주될 수 없다는 것을 비동맹 그룹에 명확히 해야 한다고 말했다. 김동조는 리마 외상회의에서 북한이 비동맹에 가입한다면 우리의 대(對)유엔 정책에는 "재앙(disastrous)"이 될 것이라고 키신저에게 토로했다. 이에 키신저는 북한은 비동맹에 완전히 부적절하다는 사실을 최대한 비동맹 그룹에 전달하겠다고 답했다.[179] 이처럼 미국도 북한의 비동맹 가입 저지에 적극 나서기로 했다.

　북한의 가입 저지를 위해 박정희 정부도 비동맹 가입신청을 결정했으나, 구체적으로 어떤 방법으로 추진할지에 대해서는 외무부 내 이견이 있었다. 1975년 4월 초까지 외무부 내 실무급 단위에서는 즉각 가입신청을 제출하자는 의견과, 동맹국 및 우호적인 비동맹국들과 협의를 진행한 이후 교섭 상황을 보고 신청하자는 일종의 '단계적 접근 방안'이 함께 제시됐다.[180] 결국 후자의 단계적 방식으로 실행에 들어갔다. 4월 10일, 장관은 차관에게 보내는 전문에서

---

다. 장세영, 『한국의 핵비확산조약 서명과 비준(1968~1975)』, 국립외교원외교안보연구소 외교사연구센터, 2025, 16쪽.

[179] "266. Memorandum of Conversation, Washington, March 28, 1975, 11a.m.", Department of State, 2010, *FOREIGN RELATIONS OF THE UNITED STATES, 1969~1976*, VOLUME E-12, DOCUMENTS ON EAST AND SOUTHEAST ASIA, 1973~1976, pp. 1420~1423.

[180] 즉각 가입신청은 아중동국이, 단계적 접근 방안은 방교국이 제안했다. 아중동국, 「의견서: "리마" 비동맹 외상회의 대책」(1975. 4. 3); 방교국, 「정책 연구서: 리마 비동맹 외상회의 대책」(1975. 4. 2), 외교사료관, 앞의 자료.

주한 미 대사의 반응과 일부 재외공관을 통한 비동맹국 반응을 참작한 후 가입신청 여부를 최종 결정하겠다고 밝혔다.[181] 이에 4월 말까지 주요 비동맹국의 반응을 확인하여 보고하라는 장관의 지시 전문이 현지 주재국 공관에 하달됐다.[182] 4월 말부터 5월 초까지 재외공관의 대사들은 장관에게 현지 비동맹국의 반응을 조사하여 보고했다. 이 보고들을 종합하여 국제연합 과장이 기안한 5월 12일자 「비동맹 외상회의 기본 대책 건의」라는 문건이 대통령의 서명을 받아 최종 확정됐다. 이는 비동맹 가입신청 관련하여 대통령이 직접 서명한 첫 문건으로, 비동맹 외상회의를 대비한 기본 목표가 다음과 같이 제시됐다.

1. 오는 8월 25일부터 8월 29일까지 페루 리마에서 개최되는 비동맹 외상회의에 대비하여 당부는 금번 비동맹 외상회의 결과가 금추 유엔총회와 장차 아국의 제3세계에서의 북괴와의 대결 외교에 미칠 영향을 고려하여,

　가. 북괴의 비동맹회의 정회원 단독가입 저지 및

　나. 북괴 입장을 일방적으로 지지하는 결의안의 채택 봉쇄를 위하여 최대한으로 노력하고저 합니다.

2. 이를 위하여 당부는,

　첫째, 비동맹 정신에 따라 남북한을 어디까지나 동등히 취급해야 한다는 점을 강조, 설득하여 남북한의 동시가입을 주장하며,

　둘째, 남북한의 가입 자격 문제에 대한 논란이 일어날 경우 남북한 공히 어떤 자격으로든 가입되지 않는 방향으로 유도하거나,

---

181 「장관이 차관에게 보내는 전문」(1975. 4. 10), 위의 자료.
182 「장관이 주인도네시아 대사·주라이베리아 대사·주모로코 대사·주튜니시아 대사·주사우디아라비아 대사에 보내는 전문」(1975. 4. 11), 위의 자료.

셋째, 남북한 가입 문제를 보류 또는 연기시키도록 공작하고저 합니다.[183] (밑줄
—인용자)


기본 목표에서 확인되듯이, 박정희 정부는 비동맹 가입 자체보다 유엔과 제3세계에서 북한과의 "대결 외교에 미칠 영향"을 우려하여 북한의 단독가입을 저지하는 것이 가장 중요했다. 이를 위해 남북한 '동시가입'이나 '동시 불가입'을 주장한 것이었다. 또한 이 문건은 미국 및 주요 비동맹 12개국과의 교섭 결과를 긍정적으로 평가했으며, 이에 근거하여 현 단계에서 "비동맹 대책의 효율적 추진에"는 가급적 빠른 시일 내에 "정식 가입신청"이 필요하다고 건의했다.[184]

이렇게 박정희 대통령의 재가하에 남한의 가입신청 방침이 최종 확정됐다. 외무부는 관련 지침을 현지 모든 공관에 통보했으며, 23개 주요 공관에는 핵심 교섭 대상국 명단도 제공했다. 특히 가입신청 접수 및 신청서가 페루 외상회의에 상정되도록 조정위원회의 10개국(인도·말레이시아·네팔·스리랑카·라이베리아·쿠웨이트·자이레·페루·가이아나·세네갈)의 협력 요청을 당부했다.[185] 다만 외무부장관은 우방국과 교섭을 진행할 때, 우리 정부의 "기본 외교 정책 방향에 대한 오해가

---

[183] 국제연합과장,「비동맹 외상회의 기본 대책 건의」(1975. 5. 12), 위의 자료. 이 자료에서 확인되듯이, 적어도 이 시점에서 대통령은 외무부의 비동맹 가입신청 정책을 인지했을 뿐 아니라 직접 승인했다. 그런데 당시 실무 관료였던 이시영은 2015년의 구술에서 "문서상으로 전혀 남아 있지 않"아 "대통령께 구두라도 양해를 얻었지 않았겠냐"라고 증언한 바 있다. 이시영(전 주UN대사),『한국 외교와 외교관』(외교사연구센터 오럴히스토리 총서 4), 역사공간, 2015, 97쪽.

[184] 국제연합과장,「비동맹 외상회의 기본 대책 건의」(1975. 5. 12), 외교사료관, 앞의 자료.

[185] 「비동맹회의 관계 문건」(1975. 5. 18),『비동맹 전체 외상회의, Lima(페루), 1975. 8. 25~30, 전 9권(V. 2. 기본대책 II. 5월)』, 외교사료관, 2006.

없도록 조치"하라는 주의사항도 전달했다. 외무부는 남한의 비동맹 가입 시도를 우방국들이 혹시라도 자유 진영에서의 이탈로 받아들이지는 않을지 우려했던 것으로 보인다.[186]

외무부는 가입신청을 하기로 결정한 이상 뉴욕에서 열리는 비동맹 조정위원회 준비 단계에서 신청 자체가 거부되어서는 안 되며, 반드시 페루 리마 외상회의에 가입 안건을 상정시켜야 한다고 보았다. 이를 위해 남한의 가입신청서 제출 시점과 수신 대상에 신중을 기하며, 가장 안전한 방법이 무엇인지 검토했다.[187] 그런데 비동맹 조정위원회 운영에 관한 명문화된 의사규칙이 없었다. 이에 회원국 또는 옵서버 가입절차에 관한 의견이 분분했다.

5월 14일, 유엔 주재 남한 대사는 장관에게 여러 대표들의 의견을 종합하여 보고했다. 조정위원회는 기본적으로 "정회원 또는 옵써버 가입신청을 국가별로 심사하는 권한은 없으며 신청서를 접수하면 각 신청국에 대한 부속서(Annotation)를 작성"한 다음, "리마 회의에 회부하는 처리 기관(Clearing House) 역할"을 담당했다. 그럼에도 조정위원회가 작성하는 "부속서 내용이 리마 회의에서의 가입심의에 영향을 줄 수"는 있었다. 특히 그는 조정위원회를 경유치 않고 정회원 또는 옵서버 신청을 리마 외상회의에 직접 제출할 수는 있지만, 관례에 비추어 바람직하지 않을 뿐 아니라 직접 리마에 신청서를 제출하려면 시간 관계상 또는 조정위원회를 경유치 않았다는 사유로 심의 자체가 보류될 위험성도 고려해야 한다고 설명했다. 이처럼 조정위원회 구성국들의 성향에 따라 가입 절차와 진행 과정이 "매우 유동적(FLEXIBLE)"인 상황에서, 대사는 우호적인

---

186 「장관이 주일 대사·주벨지움 대사·주불 대사·주독 대사·주영 대사·주캐나다 대사·재화란 대사·주뉴질랜드 대사에 보내는 전문」(1975. 5. 15), 위의 자료.
187 「장관이 주유엔 대사에게 보내는 전문」(1975. 5. 10), 위의 자료.

조정위원회 회원국과 "사전 교섭하여" 친북한 "세력의 책동을" 충분히 "견제" 하는 것이 중요함을 강조했다.[188]

이렇게 박정희 정부가 비동맹 가입에 나서자, 북한 지도부는 원색적인 비난을 퍼부었다. 4월 29일자 『로동신문』에는 박정희 정부가 "쁠럭불가담"에 가입하고자 하는 것은 "남조선 인민들의 날로 앙양되는 반정부, 반파쑈 민주화 투쟁에 부닺쳐 최후 널망의 위기에서 허넉"이고 있기 때문이라는 논설이 실렸다. 특히 남한의 가입 시도는 남베트남과 "련이어 놀아나"다가 결국 "외톨이로 남게 된 오늘 국제무대에서 완전히 고립된 엄혹한 난국"을 "벗어나보려는 가련한 신세타령이며 절망의 몸부림"이라고 폄하되었다.[189]

이 시기 남한의 비동맹 가입 자격을 둘러싸고 논란이 됐던 사항은 '군사동맹'과 '외국군 주둔 및 군사기지' 문제였다. 이에 외무부는 반박 논리를 만들어 배포했다. 일례로 5월 14일, 인도 주재 남한 대사는 현지 가나 대사에게 미군 주둔은 방위조약에 따른 것이 아니라 6·25전쟁 당시 "유엔안보리 결의에 따라" 파병된 유엔군이 계속 주둔하고 있는 것이라고 설명했다. 동시에 대사는 스리랑카 고등판무관에게 북한이 중국 및 소련과 "군사동맹"을 맺고 있으며, 이를 입증할 "사본을" 제공하겠다고 말했다. 또한 대사는 "중립국 대사들" 중에는 미군 주둔의 이유를 잘못 알고 있거나 북한이 중·소와 군사동맹을 맺고 있다는 사실을 모르는 경우가 많기 때문에, 장관에게 "각 공관에" 이를 "환기시킬" 것을 건의했다.[190]

이처럼 박정희 정부는 북한의 군사동맹을 문제 삼았으나, 그 효과에 대

---

188   위의 자료.
189   『로동신문』 1975. 4. 29.
190   「주인도 대사가 장관에게 보내는 전문」(1975. 5. 14), 위의 자료.

해서는 외무부 내에도 의문이 있었다. 왜냐하면 비동맹회의가 가입 자격으로 문제 삼는 동맹은 '양자동맹'이 아니라 북대서양(NATO)조약이나 바르샤바(WARSAW)조약 같은 집단적 동맹이었기 때문이다.[191] 게다가 군사동맹보다 더욱 심각한 비동맹 가입의 결격사유는 외국군 주둔 또는 기지 문제였다. 실제 비동맹회의에 가입한 말레이시아에도 외군 기지가 존재했으나, 이를 철거한다는 조건부로 가입할 수 있었다고 한다.[192] 또한 루마니아는 비동맹회의에 옵서버 가입을 추진했으나 바르샤바 회원국일 뿐 아니라 소련군이라는 외국군이 주둔하고 있어 가입이 어려운 상황이었다.[193]

특히 남한에게는 외국군 주둔 문제가 비동맹 가입의 가장 큰 걸림돌이었는데, 이 문제에 대해서는 한미 간 협의가 있었다. 5월 24일, 남한은 비동맹회의 가입신청 서한과 함께 비동맹 가입신청에 관한 입장을 설명하는 비망록(AIDE-MEMOIRE) 초안을 주한 미 대사관 후르비츠(Richard W. Hurwitz) 참사관에게 수교하며 코멘트를 요청했다. 후르비츠는 주한미군을 언급한 12항이 너무 '약하다'고 지적하며, 더 강력한 의지를 담아 "그리고 미군의 철수(Withdrawal)를 요청할 것이다"라는 문장을 삽입하자고 제안했다. 남한 외무부가 별다른 이의 없이 이를 수용함으로써[194] 가입신청서에는 미군 철수 문구가 그대로 담겼다. 단, 한반도에서 "항구적 평화가 확립되고 전쟁의 위험이 더 이상 존재하지 않게" 된다면

---

191 「주핀란드 대사가 장관에게 보내는 전문」(1975. 6. 3), 『비동맹 전체 외상회의, Lima(페루), 1975. 8. 25~30, 전 9권(V. 3. 기본대책 III. 6~8월)』, 외교사료관, 2006.
192 「주에티오피아 대사가 장관에게 보내는 전문」(1975. 5. 7), 위의 자료.
193 「주핀란드 대사가 장관에게 보내는 전문」(1975. 6. 3), 위의 자료.
194 「정부차관보가 차관에게 보내는 전문」(1975. 5. 26), 위의 자료. 12항의 내용은 다음과 같다. "항구적 평화가 확립되고 전쟁의 위험이 더 이상 존재하지 않게 되면 대한민국 국민과 정부는 더 이상 미군의 주둔이 필요하지 않다고 여기고 미군의 철수를 요구할 것이다." 「주유엔 대사가 장관에게 보내는 전문」(1975. 6. 3), 위의 자료.

이라는 전제 조건이 달렸다. 비록 조건부였으며 외군 주둔 비판에 대한 대응의 차원이었다 하더라도, 냉전의 최전선이자 정전하의 남한이 미국과 합의하에 '미군 철수'를 하겠다고 제안한다는 것은 상당히 '놀라운' 결정이었다.[195] 남한의 가입신청서는 메모랜덤(Memorandum)과 비망록(AIDE-MEMOIRE)을 포함한 가입 서한의 형태로 알제리 대표부에 송부됐다. 가입서한의 표지(COVERING LETTER)에는 날짜가 1975년 6월 2일(2 JUNE 1975)로 표기됐다.[196]

6월 10일, 미국 뉴욕에서 비동맹 조정위원회 회의가 소집됐다. 말레이시아가 남한 가입신청을 의제에 포함시키자고 제안하자 라이베리아 대표도 지지했다. 그런데 유고슬라비아 대표는 남한(SOUTH KOREA)이 어디에 존재하는 국가인지 반문하면서 남한의 존재 자체를 부정했다. 알제리도 남한의 가입 문제 토의 자체를 강력히 반대했다. 결국 남한 가입 문제를 둘러싸고 1시간 동안 격론이 전개됐다고 한다.[197] 의견 충돌이 격해지자 알제리 의장은 중간에 폐회를 선언했다. 회의에서 남한 지지 발언을 기대했던 페루와 여타 국가들은 시종 침

---

195 미국이 적극적으로 미군 철수를 포함하자고 제안한 구체적인 맥락을 밝히기 위해서는 추후 관련 미국 측 문서의 발굴과 검토가 필요하다.
196 「주유엔 대사가 장관에게 보내는 전문」(1975. 6. 3), 위의 자료.
197 아프리카의 라이베리아 대사관 참사관을 역임한 정태익의 구술에 따르면, "비동맹회의가 열릴 때마다 비동맹의 움직임을 파악하는 것뿐만 아니라, 적극적으로 우리의 입장을 대변할 수 있는 나라가 필요했고, 당시 라이베리아가 우리의 입장을 대변해주는 중요한 역할을 담당"했다고 한다. 그는 "라이베리아는 미국과 특수한 관계"로 "미국 헌법을 그대로 도입했고, 스스로도 제임스 먼로 대통령의 이름을 따서 몬로비아로 명명했고, 국호도 리버티, 곧 자유를 의미하는 라이베리아로 정했으며, 화폐도 미국 달러를 그대로" 사용한다고 설명했다. 정태익(전 주러 대사), 『한국 외교와 외교관—이집트 수교와 대러 외교』(국립외교원 외교안보연구소 외교사연구센터 오럴히스토리 총서 15), 역사공간, 2018, 59쪽; 「주유엔 대사가 장관에게 보내는 전문」(1975. 6. 11), 외교사료관, 앞의 자료.

묵을 지켰다고 한다.[198]

6월 27일, 뉴욕 유엔사무국 6호실에서 유엔 주재 알제리 대사의 사회로 대사급 비동맹 조정위원회 회의가 열렸다. 말레이시아 대표는 잠정의제 4항 "신규 회원(NEW MEMBERSHIP)" 토의 시 배포된 "부속서가 포함된 의제 초안(DRAFT ANNOTATED AGENDA)"에 남한의 가입신청 사항이 언급되지 않았음을 지적하며, 알제리 의장에게 남한 가입 문제도 포함된 것인지 질의했다. 이에 알제리 의장은 그렇다고 답변했다. 라이베리아 대표도 가입신청국 명단을 분명히 해주기를 요청하자, 알제리 대사는 '북한·남한·필리핀'이라고 대답했다. 최종적으로 비동맹 조정위원회 대사급 회의는 모든 가입신청을 리마로 회부해야 한다는 데 아무런 이견 없이 합의에 도달했다.[199] 가입신청국 명단에 남한이 포함됐다는 사실을 확인한 김동조 외무부장관은 관련국에 주재하는 외교관들의 "노고를 치하"했다. 특히 장관은 조정위원회 국가 중 10개국 대사 및 담당 실무자에게 "심심한 감사의 뜻을 전달하고" "가능한 사의를 표시하는 동시 계속적인 협조와 지지를 당부"했다.[200]

그런데 리마 외상회의에 제출되는 권고(RECOMMEND)(안)에는, 북한의 가입신청 권고 사항은 표시됐으나 기타 가입신청 국가들의 이름은 명시되지 않았다. 결국 남북한의 가입신청은 모두 리마 외상회의에 회부되겠지만, 북한의 경우는 의제 초안(draft agenda) 내 조항으로 권고안이 삽입된 반면 남한의 가입신청은 확인되지 않는 별첨 서류로만 제출된 것이었다.[201]

---

198 「주유엔 대사가 장관에게 보내는 전문」(1975. 6. 11), 외교사료관, 앞의 자료.
199 「주국련 대사가 장관에게 보내는 전문」(1975. 6. 27), 위의 자료.
200 「장관이 각국 주재 대사에게 보내는 전문」(1975. 6. 28), 위의 자료.
201 「주유엔 대사가 장관에게 보내는 전문」(1975. 7. 3), 위의 자료.

리마 외상회의 개최 직전, 남한의 외무부장관은 가입을 위한 구체적인 외교 방책을 수립했다. 첫째, 정회원국 가입신청을 옵서버 가입신청에 앞서 다루도록 함으로써, 가입신청순에 따라 북한 다음에 곧바로 남한이 오도록 한다. 둘째, 남북한 가입신청이 동시에 또는 상호 관련하에 다루어지도록 한다. 셋째, 남북한 가입신청 동시토의 또는 상호 관련하 토의를 촉진하기 위하여, 남북한 동시가입안을 사전에 정식 제출하여 공식문서로 배포되도록 한다.[202] 이제 외무부는 지난 2월 가입 추진을 검토할 때부터 견지해온 '물귀신 작전', 즉 "남한을 가입 안 시킨다면 북한도 가입 안 시켜야 한다는 일종의 일괄타결" 방침을 최종 확정했다.[203]

남한이 가입을 신청하며 적극적인 외교 활동을 전개하는 동안, 북한 지도부도 대응에 나섰다. 6월 28일, 김일성 주석은 유고슬라비아의 티토 대통령에게 북한 가입을 성공시키고 남한의 가입은 저지하기 위해 "아시아, 아프리카, 라틴아메리카"에 자신의 특별사절단과 대표단을 파견하고자 한다고 알렸다. 김일성은 특히 인도네시아가 남북한 동시가입을 옹호하고 있음을 지적하며, 인도네시아 방문을 앞둔 티토가 "수하르토 대통령에게 영향력을 행사하여" 북한의 "비동맹 참여를 적극 지지하고" "남한 정부의 책동에 반대해"주길 요청했다. 또한 김일성은 티토에게 남한은 "비동맹운동에 침투하여 불신의 씨앗을 심고 운동을 분쇄하려고 애쓰는 제국주의의 하수인"에 불과하다고 비난했다.[204]

가입 권고안을 받아든 북한은 가입에 최종 성공하기 위한 대외 활동에 나

---

202 「장관이 주유엔 대사에게 보내는 전문」(1975. 7. 16), 위의 자료.
203 이시영, 앞의 책, 96쪽.
204 「조선민주주의인민공화국 주석 김일성이 유고슬라비아공화국 대통령 요시프 브로즈 티토에게 보내는 메시지」(1975. 6. 28), 윌슨센터 디지털아카이브(https://digitalarchive.wilsoncenter.org/document/208686).

섰다. 6월 6일, 김일성 주석은 유고슬라비아를 공식방문하여 수뇌자회담을 가졌다. 김일성은 유고슬라비아가 "자주적인 립장에 튼튼히 서서 쁠럭불가담 정책을 적극 추진시킴으로써 국제관계 발전에 커다란 건설적 기여"를 하고 있다며 높이 평가했다. 그리고 김일성은 "유고슬라비아 동지들이 우리나라를 쁠럭불가담 국가 성원으로 받아들이기 위하여 노력하며 조국의 자주적 평화통일을 위한 우리 인민의 투쟁을 적극 지지하여주고 있는 데" 대해 "깊은 사의를" 표하였다.[205] 이에 티토는 "쁠럭불가담 나라들의 활동에 정식으로 참가하기 위한 조선민주주의인민공화국의 노력을 지지"한다고 화답했다.[206]

박정희 정부도 비동맹 외상회의에 대비해 적극적인 외교 활동에 나섰다. 7월 26일, 외무부가 작성한 「비동맹 외상회의 대비: 교섭국 파견 건의(안)」이 국무총리와 대통령의 재가를 받아 시행됐다. 이 건의안의 핵심은 외상회의에 참여하는 국가들을 설득하기 위해 지역별 교섭사절단을 파견하는 것이었다. 그리고 김동조 외무부장관을 단장으로 하는 '페루 외상회의 현지교섭단'을 파견하기로 결정했다.[207]

1975년 8월, 일군의 사람들이 한반도를 떠나 이역만리 라틴아메리카의 페루로 향하고 있었다.

---

205 김일성, 「우리 두 나라 인민들 사이의 형제적 친선 협조관계는 공동의 목적과 리상을 실현하기 위한 투쟁을 통하여 영원히 강화 발전될 것이다(오찬회에서 하신 김일성 동지의 연설)」, 『로동신문』 1975. 6. 8.

206 티토, 「조선민주주의인민공화국이 쁠럭불가담 나라들의 활동에 정식으로 참가하는 것은 쁠럭불가담 정책을 더욱 확고히 하는 데 기여하게 될 것이다(오찬회에서 하신 이오씨프 브로즈 찌또 동지의 연설)」, 『로동신문』 1975. 6. 8.

207 외무부, 「비동맹 외상회의 대비: 교섭국 파견건의(안)」(1975. 7. 26), 『비동맹 전체 외상회의, Lima(페루), 1975. 8. 25~30, 전 9권(V. 3. 기본대책 III. 6~8월)』, 외교사료관, 2006.

### 3) 리마 비동맹 외상회의와 남북한의 격돌

1975년 8월, 남북한 인사들이 페루의 수도 리마에 속속 도착했다. 18일에는 북한 외교부 부부장 리종목이 인솔하는 대표단이, 그리고 22일에는 허담 외무상이 입국했다.[208] 이들은 리마 시의 플래그십(Flagship) 호텔에 투숙했다.[209] 남한 외무부는 그 규모를 20명 내외로 추정했다.[210] 24일에는 김일성 주석 명의의 축전도 외상회의 앞으로 발송됐다.[211] 남한은 김동조 외무부장관을 단장으로 현지 교섭단(13명)을 파견했다.[212] 김동조는 현지에서 페루 외상과 회담을 추진했으나 쉽지 않았다. 페루 외상이 비동맹회의 종결까지 "외국 인사와 일체의 연회나 업무상 면담을 사절하며 오직 회의 관계 업무에만 전념"하겠다고 밝힌 상황이었기 때문이다. 다행히 20일, 김동조 장관은 페루 외상과 면담을 진행할 수 있었다.[213]

---

208 『로동신문』 1975. 8. 25.
209 이복형(전 주멕시코 대사), 『한국 외교와 외교관』(외교사연구센터 오럴히스토리 총서 7), 역사공간, 2015, 100쪽.
210 「주페루 대사가 장관에게 보내는 전문」(1975. 8. 19), 『비동맹 전체 외상회의, Lima(페루), 1975. 8. 25~30, 전 9권(V. 6. 현지교섭 및 회의경과)』, 외교사료관, 2006.
211 『로동신문』 1975. 8. 25.
212 교섭단 명단과 방문 일정은 다음과 같다. 단장: 김동조 외무부장관(8. 16~9. 1), 단원: 박동진 주유엔 대사(8. 18~8. 29), 전상진 주말레이시아 대사(8. 12~9. 1), 김동성 주아르헨티나 대사(8. 18~8. 29), 이재설 주인도네시아 대사(8. 16~9. 1), 김정태 정무차관보(8. 16~9. 1), 김창훈 주가봉 대사(8. 16~9. 1), 한우석 방교국장(8. 16~9. 1), 이복형 주코스타리카 대사대리(8. 18~8. 29), 이종업 주유엔 대표부 참사관(8. 18~8. 29), 권병현 비서관(8. 16~9. 1), 문동석 서기관(8. 16~9. 1). 추가 파견: 강대완 주카메룬 대사관 공사(8. 16~9. 1). 국련과 문동석, 「(건의) 리마 비동맹 외상회의 정부 교섭단원 추가 파견」(1975. 8. 7), 외교사료관, 앞의 자료.
213 「주페루 대사가 장관에게 보내는 전문」(1975. 8. 14), 외교사료관, 위의 자료. 장관은 쉐라톤(SHERATON) 호텔에 유숙했으며 체재 기간 중 호텔 숙박비를 페루 정부가 부담하고 공사급 외무성 직원이 연락관(LIAISON OFFICER)으로서 장관을 상시 안내하기로 했다. 「주페

비동맹 외상회의 개최 직전(24일), 조정위원회 회의가 열렸다. 알제리·쿠바·유고슬라비아·자이레·세네갈·탄자니아·말리 등은, 북한의 가입신청은 앞선 조정위원회의 권고를 얻었기 때문에 먼저 처리하고 나머지 가입신청 국가들은 별도로 처리하자고 주장했다. 반면 인도는 가입 자격기준과 절차 문제를 심의하는 임시위원회의 설치를 역제안했으며, 가이아나가 지지 발언에 나섰다. 이때 라이베리아는 가입 문제는 외상회의 본회의에서 토의하자며 조정위원회에서의 논의 종료를 제안했다. 의견 충돌이 발생한 상황에서, 주최국 페루 의장은 가입 문제를 본회의로 넘기는 방향으로 의사진행을 유도했지만, 결론을 내지 못하고 회의는 휴회했다.[214]

다음 날(25일) 열린 조정위원회 회의에서 북한·북베트남·파나마 3개국과 팔레스타인해방기구(PLO) 1개 기구의 가입신청이 이의 없이 본회의에 상정되었다. 남한의 가입신청 문제에 대해서는 알제리·유고슬라비아·말리 등이 본회의 상정을 반대했다. 이에 인도·말레이시아·스리랑카·쿠웨이트 등이 남한의 가입신청도 본회의에 상정해야 한다고 반발했으며, 이는 받아들여졌다. 그런데 북한과 달리 남한은 가입권고를 위한 합의(consensus)에는 도달하지 못했다는 단서가 달렸다.[215] 이러한 상황에서 현지 남한 대표단은 외상회의 개최 전까지 북한 가입에 반대하는 발언을 최대한 규합하고자 관련국과 적극적인 교섭을 진행했다. 대표단은 적어도 10개국 이상이 남한을 위해 적극 발언해줄 것으로 예상했다.[216]

---

루 대사가 장관에게 보내는 전문」(1975. 8. 15), 위의 자료.
214  외무부, 「리마 비동맹 외상회의 경과와 평가」(1975. 9), 『비동맹 전체 외상회의, Lima(페루), 1975. 8. 25~30, 전 9권(V. 7. 결과분석 및 후속조치)』, 외교사료관, 2006.
215  외무부, 「리마 비동맹 외상회의 경과와 평가」(1975. 9), 위의 자료.
216  지지 발언이 예상되는 국가는 아프리카 4개국(가봉·중앙아프리카·라이베리아·감비아)과

페루 리마에서 열린 비동맹 외상회의 장면 『경향신문』 1976. 8. 10.

8월 25일 월요일 저녁 6시 30분, 리마 비동맹 전체 외상회의가 개막했다. 이번 회의에는 회원 80개국과 옵서버 8개국, 게스트 9개국 등이 참여했다.[217]

페루 외상 플로르(de la Flor)의 개막 선언 이후, 곧바로 의장·사무총장·부의장, 그리고 정치위원회와 경제위원회 의장 등이 선출됐다. 25일 밤 11시가 넘은 시

---

아시아 2개국(인도네시아·말레이시아), 중남미 2개국(아르헨티나·페루), 그리고 중동 2개국(사우디아라비아·오만) 등이었다. 또한 남한 대표단은 북한의 비동맹 가입 자격을 문제화하는 전략을 인도네시아·말레이시아 등과 논의하여 합의했다. 외무부, 「리마 비동맹 외상회의 경과와 평가」(1975. 9), 위의 자료.

217 참가 명단은 이 책의 부록을 참고할 것. Bandaranaike Centre for International Studies, op. cit., p. 141; 국회도서관 입법조사국, 『제3세계관계자료집』, 1978, 210쪽.

각, 비동맹 회원가입 문제가 논의됐다.[218] 페루 의장은 앞서 조정위원회가 북베트남·파나마·북한·팔레스타인해방기구(PLO)의 정회원 자격 가입 승인을 권고했다고 밝혔다. 반면 남한의 '회원 자격'에 대해서는 합의(consensus)에 이르지 못했다고 언급했다. 이에 사우디아라비아·시에라리온·오만 대표들은 남북한이 모두 승인되거나 동시에 거부되어야만 한다고 주장했다.

이에 감비아(Gambia) 대표는 동의하며 그 이유를 길게 언급했다. 그는 1945년 강대국에 의한 한반도 분단과 1972년 남북대회를 언급하며, 이번 회의가 한국/조선 인민(Korean people)의 평화통일의 가능성을 방해해서는 안 된다고 주장했다. 또한 일방(one Korea)만 비동맹 회원으로 승인하고 다른 일방이 승인되지 않는다면, 한반도 균형을 방해하고 그 결과 한반도 평화통일의 매우 중요한 민족통합의 가능성에 악영향을 미칠 것을 우려했다. 가봉과 차드 대표도 북한만의 비동맹 가입 승인에 공식적으로 반대한다는 것을 기록해달라고 요청했다. 중앙아프리카·레소토·모로코 대표들은 북한 가입의 승인 자체를 반대하지는 않겠으나, 회의에서 채택된 결정이 한반도 통일 문제를 해결하기 위한 양쪽의 노력을 위태롭게 할지 모른다는 우려를 밝혔다.

이처럼 북한만의 비동맹 가입 승인을 반대하거나 우려하는 발언들이 이어지는 상황에서, 남베트남 대표가 남한을 강하게 비난하고 나섰다. 그는 사이공이 함락한 이후 새로운 베트남 통일정부가 수립되기 전까지 존재했던 남베트남공화국 임시혁명정부의 대표였다.[219] 남베트남은 남북한을 동일하게 취급해

---

218 「첫 번째 회의의 임시 요약 기록(PROVISIONAL SUMMARY RECORD OF THE FIRST MEETING, 문서번호:NAC/FM/CONF.5/SR.1)」(1975. 8. 26), 『비동맹 전체 외상회의, Lima(페루), 1975. 8. 25~30, 전 9권(V. 9. 회의결과자료)』, 외교사료관, 2006.

219 1975년 4월 30일 북베트남이 남베트남 수도 사이공을 점령했으며, 1976년 7월 통일 전까지 그곳에는 남베트남공화국이 수립되어 있었다.

야 한다는 주장들에 반박하며 북한은 남한과 상당히 다르다는 점을 강조했다. 남한은 비동맹 원칙들과 어떠한 공통점도 없으며, 오히려 아시아인들을 위협하는 수많은 미군기지 설립을 자국 영토에 허용함으로써 제국주의의 이익에 봉사하고 있다고 비판했다. 나아가 남한은 남베트남을 침략하는 미국의 전쟁에 참전하여 "60만 용병들을 파병"했으며, 그곳에서 베트남인들에게 수많은 범죄를 저질렀다고 폭로했다.

이어서 말리·부룬디·세네갈 대표들이 북한만의 가입 승인을 지지하는 발언을 했다. 동시에 이들은 남한은 비동맹 회원의 기준 중 어느 하나도 준수하는 데 실패했기 때문에 가입할 자격이 없다고 주장했다. 유고슬라비아 대표도 남한의 가입신청은 비동맹 정책의 변경이 없는 한 현재로서는 받아들여질 수 없다며 반대 의견을 밝혔다. 특히 유고슬라비아는 남한이 비동맹에 가입하고자 한다면, 자신의 영토에서 외국 군사기지를 해체하고 외국 군대를 내쫓는 노력들이 선행되어야만 한다고 주장했다. 이후 콩고·이라크·예멘인민민주공화국(남예멘)·쿠바 등의 지지 발언이 이어졌다.

결국, 주최국 페루 의장은 이번 외상회의는 비동맹 회원으로서 북한을 "승인하기로 희망했으며(wished to admit)", 남한의 신청은 "거부됐다(rejected)"고 발표했다.[220] 이로써 북한은 비동맹회의의 정회원 가입에 성공했으며, 남한은 실패했다. 8월 26일, 북한의 허담 부총리 겸 외교부장은 회의에 출석하여 다음과 같은 감사 연설을 했다.[221]

---

220 「첫 번째 회의의 임시 요약 기록(PROVISIONAL SUMMARY RECORD OF THE FIRST MEETING, 문서번호: NAC/FM/CONF.5/SR.1)」(1975. 8. 26), 외교사료관, 앞의 자료.
221 『로동신문』 1975. 8. 28.

존경하는 의장 각하! 존경하는 각국 외교부장 각하들과 대표 여러분! 조선민주주의인민공화국 정부대표단은 <u>쁠럭불가담운동의 정식 성원으로서 본 쁠럭불가담 국가 외교부장회의에 참가하게 된 것을 매우 기쁘게 생각합니다.</u> (…) 우리 공화국 정부가 일관하게 실시하고 있는 자주적인 대내외 정책의 원칙들은 쁠럭불가담 정책의 원칙들과 일치합니다. 조선민주주의인민공화국 국가수반이신 경애하는 수령 김일성 주석님께서는 다음과 같이 교시하시였습니다.

"쁠럭불가담 정책은 <u>제국주의가 파산 몰락되고 있으며 세계의 많은 나라들이 국제관계에서 완전한 평등권을 주장하면서 자주의 길로 나가고 있는 우리 시대의 추세를 반영하고 있습니다.</u> 현 시대 발전의 요구를 폭넓게 반영하고 있는 것으로 하여 쁠럭불가담 정책은 <u>각이한 사회 제도를 가진 많은 나라들을 단합시키고 있</u>으며 날로 큰 생활력을 나타내고 있습니다." (…)

나는 이 자리를 빌어 조선민주주의인민공화국 정부와 조선 인민이 시종일관하게 쁠럭불가담운동의 리념과 원칙에 충실할 것이며 언제나 쁠럭불가담 나라들과 한 대렬에 튼튼히 서서 <u>반제반식민주의 투쟁을 더욱 힘있게 벌려 나갈 결의</u>를 엄숙히 확인하는 바입니다. 감사합니다.(밑줄—인용자)

허담은 북한이 쁠럭불가담운동의 정식 성원이 된 것에 감사를 표하면서, 이는 북한 정부가 "자주적인 대내외 정책의 원칙"을 "일관하게 실시"해온 필연적 결과임을 강조했다. 특히 김일성의 교시를 인용하며 "우리 시대의 추세"는 "제국주의가 파산 몰락"하여 "자주의 길로 나가고" 있는 것이며, "쁠럭불가담 정책"이 "각이한 사회 제도를 가진 많은 나라들을 단합"시키고 있다고 보았다. 끝으로 허담은 쁠럭불가담에 가입한 북한은 앞으로 "반제반식민주의 투쟁을 더욱 힘있게" 추진하겠다고 "결의"했다. 이처럼 북한은 자신들이 추구하는 '반제반식민'의 '자주 노선'이 쁠럭불가담운동과 일치하며, 이러한 급진적인 방향으로 쁠럭불가담을 이끌겠다는 지향점을 참가국들에게 밝힌 것이었다.

같은 날, 남한의 김동조 외무부장관은 비동맹 가입에 대한 "회원국의 컨센서스를 얻지 못"한[222] 데 대한 공식 성명서를 다음과 같이 발표했다.

> 자주적 외교 노선을 추구하는 대한민국은 비동맹 우방과의 유대를 강화하고 비동맹운동에 이바지 한다는 취지에서 비동맹 가입을 희망하였다. 우리는 또한 한반도의 현실에 비추어 남북한의 일방만이 가입하는 것은 한반도에 있어서의 화해 촉구와 한국 문제의 평화적 해결에 도움이 되지 않기 때문에 비동맹이 그 설립 취지와 이 같은 사정을 고려하여 남북 가입 문제를 균형있게 다루어주기를 희망하였다.
> 금번 비동맹회의가 한국의 가입신청을 지지하는 다수의 의견에도 불구하고 북괴 가입만 승인함으로써 균형을 잃은 편파적 조치를 취한 것을 심히 유감으로 생각하며 이 같은 조치가 한국 문제의 평화적 해결에 미칠 영향을 우려한다. 우리는 금번 비동맹회의가 한반도의 현실을 바르게 인식하고 긴장완화와 대화를 통한 한국 문제의 평화적 해결에 이바지하여주기 바란다. 끝으로 우리는 한국의 가입을 위하여 적극 지원하여준 우방 제국 대표에 대하여 심심한 사의를 표한다.[223]

김동조는 "대한민국은" "자주적 외교 노선을 추구"하며 "비동맹운동에 이

---

[222] 남한 외무부는 "논란 끝에 페루 의장은 북한의 가입은 컨센서스가 있다고 판정했으며, 남한의 가입신청에는 컨센서스가 없다고 선언"했다며, 남한의 가입신청은 "부결"된 것이 아니라 "회원국의 컨센서스를 얻지 못"한 것으로 "공표"됐다고 설명했다. 외무부, 「리마 비동맹 외상회의 경과와 평가」(1975. 9), 『비동맹 전체 외상회의, Lima(페루), 1975. 8. 25~30, 전 9권 (V. 7. 결과분석 및 후속조치)』, 외교사료관, 2006.
[223] 외무부, 「리마 비동맹 외상회의 경과와 평가」(1975. 9), 위의 자료.

바지"하고자 "가입을 희망"했음을 밝힌 다음, "한반도의 현실에 비추어 남북한의 일방만이 가입하는 것은 한반도에 있어서의 화해 촉구와 한국 문제의 평화적 해결에 도움이 되지 않"는다는 점을 강조했다. 특히 북한만 가입을 승인한 것은 비동맹회의가 "균형을 잃은 편파적 조치"라며 강하게 비판했다. 가입에 실패한 남한 대표단은 리마 회의에서 채택될 한반도 관련 문구를 최대한 '순화'하고자 현지 외교 활동을 이어 나갔다.

8월 28일, 비동맹 외상회의 정치위원회의 작업반 회의에서는 한반도 문제 관련하여 전날(27일) 페루가 제출한 초안이 심의됐다. 친북(親北) 성향의 국가들은 구두로 '북한의 비동맹 가입 환영', '한반도 휴전협정의 평화협정으로 대체 요구', '남북한이 합의한 7·4남북공동성명에 규정된 민족통일 3개 원칙 준수를 희망' 등이 담긴 수정안을 제시했다. 그러자 친한(親韓) 성향의 사우디아라비아가 지난해(1974년) 유엔총회에서 합의된 성명에 따라 남북대화를 촉구한다는 내용을 담은 역수정안을 제시했다. 이에 인도네시아·잠비아·아이보리코스트가 지지를 밝혔으나, 반대파의 박수가 회의장 분위기를 압도했다고 한다.

8월 30일, 리마 비동맹 외상회의의 최종선언문이 「상호지원과 연대를 위한 리마 프로그램(LIMA PROGRAMME FOR MUTUAL ASSISTANCE AND SOLIDARITY)」이라는 이름으로 채택됐다. 그리고 최종선언문의 제60항, 제61항이 한반도 문제 관련한 북한의 주장을 거의 그대로 담은 채 다음과 같이 작성됐다.

> 60. 한반도 문제는 나라의 인위적인 분단의 지속으로 아시아와 세계의 평화와 안전을 위협하는 상황이 계속 존재해왔다. 회의는 비동맹 그룹의 회원으로서 북한의 가입을 따뜻하게 환영하며, 국내 문제에 대한 외부의 간섭 없는 자주적이고(independent) 평화적인 통일의 정책을 지지함을 재확인하며, 한반도에서 정전을 영구적인 평화로 바꾸고 한반도의 자주적이고 평화적인 통일을 촉진하기

위해, 유엔 깃발하에 남한에 주둔하고 있는 모든 군대의 철수와 현재의 한반도 군사정전협정(Korean Military Armistice Agreement)의 평화협정(peace agreement)으로의 대체를 요구한다.

61. 나아가 이번 회의는 북과 남이 "1972년 7월 4일의 북-남(North-South)공동성명서"에 명시된 민족통일(national reunification)의 3대원칙을 준수해 나가기를 희망한다는 뜻을 표명한다.[224]

두 조항에는 '외부의 간섭 없는 자주적이고 평화적인 통일', '유엔 깃발하에 남한에 주둔한 모든 군대의 철수', '군사정전협정의 평화협정으로의 대체' 등이 담겼다. 이것들은 당시 북한 지도부가 주장하던 것이었다. 그런데 북한의 주장 중에서 유독 '남북한 유엔 동시가입 반대' 주장만 빠졌다. 이는 남한이 남북한의 비동맹 '동시가입' 또는 '동시 불가입' 전술을 취하고 있는 상황을 고려하여, 북한 지도부가 해당 문구를 의도적으로 배제했을 가능성이 있다.[225] 즉 친한 성향의 국가들이 북한만의 비동맹 가입을 비판하는 상황에서 한반도 문제

---

[224] Bandaranaike Centre for International Studies, *non-aligned conferences: basic documents 1961~1975*, GUNARATNE & CO. LTD., 1976, p. 147; 유엔 디지털라이브러리(https://digitallibrary.un.org/record/578291?ln=en&v=pdf); 외무부, 「리마 비동맹 외상회의 경과와 평가」(1975. 9), 『비동맹 전체 외상회의, Lima(페루), 1975. 8. 25~30, 전 9권(V. 7. 결과분석 및 후속조치)』, 외교사료관, 2006; 국회입법조사국, 앞의 책, 218~219쪽.

[225] 그 이유를 남한 외무부는 두 가지로 설명했다. 첫째, 작년 제29차 유엔총회에서 남한이 제안한 한반도 문제에 관한 결의안에서 "유엔 동시가입 조항을 포함시키지 않고 있으므로" 북한이 "구태여 비동맹회의에서 한반도 관계 조항에 남북 유엔 동시가입 반대 조항을 포함시킬 필요성을 느끼지" 않았을 것이다. 둘째, 일부 비동맹국들이 남북한 유엔 동시가입을 원칙적으로는 지지하고 있어, 이를 의식하여 "전술적으로 삭제"했을 것이다. 「(외무부장관이 대통령 각하에게 보내는 보고사항) 제목: 비동맹 조정위 외상회의 관련 제2차 보고」(1976. 6. 4), 『비동맹 조정위원회 외상회의, Havana(쿠바), 1975. 3. 17~19』, 외교사료관, 2006.

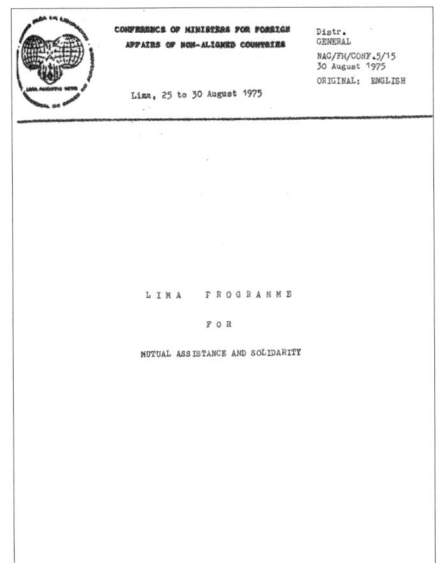

「상호지원과 연대를 위한 리마 프로그램」 비동맹 외상회의 최종선언문 표지, 유엔 디지털라이브러리, 앞의 자료.

관련 조문에 남북한 유엔 동시가입 반대를 포함하자고 주장한다면, 자칫 북한 단독가입 주장과 논리적 모순이 드러날 위험성이 있었다. 따라서 북한 지도부는 그동안 내세운 유엔 동시가입 반대 문구를 전략적으로 뺐을 수 있다.

리마 비동맹 외상회의가 종료하자, 북한 지도부는 "공화국 정부의 자주적 대외 정책의 빛나는 승리"라며 환호했다. 북한의 가입은 "위대한 수령 김일성 동지의 현명한 령도 밑에 공화국 정부가 시종일관 확고하게 견지하고 있는 반제 자주적인 대외 정책의 빛나는 승리"이자 "그 정당성과 위대한 생활력의 뚜렷한 시위"의 결과였다. 북한 지도부는 이로써 현 국제정세가 한반도 통일과 사회주의에 유리하게 됐다고 평가했다.[226]

냉전의 최전선의 사회주의 국가 북한은 냉전의 어느 한편에 줄서지 않겠

---

226 『로동신문』 1975. 8. 27; 8. 28.

다는 비동맹 가입에 성공했다. 그리고 이번 가입 성공을 "사회주의가 튼튼한 동맹자를" 확보함으로써 "사회주의 위업을 전진시키는" 계기로 보았다. 1960년대 북한은 사회주의 진영 내의 교조주의와 수정주의를 모두 비판하며 "자주로선"의 길을 걸었다. 그리고 새로운 냉전의 시대에 큰 나라에 휘둘리지 않겠다며 작은 나라들의 연대를 내세웠고, 1975년에 이르러 그 연대의 범위가 비동맹까지 확대된 것이었다.

이처럼 1970년대 초중반 북한의 대외 활동은 사회주의 진영 내에서의 작은 나라들 간의 연대를 넘어 진영 외부의 국가들과도 연대함으로써 "사회주의 위업을 전진시키"고자 하였으며, 그 결실이 바로 1975년 쁠럭불가담 가입 성공이었다.[227] 1975년 8월 말, 『로동신문』에는 연일 북한의 쁠럭불가담 가입을 축하하는 관련 국가들의 축전들이 소개됐다. 또한 9월 10일, 김일성은 유고슬라비아 티토에게 "쁠럭불가담운동 가입을 적극적으로 지지해준 귀하와 귀하의 정부에 깊은 감사를" 표하는 구두 메시지를 발송했다.[228]

1975년 3월 쿠바의 아바나 비동맹 조정위원회 회의에서 북한의 가입신청 권고안이 채택된 시점부터 "남북대결은 가열되기 시작"하여 "리마대회 전(戰)에서 격돌"했다. 『동아일보』 표현대로 "남북의 첫 정면대결이었다."[229] 북한은 주도적으로 비동맹 가입을 추진했으며, 남한은 머뭇거리다가 북한의 가입신

---

227  1987년 출간한 책에서 북한은 1970년대 자국의 대외 활동에 대해 "자주성을 옹호하는 세계 인민들과의 단결을 강화하며 조국통일 위업을 앞당기기 위한 공화국의 대외 활동"이었다고 정리했다. 박태호, 『조선민주주의 인민공화국 대외관계사 2』, 사회과학출판사, 1987, 85쪽.

228  「조선민주주의인민공화국 주석 김일성이 유고슬라비아공화국 대통령 요시프 브로즈 티토에게 보내는 구두 담화」(1975. 9. 10), 윌슨센터 디지털아카이브(https://digitalarchive.wilsoncenter.org/document/208687).

229  『동아일보』 1975. 12. 25.

'자주'라는 횃불 아래 아시아·아프리카·라틴아메리카인들이 지구를 운행하는 모습을 형상화한 그림
『조선중앙년감(1976년판)』, 449쪽.

청이 확정되자 이를 저지하기 위해 뒤늦게 가입외교에 뛰어들었다. 남북한 모두 스스로 자주외교를 지향한다며 비동맹 가입을 호소했다. 남한은 비동맹 가입 추진과 결정에 이르는 과정을 자유 진영 우방국들과 협의했으며, 미국과는 신청서의 구체적인 문안까지 논의했다. 반면 북한은 "사회주의 국가들과 어떠한 사전 협의도 없이 비동맹에 가입"한 것이었다.[230] 이처럼 남북한이 비동맹 가입을 추진하고 실행하는 일련의 과정을 보면, 비동맹회의가 지향하는 독립적인(independent) 정책에는 북한이 남한보다 더 충실했다.

리마 비동맹 외상회의가 끝나고, 곧바로 제30차 유엔총회가 열렸다. 총회

---

[230] 「소련 주재 동독 대사관 보고서, "1976년 5월 10일 바우어 동지와 소련 외무부 제1극동부 부국장 바스마노프 동지 사이의 대화에 대한 기록"」(1976. 5. 13), 윌슨센터 디지털아카이브 (https://digitalarchive.wilsoncenter.org/document/114288).

에서는 북한의 '승리'와 남한의 '위기'가 재연됐다. 즉 유엔총회에서 한반도 문제와 관련하여 서방 측 결의안만 통과되던 상례를 깨고, 남북한이 각자 지지하는 "본질적으로 상반된 두 결의안이" 모두 통과되는 사상 초유의 사태가 발생한 것이었다.[231] 이에 대해 북한 지도부는 "유엔에서의 조선 문제 토의의 전례를 뒤집어엎은 새로운 사변"이자 "커다란 승리"라며 환호했다.[232] 특히 김일성 주석은 "미국은 국제무대에서 전횡을 부릴 수 없게 되었으며 유엔에서까지도 좌지우지할 수 없게 되었"다고 평가했다.[233] 반면 남한의 김동조 외무장관은 유엔총회에서 "상반된 2개의 결의안"이 채택된 이러한 "'변칙적 사태'"는 결의안의 "시행 추진력을 상실한 것으로 규정"하며, 그 의미를 애써 축소하려 했다. 이를 두고 남한의 한 신문은 유엔총회 표결에 대해 "한국 지지는 작년보다 줄어들고" "공산 측 지지표는" "더 늘어나는 추세"임을 간과해서는 안 된다고 우려를 표했다.[234]

이처럼 1975년은 남북한의 "외교경쟁에서 하나의 분수령"이었다.[235] 세네갈 다카르에서의 자원 문제 관련 회의부터, 페루 리마에서의 비동맹 외상회의와 제30차 유엔총회까지, 한반도의 한편은 연전연승했으며, 이는 반대편에게 '숱한 상처'를 남겼다. 그렇게 한반도의 적대성과 상흔은 깊어지고 있었다.

---

[231] "1975년 11월 17일 정치위원회에서 서방 측 결의안(제3390호A)은 총 142개 회원국 중 59(찬성)대 51(반대), 기권 29로, 공산 측 결의안(제3390호B)은 51대 38, 기권 50으로 각각 통과되었고, 총회 본회의에서도" 전자는 "59대 51, 기권 29로", 후자는 "54대 43, 기권 42로 각각 통과"되었다. 외무부, 『한국 외교 30년』 201쪽.

[232] 『로동신문』 1975. 11. 1.

[233] 『로동신문』 1976. 1. 3.

[234] 『조선일보』 1975. 11. 20.

[235] 『동아일보』는 "75년은 남북 외교경쟁에서 하나의 분수령을 획하면서 한국 외교에 숱한 상처를" 남겼다고 기록했다. 『동아일보』 1975. 12. 25.

## 2. 제5차 비동맹 정상회의와 남북한의 한반도 결의안 대결(1976)

1975년 12월 19일, 남한의 박정희 대통령은 외무장관을 교체했다. 비동맹 가입외교를 이끌었던 김동조 대신 유엔 주재 박동진 대사를 장관으로 임명한 것이었다. 또한 박정희 정부는 대(對)유엔 외교를 앞으로 "남북한 간의 유엔에서의 불필요한 경쟁이나 대결을 피하고" 한반도 문제를 "7·4공동성명에 입각, 남북대화를 통하여 해결"하는 방향으로, 즉 유엔에서의 한반도 문제 토의를 "지양"하는 방향으로 전환했다.[236] 이러한 탈(脫)유엔화 정책 속에서, 외무부에게 비동맹회의는 한반도 문제가 논의되는 거의 유일한 국제정치의 무대로서 더욱 중요해졌다.[237] 한편 1976년 1월 1일, 북한 김일성 주석은 신년사에서 "지난해" "외교 전선에서" "커다란 승리를 이룩"함으로써, "조국통일 위업에 더욱더 유리한 국제적 환경"이 조성됐다고 보았다. 커다란 승리란 바로 북한이 "쁠럭불가담운동에 떳떳이 참가"한 것과, 제30차 유엔총회에서 북한이 지지한 한반도 결의안이 처음으로 통과된 것을 의미했다.[238] 이처럼 1975년 비동맹 가입을 둘러싼 공방이 일단락되고 남한이 탈유엔 정책으로 전환하면서, 남북한에게 1976년 열리는 비동맹회의에 상정될 한반도 문제는 더욱 중요한 현안으로 떠

---

[236] 『한국 외교 30년』, 202쪽; 신임 장관과 최규하 대통령 외교보좌관은 남한의 대유엔 외교 방향을 전환하여 '탈(脫)유엔 정책'을 지향했다. 당시 외무부 유엔과장이던 이시영은 기존의 유엔 정책이 "소모전의 성격이 강하고 국가에 너무 부담을" 줄 뿐 아니라 "양쪽 상반된 내용의 결의가 계속 채택된다면 그건 유엔도 국제적 웃음거리를 만들고 실제로 아무런 실리도 얻지 못"하기 때문에 "딜유엔 해야" 했다고 구술했다. 이시영, 앞의 책, 114~115쪽.

[237] 이시영은 "유엔 무대에서의 북한과의 대결이 없어진 대신 비동맹으로 무대가 옮겨"갔기 때문에, "모든 에너지를 비동맹 대책을 세우고 수행하는 데 쏟을 수밖에" 없었다고 한다. 이시영, 앞의 책, 135쪽.

[238] 김일성「신년사」(1976. 1. 1), 『조선중앙년감(1977년판)』, 2쪽.

올랐다.

북한은 비동맹에 가입함으로써 남한보다 유리한 상황이었으나, 정작 제6차 비동맹 정상회의 주최국 스리랑카와의 관계는 틀어져 있었다. 1960년 북한은 스리랑카에 통상대표부를 개설했으며, 1970년 양국이 대사급 외교관계를 맺고, 수도 콜롬보에 북한 상주공관이 설치됐다. 그런데 1971년 스리랑카의 극좌 성향 학생단체가 정부를 전복하려는 사건이 발생했는데, 그 배후로 콜롬보 주재 북한 공관이 지목되어 폐쇄당했다. 이후 양국은 형식상 수교관계만 유지하는 수준이었다. 이에 비동맹 정상회의를 앞두고 북한 지도부는 콜롬보 주재 공관을 복원하고 양국의 외교관계를 정상화하고자 했다.[239]

한편 남한은 콜롬보에 통상대표부만 설치된 데서 나아가, 양국 관계의 격상을 시도했다.[240] 그런데 1970년 시리마보 반다라나이케(Sirimavo Bandaranaike) 수상이 재집권하면서 1960년대 후반 스리랑카의 대외 정책 기조가 친서방에서 비동맹 노선으로 변화한 상황이었다. 반다라나이케 수상은 1960년부터 1965년까지 비동맹회의를 주도했던 당시 실론의 수상이기도 했다.[241] 실제 스리랑카 정부는 남한 외교관에게 "남북한 등거리 정책을 견지"한다고 밝혔다. 외무부도 콜롬보 정상회의에서 주최국 스리랑카로부터 "적극적인 협조를 기대하기"란 어려울 것으로 예상했다.[242]

---

239 「2020 8월 스리랑카 개황 08 북한과의 관계」, 주스리랑카 대한민국 대사관(https://overseas.mofa.go.kr/lk-ko/index.do)('정책'→'스리랑카 개관').

240 외무부, 「비동맹대책—스리랑카 정상회담 대책」(1976. 1. 29), 『비동맹 정상회의, 제5차, Colombo(스리랑카), 1976. 8. 16~20, 전 8권(V. 1. 기본대책 I. 1~5월)』, 외교사료관, 2007.

241 스리랑카의 국내 정치적 변화와 비동맹 노선의 관계는 다음을 참고. Jürgen Dinkel, op. cit., pp. 153~155.

242 외무부, 「비동맹대책(안)」(1976. 1), 위의 자료.

스리랑카의 환심을 사기 위해 남북한은 경제지원에 적극 나섰다. 1975년 북한은 스리랑카의 "농업을 발전시키며 식량을 자급자족할 수 있게 하는 데" "기여"하고자 100대의 뜨락또르(트랙터) 농기계를 무상으로 제공하기로 약속하고, 1차분 50대를 보냈다.[243] 그리고 2차분 50대는 정상회의 개최 직전인 1976년 5월 콜롬보항에 도착했다.[244] 1976년 1월, 남한 외무부는 스리랑카를 위한 "개발협력기금(기술용역 포함)"을 설치하고 "장기적 안목에 바탕을 둔" "사업 선정과 집중적 협력" 대책을 수립했다. 스리랑카와 협력사업의 일환으로 어선 10척을 위한 약 800만 불 상당의 "상업 차관"도 책정했다.[245]

남북한은 선전전에도 나섰다. 스리랑카 신문에는 북한을 알리는 전면광고가 실렸으며,[246] 박정희 정부는 스리랑카 언론계 중진들과 긴밀한 협력관계를 구축하고자 했다.[247] 남한의 외무부는 서방과 아랍권, 그리고 중남미의 유력지 등에 광고를 싣고자 필요한 비용을 책정했다. 특히 미국의 유력 신문과 잡지 홍보에 주력했다. 이는 뉴욕에서 정기적으로 열리는 비동맹 관련 회의에 참석하는 유엔 상주 대표들을 대상으로 한 것이었다. 외무부 홍보물에는 "한국 경제발전상을 북한과 비교"하거나, "북한과 캄보디아는 세계에서 가장 잔인한

---

243 『로동신문』 1975. 8. 23; 「제5차 비동맹 정상회담」(1976. 1), 외교사료관, 앞의 자료.
244 「주콜롬보 대사가 장관에게 보내는 전문」(1976. 6. 25), 위의 자료.
245 외무부, 「비동맹대책—스리랑카 정상회담 대책」(1976. 1. 29), 위의 자료.
246 스리랑카 국영방송국에서는 비동맹 회원국을 소개하는 프로그램을 내보냈는데, 여기에 가입국 북한노 포함됐나고 한다. 「수콜봄보 대사가 장관에게 보내는 전문」(1976. 8. 19), 『비동맹 정상회의, 제5차, Colombo(스리랑카), 1976. 8. 16~20, 전 8권(V. 4. 회의경과 II. 본회의)』, 외교사료관, 2007.
247 「주콜롬보 대사가 장관에게 보내는 전문」(1976. 1. 17), 『비동맹 정상회의, 제5차, Colombo(스리랑카), 1976. 8. 16~20, 전 8권(V. 1. 기본대책 I. 1~5월)』, 외교사료관, 2007.

공산국가라는" 주장이 포함될 예정이었다.[248] 북한과 함께 캄보디아가 언급된 까닭은, 당시 폴 포트(Pol Pot)가 이끄는 크메르 루주(Khmer Rouge) 지도부가 대규모 학살로 악명이 높았기 때문으로 보인다.[249]

1976년 1월 14일, 유엔 주재 알제리 대표부는 북한 정부가 콜롬보 정상회의 의제 초안(draft agenda)에 '한반도 문제(Korean Question)'를 포함해달라는 요청이 있었음을 알리는 회람공한(No.AB/ma/837/76)을 뉴욕에 상주하는 조정위원회 대표부에 발송했다.[250] 남한 외무부는 즉각 대응에 나섰다. 24일, 외무부장관은 유엔 주재 대표부와 8개국(인도·말레이시아·네팔·스리랑카·페루·라이베리아·자이레·쿠웨이트) 주재 외교관에게 한반도 문제는 "비동맹 결의가 아니라 남북대화에 의해서만 해결 가능"하므로, 만약 한반도 문제가 회의에서 논의된다면, "당사자인 남한도 그 입장을 개진할 수 있도록 공평한 기회가 주어져야 함을 설득"하라고 지시했다.[251]

2월 10일, 뉴욕에서 열린 대사급 비동맹 조정위원회 회의에서 한반도 문제를 정상회의 의제에 포함하는 문제가 논의됐다. 페루가 북한이 요청한 사항을 언급하며 몇 나라들의 동의가 있었다고 언급했다. 친북 성향의 가이아나가 "한반도 문제(QUESTION OF KOREA)"라는 제목 대신 "한반도 통일(UNIFICATION OF

---

248 외무부는 『파이낸셜 타임스(Financial Times)』, 『썬데이옵서버(Sunday Observer)』, 『르몽드(Le Monde)』, 『리더스 다이제스트(Reader's Digest)』, 『타임(Time)』, 『더타임즈(The Times)』 등에 주목했다. 문화공보부, 「비동맹 관계회의를 대비한 특수 홍보 대책」(1976. 4. 27); 「주콜롬보 대사가 장관에게 보내는 전문」(1976. 1. 17), 위의 자료.
249 신재혁, 「캄보디아 훈센 정권의 야당 탄압과 권력유지 전략」, 『AIF 아세안』, 2019.
250 「PERANENT MISSION OF ALGERIA TO THE UNITED NATIONS」(New York, January 14, 1976)(No. AB/ma/837/76); 「제5차 비동맹 정상회담 개회 준비 동향」(1976. 1), 외교사료관, 앞의 자료.
251 「제5차 비동맹 정상회담 개회 준비 동향」(1976. 1), 위의 자료.

KOREA)"로 변경하자고 제안했다. 그런데 친한(親韓) 성향의 인도·스리랑카·말레이시아가 "좀 더 중립적인 성격을 띠는 명칭"이어야 하고, "유엔의 관례"에 따르자며 반대 의견을 밝혔다. 결국 의제 제목의 변경은 이뤄지지 않았다.[252]

이후 뉴욕 비동맹 조정위원회에서 콜롬보 정상회의 의제에 대한 부속서(Annotation) 작성을 위한 기초 작업을 국가별로 분담하는 회의가 진행됐다. 이때 알제리 대표부가 한반도 문제 관련 작업을 담당했다.[253] 3월 4일, 조정위원회 회의에서는 알제리가 작성한 한반도 문제에 관한 부속서가 논의됐다. 알제리가 제출한 제8의제(AGENDA ITEM VIII)의 '(E) 한반도 문제(QUESTION OF KOREA)'는 하위 4개 항으로 이뤄졌다.[254] 1항에는 제4차 알제 정상회의 결의문이, 2항에는 아바나 조정위원회 외상회의 선언문이, 3항에는 리마 외상회의 선언문이 인용됐다. 마지막 4항에는 제30차 유엔총회에서 통과된 한반도 문제에 관한 양측 결의안의 문서번호가 적시됐다. 알제리의 한반도 문제에 관한 부속서는 이의 없이 채택됐다. 유엔 주재 남한 대사는 알제리가 "있을 수 있는 논란을 피하기 위해" 기존에 채택된 결의문 또는 문안을 단순히 옮겨놓았기 때문에, 조정위원

---

252 「주말레이지아 대사가 외무장관에게 보내는 전문」(1976. 2. 20), 『비동맹 조정위원회 외상회의, Algiers(알제리), 1976. 5. 30~6. 3』, 외교사료관, 2007; 「주유엔 대사대리가 장관에게 보내는 전문」(1976. 2. 11), 『비동맹 정상회의, 제5차, Colombo(스리랑카), 1976. 8. 16~20, 전 8권(V. 1. 기본대책 I. 1~5월)』, 외교사료관, 2007; 한반도 문제는 '국제정세와 비동맹의 역할에 대한 일반적 검토 및 평가(GENERAL REVIEW AND APPRAISAL OF THE INTERNATIONAL POLITICAL SITUATION AND ROLE OF NON-ALIGNMENT WITH SPECIAL REFERENCT TO)'라는 초안 의제의 10개 하위항목(SUB-ITEM) 중 하나로 포함됐다. 「주유엔 대사대리가 상관에게 보내는 전문」(1976. 2. 11), 위의 자료.
253 「장관이 주말, 주인도, 주네팔,주페루, 주자이레, 주라이베리아, 주쿠웨이트, 주콜롬보 대사 등에게 보내는 전문」(1976. 2~3), 위의 자료.
254 「한국 문제에 관한 Annotation」, 위의 자료.

회 회원국들의 별다른 반론이 없었다고 평가했다.[255]

3월 24일, 남한 외무부는 「제5차 비동맹 정상회담에서의 한국 문제 토의와 관련한 대한민국 정부의 입장」을 발표했다. 첫째, 한반도 문제 해결은 남북한 당사자의 "격의 없는 대화"에 있음에도, 북한이 1973년 8월 일방적으로 대화를 중단한 채 "미국과의 평화협정 체결"을 주장하고 나선 것은 7·4남북공동성명 정신을 "망각"한 것이라 비난했다. 둘째, "주한 유엔군사령부" 해체를 북한이 주장하지만, "유엔사가 휴전협정의 일방 당사자"로서 "한반도에 긴장과 전쟁 위험이" 상존하는 현실에서 "휴전협정에 대한 대안을 강구치 않고 유엔사를 일방적으로 해체한다는 것은 한반도의 평화 유지에 아주 위험한 일"이라고 반박했다. 셋째, 북한이 "주한 미군의 존재 때문에 남북한 당사자 간에 한반도의 제반 문제를 협의할 수 없다"고 주장하지만, "대한민국은 그 생존을 위한 안전보장 조치"로서 우리의 "요청으로 한미 간의 협의에 따라" 미군이 주둔하는 것이기 때문에 "국제법상 인정된 주권행사"임을 강조했다. 나아가 남한 정부도 "미국군의 영구 주한을 바라"지 않으며 "한반도에서 전쟁 재발 위험이 제거되고 항구적 평화를 위한 여건이 조성되면 언제라도 미군의 철수를 요구할 것임을 맹백히 하고저 한다"고 밝혔다.[256] 한반도 평화를 전제로 한 미군 철수의 제안은 전년(1975년) 비동맹 가입신청서에 담았던 내용이었다.

5월 30일, 알제리 수도 알제에서 외상들이 모이는 비동맹 조정위원회 회

---

255 「주유엔 대사가 장관에게 보내는 전문」(1976. 3. 4), 『비동맹 조정위원회 외상회의, Algiers(알제리), 1976. 5. 30~6. 3』, 외교사료관, 2007.

256 「제5차 비동맹정상회담에서의 한국 문제 토의와 관련한 대한민국 정부의 입장」(1976. 3. 24), 『비동맹 정상회의, 제5차, Colombo(스리랑카), 1976. 8. 16~20, 전 8권(V. 1. 기본대책 I. 1~5월)』, 외교사료관, 2007. 이러한 입장문은 영문 각서로 작성되어 비동맹 회원국들에 배포하기 위해 현지 재외공관에 송부됐다. 「비동맹 정상회담 대비 세부 활동계획」(1976. 3); 「장관이 보내는 전문」(1976. 4. 15), 위의 자료.

의가 열렸다. 조정위원은 아니었지만 회원국 북한도 옵서버 자격으로 참석했다.[257] 5월 31일, 비동맹 조정위원회 산하 정치위원회에는 말리가 작성한 한반도 문제에 관한 수정 초안이 상정됐다. 이는 6월 2일 열린 조정위원회 본회의에서 채택된 최종선언문에 다음과 같이 거의 그대로 실렸다.[258]

> 비동맹 조정위원회는 1972년 7월 4일의 북–남(North-South)공동성명에 규정된 바와 같이 조선 인민 자신에 의한 평화적이고 자주적이며 민족대단결에 입각, 여하한 외부의 간섭도 없이 한반도 통일 문제를 해결하려는 "조선민주주의인민공화국"의 정책에 대한 지지를 재확인한다.
> 
> <u>본위원회는 한반도에서의 모든 긴장과 새로운 전쟁위험을 제거하고 또한 한반도의 통일을 성취하기 위하여 외국 군사기지를 해체하며 한반도 정전협정을 평화조약으로 대체하고 유엔 깃발아 남한에 주둔한 모든 외국 군대를 철수하는 것이 무엇보다도 필요함을 확인한다.</u>[259] (밑줄─인용자)

그런데 이번 조정위원회 선언문에는 그동안 채택된 한반도 관련 내용에는 없었던, "한반도에서의 모든 긴장과 새로운 전쟁위험을 제거"하고 "외국 군사기지를 해체"해야 한다는 내용이 새롭게 포함됐다. 사실 1950년대 이후 북

---

257 유엔 주재 남한 대사는 북한이 "강력한 대표단(주유엔 북괴 요원도 포함)"을 파견하여 "옵서버임에도 불구하고 조정위 대표나 다름없는 맹렬한 로비 활동을 전개"하고 있다고 장관에게 보고했다. 「주국련 대사가 장관에게 보내는 전문」(1976. 6. 8), 『비동맹 조정위원회 외상회의, Algiers(알제리), 1976. 5. 30~6. 3』, 외교사료관, 2007.
258 「주국련 대사가 장관에게 보내는 전문」(1976. 6. 8), 위의 자료.
259 원문은 영문으로 되어 있다. 「(외무부장관이 대통령 각하에게 보내는 보고사항) 제목: 비동맹조정위 외상회의 관련 제2차 보고」, 위의 자료.

한 지도부는 미국이 아시아와 한반도에서 '새 전쟁'을 '도발'하려 한다고 지속적으로 비판해왔다. 그런데 1970년대 들어 북한 지도부는 미국이 "각종 핵무기를" "비무장지대 가까이에 배치하는" 등 "새로운 군사적 소동을" 일으키려 한다며 더욱 강하게 비난하기 시작했다.[260] 특히 1974년 하반기부터 『로동신문』에는 "미제 침략군은 핵무기를 비롯한 모든 살인무기를 걷어 가지고 남조선으로부터 즉시 철거하여야 한다"는 비판적인 국제 여론이 더 자주 실렸다.[261] 남한 외무부도 비동맹 조정위원회의 최종선언문에 한반도 문제 관련하여 '새로운 전쟁위협'과 '외국 군사기지 해체'가 등장한 것은, 1975년 비동맹에 가입한 북한이 그 여세를 몰아 "주한 미군 핵무기 시설(핵기지)"의 해체까지 시도하려는 사전 포석이라고 분석했다.[262]

---

260  비무장지대에 미국의 핵무기 배치를 비판하는 보도는 1970년 4월 2일자 『로동신문』에 처음 실린 것으로 확인된다. 「군사정전위원회 우리 측 수석위원 중립국감독위원회에 서한(미제 침략자들이 최근에도 의연히 각종 핵무기들을 끌어들이며 그것들을 비무장지대 가까이에 배치하는 한편 새로운 군사적 소동을 일으키고 있는 것과 관련하여, 군사정전위원회 조선인민군 및 중국 인민지원군 측 수석위원 조선인민군 소장 리춘선)」, 『로동신문』 1970. 4. 2.

261  「조선민주주의인민공화국 정부와 조선 인민은 남조선에 핵무기를 끌어들인 미제의 행동을 엄중한 범죄행위로 단호히 규탄한다(조선민주주의인민공화국 외교부 대변인 성명)」, 『로동신문』 1974. 12. 21; 「미제와 남조선 괴뢰도당이 정전 후 지난 22년간 감행한 정전협정 위반행위를 력사적으로, 전면적으로 폭로 규탄, 미제 침략자들이 핵무기를 포함한 모든 살인무기들을 걷어가지고 남조선에서 물러갈 것을 강력히 요구(군사정전위원회 제366차회의에서)」, 『로동신문』 1975. 7. 31; 「미제 침략군은 핵무기를 비롯한 모든 살인무기를 걷어 가지고 남조선으로부터 즉시 철거하여야 한다」, 『로동신문』 1976. 2. 29; 「"미제는 핵무기를 걷어 가지고 남조선에서 물러가라", "남조선 괴뢰도당 파쑈적 폭압책동을 규탄한다" 노르웨이의 오슬로에서 강력한 반미 반괴뢰 시위 진행」, 『로동신문』 1976. 4. 13.

262  이러한 해석은 당시 남한 외무부가 대통령에게 제출한 보고서에서도 확인된다. 또한 외무부는 "비동맹 국가들의 외국 군사기지에 대한 일반적 거부 반응을 의식, 이에 영합함으로써 지지기반을 확대할 수 있다는 계산에서 추가되었을 가능성"도 제시했다. 「(외무부장관이 대통령 각하에게 보내는 보고사항) 제목: 비동맹 조정위 외상회의 관련 제2차 보고」(1976. 6.

이처럼 비동맹 회원국 북한은 알제 조정위원회 회의에 직접 참여하여 자신이 원하는 한반도 관련 내용을 삽입하는 데 성공했다. 반면 비회원국 남한의 대응은 친한(親韓)적인 조정위원회 국가들에게 회의에서 반대해달라 부탁하는 방법뿐이었다. 그리고 조정위원회 회의에서 남한 입장을 대신하여 발언한 국가는 말레이시아밖에 없었다.[263]

남한 외무부는 비동맹 조정위원회가 제5차 정상회의에 제안한 한반도 문제 관련 의제에 대해 조목조목 비판하는 영문 각서(Memorandum)를 작성하여 재외공관에 송부하고 업무에 활용하라고 지시했다. 각서의 내용은 남북대화가 우선이며, 대안 없는 휴전협정의 대체는 불가능하고, 미군의 남한 주둔은 임시적이라는 것이었다. 이는 앞서 발표됐던 남한 정부의 입장문과 유사한 내용이었다.[264]

『로동신문』은 이러한 박정희 정부의 주장을 "미제 침략군을 언제까지나 남조선에 붙들어두고 남조선을 미제의 식민지 군사기지로 영원히 내여맡기며 나라의 분렬을 영구화하려는 속셈"이자 "이른바 '대화의 재개'요 뭐요하는 기만적 구호로 가리워보려"는 "파렴치한 궤변"이라고 비난했다. 특히 "이것은 분명히 반제 자주의 시대적 조류에 밀려 파멸의 위기에 빠진 자들이 지르는 비명"이자, "지난해 리마 회의에서" "이른바 된벼락을 맞고 매장당"했으며 "오늘도 계속 배척을 당하고" 있는 상황에서 "국제적 고립을 모면"하려는 "발악"으

---

4), 『비동맹 조정위원회 외상회의, Algiers(알제리), 1976. 5. 30~6. 3』, 외교사료관, 2007.

263 「비동맹국 조정위 구성현황」(1976. 2), 『비동맹 정상회의, 세5차, Colombo(스리랑카), 1976. 8. 16~20, 선8권(V. 1. 기본대책 I. 1~5월)』, 외교사료관, 2007.

264 「MEMORANDUM OF THE REPUBLIC OF KOREA ON THE QUESTION OF KOREA AT THE 5TH SUMMIT CONFERENCE OF THE NON-ALIGNED COUNTRIES」(June 1976), 위의 자료.

로 치부했다.²⁶⁵

정상회의를 앞두고, 주최국 스리랑카는 비동맹 정상회의에 올릴 선언문 초안을 작성했다. 6월 29일, 유엔 주재 스리랑카 대표부는 자국이 작성한 비동맹 정상회의 초안을 유엔에 주재하는 비동맹 회원국 대표부에 배포한 후, 7월 15일까지 관련 코멘트를 요청했다.²⁶⁶ 스리랑카 초안에서는 한반도와 인도차이나, 베트남이 함께 다뤄졌는데 한반도 관련 내용은 다음과 같았다.

> 한반도, 인도차이나 그리고 베트남(Korea, Indochina and Viet-Nam)
> 회의는 남한으로부터 모든 외국 군대의 철수와 외국 군사기지의 폐쇄, 유엔군 사령부의 종료, 그리고 한반도 군사정전협정의 영구적인 평화협정으로의 대체를 요구한다.
> 회의는 북과 남이 평화롭게, 그리고 "1972년 7월 4일의 북–남(North-South)공동성명"에 규정된 세 원칙에 기초하여 외부의 간섭 없이 자신의 영토를 통일하려는 노력을 지지한다.²⁶⁷

---

265 『로동신문』 1976. 6. 9.
266 「장관이 22개 재외공관에 보내는 전문」(1976. 7. 1), 『비동맹 정상회의, 제5차, Colombo(스리랑카), 1976. 8. 16~20, 전 8권(V. 2. 기본대책 II. 6~7월)』, 외교사료관, 2007. 22개 공관은 다음과 같다. 인도네시아·말레이시아·싱가포르·네팔·아르헨티나·중앙아프리카·가봉·세네갈(감비아 포함)·케냐(레소토 및 스와질랜드 포함)·시에라리온·자이레·라이베리아·모로코·사우디아라비아(오만 포함)·아프가니스탄·인도·자메이카·파나마·페루·아이보리·요르단·튀니시아.
267 「FIFTH CONFERENCE OF HEADS OF STATE OR GOVERNMENT OF NON-ALIGNED COUNTRIES-COLOMBO 16-19THE, AUGUST 1976, DRAFT POLITICAL DECLARATION」, 위의 자료.

스리랑카 초안의 내용은 앞서 비동맹 조정위원회에서 채택된 것과 비슷했으나, '새로운 전쟁위험의 제거' 같은 강경한 표현은 빠졌다. 남한은 스리랑카 초안의 내용을 더욱 "중화"하고자 미국과 협력했다. 7월 1일, 유엔 주재 미국 대표부 월슨(WILSON)과 남한 대표부가 만났는데, 월슨은 한반도 관련 부분을 보다 "중화 내지 수정시키는 효과적 방안의 하나로" "하나의 대안"이 필요하다고 제안했다.[268] 그리고 한미를 포함하여 핵심 우방 10개국이 참여하는 전략회의가 열렸는데, 이때 '대안'의 구체적인 내용이 논의됐던 것으로 보인다.[269]

7월 29일, 외무부장관은 가봉·시에라리온·자이레·인도·말레이시아·싱가포르·모로코·요르단에 주재하는 외교관들에게 스리랑카 초안의 중화를 위한 구체적인 문안을 제공하며 현지 교섭을 지시했다. 첫째, 1항과 2항의 위치를 바꾸는 것이었다. 즉 첫 문장부터 외국군 철수 등 강경한 내용이 등장하는 것을 피하고자 한 것으로 보인다. 둘째 현재 1항의 "남한으로부터 모든 외국군의 철수"를 "한반도에서의 유엔 깃발하의 모든 외국 군대의 철수"로 수정하고, 군사정전협정을 평화협정으로 대체한다는 말 앞에 "한반도에서 평화와 안보 유지에 해를 끼치지 않는다면"이라는 전제를 삽입하는 것이었다. 또한 이 시기 북한이 주장해온 평화협정이 포함된 "영구적인 평화협정에 의해"는 "새로운 조치(arrangements)에 의해"라는 순화된 표현으로 수정하며, 특히 "외국 군사기지의 폐쇄"라는 강경한 표현은 삭제하고자 했다. 끝으로 장관은 현지 외교관들에게 이러한 수정 제안이 우리의 "공식적인 안"이라는 것을 밝힐 수 없다는 사실을 "각별 유념"하여, "반드시 귀하의 사적 견해라는 단서하에"을 조심스럽게 "추

---

268 「(긴급) 주국련 대사가 장관에게 보내는 전문」(1976. 7. 2), 위의 자료.
269 「장관이 재외공관에 보내는 전문」(1976. 7. 26); 「외무부장관이 대통령 각하에게 보내는 외무부 보고) 제목: 제5차 비동맹 정상회담 대책 시행에 관한 보고(제1차)」(1976. 7. 20), 위의 자료.

진"하라고 덧붙였다.[270]

비회원국 남한은 간접적으로 수정 문구를 조심스럽게 제안하는 방식이었다면, 회원국 북한은 「스리랑카 측이 작성한 제5차 비동맹국가 정상회담의 정치선언 초안과 경제선언 초안에 대한 조선민주주의인민공화국의 제의」를 직접 작성하여 제출했다. 이 문건은 정치선언 관련 11개 항과 경제선언 관련 3개 항으로 구성됐다. 북한은 정치선언 초안 중 한반도 문제를 인도차이나와 베트남 문제 등과 분리하여 독자적인 의제로 설정해주기를 요청했다. 그리고 조정위원회 회의에 북한이 이미 제출한 결의안이 포함되는 것이 바람직하며, "현재 미 제국주의자들은 큰나라와의 관계는 증진하면서 작은 나라들은 각개격파(one by one)를 하고 있다"는 내용까지 넣어달라고 요청했다.[271]

콜롬보 정상회의 개최가 임박한 8월 4일, 남한 외무부는 상부에 비동맹정상회의 의장 앞으로 국무총리 명의의 메시지 타전을 건의했다.[272] 이는 받아들여졌고, 8월 10일 「"시리마보 반다라나이케" 스리랑카 공화국 수상 겸 제5차 비동맹 정상회의 의장 앞 최규하 국무총리 각하의 전문」이 발송됐다. 여기에서는 외무부의 입장이 다섯 가지로 정리되어 제시됐다. 첫째, 평화적 방법의 한

---

[270] 「장관이 주가봉, 주시에라리온 대사, 주자이레 대사, 주인도 대사, 주말 대사, 주싱가폴 대사, 주모로코 대사, 주율단 대사 등에게 보내는 전문」(1976. 7. 29), 위의 자료.

[271] 「스리랑카 측이 작성한 제5차 비동맹 국가 정상회담의 정치선언 초안과 경제선언 초안에 대한 조선민주주의인민공화국의 제의(Suggestions of the Democratic People's Republic of Korea on the Draft Political Declaration and the Draft Economic Declaration of the Fifth Conference of Heads of State or Government of Non-Aligned Countries Prepared by the Sri Lanka Side)」(1976. 7), 『비동맹 정상회의, 제5차, Colombo(스리랑카), 1976. 8. 16~20, 전 8권(V. 3. 회의경과 I. 조정위 실무급회의, 외상회의)』, 외교사료관, 2007.

[272] 「(기안용지) 제5차 비동맹 정상회담 의장 앞 국무총리 명의 전문 멧세지 타전」(1976. 8. 4), 『비동맹 정상회의, 제5차, Colombo(스리랑카), 1976. 8. 16~20, 전 8권(V. 2. 기본대책 II. 6~7월)』, 외교사료관, 2007.

반도 통일을 지향한다. 둘째, 남북한의 직접적인 대화를 촉구한다. 셋째, 당사자 간 협의하에 대안이 강구된 이후에야 유엔군사령부는 해체될 수 있다. 넷째, 북한이 소련·중국과 군사협정을 맺은 동맹관계이듯이, 남한도 한미상호방위조약에 따라 미군이 주둔하는 것이다. 다섯째, 한반도 미래를 논의하는 국제회의에서 5천만 한민족의 3분의 2가 거주하는 남한의 입장은 반드시 존중되어야 한다.[273]

콜롬보 정상회의 개최 11일 전(8월 5일), 북한 외무성 부상 전명수는 평양에 주재하는 사회주의 국가 외교관들을 외무성으로 소환하여, 「조선민주주의인민공화국 정부성명」을 전달했다. 성명에는 먼저 "오랫동안 한반도에 존재해왔던 긴장상태가 현재 그 어느 때보다 첨예해지고 있다는 점이 강조"됐다.[274] 그 증거로 "완전한 전투 준비를 갖춘" 미국과 남한 군부대들이 최전방으로 "이동 집결"했으며, 특히 "태평양과 오끼나와의 미 군사기지들에서는 핵무기를 적재하고 있는 전략 폭격기들과 군사장비를 가득 실은 대형 수송기들이 아무때나 조선 전선에 출동할 수 있는 태세를 갖추고" 있다는 것 등이 제시됐다. 그리고 성명은 "전 세계 평화애호 력량이" 이러한 "새 전쟁 도발 책동을 폭로 단죄하고 조국의 자주적 평화통일을 위한 조선 인민의 정당한 투쟁을 더욱 적극 지지하여" 나서주어야만, "조선에서 전쟁은 방지되고 평화가 유지될 것이며 조선의 통일은 앞당겨질 것"이라고 호소했다.[275]

평양 주재 루마니아 대사에 따르면, 전명수 부상은 "성명문을 낭독한 뒤 이

---

273 외무부, 「"시리마보 반다라나이케" 스리랑카 공화국 수상 겸 제5차 비동맹 정상회의 의장 앞 최규하 국무총리 각하의 선문」(1976. 8. 10), 위의 자료.
274 「주평양 루마니아 대사가 부쿠레슈티로 보내는 전문」(1876. 8. 6), 월슨센터 디지털아카이브(https://digitalarchive.wilsoncenter.org/document/114114).
275 『로동신문』 1976. 8. 6.

문건은 미 제국주의자들이 전쟁 준비를 마치고 북한을 반대하는 전쟁을 직접 도발하려는 현 정세의 산물"이라고 말했으며, 동시에 "[회의에 참석한] 정부들이 북한의 선언을 지지하고 조국통일을 위한 조선 인민의 투쟁을 지지하기 위한 적절한 조치를 취할 것이라고 자신은 확신한다"고 밝혔다고 한다. 그리고 전명수는 각국의 "정보기관에서 이 성명서를 대대적으로" 방송해주길 요청했다.[276] 같은 날 북한 외무성은 평양 주재 외신 기자들이 참석하는 기자회견을 열어, 앞선 정부성명과 비슷한 내용의 비망록(memorandum)을 발표하기도 했다.[277]

1970년대 미국의 '새 전쟁 도발 책동'을 비판하는 군사정전위원회 북한 측 수석위원 발언이나 외무성 또는 대변인 명의의 성명 발표는 있었으나, 북한 정부 명의 성명과 비망록의 동시 발표는 이례적인 것이었다. 그런데 평양 주재 루마니아 대사 두미트루 포파(Dumitru Popa)는 북한 정부의 최근 발표들이 한반도의 급박한 위기상황을 주장하지만, 이를 "입증할 새로운 중요한 요소가 등장했다는 정보"는 없다며 의문을 제기했다. 즉 포파 대사는 북한이 이 시점에서 강경한 발언을 쏟아내는 것을 곧 열리는 콜롬보 비동맹 정상회의를 대비하기 위한 것으로 분석했다.[278]

1976년 8월 9일부터 14일까지, 스리랑카 콜롬보에서 정상회의 직전 예정된 대사급 조정위원회와 외상회의가 열렸다. 8월 9일, 허담 외상을 포함하여 비동

---

276 윌슨센터, 앞의 자료.
277 『로동신문』 1976. 8. 6; 윌슨센터, 앞의 자료.
278 대사는 "최근 4자회담을 소집하겠다는 미 국무장관 키신저의 제안"도 중요한 요인으로 보았다. 「주평양 루마니아 대사가 부쿠레슈티로 보내는 전문」, 앞의 자료. 홍석률도 "1976년 들어 북한은 미국과 남한이 한반도에서 전쟁 도발을 획책하고 있다는 선전을 강화"했으며 "이를 통해 주한 미군이 한반도의 평화를 위협하는 가장 중요한 요소임을 부각"시킴으로써 "비동맹회의, 유엔 등 각종 국제무대에서 유·엔군사령부 철폐, 평화협정 체결을 촉구하는 국제여론을 조성하려 했다"고 설명했다. 홍석률, 『분단의 히스테리』, 창비, 2012, 380쪽.

맹회의에 참가하는 북한 대표단 120명이 승선한 만경봉호가 콜롬보에 입항했다.[279] 허담은 도착 직후 기자회견을 열어 "미국이 한반도에서 새로운 전쟁" 발발을 위한 "긴장된 분위기를 조성하고 있다고 비난했다."[280] 또한 외상회의에서 허담은 김일성 주석이 정상회의 참석을 위해 콜롬보에 올 것이라고 밝혔다. 김일성이 주말에 항공편으로 콜롬보에 도착할 것이라는 언론의 보도도 있었다.[281] 그런데 허담의 김일성 참석 발언은 현지의 관심을 끌기 위한 거짓말이었다. 1976년 8월 1일, 김일성은 유고슬라비아 티토에게 보낸 서한에서 "최근 우리나라의 긴장된 정세로 인해 정상회담에 참석하지 못하고 박성철 총리를 내 대리인으로서 파견"하겠다고 밝혔기 때문이다.[282]

8월 9일 열린 조정위원회 대사급회의에, 북한은 외상회의에 제출할 '단독 명의의 한반도 문제 관련 결의안'과 '수정한 정치선언 초안'을 제출했다.[283] 예정된 회의의 마지막 날인 14일 야간회의에서, 북한은 '한반도 문제에 관한 정치선언 및 결의안'을 소개하며, 이를 10개국 기초위원회(DRAFT COMMITTEE)에

---

279 「II. 북괴 동향」, 『비동맹 정상회의, 제5차, Colombo(스리랑카), 1976. 8. 16~20, 전 8권(V. 3. 회의경과 I. 조정위 실무급회의, 외상회의)』, 외교사료관, 2007.

280 「외무부장관이 대통령 각하에게 보내는 외무부 보고사항) 제목: 제5차 비동맹 정상회의에서의 한국 문제 토의 경과에 관한 중간보고」(1976. 8. 20), 『비동맹 정상회의, 제5차, Colombo(스리랑카), 1976. 8. 16~20, 전 8권(V. 4. 회의경과 II. 본회의)』, 외교사료관, 2007.

281 「II. 북괴 동향」, 『비동맹 정상회의, 제5차, Colombo(스리랑카), 1976. 8. 16~20, 전 8권(V. 3. 회의경과 I. 조정위 실무급회의, 외상회의)』, 외교사료관, 2007.

282 「조선민주주의인민공화국 주석 김일성이 유고슬라비아공화국 대통령 요시프 브로즈 티토에게 보내는 메시지」(1976. 8. 1), 윌슨센터 디지털아카이브(https://digitalarchive.wilsoncenter.org/document/250392).

283 「(긴급) 주콜롬보 대사가 장관에게 보내는 전문」(1976. 8. 11); 「주콜롬보 대사가 장관에게 보내는 전문」(1987. 8. 11), 『비동맹 정상회의, 제5차, Colombo(스리랑카), 1976. 8. 16~20, 전 8권(V. 3. 회의경과 I. 조정위 실무급회의, 외상회의)』, 외교사료관, 2007.

제5차 비동맹회의가 열린 반다라나이케 기념 국제회의장 https://vernoncorea.wordpress.com/2014/07/31/the-non-aligned-summit-in-colombo-sri-lanka-in-1976.

회부하자는 긴급동의안을 제안했다. 그런데 이 사안은 페루와 라이베리아 대표의 반대 발언으로 정상회의가 열리는 8월 16일 다시 속개될 정치위원회에서 계속 토의하기로 결정됐다.[284] 한편, 같은 날(14일) 아프리카 5개국(중앙아프리카·가봉·모로코·자이레·감비아)이 스리랑카가 작성한 정치선언 초안 중 한반도 관련 조문에 대한 수정안을 제출했다.[285] 이 수정안의 문구는 남한이 앞서 '은밀히' 제안한 것과 거의 동일했다.[286] 이로써 비동맹 정상회의 개최 직전, 스리랑카와 북한, 그리고 아프리카 5개국이 작성한 총 3개의 한반도 관련 문건이 제출된 상태였다.

---

284 「(긴급) 주스리랑카 대사가 장관에게 보내는 전문」(1976. 8. 15); 「(긴급) 장관이 주유엔 대사에게 보내는 전문」(1976. 8. 15), 위의 자료.
285 「주요정세」(1976. 8), 위의 자료.
286 「(긴급) 주콜롬보 대사가 장관에게 보내는 전문」(1976. 8. 15), 위의 자료.

정상회의에서 스리랑카의 시리마보 반다라나이케 총리의 연설 장면  https://vernoncorea.wordpress.com/wp-content/uploads/2014/07/5thnonalignedsummit.jpg.

    8월 16일 오전 10시 15분, 제5차 비동맹 정상회의가 스리랑카의 수도 콜롬보의 반다라나이케 기념 국제회의장(Bandaranaike Memorial International Conference Hall, BMICH)에서 개막했다.[287] 회원 85개(84개국 및 1개 기구)와 옵서버 9개국, 게스트 7개국 등이 참석했다.[288]

    스리랑카 반다라나이케 수상은 개막식 연설에서 한반도를 언급했다. 그는 "동아세아에서 민족적 통일을 이룩하려는 한반도 인민의 염원은 4년 전의 남북공동성명에 의하여 한 가닥의 희망이 나타났었음에도 불구하고 아직 실현되지 않고" 있다며 안타까워했다. 그리고 우리의 비동맹운동이 "현 정전협정을 항구적인 평화협정으로 대체하기 위한 유리한 조건을 마련"하고 "한반도의

---

[287] 반다라나이케 기념 국제회의장은 중국이 1,500만 불을 들여 1971년 건립하여 스리랑카에 기증한 것이었다. 외교부, 『스리랑카 개황』(2019. 12. 16), 85쪽; 「주콜롬보 내사가 상관에게 보내는 전문」(1976. 3. 5), 『비동맹 정상회의, 제5차, Colombo(스리랑카), 1976. 8. 16~20, 전 8권 (V. 1. 기본대책 I. 1~5월)』, 외교사료관, 2007.

[288] 유엔 디지털아카이브(https://digitallibrary.un.org/record/153922?ln=en&v=pdf). 회의 참가명단은 책의 부록을 참고할 것.

평화적 통일과 외국 군대의 철수를 촉진"하는 데 기여하기를 희망했다.[289]

남북한 모두 반다라나이케의 한반도 관련 발언을 주시했다. 북한 『로동신문』에는 그의 개막식 발언이 발췌되어 실렸는데, 특히 한반도 관련 부분은 전부 그대로 게재됐다. 콜롬보 주재 남한 대사도 개막 연설 중 한반도 문제에 관한 부분의 원문을 확보하여 장관에게 전달했다.[290]

비동맹 정상회의 개막일(16일), 유엔총회에는 북한을 지지하는 24개국이 공동발의한 「조선에서 전쟁의 위험을 제거하고 평화를 유지 공고화하며 조선의 자주적 평화통일을 촉진시킬 데 대하여」라는 결의안이 제출됐다.[291] 이전 결의안 명칭들과 달리 "조선에서의 전쟁의 위험을 제거"라는 문구가 처음으로 포함됐다.[292] 이처럼 북한 지도부는 앞서 8월 5일 정부성명과 비망록을 발표한 데 이어, 콜롬보 정상회의에 맞춰 유엔총회에서도 '한반도 긴장상태와 새 전쟁의 위험'에 대한 국제적 관심을 불러일으키고자 했다.[293]

---

289 『로동신문』 1976. 8. 18; 「주콜롬보 대사가 장관에게 보내는 전문」(1976. 8. 16), 『비동맹 정상회의, 제5차, Colombo(스리랑카), 1976. 8. 16~20, 전 8권(V. 4. 회의경과 II. 본회의)』, 외교사료관, 2007.

290 『로동신문』 1976. 8. 18; 「주콜롬보 대사가 장관에게 보내는 전문」(1976. 8. 16), 외교사료관, 앞의 자료.

291 공동결의안의 제출 시기는 30차(1975. 8. 7) 때보다 1주일 정도 늦었으며, 29차(1974. 9. 16)보다는 한 달 빨랐다. 24개 공동제안국은 다음과 같다. 알제리, 불가리아, 부룬디, 밸러시아(현 벨라루스), 중국, 콩고, 체코슬로바키아, 예멘민주주의인민공화국, 동독, 기네, 헝가리, 이라크, 라오스, 마다가스카르, 말리, 말타, 몽골, 폴란드, 루마니아, 소말리아, 토고, 우크라이나, 소련, 잠비아. 『로동신문』 1976. 8. 19.

292 29차 결의안은 「유엔의 깃발 밑에 남조선에 있는 모든 외국 군대를 철거시킬 데 대하여」였으며, 30차는 「조선에서 정전을 공고한 평화에로 전환시키며 조선의 자주적 평화통일을 촉진시키는 데 유리한 조건을 조성할 데 대하여」였다. 『로동신문』 1974. 9. 19; 1975. 8. 11.

293 1976년 2월 13일, 남한 외무부는 북한이 "비동맹 정상회의에서 '한국 문제 관련 단독 결의안'을 처음으로 제출하고, 이를 통과시키고 동시에 이를 곧바로 제31차 유엔총회에서 통과시

개막 연설 이후, 참가국 정상들의 축하 연설이 이어졌으며 주최국 스리랑카 총리가 이번 비동맹 정상회의 의장으로 선출됐다. 이어서 신규 회원국과 옵서버, 게스트 초청국을 논의한 다음 정상회의에서 다룰 의제가 채택됐다. 그리고 전임 주최국 알제리 부메디엔 총리가 제4차 비동맹 정상회의 이후부터 지금까지 비동맹의 발전과 활동에 대해 보고했다.

이후 참가국 대표단 단장들의 연설이 이어졌으며, 동시에 채택된 의제들이 논의되기 시작했다. 다뤄진 의제들은 첫째, 직전 열렸던 외상회의에서 올라온 건의사항과 비동맹 사업 조직 문제, 둘째, 특별한 사항들로서 "a) 남아프리카, b) 기타 식민지 문제, c) 중동사태, d) 싸이프러스 문제, e) 한반도 문제, f) 라틴아메리카 문제, g) 평화 지역으로서의 인도양, h) 데탕트의 국제적 의미, i) 군비해체와 국제안전" 등에 대한 비동맹의 역할, 셋째, 국제정치 상황에 대한 일반적 검토와 평가 등이었다.[294]

개막일 오후에 다시 열린 정치위원회에서는 앞서 제출된 한반도 문제에 관한 3개 안에 대한 토의가 진행됐다. 회의에 참석한 페루 실바(Silva) 대표에 따르면, "북한 발언으로 시작되어 많은 국가의 찬반 발언이" 있었다고 한다. 특히 16개국과 1개 단체는 북한의 수정안을, 8개국은 아프리카 5개국의 수정안을 지지했다고 한다. 또한 "중립적인 입장에서 발언은 하되 전체적으로 남한 입장을 옹호한 국가는" "8개국(요르단·쿠웨이트·싱가포르·말레이시아·모리타니아·인도네시

---

키고자 하는 전략을" 세우고 있다고 예상하기도 했다. 「제5차 비동맹 정상회담 관련 북괴 책동과 정부 기본 방침」(1976. 2. 13), 『비동맹 정상회의, 제5차, Colombo(스리랑카), 1976. 8. 16~20, 전 8권(V. 1. 기본대책 I. 1~5월)』, 외교사료관, 2007.

294 정상회의 진행 경과는 다음의 자료를 참고하여 정리했다. 『로동신문』1976. 8. 18; 8. 19; 「주요 정세」(1976. 8), 『비동맹 정상회의, 제5차, Colombo(스리랑카), 1976. 8. 16~20, 전 8권(V. 3. 회의 경과 I. 조정위 실무급회의, 외상회의)』, 외교사료관, 2007.

아·튀니지)"으로 보았다. 5시간에 걸친 장시간의 토의에도 한반도 문제와 관련하여 합의가 이뤄지지 못하자, 3가지 안은 다시 초안위원회(draft committee)에 회부됐다.[295]

둘째 날(17일), 북한 대표단 단장 박성철의 기조연설이 있었다. 그는 먼저 김일성의 인사 메시지를 전했다. 이어 박성철은 "빨럭불가담운동은 현 시대의 기본 추세를 반영하고 있는 위력한 반제 혁명 력량"임을 강조했다. 특히 그는 한반도에서 핵전쟁이 발발할 위험성이 있음을 경고했다. 미국은 "군사분계선일대에 완전 전투 준비를 갖춘 40만 명의 군대를 배치"했으며, "남조선에 끌어들인 핵무기는" "1천여 발에 달하며 그중 많은 것이 군사분계선 가까이에" 배치됐다고 비판했다. 그는 "조선에서 긴장상태를 가시고 자주적 평화통일을 촉진"하려면 "제국주의자들이 남조선에서 감행하고 있는 전쟁도발 책동이 당장 중지되고" 남한에 "반입된 핵무기를 비롯한 모든 전쟁수단들이 제거되어야 하며" "모든 외국 군대가 철거하고 외국 군사기지들이 철폐되어야 하며 조선 정전협정이 평화협정으로 바꾸어져야" 한다고 주장했다. 끝으로 그는 이번 정상회의가 "조선의 자주적 평화통일을 촉진시키는 데 크게 이바지할 훌륭한 결의를 채택하여" "조선의 통일에 유리한 국면을 마련하는 데 효과적인 방조를" 제공해주길 요청했다.[296]

---

295 남예멘·캄보디아·말리·카보베르데·산토메·이집트·적도기니·잠비아·모잠비크·베닌·콩고·마다가스카르·알제리·쿠바·PLO·베트남·유고 등이 북한의 수정안을, 자이레·중앙아프리카·사우디아라비아·라이베리아·모로코·페루·시에라리온 등이 아프리카 5개국 수정안을 지지했다. 「주콜롬보 대사가 장관에게 보내는 전문」(1976. 8. 16), 『비동맹 정상회의, 제5차, Colombo(스리랑카), 1976. 8. 16~20, 전8권(V. 4. 회의경과 II. 본회의)』, 외교사료관, 2007.

296 『로동신문』 1976. 8. 19. 신문은 김일성의 메시지가 언급되자 "순간 회의 참가자들은 장내가 떠나갈 듯한 박수를 오래도록 보내면서 위대한 수령 김일성 동지에 대한 다함 없는 존경과 흠모의 정을 표시하였다"고 보도했다. 「(외무부장관이 대통령 각하에게 보내는 외무부 보

18일, 외교부장 허담도 기자회견을 열어 "최근 우리나라 정세가 매우 긴장"된 상황이며 일촉즉발의 전쟁발발의 위기상황임을 재차 강조했다. 그는 미국은 베트남·라오스·캄보디아에서 "쫓겨난 후 아세아에서 저들의 식민지 지배체계를 위한 마지막 지탱점으로 남조선을 계속 틀어쥐려고 하면서 우리나라를 반대하는 새 전쟁 준비를 더욱 다그치고" 있다고 주장했다.[297] 이처럼 북한 지도부는 1976년 8월 5일 정부성명 및 비망록 발표, 16일 유엔총회 결의안 제출에 이어 비동맹 정상회의에서도 한반도 전쟁위기를 경고했다.

이렇게 비동맹 정상회의가 열리던 18일 오전, 한반도 판문점 인근 공동경비구역 내에서 조선인민군이 도끼를 휘둘러 미루나무 가지치기 작업을 감독하던 미군을 살해하는 사건이 발생했다. 싱가포르 주재 남한 대사의 정보에 따르면, 북한 대표단은 비동맹회의에서 긴급발언권을 요청하여 "평양이 비상경계태세에 돌입하게 된 경위를 설명"했으나, 이는 "회의 관례"에 맞지 않아 호응이 없었다고 한다.[298]

19일 오전에 재개된 기초위원회에서 한반도 문제가 논의됐다. 콜롬보 주재 남한 대사의 보고에 따르면, 주로 스리랑카가 제시한 정치선언 초안과 북한의 개정안을 중심으로 각국 대표들의 찬반 발언이 있었다고 한다. 9개국(페루·라이베리아·요르단·모로코·스리랑카·사우디아라비아·시에라리온·인도·아르헨티나)은 북한의 개정안 1항(전쟁 도발행위 중지 및 핵무기 철수)을 수락할 수 없으며, 2항(외군 철수 및 평화협정)은 아프리카 5개국 개정안이 제시했던 2항(한반도의 평화와 안전을 해치지 않는

---

고사항) 제목: 제5차 비동맹 정상회의에서의 한국 문제 도의 경과에 관한 중간보고」(1976.8.20), 외교사료관, 앞의 자료.
[297] 『로동신문』 1976.8.20.
[298] 「주싱가폴 대사가 장관에게 보내는 전문」(1976.8.30), 외교사료관, 앞의 자료.

다는 전제하에 외군 철군 및 유엔사 해체 등) 내용으로 수정되어야 한다고 주장했다. 반면 4개국(앙골라·마다가스카르·쿠바·북한)은 북한의 개정안을 지지했다. 결국 찬반이 대립하며 결론에 이르지 못하자, 기초위원회는 스리랑카와 북한이 기존 토의 내용을 참고하여 한반도 문제에 관한 새로운 정치선언 초안을 준비하도록 하고 이를 오후에 속개되는 초안위원회에서 다시 논의하기로 했다.[299]

8월 20일, 콜롬보 비동맹 정상회의는 3가지(정치, 경제, 협력을 위한 실행 프로그램) 선언문(Declaration)과 32개의 정치 및 경제 관련 결의안들(resolutions)을 채택한 다음 종료됐다.[300]

정치선언은 가장 먼저 현 국제정세에 대해 "정치경제적 독립과 자기결정과 정의, 평등 원칙에 기초한 국제적 정치경제적 질서, 그리고 세계 인민들과 국가들(nations) 간의 평화공존을 위한 세계 인민들의 투쟁이 강화되고 있는" 상황이라고 진단했다. 그리고 비동맹 정책(the policy of Non-Alignment)이 처음 등장한 이래로 20년 이상 이러한 국제상황을 발전시키는 데 커다란 역할을 했다고 높이 평가했다. 콜롬보선언문에는 1955년 반둥회의가 직접 언급되지는 않았으나, 비동맹 정책이 20년 이상 됐다고 설명함으로써 자신의 기원을 1955년 반둥회의로 설정하고 있었다.[301]

「정치선언」에는 '프랑스 및 이스라엘에 대한 석유 금수', '남아프리카공화국에 대한 유엔 안보리의 강제 무기금수 조치', '세계 군축회의 개최', '인도양에서 모든 외국 군사기지의 폐쇄' 등을 요구하는 내용이 담겼다. 다음으로 「경

---

299 「주콜롬보 대사가 장관에게 보내는 전문」(1976. 8. 19), 위의 자료.
300 정치 결의안이 20호까지였으며, 21~32호 결의안은 경제 관련 내용이었다.
301 POLITICAL DECLARATION, Report of the Economic and Social Council, United Nations General Assembly, 8 September 1976, (Symbol: A/31/197), p 12. 유엔 디지털아카이브(https://digitallibrary.un.org/record/153922?ln=en&v=pdf).

**콜롬보 정상회의에서 채택된 선언문들** 왼쪽부터 「정치선언」, 「경제선언」, 「경제협력을 위한 실행 프로그램」. 유엔 디지털라이브러리(https://digitallibrary.un.org/record/153922?ln=en&v=pdf).

제선언」에는 유엔을 포함하여 신국제경제질서의 수립에 관한 결의문이 여러 국제회의에서 채택됐음에도 실행되지 못하고 있음을 지적하며, 비동맹 국가들은 소수 선진국의 방해를 뚫고 생산·수출국 연합을 형성하는 등 공동의 노력을 계속해야 한다는 주장이 실렸다. 또한 비동맹이 지향하는 신국제경제질서의 목표로 첫째, 국제무역기구의 근본적 재편성, 둘째, 세계 생산의 근본적 재편성, 셋째, 현행 국제통화 체제의 근본적 재편성, 넷째, 개발자원의 적절한 이전(transfer)의 보장, 다섯째, 공적 대외채무 문제에 대한 해결, 여섯째, 농업 발전을 위한 자금과 기술의 제공, 일곱째, 내륙의 개발도상국이 자유롭게 바다에 접근하는 권리 등이 제시됐다. 특히 신국제경제질서를 창출하기 위해서는 "집단적 자립(Collective Self-reliance)", 즉 금융·기술·무역·공업 등에서 집단교섭력 행사를 통하여 정당한 경제적 권리를 확보해야 한다고 주장했다.[302] 그리고 1979년

---

302  Ibid., pp. 67~69; 편집부 편, 『비동맹운동』, 지양사, 1985, 94~95쪽.

열리는 제6차 비동맹 정상회의의 개최지는 쿠바 아바나로 결정됐다.[303]

논란이 됐던 한반도 관련 조항은 북한의 수정안이 거의 그대로 반영되어 정치선언문 제16항에 다음과 같이 실렸다.

16. 한반도

102. 회의는 제국주의자들이 조성한 한반도의 엄중한 상황, 언제든지 전쟁이 일어날 수 있는 상황에 대해 깊은 우려를 표명하였다. 회의는 제국주의자들이 전쟁을 도발하려는 책동을 즉각 중단하고 그들이 이 지역에 도입한 핵무기, 군사시설 및 기타 모든 전쟁수단을 제거할 것을 강력히 요구했다.

103. 회의에서는 남한에서 모든 외국 군대의 철수, 외국 군사기지의 폐쇄, "유엔군사령부"의 종료, 그리고 한반도 군사정전협정을 항구적인 평화협정으로 대체할 것을 요청했다.

104. 회의에서는 1972년 7월 4일의 북-남(North-South)공동성명에 규정된 통일 3대 원칙에 기초하여 외부의 간섭 없이 조국을 평화적으로 통일하기 위한 남북한 인민들의 투쟁을 지지하였다.[304]

스리랑카가 제시했던 초안에는 한반도와 인도차이나, 베트남이 하나의 항목하에 서술됐으나, 북한의 요구대로 한반도만 따로 서술됐다. 특히 북한의 수정안이 거의 그대로 채택됐는데, 다른 점은 첫 번째 문단의 마지막 세 단어인 "남한으로부터(from South Korea)"가 "그들이 이 지역에 도입한(they have introduced in the

---

303 『경향신문』 1976. 8. 20.

304 "Letter dated 1 September 1976 from the Permanent Representative of Sri Lanka to the United Nations addressed to the Secretary-General"(Symbol: A/31/197), p. 30. 유엔 디지털아카이브(https://digitallibrary.un.org/record/153922?ln=en&v=pdf).

area)"로 수정된 정도였다.[305] 북한이 단독으로 제출했던 「한반도 문제—조선민주주의인민공화국이 제출한 결의안 초안」도 콜롬보 정상회의에서 채택된 정치적 결의안의 19번 '한반도 문제(Question of Korea)'(결의안 번호: NAC/CONF.5/S/RES.19)로 채택됐다.[306]

콜롬보 정상회의가 종료하자, 곧바로 북한 『로동신문』에는 이번 회의가 한반도에서의 "긴장상태가 날로 격화"하는 것에 주목했으며, 특히 북한을 "적극지지"하는 "「조선 문제에 관한 결의」가" "만장일치로 채택된 것은" "김일성"이 "제시하신 조국통일 방침의 정당성과 그 위력한 생활력의 뚜렷한 시위"를 입증한 것으로 소개됐다.[307] 또한 「조선 문제에 관한 결의」 전문이 게재됐으며, 이번 결의가 '만장일치'로 채택됐다는 사실에 근거하여 비동맹 국가들이 한반도 문제에 관하여 북한의 입장을 강력히 지지하여 앞으로 공동 전선이 전개되리라 전망했다.[308] 동시에 작년 비동맹 가입 때처럼 이번에도 남한에 대한 북한 외교의 "커다란 승리"였다고 평가했다. 즉 남한은 한반도 문제에 관한 결의가 "채택되는 것을 가로막아보려고 필사적으로" 노력했으나, 이는 "여지없이" 실

---

305 「정상회담 채택 정치선언 중 한국 관계 조항」; 「외무부장관이 대통령 각하에게 보내는 외무부 보고사항) 제목: 제5차 비동맹 정상회의에서의 한국 문제 토의 경과에 관한 중간보고」(1976. 8. 20); 「(긴급) 주콜롬보 대사가 장관에게 보내는 전문」(1976. 8. 20), 『비동맹 정상회의, 제5차, Colombo(스리랑카), 1976. 8. 16~20, 전 8권(V. 4. 회의경과 II. 본회의)』, 외교사료관, 2007.

306 「한반도 문제—조선민주주의인민공화국이 제출한 결의안 초안(The Question of Korea: Draft Resolution submitted by the Democratic People's Republic of Korea)」, 위의 자료; "Letter dated 1 September 1976 from the Permanent Representative of Sri Lanka to the United Nations addressed to the Secretary General"(Symbol. A/31/197), pp. 138~139, 유엔 디지털아카이브(https://digitallibrary.un.org/record/153922?ln=en&v=pdf).

307 『로동신문』 1976. 8. 21, 1면.

308 『로동신문』 1976. 8. 22.

패했을 뿐 아니라 참가한 비동맹 국가들로부터 "냉대와 멸시와 규탄"을 당했다는 것이었다.[309] 또한 『로동신문』에는 이번 정상회의에서 채택된 일련의 결의들이 소개됐으며, 특히 앞으로 평양에서 비동맹 관련 토론회가 열린다는 사실이 강조됐다.[310]

반대로 남한 외무부는 이전까지와 달리 이번 콜롬보 회의에서는 북한의 외교공세를 막아낸 외교 '승리'로 규정했다. 8월 20일, 외무부장관은 대통령에게 그 이유를 5가지로 제시했다. 첫째, "당초 북한은 김일성이 직접 참석하려 했으나 좌절됐다."[311] 둘째, "북한은 비동맹운동의 지도국으로 격상시키고자 비동맹 조정위원국에 피선되고자 시도했으나 실패했다."[312] 셋째, 한반도 문제 토의 과정에서 "종래와 달리" 남한을 지지하는 "국가들이 강력한 발언을 활발히 전개"한 것, 즉 그동안 "미온적인 태도"를 보여온 아프리카 국가들 중 5개국이 "공동 명의로" "수정안을 제출"한 것은 "그 의의가 크다고" 평가했다. 넷째, 채택된 정치선언에서 한반도 문제 관련하여 북한이 제안한 문구에 수정이 가해졌으며, 이는 그동안 북한이 내세운 "북침" 주장이 "받아들여지지 않고 있"음을 "증명하는 것"이었다. 그런데 이 문구 수정에 대한 평가는 과장된 것이었다.

---

309 『로동신문』 1976. 8. 24.
310 "경제적 협조를 위한 행동강령" 중 하나로 "자립적 민족공업과 농업을 발전시키는 데서 얻은 경험을 교환하며 민족경제의 자립성을 강화하며 경제협조를 더욱 효과적으로 실현하기 위한" "토론회를 적절한 시기에" "평양에서 소집"하기로 결정됐다고 한다. 『로동신문』 1976. 8. 25.
311 김일성 주석의 불참이 '좌절'인지 정책적 '선택'인지는 확인하기 어렵다.
312 콜롬보에서 진행된 회의에서 북한이 비동맹 조정위원국에 피선되고자 시도했으며 성공하지 못한 것은 분명하다. 그런데 1979년 제6차 비동맹 정상회의에서 북한은 조정위원국으로 피선됐으며, 남한 외무부는 이것이 제5차 정상회의에서 서로 순번을 정한 합의에 따른 것으로 분석했다. 따라서 제5차 정상회담에서 북한이 조정위원국에 선출되지 못한 것은 분명하지만 이것이 '실패'일지 베트남과의 '합의'에 따른 '양보'일지는 명확하지 않다.

앞서 살펴봤듯이 실제 수정은 거의 없었으며, 삭제하고자 했던 '한반도 전쟁 위기' 같은 표현도 그대로 담겼기 때문이다. 다섯째, 북한이 제출한 별도의 한반도 문제 관련 결의안에 대하여 의장국 스리랑카를 포함한 "19개국"이 "강력히 반대 의사를 표명"했다.[313]

비동맹 국가에 주재하는 현지 외교관들로부터 수집한 정보에도, 북한의 비동맹 외교가 '실패'했다는 의견이 많았다.[314] 일례로 8월 22일, 쿠웨이트 외무장관 특별보좌관은 이번 회의에서 북한의 "거만한 태도와 극단적인 자세" 때문에 그동안 북한에 대해 "중립적"이거나 "호의적"이던 나라들까지 '반감' 또는 '비판적'인 태도를 보였다고 한다. 즉 그는 이번 정상회의에서 북한은 "실패"한 반면에 참가한 국가들이 남한의 "입장에 대하여 객관적인 입장에서 이해를 하기 시작"했기 때문에 남한 외교의 '승리'라고 판단했다.[315]

이처럼 동일한 콜롬보 회의에 대해, 남북한 모두 자신이 '승리'했다고 주장하는 기묘한 상황이 펼쳐졌다. 특히 남북한이 자신의 승리를 내세우는 핵심 근거에는 북한이 제출한 「한반도 문제에 관한 결의안」에 대한 평가 문제가 있었다. 비동맹회의에서 선언문과 결의문을 채택하는 방식은 유엔총회 같은 국제회의가 채택하는 다수결의 원칙이 아니라 컨센서스(Consensus)라는 '만장일치'였다. 즉 선언문과 결의안이 채택됐다는 것은 모두 만장일치에 도달했음을 의

---

313 「외무부장관이 대통령 각하에게 보내는 외무부 보고사항) 제목: 제5차 비동맹정상회의에서의 한국 문제 토의 경과에 관한 중간보고」(1976. 8. 20), 『비동맹 정상회의, 제5차, Colombo(스리랑카), 1976. 8. 16~20, 전 8권(V. 4. 회의경과 II. 본회의)』, 외교사료관, 2007.

314 「주인도 대사기 장관에게 보내는 전문」(1976. 8. 25); 「주불 대사가 장관에게 보내는 전문」(1976. 8. 25); 「주싱가폴 대사가 상관에게 보내는 선문」(1976. 8. 30); 「주인니 대사가 장관에게 보내는 전문」(1976. 8. 31), 위의 자료.

315 「(주쿠웨이트 통상대표부가 장관에게 보내는 전문) 제목: 비동맹 및 유엔 정책에 관한 면담록 송부」(1976. 8. 23), 위의 자료.

미했다. 따라서 북한이 주장하는 만장일치에 의한 채택은 '원칙적'으로 맞는 말이다. 그런데 채택된 결의안에 동의하지 않거나 반대하는 회원국들은 유보(reservation) 발언을 할 수 있고, 이는 최종문서에 표기된다. 북한이 단독 제출한 「한반도 문제에 관한 결의안」의 경우, 회의 중 유보하겠다 발언한 회원국만 20여 국가에 이르렀다. 그리고 콜롬보 정상회의 종료 후, 유보를 밝힌 국가까지 포함하면 최종문서에는 25개국이 「한반도 문제에 관한 결의안」에 유보를 밝혔음이 명기됐다.[316] 유보 비율이 콜롬보 비동맹 정상회의에 참여한 84개 회원국의 약 3분의 1에 육박하는 수치였다. 결국 형식적으로는 「한반도 문제에 관한 결의안」이 컨센서스에 도달하여 채택됐으므로 만장일치라고 부를 수 있으나, 실질적으로는 상당수 회원국들이 유보를 밝혔기 때문에 대외적으로 비동맹 그룹의 확고한 지지를 받은 결의안으로 보기는 어렵다.

북한 지도부도 유보국이 상당하다는 문제를 인지하고 있었던 것으로 보인다. 『로동신문』에는 콜롬보 회의 종료 직후인 8월 21일과 22일, 「한반도 문제에 관한 결의안」이 "만장일치로 채택"됐다는 설명이 여러 번 등장했을 뿐 아니라 기사 제목으로도 큼지막하게 실렸다. 그런데 8월 24일자 사설 「쁠럭불가담 운동발전에서 새로운 전진」은 콜롬보 회의 진행 과정과 성과를 자세히 소개하

---

[316] 1976년 9월 2일, 남한 외무부가 확인한 바에 따르면 "관계 국가의 유보 사실"은 "공식문서화 하여" "정치선언의 부록으로서 선언 말미에 수록하기로 결정"됐으며, 이 공식문서에는 한반도 문제에 관하여 "23개국이 유보를 행한 것으로 명기되어" 있었다고 한다. 이후 확인을 거쳐 「한반도 문제에 관한 결의안」에 대한 유보국은, 주최국 스리랑카를 포함하여 25개국 (아르헨티나·바레인·카메룬·중앙아프리카·가봉·감비아·인도·인도네시아·아이보리코스트·요르단·케냐·라이베리아·몰디브·모리타니아·모로코·오만·사우디아라비아·싱가포르·시에라리온·스리랑카·리엔티·튀니지·자이레·말레이시아·페루)으로 확정됐다. 「장관이 주유엔 대사에게 보내는 전문」(1976. 9. 2); 「장관이 주콜롬보 대사에게 보내는 전문」(1976. 12. 23), 위의 자료.

면서도 '만장일치'는 전혀 언급하지 않았다. 대신 사설은 쁠럭불가담 나라들의 '분열'을 우려하며 단결의 필요성을 제기했다.[317]

1976년 내내 북한 지도부는 '한반도 전쟁위기'를 강조하며 그 원인은 북침 준비를 완료한 미군에 있음을 국제사회에 알리고 한반도에서 미군 철수에 대한 국제여론을 불러일으키는 데 비동맹회의를 활용했으며, 그 결과 자신들이 원하는 「한반도 문제에 관한 결의안」이 채택되는 성과를 달성했다. 그런데 이 결의안에는 무려 25개국이 유보를 밝혔다.

국제여론이 북한에게 호의적이지 않은 상황에서 9월 21일, 유엔총회에 이미 제출됐던 「한반도 문제에 관한 결의안」은 자진 철회됐다. 유엔에 주재하는 북한 옵서버 대표부의 권민준 대표는 결의안 철회를 지지한다는 성명을 발표했다. 유엔총회에 제출된 결의안의 철회는 매우 이례적인 것이었다.[318]

이처럼 남북한은 1975년 가입을 위한 외교전이 일단락되자마자, 1976년 한반도 문제에 관한 내용을 둘러싸고 스리랑카의 콜롬보에서 다시 한번 격돌했다. 북한은 1976년 들어 한반도에서 미국의 핵무기 반입과 북침 준비로 인한 '새 전쟁의 위험성'을 강조하며 콜롬보 정상회의에도 이러한 내용을 담은 강경

---

**317** 사설은 "오늘 제국주의자들은 쁠럭불가담운동을 파괴하려고 하면서 쁠럭불가담 나라들을 분렬리간시켜 하나하나 격파하려고 악랄하게 책동하고 있"으며, 특히 이번 콜롬보 수뇌자회의를 "앞두고 쁠럭불가담운동을 내부로부터 분렬파괴하려는 제국주의자들의 책동은 절정에 달하였다"고 지적했다. 『로동신문』 1976. 8. 24. 이후 『로동신문』 기사에서도 '만장일치 채택'은 등장하지 않았다. 8월 29일자 "월간 국제정세 개관" 기사에서도 만장일치는 언급되지 않고 "쁠럭불가담 나라들의 확고한 립장과 강력한 요구를 반영한 「조선 문제에 관한 결의」를 채택하였다"고만 서술됐나. 『로동신문』 1976. 8. 29.
**318** 성명에는 "결의안의 공동발기국들"이 "올해 유엔총회에서 조선 문제 토의를 그만두고 지난해 총회에서 채택된 결의가 조속히 리행되며 조선에서 긴장상태를 완화하고 평화를 공고히 하기 위한 합리적인 대책이 강구되기를 희망하는 많은 유엔 성원국들의 의사를 고려"한 "주동적"인 "철회"를 "전적으로 지지한다"고 밝혔다. 『로동신문』 1976. 9. 23.

한 결의안을 제출하여 통과시키고자 했다. 이에 남한은 친한(親韓)적인 비동맹 국가들과 접촉하여 '순화된' 결의안을 제출하며 맞대응했다. 결국 정상회의에서는 북한이 제출한 한반도 관련 정치선언 조문과 거의 동일한 내용의 결의안이 통과됐으나, 채택된 결의안에 유보를 밝힌 비동맹 회원국이 30퍼센트에 달했기 때문에 실질적으로 비동맹 그룹의 단결된 지지를 확보했다고 보기 어려웠다. 따라서 북한 지도부는 유엔총회에 제출했던 새로운 한반도 전쟁 도발을 일삼는 '미 제국주의'를 비난하는 강경한 내용이 담긴 결의안을 철회할 수밖에 없었을 것이다.

## 소결

　1960년대 후반 미국과 소련의 양극적 대립이 완화하며 새로운 냉전의 질서가 형성되기 시작했다. 냉전의 진영 너머를 지향했던 국제회의(아시아·아프리카 회의, 비동맹회의 등)는 주도했던 국가들의 국내정치 변화와 지역분쟁의 발생, 그리고 유엔의 기능이 강화되는 상황에서 더 이상 존재 이유를 찾기 어려워졌다. 이 시기 독립적이고 자주적인 정책을 지향했던 비동맹회의는 더 이상 열리지 않았으나, 아이러니하게도 한반도에서 남북한의 지도자들은 주체적인 자주외교를 내세우기 시작했다. 남북한의 자주외교는 그동안 양극적인 진영론에서 벗어나 국익 중심으로 변화하는 새로운 냉전질서에 대응하기 위한 것이었다.
　1970년을 전후하여 지구적 냉전질서는 더욱 요동쳤다. 미국과 소련, 미국과 중국의 지도자들이 긴장완화를 추구하며 서로 만나기 시작한 것이다. 특히 한반도의 전장에서 싸웠던 미국과 중국의 만남은 당시 남북한 사람들에게 거대한 충격이었을 것이다.[319] 미중 데탕트와 함께 처음으로 남북대화도 시작됐다.

---

[319] 1970년 『조선일보』는 "중공(中共)"을 "자유세계와의 대화가 단절된 채 '죽(竹)의 장막' 저편에서 문화혁명이라는 '홍역'까지 치른 핵(核)이빨"을 가진 존재로 묘사했다. 『조선일보』

이처럼 지구적 냉전과 동아시아, 그리고 한반도의 정세가 급변하는 상황에서 1970년부터 비동맹 정상회의가 다시 열리기 시작했다.

남북한은 1972년까지는 비동맹회의를 주시하며 대체로 관망하는 모습을 보였다. 그런데 1973년 알제리에서 열린 비동맹 정상회의에서 북한이 주장하는 한반도 문제 관련 결의안이 채택되었을 뿐 아니라 북한이 비동맹에 직접 가입을 시도하자 남북한의 외교경쟁은 격화했다. 베트남전쟁에서 사회주의 북베트남이 승리했으며, 비동맹 국가들이 포함된 석유수출국기구(OPEC)는 원유를 정치적 무기로 활용하며 국제정치적 영향력을 미쳤고, 1974년 유엔총회에서 「새로운 국제경제질서 수립 선언」이 채택되었다. 이러한 일련의 사건들은 비동맹회의의 국제정치적 영향력이 증대하는 배경이 되었다. 이 시기 비동맹회의 참가국들이 급증했으며, 급진적인 성향의 국가들이 비동맹회의를 주도하는 양상을 보였다. 그리고 1975년 페루 리마에서 열린 비동맹 외상회의에서 북한은 남한의 방해를 물리치고 단독 가입에 성공했다. 이처럼 1975년까지 북한의 비동맹·제3세계 외교는 거칠 것이 없어 보였다. 이렇게 승승장구하던 북한의 비동맹 외교는 왜 콜롬보 정상회의에서 어려움에 봉착했던 것일까?

첫째, 비동맹회의 주최국 스리랑카가 하나의 요인일 수 있다. 1976년 콜롬보 정상회의 이전까지는 북한과 매우 가까운 알제리가 의장국으로 주도적인 역할을 했으나, 현지 공관까지 폐쇄당했던 스리랑카와 외교관계 복원에 실패한 상황에서 정상회의가 진행됐기 때문이다. 둘째, 비동맹 구성의 변화라는 구조적 요인을 고려할 필요가 있다. 1961년 비동맹이 창설될 당시 회원국은 25개국이었으나, 이번 콜롬보 정상회의에 회원 자격으로 참가한 국가만 84개국에 달했다. 마치 1950년대 유엔 구성이 친서방적이었다가 1960년대 아프리카 국

1970. 9. 29.

가들이 상당수 가입함으로써 성격이 변화했듯이, 유사한 변화가 1970년대 비동맹에서도 진행됐다고 볼 수 있다. 당시 외교관이던 남한의 정일영의 분석처럼, "이질적 보편성이 유엔의 권력 구조나 기능을 완전히 바꿔버렸듯이" 비동맹도 "반(反)서방적이고 과격한 편파주의자들에게 질질 끌려다니기만" 하지 않는 징조가 "이번 콜롬보 회의에서"부터 시작된 것이었다.[320] 셋째, 1970년대 초중반 남북한의 경제적 상황이 변화했다. 1960년대 자국의 발전을 자랑스럽게 소개했던 북한이 1970년대 들어서는 부채를 떠안으며 경제적 위기에 내몰렸다. 반면 남한은 경제발전에 가속도가 붙으며 국제 신용도도 높아졌다.[321] 특히 당시 비동맹국들은 경제발전에 큰 관심을 가졌기 때문에, 북한보다 발전하는 남한에 호의적인 국가들이 많아졌을 수 있다.

이러한 세 가지 이유는 당시 남한 외무부와 친한(親韓)적인 말레이시아·인도네시아·페루뿐 아니라 평양에 주재하는 사회주의 국가들이 작성한 전문과 보고서에서 언급되는 것들이었다. 모두 일정한 설득력이 있으나, '주최국과 비동맹 구성'의 변화는 따져볼 부분이 있다. 먼저 주최국 요인과 관련해서는, 1년 전 페루에서 열린 비동맹 외상회의 때 페루와 외교관계를 수립한 남한이 유리한 위치였음에도 결국 북한만 비동맹 가입에 성공했다는 사실을 기억해야 한다. 또한 이번 비동맹 정상회의의 주최국인 스리랑카와 북한의 외교관계가 나빴던 것은 사실이지만, 이 시기 스리랑카 정부가 친서방적 노선을 취하고 있었던 것은 아니었다. 1970년 재선에 성공한 스리랑카의 반다라나이케 수상은 비

---

[320] 정일영은 외교관으로서 한일회담 대표, 외무부 차관(1964), 주 제네바 대표부(1965), 스위스·벨기에·프랑스 대사 등을 역임했다. 정일영, 「외교의 환상과 현실—UN과 비동맹, 그리고 한국의 안보」(1976. 8), 『한국 외교와 국제법』, 나남, 2010, 659쪽.

[321] 이 시기 북한의 외채 위기는 다음 논문을 참조. Seung Woo Kim, *A brief encounter: North Korea in the Eurocurrency market, 1973~80*, Cold War History, Volume 23, 2023.

동맹 노선을 충실히 따르고 있었기 때문이다. 그리고 비동맹 회원국 숫자의 급증이라는 요인은, 지난해 리마 외상회의 때와 비교할 때 회원국 숫자에 별 차이가 없으므로 변수라고 말하기 어렵다.

그렇다면 왜 리마 회의에서는 북한이 지지를 받으며 비동맹에 가입했는데, 1년 만에 콜롬보에서는 북한이 제시한 결의안에 유보를 밝힌 국가가 많아진 것일까? 이는 1976년 한반도에서 전쟁 위기를 고조시킨 북한에 대한 비동맹 국가들의 '반감' 때문일 수 있다. 평양 주재 루마니아 대사관이 북한이 전쟁 위기를 과장하여 선전한다고 판단했듯이,[322] 비동맹 국가들도 비슷한 판단을 했을 수 있다. 즉 기본적으로 탈냉전 평화를 지향하는 다수 비동맹 국가들에게, 전쟁 위기를 앞세워 미국을 공격하는 북한의 선전은 동의를 얻기 어려웠을 것이다. 따라서 비동맹 그룹 내에서 온건하거나 엄정한 중립을 지향하며 그동안 한반도 문제에 관해 침묵해온 다수 비동맹 국가들이, 북한이 제출한 새로운 전쟁 위기를 담은 결의안이 외려 전쟁을 부추기고 있다고 보고 적극적으로 유보 의견을 제출했을 가능성이 크다고 본다.

이처럼 25년 전인 1961년 냉전의 어느 한편에 줄서기를 거부하며 등장한 비동맹회의는 그동안 다양한 행위자들의 이해관계가 충돌하며 이합집산하는 양상도 보였으나, 적어도 비동맹 국가들이 일관되게 지향해온 방향은 전쟁을 멈추고 평화를 만드는 것이었다. 따라서 전쟁 없는 평화로운 한반도를 만들고자 하는 다수 비동맹 국가들의 주체적인 판단이, 전쟁을 불사하겠다는 북한의 과격한 주장에 제동을 걸었던 것은 아닐까?[323]

---

322 「평양에서 부쿠레슈티로 보내는 전문」(1976. 8. 6), 윌슨센터 디지털아카이브(https://digitalarchive.wilsoncenter.org/document/114114).
323 향후 한반도 문제 관련하여 당시 콜롬보 회의에 참가했던 국가들의 문서를 발굴하고 확인할 필요가 있다.

# 결론

## 중립과 평화

**결론**

# 중립과 평화

이 책에서는 1948년부터 1976년까지 지구적 냉전하에서 등장한 중립·비동맹·제3세계의 국가 또는 국제회의에 대한 남북한의 인식과 대응을 분석함으로써, 이 시기 한반도에서 전개된 탈식민·냉전·분단 등의 변화 양상과 남북한의 (비)대칭성을 드러내고자 했다. 결론에서는 서론에서 제기한 5가지 질문에 답하는 방식으로 본문 내용을 요약하고, 연구의 한계와 향후 과제를 제시하고자 한다. 그리고 '중립적 사유와 실천'이 평화롭고 번영하는 한반도와 동아시아, 나아가 세계를 상상하고 만드는 데 어떠한 기여를 할 수 있을지 이야기해 보겠다.

이 연구는 첫째, 약 30년에 걸쳐 냉전의 진영 너머가 어떻게 형성되고 변화했는지 살펴보았다. 1955년 반둥회의로 상징되는 새로운 국제정치 세력은 양극적인 냉전의 진영 구도를 거부하며 등장했으나, 1960년대에는 분열과 대립 양상을 보였다. 1970년대 들어 비동맹회의의 제도화와 참여 대상의 확대를 통해 다시금 중요한 국제정치의 행위자로 자리 잡았다. 이러한 변화는 지구적·지역적 냉전질서와 각국의 정치적 상황 등이 복잡하게 맞물린 결과였다. 일반적으로 양극적 냉전의 힘이 강할 때 이를 벗어나고자 하는 힘도 커지는 것으로 이해되지만, 냉전의 강도가 약화된 1970년대 초중반 데탕트 시기에 외려 비동맹회의의 영향력은 절정을 이루었다. 즉 양극적·이분법적 냉전의 영향력만으로 중립·비동맹·제3세계가 만들어지거나 변화한 것이 아니라, 진영 너머 국가들의 지역적·국내적 상황들이 맞물리면서 지구적 냉전이 전개되었다고 보아야 할 것이다. 이것이 냉전이 끝난 이후 현재까지도 비동맹회의가 지속되는 이유이기도 하다.

또한 이 책에서는 냉전의 진영 너머의 국가들이 국제 문제에 대하여 어떠한 인식과 대응, 그리고 대립 구도를 보였는지 구체적인 사례를 통해 확인했다. 냉전의 양대 진영과 진영 너머의 국가들은 일관된 입장을 견지한다기보다 국제적·지역적·국가적 상황에 따라 사안별로 이합집산하는 양상을 보였다. 특히 중국과 인도는 1955년 반둥회의에 참석하고 서로 밀접한 관계를 구축했으나, 1960년대 초중반 제2차 아시아·아프리카회의 개최와 소련의 회의 참석 문제를 둘러싸고 입장차를 노출했다. 중소갈등하에서 같은 진영의 중국은 소련의 참가를 반대했으나 중립·비동맹을 지향하는 인도는 소련의 참가를 지지했던 것이다. 놀랍게도 냉전의 최전선에서 대치 중이던 북한은 중국의 입장을 지지하며 소련의 참가에 반대했으나, 인도의 간곡한 지원 요청에 남한은 소련을 반대하지 못하는 '희극'이 발생했다.

1970년대 초중반 비동맹회의에서 논의된 한반도 문제는 대체로 양대 진영론에 따라 친북한과 친남한의 국가들로 이분화하며 대립 구도를 형성했으나 항상 그러하지는 않았다. 주로 미국과 전쟁을 치르는 중인 베트남과 사회주의에 경도된 신생 아프리카 국가들이 친북한적 성향으로 제국주의와 신구식민주의 반대를 외쳤다. 반면 인도를 포함한 다수 아시아 국가들과 과거 지배자인 영국·프랑스의 도움이 필요했던 아프리카 국가들은 온건한 노선을 보였다.

1970년대 초반 베트남전쟁이 사회주의 북베트남의 승리로 종료됨으로써

1975년까지 비동맹회의에서 급진적인 국가들이 주도권을 잡았고, 그런 배경 속에서 북한이 비동맹에 단독으로 가입할 수 있었다. 이후에는 반제 반식민을 앞세운 급진적인 국가들과 새로 가입한 북한이 비동맹을 주도해 나갈 것으로 예상됐다. 특히 1976년 콜롬보 정상회의에서 북한은 미국과 남한이 새로운 전쟁을 일으킬 위험이 크다고 비판하며 한반도 문제에 관한 공세적인 결의안을 상정하고 통과시키는 데 성공했다. 그런데 통과된 한반도 관련 결의안에 약 30%의 비동맹 회원국들이 유보를 밝힘으로써 북한도 이 결의안이 만장일치라는 주장을 '철회'했으며, 비슷한 시기 유엔총회에 제출한 한반도 문제에 관한 강경한 내용의 결의안도 철회하기에 이르렀다. 이처럼 대체로 비동맹 국가들은 지구적 냉전 구도에 조응하면서도 사안에 따라서는 전쟁을 막고 평화를 지키기 위해 '주체적'인 선택을 하기도 했다.

둘째, 냉전의 '주변부'로 여겨지던 약소국 남북한과 제3세계 국가들의 행위 주체성에 대해, 본 연구는 그들이 단순히 미국·소련·중국의 지시에 따르는 수동적인 존재가 아님을 드러냈다. 분단된 남북한 정부는 처음부터 상대를 인정하지 않으며 자신만이 한반도 유일 합법정부라는 정통성을 가지고 있음을 내세웠다. 남북한은 중립·비동맹·제3세계 국가들과 적극적으로 교류하며 자국의 정통성을 확보하려 했으며, 상대국들도 남북한을 전략적으로 활용하면서 자신들의 외교적 공간을 넓혀갔다. 이처럼 냉전의 '주변부'와 '주변부'의 상호작용은 지구적 냉전질서에 일정한 영향을 미쳤다.

특히 남북한의 진영 너머를 향한 적극적인 외교는 국내 통치와 밀접하게 연동되어 있었다. 남한에서 4월혁명 이후 등장한 과도정부, 장면 정부, 군사정부(박정희 정부) 모두 이승만의 대외 정책을 미국 일변도였다고 비난하며 적극적인 중립국 외교를 표방하고 실제 다수의 사절단을 아시아·아프리카 지역에 파견했다. 그런데 4장에서 살펴봤듯이, 이승만 정부의 외무부는 1959년 말부터 중립국을 포함한 아시아·아프리카 지역에 사절단을 파견하며 실질적으로 적극적인 대중립국 외교를 실행하기 시작했다. 여기에는 정치적 목적뿐 아니라 무역을 추진하는 경제외교까지 포함됐다. 그리고 이후 들어선 정부들도 이승만 정부 말기의 대중립국 외교와 비슷한 정책을 시행했다. 그럼에도 후임 정부들이 이승만 정부의 대중립국 외교를 비판했던 것은 자신의 통치 정당성을 확보하기 위한 하나의 방편이었다.

특히 민주적 정당성 없이 5·16쿠데타로 들어선 군사정부는 이전 정부들의 중립국 외교를 싸잡아 비판하며 자신들이 적극적인 정책을 시행하고 있다고 선전했다. 군사정부는 대한민국 정부수립 이래 가장 거대한 사절단을 그야말로 지구적으로 대거 파견했다. 대외적으로는 적극적인 중립국 외교를 실행함으로써 미국 일변도를 벗어난 '민족적'인 정부임을 널리 선전했으나, 정작 4월 혁명 이후 커져가던 국내의 중립화 통일론은 용공(容共)으로 간주하고 억압하고 통제했다. 이처럼 군사정부는 적극적인 중립국 외교를 표방하고 실행하고 선전함으로써 국내 통치의 정당성을 확보하는 동시에, 비민주적인 국내 통제를 정당화했다.

북한 지도부도 사회주의 진영에 속했으나 1960년대부터 본격화된 중소갈등과 변화하는 냉전질서에 대응하여 작은 나라들이 스스로 주체가 되어 반제 민족해방투쟁에 적극 나서야 한다며 자주외교를 표방했다. 이를 위해 북한 지도부는 1970년부터 재개되는 뻘럭불가담회의에 큰 관심을 보였다. 특히 김일성은 당시 비동맹을 주도하던 유고슬라비아 티토와 친밀한 관계를 구축해 나갔다. 급진화하는 비동맹회의에서는 북한이 내세우는 반제국주의 연대와 자립적 경제발선을 위한 상호 경제협력 방안이 담긴 결의안이 통과되기 시작했다. 그리고 1975년 북한은 남한을 따돌리고 홀로 비동맹 가입에 성공했다. 이러한 비동맹 외교의 결과는 1970년대 초중반 북한 『로동신문』에 매우 자세히 자주 보도됐다. 이로써 북한 지도부는 체제 우월성을 선전했을 뿐 아니라 국내적으로 통치 정당성을 확보할 수 있었다. 1960년대 빠른 경제성장을 보이며 남한보다 앞서나가던 북한이 1970년대에 들어서 외채를 갚지 못하며 경제적으로 침체하는 상황에서—더구나 남한은 높은 경제성장률을 보였다—북한의 대(對) 블럭불가담 외교의 연이은 성공 소식은 북한 주민에게 자신들의 결함을 가리는 데 도움이 됐을 것이다. 이처럼 남북한의 진영 너머를 향한 외교는 국내외적으로 정통성을 확보하는 중요한 사안이었기 때문에, 남북한의 적극적인 행위 주체성이 발현되는 영역이었다.

셋째, 지구적 냉전과 탈식민·분단의 문제를 겹쳐 본 결과, 남북한은 서로를 배제하면서도 국제무대에서 마주할 수밖에 없는 구조하에서 상호 영향을 주며 대칭적 또는 비(非)대칭적 유사성을 보였다. 탈식민 신생국으로서 남북한은 상대방을 각기 백색 제국주의(미국), 적색 제국주의(소련)의 꼭두각시(괴뢰)로 규정하며 주체성을 상실한 노예라고 비난했다. 즉 남북한이 상대를 비난하는 논리에는 탈식민과 냉전의 논리가 결합된 대칭적 유사성이 있었다. 또한 1950년대 지구적으로 출현한 냉전의 너머의 사건들에 대해서도 남북한은 대칭적 유사성을 보였다. 반둥회의와 오스트리아 중립화 독립은 자본주의 진영에서, 헝가리와 유고슬라비아의 중립은 사회주의 진영에서 발원했기 때문에, 남북한은 자신의 진영에서 출현하는 중립과 평화의 물결에 대해 비판하면서도 반대 진영에서 등장하는 것은 긍정하는 구조적 대칭성을 보였다.

한편, 남북한은 '두 개의 한반도 문제(Two Korean Problem)'를 둘러싸고는 비대칭성을 보였다. 남한은 서독의 할슈타인 원칙을 차용하여 중립국 외교에서 북한을 적극적으로 배제하고 '두 개의 한국'이 국제적으로 용인되는 것을 막고자 노력했다. 북한도 '두 개의 조선'을 인정하지 않았으며 비동맹 가입을 둘러싸고 남한의 가입을 막고자 했다는 점에서 비슷한 배제의 논리가 작동했으나, 그

강도는 상대적으로 약한 편이었다. 4장에서 살펴봤듯이, 1960년대 남한이 먼저 수교한 중립국과 외교관계를 맺고자 할 때, 남한을 비난하거나 배제하는 논리가 북한 문헌에는 거의 등장하지 않았다. 이처럼 진영 너머를 둘러싼 남북한 외교경쟁의 전개 양상은 탈식민·냉전·분단이 교차하며 일정하게 '(비)대칭성'을 보였다.

넷째, 지구적 냉전의 도래는 남북한 사람들에게 세계 각지를 방문하는 새로운 경험을 제공했다. 한반도를 살아가는 사람들은 다른 인종과 문화를 직접 만나며 이들을 통해 자신을 재정의했다. 특히 1960년대 아프리카를 둘러싼 외교경쟁이 전면화하는 시기에, 그곳을 방문한 남북한 사람들 다수가 아프리카인에 대한 일종의 인종적 '편견'을 드러냈다. 북한은 제2차 아시아·아프리카회의가 열리지 못하는 이유를 아프리카 국가들이 제국주의 국가들이 제공하는 원조에 의존하기 때문이라고 비판했다. 남한도 아시아인들과 달리 아프리카인들은 부족주의와 질투, 시기심 등이 강하다고 인식했으며, 이들의 중립 노선을 양대 진영 모두로부터 경제적 이익을 얻기 위한 것으로 해석했다. 흥미롭게도 1960년대 남북한은 아프리카인들의 후진성, 외세 의존성을 비난하면서도 스스로를 규정하거나 선전하는 방식은 달랐다. 북한은 아프리카인들에게 자신의 자력갱생의 발전 모델을 따라야만 정치적 독립도 유지할 수 있다며 스스로를 성공 사례로 내세웠다. 반면 아프리카를 방문한 남한의 사절단원은 아프리카인들이 기술을 배워 경제발전을 이루고자 하는 강한 의지를 '발견'하고 우리들도 이를 본받아 경제발전의 마음을 다져야 한다고 독려했다. 이러한 차이는 당시 남북한 경제발전의 격차에 따른 것으로 보인다.

다섯째, 남북한의 외교 정책과 주요 인사들의 발언에 나타난 담론 변화를 추적한 결과, 탈식민·냉전·발전의 담론이 시기에 따라 교차하며 변주되었음을 확인했다. 1950년대에는 탈식민과 반제국주의 담론이 두드러졌으며, 1960년대에는 아프리카 신생국들이 대거 등장하는 상황에서 탈식민과 함께 경제발전 담론이 부상했다. 그리고 1970년대에는 냉전의 정치 이데올로기적 대립이라는 동서 문제뿐 아니라, 경제적 격차라는 남북 문제를 해결하기 위한 남남협력의 문제가 전면화되기 시작했다. 북한은 제3세계 민족해방운동을 자신과 동일선상에 두며 반제·반미의 정체성을 강화했고, 자력갱생에 입각한 자주적인 발전론을 제시했다. 반면 남한은 미국식 근대화론에 따라 제3세계 신생국을 설득하고자 했다. 이러한 담론의 변화는 단지 수사적 전환이 아니라 남북한이 직면한 국제적 환경과 국내적 필요의 반영이었다.

정리하면, 냉전기 남북한이 중립·비동맹·제3세계 국가들을 향해 전개한 외교경쟁은 양극적 냉전에 부차적이거나 종속된 것이 아니라 '지구적 냉전·탈식민·분단' 등이 교차하는 장(場)에서 펼쳐진 다이내믹한 역사였다. 비록 약소국이라 해도 남북한과 진영 너머의 국가들은 지구적 냉전질서의 변동에 적극적으로 개입한 행위 주체들이었다.

이 책의 한계와 남은 연구 과제가 적지 않다. 우선 이 책의 종점인 1976년 이후 1980년대까지도 비동맹회의는 지속됐으며, 회원국 북한은 관련 회의를 평양에서 주최하기도 했다. 이에 대한 후속 연구가 필요하다. 비동맹 정상회의를 기준으로 하면, 한반도 문제에 관한 조항은 1976년 콜롬보 회의 이후 그 내용과 비중이 줄어들지만 1986년 짐바브웨 하라레에서 열린 제8차 정상회의 선언문에까지 등장한다.[01] 따라서 1980년대까지 연구가 진행되어야, 비로소 냉전

---

01  1976년 이후부터 1990년까지 남한 외무부가 수집하여 정리한 비동맹 정상회의와 북한의 비동맹 관련 활동이 담긴 사료철 목록은 다음과 같다. 『비동맹 정상회의, 제6차, Havana(쿠바), 1979. 9. 3~9』, 외교사료관, 2010; 『비동맹 식량, 농업 분야 조정국 회의, 제2차, 평양, 1981. 6. 10~12』, 외교사료관, 2012; 『식량 및 농작물 증산에 관한 비동맹 개발도상국 심포지움, 평양, 1981. 8. 26~31』, 외교사료관, 2012; 『비동맹 통신사 연합 조정위원회 회의, 제7차, 평양, 1982. 5.

기 비동맹을 둘러싼 남북한 외교경쟁의 전모가 드러날 것이다.

자료적으로도 더 보완되어야 한다. 먼저 진영 너머의 국가들이 남북한을 어떻게 인식했으며, 한반도 문제가 논의되는 과정에서 이들이 어떠한 정책적 판단과 발언을 했는지 해당 국가의 문서를 발굴하여 확인할 필요가 있다. 이번 연구에서는 인도네시아와 유고슬라비아의 자료를 일부 활용했으나, 비동맹회의를 주도한 이집트·인도·인도네시아·스리랑카·알제리·에티오피아 등이 생산한 자료가 발굴·수집·번역되어야 한다. 동시에 같은 진영에 속하는 우방국들(미국·서유럽 및 소련·중국·동유럽)이 한반도 문제에 어느 정도 개입했는지도 밝혀져야 한다. 특히 1970년대 초중반 남한 정부가 비동맹 가입신청서를 작성하고 미국의 제안에 따라 미군 철수라는 문구까지 포함시켰는데, 당시 포드 행정부의 대(對)비동맹 및 한반도 정책이 어떠했는지 구체적인 관련 문서의 발굴과 분석이 필요하다. 미국보다 영향력은 적었을 것으로 보이지만, 소련과 중국이 북한의 비동맹 가입에 대해 어느 정도까지 개입 또는 방관했는지도 확인해야 한다.

이처럼 한반도를 둘러싸고 전개된 냉전의 역사를 실증적이면서 폭넓게 이해하기 위해서는 관련 국가들의 사료가 체계적으로 더 많이 수집되어 번역될 필요가 있다. 더 많은 행위자들의 시차(視差)가 확보될수록, 한반도 냉전의 역사도 더 정확하고 입체적으로 드러날 것이다.[02]

---

12~14』, 외교사료관, 2013; 『비동맹 정상회의, 제7차, New Delhi (인도), 1983. 3. 7~12』, 외교사료관, 2014; 『비동맹 식량 및 농업 부문 조정국 관계 전문가 회의, 평양, 1984. 6. 16~22』, 외교사료관, 2015; 『제2차 비동맹 체육장관회의, 평양, 1986. 7. 5~8』, 외교사료관, 2017·2022; 『비동맹 정상회의, 제8차, Harare (짐바브웨), 1986. 8. 26~9. 7』, 외교사료관, 2017·2022; 『남남협력에 관한 비동맹 특별 각료회의, 평양, 1987. 6. 9~6. 13』, 외교사료관, 2018·2023; 『비동맹 정상회의, 제9차, Belgrade(유고), 1989. 9. 4~7』, 외교사료관, 2020.

02  비동맹국들이 참여한 각종 국제회의에서 비동맹 중립국과 제3세계, 그리고 남북한이 어떠

이 책에서는 냉전기 남북한 정부가 주도하는 대외관계 영역을 중심으로 중립을 다루었으나, 어느 한편에 서지 않는 중립적 사유와 실천이 한반도에서 어떠한 전개 양상을 보였는지 정치·경제·사회·문화적 차원에서 종합적으로 규명될 필요가 있다.

전근대 조선과 근대 개항기, 그리고 대한제국 시기 '중립외교' 관련한 연구는 상당히 진척됐다. 필자가 확인한 바에 따르면, 조선왕조실록에서 중립(中立)이라는 말은 대체로 부정적인 의미로 쓰였다. 성리학적인 가치에 따라야 하는 조선에서는 중립하여 관망하는 자는 죄를 짓는 것으로 여겨졌기 때문인 듯하다.[03] 또한 조선시대 광해군이 후금(청)과 우호적인 관계를 유지하며 전쟁을 피하고자 펼쳤던 '중립적인' 대외 정책은 당대부터 논란의 대상이었다. 인조반정(反正) 이후 집권한 세력들은 임진왜란 시기 출병했던 명의 재조지은(再造之恩)

---

한 행위들을 했는지도 중요한 연구 과제이다. 유엔총회와 유엔무역개발회의, 유네스코, 유엔공업개발기구(UNIDO) 등에서 비동맹 국가들이 일정한 집단을 형성하여 의제를 제기하고 결의안을 도출했는데, 이와 관련한 남북한의 인식과 대응이 규명되어야 한다. 한반도 문제가 유엔총회에서 논의되는 과정에서 중립·비동맹 국가들이 어떠한 영향력을 미쳤는지는 최근 연구된 바 있다. 류기현, 『1953~1971년 유엔의 한반도 분단 관리 구조의 형성과 전개』, 서울대학교 박사학위논문, 2024.

[03] 주희는 성리학의 가치 판단의 기준으로 '천리(天理)'와 '인심(人心)'을 제시했다. "주희는 국시(國是)를 설명하면서 '진실로 천리에 따르고 인심에 합당[順天理合人心]하면 천하가 모두 옳다고 여길 것이니 이론이 생길 수가 없다'"고 했다. 김인걸, 『조선 후기 공론정치의 새로운 전개—18, 19세기 향회, 민회를 중심으로』, 서울대학교출판문화원, 2017, 14쪽. 조선왕조실록에서 확인되는 중립적 태도를 비판하는 사례는 다음과 같다. "전하께서 정사(定社)할 즈음에 중립(中立)을 지키며 변(變)을 엿보았으니, 그 죄가 한 가지입니다." 『태종실록』 18권, 태종 9년(1409) 10월 3일 신축, 국사편찬위원회, 조선왕조실록, https://sillok.history.go.kr/id/wca_10910003_001; "경에 대해서는 '동(東)·서(西) 어디에도 따라붙지 않고 중립(中立)을 지키면서 일을 피하고 있으니 이는 쓸 수 없는 신하이다'라고 했다." 『정조실록』 12권, 정조 5년(1781) 7월 25일 을축, 국사편찬위원회, 조선왕조실록, https://sillok.history.go.kr/id/kva_10507025_003.

을 망각하고 대명의리(對明義理)를 지키지 않았다며 광해군의 중립적 대외 정책을 거세게 비판했다.[04] 이처럼 전근대 시기 외교·정치·경제·문화와 관련하여 중립적 사유와 행위는 어떠한 의미를 가졌으며, 동시에 중립이라는 단어 자체는 어떠한 사안에 어떠한 맥락하에 사용되었는지 종합적으로 연구될 필요가 있다.

근대에 들어 19세기, 서세동점(西勢東漸)이 본격화하고 동아시아에서 기존의 중화제국 질서가 흔들리며 일본의 힘이 강화되는 과정에서, 지정학적으로 한반도는 주변 강대국들의 힘이 교차하는 위치에 있었다. 1876년 조일수호조규(강화도조약)의 체결과 함께 조선이 개항하면서, 한반도를 둘러싼 주변 강대국의 경쟁도 본격화했다. 이때부터 세력균형[均勢]을 통해 조선의 독립을 확보하기 위한 방안으로서 국제법적 또는 국제관계에서 '중립(국)' 문제가 대두하기 시작했다.[05] 그런데 개항(1876) 이후 청일전쟁(1895)에 이르는 시기까지는 주로 외

---

04 조선왕조실록에서 광해군의 대외 정책이 언급될 때 '중립'이라는 말이 등장하지는 않았으며 중립외교라는 말은 일제 식민지기에 붙여진 것이었다고 한다. 1933년 이나바 이와키치(稻葉岩吉)는 만선사(萬鮮史)에 입각하여 "조선사의 자주성을 부인하고 일본 제국주의의 만주 침략을 역사적으로 합리화하는 데 이용"하기 위해, 광해군이 명과 후금 사이에서 취한 중립적인 정책을 긍정적으로 평가했다. 이후 "한국인 연구자로는 처음으로" 이병도가 1959년 "광해군의 대후금 정책을 긍정적으로 평가했으며, 이후 대부분의 역사 개설서 등에서 '광해군의 중립외교'를 긍정적으로 평가했다. 한명기, 『임진왜란과 한중관계』, 역사비평사, 1999, 311~312·414쪽; 이병도의 중립외교 평가는 다음과 같다. "그(광해군—인용자)는 이러한 미묘 복잡한 삼각관계에 있어서는 무엇보다도 고려시대의 대금, 대송 정책을 그대로 도습 실현하는 것이 상책이라 하여 중립적인 양단 정책과 아울러 국력, 국방의 충실을 강조하여 마지 아니하였다." 이병도, 「광해군의 대후금 정책」, 『국사상의 제 문제』 1, 국사편찬위원회, 1959, 173쪽.

05 장인성, 「근대 한국의 세력 균형 개념」, 하영선 외, 『근대 한국의 사회과학 개념 형성사』, 창비, 2009, 177~178쪽. 조선왕조실록에서 중립국에 관한 언급은 1879년(고종 16) 청국 북양대신(北洋大臣) 이홍장(李鴻章)과 조선의 영중추부사(領中樞府事) 이유원(李裕元)이 주고받

부인들에 의해 한반도 중립화가 제기됐는데, 이것들은 한반도 중립화를 통해 자국의 이익을 확보하기 위한 하나의 전략이었다.[06] 조선인 최초로는 개화파 유길준이 1885년 한반도 영세중립을 제안한 「중립론(中立論)」을 썼다. 그는 19세기 유럽의 벨기에와 불가리아의 영세중립국화 과정을 살펴본 다음, "중국이 맹주가 되어" "아시아 지역 관련국들을 회동시키고, 우리를 이 사이에 나가게 해서 공동으로 맹관(盟款)을 체결하도록 해야" 한다며 중국을 후견 국가로 삼는 친중(親中)적 중립론을 제기했다.[07]

청일전쟁(1895) 이후부터 1900년까지 한반도를 둘러싼 힘의 균형 또는 공백이 발생한 상황에서 대한제국 정부의 왕실, 관료, 외국인 고문, 독립협회 지식인 등은 한반도 중립화를 제안했다.[08] 그리고 1903년 러일전쟁이 임박하자, 고

---

은 편지에서 처음 등장했다고 한다. 이태진, 「대한제국의 산업 근대화와 중립국 승인 외교—1902년 고종 즉위 40주년 칭경 예식과 관련하여」, 『대한제국, 부국강병한 근대적 자주 국가를 꿈꾸다』(대한제국 선포 120주년 기념 국제학술심포지엄 자료집), 2017, 10~11쪽.

06 "최초의 한반도 중립화론"은 1882년 9월, "일본의 참사원(參事院) 의관(議官) 이노우에 고와시(井上毅)"가 작성하여 대신들에게 회람한 「조선정략(朝鮮政略)」이라는 글에서 등장했다. 이노우에는 1882년 7월 23일에 발생한 "임오군란(壬午軍亂) 및 그에 뒤이은 청국의 조선 정략 변화에 대한 일본의 외교적 대응 전략"으로, "일본과 청·미국·영국·독일 등이 회동해서 조선을 벨기에 및 스위스와 같은 영세중립국으로 만들어야 한다"고 제안했다. 1882년에는 통리아문(統理衙門)의 외국인 고문인 묄렌도르프(Paul Georg von Mollendorff)가, 1885년 3월에는 "경성 주재 독일 부영사 헤르만 부들러(Hermann Budler)"가 조선의 중립화 방안을 제시했다. 김종학, 『근대 이행기 한반도 중립화론의 전개(1882~1905)』, 국립외교원 안보연구소, 2022, 4~5쪽.

07 「중립론」의 번역문은 김종학의 논문 마지막에 실려 있다. 김종학, 『한반도 공동보장 구상의 역사적 기원—19세기 벨기에·불가리아의 사례와 유길준의 「중립론」』, 국립외교원 외교안보연구소, 2021, 25쪽; 장인성, 앞의 글, 196쪽.

08 "1899년 고종 황제는 미국 공사 알렌(H. N. Allen)에게 미국 맥킨리(William McKinley Jr.) 대통령에게 미국 주도의 한반도 중립 보장안을 제안해줄 것을 청했다." 또한 미국인 궁내부 고문 샌즈(William F. Sands)는 "스위스 및 벨기에와 같은 열강의 공동보장에 의한 영세중립화 방

종은 전쟁 피해를 줄이기 위해 전시중립 선언을 모색했으며, 1904년 1월 "중국 치푸(芝罘)에서 대한제국의 '전시중립선언'이 전격 발표됐다."[09] 그런데 일본이 개전과 함께 한반도에 군사를 파병한 다음 1904년 2월 23일 한일의정서를 체결함으로써 "대한제국의 마지막 중립 시도는 좌절"되고 말았다.[10]

일제강점기에는 이승만이 한반도 중립화를 제기했다. 1919년 대한인국민회 대표 이승만·정한경은 미국 윌슨 대통령에게 "한국을 국제연맹의 위임통치 하에 두고 현 일본의 통치하에서 해방하는 조치를 취할 수 있도록" "간절히 청원"했다. 그리고 "이것이 성취되면 한반도는 중립적인 상업 지역(a zone of neutral commerce)으로 변하고 모든 나라가 혜택을 받을 것"이며 "또한 극동에 하나의 완충국(a buffer state)을 창립하는 것이 되어" "동양에 있어서의 평화를 유지할 것"이라고 설명했다.[11] 미국에 의한 상업 지역으로서 한반도 중립화라는 이승만의

---

식"을 제안했다. 이러한 샌즈의 중립화안은 "통역사 현상건을 비롯해 민영환, 민상호, 민영기, 강석호 등 친미계열에 의해 추진됐다." "고종은 의화단 사건 직후 프랑스인 법부 고문 크레마지(Laurent Cremazy)에게 조선의 국외중립에 대한 국제법적 근거와 한국 중립화에 대한 프랑스의 입장을 정리해서 보고할 것을 명하기도 했다." 김종학, 앞의 논문, 14~15쪽. 독립협회 지식인들은 "두 열강(러시아와 일본) 양쪽과 '연합' '화친'을 맺어 서로 제어"하게 만듦으로써 "조선을 보전하는 '보호중립'을" 주장했다. 장인성, 앞의 글, 196~197쪽.

09 전시중립의 내용은 "러일 간의 평화가 결렬될 경우 대한제국은 엄정 중립을 지키겠다는 것으로" 프랑스어로 "각국에 타전"됐다. 이에 영국·독일·프랑스·덴마크·이탈리아·청국은 각각 이를 접수했음을 통고했다. "공식적으로 지지를 표명한 국가"는 없었으며, "전시중립 승인의 당사국이라고 할 수 있는 러시아와 일본은, 아직 양국 간 교전 사태가 벌어지지 않았다는 이유로 그 접수조차 거부했다." 서영희, 「제16장 러일전쟁과 일본의 국권 침탈」, 동북아역사재단 한국외교사편찬위원회 편, 『한국의 대외관계와 외교사: 근대편』, 동북아역사재단, 2018, 583쪽; 김종학, 『근대 이행기 한반도 중립화론의 전개(1882~1905)』, 앞의 책, 18쪽.

10 서영희, 앞의 글, 583~584쪽; 김종학, 앞의 책, 18~19쪽.

11 「대한인국민회 대표 이승만·정한경이 윌슨 대통령에게 보낸 청원서」(작성 1919년 2월 26일, 발송 3월 3일), 정병준, 『우남 이승만 연구─한국 근대국가의 형성과 우파의 길』, 역사비평사,

논리는 "1921~22년의 워싱턴군축회의와 1933년의 국제연맹회의 외교 때까지" 이어졌다. 그런데 정병준의 지적대로, 식민지 상황에서 이승만의 "한반도의 정치·경제적 '중립'지대화를 통한 세력균형의 논리"는 "사실상 주체적 독립운동 부정론"일 뿐 아니라 "한국인들의 이해와 요구를 반영한 것이 아니라 미국의 입장에" 의존하는 "전혀 현실성이 없는 탁상공론에 가까웠다."[12]

이처럼 한반도 중립화는 개항기와 대한제국 시기 열강의 틈바구니에서 자주독립을 지키기 위해, 일제 식민지기에는 미국에 의존하여 독립을 달성하고자 하는 방략으로 제기됐다. 그런데 1945년 해방 이후에는 좌우대립과 냉전·분단을 배경으로 하여, 전쟁을 막고 분단을 극복하기 위해 중립적 사유와 방법이 등장했다. 우선 해방 직후 미국의 점령하에서는 "당당한 자주독립"을 향한 열망이 강했기 때문에 중립국이 논의되기 어려웠다.[13] 그럼에도 이분법적 진영론을 벗어나야 한다는 중립적인 주장이 제기되기도 했다. 일례로 오기영은 냉전이 본격화하면서 세계의 "약소민족이 서로 두 개로 쪼개져서 싸우고" 있으며, 한반도 분단이 가시화하는 상황에서 "약소민족의 골육상쟁의 참상"을 막기 위하여 "약한 자는 약할수록 더 잘 갈리는 습성"을 버리고, 조선은 "좌우가 갈려서" 싸워서는 안 된다며 중립적 인식과 실천을 강조했다.[14]

---

2005, 127쪽에서 재인용.

12  이승만의 중립화 논리는 1905년 발표한 『독립정신』에서 등장했으며, 1910년 프린스턴대학에 제출한 박사학위논문에서도 제시된 바 있었다. 정병준, 앞의 책, 124~130쪽.

13  『동아일보』 오보 사건 이후 신탁통치 반대가 커지기 시작했던 1945년 12월 말, 조소앙은 신탁통치를 반대하는 담화에서 "반만 년 역사와 70년간의 혈투로 일관한 독립운동사를 가진 우리 한민족에게는 중립국가로서 안 될 바요, 당당한 자주독립이라야 하는 것이어늘 금일 탁치라는 말은 우리의 사라진 선령의 백골도 분개할 것이다"라고 발언했다. 『동아일보』 1945. 12. 30.

14  오기영, 「인도의 비극」(『신천지』 제2권 제9호, 1947년 10월), 전집편찬위원회 엮음, 『삼면불』

6·25전쟁의 발발은 국외에서 중립화 통일론이 본격적으로 제기되는 계기였다. 미국에서는 김용중이, 일본에서는 김삼규가 중립화 통일론을 꾸준히 제기했다.[15] 1950년대에는 미국 행정부에서도 중립화론이 제기됐으나, 이는 "통일되면 중립화해야 된다는 통일의 사후 보장책 성격이" 강했다.[16] 그리고 1950년대 남한 내에서는 반공과 북진통일이 압도하는 상황에서 공개적으로 중립화 통일론이 제기되지 못했다.

그런데 1960년 4월혁명과 함께 상황이 급변했다. 김용중과 김삼규의 논설이 국내 신문과 잡지에 실렸으며, 중립국행 포로를 주인공으로 하는 최인훈의 소설 『광장』이 인기를 끌었다. 또한 미국 맨스필드(Mike Mansfield) 상원의원이 오스트리아식 중립화를 조건으로 한반도 통일 문제를 해결할 가능성을 신중히 고려한다고 발언함으로써 중립화 통일론에 대한 관심이 고조됐다.[17] 그런데 5·16과 함께 국내 중립화 통일론은 군사정부에 의해 용공으로 간주되어 억압됐다. 그럼에도 1980년대까지 제3세계의 소식과 사상, 이론, 정책 등이 잡지 『세대』, 『청맥』, 『창작과비평』 등을 통해 끊임없이 남한 사회에 유입된 데서 알 수 있듯이, 제3세계는 당대의 주목받는 대상 중 하나였다.[18]

이렇게 어느 한편에서 서지 않는 중립의 사유와 실천은 한반도에서는 개

---

(동전 오기영 전집 4권), 도서출판모시는사람들, 2019, 59~61쪽.

15  김용중의 중립화 통일론의 내용과 그 변화 양상은 다음을 참고할 것. 정병준, 「김용중의 생애와 통일·독립운동」, 『역사문제연구』 12, 2004.

16  홍석률, 『통일 문제와 정치 사회적 갈등 1953~1961』, 서울대학교출판부, 2001, 252쪽.

17  1950~70년대 중립화 통일론의 전개 양상은 다음을 참고했다. 홍석률, 「중립화통일 논의의 역사적 맥락」, 『역사문제연구』 12, 2004.

18  1970~80년대 제3세계 문학의 수용과 전유 양상은 다음을 참고할 것. 박연희, 『제3세계의 기억—민족문학론의 전후 인식과 세계 표상』, 소명출판, 2020.

항기부터 1980년대까지 전시중립, 중립국, 자유무역을 위한 중립지대, 중립화 통일론, 종속이론, 제3세계론 등으로 지속적으로 제기됐으며, 특히 1960년대 후반부터 탈냉전 이전까지는 한국 사회와 문화, 학계에서 상당히 활발히 논의되었다. 앞으로 한반도의 지정학적 위치와 국제질서의 변동, 그리고 국내정치와 사회의 변화를 함께 고려하여 시기별로 중립적 사유의 논리 구조와 그 실천의 양상이 어떠했는지 구체적·종합적으로 밝혀질 필요가 있다. 이를 위해서는 인문사회학(역사학·문학·철학·사회학·경제학·정치외교학 등)의 협업이 중요할 것이다.

그렇다면 어느 한편에 서지 않는 중립적 사유와 실천은 한반도에 어떠한 변화를 만들어낼 수 있을까? 반둥회의와 비동맹회의가 지향하는 국제질서는 기존의 강대국이 주조해온 무력(힘)에 의한 평화와 무엇이 다른 것일까? 중립적 사유와 실천을 적용한 남북관계는 어떠해야 할까? 이렇게 중립적 사유와 실천으로 변화한 한반도의 미래는 과연 어떠한 모습일까?

첫째, 반둥회의와 비동맹회의가 지향해온 중립·비동맹의 길은 강대국의 무력에 기대어 평화를 보장받는 것을 비판하며, 비군사적이며 호혜적인 국제관계에 기초한 다자간 협력을 통하여 도덕적 힘(여론)에 의한 평화를 추구했다. 양극적인 지구적 냉전질서는 적대성과 무력에 기반한 '평화'였다. 지구적 냉전질서는 유럽에서는 장기 평화(long peace)를 만들었으나, 아시아와 아프리카에서는 잦은 전쟁과 분쟁을 겪어야 했다. 특히 1950년대 아시아에서 체결된 샌프란시스코 평화조약과 한반도 정전협정, 그리고 미국과 양자적인 상호방위조약 등은 미군 기지를 중심으로 적대성과 무력에 기반한 부채살 모양의 허브-스포크(Hub-Spoke) 체제를 구축했다. 이른바 적대성과 무력에 기반한 '샌프란시스코 체제'는 아시아에서 식민 지배 같은 과거사 문제를 봉인 및 배제함으로써 평화를 유지했다. 그 결과 "난징대학살, 위안부 강제동원, 강제연행·강제노동" 같은 일제에 의한 "식민지·점령지 지배의 불법성을 둘러싼 역사 갈등"은 해결되지

못한 채 현재에 이르고 있다.[19]

반면, 반둥회의는 탈식민 국가들이 주체가 되어 식민 지배의 역사를 물으면서도 적대성과 무력(힘)이 아니라 비폭력적인 평화의 길을 제시했다. 반둥회의 개회식에서 수카르노 대통령은 무기가 없는 아시아·아프리카인들은 일종의 '민족들의 도덕적 폭력(Moral Violence of Nations)'을 활용해야 한다고 주장했다. 1961년 어느 한편에 줄서기를 거부하며 등장한 진영 너머의 비동맹회의는 정치적 종속뿐 아니라 경제적 양극화라는 남북 문제를 해결하기 위해 약소국 또는 제3세계 국가들의 호혜적 경제협력을 강화하는 남남협력을 지향하며 추진했다. 비동맹회의 선언문에는 아시아·아프리카 지역에서 분쟁과 전쟁이 발발하는 것과 무관하게 강대국끼리만, 또는 유럽 같은 일부 지역에서만 평화가 유지되는 현상을 비판했다. 즉 지구적 차원에서 어느 한 곳의 평화는 다른 곳의 전쟁과 분리된 채 존재할 수 없다는 것이다.

이러한 비동맹회의의 문제제기는 지금도 유효하다. 최근 세계로 수출되는 'K-방산'[20] 무기는 경제적 이익을 안겨주지만, 이는 분명히 누군가를 죽이는 무기로 쓰일 것이다. 그 비극은 과거 6·25전쟁에서 우리가 겪었던 일임을 기억해야 한다. 지구적 평화를 호소하며 약소민족의 협력과 다수 국가들의 '도덕적인 국제여론'의 목소리를 모아 지구적 차원의 경제적 격차와 산적한 문제들을 해결하고 당장의 전쟁의 멈추고 평화를 지향하는 목소리를 담아낼 필요가 있다.

이처럼 강대국들이 주도하는 무력(힘)에 의한 '수직적 평화'는 식민 문제와

---

19 정병준, 「샌프란시스코 평화조약과 동북아시아의 유산」, 김영호 외, 『샌프란시스코 체제를 넘어서—동아시아 냉전과 식민지·전쟁범죄의 청산』, 메디치, 2022, 170~172쪽.
20 'K-방산'의 윤리적·규범적·환경적 문제와 남북관계에 미치는 영향에 대해서는 다음 글을 참고할 것. 정욱식, 「'K-방산' 열망에 던지는 네 가지 질문」(2025. 9. 2), 창비주간논평, https://magazine.changbi.com/MCWC/WeeklyItem?id=1897.

인간의 생명, 생태환경을 해치는 것이지만, 도덕(여론)에 의한 '수평적 평화'는 모두가 평화롭고 번영하는 세계를 만들어내는 것을 지향한다.

물론 이 책에서 살펴봤듯이, 중립·비동맹을 지향하는 국가들도 자국의 이익을 추구했다. 다수의 국가들이 각자의 이익만 주장하다 보면, 소수 강대국이 주도하는 국제질서보다 '만인에 의한 만인의 폭력'이 발생하는 대혼란이 초래될 위험도 존재한다.[21] 국가의 숫자가 많을수록 합의된 선언문의 도출이 더욱 어려워지는 것도 사실이다. 또한 남북한이 기존의 한·미·일과 조·중·러의 냉전적 동맹질서에서 급격히 이탈하는 것은 자칫 새로운 위기를 초래할 수도 있다.

그럼에도 7장에서 확인했듯이, 1970년대 초중반 비동맹회의는 참가국의 성향과 국제적 상황에 따라 급진화하며 친북한적 경향을 보이면서도, 1976년 북한이 한반도 전쟁 위기를 강하게 제기하는 데 대하여 상당수 국가들이 유보를 표명하며 전쟁에 동조하지 않는 모습을 보였다. 그 결과 북한도 유엔총회에서 강경한 결의안을 철회하기에 이르렀다. 또한 1970년대 데탕트 시기 미국과 중국, 미국과 소련, 남북한이 만나 평화와 번영을 논의했듯이, 적대성에 기반한 한반도를 둘러싼 양극적 질서는 완화된 바 있다. 1973년 최인훈은 『중앙일보』에 연재한 소설 『태풍』의 '에필로그'에서 약소국들이 주도하는 새로운 국제질서를 제시한 바 있다. 그는 "애로크(KOREA를 거꾸로 읽은 것—인용자)가 전쟁 후에 겪은 고통은 거의 강대국의 고의적인 정책 탓이었는데, 말할 것도 없이 거기서 나온 어려운 문제는 모두 애로크 자신이 앞으로도 져야 할 짐"이었다며 강대국의 무력에 기반한 기존 질서를 비판했다. 그리고 그는 "전후 이십 년 남짓해

---

21  백승욱은 냉전기 강대국들이 주도해온 얄타 체제가 해체되고 있으며, 이는 지구적인 전쟁와 위기를 낳고 있다고 진단한다. 백승욱, 『연결된 위기—우크라이나 전쟁에서 한반도 핵위기까지, 얄타 체제의 해체는 무엇을 의미하는가』, 생각의힘, 2023.

서 애로크가 통일"이 됐다고 밝히면서, 그 이유를 "강대국들의 등쌀에 시달리면서도 슬기롭게 새로운 국제질서의 본보기를 만들어낸, 약소국들의 뭉친 힘"에서 찾았다.[22] 즉 그는 1973년 알제에서 열린 비동맹 정상회의 직후 신문에 발표한 소설의 에필로그를 통해 약소국들이 주도하는 새로운 국제질서에서 한반도 통일의 희망을 발견하고자 했던 것이다.[23] 비동맹회의와 최인훈의 바람대로, 우리는 전쟁을 멈추고 경제적·문화적 교류를 통해 상호 이해와 협력을 증진하는 새로운 국제적·지역적·사회적 질서를 만들어내야 한다.

둘째, 냉전기 상대를 인정하지 않고 진영 너머를 둘러싸고 정통성 경쟁에 몰두했던 남북한은 이제는 서로를 인정하며 새로운 관계를 만들어 나갈 필요가 있다. 책에서 살펴봤듯이 두 개의 한국 또는 두 개의 조선을 인정하지 않던 남북한의 정통성 경쟁은 소모적인 제로섬 게임일 뿐이었다. 최근 남한에 대한 적대성을 강조하는 맥락에서 북한의 '두 개 국가론'이 등장했으나, 역설적으로 남북한 모두 한반도에 존재하는 두 개의 국가를 인정함으로써 상대를 부정하고 자신만의 유일 합법성을 강조했던 대내외적 경쟁을 그만두고, 이제 서로를 받아들이고 인정하는 새로운 출발점이 될 수 있다고 생각한다.[24]

그렇다면 현재 남한이 경제력에서 북한을 압도하는 비대칭적인 상황에서 우리는 북한과 어떠한 관계를 지향해야 할까. 이는 1973년 9월 동서독이 유엔

---

22 최인훈, 「로파그니스—30년 후 ⑬」, 『중앙일보』 1973. 10. 13; 최인훈, 『태풍』, 문학과지성사, 2009, 487~498쪽.
23 김도민, 「'역사화'의 방법으로 다시 읽는 최인훈 [서평]」, 『인문논총』 80-3, 2025.
24 이정철은 북한의 '적대적 두 개 국가론'을 "'평화적 혹은 협력적' 두 개 국가론으로 전환시키는 것이" "새로운 평화 프로세스의 발화점"이 될 수 있다고 전망했다. 이정철, 「광복 80주년과 새로운 통일·평화담론」, 국회 한반도 평화포럼, (사)한반도평화포럼 주최, 『(자료집) 광복 80주년과 새로운 통일담론: 8·15광복 80주년 정책토론회』(2025. 8. 20), 29~30쪽.

에 동시가입할 때, 유엔총회에서 서독 총리 브란트가 했던 말에서 그 힌트를 찾을 수 있다. 브란트는 "사실 평화를 이루고자 한다면 누군가 승자가 되고 누군가를 패자로 만들려고 하는 게 아니라, 이성과 절제가 승리하도록 노력해야" 한다고 말했다. 또한 당시 동방에 너무 많이 퍼준다거나 인권과 표현의 자유를 옹호하지 않는다는 비판에 대하여, 그는 "유럽에서 냉전의 분단을 무너뜨리는 데는 시간이 필요"하며, "그 사이에 중요한 것은 전쟁을 피하고 인적 접촉을 확대하는 것"이라고 밝혔다. 이로써 그는 유럽에 "일상적인 평화 상태"가 도래할 수 있다고 보았다.[25]

브란트가 제기한 일상적인 평화는 한반도를 살아가는 우리에게는 너무도 생경한 것이다. 1948년 분단과 1950년 6·25전쟁, 그리고 긴 시간 지속된 적대적인 냉전의 시대를 지나오면서, 우리들은 끊임없이 이분법적 적대성을 강화했다. 적대하는 극단의 역사를 살아온 우리는 나와 다른 타자를 만났을 때 혐오하거나 배제하는 데 급급했다. 즉 한반도라는 시공간을 살아온 우리들은 타자와 만나 소통하는 것이 아니라 적대하고 배제하는 역사의 경로를 걸어왔다.[26] 그 결과 현재 남한에서는 극단적인 진영론적 대립과 상대를 절멸하고자 하는 폭력성이 난무하고 있다. 적대적인 남북관계를 개선하고 이분법적인 진영론에서 벗어나 주변국들과의 다양한 차원의 교류와 만남을 통하여 한반도를 살아가는 이들도 '일상적 평화'를 누릴 수 있어야 한다.

'뭉친' 약소국들이 국제정치에서 군비를 축소하고 무력이 아닌 도덕적 여

---

25 오드 아르네 베스타 지음, 유강은 옮김, 『냉전—우리 시대를 만든 냉전의 세계사』, 서해문집, 2025, 545쪽; 「1973년 9월 26일 브란트의 유엔총회 연설」(General Assembly, 28th session: 2128th plenary meeting, Wednesday, 26 September 1973, New York), 유엔 디지털라이브러리(https://digitallibrary.un.org/record/749698?ln=en&v=pdf).

26 김도민, 「중립과 한반도 평화」, 『평화공감』 44, 통일강원연구원, 2022.

론에 의해 전쟁을 멈추고 평화를 압박하는 국제질서를 만들어 나간다면, 남북한이 상호 비방이나 공격 또는 적대성에 기반하여 진영 논리를 강화하는 것이 아니라 인적·경제적·사회문화적 교류를 증진함과 동시에 상호 군비를 축소해 나간다면, 그렇게 만들어진 평화롭고 번영하는 한반도는 어떠한 모습일까?

그러한 미래의 한반도는 60여 년 전 신동엽이 꿈꾸던 중립국에서 그 실루엣을 발견할 수 있지 않을까? 1930년생 신동엽에게 1950년 스무살에 겪은 "분단된 조국의 참혹했던 전쟁은 시인의 영혼에 새겨진 지워지지 않은 상처였다."[27] 그가 써내려간 시에서 중립국은 전시중립이나 냉전의 한편에 서지 않는 외교 노선에 그치는 것이 아니었다. 자국이 전쟁에 휘말리지 않는 것뿐 아니라 "총 쏘는 야만"에 가담치 않는, 그리고 "어린이들은 사람 죽이는 시늉"도 없는, "아름다운 놀이 꽃동산처럼" 평화롭고 "풍요로운" 한국의 사회와 문화를 만들고자 했던 그의 '중립의 꿈'[28]이 지금 다시 전면화되었으면 한다. 신동엽의 시를 따라 중립의 평화롭고 번영하는 한반도와 세계를 상상해본다.[29]

스칸디나비아라던가 뭐라구 하는 고장에서는 아름다운 석양 대통령이라고 하는 직업을 가진 아저씨가 꽃리본 단 딸아이의 손 이끌고 백화점 거리 칫솔 사러 나오신단다. 탄광 퇴근하는 광부들의 작업복 뒷주머니마다엔 기름 묻은 책 하이데거 러쎌 헤밍웨이 장자(莊子) 휴가여행 떠나는 국무총리 서울역 삼등대합실 매

---

27 강형철·김윤태 엮음, 『신동엽 시전집』, 창비, 2013, 5쪽.
28 '중립의 꿈'이라는 표현은 다음 논문에서 가져왔다. 권보드래, 「중립의 꿈 1945~1968—냉전 너머의 아시아, 혹은 죄인훈련을 위한 시론」, 『상허학보』 34, 2012.
29 신동엽의 중립에 대한 해석은 다음을 참고했다. 신형철, 『인생의 역사—'공무도하가'에서 '사랑의 발명'까지』, 난다, 2022, 196~202쪽; 이승규, 『김수영과 신동엽—1950~60년대 한국 현대시의 현실지향성』, 소명, 2008, 178~188쪽.

표구 앞을 뙤약볕 흠쓰며 줄지어 서 있을 때 그걸 본 서울역장 기쁘시겠소라는 인사 한마디 남길 뿐 평화스러이 자기 사무실 문 열고 들어가더란다. 남해에서 북강까지 넘실대는 물결 동해에서 서해까지 팔랑대는 꽃밭 땅에서 하늘로 치솟는 무지갯빛 분수 이름은 잊었지만 뭐라군가 불리우는 그 중립국에선 하나에서 백까지 가 다 대학 나온 농민들 트럭을 두 대씩이나 가지고 대리석 별장에서 산다지만 대통령 이름은 잘 몰라도 새 이름 꽃 이름 지휘자 이름 극작가 이름은 환하더란다. 애당초 어느 쪽 패거리에도 총 쏘는 야만엔 가담치 않기로 작정한 그 지성(知性) 그래서 어린이들은 사람 죽이는 시늉을 아니하고도 아름다운 놀이 꽃동산처럼 풍요로운 나라, 억만금을 준대도 싫었다 자기네 포도밭은 사람 상처 내는 미사일 기지도 탱크 기지도 들어올 수 없소 끝끝내 사나이 나라 배짱 지킨 국민들, 반도의 달밤 무너진 성터 가의 입맞춤이며 푸짐한 타작 소리 춤 사색(思索)뿐 하늘로 가는 길가엔 황토빛 노을 물든 석양 대통령이라고 하는 직함을 가진 신사가 자전거 꽁무니에 막걸리병을 싣고 삼십리 시골길 시인의 집을 놀러 가더란다.[30](밑줄―인용자)

---

30  신동엽, 「산문시(散文詩) 1」(1968. 11), 강형철·김윤태 엮음, 앞의 책, 398~399쪽.

부록

## 1. 아시아·아프리카회의(1955), 비동맹 정상회의(1961~1976), 비동맹 외상회의(1975) 참가국 및 기구·단체

| 회의(장소, 일시) | 회원(member) | 옵서버(observer) | 게스트(guest) | 참가국 합계 |
|---|---|---|---|---|
| 아시아·아프리카회의 (인도네시아 반둥, 1955. 4. 18) | [참가국] 아프가니스탄, 캄보디아, 중국, 이집트, 에티오피아, 골드코스트(가나), 이란, 이라크, 일본, 요르단, 라오스, 레바논, 라이베리아, 리비아, 네팔, 필리핀, 사우디아라비아, 수단, 시리아, 태국, 터키(튀르키예), 북베트남, 남베트남, 예멘 (24개국). [공동 주최국] 버마(미얀마), 실론(스리랑카), 인도, 인도네시아, 파키스탄 (5개국). | | | 29 |
| 제1차 비동맹 정상회의 (유고슬라비아 베오그라드, 1961. 9. 1) | 아프가니스탄, 알제리, 버마(미얀마), 캄보디아, 실론(스리랑카), 콩고, 쿠바, 키프로스, 에티오피아, 가나, 기니, 인도, 인도네시아, 이라크, 레바논, 말리, 모로코, 네팔, 사우디아라비아, 소말리아, 수단, 튀니지, 통일아랍공화국UAR(이집트), 예멘, 유고슬라비아 (25개국). | 볼리비아, 브라질, 에콰도르 (3개국). | | 28 |
| 제2차 비동맹 정상회의 (이집트 카이로, 1964. 10. 5) | 아프가니스탄, 알제리, 앙골라, 버마(미얀마), 부룬디, 캄보디아, 카메룬, 중앙아프리카공화국, 실론(스리랑카), 차드, 콩고(브라자빌), 쿠바, 키프로스, 다호메이(베냉), 에티오피아, 가나, 기니, 인도, 인도네시아, 이라크, 요르단, 케냐, 쿠웨이트, 라오스, 레바논, 라이베리아, 리비아, 말라위, 말리, 모리타니아, 모로코, 네팔, 나이지리아, 사우디아라비아, 세네갈, 시에라리온, 소말리아, 수단, 시리아, 탕가니카(탄자니아), 토고, 튀니지, 우간다, 통일아랍공화국UAR(이집트), 예멘아랍공화국(북예멘), 유고슬라비아, 잠비아 (47개국). | | [국가] 아르헨티나, 볼리비아, 브라질, 칠레, 핀란드, 자메이카, 멕시코, 트리니다드토바고, 우루과이, 베네수엘라 (10개국). [비국가] 아프리카 통일 기구(OAU), 아랍연맹(Arab League), 다수의 민족해방운동 및 정치 정당 (2개 기구 외 여러 단체). | 57 |
| 제3차 비동맹 정상회의 (잠비아 루사카, 1970. 9. 8) | 아프가니스탄, 알제리, 보츠와나, 부룬디, 카메룬, 중앙아프리카공화국, 실론(스리랑카), 차드, 콩고(민주공화국), 콩고(인민공화국), 쿠바, 키프로스 적도기니, 에티오피아, 가봉, 가나, 기니, 가이아나, 인도, 인도네시아, 이라크, 자메이카, 요르단, 케냐, 쿠웨이트, 라오스, 레바논, 레소토, 라이베리아, 리비아, 말레이시아, 말리, 모리타니아, 모로코, 네팔, 나이지리아, 르완다, 세네갈, 시에라리온, 싱가포르, 소말리아, 수단, 스와질란드, 시리아, 탄자니아, 토고, 트리니다드토바고, 튀니지, 우간다, 통일아랍공화국UAR(이집트), 예멘아랍공화국(북예멘), 예멘인민민주공화국(남예멘), 유고슬라비아, 잠비아 (54개국). | | [국가] 아르헨티나, 오스트리아, 바베이도스, 볼리비아, 브라질, 칠레, 콜롬비아, 에콰도르, 페루, 남베트남, 우루과이, 베네수엘라 (12개국). [비국가] 아프리카통일기구(OAU), 아프리카민족회의(ANC), 모잠비크 해방전선(FRELIMO), 소말리아 해안해방전선(FLCS), 앙골라해방인민운동(MPLA), 코모로 민족해방운동(MOLINACQ), 팔레스타인 해방운동(Palestine Liberation Movement), 짐바브웨 아프리카 민중연합(ZAPU), 짐바브웨 아프리카 민족연합(ZANU) (9개 기구 및 단체). | 66 |

| 회의 | 참가국 | 참관 | 국가수 |
|---|---|---|---|
| 제4차 비동맹 정상회의<br>(알제리 알제, 1973. 9. 5) | 아프가니스탄, 알제리, 아르헨티나, 바레인, 방글라데시, 부탄, 보츠와나, 버마(미얀마), 부룬디, 캄보디아(망명정부), 카메룬, 중앙아프리카공화국, 차드, 칠레, 콩고, 쿠바, 키프로스, 다호메이(베냉), 이집트, 적도기니, 에티오피아, 가봉, 감비아, 가나, 기니, 가이아나, 인도, 인도네시아, 이라크, 아이보리코스트, 자메이카, 요르단, 케냐, 쿠웨이트, 라오스, 레바논, 레소토, 라이베리아, 리비아, 마다가스카르, 말레이시아, 말리, 몰타, 모리타니아, 모리셔스, 모로코, 네팔, 니제르, 나이지리아, 오만, 페루, 카타르, 르완다, 사우디아라비아, 세네갈, 시에라리온, 싱가포르, 소말리아, 남베트남, 스리랑카, 수단, 스와질란드(에스와티니), 시리아, 토고, 트리니다드토바고, 튀니지, 우간다, 아랍에미리트, 탄자니아, 오트볼타(부르키나파소), 예멘아랍공화국(북예멘), 예멘인민민주공화국(남예멘), 유고슬라비아, 자이레(콩고민주공화국), 잠비아. (75개국) | [국가] 바베이도스, 볼리비아, 브라질, 에콰도르, 멕시코, 파나마, 우루과이, 베네수엘라. (8개국).<br><br>[비국가] 앙골라 해방인민운동(MPLA), 앙골라 민족해방전선(FNLA), 코모로 민족해방운동(MOLINACO), 기니비사우-카보베르데 아프리카 독립당(PAIGC), 모잠비크 해방전선(FRELIMO), 나미비아 남서아프리카인민기구(SWAPO), 팔레스타인 해방기구(PLO), 푸에토리코(사회주의 정당), 상투메프린시페 해방전선(CLP), 세이셸 인민통합당(SPUP), 소말리아 해안해방전선(FLCS), 지부티 해방운동(MLD), 아프리카민족회의(ANC), 범아프리카회의(PAC), 짐바브웨 아프리카인민연합(ZAPU), 짐바브웨 아프리카민족연합(ZANU), 유엔, 아프리카통일기구(OAU), 아랍연맹(ARAB LEAGUE), 아시아·아프리카인민연대기구(AAPSO) (20개 기구 및 단체). | 오스트리아, 핀란드, 스웨덴 (3개국). | 86 |
| 비동맹 외상회의<br>(페루 리마, 1975. 8. 25) | [국가] 아프가니스탄, 알제리, 아르헨티나, 바레인, 방글라데시, 부탄, 보츠와나, 버마(미얀마), 부룬디, 카보베르데, 캄보디아, 중앙아프리카, 차드, 콩고, 쿠바, 키프로스, 다호메이(베냉), 북한, 북베트남, 이집트, 적도기니, 에티오피아, 가봉, 감비아, 가나, 기니, 기니비사우, 가이아나, 인도, 인도네시아, 이라크, 아이보리코스트, 자메이카, 요르단, 케냐, 쿠웨이트, 라오스, 레바논, 레소토, 라이베리아, 리비아, 마다가스카르, 말레이시아, 말리, 몰타, 모리타니아, 모리셔스, 모로코, 모잠비크, 네팔, 니제르, 나이지리아, 오만, 파나마, 페루, 카타르, 남베트남, 르완다, 사우디아라비아, 세네갈, 시에라리온, 싱가포르, 소말리아, 스리랑카, 수단, 스와질란드(에스와티니), 시리아, 토고, 트리니다드토바고, 튀니지, 우간다, 아랍에미리트, 카메룬, 탄자니아, 오트볼타(부르키나파소), 예멘아랍공화국(북예멘), 예멘인민민주공화국(남예멘), 유고슬라비아, 자이레(콩고민주공화국), 잠비아. (80개국)<br><br>[비국가] 팔레스타인해방기구(OPL) (1개 기구). | [국가] 볼리비아, 브라질, 콜롬비아, 에콰도르, 엘살바도르, 멕시코, 우루과이, 베네수엘라. (8개국)<br><br>[비국가] 아프리카민족회의(ANC), 소말리아해안해방전선(FLCS), 앙골라해방인민운동(MPLA), 앙골라민족해방전선(FNLA), 범아프리카주의의회(PAC), 푸에르토리코 사회당(PSP), 유엔, 아프리카통일기구(OAU), 아랍 연맹(Arab League), 아시아·아프리카·라틴아메리카인민연대기구(OSPAA) (10개 기구 및 단체). | 오스트레일리아, 오스트리아, 핀란드, 과테말라, 온두라스, 필리핀, 포르투갈, 루마니아, 스웨덴 (9개국). | 97 |

| | | | | |
|---|---|---|---|---|
| 제5차 비동맹 정상회의 (스리랑카 콜롬보, 1976. 8. 16) | [국가] 아프가니스탄, 알제리, 앙골라, 아르헨티나, 바레인, 방글라데시, 베냉, 부탄, 보츠와나, 버마(미얀마), 부룬디, 카메룬, 카보베르데, 중앙아프리카, 차드, 코모로, 콩고, 쿠바, 키프로스, 캄푸치아(캄보디아), 이집트, 적도기니, 에티오피아, 가봉, 감비아, 가나, 기니, 기니비사우, 가이아나, 인도, 인도네시아, 이라크, 아이보리코스트, 자메이카, 요르단, 케냐, 북한, 쿠웨이트, 라오스, 레바논, 레소토, 라이베리아, 리비아, 마다가스카르, 말레이시아, 말리, 몰타, 모리타니아, 모리셔스, 모로코, 모잠비크, 네팔, 니제르, 나이지리아, 오만, 파나마, 페루, 카타르, 몰디브, 르완다, 상투메프린시페, 사우디아라비아, 세네갈, 세이셸, 시에라리온, 싱가포르, 소말리아, 스리랑카, 수단, 스와질란드(에스와티니), 시리아, 탄자니아, 토고, 트리니다드토바고, 튀니지, 우간다, 아랍에미리트, 오트볼타(부르키나파소), 베트남, 예멘아랍공화국(북예멘), 예멘인민민주공화국(남예멘), 유고슬라비아, 자이레(콩고민주공화국), 잠비아 (84개국). [비국가] 팔레스타인해방기구(PLO) (1개 기구). | [국가] 바베이도스, 볼리비아, 브라질, 에콰도르, 엘살바도르, 그레나다, 멕시코, 우루과이, 베네수엘라 (9개국). [비국가] 아프리카민족회의(ANC), 범아프리카주의의회(PAC), 푸에토리고 사회주의 정당(PSP), 유엔, 아프리카통일기구(OAU), 아랍연맹(Arab League), 아시아·아프리카인민연대기구(AAPSO), 짐바브웨 아프리카민족회의(ANC), 지부티해방운동(Djibouti Liberation Movement), 남서아프리카인민기구(SWAPO), 소말리아해안해방전선(FLCS), 이슬람협력기구(Islamic Conference) (11개 기구 및 단체). | 오스트리아, 핀란드, 필리핀, 포르투갈, 루마니아, 스웨덴, 스위스 (7개국). | 100 |

\* 출처: Asia-Africa speak from Bandung, Djakarta: THE MINISTRY OF FOREIGN AFFAIRS, Republic of Indonesia, 1955, pp. 161~169(http://www.cvce.eu/obj/final_communique_of_the_asian_african_conference_of_bandung_24_april_1955-en-676237bd-72f7-471f-949a-88b6ae513585.html); Bandaranaike Centre for International Studies, *non-aligned conferences: basic documents 1961~1975*, GUNARATNE & CO. LTD, 1976, pp. 11, 19~20, 35~36, 73~74; '유엔총회에 제출된 비동맹 정상회의 최종선언문(1~6차)'(유엔 디지털라이브러리), https://digitallibrary.un.org).

\* 당시 국가명을 기준으로 적었으며, 현 국가명을 병기했다.

## 2. 남북한의 유엔 관련 또는 정부 간 국제기구 가입 현황(1948~1980)

| | 기구명 | 남한 가입 | 북한 가입 | 소재지 |
|---|---|---|---|---|
| 1 | 세계보건기구(WHO) | 1949 | 1973 | 스위스 제네바 |
| 2 | 만국우편연합(UPU) | 1949 | 1974 | 스위스 베른 |
| 3 | 유엔식량농업기구(FAO) | 1949 | 1977 | 이탈리아 로마 |
| 4 | 유엔교육과학문화기구(UNESCO) | 1950 | 1974 | 프랑스 파리 |
| 5 | 국제전기통신연합(ITU) | 1952 | 1975 | 스위스 제네바 |
| 6 | 국제민간항공기구(ICAO) | 1952 | 1977 | 캐나다 몬트리올 |
| 7 | 세계기상기구(WMO) | 1956 | 1975 | 스위스 제네바 |
| 8 | 국제원자력기구(IAEA) | 1957 | 1974 | 오스트리아 비엔나 |
| 9 | 정부간해양학위원회(IOC) | 1961 | 1978 | 프랑스 파리 |
| 10 | 국제교육국(IBE) | 1962 | 1975 | 스위스 제네바 |
| 11 | 유엔무역개발회의(UNCTAD) | 1964 | 1973 | 스위스 제네바 |
| 12 | 국제의회연맹(IPU) | 1964 | 1973 | 스위스 제네바 |
| 13 | 인도양수산위원회(IOFC) | 1967 | 1974 | 이탈리아 로마 |
| 14 | 유엔공업개발기구(UNIDO) | 1967 | 1980 | 오스트리아 비엔나 |
| 15 | 아시아·아프리카법률자문기구(AALCO) | 1974 | 1974 | 인도 뉴델리 |
| 16 | 국제법정계량기구(OIML) | 1978 | 1974 | 프랑스 파리 |
| 17 | 세계지적재산권기구(WIPO) | 1979 | 1974 | 스위스 제네바 |

\* 출처: 「국제기구 가입현황」, 외교부 누리집(https://www.mofa.go.kr/www/brd/m_3874/view.do?seq=317919&srchFr=&amp%3BsrchTo=&amp%3BsrchWord=&amp%3BsrchTp=&amp%3Bmulti_itm_seq=0&amp%3Bitm_seq_1=0&amp%3Bitm_seq_2=0&amp%3Bcompany_cd=&amp%3Bcompany_nm=).

## 3. 북한의 비동맹회의 가입신청서(1975. 2. 15)

* 출처: 『비동맹 조정위원회 외상회의, Havana(쿠바), 1975. 3. 17~19』, 외교사료관, 2006.

---

**Text of Verbal Note 524 submitted by the Ministry of Foreign Affairs of the Democratic People's Republic of Korea to the Ministry of Foreign Affairs of the People's Democratic Republic of Algeria, on February 15, 1975.**

The Ministry of Foreign Affairs of the Democratic People's Republic of Korea presents its compliments to the Ministry of Foreign Affairs of the People's Democratic Republic of Algeria and has the honor to inform the Government of the People's Democratic Republic of Algeria, the presiding country, that the Government of the Democratic People's Republic of Korea respects the noble ideals of the non-aligned movement and, desiring to strengthen unity and cooperation with the peoples of the third world, intends to participate in the non-aligned movement as one of its official members.

The Ministry of Foreign Affairs of the Democratic People's Republic of Korea hopes that the Government of the People's Democratic Republic of Algeria will accept the proposal of the Government of the Democratic People's Republic of Korea and will seek actively to have this question considered and settled at the meeting of the Coordinating Bureau of the Non-Aligned Countries so that the representative of the Democratic People's Republic of Korea may participate at the Fifth Summit Conference of the Non-Aligned Countries and, more immediately, at the meeting of Foreign Ministers to be held in Peru.

The Ministry of Foreign Affairs of the Democratic People's Republic of Korea takes this opportunity to renew to the Ministry of Foreign Affairs of the People's Democratic Republic of Algeria the assurances of its highest consideration.

ANNEX

Today the non-aligned movement has a strong influence on the struggle against all forms of aggression, intervention, oppression and inequality, and for peace and a fair solution to international problems.

The activities of the non-aligned countries are having a greater influence because they reflect the current trend, in which a large number of countries throughout the world are demanding full equality in international relations and are following the oath of independence.

The Democratic People's Republic of Korea, which consistently upholds full equality and sovereignty, has always paid great attention to the non-aligned movement and expressed its full support for and active solidarity with the just struggle of that movement.

It has done so because the noble goal and ideal of the non-aligned movement are in complete agreement with the independent foreign policy unswervingly followed by the Government of the Democratic People's Republic of Korea.

The Government of the Democratic People's Republic of Korea considers it to be an important principle of its foreign policy to develop its relations with all countries on the basis of five principles: respect for territorial integrity and sovereignty; non-aggression; non-interference in internal affairs; equality, mutual advantage and peaceful coexistence; and in support of the people's struggle against imperialism, colonialism and neocolonialism and for national liberation and social progress.

The peace-loving and independent foreign policy of the Government of the Democratic People's Republic of Korea enjoys the support of many countries throughout the world, particularly the non-aligned countries.

In the last year alone, the Democratic People's Republic of Korea has established diplomatic relations with some twenty non-aligned countries of Asia, Africa and Latin America, and has begun to develop those friendly relations.

The Korean people have a close bond with the non-aligned countries because of their similar position in the past and the common purpose of their struggle today, and actively support and encourage their just efforts.

The respected President Kim Il Sung, Head of State of the Democratic People's Republic of Korea, while always giving close attention to the strengthening and development of the struggle of the people of the non-aligned countries through congratulatory telegrams sent to every major conference of the non-aligned countries.

The peoples of the non-aligned countries, who consider the Korean people's struggle for the independent and peaceful reunification of their country to be their own, have adopted resolutions supporting and encouraging the just efforts of the Korean people in various meetings, including the Summit Conference of the Non-Aligned Countries, and in this way they support the struggle of our people.

Today the ties of friendship between the Korean people and the peoples of the non-aligned countries are being further improved and their cooperative relations are being strengthened daily.

The fact that the delegate of the Democratic People's Republic of Korea participated as an official member in the conference of developing countries on raw materials, held at the beginning of February in Dakar, capital of Senegal, at the wish of all the participants, clearly shows that the Korean people are struggling hand in hand and side by side with the peoples of the non-aligned countries for a common cause.

The Government of the Democratic People's Republic of Korea and the Korean people strongly hope to participate in the non-aligned movement, because of their sincere desire to make an active contribution to the common struggle for peace and democracy, national independence and social progress, in close collaboration with the peoples of the Non-Aligned Countries, raising high the banner of anti-imperialism and sovereignty.

In the future as in the past, the Government of the Democratic People's Republic of Korea and the Korean people will unswervingly respect the noble ideals of the non-aligned movement, will make every effort to expand and develop the movement and will wage an active struggle against all forms of intervention and aggression and to safeguard the common interests of the peoples of the non-aligned countries.

## 4. 남한의 비동맹회의 가입신청서(1975. 6. 2)

* 출처: 『비동맹 전체 외상회의, Lima(페루), 1975. 8. 25~30, 전9권: V. 3. 기본대책 III(6~8월)』, 외교사료관, 2006.

MINISTRY OF FOREIGN AFFAIRS
REPUBLIC OF KOREA

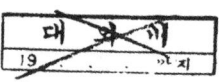

OBY- 665

    The Minister of Foreign Affairs of the Republic of Korea presents his compliments to the Chairman of the Coordinating Bureau of the Non-Aligned Countries and has the honor to inform the latter that the Government of the Republic of Korea, upholding the purposes and principles of the Conference of the Non-Aligned Countries and desirous of strengthening solidarity and cooperation with the Non-Aligned countries, hereby applies for membership in the Conference of the Non-Aligned Countries.

    In applying for membership, the Government of the Republic of Korea believes that the admission of the Republic of Korea into the Non-Aligned Conference will contribute to the development and strengthening of the Non-Aligned movement and will further promote the already existing friendship and cooperation between the Non-Aligned countries and the Republic of Korea.

    The Minister of Foreign Affairs would be most grateful if the Chairman of the Coordinating Bureau would formally place the application of the Republic of Korea for membership in the Non-Aligned Conference under the item "Admission of New Members" at the forthcoming Conference of Foreign Ministers of the Non-Aligned Countries to be held this August in Lima, Peru for its favorable consideration.

The Minister of Foreign Affairs further wishes to notify the Chairman of the Coordinating Bureau that a copy of the application by the Government of the Republic of Korea for membership in the Non-Aligned Conference will be forwarded to the Host Government of the forthcoming Conference of Foreign Ministers of the Non-Aligned Countries for its information, and that the Members of the Coordinating Bureau will also be advised of the said application.

The Minister of Foreign Affairs of the Republic of Korea avails himself of this opportunity to renew to the Chairman of the Coordinating Bureau the assurances of his highest consideration.

June 2, 1975
Seoul

## 5. 비동맹 가입에 대한 북한 대표단 단장의 감사 연설(1975. 8. 26)

* 출처: 『로동신문』 1975. 8. 28.

### 조선인민은 시종일관하게 쁠럭불가담운동의 리념과 원칙에 충실할것이며 언제나 쁠럭불가담나라들과 한대렬에 론론히 서서 반제반식민주의투쟁을 더욱 힘있게 벌려나갈것이다

쁠럭불가담국가외교부장회의에서 한 우리 나라 대표단 단장의 연설

【평양 8월 27일발 조선중앙통신】 리마에서의 보도에 의하면 페루의 수도 리마에서 진행되고있는 쁠럭불가담국가외교부장회의 26일회의에서 조선민주주의인민공화국 정부대표단 단장인 허담 부총리 겸 외교부장이 연설하였다.

연설전문은 다음과 같다.

존경하는 의장각하!

존경하는 각국 외교부장각하들과 대표여러분!

조선민주주의인민공화국 정부대표단은 쁠럭불가담운동의 정식성원으로서 본 쁠럭불가담국가외교부장회의에 참가하게 된것을 매우 기쁘게 생각합니다.

이번 쁠럭불가담국가외교부장회의에서는 조선민주주의인민공화국을 쁠럭불가담운동의 성원으로 받아들임에 대한 결정을 만장일치로 채택하였습니다.

나는 조선민주주의인민공화국 정부의 위임에 의하여 전체 조선인민의 이름으로 우리 공화국을 쁠럭불가담운동의 성원으로 받아들이기 위하여 적극 노력하였으며 이번 회의에서 귀중한 지지를 표시하여준 모든 쁠럭불가담나라 정부와 존경하는 외교부장각하들 그리고 대표여러분들에게 충심으로 사의를 표시합니다.

나는 또한 이 기회에 쁠럭불가담국가외교부장회의의 주최국으로서 회의사업의 성과적보장을 위하여 커다란 노력을 기울이고있으며 우리 대표단에게 성의껏 편의를 도모하여주고있는데 대하여 페루공화국 정부와 후안 벨라스코 알바라도대통령각하에게 충심으로 사의를 표합니다.

조선민주주의인민공화국을 쁠럭불가담운동의 성원으로 받아들임에 대한 결정은 지난날의 지지와 오늘의 투쟁목적의 공통성으로 하여 조선인민과 쁠럭불가담나라 인민들의 운명이 떼수 없이 밀접히 련결되여있다는것을 힘있게 보여주고있습니다.

우리는 이것을 우리 공화국에 대한 쁠럭불가담나라들의 커다란 신임과 기대의 표시로 인정하며 그것을 열렬히 환영합니다.

조선민주주의인민공화국 정부는 제3세계의 력사적운명과 관련된 문제를 비롯하여 우리 시대의 근본문제들에서 쁠럭불가담나라들과 공동진 립장에 서있으며 제국주의와 식민주의, 온갖 형태의 침략과 간섭을 반대하고 민족적해방과 사회적진보를 위한 쁠럭불가담나라들의 투쟁을 자기자신의 위업으로 인정하며 모든 힘을 다하여 그를 적극 지지하고있습니다.

우리 공화국정부가 일관하게 실시하고있는 자주적인 대외외교정책의 원칙들은 쁠럭불가담정책의 원칙들과 일치합니다.

조선민주주의인민공화국 국가수반이신 경애하는 수령 김일성주석님께서는 다음과 같이 교시하시였습니다.

《쁠럭불가담정책은 제국주의가 파산 몰락되고있으며 세계의 많은 나라들이 국제관계에서 완전한 평등권을 주장하면서 자주의 길로 나가고있는 우리 시대의 추세를 반영하고있습니다.

현시대발전의 요구를 똑같게 반영하고있는것으로 하여 쁠럭불가담정책은 각이한 사회제도를 가진 많은 나라들을 단합시키고있으며 날로 큰 생활력을 나타내고있습니다.》

쁠럭불가담운동은 제국주의와 식민주의, 인종주의, 유태복고주의를 반대하며 민족적자주권과 평화를 위한 세계인민들의 공동위업수행에서 중요한 역할을 놀고있습니다.

쁠럭불가담운동이 독자적인 정치세력으로, 우리 시대의 위력한 반제력명력량으로 세계무대에 등장한것은 지난날 천대받고 압박받던 인민들의 력사에서 새시대의 도래를 의미합니다.

우리는 이번 쁠럭불가담국가외교부장회의가 제국주의와 식민주의, 온갖 형태의 침략과 간섭, 예속과 불평등을 반대하고 민족적 해방과 자주권, 평화와 사회적진보를 위한 신흥세력의 힘찬 전진운동을 보여주는 또하나의 획기적사변으로 되리라고 믿습니다.

나는 이 자리를 빌어 조선민주주의인민공화국 정부와 조선인민이 시종일관하게 쁠럭불가담운동의 리념과 원칙에 충실할것이며 언제나 쁠럭불가담나라들과 한대렬에 든든히 서서 반제반식민주의투쟁을 더욱 힘있게 벌려나갈 결의를 엄숙히 확언하는바입니다.

감사합니다.

## 6. 비동맹 가입 결과에 대한 남한 외무부장관의 성명(1975. 8. 26)

* 출처:『비동맹 전체 외상회의, Lima(페루), 1975. 8. 25~30, 전9권: V. 7. 결과분석 및 후속조치』, 외교사료관, 2006.

### 外務部長官 声明

自主的 外交路線을 追求하는 大韓民国은 非同盟友邦과의 紐帶를 強化하고 非同盟運動에 이바지 한다는 趣旨에서 非同盟 加入을 希望하였다.

우리는 또한 韓半島의 現実에 비추어 南北韓의 一方만이 加入하는것은 韓半島에 있어서의 和解 促求와 韓国問題의 平和的 解決에 도움이 되지 않기 때문에 非同盟이 그 설립 趣旨와 이같은 사정을 考慮하여 南北 加入問題를 均衡있게 다루어 주기를 希望하였다.

금번 非同盟 会議가 韓国의 加入申請을 支持하는 다수의 의견에도 不拘하고 北傀 加入만 承認함으로써 균형을 잃은 편파적 措置를 취한것을 심히 遺憾으로 생각하며 이같은 措置가 韓国問題의 平和的 解決에 미칠 影響을 우려한다.

우리는 今番 非同盟 会議가 韓半島의 現実을 바르게 인식하고 緊張 緩和와 対話를 通한 韓国問題의 平和的 解決에 이바지하여주기 바란다.

끝으로 우리는 韓国의 加入을 爲하여 積極 支援하여준 우방제국 代表에 対하여 深甚한 사의를 표한다.

# 참고문헌

## 1. 자료

### 1) 국문 자료

(1) 남한 자료

① 대한민국 외교부 외교사료관(https://diplomaticarchives.mofa.go.kr) 자료(이하 『사료철명』, 공개년도 순으로 표기)

『친선사절단 아주 순방, 1957. 3. 18~5. 13』, 1997.

『친선사절단 중동 및 아프리카 순방, 1957. 5. 1~6. 19』, 1997.

『알제리 망명정권에 관한 건』, 1994.

『친선사절단 라이베리아 대통령취임식 참석 및 아프리카·중동 비공식순방, 1959. 12. 30~60. 1. 28』, 1995.

『친선사절단 콩고 킨샤사 독립경축식 참석 및 아프리카·모로코 비공식순방, 1960. 6. 27~7. 20』, 1995.

『신응균 특사(주터키 대사) 이라크혁명 2주년 기념식 참석, 1960. 7. 10~17』, 1995.

『친선사절단 말라가시 독립경축식 참석 및 동부 아프리카·중동 비공식순방, 1960. 7. 29~8. 7』, 1995.

『신정부 승인에 대한 한국의 입장』, 2000.

『친선사절단 아프리카 신생국 순방, 1961. 2. 18~3. 7』, 1995.

『친선사절단 아주 순방, 1961. 7. 4~9. 1』, 1995.

『친선사절단 서구 및 중동 순방, 1961. 7. 8~8. 28』, 1995.

『친선사절단 아프리카 순방, 1961. 7. 13~8. 31, 전2권(V. 1. 기본문서집)』, 1995.

『친선사절단 아프리카 순방, 1961. 7. 13~8. 31, 전2권(V. 2. 자료집)』, 1995.

『동남아 지역 국교관계 미수립 국가에 대한 대책』, 1995.

『외교대표부의 법적 성격에 관한 검토』, 1995.

『분단국가의 국가승인 문제』, 1995.

『국교수립—자유우방 및 중립국가』, 1995.

『신생독립국 승인—알제리』, 1995.

『국교수립—우간다, 1963. 3. 26』, 1995.

『국교수립—모리타니, 1963. 7. 30』, 1995.

『아·아 회담(Afro-Asian Conference) 제2차, 전6권(V. 1. 회의개최 준비상황보고, 1962. 7~64. 5)』, 1996.

『아·아 회담(Afro-Asian Conference) 제2차, 전6권(V. 2. 회의개최 준비상황보고, 1964. 4~65. 3)』, 1996.

『아·아 회담(Afro-Asian Conference) 제2차, 전6권(V. 3. 회의개최 준비 및 참석교섭 상황보고 1965. 4~5)』, 1996.

『아·아 회담(Afro-Asian Conference) 제2차, 전6권(V. 4. 알제리정변 발발 및 회의개최 연기, 1965. 6~7)』, 1996.

『아·아 회담(Afro-Asian Conference) 제2차, 전6권(V. 5. 회의개최 연기 및 아국초청 문제, 1965. 8~11)』, 1996.

『아·아 회담(Afro-Asian Conference) 제2차, 전6권(V. 6. 신문기사철)』, 1996.

『비동맹 정상회담, 제2차, Cairo, 1964. 10. 5~11, 전2권(V. 1. 기본문서)』, 1995.

『비동맹 정상회담, 제2차, Cairo, 1964. 10. 5~11, 전2권(V. 2. 자료집)』, 1995.

『OAU 정상회담, 제1차, Cairo(통일아랍공화국), 1964. 7. 17~21』, 1995.

『친선사절단 서부아프리카 순방, 1965. 2. 9~4. 5』, 1996.

『친선사절단 수단 및 동부 아프리카 순방, 1965. 2. 26~4. 21』, 1996.

『북한의 칠레 침투』, 1996.

『비동맹 정상회담, 제3차, Lusaka(잠비아), 1970. 9. 8~10, 전2권(V. 1. 1968~69)』, 2001.

『비동맹 정상회담, 제3차, Lusaka(잠비아), 1970. 9. 8~10, 전2권(V. 2. 1970)』, 2001.

『비동맹 외상회의, 제4차, Georgetown(가이아나), 1972. 8. 8~12』, 2003.

『비동맹 외상회의, 제4차, Georgetown(가이아나), 1972. 8. 8~12, 전3권(V. 1. 준비회의)』, 2005.

『비동맹 외상회의, 제4차, Georgetown(가이아나), 1972. 8. 8~12, 전3권(V. 2. 한국참관단 파견계획)』, 2005.

『비동맹 외상회의, 제4차, Georgetown(가이아나), 1972. 8. 8~12, 전3권(V. 3. 회의결과)』, 2005.

『비동맹 정상회의, 제4차, Algiers(알제리), 1973. 9. 5~9. 전3권(V. 1. 기본대책)』, 2004.

『비동맹 정상회의, 제4차, Algiers(알제리), 1973. 9. 5~9, 전3권(V. 2. 우리 입장 지지교섭)』, 2004.

『비동맹 정상회의, 제4차, Algiers(알제리), 1973. 9. 5~9, 전3권(V. 3. 회의경과)』, 2004.

『북한의 비동맹회원국 가입신청 정보 입수』, 2005.

『비동맹 조정위원회 외상회의, Havana(쿠바), 1975. 3. 17~19』, 2006.

『비동맹 전체 외상회의, Lima(페루), 1975. 8. 25~30, 전9권(V. 1. 기본대책 I. 2~4월)』, 2006.

『비동맹 전체 외상회의, Lima(페루), 1975. 8. 25~30, 전9권(V. 2. 기본대책 II. 5월)』, 2006.

『비동맹 전체 외상회의, Lima(페루), 1975. 8. 25~30, 전9권(V. 3. 기본대책 III. 6~8월)』, 2006.

『비동맹 전체 외상회의, Lima(페루), 1975. 8. 25~30, 전9권(V. 4. 국가별 지지교섭 I. 아주·미주 지역)』, 2006.

『비동맹 전체 외상회의, Lima(페루), 1975. 8. 25~30, 전9권(V. 5. 국가별 지지교섭 II. 중동·아프리카 지역)』, 2006.

『비동맹 전체 외상회의, Lima(페루), 1975. 8. 25~30, 전9권(V. 6. 현지교섭 및 회의경과)』, 2006.

『비동맹 전체 외상회의, Lima(페루), 1975. 8. 25~30, 전9권(V. 7. 결과분석 및 후속조치)』, 2006.

『비동맹 전체 외상회의, Lima(페루), 1975. 8. 25~30, 전9권(V. 8. 친서 및 회의준비자료)』, 2006.

『비동맹 전체 외상회의, Lima(페루), 1975. 8. 25~30, 전9권(V. 9. 회의결과자료)』, 2006.

『비동맹 정상회의, 제5차, Colombo(스리랑카), 1976. 8. 16~20, 전8권(V. 1. 기본대책 I. 1~5월)』, 2007.

『비동맹 정상회의, 제5차, Colombo(스리랑카), 1976. 8. 16~20, 전8권(V. 2. 기본대책 II. 6~7월)』, 2007.

『비동맹 정상회의, 제5차, Colombo(스리랑카), 1976. 8. 16~20, 전8권(V. 3. 회의경과 I. 조정위 실무급회의, 외상회의)』, 2007.

『비동맹 정상회의, 제5차, Colombo(스리랑카), 1976. 8. 16~20, 전8권(V. 4. 회의경과 II. 본회의)』, 2007.

『비동맹 정상회의, 제5차, Colombo(스리랑카), 1976. 8. 16~20, 전8권(V. 5. 회의문서, 각국연설문, 각국대표단)』, 2007.

『비동맹 정상회의, 제5차, Colombo(스리랑카), 1976. 8. 16~20, 전8권(V. 6. 각국 언론보도)』, 2007.

『비동맹 정상회의, 제5차, Colombo(스리랑카), 1976. 8. 16~20, 전8권(V. 7. 국가별 지지교섭 I. 아주, 구주, 미주 지역)』, 2007.

『비동맹 정상회의, 제5차, Colombo(스리랑카), 1976. 8. 16~20, 전8권(V. 8. 국가별 지지교섭 II. 중동, 아프리카 지역, UN(유엔) 대표부』, 2007.

『비동맹 조정위원회 외상회의, Algiers(알제리), 1976. 5. 30~6. 3』, 2007.

『비동맹 정상회의, 제6차, Havana(쿠바), 1979. 9. 3~9』, 2010.

『비동맹 식량, 농업 분야 조정국 회의, 제2차, 평양, 1981. 6. 10~12』, 2012.

『식량 및 농작물 증산에 관한 비동맹 개발도상국 심포지엄, 평양, 1981. 8. 26~31』, 2012.

『비동맹 통신사 연합 조정위원회 회의, 제7차, 평양, 1982. 5. 12~14』, 2013.

『비동맹 정상회의, 제7차, New Delhi(인도), 1983. 3. 7~12』, 2014.

『비동맹 식량 및 농업 부문 조정국 관개 전문가 회의, 평양, 1984. 6. 16~22』, 2015.

『제2차 비동맹 체육장관회의, 평양, 1986. 7. 5~8』, 2017·2022.

『비동맹 정상회의, 제8차, Harare(짐바브웨), 1986. 8. 26~9. 7』, 2017·2022.

『남남협력에 관한 비동맹 특별 각료회의, 평양, 1987. 6. 9~6. 13』, 2018·2023.

『비동맹 정상회의, 제9차, Belgrade(유고), 1989. 9. 4~7』, 2020.


② 대한민국 국회회의록(https://record.assembly.go.kr/assembly)

『제3대 국회 제20회 제29차 국회정기회의 속기록』(1955. 4. 18).
『제3대 국회 제20회 제46회 국회정기회의 속기록』(1955. 5. 18).
『제3대 국회 제26회 제58호 정기회의 속기록』(1957. 12. 12).
『제4대 국회 제35회 제29호 임시회의 속기록』(1960. 6. 4).
『제5대 국회 제37회 제6호 민의원 속기록』(1960. 9. 8).
『제5대 국회 제37회 제11호 참의원 속기록』(1960. 9. 20).
『제5대 국회 제37회 제13호 참의원 속기록』(1960. 9. 22).
『제5대 국회 제38회 제35호 민의원 회의록』(1961. 3. 13).
『제5대 국회 제38회 제41호 참의원 회의록』(1961. 4. 8).
『제5대 국회 제38회 제49호 민의원 회의록』(1961. 4. 14).
『제5대 국회 제38회 제56호 참의원 회의록』(1961. 5. 1).
『제6대 국회 제47회 제6호 국회 회의록』(1965. 1. 25).
『제7대 국회 제75회 제5차 국회 본회의 회의록』(1970. 9. 10).
『제8대 국회 제82회 제5차 국회 본회의 회의록』(1972. 7. 10).
『제9대 국회 제87회 제1차 국회 본회의 회의록』(1973. 6. 26).


③ 대한민국 행정안전부 대통령기록관(http://www.pa.go.kr) 자료
이승만·윤보선·박정희 대통령 연설 기록물.


④ 대한민국 정부와 국회 간행물

외무부, 『외무행정 10년』, 1958.
외무부 외교연구원, 『한국 외교 20년』, 1967.
외무부 외교연구원, 『한국 외교의 20년(속편)』, 배문사, 1971.
외무부, 『60년대의 한국 외교』, 1971.
외무부, 『한국 외교 30년 1948~1978』, 1979.
외무부, 『한국 외교 40년 1948~1988』, 1990.
외교통상부, 『한국 외교 50년 1948~2008』, 1999.
외교통상부, 『한국외교 60년 1948~2008』, 2009.

공보부, 『혁명과업 완수를 위한 지도자의 길, 국민의 길―1962년도 시정방침』, 삼화인쇄주식회사, 1962.
국회도서관 입법조사국 엮음, 『제3세계관계자료집』(입법참고자료 제205호), 국회도서관, 1978.

⑤ 정기간행물(신문, 잡지)

『경향신문』, 『동아일보』, 『조선일보』, 『매일경제』(네이버뉴스라이브러리https://newslibrary.naver.com 제공).
『서울신문』, 『한국일보』, 『중앙일보』, 『고대신문』.
『지방행정』, 『사상계』, 『최고회의보』.

⑥ 회고록, 구술자료

변영태, 『나의 조국』, 자유출판사, 1956.
변영태, 『외교여록(餘錄)―부편상초(附片想抄)』, 한국일보사, 1959.
K. S. 티마야 지음, 라윤도 옮김, 『판문점 일기―중립국송환위원회 의장의 한국현대사 증언』, 소나무, 1993.
김정렬, 『항공의 경종―김정렬 회고록』, 대희, 2010.
박수길(전 주UN 대사), 『한국 외교와 외교관』(국립외교원 외교안보연구소 외교사연구센터 오럴히스토리 총서 3), 역사공간, 2014.
이시영(전 주UN 대사), 『한국 외교와 외교관』(국립외교원 외교안보연구소 외교사연구센터 오럴히스토리 총서 4), 역사공간, 2015.
박동순(전 주이스라엘 대사), 『한국 외교와 외교관』(국립외교원 외교안보연구소 외교사연구센터 오럴히스토리 총서 5), 역사공간, 2015.
이복형(전 주멕시코 대사), 『한국 외교와 외교관』(국립외교원 외교안보연구소 외교사연구센터 오럴히스토리 총서 7), 역사공간, 2015.
허승(전 주제네바 대사), 『한국 외교와 외교관―UR 협상과 WTO 출범』(국립외교원 외교안보연구소 외교사연구센터 오럴히스토리 총서 9), 역사공간, 2015.
김승호(전 주모로코대사), 『한국 외교와 외교관―초창기 대아프리카 외교』(국립외교원 외교안보연구소 외교사연구센터 오럴히스토리 총서 10), 역사공간, 2015.
이정수(전 주콜롬비아 대사), 『한국 외교와 외교관―미수교국 수교교섭과 제3세계 개발협력』(국립외교원 외교안보연구소 외교사연구센터 오럴히스토리 총서 11), 역사공간, 2016.
선준영(전 주UN 대사), 『한국 외교와 외교관―우르과이라운드와 통상협상』(국립외교원 외교안보연구소 외교사연구센터 오럴히스토리 총서 12), 역사공간, 2016.
김태지(전 주일 대사), 『한국 외교와 외교관』(국립외교원 외교안보연구소 외교사연구센터 오럴히스토리 총서 13), 역사공간, 2017.

전상진(전 주UN 대사), 『한국 외교와 외교관—제1회 고등고시 외교관』(국립외교원 외교안보연구소 외교사연구센터 오럴히스토리 총서 14), 역사공간, 2018.

정태익(전 주러 대사), 『한국 외교와 외교관—이집트 수교와 대러 외교』(국립외교원 외교안보연구소 외교사연구센터 오럴히스토리 총서 15), 역사공간, 2018.

공로명(전 외교부장관), 『한국 외교와 외교관—대일외교·북방정책·북핵협상』(국립외교원 외교안보연구소 외교사연구센터 오럴히스토리 총서 16), 역사공간, 2018.

⑦ 기타 회의록, 자료집

『제네바정치회담 각국대표연설집』, 국방부정훈부, 1955.

한국국제문화협회 편, 『남북대화 제2호(1973. 4~1973. 9)』, 대한공론사, 1976.

『남북대화 제1호(~1973. 4)』, 대한공론사, 1976

『6·25전쟁 정전회담회의록 01. 제1~26차 개성 본회담(1951. 7. 10~1951. 8. 16)』, 전쟁기념관, 2022.

『6·25전쟁 정전회담회의록 02. 제27~158차 판문점 본회담 기록(1951. 10. 25~1953. 7. 19)』, 전쟁기념관, 2022.

오기영 지음, 전집편찬위원회 엮음, 『삼면불』(동전 오기영 전집 4권), 도서출판 모시는 사람들, 2019.

(2) 북한 자료

① 정기간행물(신문, 잡지)

『로동신문』(조선로동당 중앙위원회 기관지), 『민주조선』(최고인민회의 상임위원회 및 내각 공동 기관지), 『조선인민군』(민족보위성(1972년 이후 인민무력부) 기관지), 『근로자』(조선로동당 중앙위원회 정치이론기관 잡지), 『인민』(정부 기관잡지), 『국제생활』(조선중앙통신사).

② 연감, 사전

조선중앙통신사, 『조선중앙년감』, 각년도(1949~1976)판.

김상현·김광헌 편집, 『대중 정치용어사전』, 조선로동당출판사, 1957.

조선로동당출판사, 『대중 정치 용어 사전』, 1964.

조선민주주의인민공화국 사회과학원, 『정치용어사전』, 사회과학출판사, 1970.

조선민주주의인민공화국 사회과학원, 『정치용어사전』, 사회과학출판사, 1973.

③ 단행본

『김일성 저작집 4 (1948. 1~1948. 12)』, 조선로동당출판사, 1979.

『김일성 저작집 5 (1949. 1~1950. 6)』, 조선로동당출판사, 1980.

『김일성 저작집 6 (1950. 6~1951. 12)』, 조선로동당출판사, 1980.
『김일성 저작집 7 (1952. 1~1953. 7)』, 조선로동당출판사, 1980.
『김일성 저작집 8 (1953. 8~1954. 6)』, 조선로동당출판사, 1980.
『김일성 저작집 9 (1954. 7~1955. 12)』, 조선로동당출판사, 1980.
『김일성 저작집 10 (1956. 1~1956. 12)』, 조선로동당출판사, 1980.
『김일성 저작집 11 (1957. 1~1957. 12)』, 조선로동당출판사, 1981.
『김일성 저작집 12 (1958. 1~1958. 12)』, 조선로동당출판사, 1981.
『김일성 저작집 13 (1959. 1~1959. 12)』, 조선로동당출판사, 1981.
『김일성 저작집 14 (1960. 1~1960. 12)』, 조선로동당출판사, 1981.
『김일성 저작집 15 (1961. 1~1961. 12)』, 조선로동당출판사, 1981.
『김일성 저작집 16 (1962. 1~1962. 12)』, 조선로동당출판사, 1982.
『김일성 저작집 17 (1963. 1~1963. 12)』, 조선로동당출판사, 1982.
『김일성 저작집 18 (1964. 1~1964. 12)』, 조선로동당출판사, 1982.
『김일성 저작집 19 (1965. 1~1965. 10)』, 조선로동당출판사, 1982.
『김일성 저작집 20 (1965. 11~1966. 12)』, 조선로동당출판사, 1982.
『김일성 저작집 21 (1967. 1~1967. 12)』, 조선로동당출판사, 1983.
『김일성 저작집 22 (1968. 1~1968. 9)』, 조선로동당출판사, 1983.
『김일성 저작집 23 (1968. 10~1969. 5)』, 조선로동당출판사, 1983.
『김일성 저작집 25 (1970. 1~1970. 12)』, 조선로동당출판사, 1983.
『김일성 저작집 26 (1971. 1~1971. 12)』, 조선로동당출판사, 1984.
『김일성 저작집 27 (1972. 1~1972. 12)』, 조선로동당출판사, 1984.
『김일성 저작집 28 (1973. 1~1973.12)』, 조선로동당출판사, 1984.
『김일성 저작집 29 (1974. 1~1974. 12)』, 조선로동당출판사, 1985.
『김일성 저작집 30 (1975. 1~1975. 12)』, 조선로동당출판사, 1985.
『김일성 저작집 31 (1976. 1~1976. 12)』, 조선로동당출판사, 1986.
박태호, 『조선민주주의인민공화국 대외관계사 1』, 사회과학출판사, 1985.
박태호, 『조선민주주의인민공화국 대외관계사 2』, 사회과학출판사, 1987.

④ 남한에서의 편집물

국사편찬위원회 편, 『북한관계사료집, 1~80권』, 1979~2016.
국사편찬위원회 편, 『한국전쟁, 문서와 자료, 1950~53년』(해외사료총서 11), 2006.

김광운 편, 『북조선실록―년표와 사료, 92~160권』(1953~1955년 시기 수록), 코리아데이터프로젝트, 2019~2022.

김준엽·김창순·이일선 공편, 『북한연구자료집』(1~7권), 고려대학교 아세아문제연구, 1974~1981.

『북한최고인민회의자료집(제3집: 4기 1차 회의~5기 7차 회의)』, 국토통일원, 1988.

『북한연표(1945~1961)』, 국토통일원, 1980.

『북한개요』, 국토통일원, 1979.

(3) 기타

중국중앙공산당사연구실 지음, 홍순도·홍광훈 옮김, 『중국공산당역사』 상·중·하, 서교출판사, 2014.

베트남공산당중앙위원회 마르크스레닌주의연구소 산하 베트남공산당사연구회 지음, 김종욱 옮김, 『베트남공산당사―베트남 인민의 반제·반봉건 투쟁에서 해방 후 사회주의 건설까지』, 소나무, 1989.

## 2) 영문 자료

(1) 반둥회의, 비동맹회의 관련 성명서

「반둥회의 최종선언문」, Asia-Africa speak from Bandung. Djakarta: THE MINISTRY OF FOREIGN AFFAIRS, Republic of Indonesia, 1955, pp. 161~169(http://www.cvce.eu/obj/final_communique_of_the_asian_african_conference_of_bandung_24_april_1955-en-676237bd-72f7-471f-949a-88b6ae513585.html).

Bandaranaike Centre for International Studies, *non-aligned conferences: basic documents 1961~1975*, GUNARATNE & CO. LTD., 1976.

S. L. Poplai ed., *Asia and Africa in the Modern World: Basic Information Concerning Independent Countries*, Asia Publishing House for the Asian Relations Organization, 1955.

*COLLECTED DOCUMENTS OF THE ASIAN-AFRICAN CONFERENCE APRIL 18~24, 1955*, A Publication of the AGENCY FOR RESEARCH AND DEVELOPMENT THE DEPARTMENT OF FOREIGN AFFAIRS, 1983.

Henry M. Christman ed., *NEITHER EAST NOR WEST: The Basic Documents of Non-Alignment*, Sheed & Ward, New York, 1973.

Institute of Foreign Affairs(IFA), *Summit Declarations of Non-Aligned Movement (1961~2009)*, Heidel Press Pvt. Ltd., Kathmandu, Nepal, 2011.

(2) 미국 자료

① 우드로윌슨센터 디지털아카이브(CWIHP-DA, https://digitalarchive.wilsoncenter.org)

"Telegram, Zhou Enlai to Mao Zedong, Liu Shaoqi, and CCP Central Committee (excerpt)", April 28, 1954, https://digitalarchive.wilsoncenter.org/document/121146.

"Cable from Zhou Enlai, 'Regarding the Situation of the First Plenary Session'", May 9, 1954, https://digitalarchive.wilsoncenter.org/document/110607.

"Telegram, Zhou Enlai to Mao Zedong and Others, Regarding the Situation at the Tenth Plenary Session", May 14, 1954, https://digitalarchive.wilsoncenter.org/document/110615.

"Telegram, Zhou Enlai to Mao Zedong and Others, Requesting Instructions on the Korean Issue and Regarding the Situation at the Fourth Plenary Session on the Indochina Issue", May 15, 1954, https://digitalarchive.wilsoncenter.org/document/110623.

"Telegram, Reply from the CCP Central Committee to Zhou Enlai's Telegrams of 15 May and 17 May 1954", May 17, 1954, https://digitalarchive.wilsoncenter.org/document/110625.

"Record of Conversation between Zhou Enlai and Georges Bidault", June 1, 1954, https://digitalarchive.wilsoncenter.org/document/111478.

"Telegram, Zhou Enlai to Mao Zedong and Others, Regarding the Situation at the Ninth Restricted Session", June 1, 1954, https://digitalarchive.wilsoncenter.org/document/111479.

"Telegram, Zhou Enlai to Mao Zedong and Others, Regarding the Situation at the Eleventh Restricted Session", June 4, 1954, https://digitalarchive.wilsoncenter.org/document/111483.

"Telegram, Zhou Enlai to Mao Zedong and Others, Regarding Zhou's Conversation with Bidault (Excerpt)", June 10, 1954, https://digitalarchive.wilsoncenter.org/document/111494.

"Telegram, Zhou Enlai to Mao Zedong and Others, Regarding the Situation at the Fourteenth Plenary Session", June 13, 1954, https://digitalarchive.wilsoncenter.org/document/111496.

"Minutes, Meeting between Wang Bingnan and French Delegation Member Jean Paul-Boncour (Summary)", June 14, 1954, https://digitalarchive.wilsoncenter.org/document/111497.

"Telegram, Zhou Enlai to Mao Zedong and Others, Regarding the Situation at the Fifteenth Plenary Session", June 17, 1954, https://digitalarchive.wilsoncenter.org/document/111500.

"Note about a Meeting on 29 November 1957 between Deputy Foreign Minister Pak Seong-cheol with GDR Ambassador Comrade Fischer and Comrade Behrens", December 10, 1957, https://digitalarchive.wilsoncenter.org/document/110011.

"Information About the Policy of the Korean Workers Party from the East German Embassy", June 20, 1963, https://digitalarchive.wilsoncenter.org/document/110118.

"Record of Conversation between Vice-Foreign Minister Qiao Guanhua and North Korean Ambassador in China Pak

Se-chang", October 11, 1965, https://digitalarchive.wilsoncenter.org/document/118773.

"Record of Second Conversation of Premier Zhou Enlai and Vice Premier Chen Yi with Foreign Minister Pak Seong-cheol", November 11, 1965, https://digitalarchive.wilsoncenter.org/document/118693.

"From the Journal of N.G. Sudarikov, 'Record of a Conversation with Pak Seong-cheol, Member of the KWP CC Politburo, Deputy Chairman of the Cabinet of Ministers, and DPRK Minister of Foreign Affairs'", April 16, 1969, https://digitalarchive.wilsoncenter.org/document/134231.

"Hungarian Embassy in the DPRK, Report, 27 September 1973. Subject: The DPRK and the Non-Aligned Summit in Algiers", September 27, 1973, https://digitalarchive.wilsoncenter.org/document/116004.

"Hungarian Embassy in the DPRK, Report, 27 September 1973. Subject: The DPRK and the Non-Aligned Summit in Algiers", September 27, 1973, https://digitalarchive.wilsoncenter.org/document/116004.

"Hungarian Embassy in the DPRK, Report, 27 September 1973. Subject: The DPRK and the Non-Aligned Summit in Algiers", September 27, 1973, https://digitalarchive.wilsoncenter.org/document/116004.

"Hungarian Embassy in the DPRK, Report, 27 September 1973. Subject: The DPRK and the Non-Aligned Summit in Algiers", September 27, 1973, https://digitalarchive.wilsoncenter.org/document/116004.

"Letter and Message from the President of the Democratic People's Republic of Korea, Kim Il Sung, to President Josip Broz Tito", May 23, 1974, https://digitalarchive.wilsoncenter.org/document/208682.

"President Tito's Reply [to the Letter and Message from Kim Il Sung]", July 23, 1974, https://digitalarchive.wilsoncenter.org/document/208683.

"Message from the President of the [Democratic People's] Republic of Korea, Kim Il Sung, to the President of the [Socialist Federal] Republic [of Yugoslavia], Josip Broz Tito", February 1, 1975, https://digitalarchive.wilsoncenter.org/document/208685.

"Message from the President of the Democratic People's Republic of Korea, Kim Il Sung, to the President of the [Socialist Federal] Republic [of Yugoslavia], Josip Broz Tito", June 28, 1975, https://digitalarchive.wilsoncenter.org/document/208686.

"Oral Message from the President of the Democratic People's Republic of Korea, Kim Il Sung, to the President of the [Socialist Federal] Republic [of Yugoslavia], Josip Broz Tito", September 10, 1975, https://digitalarchive.wilsoncenter.org/document/208687.

"Report from the GDR Embassy in the USSR, "Note about a Conversation between Comrade Bauer and Comrade Basmanov, Deputy Head of the 1st Far Eastern Department of the USSR Foreign Ministry, on 10 May, 1976"", May 13, 1976, https://digitalarchive.wilsoncenter.org/document/114288.

"Telegram from Pyongyang to Bucharest, SECRET, Urgent, No. 067.190", August 6, 1976, https://digitalarchive.

wilsoncenter.org/document/114114.

"Message from the President of the DPR Korea, Kim Il Sung, to the President of the [Socialist Federal] Republic [of Yugoslavia], Josip Broz Tito", August 1, 1976, https://digitalarchive.wilsoncenter.org/document/250392.

"Telegram from Pyongyang to Bucharest, SECRET, Urgent, No. 067.190", August 6, 1976, https://digitalarchive.wilsoncenter.org/document/114114.

② 미국 국립문서관(National Archives and Records Administration, NARA) 소장 자료(RG 550, Records of United States Army, Pacific) 중, 국립중앙도서관이 수집하여 제공하는 중립국감독위원회 본회의록 요지(NEUTRAL NATIONS SUPERVISORY COMMISSION, SUMMARY RECORD OF THE PLENARY MEETING), https://www.nl.go.kr/NL/contents/search.do?detailSearch=true&seriesName=%28DoD%29+Korean+War+Armistice+1952-66%2C+Acc.+%2373-F-5486&systemType=%EC%98%A8%EB%9D%BC%EC%9D%B8%EC%9E%90%EB%A3%8C&category=%ED%95%B4%EC%99%B8%ED%95%9C%EA%B5%AD%EA%B4%80%EB%A0%A8%EC%9E%90%EB%A3%8C&pageSize=30&pageNum=1.

③ 미국 국무부 역사실(office of the Historian), https://history.state.gov

Foreign Relations of the United States, 1969~1976, Volume E-8, Documents on South Asia, 1973~1976(https://history.state.gov/historicaldocuments/frus1969-76ve08).

(3) 유엔 자료

① 유엔 디지털라이브러리, https://digitallibrary.un.org

"Korea: reports of the United Nations Commission for the Unification and Rehabilitation of Korea", UN. General Assembly (7th sess.: 1952~1953), https://digitallibrary.un.org/record/211409?v=pdf.

"Letter dated 28 October 1964 from the Permanent Representative of the United Arab Republic to the United Nations addressed to the Secretary-General", https://digitallibrary.un.org/record/577607?ln=en&v=pdf.

"Letter dated 22 November 1973 from the Permanent Representative of Algeria to the United Nations addressed to the Secretary-General", https://digitallibrary.un.org/record/577515?ln=en&v=pdf.

"Letter dated 1 September 1975 from the Permanent Representative of Peru to the United Nations addressed to the Secretary-General", https://digitallibrary.un.org/record/578291?ln=en&v=pdf.

"Letter dated 1 September 1976 from the Permanent Representative of Sri Lanka to the United Nations addressed to the Secretary-General", https://digitallibrary.un.org/record/153922?ln=en&v=pdf.

(4) 인도네시아 외교부(The Ministry of Foreign Affairs, Republic of Indonesia) 자료

① 『아시아·아프리카회의 공보(Asian-African Conference Bulletin)』, https://bandung60.wordpress.com/bandung-bulletin

*Asian-African Conference Bulletin*, March 1955, No. 1.
*Asian-African Conference Bulletin*, April 1955, No. 2.
*Asian-African Conference Bulletin*, 18 April 1955, No. 3.
*Asian-African Conference Bulletin*, 19 April 1955, No. 4.
*Asian-African Conference Bulletin*, 20 April 1955, No. 5.
*Asian-African Conference Bulletin*, 21 April 1955, No. 6.
*Asian-African Conference Bulletin*, 22 April 1955, No. 7.
*Asian-African Conference Bulletin*, 23 April 1955, No. 8.
*Asian-African Conference Bulletin*, 23 April 1955, No. 9.

3) 기타 온라인 누리집(홈페이지), 영상 자료

British Pathé, 〈INDONESIA: AFRO-ASIAN COUNTRIES CELEBRATE BANDUNG ANNIVERSARY-ROUND-UP(1965)〉, https://www.britishpathe.com/asset/155699.

https://vernoncorea.wordpress.com.

Jawaharlal Nehru Memorial Fund, Selected Works of Jawaharlal Nehru, https://nehruselectedworks.com.

NON-ALIGNED MOVEMENT (NAM), The Uganda Chairmanship 2024-202, https://nam.go.ug/history.

The Department of National Defence, Canada, https://www.canada.ca/en/department-national-defence.

KBS, 〈KBS 특별기획 한국전쟁: 제8편 정전〉, 2010. 6. 25 방영.

고려대학교 아세아문제연구원, http://www.asiaticresearch.org.

국가기록원 국무회의기록, https://theme.archives.go.kr/next/cabinet/viewMain.do.

국가인권위원회 국제인권정보시스템, https://uhr.humanrights.go.kr/pub/uhrstd/1107.

국립중앙도서관 해외 한국관련자료, https://www.nl.go.kr/NL/contents/N20401010000.do.

국사편찬위원회 한국현대사료DB, 북한공보, https://db.history.go.kr/contemp/gb/level.do?itemId=nkgb.

국사편찬위원회 한국현대사료DB, 북한관계사료집, https://db.history.go.kr/contemp/level.do?itemId=nkhc.

국사편찬위원회 한국현대사료DB, 휴전회담회의록, https://db.history.go.kr/contemp/level.do?itemId=pn.

국사편찬위원회, 조선왕조실록, https://sillok.history.go.kr.

법제처 국가법령정보센터, https://www.law.go.kr.

유네스코(UNESCO) 국제기록유산센터(ICDH), https://www.unescoicdh.org.

전쟁기념관 오픈아카이브, https://archives.warmemo.or.kr.
주스리랑카 대한민국 대사관, https://overseas.mofa.go.kr/lk-ko/index.do.
한국민족문화대백과사전, https://encykorea.aks.ac.kr.


## 2. 연구성과

### 1) 단행본
(1) 국문

강광식, 『중립화와 한반도 통일』, 백산서당, 2010.

강형철·김윤태 엮음, 『신동엽 시전집』, 창비, 2013.

김경수, 『인도와 한국전쟁―인도 비동맹외교의 기원』, 한국학술정보(주), 2006.

김광운, 『북한 정치사 연구 1. 건당 건국 건군의 역사』, 선인, 2003.

김병로, 『한국과 조선―남북한 정통성 경쟁』, 서울대학교출판문화원, 2024.

김보미, 『김일성과 중소분쟁―북한 자주외교의 기원과 형성(1953~1966)』, 서강대학교출판부, 2019.

김보영, 『전쟁과 휴전―휴전회담 기록으로 읽는 한국전쟁』, 한양대학교출판부, 2016.

김수지 지음, 윤철기·안종철 옮김, 『혁명과 일상―해방 후 북조선, 1945~50년』, 후마니타스, 2023.

김영호 외, 『샌프란시스코 체제를 넘어서―동아시아 냉전과 식민지·전쟁범죄의 청산』, 메디치, 2022.

김인걸, 『조선후기 공론정치의 새로운 전개―18, 19세기 향회, 민회를 중심으로』, 서울대학교출판문화원, 2017.

김종학, 『근대 이행기 한반도 중립화론의 전개(1882~1905)』, 국립외교원 안보연구소, 2022.

김종학, 『한반도 공동보장 구상의 역사적 기원―19세기 벨기에·불가리아의 사례와 유길준의 「중립론」』, 국립외교원 외교안보연구소, 2021.

김지형, 『데탕트와 남북관계』, 선인, 2008.

김태균, 『반둥 이후―반둥 이후 글로벌 사우스의 국제정치사회학』, 진인진, 2023.

김학재, 『판문점 체제의 기원―한국전쟁과 자유주의 평화기획』, 후마니타스, 2015.

나리타 치히로 지음, 임경화 옮김, 『오키나와 반환과 동아시아 냉전체제―류큐/오키나와의 귀속과 기지 문제의 변용』, 소명출판, 2022.

노경덕 편저, 『사료로 읽는 서양사 5. 현대편―제국주의에서 세계화까지』, 책과함께, 2022.

노서경, 『알제리전쟁 1954~1962―생각하는 사람들의 식민지 항쟁』, 문학동네, 2017.

뉴컨 지음, 박대훈 옮김, 『냉전과 신중국 외교의 형성』, 한국문화사, 2015.

니키타 세르게예비치 후루시초프 지음, 박상철 옮김, 『개인숭배와 그 결과들에 대하여』, 책세상, 2024.
도미엔, 『붉은 혈맹―평양, 하노이, 그리고 베트남전쟁』, 서울대학교출판문화원, 2022.
동북아역사재단 한국외교사편찬위원회 편, 『한국의 대외관계와 외교사―근대편』, 동북아역사재단, 2018.
로버트 J. C. 영 지음, 김택현 옮김, 『포스트식민주의 또는 트리컨티넨탈리즘』, 박종철출판사, 2005.
리처드 J. 리드 지음, 이석호 옮김, 『현대 아프리카의 역사』, 삼천리, 2013.
마상윤, 『한국 문제에 대한 제네바회의(1954. 4. 26~6. 15)』, 국립외교원 외교안보연구소 외교사연구센터, 2024.
마이클 레이섬 지음, 권혁은·김도민·류기현·신재준·정무용·최혜린 옮김, 『근대화라는 이데올로기』, 그린비, 2021.
미셸 푸코 지음, 이규현 옮김, 『말과 사물』, 민음사, 2012.
민주화운동기념사업회 연구소 엮음, 『한국민주화운동사 1』 돌베개, 2008.
박실, 『한국외교비사』, 기린원, 1979.
박연희, 『제3세계의 기억―민족문학론의 전후 인식과 세계 표상』, 소명출판, 2020.
박재규 편, 『북한의 대외정책』, 경남대학교출판부, 1986.
백승욱, 『연결된 위기―우크라이나전쟁에서 한반도 핵위기까지, 얄타 체제의 해체는 무엇을 의미하는가』, 생각의힘, 2023.
브루스 커밍스 지음, 김범 옮김, 『한국전쟁의 기원 2-1. 폭포의 굉음 1947~1950』, 글항아리, 2023.
비자이 프라샤드 지음, 박소현 옮김, 『갈색의 세계사―새로 쓴 제3세계 인민의 역사』, 뿌리와이파리, 2015.
서동만, 『북조선사회주의 체제성립사 1945~1961』, 선인, 2005.
서울신문사 조사부 역편, 『피로 물든 일요일―자유 항가리인들은 이렇게 싸웠다』, 서울신문사, 1957.
션즈화 지음, 김동길·김민철·김규범 옮김, 『최후의 천조―모택동 김일성 시대의 중국과 북한』, 선인, 2017.
신형철, 『인생의 역사―'공무도하가'에서 '사랑의 발명'까지』, 난다, 2022.
안병영, 『왜 오스트리아 모델인가』, 문학과지성사, 2013.
역사문제연구소 한독비교사포럼 기획, 김귀옥 외, 『분단과 냉전의 역사인식을 넘어』, 한울, 2019.
역사학회 엮음, 『전쟁과 동북아의 국제질서』, 일조각, 2006.
오드 아르네 베스타 지음, 유강은 옮김, 『냉전―우리 시대를 만든 냉전의 세계사』, 서해문집, 2025.
오드 아르네 베스타 지음, 옥창준 외 옮김, 『냉전의 지구사―미국과 소련 그리고 제3세계』, 에코리브르, 2020.
우남이승만전집발간위원회·연세대학교 이승만연구원 편, 정인섭 역주·해제, 『미국의 영향을 받은 중립』(우남 이승만 전집 10), 연세대학교 대학출판문화원, 2020.
우승지, 『남북화해론―박정희와 김일성』, 인간사랑, 2020.
윌리엄 스툭 지음, 김형인 외 옮김, 『한국전쟁의 국제사』, 푸른역사, 2001.

유인선, 『새로 쓴 베트남의 역사』, 이산, 2002.
유진 로건 지음, 이은정 옮김, 『아랍—오스만제국에서 아랍혁명까지』, 까치, 2016.
이동기, 『20세기 평화텍스트 15선』, 아카넷, 2013.
이리에 아키라 책임편집, 이동기·조행복·전지현 옮김, 『하버드 C. H. 베크 세계사: 1945 이후—서로 의존하는 세계』, 민음사, 2018.
이매뉴얼 월러스틴 지음, 나종일 외 옮김, 『근대세계체제 1』, 까치, 1999.
이매뉴얼 월러스틴 지음, 성백용 옮김, 『세계체제와 아프리카』, 창비, 2019.
이매뉴얼 월러스틴 지음, 유희석 옮김, 『지식의 불확실성』, 창비, 2007.
이승규, 『김수영과 신동엽 1950~60년대 한국 현대시의 현실지향성』, 소명, 2008.
이정희, 『동유럽사』, 미래엔, 2005.
이타가키 류타 지음, 고영진·임경화 옮김, 『북으로 간 언어학자 김수경』, 푸른역사, 2024.
이호재, 『한국 외교의 이상과 현실』, 법문사, 1969.
일본 아시아·아프리카 작가회의 엮음, 신경림 옮김, 『민중문화와 제3세계—AALA 문화회의 기록』(제3세계 총서 11), 창작과비평사, 1983.
장문석, 『최인훈의 아시아』, 틈새의 시간, 2025.
장세영, 『한국의 핵비확산조약 서명과 비준(1968~1975)』, 국립외교원외교안보연구소 외교사연구센터, 2025.
재스퍼 리들리 지음, 유경찬 옮김, 『티토—위대한 지도자의 초상』, 을유문화사, 2003.
전집편찬위원회 엮음, 『삼면불』(동전 오기영 전집 4권), 도서출판모시는사람들, 2019.
정규섭, 『북한 외교의 어제와 오늘』, 일신사, 1997.
정병준, 『독도 1947—전후 독도 문제와 한·미·일관계』, 돌베개, 2010.
정병준, 『샌프란시스코 평화조약의 한반도 관련 조항과 한국 정부의 대응』, 경인문화사, 2022.
정병준, 『우남 이승만 연구—한국 근대국가의 형성과 우파의 길』, 역사비평사, 2005.
정병준, 『한국전쟁—38선 충돌과 전쟁의 형성』, 돌베개, 2006.
정용욱 엮음, 『해방의 공간, 점령의 시간』, 푸른역사, 2018.
정일영, 『한국 외교와 국제법』, 나남, 2010.
조성훈, 『한국전쟁과 포로』, 선인, 2010.
최인훈, 『태풍』, 문학과지성사, 2009.
편집부 편, 『비동맹운동』, 지양사, 1985.
하영선 외, 『근대한국의 사회과학 개념 형성사』, 창비, 2009.
한명기, 『임진왜란과 한중관계』, 역사비평사, 1999.

헨리 키신저 지음, 김성훈 옮김, 『헨리 키신저의 외교』, 김앤김북스, 2023.

홍석률, 『1970년대 UN에서의 UNCURK 해체 문제』, 경인문화사, 2020.

홍석률, 『분단의 히스테리』, 창비, 2012.

홍석률, 『통일 문제와 정치사회적 갈등 1953~1961』, 서울대학교출판부, 2001.

홍정완, 『한국 사회과학의 기원』, 역사비평사, 2021.


(2) 영문

Artemy M. Kalinovsky and Sergey Radchenko, eds., *The End of the Cold War in the Third World: New Perspectives on Regional Conflict*, London and New York: Routledge, 2011.

Bruce Cumings, *The Origins of the Korean War: Liberation and the Emergence of Separate Regimes 1945~1947*, Princeton University Press, 1981(김범 옮김, 『한국전쟁의 기원—해방과 분단 체제의 출현 1945~1947』, 글항아리, 2023).

Gregg A. Brazinsky, *Winning the Third World: Sino-American Rivalry during the Cold War*, The University of North Carolina Press, 2017.

Jeremy Friedman, *Shadow Cold War: The Sino-Soviet Competition for the Third World*, The University of North Carolina Press, 2015.

Julius K. Nyerere, *FREEDOM AND DEVELOPMENT: A Selection from Writings and Speeches 1968~1973*, Oxford university Press, London Oxford New York, 1973.

Jürgen Dinkel, *The Non-Aligned Movement: Genesis, Organization and Politics (1927~1992)*, Alex Skinner trans., BRILL, 2019(*Die Bewegung Bündnisfreier Staaten. Genese, Organisation und Politik (1927~1992)*, De Gruyter Oldenbourg, 2015).

Kathryn C. Statler and Andrew L. Johns eds., *The Eisenhower Administration, the Third World, and the Globalization of the Cold War*, Rowman & Littlefield Publishers, Inc., 2006.

Manu Bhagavan ed., *India and the Cold War*, The University of North Carolina Press, 2019.

Michel Foucault, *The Order of Things: An Archaeology of the Human Sciences*, trans. Alan Sheridan, London: Tavistock Publications, 1970(미셸 푸코 지음, 이규현 옮김, 『말과 사물』, 민음사, 2012).

N. Y. Ithaca, *The Asian-African Conference: Bandung, Indonesia, April 1955*, Cornell University Press, London: Geoffrey Cumberlege Oxford University Press, 1956.

Odd Arne Westad and Melvyn P. Leffler eds., *The Cambridge History of the Cold War*, Vol. I, II, III, Cambridge: Cambridge University Press, 2010.

Odd Arne Westad, *The Cold War: A World History*, New York: Basic Books, 2017(오드 아르네 베스타, 『냉전—우리 시

대를 만든 냉전의 세계사』, 유강은 옮김, 서해문집, 2023).

Odd Arne Westad, *The global Cold War: third world interventions and the making of our times*, Cambridge University Press, 2007(옥창준·오석주·김동욱·강유지 옮김, 『냉전의 지구사—미국과 소련 그리고 제3세계』, 에코리브르, 2020).

Paul Stubbs, ed., *Socialist Yugoslavia and the Non-Aligned Movement: social, cultural, political, and economic Imaginaries*, McGill-Queen's University Press, 2023.

Sandra Bott, Jussi M. Hanhimaki, Janick Marina Schaufelbuehl and Marco Wyss, eds., *Neutrality and Neutralism in the Global Cold War: Between or within the blocs?*, London and New York: Routledge, 2016.

Sarah Foss, *On Our Own Terms: Development and Indigeneity in Cold War Guatemala*, The University of North Carolina Press, 2022.

Tanya Harmer, *Allende's Chile and the Inter-American Cold War*, The University of North Carolina Press, 2011.

Thomas C. Field Jr., Stella Krepp, Vanni Pettina eds., *Latin America and the Global Cold War*, The University of North Carolina Press, 2020.

Vijay Prashad, *The Darker Nations: A People's History of the Third World*, New York: The New Press, 2007(박소현 옮김, 『갈색의 세계사—새로 쓴 제3세계 인민의 역사』, 뿌리와이파리, 2015).

## 2) 논문

(1) 국문

권보드래, 「중립의 꿈 1945~1968—냉전 너머의 아시아, 혹은 최인훈론을 위한 시론」, 『상허학보』 34, 2012.

김광운, 「북한 민족주의 역사학의 궤적과 환경」, 『한국사연구』 152, 2011.

김도민, 「1956년 헝가리 사태에 대한 남한의 인식과 대응」, 『역사비평』 119, 2017.

김도민, 「1968년 '프라하의 봄'에 대한 남북한의 인식과 반응」, 『역사비평』 123, 2018.

김도민, 「춘천 '에티오피아 한국전참전기념관'의 전시 내용 분석과 개선 방향」, 『강원사학』 39, 2022.

김도민, 「'역사화'의 방법으로 다시 읽는 최인훈 [서평]」, 『인문논총』 82-3, 2025.

김보영, 「1954년 제네바 정치회담과 외국군 철수 의제」, 『군사』 95, 2015.

김보영, 「한국전쟁 포로협상과 중국군 포로의 선택」, 『사학연구』 123, 2016.

김태경, 「비동맹운동 60주년에 돌아보는 냉전기 북한의 유고슬라비아에 대한 인식 변화」, 『역사문제연구』 46, 2021.

김태균, 「국제개발에서 사회발전으로—한국 사회의 국제개발 정책에 대한 비판적 고찰과 사회발전론의 재조명」, 『경제와사회』 109, 2016.

김현, 「미국의 일본 재무장 결정(1950년 9월)의 외교 정책 결정론적 분석」, 『한국정치학회보』 30-4, 1997.

노기영, 「이승만 정권의 태평양동맹 추진과 지역안보 구상」, 『지역과역사』, 11, 2002.
라종일, 「제네바 정치회담—회담의 정치, 1954. 4. 26/6. 15」, 『고황정치학회보』, 1, 1997.
류기현, 「1953~1971년 유엔의 한반도 분단 관리 구조의 형성과 전개」, 서울대학교 박사학위논문, 2024.
박아름, 「데탕트의 압력과 북한의 대응—북한과 유고슬라비아의 관계전환을 중심으로」, 『북한연구학회보』 26-1, 2022.
박영실, 「반공포로 63인의 타이완행과 교육 및 선전 활동」, 『한국학』 135, 2014.
박정근, 「1960~1973년 한국의 아랍 접근과 이스라엘 문제」, 『사학연구』 157, 2025.
박종철, 「문화대혁명 초기 북중관계와 연변 조선족」, 『민족연구』 63, 2015.
박태균, 「박정희 정부 시기 한국 주도의 동아시아 지역 집단안전보장 체제 구상과 좌절」, 『세계정치』 11, 2011.
백원담, 「전후 아시아에서 '중립'의 이몽과 비동맹운동—한국전쟁 종전에서 인도 요인을 중심으로」, 『역사비평』 138, 2022.
서지원, 「인도네시아 외교에서의 아시아-아프리카 탈식민화와 서이리안 문제」, 『담론201』, 28-2, 2025.
션즈화(沈志華)·리단휘(李丹慧), 「프롤레타리아 국제주의의 딜레마에 관한 시론—중소동맹의 결렬로 본 사회주의 국가관계의 구조적 불균형」, 『대동문화연구』 98, 2017.
신정훈, 「독일연방공화국의 외교·통일 정책(1955~1972)—'할슈타인 독트린'을 중심으로」, 건국대학교 석사학위논문, 2013.
신종대, 「남북한 외교경쟁과 '6·23선언'」, 『현대북한연구』, 22-3, 2019.
오정현, 「1954년 제네바 정치회담과 한반도 국제관계—전후 분단체제의 형성」, 『통일정책연구』 30-1, 2021.
오제연, 「제2공화국 시기 윤보선 대통령의 헌법상 권한과 정치 관여 논란」, 『한국인물사연구』 23, 2015.
왕엔메이, 「아시아민족반공연맹의 주도권을 둘러싼 한국과 중화민국의 갈등과 대립(1953~1956)」, 『아세아연구』 56-3, 2013.
윤성이·이동윤, 「인도네시아의 정당정치와 민주주의 공고화」, 『국가전략』 8-4, 2002.
이병도, 「광해군의 대후금 정책」, 『국사상의 제 문제』 1, 국사편찬위원회, 1959.
이석우, 「국제법상 식민지 문제와 영토분쟁—"屬國"과 "領土"」, 『백산학보』 71, 2005.
이선우, 「한국전쟁기 중립국 선택 포로 연구」, 이화여자대학교 석사학위논문, 2012.
이신철, 「1954년 제네바 정치회담 시기 남·북의 통일론」, 『사림』 25, 2006.
이정철, 「광복 80주년과 새로운 통일·평화담론」, 국회 한반도 평화포럼, (사)한반도평화보넘 주최, 『(사료집) 광복 80주년과 새로운 통일담론—8·15광복 80주년 정책토론회』, 2025. 8. 20.
이태진, 「대한제국의 산업 근대화와 중립국 승인 외교—1902년 고종 즉위 40주년 칭경 예식과 관련하여」, 『대한제국, 부국강병한 근대적 자주 국가를 꿈꾸다』(대한제국 선포 120주년 기념 국제학술심포지엄 자료집), 2017.

전준우, 「6·25전쟁 시기 포로송환 문제와 전후 중립국송환위원회 활동」, 서울시립대학교 석사학위논문, 2025.

정병준, 「중립을 향한 '반공포로'의 투쟁—한국전쟁기 중립국행 포로 76인의 선택과 정체성」, 『이화사학연구』 56, 2018.

정병준, 「김용중의 생애와 통일·독립운동」, 『역사문제연구』 12, 2004.

정영환, 「1947년 아시아관계회의와 재일아시아민족회의」, 『역사비평』 138, 2022.

정용욱, 「6·25전쟁 이전 북한의 평화운동」, 『역사비평』, 106, 2014.

정인섭, 「이승만의 박사논문—"미국의 영향을 받은 중립"」, 『서울국제법연구』 27-2, 2020.

정태욱, 「한국 중립화론의 역사와 이승만의 중립화론」, 『법학연구』 26-2, 2023.

허은, 「'5·16군정기' 재건국민운동의 성격」, 『역사문제연구』 11, 2003.

홍석률, 「이승만 정권의 북진통일론과 냉전외교 정책」, 『한국사연구』 85, 1994.

홍석률, 「중립화통일 논의의 역사적 맥락」, 『역사문제연구』 12, 2004.

홍용표, 「1954년 제네바회의와 한국전쟁의 정치적 종결 모색」, 『한국정치외교사논총』 28-1, 2006.

홍종욱, 「1950년대 북한의 반둥회의와 비동맹운동 인식」, 『동북아역사논총』 61, 2018.

(2) 영문

Cindy Ewing, "The Colombo Powers: crafting diplomacy in the Third World and launching Afro-Asia at Bandung", *COLD WAR HISTORY*, VOL. 19, NO. 1, 2019.

Seung Woo Kim, "A brief encounter: North Korea in the Eurocurrency market, 1973~80", *Cold War History*, Volume 23, 2023.


(3) 온라인

고홍근, 「인도·중국 무력충돌의 역사적 배경과 전망」(2020. 8. 3), AIF 인도·남아시아, 대외경제정책연구원(KIEP), https://www.kiep.go.kr/aif/issueDetail.es?brdctsNo=306227&mid=a30200000000&systemcode=02.

김도민, 「중립과 한반도 평화」(2022. 4. 18), 『평화공감』 44, 통일강원연구원, https://kius.kangwon.ac.kr/Home/H10000/H10100/H10102/boardView?board_key=1569.

박은홍, 「버마, 그 가난과 억압의 역사」, 민주화운동기념사업회 누리, https://www.kdemo.or.kr/board/webzin/past/dletterDetail.do?idntf_no=t_dletter_data_000213.

신재혁, 「캄보디아 훈 센 정권의 야당 탄압과 권력유지 전략」(2019. 12. 26), AIF 아세안, 대외경제정책연구원(KIEP), 2019, https://www.kiep.go.kr/aif/issueDetail.es?systemcode=03&brdctsNo=273813&mid

=a30200000000.

정욱식, 「'K-방산' 열망에 던지는 네 가지 질문」(2025. 9. 2), 창비주간논평, https://magazine.changbi.com/MCWC/WeeklyItem?id=1897.

# 찾아보기

## | 가 |

가나 144, 153, 192, 224, 226, 230~233, 240, 241, 244, 246, 249, 259, 280, 297, 299, 305, 308, 311, 312, 315, 320, 333, 346, 347, 352, 368, 448, 524~526
가네포 → 신흥세력경기
『가디언』 31
가봉 224, 280, 335, 417, 454, 455, 457, 476~478, 482, 494, 524~526
가이아나 280, 390, 401~407, 429, 446, 455, 470, 524~526, 535
간디(Gandhi, Indira) 383
갈홍기 170, 171
감비아 353, 379, 455, 457, 476, 482, 494, 525, 526
강대완 454
강량욱 151, 315, 335
강릉 101, 103
강만길 43
강세형 176, 177
강윤희 327, 328, 331
강춘희 298, 299, 348
강희원 335
개발도상국 368, 369, 398, 420, 430, 434~436, 489, 508, 536
개발원조 34, 384
개발원조위원회(Development Assistance Committee, DAC) 34
개항 510, 511, 514, 516
검은 대륙 → 아프리카대륙
게바라(Guevara, Ernesto Che) 237, 238
경제개발계획 32, 282, 301
경제대표단 237, 238, 435
경제발전 5개년계획 207
경제사회이사회 72, 309
『경제선언』 488, 489
경제외교 244, 381, 505
경제협력 34, 115, 169, 170, 223, 281, 316, 326, 361, 420, 489, 505, 517
경제협력개발기구(OECD) 34
『경제협력을 위한 실행 프로그램』 489
고든(Gordon, L. H.) 145
고려연방공화국 411
고정소조 101, 102, 134
고종 511~513, 551
골드코스트 → 가나
공동 콤뮤니케, 공동발표문 227, 228, 231, 232, 384, 387
공동의 광장, 공동의 플랫폼 56, 114, 179, 295, 369, 392
공산 진영 20, 170, 171, 181, 186, 222, 223, 249, 287, 334
공산당 63, 73~76, 103, 117, 122, 123, 125, 167, 174, 180, 181, 185, 188, 204, 205, 208, 356, 405, 411, 434, 541
공산주의 22, 61, 63, 66, 68, 77, 96, 97, 101, 103, 108, 110, 116, 117, 127, 128, 135, 136, 144, 146, 149, 154, 155, 162, 167, 168, 170, 171, 185, 187~189, 200, 219, 220, 223, 239, 248, 249, 251, 267, 273, 312, 372, 375~377, 380, 393
공산주의운동 317, 372, 375~377, 393
과도정부 252~256, 262, 269, 300, 504
『광장』 33, 111, 258, 515
광해군 510, 511, 551
괴뢰(傀儡), 꼭두각시 63~65, 182, 247, 256, 262, 272, 283, 349, 356, 432, 438, 474, 506
교조주의 184, 464
구라파 175, 266, 373

구아(歐亞) 273, 279, 408, 409
국가안전보장회의 140, 290, 291, 348
국가재건최고회의 263~266, 268, 276~278, 283, 538
국경분쟁 269, 301, 311, 337, 362, 386
국교수립 216, 217, 257, 267, 268, 279, 286, 288, 292, 535
국민당 67, 90
국민회의 75
국방연구소 382
국제연맹 118, 513, 514
국제위원회 123, 133, 134, 138
국제의회연맹(IPU) 409, 527
국제주의 183, 293, 337, 374, 551
국토통일원 37, 70, 71, 218, 266, 415, 541
군국주의 66, 68, 206
군비축소 175, 309
군사기지 138, 152, 174, 303, 309, 311, 327, 398, 432, 448, 458, 473~477, 479, 486, 488, 490
군사동맹, 집단적 동맹 25, 59, 77, 80, 138, 140, 141, 143, 168, 174, 186, 188, 398, 413, 432, 448, 449
군사 쁠럭 25, 138, 147, 150, 156, 188, 189
군사정변 230, 263, 278, 347, 351, 362
군사정부 35, 36, 252, 263~265, 266, 269, 270, 274, 275, 277~282, 300, 312, 335, 359, 504, 505, 515
군사정전위원회 83~86, 101, 102, 109, 474, 480
군사협정 303, 439, 479
군산 101
군축 131, 316, 326, 329, 398, 488, 514
권병현 454
귀국사업 → 북송사업
그라임스 243, 245
그랜트 319
그레나다 526
그레베 285
그리스 77
근대화 2, 202, 380, 508, 512, 547, 551
글로벌 사우스(Global South), 남(The South) 32~34, 42, 369, 391, 546
기니, 기니아 192, 214, 224~226, 229, 231~233, 240, 241, 244, 246, 254, 255, 299, 301, 305, 312, 315, 333, 334, 346, 351, 355, 379, 384, 486, 524~526
기니비사우 525, 526
기독교도연맹 151
기술원조 275, 281, 282, 359
긴장완화 → 데탕트
김경련 406
김경령 435

김동규 407
김동성 454
김동조 441, 444, 451, 453, 454, 460, 466, 467
김두봉 182
김삼규 258, 515
김영기 255, 256
김옥순 315
김용성 261
김용식 266, 267, 402, 412
김용중 515, 552
김익선 150
김일성 38, 48, 50, 69, 70, 72~75, 99, 106, 108, 113, 171, 182~185, 187, 205~208, 211, 225, 234, 236~240, 326, 338, 340~342, 345, 349, 362, 372~375, 377~379, 381, 390, 393, 394, 407, 411, 414~416, 423, 425~427, 431~433, 435, 438, 439, 441, 442, 452~454, 459, 463, 464, 466, 467, 481, 486, 491, 492, 505, 539, 540, 546, 547
김재순 261
김정렬 218~220, 222, 245, 319, 538
김정태 454
김종항 274, 315
김준엽 49, 172, 206, 265, 266, 274, 276, 277, 541
김창훈 259, 454
김최선 208, 211
김해진 207
김현철 281
김희준 315

| 나 |

나세르 31, 163, 193, 232, 270, 302, 306, 329, 347, 350, 351, 354, 357, 368, 383, 385
나이지리아 224, 255, 259, 267, 280, 335, 347, 524~526
나토 → 북대서양조약기구
남남협력 391, 508, 509, 517, 536
남베트남 123, 143~145, 166, 218, 322, 346, 353, 356, 353, 398, 400, 434, 448, 457, 458, 524, 525
남부아프리카 39, 236, 307, 398, 399, 400, 419
남북 문제 369, 384, 391, 508, 517
남북공동성명 → 7·4공동성명
남북관계 8, 40, 410, 412, 516, 517, 520, 546
남북대화 40, 45, 370, 406, 410, 411, 416, 425, 427, 432, 461, 467, 470, 475, 497, 539
남서아프리카인민기구(SWAPO) 525, 526
남예멘(예멘인민민주공화국) 458, 486, 524, 525

부록 555

남일 99, 121, 122, 126, 130, 131, 157
남조선 4, 52, 53, 60, 99, 182, 189, 341, 346, 399, 423, 432, 438, 448, 474, 475, 484, 486, 487
내셔널리즘 → 민족주의
내정 불간섭 126, 206, 235
냉전사 8, 27~29, 31, 50
냉전질서 16, 17, 20, 24, 41, 42, 46, 59, 65, 67, 76, 77, 79, 113, 139, 179, 202, 263, 293, 313, 329, 360, 372, 380, 391, 497, 502, 504, 505, 508, 516
냉전체제 17, 40, 67, 419, 546
너지(Nagy Imre) 186, 187
네덜란드 78, 228, 307
네루(Nehru, Jawaharlal) 17, 24, 31, 75, 79, 82, 104, 114, 117, 141, 142, 155, 156, 158, 160~162, 168, 181, 192, 194, 204, 205, 227, 269, 302, 306~308, 310, 311, 318, 329, 368
네루(Nehru, Rameshwari) 150
네뚜(Nettho, Augustino) 396
네팔 143, 192, 271, 280, 297, 315, 407, 429, 435, 440, 446, 470, 471, 476, 524~526
노석찬 402
누, 우(Nu, U) 24, 33, 141, 142, 160, 192, 219, 351, 368
뉴델리 78, 98, 150, 210, 227, 228, 297, 300, 328, 334, 337, 338, 343, 346, 383, 384, 389, 395, 400, 407, 413, 527
뉴욕 31, 82, 95, 119, 244, 370, 389, 401, 409, 425, 426, 430, 442, 447, 450, 451, 469, 470, 471
『뉴욕타임즈』 31, 82, 95
니가타항 248
니암웨야(Nyamweya, James) 283
니에레레(Julius K. Nyerere) 236, 378, 379, 390
니제르 224, 240, 280, 281, 283, 335, 525, 526
니체 46

대한제국 135, 510, 512~514, 551
댜오위타이 354
『더타임즈(The Times)』 470
덜레스(Dulles, John Foster) 121, 129, 148, 149
데탕트 18, 40, 42, 45, 115, 129, 173, 366, 368~370, 391~393, 398, 399, 409, 410, 412, 413, 419, 425, 460, 485, 497, 503, 518, 546, 551
덴마크 87, 513
도미니카공화국 357
도유호 151
도진희 177
독일 28, 30, 31, 41, 43, 48, 73, 77, 112, 172~176, 189, 190, 230, 231, 285, 287, 308~310, 373, 512, 513, 551
동남아, 동남아시아 56, 59, 78, 114, 115, 117, 137, 140, 141, 148, 149, 220, 265~269, 271~274, 276, 279, 286, 313, 316, 319, 321, 334, 343, 406, 535
동남아조약기구(SEATO), 동남아세아동맹기구 59, 78, 80, 117, 141, 148, 304, 327
동독, 동부독일 7, 71, 77, 186, 209, 210, 242, 256, 285, 287, 288, 373, 465, 484
동부아프리카 254~256, 335, 534, 535
동서 문제, 동서냉전, 동서분쟁 249, 255, 271, 391, 508
동시수교 293, 410
동시초청안 261, 425, 442
동유럽 7, 27, 29, 33, 44, 50, 59, 77, 80, 97, 184~186, 188, 242, 288, 509, 548
동장리 106
두 개의 한반도(Two Korea), 두 개의 한국, 두 개 조선 12, 19, 201, 283, 284, 286, 291~293, 322, 344, 361, 409~411, 506, 519
드골 26, 314
디엔비엔푸 122
디오리(Diori, Hamani) 283
『뜨라꼰따넨딸』 377

## | 다 |

다르에스살람 383, 390, 393, 395
다마스커스 297
다변외교 37, 363
다카르 435
단독초청안 261, 262
대구 101
대만 → 중화민국
대명의리(對明義理) 511
대사급 외교관계 70, 225, 236, 285, 287, 291, 292, 333, 379, 390, 408, 468
대일평화조약 → 샌프란시스코 평화조약
대한인국민회 513

## | 라 |

라바트 231, 272
『라바트』 333
라오스 123, 133, 218, 269, 280, 297, 329, 375, 403, 484, 487, 524~526
라이베리아 143, 152, 166, 167, 199, 223, 243~247, 249, 250, 280, 297, 315, 320~322, 347, 429, 435, 439, 440, 442, 443, 445, 446, 450, 451, 455, 470, 471, 476, 482, 486, 487, 494, 524~526, 534
라코토말라(Rakotomalala, L.) 283
라틴아메리카 25, 28, 30, 33, 43, 203, 230, 234, 237~242, 297, 299, 302, 304, 305, 326, 371, 373~375, 377, 378, 401, 403, 405, 414, 425, 452, 453, 465, 485, 525
라할(RAHAL, Abdellatif) 425

러일전쟁 512, 513
『런민르바오』 49, 336, 405
레너(Renner, Karl) 172
레닌 72, 74, 75, 123, 175, 206, 207, 376, 541
레바논 143, 150, 167, 218, 280, 297, 524~526
레소토 283, 457, 476, 524~526
레오폴드빌 224, 254, 353
로데시아(Rhodesia) 400
론놀 395, 434
루마니아 71, 148, 241, 242, 449, 479, 480, 484, 500, 525, 526
루뭄바(Lumumba, Patrice) 192
루사카 18, 366, 390, 393~397, 400, 401, 403~405, 414, 417, 420, 426, 524
류브랴나 187
류샤오치(劉少奇) 122
『르몽드』 470
르완다 280, 283, 379, 524~526
리기영 137
『리더스 다이제스트』 470
리마 6, 19, 371, 439~441, 444, 445, 447, 451, 452, 454~456, 460~466, 471, 475, 498, 500, 525
리비아 167, 188, 218, 224, 237, 246, 248, 249, 280, 297, 312, 524~526
리상연 135
리상조 86, 87, 109
리승만→이승만
리영희 56, 179, 351, 363
리제심 182
리종목 454
리주연 227, 335, 355
리춘선 474
리, 트리그브(Trygve Lie) 71

| 마 |

마닐라 141, 146, 148, 150
마다가스카르 224, 255, 280, 283, 297, 379, 484, 486, 488, 525, 526
마데이라 케이타 234
마드라스 104, 110
마르크스레닌주의 75, 122, 376, 541
마모두(Mamoudou, Maidah) 283
마야키(Mayaki, Admou) 283
마오주의 202
마오쩌둥 85, 86, 122, 125, 126, 128, 129
만선사(萬鮮史) 511
만포 101

말라야→말레이시아
말레이시아 78, 79, 136, 218, 313, 316, 317, 346, 353, 356, 360, 379, 386, 390, 401~403, 407, 413, 429, 435, 436, 440, 446, 449~451, 454~456, 470, 471, 475~477, 485, 494, 499, 524~526
말리 224, 231~235, 240, 241, 305, 311, 334, 355, 384, 455, 458, 473, 484, 486, 524, 525, 526
말리크 83
맥킨리(McKinley Jr, William) 512
맨스필드(Mansfield, Mike) 258, 515
메논, 크리쉬나(Menon, Krishna) 92, 111
메르데카 159, 160, 340
멕시코 305, 388, 394, 402, 442, 454, 524~526, 538
모가디슈 5, 6
모디보 케이타 231
모라르지 데사이 209
모란봉극장 181, 207
모로코 78, 144, 218, 220, 224, 231~233, 244, 246, 253, 255, 272, 280, 297, 305, 311, 312, 315, 333, 334, 343, 345, 346, 348, 352, 354, 390, 402, 407, 412, 413, 426, 445, 457, 476, 477, 478, 482, 486, 487, 494, 524~526, 534, 538
모리셔스 280, 379, 525, 526
모리타니아(모리타니) 224, 241, 291~293, 431, 485, 494, 524~526, 535
모스크바 113, 173, 311, 351, 410
모스타파 칼리파 210
모잠비크 396, 486, 524~526
몰디브 353, 494, 526
몰로토프 112, 122, 126, 129
몰타 525, 526
몽골 71, 150, 241, 297, 317, 484
몽블랑 118
묄렌도르프(Mollendorff, Paul Georg von) 512
무역협정 208, 209, 211
『무자히드』 349
문동석 454
문정식 240
미군 철수 370, 449, 450, 472, 495, 509
미얀마(버마) 24, 33, 58, 78, 97, 108, 114, 124, 136, 137, 141~143, 148, 150, 154, 160, 166, 192, 194, 206~210, 218, 227, 228, 233, 240, 241, 261, 269, 280, 284, 285, 287, 297, 301, 305, 311, 312, 328, 351, 368, 384, 524~526
미주(美洲) 241, 265, 266, 773, 779, 536
민족경제 182, 227, 229, 235, 323, 361, 375, 492
민족독립 303, 398, 437
민족적 분렬→분단
민족주의(내셔널리즘) 28, 32, 75, 125, 193, 216, 249, 276, 314, 336, 351,

부록 557

431, 550
민족통일 461, 462
민족해방 11, 19, 25, 46, 57, 69, 73~76, 78, 137, 178, 194, 205~207, 225, 226, 237, 239, 282, 300, 314, 323, 329, 332, 333, 358, 373~375, 403, 404, 414, 421, 435, 505, 508, 524, 525
민족회의 33, 79, 411, 524~526, 552
민주 진영 20, 70, 74, 138, 259, 262
민주국가 69, 70, 138
민주주의 21, 22, 25, 49, 52, 61, 66, 69~71, 73, 77, 94, 116, 119, 121, 130, 131, 136, 184, 206, 213, 241, 242, 276, 278, 301, 334, 341, 379, 415, 423, 433, 437~440, 452, 453, 459, 464, 473, 474, 478, 479, 481, 484, 491, 539, 540, 551
민주화 69, 263, 366, 368, 397, 448, 547, 552

| 바 |

바레인 494, 525, 526
바르샤바조약 77, 175, 186, 432
바르샤바조약기구 77, 186
바마코 231
바베이도스 524~526
바오다이 123
박금철 182
박덕청 346
박성철 209, 210, 213, 222, 225, 226, 335, 347, 349, 352, 354~356, 383, 481, 486
박영빈 182, 184
박영종 177
박영출 158
박의완 182
박정애 151, 182
박정희 35, 36, 43, 47, 51, 67, 278~281, 285, 286, 288, 291, 292, 319, 320, 322, 327, 333~335, 344, 345, 349, 356, 361~363, 370, 379, 380~382, 386, 394, 400, 402, 403, 406, 408, 410, 411, 416, 425, 433, 441~444, 446, 448, 453, 467, 469, 475, 504, 537, 547, 551
박창옥 182, 184
박헌영 70, 71, 72
반공, 반공주의 7, 36, 56, 59, 66, 67, 78, 80, 90, 110, 111, 116, 117, 140, 141, 143, 144, 149, 171, 175, 176, 187, 195, 213, 218, 220, 222, 223, 248~250, 257, 259, 263, 271, 278, 358, 363, 515, 551, 552
반공포로 36, 90, 110, 111, 551, 552
반다라나이케(Bandaranaike, Sirimavo) 308, 385, 392, 468, 478, 479, 482~484, 499
반다라나이케(Bandaranaike, Solomon W. R. D.) 192

반둥정신 56, 298, 342
반둥회의(제1차 아시아·아프리카회의) 7, 12, 17, 33, 34, 36, 38, 40, 41, 44, 45, 50, 51, 59, 80, 117, 140, 143, 145~150, 152~161, 165, 170~172, 178, 179, 183, 188, 191~195, 200, 204, 206, 210, 212, 214, 215, 218, 229, 233, 294~298, 300~304, 306, 310~319, 323, 329, 332, 334, 338, 340~342, 351, 361, 362, 392, 488, 502, 503, 506, 516, 517, 541, 552
반둥회의 10주년 12, 315, 332, 338, 340, 341, 362
반미(反美) 7, 230, 237, 344, 356, 361, 362, 378, 379, 405, 474, 508
반봉건 123, 182, 226, 324, 541
반식민주의 154, 214, 229, 233, 243, 249, 301, 326, 337, 351, 353, 355, 459
반제국주의 및 식민지 민족대회(The First International Congress against Colonial Oppression and Imperialism) 30
방교국, 방교국장 221, 246, 252, 265, 349, 401, 402, 436, 444, 454
방글라데시 379, 525, 526
방문외교 233, 234, 237, 269, 282, 358
방이(方毅, Fang Yi) 322, 323
방콕회의 80, 146~149
백낙청 43
백만호 207
백선엽 266, 267
버마 → 미얀마
범아프리카주의 233, 525, 526
범아프리카주의의회(PAC) 525, 526
베냉 224, 379, 524~526
베네수엘라 238, 280, 375, 524~526
베렌스 209, 210
베를린회의 112, 113
베스타(Westad, Odd Arne) 28, 29, 202, 520, 547, 549
베오그라드 30, 185, 295, 303, 304, 310, 312, 329, 330, 366, 383, 387~389, 407, 420, 524
베트남(월남, 웰남) 52, 71, 74, 122, 123, 133, 134, 143~145, 150, 155, 166, 189, 218, 230, 241, 245, 266, 287, 297, 308, 322, 338, 343, 344, 346~349, 353, 356, 357, 362, 363, 370, 372, 373, 378~380, 383, 386, 389, 392, 394, 398, 400, 402, 429, 434, 448, 455, 457, 458, 476, 478, 486, 487, 490, 492, 498, 503, 524~526, 541, 547, 548
베트남전쟁(월남전, 월남사태) 338, 343, 344, 362, 363, 370, 372, 380, 383, 386, 389, 392, 402, 498, 503, 547
베트콩 395, 396, 403, 407, 429
벨라(Bella, Ahmed Ben) 192, 332, 345, 347, 368
벨베데레(Belvedere) 173
변영태 68, 110, 113, 119, 120, 122, 125, 149, 170, 171, 538
보고르 140, 142~145, 147, 152, 153, 163, 170
보르네오 155, 218, 317
보츠와나 524~526

볼리비아 237, 524~526
부다페스트 186
부들러(Budler, Hermann) 512
부룬디 390, 402, 407, 458, 484, 524~526
부르기바(Bourguiba Jr, Habib) 283
부르키나파소(오트볼타) 224, 280, 379, 525, 526
부메디엔(Boumedienne, Houari) 346, 347, 349, 417, 418, 485
부분핵실험금지조약 313
부산 101
부탄 525, 526
북괴 37, 121, 239, 244, 247, 286, 324, 424, 434, 435, 439, 441, 445, 460, 473, 481, 485
북대서양조약기구(NATO) 66, 77, 141, 173, 327, 382, 449
북베트남 71, 123, 134, 143~145, 150, 155, 166, 241, 297, 347, 362, 455, 457, 498, 503, 524, 525
북송사업 247, 248
북예멘(예멘아랍공화국) 524~526
북조선 4, 49, 53, 70, 71, 73~75, 103~109, 113, 120~122, 126, 127, 129, 131, 132, 137, 151, 182, 183, 239, 541, 546, 547
분단, 민족적 분렬 5, 6, 18~20, 31, 32, 36, 37, 42~44, 48, 52, 53, 57, 59, 68, 75, 77, 111, 118, 144, 145, 151, 173, 177, 178, 190, 195, 212, 215, 228, 230, 239, 256, 278, 283~288, 292, 296, 308, 318, 326~328, 330, 331, 344, 361, 394, 399, 400, 421, 422, 432, 442, 457, 461, 480, 502, 504, 506, 507, 508, 510, 514, 520, 521, 535, 547, 549, 551
불가리아 21, 71, 241, 484, 512, 546
불승인 284, 288
붕카르노 338
브라질 34, 238, 305, 394, 402, 403, 406, 524~526
브레튼우즈 체제 391
브뤼셀 30, 162
『브릿츠』 357
블록(빨러) 4, 12, 21, 23, 25~27, 38, 79, 138, 144, 147, 150, 156, 163, 170, 188, 189, 193, 214~216, 249, 251, 259, 264, 289, 294, 295, 309, 311, 365, 366, 378, 393, 399, 400, 405, 406, 414, 422, 423, 429, 432, 436~438, 441, 448, 453, 459, 460, 464, 467, 486, 494, 495, 505, 506
비도(Bidault, Georges) 123, 124, 127, 128, 326
비동맹 외상회의 6, 19, 371, 383, 390, 391, 401~407, 435, 436, 438, 440, 444~446, 453~456, 460~463, 465, 466, 498, 499, 524, 525, 535
비동맹 자문회의 383, 388, 389, 391, 393, 394, 400
비동맹 정상회의 6, 12, 18~20, 31, 45, 233, 295, 301~303, 305, 308, 310, 311, 313, 318, 326~329, 331, 344, 364, 366, 367, 369, 371, 385, 386, 388~391, 393~396, 399~401, 406, 407, 412~414, 416~419, 421, 424~427, 429, 431, 441, 467, 468, 469, 471, 472, 475, 476, 478~488, 490~494, 498, 499, 508, 509, 519, 524~526, 535~537

비동맹 조정국 433
비동맹 조정위원회 429, 434, 436, 439, 440, 447, 450, 451, 462, 464, 470~475, 477, 528, 535, 536
비동맹 중립국 26, 35, 42, 46, 280, 282, 283, 329, 370, 379, 391, 412, 413, 428, 509
비동맹회의 6, 12, 18, 19, 23, 30, 33, 34, 40~42, 45, 47, 48, 201, 203, 237, 296, 303, 304, 306, 310, 311, 313, 314, 318, 326, 329~331, 360, 361, 364, 367~371, 383~394, 400~403, 405, 406, 408, 409, 413, 414, 416, 417, 419, 426~428, 433, 435, 438, 443, 445, 446, 449, 450, 454, 458, 460~462, 465, 467, 468, 480~482, 487, 493, 495, 497, 498, 500, 502~505, 508, 509, 516, 517~519, 528, 530, 541
비무장지대(DMZ) 84, 91, 96, 98, 101, 104, 474
비행장 84, 88, 89, 103, 134, 338
빈(Nguyen Tri Binh) 396
빨러 → 블록

| 사 |

사대주의 378
사라와 317
사스트로아미조조(Sastroamidjojo, Ali) 141, 142, 160, 163
사우디아라비아 143, 218, 268, 280, 297, 312, 388, 445~457, 461, 476, 486, 487, 494, 524~526
4월혁명 31, 252~256, 258, 259, 262, 263, 504, 505, 515
사이공 134, 396, 457
사하라 224, 246
사회주의 6, 11, 16, 19, 20, 22, 27, 28, 48, 50, 57, 59, 69~72, 74, 75, 77, 78, 87, 97, 100, 118, 123, 128, 137, 139, 143, 148, 150, 162, 181, 183~188, 190, 195, 200, 204, 206~208, 210, 212, 213, 223, 225, 226, 229, 237, 239~242, 250, 293, 301, 314, 324, 338, 341, 358, 359, 362, 363, 372~375, 377, 378, 382, 387, 393, 394, 411, 415, 420, 432, 434, 439, 442, 463, 464, 465, 479, 498, 499, 503, 505, 506, 525, 526, 541, 547, 551
3대륙인민연대회의 30, 203
상공부 281
상업성 208, 210, 211, 335
상이한 사회 제도 200, 206, 207, 212
상이한 사회 체제 22, 223, 309
상투메프린시페 525, 526
상호승인 283~285, 287
상효익존 162, 366
상호지원과 연대를 위한 리마 프로그램 461, 463
새 전쟁 474, 479, 480, 484, 487, 495
새로운 국제 경제질서 수립에 관한 선언(NIEO) 430
『새벽』 258

샌즈(Sands, William F.) 512, 513
샌프란시스코 평화조약 68, 516, 517, 548
샤이추(Sjaichu, Achmad) 283
서독 23, 30, 43, 77, 136, 155, 173~176, 193, 210, 215, 218, 255, 256, 285, 287, 288, 290, 305, 306, 327, 506, 519, 520
서만일 207
서아프리카 202, 335, 525, 526
서이리안(West Irian) 228, 551
석유수출기구(OPEC) 369, 416, 498
세계보건기구(WHO) 370, 409, 425, 442, 527
세네갈 224, 240, 255, 259, 260, 280, 328, 335, 379, 390, 402, 407, 429, 431, 434, 435, 437, 438, 440, 446, 455, 458, 466, 476, 524~526
세네갈 자원회의 435
세르비아 193
세이셸 525, 526
셀라시에 1세(Selassie I, Haile) 283, 385
소련(쏘련, 쏘비에트) 7, 16, 18, 20, 22~24, 27~29, 32, 33, 40, 48~50, 57, 58, 61~65, 70~73, 76~78, 80~83, 87~89, 92~94, 97, 98, 108, 112~114, 119, 122, 123, 126, 129, 131, 134, 135, 137~139, 150, 154, 172~177, 181~188, 190~193, 202, 205~208, 214, 222, 225, 226, 239, 241, 242, 246, 249, 250, 252, 278, 287, 288, 297, 300, 302, 308, 310, 313, 314, 316, 317, 336~338, 346, 350, 351, 353, 355, 356, 360, 362, 368, 369, 372, 373, 375, 378, 380, 382, 383, 385, 387, 392, 398, 413, 419, 424, 439, 448, 449, 465, 479, 484, 497, 503, 504, 506, 509, 518, 547, 550
소련공산당 185, 205, 208
소련공산당 제20차 대회 185
소말리아 5, 224, 241, 255, 265, 280, 297, 335, 429, 484, 524~526
소말리아해안해방전선(FLCS) 524~526
소조(小組, Team) 86, 91, 101~104, 134
손원일 254, 255
송병준 63
쇼벨(Chauvel, Jean) 126
수다리코프(Sudarikov, N. G.) 383
수에즈전쟁 193, 210, 211, 232
수정주 188, 189, 195, 316, 464
수즈달레프(Суздалев С. П.) 113, 131
수카르노 117, 159~164, 301, 307, 317, 319, 338, 340, 341, 346, 347, 351, 368, 517
수하르토 351, 408, 452
순방사절단 255
스나이더 444
스리랑카(실론) 6, 7, 18, 19, 42, 58, 78, 114, 115, 142, 143, 150, 161, 167, 192, 218, 220, 241, 267, 268, 297, 301, 305, 308, 311~313, 315, 326, 347, 348, 353, 385, 390, 392, 401, 407, 417, 429, 439, 446, 448, 455, 468~472,

475~488, 490, 491, 493~495, 498~500, 509, 524~526, 536, 546
스미스(Smith, Walter Bedell) 127, 128
스와질란드(에스와티니) 524~526
스웨덴 87, 88, 92, 98, 105, 106, 128, 147, 302, 525, 526
스위스 22, 58, 87, 88, 92, 95~98, 105, 106, 112, 118, 126, 128, 172, 173, 194, 266, 267, 320, 348, 360, 409, 499, 512, 526, 527
스탈린(쓰딸린) 72, 74, 82, 85, 86, 94, 151, 154, 173, 184, 185
스티븐슨(Stevenson, Adlai E.) 261
스푸트니크 222
슬라메트(Slamet) 283
슬로베니아 193, 384
시리아 150, 192, 232, 241, 297, 300, 315, 355, 429, 524~526
시비(Thivy, John A.) 78
시에라리온 280, 283, 347, 379, 417, 457, 476~478, 486, 487, 494, 524~526
10월혁명 137
시찰소조 101~104
시하누크 391
식민주의 25, 63, 117, 122, 143, 154, 161, 163, 164, 167~171, 199, 201~203, 205, 206, 211, 212, 214, 229~231, 233, 235, 243, 249, 298, 300, 301, 307~309, 311, 317, 318, 323, 326, 331, 332, 337~339, 342, 343, 347, 349, 351, 353~355, 359, 361, 362, 389, 393, 398, 404, 405, 414, 419, 420, 423, 459, 503, 547
식민지 및 그 인민에 대한 독립 부여에 관한 선언 224, 309
식민지배 60, 64, 65, 76, 166, 178, 201, 225, 228, 235, 307, 333
신생국 5, 6, 12, 19, 43, 45, 65, 68, 111, 191~193, 200, 201, 203, 212, 216, 220, 224, 243, 248, 249, 252, 255, 260, 274, 275, 281, 282, 294, 295, 314, 324, 332, 350, 358, 360, 367, 368, 380, 506, 508, 534
신식민주의 201~203, 243, 301, 309, 338, 339, 343, 347, 359, 389, 404
신안주 101
신웅균 274, 534
신의주 101
신현준 346, 349
신흥세력경기(가네포) 297, 315, 342
실라(Sylla, Albert) 283
실론 → 스리랑카
실바(Silva, Gustavo) 439, 485
싱가포르 218, 280, 317, 353, 433, 436, 476, 477, 485, 487, 494, 524~526
『썬데이옵서버(Sunday Observer)』 470

| 아 |

아·아클럽(AA 클럽) 222, 264
아·아회담, 아·아회의 → 아시아·아프리카회의
아랍 22, 143, 152, 193, 210, 214, 215, 232, 240, 241, 255, 270, 280, 283~285,

288~290, 312, 313, 328, 329, 332, 333, 346, 351~353, 368, 389, 390, 392, 416, 430, 469, 524~526, 535, 548, 551
아랍에미리트 525, 526
아랍연맹(Arab League) 416, 524~526
아랍연합공화국 232, 241, 346
아랍전쟁 392
아르헨티나 454, 456, 476, 487, 494, 524~526
아바나 18, 30, 297, 299, 440, 464, 471, 490
아세안문제연구소 49, 206, 266, 274
아시아 경제토론회 297
아시아 법률가회의 297, 300
아시아 작가회의 297, 300
아시아·아프리카 경제회의 201, 296, 297, 299, 319~321, 360, 361, 409
아시아·아프리카 기자협회 297
아시아·아프리카 법률가회의 297, 300
아시아·아프리카 보험·재보험연맹 297
아시아·아프리카 블록 264, 294, 295
아시아·아프리카 소아과대회 297
아시아·아프리카 여성대회 297, 300
아시아·아프리카 영화축전 297
아시아·아프리카 의학자대회 297
아시아·아프리카 인민단결기구 297, 299
아시아·아프리카 인민단결회의 297~299, 301
아시아·아프리카 작가회의 31, 297, 300, 548
아시아·아프리카 주택기구 297
아시아·아프리카 학생대회 207
아시아·아프리카·라틴아메리카 인민단결기구 297, 377
아시아·아프리카법률자문기구(AALCO) 527
아시아·아프리카아인민연대기구(AAPSO) 525, 526
아시아·아프리카회의 7, 11, 12, 17, 18, 30, 33, 36, 45, 50, 59, 80, 117, 140~146, 148, 155~157, 159, 163, 165, 167~169, 171, 172, 179, 191, 201, 295, 296, 300, 310, 312, 314~317, 320, 321, 323, 325, 326, 332~338, 340, 342~351, 354, 356, 357, 360~363, 367, 385, 416, 497, 503, 507, 524, 545
「아시아·아프리카회의 공보」 50, 117, 148, 156, 157, 545
아시아관계회의(Asian Relations Conference) 33, 78, 79, 161, 552
아시아제국회의 150~152
아이보리코스트 224, 259, 280, 283, 335, 461, 494, 525, 526
아이젠하워(Eisenhower, Dwight D.) 94, 154, 175
아자몽(Ayavon, Robert) 283
아주(亞洲) 56, 117, 218~221, 265, 267, 268, 271~275, 279, 313, 316, 321, 334, 342, 348, 349, 534, 536
아중동 289, 291, 313, 318, 319, 326, 332, 385, 387, 444
아케(Ake, Simon) 283

아프가니스탄 218, 219, 265, 297, 315, 355, 379, 385, 406~408, 476, 524~526
아프리카대륙, 검은 대륙 5, 198, 223, 226, 239, 250, 395
아프리카민족회의(ANC) 524~526
아프리카통일기구(OAU) 316, 317, 348, 524~526
악사이친 318
안보조약(Australia, New Zealand, the United States of America Security Treaty, ANZUS) 68
안전보장이사회(안보리) 72, 81, 93, 309, 448, 488
안주 236
알렌(Allen, H. N.) 512
알리(Ali, Mohammed) 142, 161
알리아르함 사회과학원 341, 342
알바니아 71, 241, 242
알제리 7, 31, 42, 78, 192, 214, 225, 233, 240, 241, 293, 295, 297, 303, 305, 307, 309, 311, 315, 318, 322, 332~336, 343, 345~349, 351~357, 362, 363, 367~369, 384, 385, 388, 390, 392, 401, 405~407, 412, 413, 416~419, 421, 422, 424~427, 429~431, 434, 436, 438~440, 450, 451, 455, 470~473, 475, 484~486, 498, 509, 524~526, 534~536, 546
알제리 임시정부 225, 233, 305, 311, 332, 333
압둘가니(Abdulgani, Roeslan) 165
앙골라 309, 317, 353, 396, 488, 524~526
애급 → 이집트
약소국 17, 25, 32, 42, 44, 64, 114, 116, 140, 177, 179, 187, 192, 194, 201, 214, 383, 393, 398, 504, 508, 517~520
약소민족 31, 64, 72, 73, 178, 194, 216, 514, 517
양영순 211
양용찬 182
양유찬 135, 146, 158, 243~245, 280
엄정 중립 104, 257, 258, 272, 334, 428, 436, 513
에릭슨(Erickson, Richard A.) 443
에스와티니 → 스와질란드
에콰도르 81, 524~526
에티오피아 2, 218, 244, 246, 249, 265, 275, 280, 283, 315, 333, 335, 346, 348, 352, 381, 384~387, 389, 390, 401, 407, 449, 509, 524~526, 550
엘데미어(Eldemire, Herbert W.) 283
엘살바도르 525, 526
연하구 342, 348, 349
열전 17, 76, 79, 191, 250, 357, 383
영국 23, 30, 31, 41, 48, 58, 61~63, 78, 81, 110, 112~114, 122~125, 129, 137, 140, 141, 144, 148, 152, 153, 172, 193, 202, 210, 232, 249, 266, 282, 290, 291, 302, 305~307, 315, 317, 343, 384, 400, 503, 512, 513
영사 159, 161, 162, 227~229, 232, 233, 240, 241, 267~270, 284~292, 298, 299, 325, 327, 328, 331, 333, 334, 337, 338, 343, 348, 389, 395, 400, 407,

부록 561

412, 413, 433, 434, 512
영세중립 173, 512
영연방클럽(The Commonwealth Club) 135
예멘아랍공화국 → 북예멘
예멘인민민주공화국 → 남예멘
오기영 514, 515, 539, 548
오만 297, 456, 457, 476, 494, 525, 526
오스트리아(오지리) 11, 22, 59, 172~179, 194, 195, 214, 216, 241, 258, 261, 302, 506, 515, 524~527, 547
오스트리아 국가조약(Austria State Treaty), 대오강화조약 173~175, 183, 214
오웨이다(Oweida, Muhammad Tewfik) 283
오트볼타 → 부르키나파소
오힌(Alexandre J. Ohin) 283
옥인섭 335
왕빙난(王炳南, Wang Bingnan) 126, 132, 133
요르단 150, 163, 280, 297, 476, 477, 485, 487, 494, 524~526
우간다 241, 280, 282, 335, 347, 379, 394, 426, 524~526, 535
우루과이 241, 242, 394, 524~526
워싱턴 138, 243, 444, 514
원용덕 134, 135
원자재에 관한 개발도상국회의 434, 435, 436
원조 34, 52, 79, 147, 154, 182, 190, 251, 271, 275, 277, 281, 282, 290, 301, 323 ~325, 338, 339, 355, 357, 359, 360, 382, 384, 387, 507
원탁회의 114
월남(越南) → 베트남
위성국가 135
윌슨(Wilson, Thomas W.) 50, 122, 123, 125~129, 133, 209, 210, 242, 320, 350~352, 354, 355, 383, 406~408, 416, 422, 423, 433, 439, 452, 464, 465, 477, 479~481, 500, 513, 541
윌슨궁전 320
유고슬라비아, 유고슬라비야 7, 11, 18, 22, 23, 28~31, 33, 41, 42, 50, 59, 71, 81, 82, 183, 185~190, 193, 195, 295, 302~308, 311, 313, 314, 326, 331, 368, 369, 383~388, 390~394, 402, 407, 422, 429, 431, 432, 438, 439, 450, 452, 453, 455, 458, 464, 481, 486, 505, 506, 509, 524~526, 537, 550, 551
유길준 21, 512, 546
유럽안보협력회의(Conference on Security and Cooperation in Europe, CSCE) 369, 392
유양수 264, 266, 267, 281
유엔 가입 5, 71, 72, 115, 152, 215, 244, 367, 412, 427
유엔가입 서명운동 215
유엔 대표부 259, 370, 402, 454
유엔동시가입 293, 370, 410, 411, 422, 425, 441~443, 462, 463

유엔아시아 및 극동경제위원회(에카페, ECAFE) 72
유엔 외교 38, 62, 71, 72, 76, 152, 213, 214, 216, 467
유엔특별정치위원회 215
유엔교육과학문화기구(UNESCO) 527
유엔군 82~85, 87~91, 93~101, 105~110, 120, 128, 412, 413, 448, 472, 476, 479, 480, 490
유엔무역개발회의(UNCTAD) 31, 203, 319~322, 325, 329, 360, 368, 369, 384, 385, 391, 392, 434, 510, 527
유엔총회 19, 20, 61, 62, 71, 72, 82, 85, 92, 93, 165, 213~217, 219, 221~224, 258~263, 265, 266, 279, 294, 309, 321, 329, 344, 348, 349, 361, 363, 389, 390, 401, 402, 422, 424, 425, 427, 428, 431, 434, 442, 445, 461, 462, 465 ~467, 471, 484, 487, 493, 495, 496, 498, 504, 510, 518, 520, 526
유엔한국통일부흥위원단(UNCURK) 33, 238, 422, 428, 549
유엔헌장 263, 309
유일 합법정부 76, 201, 257, 329, 504
유창순 281
6·23선언, 6·23성명 370, 410, 411, 425, 442, 551
6·25, 6·25전쟁, 6·25사변 4, 17, 18, 22, 26, 36, 41, 44, 51, 52, 57, 58, 79~82, 84, 86~89, 91, 95~98, 101, 107, 110, 111, 124, 130, 136, 176, 178, 189, 204, 205, 218, 219, 245, 249, 358, 386, 392, 413, 448, 515, 517, 520, 539, 552
6일전쟁 368
68혁명 392
윤기복 240
윤보선 256, 257, 537, 551
윤치창 266, 267, 270
은크루마(Nkrumah, Kwame) 153, 192, 230, 249, 308, 368
응갈라(Ngala R.) 283
응수말레(Nxumale S.) 283
이나바 이와키치(稲葉岩吉) 511
이노우에 고와시(井上毅) 512
이데올로기 2, 16, 116, 144, 192~194, 202, 508, 547
이동소조 101~103, 134
이든(Eden, Anthony) 124
이라크 143, 152, 156, 166, 167, 218, 240, 241, 274, 297, 312, 315, 390, 401, 407, 458, 484, 524~526, 534
이라크혁명 274, 534
이병도 511, 551
이복형 454, 538
이수영 280, 335
이스라엘 143, 307, 312, 347, 353, 368, 389, 400, 429, 488, 538, 551
이슬람주의 28
이슬람협력기구(Islamic Conference) 526
이승만, 리승만 21, 32, 36, 60~68, 71~73, 99, 104~106, 113, 117, 128, 134~

136, 138~140, 170, 176, 180~183, 187, 213~223, 243~246, 248~253, 256~259, 262~264, 268, 277, 298, 333, 358, 504, 505, 513, 514, 537, 547, 548, 551, 552

이시영 51, 446, 452, 467, 538

이완용 63

이용희 266, 276, 277

이원경 265, 266

이유원(李裕元) 511

이재설 454

이종업 454

『이즈베스챠』 316

이집트 7, 22, 31, 81, 144, 150, 163, 166, 193, 208, 210~212, 214, 232, 246, 284, 289, 292, 293, 295~297, 299, 300, 302, 313, 326, 328, 332, 357, 368, 383, 385, 401, 407, 417, 450, 486, 509, 524~526, 539

이한빈 320~322, 324, 325

이홍장(李鴻章) 511

인권 126, 164, 169, 225, 248, 316, 438, 520, 545

인도 7, 17, 22, 26, 28~31, 33, 34, 36, 41, 44, 50, 51, 58, 59, 64, 71, 74, 75, 78~ 82, 85, 88, 90~94, 97, 98, 104, 105, 107~115, 117, 118, 122~124, 126~ 128, 132~134, 136~145, 147~150, 153~156, 159~166, 168, 170, 173, 179, 181, 183, 191, 192, 194, 204~210, 213, 214, 218, 219, 223, 227~229, 233, 240, 241, 257, 261, 263, 265, 268~270, 280, 283~285, 287, 290, 296, 297, 300~302, 305~307, 311~322, 325~328, 333, 334, 336~338, 340~343, 346~348, 351~354, 357, 360, 362, 368, 379, 383~ 388, 390, 392, 398~401, 403, 404, 407, 408, 412, 413, 417, 418, 422, 423, 429, 431, 435, 436, 439, 440, 442, 443, 445, 446, 448, 452, 454~456, 461, 470, 471, 476~478, 485~488, 490, 493, 494, 499, 503, 509, 514, 524~ 527, 536, 545, 546, 551, 552

인도관리군 104, 105, 108, 111

인도네시아 7, 17, 31, 50, 51, 58, 59, 74, 78, 97, 108, 114, 117, 124, 136, 141~143, 145, 147, 149, 150, 153, 155, 156, 159~166, 170, 179, 192, 206~209, 218, 227, 228, 233, 240, 241, 265, 280, 283, 287, 296, 297, 301, 305, 307, 311~322, 326, 333, 338, 340~342, 346~348, 351~353, 360, 362, 368, 384~386, 390, 401, 403, 407, 408, 412, 413, 422, 435, 436, 445, 452, 454, 456, 461, 476, 486, 494, 499, 509, 524~526, 545, 551

인도네시아-말레이시아 분쟁 360

인도-조선 문화협회 207

인도차이나 17, 26, 41, 44, 58, 80, 112~115, 117, 122, 123, 126~128, 132~ 134, 136~140, 145, 166, 173, 179, 183, 191, 397, 398, 399, 403, 404, 429, 476, 478, 490

인도차이나전쟁 17, 26, 44, 58, 80, 123, 136, 138, 179, 392, 404

인민군 49, 63~65, 108, 113, 131, 425, 426, 474, 487, 539

인조반정 510

인종주의 143, 164, 275, 393, 398, 414, 423

인종차별 143, 152, 309, 316, 329, 398, 399, 419, 420

인천 82, 85, 101, 103, 104, 110

인천상륙작전 82, 85

일본 7, 11, 23, 25, 31, 34, 48, 52, 56, 57, 60, 65~70, 72, 73, 76, 78, 136, 140, 143, 146, 147, 149, 150, 166, 170, 171, 179, 194, 206, 207, 210, 215, 219, 220, 245, 248, 249, 258, 265, 266, 297, 300, 312, 347, 350, 352~354, 362, 410, 432, 439, 511~513, 515, 524, 548, 550

임병직 66, 337, 343

임시정부 225, 233, 241, 305, 311, 317, 332, 333, 353, 395

임오군란 512

임창영 259, 260

| 자 |

자결권(Self-determination) 421

자동 송환 88, 90, 91

자력갱생 236, 237, 340, 341, 359, 361, 379, 507, 508

자메이카 280, 283, 476, 524~526

자바 142, 155, 159

자원 송환 89, 91~93

자원개발회의 437

자원민족주의 431

자유 송환 88, 90

자유당 158, 176, 177, 222, 268

자이레 → 콩고민주공화국

자이르 379, 431

자주 노선, 자주 로선 370, 377, 415, 416, 459, 464

자주국방 370, 380, 381, 382

자주외교 12, 42, 279, 370, 372, 415, 465, 497, 505, 546

자카르타 141, 145, 155, 208, 228, 296, 297, 312, 315~319, 326, 334~336, 338, 340, 341, 346, 349, 354, 360, 361, 395

잔지바르 240, 297, 315

잠비아 18, 280, 333, 346, 347, 384, 390, 391, 395~397, 400, 402, 405, 407, 461, 484, 486, 524~526, 535

장경준 281

장면 5, 62, 120, 164, 168, 235, 252, 256, 257, 259~263, 269, 300, 345, 346, 456, 483, 504

장제스 66, 67, 106, 155

재건국민운동 263, 276, 278, 552

재무장 65, 66, 68, 150, 550

재외공관 35, 47, 279, 412, 441, 445, 472, 475, 476, 477

재일동포 247, 248

재일조선인 248

재조지은(再造之恩) 510

저개발 163, 164, 202, 203, 309, 384
저우언라이(주은래) 85, 94, 122~129, 166~168, 220, 352~354
적도기니 379, 486, 524~526
전명수 479, 480
전상진 454, 539
전시중립 21~23, 44, 87, 100, 101, 513, 516, 521
전영철 259
전원 송환 90, 91
전원회의, 전원회의 사건 126, 208
전인철 335
전쟁포로 83, 88~95, 97, 98, 105~109
전쟁포로송환위원회 89
전조선위원회 121, 126, 131
전한국위원회 122
전한반도위원회 122
점령 16, 57, 60, 172, 176, 178, 219, 457, 514, 516, 548
정교회 193
정기원 176, 177
정일권 244~254, 262, 319
정일룡 182, 234, 235
정일영 266, 499, 548
정전협정 36, 83, 85, 88, 89, 92, 93, 99~101, 104~106, 110, 112, 135, 138, 183, 462, 473, 474, 476, 477, 483, 486, 490, 516
「정치선언」 488, 489
정치회의 93, 98, 106~108, 112
정태익 450, 539
정한경 513
제1차 아시아·아프리카회의 → 반둥회의
제2차 세계대전 16, 20, 21, 27, 52, 56, 58, 65, 67, 72~74, 78, 127, 172, 178, 179, 219, 224, 274, 276
제2차 아시아·아프리카회의 12, 18, 33, 45, 201, 295, 296, 310, 312, 315, 317, 320, 323, 325, 326, 332~335, 337, 342~344, 346~349, 354, 360~363, 367, 416, 503, 507, 568
제3로선 23, 189, 311
제3세계 7, 18, 19, 21, 24, 26~35, 37~47, 115, 162, 202, 203, 237, 242, 300, 308, 314, 330, 348, 364, 367, 368, 370, 384, 397, 404, 405, 414, 416, 417, 421, 423, 430~432, 435, 445, 446, 498, 502~504, 508, 509, 515~517, 538, 547, 548, 550, 568
제3세력 22, 23, 56, 179, 222, 302, 367
제국주의 21, 25, 30, 56, 63~65, 68~73, 76, 77, 117, 137~139, 149, 154, 158, 161, 170~172, 176, 179, 183, 188, 189, 203, 206, 210, 212, 219, 220, 222, 226, 228~231, 233, 235, 239, 242, 243, 249, 251, 274, 276, 298, 300, 301, 307, 309, 311, 314, 315, 318, 322~324, 326, 331, 332, 337, 342, 343, 347~351, 354~356, 358, 361, 362, 372~374, 378~380, 382, 383, 385,

389, 392, 393, 397, 404, 405, 414, 415, 423, 424, 431, 435, 437, 438, 452, 458, 459, 478, 480, 486, 490, 495, 496, 503, 505~507, 511, 546
제네바 2, 11, 33, 41, 58, 80, 89, 90, 108, 112~115, 118~120, 123~125, 127~140, 151, 152, 166, 173, 179, 194, 201, 205, 266, 296, 319~321, 325, 348, 360, 361, 409, 499, 527, 538, 539, 547, 550~552, 568
제네바협약 89, 90
제네바협정 90, 133, 136~138, 140, 166
제네바회의 2, 11, 41, 58, 80, 112~115, 118, 120, 123~125, 127~132, 134, 135, 137~140, 151, 152, 173, 194, 201, 205, 547, 552, 568
제련소 242
조국통일 5대 강령 411, 427
조나단(Janathan, Leabua) 283
조르주 비도 123
조선 문제 4, 52, 84, 94, 113, 121, 122, 130, 138, 158, 212, 213, 422, 466, 491, 495
조선국제무역촉진위원회 208
조선로동당 4, 22, 25, 37, 70, 73~75, 171, 172, 204~206, 208, 237, 239, 240, 242, 335, 372, 374, 383, 407, 411, 426, 539, 540
조선문화협회 238
조선-인도 문화협회 207
조소앙 514
조순승 264
조의설 266, 277
조정국 426, 433, 508, 509, 536
조정환 190, 215~217, 222, 243~245, 299
조지타운, 조지타운선언 401, 403~406, 420
졸러(Zoller, Maxime Leopold) 283
종속 24, 25, 31, 32, 164, 169, 201, 203, 255, 359~361, 366, 369, 391, 420, 508, 516, 517
주더(朱德, 주덕) 182
주요한 28, 56, 202, 213, 214, 360
주한 미 대사관 443, 449
중간로선 189
중공 → 중국공산당
중국 7, 17, 20, 24, 25, 27~29, 32~34, 40, 49, 50, 52, 58, 61, 62, 65, 67, 71, 74, 78, 82, 85, 90, 93, 94, 108, 110~115, 117~120, 122~128, 131, 132, 134, 137, 139, 140, 143, 144, 146~150, 152, 154, 155, 163, 166, 167, 170, 171, 181, 182, 184, 185, 189, 194, 202, 206~208, 220, 225, 239, 241, 246, 247, 252, 266, 269, 274, 287, 297, 301, 302, 309~318, 320, 322~324, 329, 330, 333, 336~338, 342, 343, 346~356, 360, 362, 368, 369, 372, 378, 382~384, 386, 392, 398, 405, 406, 410, 413, 419, 428, 434, 439, 448, 474, 479, 483, 484, 497, 503, 504, 509, 512, 513, 518, 524, 541, 546, 547, 550, 552
중국 인민지원군 82, 90, 108, 189, 474

중국공산당 37, 122, 125, 168, 170, 220, 246, 250, 278, 324, 325, 343, 350, 352, 400, 424, 497, 541
중국-인도 분쟁 360
중근동 265~267, 270, 276, 277, 312
중남미 34, 279, 380, 435, 456, 469
중동사태, 중동·전쟁 385, 389, 485
중립 노선 59, 186, 213, 214, 220, 221, 223, 246, 248, 260, 263, 282, 284, 358, 507
중립 사상 264, 276
중립 정책 22, 23, 117, 193, 227~229, 235, 248, 293
중립 진영 259~261
중립공세 176, 194
중립국 5, 6, 11, 12, 17, 19, 22, 23, 26, 35~37, 41, 42, 44, 46, 47, 51, 58, 79, 80, 83~89, 91~113, 118, 123~129, 134, 147, 174~179, 181, 193, 194, 200, 205, 213, 216~218, 221~223, 229, 243, 245, 250~253, 255~259, 261~265, 268~275, 278~280, 282, 285~291, 300~302, 311, 312, 327, 329, 331, 334, 358, 359, 361, 363, 370, 379, 381, 391, 412, 413, 424, 428, 448, 474, 504~507, 509, 511, 512, 514~516, 521, 522, 535, 538, 544, 551, 552, 568
중립국감독위원회 22, 36, 41, 58, 79, 83, 85, 87~89, 91~93, 95, 99~104, 118, 123, 126, 127, 134, 178, 474, 544, 568
중립국송환위원회 22, 36, 41, 58, 79, 85, 92, 93, 98, 99, 102, 104~111, 178, 205, 538, 552
중립론 21, 512, 546
중립외교 195, 510, 511
중립적 태도 137, 220, 510
중립주의 23, 24, 33, 58, 78, 139, 143, 181, 191~193, 217, 220, 249, 250, 255, 261, 263, 264, 271, 273, 276, 277, 285, 310, 357, 360, 380, 413, 568
중립화 11, 31, 59, 135, 172~176, 178, 179, 194, 195, 258, 505, 506, 512~516, 546, 552
중립화 통일론 31, 258, 505, 515, 516
중소분쟁, 중소갈등 316, 329, 336, 360, 362, 363, 370, 380, 415, 503, 505, 546
중앙아프리카공화국 224, 280, 524, 525
중앙조약기구(CENTO) 304
중화민국(대만) 62, 63, 66, 67, 81, 90, 123, 149, 150, 551
중화인민공화국→중국
즈다노프(Zhdanov, Andrei A.) 77
지구적 냉전 6, 7, 11, 16, 17, 19, 22, 24, 40, 42, 44, 46, 50, 57, 59, 139, 173, 178, 179, 192, 194, 200, 202, 203, 225, 263, 293, 313, 329, 338, 360, 372, 382, 383, 391, 392, 409, 497, 498, 502~504, 506~508, 516
지부티해방운동(Djibouti Liberation Movement) 526
지역방위 66, 304
지역질서 59, 78, 140, 191

진반수 209, 210
진영론 77, 112, 177, 178, 191, 497, 503, 514, 520
진영외교 11, 37, 44, 55, 57, 60, 61, 68~70, 76, 207, 218, 363
진춘국 416
진해 66, 67, 301, 361, 363
짐바브웨 아프리카민족회의(ANC) 526
집단안전보장 68, 140, 271, 279, 551

| 차 |

차드 224, 280, 379, 457, 524~526
차오관화(喬冠华) 350, 351
참의원 257, 259, 261, 262, 537
천이 310, 350, 352, 354~356, 510
청일전쟁 511, 512
청진 101, 248
체코사태 → 프라하의 봄
체코슬로바키아 18, 62, 71, 87, 88, 92, 98, 100, 124, 127, 128, 134, 186, 241, 369, 372, 382, 384, 387, 389, 392, 411, 484
초청외교 201, 225, 234, 243, 282
최고인민회의 69, 70, 137, 208, 225, 226, 238, 240, 315, 334, 335, 407, 408, 415, 539, 541
『최고회의보』 264, 276~278, 538
최규하 244, 245, 394, 467, 478, 479
최덕신 218~220, 245, 266, 267, 281
최승희 207
최용건 182, 240, 334, 335
최인훈 32, 33, 111, 258, 515, 518, 519, 521, 548, 550
최종선언문 115~117, 203, 307, 308, 311, 322, 329, 330, 344, 397, 398, 404, 405, 417, 427, 440, 461, 463, 473, 474, 526, 541
최창익 182
7·4공동성명 405, 410, 415, 421, 461, 467, 472, 483
77그룹 203, 322, 325, 329, 360, 368, 369, 384, 385, 416, 420, 430, 434~436

| 카 |

카다르(Kádár János) 186
카메룬 224, 255, 259, 280, 281, 312, 315, 335, 353, 379, 394, 454, 494, 524~526
카반다(Kabanda, Pierre C.) 283
카보베르데 486, 525, 526
카사블랑카 그룹 232, 233, 302, 305
카슈미르 352
카스트로 31, 382

부록 565

카운다 396
카이로 22, 30, 232, 233, 270, 284, 288~290, 295, 297, 299, 300, 302, 313, 326~334, 343, 348, 366, 390, 393~395, 412, 420, 433, 434, 524
카타르 525, 526
카힌(Kahin, George M.) 145
칸디(Kandy) 115, 521
캄보디아 123, 133, 150, 218, 241, 284, 285, 297, 311, 312, 315, 322, 328, 333, 334, 346, 351, 375, 385, 386, 391, 395, 398, 403, 407, 422, 431, 434, 469, 470, 486, 487, 524~526, 552
캄푸치아 434, 526
캐나다 29, 129, 133, 134, 432, 443, 447, 527
캘커타 150, 297, 300
커밍스(Cummings, Bruce) 32, 46, 75, 547
케냐 192, 280, 283, 335, 347, 391, 400, 476, 494, 524~526
케냐타(Kenyatta, Jomo) 192
코나크리 229, 299
코네(Koné, Jean-Marie) 231
코모로 524~526
코민포름(Cominform) 77, 185
코텔라왈라(Kotelawala, John) 114, 142, 161, 167
콜(Cole, Christopher O. E.) 283
콜롬보 6, 11, 18~20, 58, 59, 78, 80, 112, 114, 115, 117, 137, 139~142, 144, 145, 149, 160, 194, 218, 297, 304, 313, 326, 328, 371, 468~471, 478~484, 486~489, 491~495, 498~500, 504, 508, 526
콜롬보 국가 59, 78, 140, 141, 149, 160, 194, 218, 304
콜롬보회의 11, 80, 112, 114, 115, 117, 139~142, 145
콩고민주공화국 192, 224, 230, 231, 241, 253~256, 259, 280, 282, 290, 309, 353, 357, 375, 394, 402, 429, 440, 446, 455, 458, 470, 471, 476~478, 482, 484, 486, 494, 524~526, 534
쿠바, 꾸바 18, 31, 81, 237, 238, 241, 242, 261, 297, 299, 305, 309, 311, 313, 368, 373, 378, 382, 383, 388, 405, 407, 429, 434, 436, 438~440, 455, 458, 462, 464, 486, 488, 490, 508, 524~526, 528, 535, 536
쿠바 미사일 위기 242, 313, 368
쿠바혁명, 꾸바혁명 237, 378
쿠웨이트 280, 317, 429, 439, 446, 455, 470, 471, 485, 493, 524~526
쿠즈네초프(Кузнецов В. В.) 154
퀴리노(Quirino, Elpidio) 66
크레마지(Cremazy, Laurent) 513
크로아티아 193, 384
크메르 루주 434, 470
클레스만(Kleßmann, Christoph) 43
키신저(Kissinger, Henry A.) 431, 444, 480, 549
키프로스 304, 524~526
킨샤사 253, 255, 280, 375, 534

| 타 |

『타임(Time)』 470
타제(Thajeb, Sjarief) 283
탄자니아 236, 240, 241, 299, 333, 335, 346, 351, 378, 379, 390, 391, 395, 400, 407, 429, 455, 524~526
탄트(Thant, U) 351, 356
탈냉전 5, 7, 18, 27, 32, 33, 35, 36, 111, 139, 179, 195, 200, 258, 295, 303, 500, 516
탈식민 5~7, 11, 16~19, 42~46, 57, 59, 60, 63, 65, 68, 72, 73, 75, 76, 78, 111, 114, 152, 154, 170~172, 177~179, 191~195, 200~203, 224, 225, 228, 230, 282, 294, 303, 316, 329, 358~361, 368, 392, 421, 502, 506~508, 517, 551
탕가니카 299, 315, 524
태국 129, 136, 139, 141, 143, 146, 148~150, 152, 156, 166, 171, 218, 219, 312, 524
태평양동맹 66, 67, 149, 551
터너(Turner, H. M.) 86, 87
터키 → 튀르키예
토고 224, 255, 259, 280, 283, 297, 379, 388, 431, 484, 524~526
통일아랍공화국 232, 255, 270, 280, 283~285, 288, 312, 313, 328, 329, 332, 333, 352, 353, 390, 524, 535
투레 192, 229, 254
튀니스 408
튀니지 78, 144, 218, 224, 246, 265, 280, 283, 297, 307, 309, 354, 389, 402, 408, 413, 416, 486, 494, 524~526
튀르키예(터키) 63, 77, 143, 152, 156, 167, 171, 215, 245, 266, 274, 280, 297, 315, 347, 524, 534
트루먼(Truman, Harry S.) 77, 81
트리니다드토바고 524~526
트윈(Thwin, U) 227
티베트 301, 343
티토, 찌또 31, 50, 71, 184~187, 302, 306, 310, 314, 331, 368, 370, 383, 385, 387, 393, 394, 407, 422, 431, 433, 438, 439, 452, 453, 464, 481, 505, 548

| 파 |

파나마 280, 455, 457, 476, 525, 526
『파이낸셜 타임스』 470
파키스탄 58, 78, 97, 108, 114, 123, 128, 141~143, 148, 150, 156, 161, 166, 167, 171, 218, 280, 297, 304, 305, 312, 313, 315, 320, 322, 333, 346, 347, 351, 353, 355, 368, 379, 384~386, 524
파텔(Patel, Vallabhbhai) 75
판문점 33, 51, 84, 86, 88, 89, 91, 95~101, 104, 105, 108, 112, 113, 181, 487,

538, 539, 546
팔레 데 나시옹(Palais des Nations) 118, 119, 416, 417
팔레스타인 115, 307, 309, 455, 457, 524~526
팔레스타인해방기구(PLO) 455, 457, 525, 526
팜반동(Phạm Văn Đóng) 123
패드모어(Padmore, Goerge) 243
펑더화이(彭德懷) 99, 106
페루 6, 19, 280, 371, 429, 435, 436, 438~443, 445~447, 449, 450, 453~458, 460~462, 466, 470, 471, 476, 482, 485~487, 494, 498, 499, 524~526, 530, 533, 535, 536
평양 38, 50, 66~68, 72, 104, 109, 110, 113, 139, 149, 181, 182, 205, 207~211, 218, 227, 234~238, 242, 245, 332, 335, 338, 345~347, 350, 362, 378, 406~408, 411, 422, 423, 431, 479, 480, 487, 492, 499, 500, 508, 509, 536, 547, 551
평화적 공존의 5개 원칙 148, 154, 166, 172, 206, 212
평화통일 외교 정책에 관한 특별성명 → 6·23선언
평화협상 383
평화협정 431, 433, 461, 462, 472, 476, 477, 480, 483, 486, 487, 490
평화회담 68, 380
포드(Ford, Gerald) 444, 509
포로수용소 104, 106, 111
포르투갈 307, 525, 526
포츠담회의 69
폴란드 71, 87, 88, 92, 98, 100, 103, 123, 127, 128, 133, 134, 138, 241, 288, 484
폴봉쿠르(Paul-Boncour, Joseph) 126, 132, 133
푸에토리고 사회주의 정당(PSP) 526
『프라우다』 31, 186, 310
프라하의 봄 2, 369, 372, 378, 382, 385, 387, 389, 550
프랑스(불란서) 26, 58, 63, 71, 78, 81, 112, 122~128, 132~134, 137, 140, 141, 144, 148, 172, 202, 214, 225, 229, 232, 233, 235, 244~246, 249, 255, 266, 282, 290, 291, 302, 307, 309, 314, 332, 333, 343, 348, 355, 372, 380, 432, 488, 499, 503, 513, 527
플로르(Flor, de la) 456
피셔 209, 210
핀란드 241, 388, 449, 524~526
필리핀 63, 66, 141, 143, 146, 148, 149, 153, 156, 163, 166, 167, 171, 215, 315, 348, 353, 451, 524~526

| 하 |

하싼 2세(Hassan II) 231
하오칭(郝德青) 350
하타(Hatta, Mohammad) 160, 192
한국 문제 4, 52, 112, 117, 119, 129, 158, 214, 222, 262, 424, 434, 460, 461,
471, 472, 481, 484, 487, 491, 493, 547, 568
한반도 문제 4, 6, 19, 20, 41, 45, 52, 62, 80, 92, 94, 109, 112, 113, 118, 120, 122~126, 128~130, 132, 133, 138, 179, 188, 201, 213, 216, 217, 219, 221~223, 252, 259~262, 295, 318, 321, 326, 343, 344, 358, 360, 361, 363, 371, 399, 409, 421~425, 427, 428, 434, 440~442, 461, 462, 466, 467, 470~475, 478, 481, 484~488, 491~495, 498, 500, 503, 504, 506, 508~510, 568
한반도 문제에 관한 결의안 45, 421, 424, 462, 493~495
한설야 136, 137, 139, 151, 207, 298
한우석 454
한치환 37
할슈타인 원칙 36, 285, 287~291, 370, 410, 506, 568
함흥 236
항구중립 21~23, 194
핵무기 316, 443, 474, 479, 486, 487, 490, 495
핵비확산조약(NPT) 443, 444, 548
핵실험 309, 313, 314, 316, 329, 372, 443
허담 315, 321, 323~325, 407, 454, 458, 459, 480, 481, 487
허석신 332, 335
허정 253
허창봉 188, 190
헝가리 11, 59, 71, 185~187, 195, 241, 288, 406~408, 416, 422, 423, 484, 506, 550
헝가리혁명 186, 187
호찌민(Hồ Chí Minh) 122, 123, 133
호혜 235, 322, 516, 517
홍경석 207
홍광 199, 223, 541
홍명희 182
홍장희 435
홍콩 155, 298
황해제철소 234, 235, 359
후르비츠(Hurwitz, Richard W.) 449
후사크(Husák, Gustáv) 411
후진국 246, 276, 322, 369, 419, 420, 424
후진성 164, 323, 507
휴전협정 134, 135, 413, 461, 472, 475
흐루쇼프(Khrushchev, Nikita S.) 154, 184, 185, 205, 310
흐즈따이로바 182
흥남 101

*이 책은 필자의 학위논문을 포함한 아래의 논저를 기반으로 작성됐으며, 본문에서는 출처를 생략했다.

· 「1948~1968년 남·북한의 '중립국' 외교 연구」, 서울대학교 박사학위논문, 2020.
· 「1950년대 중후반 남·북한의 '중립국' 외교의 전개와 성격—동남아시아·중동·아프리카 지역을 중심으로」, 『아시아리뷰』 19, 2020.
· 「1961~1963년 군사정부의 중립국 외교의 전개와 성격」, 『역사비평』 135, 2021.
· 「1950년대 중립주의의 발흥과 남·북한의 반응」, 『역사와현실』 126, 2022.
· 「1964~1968년 박정희 정부의 중립국 외교와 유엔에서 한국 문제의 '자동상정' 문제」, 『통일과평화』 14-2, 2022.
· 「1961~1973년 박정희 정부의 대(對)중립국 외교와 할슈타인 원칙」, 『역사문제연구』 52, 2023.
· 「1970년대 박정희 정부의 비동맹 외교—한국의 가입신청 문제를 중심으로」, 국립외교원, 2023.
· 「1970~75년 북한의 쁠럭불가담(non-alignment) 인식과 활동」, 『현대북한연구』 26-3, 2023.
· 「1953~1957년 중립국감독위원회의 활동과 북한의 대응」, 『통일과평화』 26-3, 2024.
· 「1954년 한반도 문제에 관한 제네바회의와 북한의 활동—국제감시기구(중립국감독위원회)와 평화 문제를 중심으로」, 『한국사연구』 207, 2024.
· 「반둥 이후의 긴장—제2차 아시아·아프리카회의와 남북한의 외교경쟁(1964~1965)」, 『아시아리뷰』 15-2, 2025.

## (재)한국연구원 신진한국학연구총서 목록

01. 강혜정, **한국 고시조 영역의 태동과 성장** (2024)
02. 송소라, **20세기 창극의 문화사** (2025)
03. 김태웅, **18세기 후반에서 19세기 초중반 가집의 전개** (2025)
04. 송영대, **『통전』의 한국고대사 인식 연구** (2025)
05. 김도민, **냉전의 진영 너머로—남북한의 중립·비동맹·제3세계 외교(1948~1976)** (2025)